HANGIL
GREAT BOOKS

인류의위대한지적유산

HANGIL
GREAT BOOKS
27

삼국사기 I

김부식 지음 | 이강래 옮김

한길사

**HANGIL
GREAT BOOKS
27**

Kim Pu-sik
Samguk-Sagi I

Translated by Lee Kang-lae

Published by Hangilsa Publishing Co. Ltd., Korea, 2021

文順公 金富軾像

1075년(문종 29)~1151년(의종 5). 권오창이 그린 김부식의 표준영정.

太祖三年冬十月甞率三千騎至□物城
太祖亦以精兵來與之確時甞以兵銳甚未□勝否
太祖欲權和以老其師移書乞和以堂弟王信
爲質甞亦以外甥眞虎交質十二月攻取居昌
等二十餘城遣使入後唐稱藩唐冊授檢校大
尉兼侍中判百濟軍事依前持節都督全武公
等州軍事行全州刺史海東四面都統指揮兵
馬制置等事百濟王食邑二千五百戶四年眞
虎暴卒甞聞之疑故殺卽囚王信獄中又使人

삼국사기(보물 제722호)

김부식 등이 고려 인종의 명을 받아 1145년(인종 23)에 편찬한 삼국시대의 정사(正史)이다.
『삼국유사』와 함께 우리나라 최고(最高)의 역사책으로 신라, 고구려, 백제 세 나라의 개국부터
멸망까지를 기전체로 기록하였다. 성암고서박물관 소장.

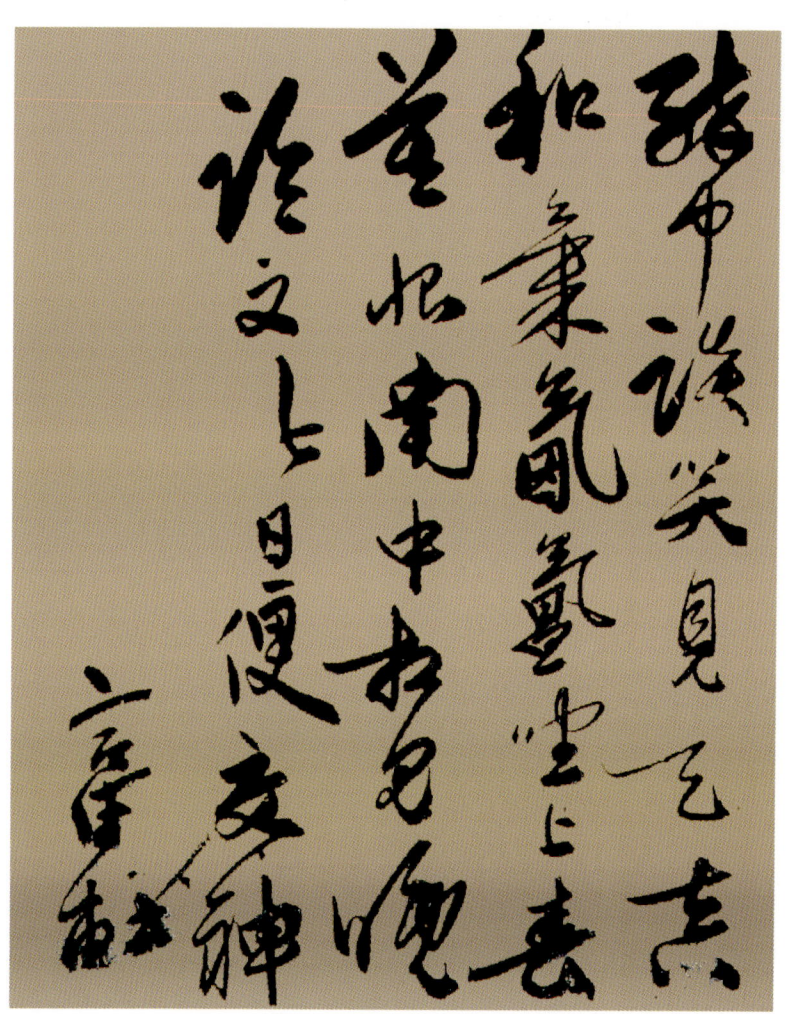

금관총금관(국보 제87호)

경북 경주시 노서동 금관총에서 나온 것으로 전형적인 신라식 금관으로 꼽힌다.
앞에는 出자형 입식(立飾)이, 뒤에는 두 줄기의 사슴뿔 모양 장식이 세워져 있다.
국립중앙박물관 소장.

북한산 신라 진흥왕순수비(국보 제3호)

신라 진흥왕의 척경(拓境)과 순행(巡行)을 기념하기 위해 세운 비석으로 본래 북한산 비봉에 있던 것을 국립중앙박물관에 옮겨 보관하고 있다. 진흥왕은 551년에 나제동맹의 최대·최후의 성과인 한강 유역 확보를 이룬 후, 555년에 이 지역을 순행하였다.

석굴암(국보 제24호)의 여래상

석굴암은 경북 경주시 진현동 토함산 산정 동쪽에 있는 한국에서 유일한 석굴 불암(佛庵)이다.
751년(신라 경덕왕 10년)에 불국사를 창건한 김대성이 축조한 것으로
특히 내부에 있는 본존불인 여래상은 그 조각의 종교성과 예술성에서 탁월하다는 평가를 받고 있다.

금동미륵보살반가사유상(국보 제83호)
우리나라 반가상 가운데에서 대표적인 걸작으로 삼국시대 말기에 만들어진 것으로 보인다.
특히 당시의 신앙 경향과 사회상의 실상을 잘 이해시켜주는 것으로 크게 주목받고 있다.
국립중앙박물관 소장.

천마도장니(天馬圖障泥, 국보 제207호)

천마총에서 출토된 5~6세기 신라시대의 장식화이다. 마구 장비에 그려져 있으며 자작나무 껍질에 채색한 것으로 천마도 등이 그려져 있어 신라 회화연구에 큰 도움이 된다.

성덕대왕신종(국보 제29호)의 비천상
경북 경주시 국립경주박물관 경내에 있는 통일신라시대의 동종(銅鍾)으로 봉덕사종,
에밀레종이라고도 한다. 경덕왕이 부왕인 성덕왕의 명복을 빌기 위해 만들었다고 하며
탑의 종신에 있는 비천상 4구는 신라 예술의 백미로 꼽힌다. 은은하고 맑게 퍼지는
종소리가 유명하다.

김유신묘(사적 제21호)의 십이지신상

경북 경주시 충효동의 김유신묘에 있는 12개 신상석(神像石) 가운데 자상(子像, 쥐),
오상(午像, 말), 미상(未像, 양)이다. 이 십이지신상은 다른 왕릉의 경우와는 달리
평복에 무기를 들고 있으며 몸을 오른쪽을 향하고 있고 을자형(乙字形)으로 틀었다.

첨성대(국보 제31호)
경북 경주시 인왕동에 있으며 동양에서 가장 오래된 천문대이다.
신라 선덕여왕 때 세운 것으로 화강석을 둥글게 쌓아 올렸으며 국가의 길흉을 점치거나
별이 나타나는 현상을 관찰하거나 역법(曆法)을 만들기 위해 사용한 것으로 보인다.

HANGIL GREAT BOOKS 27

삼국사기 I

김부식 지음 | 이강래 옮김

한길사

삼국사기 I

삼국사기 II

『삼국사기』의 정당한 이해를 위하여
· 김부식의 『삼국사기』

이강래 전남대 교수·사학과

1. 12세기 그 번영과 위기의 시대

역사는 시대의 소산이다. 역사가는 또한 그의 시대를 환경으로 사고한
다. 『삼국사기』 역시 12세기 중엽 고려사회를 토대로 조명되어야 옳다.
아울러 『삼국사기』의 시대성은 그 편찬을 주도한 김부식의 생애와 교차
하면서 비로소 제자리를 찾는다고 믿는다. 너무 진부한 말이지만 우리
는 시대와 유리된 개인의 삶을 상상할 수 없는 한편, 저자의 개성으로부
터 완전히 독립된 저술 또한 찾을 수 없는 까닭이다.

『삼국사기』는 고려 인종 23년(1145)에 찬진되었다. 불과 2개월 뒤 인
종이 죽고 의종이 즉위하였다. 인종대 고려사회는 묘청(妙淸) 등이 주도
한 서경천도 문제로 격렬한 갈등에 휩싸인 바 있다. 이 사건에서 차지하
는 김부식의 비중은 묘청의 그것에 모자라지 않는다. 또한 이 사건은 고
려 왕조는 물론 민족사 전체의 전개과정이나 그에 수반하는 의미에서도
절대적이다. 일찍이 신채호가 천명했듯이 "조선역사상 1천 년래 제일대
사건"이었던 것이다.

인종의 죽음에 이어 한유충(韓惟忠)과 윤언이(尹彦頤)의 죽음이 이어

졌다. 이들은 서경 문제를 비롯하여 김부식의 '정적'이라 할 만한 인물들이다. 인종 사후 5년 뒤에는 김부식도 그들을 따라 운명을 달리하였다. 그리고 의종은 묘청사건 관련자에 대한 완전한 사면조치를 단행하였다. 이제 고려는 서경 전역(戰役)의 상처를 극복한 듯했다. 그러나 판단은 용이하지 않다. 불과 10여 년 뒤 고려에는 무신정권이 수립되었기 때문이다. 이 무신정권 100년의 무게는 우리 역사에서 달리 비할 바가 없다.

그러므로 12세기 중엽은 고려의 역사를 변질시키는 획선이 될 수 있다. 건국 후 얼마간의 시행착오를 경험하면서 귀족 중심의 유교주의적 통치이념으로 출발한 고려 전기 사회는 일견 11세기 후반 문종대까지 순조로운 행보를 보였다. 12세기는 외척의 왕권 도전과 이를 빌미로 숙종이 조카 헌종을 폐위시키고 즉위하는 등 불안한 변칙을 요구하면서 출발하였다. 숙종·예종·인종의 3대 50년 동안의 고려사회에서는 그 이전 시기 번영의 퇴조와 예측하기 어려운 위기의 도래가 함께 감지되고 있다. 따라서 문제는 번져가는 퇴영의 그림자를 어떻게 떨쳐버릴 것인가와 좁혀들어오는 파국의 전조에 어떻게 대응할 것인가에 있다.

물론 12세기 전반 지식인들의 촉수는 현실 왕조의 모순을 포착하는 데 둔감하지 않았다. 다만 대안의 차이가 있을 뿐이었다. 그러나 상이한 대안의 충돌은 시대모순을 해결하는 데 그리 큰 도움이 되지는 못했다. 대개 하나의 대안이 득세할 때 반대편의 견해는 잠복해 있을 뿐 완전히 포기되지는 않았다. 주요 대안의 하나를 제도개혁론이라고 한다면, 다른 한편에서는 정치제도의 개혁보다는 훼절된 제도 본연의 정신을 회복하여 운영하는 것이 중요하다고 보았다. 김부식은 그 가운데 후자의 축을 형성하고 있었다. 어떤 대안이 현실에 대한 과학적 분석과 이를 극복하기 위한 실천력을 담지하였는가 하는 질문은 매우 어려운 숙제로 남겨졌다. 이 모색의 시기를 주도했던 당사자들이 다 무대에서 사라진 후 무신정권의 수립과 함께 고려 후기는 시작되었기 때문이다.

전통시대 왕조국가의 '정치적 안정'이란 '왕권의 안정'과 동의어인 경우가 많다. 이 경우 권력의 정통성은 왕위 계승의 합법성에 근거하기 쉽다. 고려의 위기를 살필 때 이 문제를 비켜갈 수 없다. 우선 왕권에 대한 이자의(李資義)의 도전은 왕실로 하여금 경원 이씨 등 주요 문벌귀족 세력에 대한 경계심을 환기시켰다. 이러한 분위기에서 숙종의 헌종 폐위는 받아들여졌다. 그러나 숙종의 즉위는 부자 혹은 형제간의 습위를 원칙으로 하는 고려의 왕위계승 관례에 어긋나는 것이었다. 일시적으로는 숙종의 극히 비정상적인 왕위 계승의 합리화가 가능했을 것이나, 결국 즉위 과정의 굴절은 숙종의 정치력에 제약 요인으로 작용하게 되었다. 숙종에게는 적극적이고도 세련된 대응책이 필요하였다. 천태종(天台宗)의 진작, 화폐사용 정책, 남경(南京)의 설치 등 개혁적 시책들이 가지는 의미가 바로 그것이다.

이 변칙적인 숙질간의 경험은 예종대에 왕의 숙부들이 처단되는 배경이 된다. 예종 사후 인종의 즉위를 전후하여 예종의 아우들이 다시 희생되었다. 숙종과 예종은 전대의 사례가 재현되는 것을 방지하기 위하여 기꺼이 비싼 대가를 치르고자 했던 것이다. 인종대의 상황 또한 다르지 않았다. 인종이 즉위한 직후 외척 이자겸(李資謙)은 한안인(韓安仁) 세력을 정계에서 도태시킨 다음, 구체적으로 왕권에 도전하였다. 왕위계승을 둘러싼 잡음은 왕위계승권 범주를 확대시키며, 그것은 다시 왕권의 추락을 가속시켰다. 인종의 아들 의종 역시 이 악순환의 고리를 깨지 못하고 왕제들을 희생시켰다.

12세기 국제관계의 변화도 고려 왕권의 추락을 강요하였다. 특히 예종조는 북방에서 거란족의 요(遼)와 여진족의 금(金)이 명암을 달리하고, 그에 따라 중원의 송과 고려 왕조의 민감한 대응으로 특징지어진 시기였다. 예종 초 윤관(尹瓘)의 주도로 여진을 평정했던 성과는 그리 오래가지 못했던 것이다. 동북아시아의 재편되는 힘의 질서 속에서 여하한 대처가 국익에 기여하는가 하는 문제는 당시 지식관료들의 현실 인식과 무관할 수 없다. 예컨대 이즈음 요(遼)에서는 고려 조정에 여진을 제어하기 위한 군사를 요청해 왔다. 이에 대한 조정의 논의는 대체로 요의 요청에 수긍하는 것이었으나, 유독 김부식 형제를 비롯한 소수가 국제사회의 유동적인 역학관계에 대한 전망의 불투명함을 들어 출병에 반대하였다. 실제로 전망은 불투명하였다. 결국 출병논의는 미결인 채로 남았다. 요에서는 다시 출병을 채근하는 사신을 파견해 왔으나, 고려 조정은 여전히 결정을 보류하였다. 곧이어 발해인 고영창(高永昌)이 요의 동경(東京)을 장악하는 사건이 벌어지고, 고려에서도 요의 연호 사용이 폐지되었다. 이처럼 북방 유목민족이 주도하는 새로운 질서의 태동은 속도를 더해갔다.

이제 문제는 송의 운명이었다. 김부식을 포함한 고려 외교사절단은 국제적 역관계의 격변을 염두에 두고 직접 송나라의 여러 부면을 관찰하였다. 그동안에도 금의 요에 대한 공세는 효과적으로 진행되었다. 고려 역시 요의 일부 지역을 장악하는 성과를 거두었다. 그러나 노쇠한 요를 대신한 금의 아골타(阿骨打)는 고려에 대해 형제관계의 외교를 강요해 왔다. 이는 실로 고려와 여진의 전통적인 관계의 완벽한 전도를 의미한다. 고려 정계에서는 격론이 벌어졌다. 결국 여러 신료의 반대에도 불구하고 김부식의 아우 김부철(金富轍)이 금과의 화친관계 수용을 주도하였다. 대신들의 극언과 조소에 맞선 김부철의 역할은 입송 중인 김부식의 입장을 대변하고 있는 느낌이다. 어쨌든 뒷날 고려는 금의 분명한 힘의 실체에 당하여 형제관계, 나아가 군신관계를 감내하지 않을 수 없게 되었다.

인종 즉위 후 이자겸의 득세는 실로 왕권을 능가할 지경이었다. 물론 이자겸의 전횡에 대한 왕 이하 신료들의 반감도 점차 공감을 얻어가고 있었다. 비록 극적으로 이자겸과 척준경 등 권신들을 제거하는 데는 성공했지만, 이 과정에서 왕의 권위는 극도로 추락하였다. 국내에서 숨가쁜 정란이 전개되는 동안 송에서는 금에 대한 협공을 독촉해 왔다. 그러나 미처 고려의 대응을 기다리지 못하고 북송의 수도는 함락당하였다. 송은 동북아시아 힘의 중심을 새로 흥기한 금에 앗긴 채 남쪽으로 밀려나고 말았다. 그리고 고려에서는 마침내 서경세력의 도전이 이어졌다.

바야흐로 김부식의 정치적 정점이 예고되는 사건이었다.

2. 김부식의 정치적 지향과 좌절

김부식은 문종 29년(1075) 경주에서 출생하였다. 그리고 의종 5년
(1151)에 사망하여 인종묘에 배향되었다. 고려 전기 사회의 난숙함이 절
정에 달하여 퇴락의 단서가 무르익을 무렵부터 그 응축된 모순이 대파
국을 목전에 둔 시기까지를 현장 정치가로 살아온 셈이다. 특히 인종대
에 최고 실력자 가운데 하나였던 그로서는 현실 모순과 예고된 파국의
책임으로부터 결코 자유로울 수 없었다. 더구나 그가 진압총책으로 잠
재운 서경세력의 세계관은 본질적으로 12세기 고려사회를 지배한 강력
한 조류의 하나였다고 할 수 있다. 여기에 그의 삶과 활동이 단순한 개인
의 영욕에 그칠 수 없는 까닭이 있으며, 『삼국사기』를 이해할 때 그의 삶
에 대한 조망이 동반되어야 할 당위가 있다.

김부식의 증조부 김위영(金魏英)은 고려 태조가 신라 경순왕의 귀부
(歸附)를 계기로 경주를 두었을 때 그 주장(州長)으로 임명된 인물이다.
그의 집안은 대체로 무열왕계에 닿아 있는 것으로 보이는 신라의 주요
지배가문이었다. 아버지 김근(金覲)은 과거에 합격하여 출사했고, 일찍
이 문종대에 박인량(朴寅亮)과 함께 입송한 경험이 있다. 이때 두 사람의
시문은 송나라 사람들의 칭예를 받아 『소화집』(小華集)이라는 이름으로
간행되었다. 당시 송의 문장가였던 소철(蘇轍)과 소식(蘇軾) 형제를 모
방하여 김부식과 김부철 형제의 이름을 짓게 된 유래는 이 경험에서 비
롯되었을 것이다. 김부식의 두 형인 부필(富弼)과 부일(富佾)을 포함하
여 네 형제는 모두 과거에 합격하였다. 특히 김부식과 김부철은 그의 아
버지 김근의 여망대로 송나라에까지 문명(文名)을 날렸다.

김부식은 숙종 초년 과거에 합격하였다. 그는 모두 세 차례에 걸쳐 입
송했는데, 잦은 송 문화 경험은 국제적 지식인으로서 감각을 배양하는

데 기여했을 것이다. 송 문화의 접촉에서 받은 영향 가운데는 『삼국사기』와 관련하여 고문체(古文體)의 습득을 지적해야 할 것 같다. 당말·오대의 혼란을 거친 송에서는 정치·경제·문화·사회 등 각 방면에서 개혁이 추진되었다. 중국의 역대 개혁이란 늘상 옛것에서 모범을 구하여 복고적인 경향이 강하였다. 송대의 고문부흥운동 역시 예외가 아니다. 고문부흥운동은 『신당서』를 수찬한 송기(宋祁)와 구양수(歐陽修)가 주도하여 보편화되었다. 김부식이 『삼국사기』를 쓰면서 특히 사론의 경우 『신당서』를 가장 많이 채용한 반면 『구당서』 인용은 전무했던 것은 여기에도 이유가 있을 것이다.

　금과의 외교 현안을 둘러싼 논의에서 김부식 형제의 노선은 이후 점차 중론을 장악하였다. 금제국의 성공적 위상은 역설적으로 김부식의 정치적 위상을 빠르게 신장시켰던 것이다. 남송시대에 해당하는 인종대에는 더욱 대금 외교의 주도를 확실히 하면서 재신(宰臣)으로서 주요 관직을 겸임했으며, 한편으로는 과거의 지공거(知貢擧)로서 뒷날 『삼국사기』를 편찬할 때 그를 도와 참여하게 되는 박동주(朴東柱) 등을 발탁하는 등, 이른바 김부식 세력이라 할 만한 인맥도 형성해 간 것 같다. 그러나 인종 10년(1132), 김부식의 정치적 성장에 적지 않은 비중을 차지했을 친형 김부일이 죽었다. 김부일은 국내 정치나 대외 관계에서 김부식과 인식을 같이해왔다. 특히 대외 관계가 긴박하게 전개되면서 지배계급 내의 의견 분열이 항존하던 시기에 김부일의 죽음은 김부식의 정치력에 일정한 손상을 의미한다.

　무엇보다도 서경세력과 묘청의 등장은 전혀 새로운 격량을 예고하는 것이었다. 묘청의 서경천도 주장은 단순한 정치적 이해 문제에 그치지 않는다. 더욱이 서경세력의 제반 주장은 한때 왕을 비롯한 광범한 지지를 실제로 받고 있었다. 그것은 당대 고려를 풍미했던 개경쇠운론(開京衰運論)의 연장이었다. 그러므로 이미 숙종 초에 남경천도론(南京遷都論)이 대두한 바 있다. 도참적 관심은 예종대에도 여전하였다. 술사(術士)들이 동원되어 산천을 살피고, 서경이 유력한 도읍 후보지로 지목되었다. 이러한 분위기에서 『해동비록』(海東秘錄)과 같은 풍수지리서 편찬이 이루어졌다. 일부에서는 왕의 의도에 부응하여 서경에 신궁을 건설할 것을 주장하였다. 당시의 여론은 회의적이었다. 그러나 왕은 여진 정벌의 결정마저 점복에 의지할 정도로 신료들의 일반적 인식과는 거리가 생기고 있었다. 이처럼 사실 서경의 도참적·풍수지리적 부각은 예종 자신에게서 비롯된 측면이 있다. 물론 우리는 예종의 서경 중시에서 재래의 개경 중심 문벌귀족을 제압하려는 의도를 외면해서는 안 된다. 그러나 그것이 도참 및 풍수지리사상, 즉 신비적 사상의 외피를 쓰고 대두했다는 점을 놓칠 수 없다.

인종대의 상황은 더욱 심각하였다. 권력집단의 급격한 몰락과 교체는 그 불안감이 일반 백성들에게도 반영되었다. 항간에는 관리들이 민간의 어린이를 잡아 강물에 던진다는 소문이 돌았는데 서해도(西海道) 주민의 동요가 가장 심하였다. 밖으로는 요나라의 멸망을, 그리고 안으로는 이자겸의 왕권도전을 배경으로 묘청과 백수한(白壽翰) 및 정지상(鄭知常) 일파의 역할이 부각되기 시작하였다. 이제 서경천도 논의에는 적지 않은 중신들이 적극 호응하였다. 김부식은 늘 그들에 대한 반론을 주도하였다. 그러나 마침내 서경에 궁궐이 세워지고 칭제건원론(稱帝建元論) 및 공금론(攻金論)이 대두하였다. 서경세력의 신비적 의미 부여와 주장들은 모두 나라를 이롭게 하고 왕업을 늘린다는 명분을 내세우고 있었다. 여기에 충재(蟲災) 등의 거듭된 흉조는 인종으로 하여금 천도문제를 심각하게 고려하도록 한 또 다른 요인이 되었다.

물론 인종 개인의 사상적 취향만이 당시의 도참적·신비적 사고가 풍미한 데 대한 중요한 이유가 되는 것은 아니다. 의종대의 상황도 방술의 횡행이라는 점에서는 크게 다르지 않았던 것이다. 의종 역시 백주(白州)를 겨냥하여 궁궐의 신축과 그 효험으로서 북방정벌을 논의하였다. 이 시기에 김관의(金寬毅)는 고려 왕실의 선대 사적을 풍수도참적 논리로 신비화한 책 『편년통록』(編年通錄)을 저술하였다. 이와 같이 의종은 현실정치에 반유교적인 대안을 모색했던 것이다. 그러므로 신비주의적 사고의 만연은 12세기 고려사회의 거대한 조류였다고 하겠다. 이러한 사상적 분위기에서 마침내 의종은 서경 전역 연루자들에 대한 전면 복권의 조처를 내렸다. 이것은 김부식을 중심으로 한 서경 토평의 정당성에 대한 심각한 훼절이며, 도참적·신비적 사고의 끈질긴 저변을 증명하는 사건이다.

김부식은 인종 13년(1135) 묘청 등의 서경 세력을 진압할 책임자로 지목되었다. 그는 출정에 앞서 묘청의 주장에 동조했던 정지상·백수한 등을 처단하였다. 당시 정지상의 죽음에 대해서는 그가 평소 김부식과 문명을 겨루었던 탓이라고 여기는 사람들이 있었다. 효과적인 진압활동이 용이하지 않을 것을 예측하게 하는 사례이다. 심지어 출정군 지휘관의 일원인 윤언이도 김부식의 작전을 제어하였다. 또한 서경 측의 청항사(請降使)와 그들을 인도한 김부식의 막료가 개경에서 한유충과 문공인(文公仁) 등에 의해 배척됨으로써 사태의 조기 무마에 차질이 생겼다. 이어 윤언이를 비롯한 막하의 제장들은 누차 김부식의 지구전에 반대하였고 김부식에 비우호적인 개경의 신료들 가운데서도 속전을 독촉하는 논의가 끊이지 않았다. 그러나 마침내 1년을 넘긴 지구전이 김부식의 승리로 귀결되면서 윤언이와 한유충 등 김부식과 대립한 정치세력의 퇴조는 불가피하였다.

개경에서는 간관이 문공인을 탄핵하여 좌천시켰다. 즉 서경에서 승리한 김부식의 입지는 이제 더 이상의 정치적 반대를 용납하지 않게 되었다. 왕은 김부식을 수충정난정국공신(輸忠定難靖國功臣)으로 책봉하였다. 김부식은 이제 검교태보·수태위·문하시중·판상서리부사(檢校太保·守太尉·門下侍中·判尙書吏部事)로서 최고의 권력 수반에 달하였다. 그는 개경으로 개선한 직후 윤언이를 정지상과 교분했다는 이유로 탄핵하는 데 성공하였다. 한유충도 같은 처지에 빠졌다. 그들은 문공인의 뒤를 밟게 된 것이다. 그러나 1140년(인종 18) 인종은 김부식의 반대에도 불구하고 한유충과 윤언이에게 사면령을 내렸다. 윤언이는 자기 변호에서 그가 한때 묘청 등의 건원론을 포함한 일부 주장에 동조했던 것을 시인하였다. 그러나 왕 이하 관료들은 이미 묘청에게서 입은 충격을 상당히 극복하고 있었다. 더구나 그들의 주장은 애초 실현가능성 여하에 주의하지 않는다면 비난할 명분이 없었던 것이다. 윤언이 등의 중앙정계 복귀는 결정적으로 김부식의 정치적 고립을 재촉하였다.

김부식은 1142년(인종 20) 모든 관직에서 물러났다. 왕은 자신의 치세 동안 무엇보다도 왕권을 위해 헌신했던 신하에게 많은 예우와 위로를 하였다. 그는 3년 뒤『삼국사기』편찬을 마쳤다. 인종 사후 그는 다시『인종실록』수찬을 주재하였다. 요·금의 교체와 한안인, 이자겸, 묘청 등과 관련된 고려사회의 가장 격렬한 내외 정치적 위기를 목도하고 직접 현장의 중심에서 왕조질서를 위해 진력한 정치가는 의종 5년(1151) 2월 마침내 77세의 나이로 죽었다. 그는 말년에서야 정치적 의지를 좌절당하였다. 그가 출사하던 숙종조부터 예비되어온 귀족사회의 모순 폭발은 그의 죽음에 곧이어 발발하였다. 그의 생애는 자못 의종조에서 폭발하게 되는 공전의 격동을 완고하게 제어해온 느낌을 준다.

3. 자료 환경의 한계와 극복

『삼국사기』는 고구려, 백제, 신라의 세 왕조를 대상으로 한 기전체 역사책이다. 이의 편찬을 위해 당시 유통되던 국내외 자료들이 동원되었다. 자료확보작업은 그다지 주도면밀하게 진행되지 못했다. 당시 몇 가지 중국의 사서들은 대체로 20여 년의 시차를 넘기지 않고 입수되던 시기였다. 그러므로 국내 자료가 영세한 상고시기일수록 중국 사서에 대한 의존이 두드러지게 되었다. 또 중국의 경서류나 문집류도 다양하게 활용되었다. 문제는 국내 자료, 즉 삼국 및 고려 왕조에서 작성하거나 정리한 고유 자료의 환경에 있다.

김부식은 인종에게 올린 「진삼국사기표」(進三國史記表)에서 이렇게 말한다.

오늘날 학사들과 대부들이 오경(五經)이나 제자(諸子)의 서책과 진·한시대 이래의 역대 중국 사서에는 간혹 넓게 통달해 자세히 말하는 이가 있지만, 우리나라의 일에 이르러서는 갑자기 망연해져서 그 시말을 알지 못하니 매우 한탄할 일이다. 하물며 저 신라와 고구려와 백제는 나라의 기업(基業)을 열고 솥의 세 발처럼 서서 예로써 중국과 교통할 수 있었기 때문에, 범엽(范曄)의『한서』와 송기(宋祁)의『당서』에는 모두 삼국의 열전이 실려 있는 것이다. 그러나 그 경우 중국의 일은 자세히 하고 외국의 일은 간략히 하여, 삼국의 사실이 다 갖추어 실리지 못하였다. 또한『고기』(古記)는 문자가 거칠고 졸렬하며 사적(史蹟)이 빠지고 없어져서, 임금의 선악(善惡)과 신하의 충사(忠邪)와 나라의 안위(安危)와 인민의 치란(治亂)을 다 드러내어 권계(勸戒)로 드리우지 못한다. 이제 마땅히 박식하고 뛰어난 재사를 얻어 일가(一家)의 역사를 이루어 만세에 전해 해와 별처럼 밝게 할 일이다.

이 말은 그러므로 인종의 견해이다. 그러나 동시에 인종의 견해를 빌린 김부식의 견해이기도 하며, 김부식이 표방한『삼국사기』편찬의 당위론이기도 하다.『고기』는 중국 사서에 대응하는 우리 측의 고유자료에 대한 명칭으로 보인다. 그는『고기』의 미흡함은 문체와 내용과 효용성 모두에 걸쳐 있다고 판단하였다. 실제로『삼국사기』에는『고기』,『해동고기』,『삼한고기』,『본국고기』,『신라고기』등의 형태로 24군데에서 인용되었다. 대부분 중국 사서와 다른 정보를 전하고 있는 경우들로서 그 진위와 시비를 가리는 고증을 위해 활용되었다. 그러므로 따로 지시하지 않은 채로도 많은 부분에서『고기』는 인용되었음에 틀림없다.

150여 년 뒤늦은『삼국유사』에도『고기』는 인용되었다.『고기』는 단군조선에 관한 서술을 비롯하여『삼국유사』전편에 걸쳐『고기』,『고려고기』,『백제고기』,『신라고기』등의 형태로 14군데에서 확인할 수 있다. 또한 두 책에 인용된『고기』가운데는 실제 고유한 이름을 가지고 있는 자료를 지칭한 경우도 있다. 그러므로『고기』는 고려 중기 이전에 작성된 다양한 국내 원전에 대한 총칭이기도 한 것이다. 『삼국사기』는 개인의 창작물이 아님은 물론, 근대 역사서처럼 개인의 가치부여가 폭넓게 허용될 수 없는 전통시대의 사서이므로, 편찬에 동원된 다양한 국내 원전 자료들을 『고기』로 총칭한 것은 문제될 사항이 아니다. 그러나 『삼국사기』가 인용한 중국 측 자료 가운데 지금은 전하지 않는 것들이 있는 것처럼, 『고기』의 구체적 '실체'를 지목하기 어려운 데 난점이 있다.

이규보(李奎報)는 고구려 동명왕의 신이한 출생과 건국을 노래한 「동명왕편」(東明王篇) 서문에서 이른바 『구삼국사』(舊三國史)의 존재를 지적하였다. 아울러 김부식의 『삼국사기』를 일러 국사(國史)를 중찬(重撰)한 것이라고 하였다. 그러므로 『구삼국사』로 불린 자료는 『삼국사기』 이전에 있었던 삼국에 관한 역사서인 셈이다. 또 이규보는 동명왕에 관한 내용에 한정하여 이 『구삼국사』를 충실하게 인용하였다. 실제 그의 인용문과 『삼국사기』의 해당 내용을 비교하면, 『삼국사기』 측이 『구삼국사』 내용을 간략히 하면서 윤문한 것을 발견할 수 있다. 그러나 이를 곧 원자료에 대한 자의적 손상과 훼절, 혹은 변개와 날조로 속단하는 것은 매우 옳지 않다. 이미 말한 바와 같이 『고기』의 미흡함은 아마 『구삼국사』에서 발견한 미흡함과 다르지 않을 것이다. 다시 말하여 『구삼국사』 또한 김부식이 총칭한 『고기』의 하나임에 틀림없다. 이 문제를 위해서는 『신당서』를 편찬한 찬자들이 『구당서』를 비판한 맥락과 비교하는 것이 유용한 방법이겠다.

증공량(曾公亮)은 「진당서표」(進唐書表)에서 이렇게 말하였다.

『구당서』는 서술의 순서에 원칙이 없고 자세하고 간략한 것에도 적합함을 잃었으며, 문장이 명료하지 않을 뿐만 아니라 사실 자체가 많이 결락되었습니다.……말세의 선비들이 기력이 쇠약해지매 말은 조잡하고 생각은 비루하여 본연의 문장을 일으킬 수 없었으니, 밝은 군주와 어진 신하의 걸출한 공적과 성대한 위업, 그리고 뭇 혼미하고 포학한 통치자와 난신적자(亂臣賊子)의 화란(禍亂)의 뿌리와 죄악의 발단 따위에서 모두 그 선악을 드러내어 사람들의 이목을 격동하게 할 수 없었던바, 진실로 후세에 권계를 드리워 장구하게 보일 만한 것이 못 되는지라 매우 애석하다 하겠습니다.

김부식이 『고기』에 대해 언급한 것과 마찬가지로 증공량은 『구당서』의 문체와 내용과 효용성에 문제를 제기하고 있다. 사실 「진삼국사기표」는 이 「진당서표」를 모델로 작성된 것이다. 그러므로 일견 『삼국사기』와 『구삼국사』의 관계는 『신당서』와 『구당서』의 관계에 비유할 수 있다. 물론 『구당서』와 『신당서』는 모두 『삼국사기』 편찬 시에 처음 이용된 것으로 판단하지만, 『신당서』의 『구당서』에 대한 불만은 고문주의의 맥락에서 본다면 김부식도 공감했을 법한 것이다. 그러나 『삼국사기』가 사료의 인용이나 저술 단계에서 『신당서』를 맹종한 것은 아니다. 송에서는 『신당서』 편찬 직후부터 이에 대한 비판이 있었고, 양 당서의 우열론이 발생하였다. 『자치통감』(資治通鑑)의 저자 사마광(司馬光) 역시 일반적 체제에서는 『신당서』를 따랐으나, 구체적 사실들에서는 『신당서』보다 『구당서』를 많이 채택하였다. 뒤에 말하겠지만 사마광의 정치적 입장과 행로는 김부식의 그것과 적절히 비교되는 측면이 많은 까닭에 『자치통감』의 분위기는 『삼국사기』에 얼마간 영향을 주었을 것으로 본다. 사실 증공량은 「진당서표」에서 "사실은 이전 책보다 늘어났고 문장은 옛 책보다 간략하게 되었다"고 자부했으나, 다른 한편에서는 "첨가해야 할 것을 첨가하지 못하고 생략해야 할 것을 생략하지 못했다"는 비판이 뒤따랐던 것이다.

『삼국사기』와 이른바 『구삼국사』를 둘러싸고 진행되는 우리 사학계의 논의도 그와 크게 다르지 않다. 다만 『구당서』와는 달리 우리의 경우 『구삼국사』의 모습이 전하지 않기 때문에 속단은 경계해야 한다. 우리는 김부식이 인종의 견해를 빌려 분석한 『고기』, 즉 『구삼국사』를 포함한 국내 고유 자료들의 한계를 사실로 받아들이고자 한다. 그렇다면 『삼국사기』

는『구삼국사』로 지칭된 자료를 비롯하여 많은 『고기』류나 금석문들, 그리고 새로 입수한 중국의 사서 및 경서·문집들을 활용하여 '보충'·'윤문'·'수정'을 가하면서 '재편'한 것으로 볼 수 있다. 여기에 12세기 유교적 지식인의 관점에 충실한 의미부여를 적절히 안배하는 작업이 아울러졌을 것이다.

그러나『삼국사기』는 누가 보아도 질과 양에서 신라 위주인 것을 부정하기 힘들다. 그렇지만 또한 이것을『삼국사기』편찬자들의 정당하지 못한 의도로 간주하는 것에는 동의할 수 없다.『삼국사기』가 근거했을 당시의 자료가 이미 신라인들의 관점에서 재정리되었거나, 또는 그것을 토대로 고려에서 재정리한 것이기 때문이다. 우리는 오직『삼국사기』로만 확인할 수 있는 삼국의 역사편찬 작업을 몇 가지 기억한다. 고구려에서는『유기』(留記)와『신집』(新集)을 편찬한 바 있고, 백제에서는『서기』(書記)를, 그리고 신라에서는 진흥왕대에『국사』(國史)를 만들었다. 이러한 자료들은 7세기 통일전쟁에서 승리한 신라인의 손으로 다시 용해되었다. 또한 이미 당대사를 기록하는 전통이 확립된 통일기 신라시대에는 중국사서보다 훨씬 상세한 자국사(自國史)를 남길 수 있었다. 결국 신라인들이 재정리한 삼국시대 역사와 통일기 신라인들의 자국사가 자료 환경이 된 이상, 고려시대에 편찬된 사서라면 그것이『구삼국사』이든『삼국사기』이든 본질상 크게 다르지 않을 것이다.

그럼에도 불구하고 우리는 종종 일부 연구자들이『구삼국사』에 상대적 신뢰를 보내는 모습을 발견하게 된다. 그러나 이것은 '잃어버린 것에 대한 편애'에 지나지 않는다. 적어도 현 단계 연구조건에서『삼국사기』에 대한 절제된 사료 검토 의욕을 방해하는 피난처가『구삼국사』의 정황적 실재가 되는 상황은 소망스럽지 못한 것이다. 이 문제는『삼국유사』에도 해당된다. 즉 외양으로만 볼 경우『삼국유사』는 그 서술의 양에서『삼국사기』보다도 훨씬 더 신라 편향적인 것처럼 보인다. 그렇지만 신라의 전통과 신라인들의 인식 및 그들에 의해 작성되고 변형된 자료를 토대로 할 경우,『삼국사기』이든『삼국유사』이든 자연스럽게 신라 위주의 내용이 되고 말 것이다. 다시 말하여 편찬 과정에 확보된 자료들은 상당 부분 이미 신라적 편향에서 자유롭지 못한 것들이었다. 그러므로 이러한 경향을 찬자들의 의도로 규정하는 것은 바람직하지 않다. 이 문제와 관련하여 사람들은 『삼국사기』를 쓴 김부식이 경주 출신 지식인이라는 데에 혐의를 두고 있기도 하지만, 그렇다면 경주부 장산군 출신의 일연 (一然) 역시 이러한 혐의에서 벗어날 수 없을 것이다. 그러나 그러한 논리는 우리 고대 역사와 문화의 보고를 이루는 두 책에 대한 진지한 성찰이 결여된 것이라고 하겠다. 오히려 우리는 이러한 성급한 이해가 경박한 현재주의에 의해 오염된 오류는 아닌가 하는 반성을 해야 할 것이다.

4. 삼국의 본사(本史), 체제와 판각

『삼국사기』는 사마천(司馬遷)의 『사기』에서 비롯한 기전체 서술방식을 택하였다. 편목별로는 삼국의 본기 28권, 연표 3권, 잡지 9권, 열전 10권, 전체 50권으로 구성되었다. 본래 기전체 사서에서는 왕조의 편년사라 할 수 있는 본기와 해당 시기에 의미 있는 역할을 한 인물들의 전기인 열전이 가장 큰비중을 차지한다. 그러나 통일기 이전 삼국의 경우는 실록과 같은 당대 사료가 풍부하지 못하기 때문에 실제 『삼국사기』의 편목별로 합당한 균형을 이루지 못한 느낌이 없지 않다. 특히 고구려와 백제의 본기는 신라 측의 사료를 근거로 하여 같은 연대기에 기계적인 반복을 한 부분도 적지 않다. 신라와 당의 연합군은 두 나라 왕조의 운명뿐만 아니라 그 역사 기록에도 상당한 타격과 손실을 입혔기 때문이다.

본기는 신라본기 12권, 고구려본기 10권, 백제본기 6권으로 이루어졌다. 신라본기는 다시 백제가 멸망하는 시기까지의 5권, 고구려 및 당과의 전쟁을 수행한 문무왕본기 2권, 그리고 신문왕 이후 통일기의 본기 5권으로 나눌 수 있다. 분량으로만 보면 삼국시대 신라에 그다지 편중하지 않은 느낌이다. 특히 고구려는 광개토왕 무렵까지의 고유 자료가 비교적 잘 반영된데다가 일찍부터 중국 사서에 관련 기사를 남기고 있었기 때문에 백제와 신라에 비해 정보량이 약간 상회한다. 본기마다 각 왕의 가족 관계를 포함한 즉위기를 먼저 서술하고, 연대별로 국가의 중요 정치 문제와 대외전쟁 기사 및 천변재이 등을 기록하였다. 국내 자료와 중국 측 정보를 아울러 기록하되, 상충할 경우에는 거의 예외없이 국내 고유 자료에 신뢰를 주었다. 또 본기별로 해당 왕조를 '아'(我)로 표기하여 형식상 대등하게 다루었다. 이것은 편찬 당시 송나라에서 전개된 정통론(正統論)을 염두에 둔 배려일 것으로 생각한다.

연표는 간지(干支)로 연대 기준을 삼고 중국, 신라, 고구려, 백제로 나누어 표기하였다. 신라 하대에는 궁예와 견훤의 연대기도 포함하였다. 왕조별로 왕의 즉위와 성명, 재위연대와 죽음, 중국의 연호 관련 정보를 주로 기록하였다. 왕의 재위연대는 즉위년을 원년으로 정하는 이른바 '유월칭원법'(踰月稱元法)의 원칙에 따랐다. 연표의 정보에서는 본기나 열전과 비교하여 약간의 표기상 차이점도 발견된다.

잡지는 제사와 음악, 색복(色服), 거기(車騎), 기용(器用), 옥사(屋舍), 지리, 직관으로 분류해 서술하였다. 지리지를 제외하면 대부분 통일기 신라의 제도나 사회상이 주류를 이루고 있으며, 고구려와 백제에 대해서는 중국 사서의 해당 대목을 인용하는 데 그친 경우가 많다. 형식상 삼국을 균등하게 다룬 사서를 표방하기 위해 고심한 흔적이 역력한 대목이다. 지리지는 가장 상세하게 서술된 편이나, 역시 통일기 신라의 9주를 기준으로 명칭의 변개와 군현의 예속 관계 및 편찬 당시의 지명 등을 기록한 것이다. 특히 지리지의 지명들은 고대 삼국의 언어를 연구하는 데 일차 자료로 중시된다. 잡지의 내용을 살펴보면 대체로 본기와 자료를 공유한 부분도 있으나, 별도 자료의 존재를 짐작하게 해주는 서술도 있다.

열전에는 모두 52명의 전기와 34명의 부수인(附隨人)이 기록되었다. 그 가운데 실제 개인기록을 가지고 있는 인물은 69명이며, 나라별로는 신라인 56명, 고구려인 10명, 그리고 백제인 3명이다. 대체로 열전의 인물들 가운데는 멸사봉공이나 위국충절을 위해 순절하거나 전사한 이들의 비중이 높다. 이러한 특징은 김부식이나 12세기 고려사회가 요구했던 국가의식의 산물로 파악되기도 한다. 본기의 기록을 거의 그대로 반복한 전기도 있지만, 전혀 새로운 자료를 활용한 전기도 적지 않다. 예컨대 열전 10권 가운데 3권의 분량이 배려된 김유신전의 경우는 그의 후손이 작성한 김유신의 『행록』(行錄)에 의존하였다. 따라서 김유신전의 파격적 비중은 김유신의 실제 비중과 함께 풍부한 자료 여건도 고려되어야 한다.

『삼국사기』의 편찬에는 편수(編修)를 맡은 김부식 외에 10명이 관구(管句), 동관구(同管句), 참고(參考)의 임무를 분담하여 참여하였다. 관구와 동관구는 『삼국사기』 편찬작업을 주관하는 공식적 행정직으로, 정습명(鄭襲明)과 김충효(金忠孝)가 담당하였다. 참고는 김부식이 고시관이었던 과거에서 장원으로 급제한 박동주를 포함하여 모두 8명으로 비교적 하급 관료들이었다. 이들은 아마 자료를 발췌하고 대조하며 교감하는 등 편수의 실무를 담당했을 것이다. 또 이들이 각 편목을 분장하여 서술한 당사자들이라고 생각된다. 그 때문에 삼국의 각 본기나 여러 지, 그리고 열전 등을 비교해 보면 편목이나 권별로 표기상의 일정한 개성을 구분해낼 수 있는 것이다.

『삼국사기』가 처음 간행된 시기는 김부식이 죽은 의종 5년 이전일 가능성이 높다. 그리고 판각작업이 이루어진 곳은 경주 지방이었을 것으로 추정된다. 이 초간본은 현재 전하지 않지만, 그 일부의 판목은 복간을 거듭하면서도 계속 활용되었다. 제2차 판각은 100여 년 뒤인 13세기 중엽에 이루어진 것으로 추정된다. 간기(刊記)나 발문(跋文)이 없는 것은 초간본과 마찬가지이지만 열전 일부가 전하고 있다. 3차 판각은 조선 태조 3년(1394)에 경주 지역 지방관들이 주도하여 이루어졌다. 판각사업의 경과에 대한 김거두(金居斗)의 발문이 『삼국사기』 말미에 전한다. 마모가 심한 판만 새로 복각(覆刻)한 것으로 추정하나, 이때 인출한 판본은 전하지 않는다.

  마지막 판각은 중종 7년(1512)에 역시 경주에서 이루어졌다. 경주부윤(慶州府尹) 이계복(李繼福)의 발문이『삼국유사』말미에 전한다. 그에 따르면 이때『삼국사기』와『삼국유사』를 함께 판각했던 것을 알 수 있다. 또 발문은 "황명(皇明) 정덕(正德) 임신년"으로 연대를 기록했기 때문에 이 판본을 보통 '정덕본', 혹은 '임신년 간본'이라고 부른다. 현전하는 완본 형태의 가장 오래된『삼국사기』목판본으로서, 오늘날 대부분의 영인본과 활자본들은 이 '정덕본'을 원전으로 삼고 있다. 3차 판각과 마찬가지로 기존의 상태가 양호한 일부 판들은 그대로 이용하고, 새로 광범한 범위의 필사보각을 진행한 것이다. 그러나 경주와 경상도 관내 여러 읍에서 작업을 분담한데다가 기계적인 복각을 한 까닭에 오각이 저질러진 경우도 종종 발견할 수 있다. 고려 역대왕의 이름자를 피하기 위해 획을 생략하는 결필(缺筆)의 경우, 각공의 형식적 복각과정에서 전혀 다른 글자가 되거나 난해한 형태로 변한 사례들이 그 한 예이다. 이와 같은 몇 가지 병리 현상에도 불구하고 '정덕본'은 찬진 당시의 내용을 충실하게 보전하였으며, 연구를 위한 원전 자료로서 손색이 없다고 평가된다.

  이후 숙종 37년(1711)에는 주자본(鑄字本)이 간행되었다. 이 판본은『현종실록』을 출간하기 위해 새로 주자한 활자로 찍은 것이므로 '현종실록자본'이라고도 한다. 앞선 목판본들이 반엽(半葉)마다 9행, 그리고 1행마다 18자의 판형이었던 데 반해, 주자본은 10행 18자로 짜였다.

  '정덕본'에 있는 이계복의 발문에는『삼국사기』와『삼국유사』를 일러 "우리 동방 삼국의 본사(本史)와 유사(遺事)"라고 하였다. 이는 전통시대 지식인이 일반적으로 지니고 있는 두 책에 대한 인식이겠다. 그러나 또한 이것은 이미 고려 당시에 삼국의 '유사'를 자처한 일연의 인식이기도 하다. 일연은『삼국사기』를 '삼국본사'로 불러 존중하였으며, 그의 저술『삼국유사』는 그 표제에서부터 '본사'를 전제하고 있는 것이다. 조선

건국의 주체였던 성리학자들도 여러 가지 형식이나 역사 인식면에서는
『삼국사기』를 비판하면서도, 그 '본사'로서의 위상을 수긍하였다. 예컨
대 조선 초의 대표적 사서들인 『동국사략』(東國史略)·『삼국사절요』(三
國史節要)·『동국통감』(東國通鑑) 등 역시 삼국시대의 서술에서 『삼국사
기』를 벗어나지 않았던 것이다. 따라서 이 '본사'로서의 위상은 오늘의
독자들에게도 변함없는 것임은 물론이다.

5. 역사 인식의 두 층위, 사실과 사론

『삼국사기』는 삼국을 대상으로 한 역사이다. 고조선을 필두로 삼국 이
전의 민족사는 배제되었다. 통일기 신라시대 민족사의 또 다른 줄기를
담당한 발해 역시 고려되지 않았다. 또한 가야의 사적도 정당한 대우를
받지 못했다. 그러므로 고려 이전의 민족사 체계가 제대로 파악되었다
고 할 수는 없다. 이것은 사실적 서술 대상의 불균형이다. 그러나 『삼국
사기』가 삼국 이외의 왕조사를 포괄할 때 그것은 『삼국사기』일 수 없음
또한 부정할 수 없다. 그렇다면 서술 대상의 결여라는 지적은 『삼국사
기』가 감당할 사항이 아니다.

조선 후기 유득공(柳得恭)은 삼국의 역사와는 별도로 통일기 신라와
발해가 병존했던 '남북국사'를 편찬하지 않은 고려 사람들의 책임 문제
를 제기하였다. 발해사에 대한 숙고에서 비롯한 그의 관점은 건강하다.
고려시대 지식인들의 민족사 인식체계와 당시에 도달해 있던 역사편찬
의 경험이나 수준에서 반성은 출발해야 하기 때문이다. 따라서 책임의
소재는 『삼국사기』와 그 편찬자들에 있지 않다. 특히 발해가 외면된 것
은 전쟁에서 승리한 신라인들의 현실적 필요를 배경으로 한다. 그들은
고대 동북아시아를 단위로 한 세계전쟁이라고 할 수 있는 7세기 전쟁의
명분을 '일통삼한'(一統三韓)으로 설정하였다. 그러나 발해는 고구려를
온전하게 계승한 나라, 혹은 고구려가 부활한 나라를 자처하였다. 발해

의 존재는 이제 신라 지배집단이 표방한 전쟁 의의를 훼절하는 도전이 되고 만다. 이와 같은 맥락에서 고려의 지식인들은 신라인들의 발해 인식을 옳게 극복하지 못했던 것이다.

삼국을 대상으로 한 서술에서 확인되는 사실의 문제도 다르지 않다. 예컨대 『삼국사기』에 숱하게 등장하는 '말갈'(靺鞨)은 6세기 이후에야 중국 사서에 모습을 드러내고 있다. 그러므로 말갈이 기원전부터 삼국의 성장에 깊숙이 개입될 수는 없다. 또한 고려 중기에는 이미 그러한 종족 명칭은 사라진 지 오래였다. 말갈은 통일 이후 신라시기에 가장 잘 들어맞는 존재였을 따름이다. 다시 말하여 말갈은 신라적 관점이 여과없이 반복된 대표적 사례인 것이다. 이처럼 『삼국사기』에는 크고 작은 오류와 모순이 허다하다. 그 오류와 모순은 대부분 편찬자들의 무신경을 의미한다. 그리고 이를 바로잡는 것은 당연히 연구자들의 몫이다. 『삼국사기』 편찬자들에게 물어야 할 것은 오류와 모순을 질책하기보다는 차라리 기존의 기록에 대한 무비판적 맹신에 대한 부분일 것이다.

이른바 '기록존중' 혹은 '문헌주의'의 태도는 긍정과 부정의 양면성을 함께 지닌다. 편찬자들은 때때로 스스로 믿을 수 없는 내용이라 할지라도 그것이 오랫동안 보존되어온 전승이기 때문에 기록한다고 고백하였다. 이것은 고대적 체질을 적나라하게 간직한 내용들이 우리 앞에 모습을 보일 수 있었던 연유이겠다. 또한 현실적으로 우리는 『삼국사기』라는 창을 통한 간접 경로에서 비로소 고대인의 사유를 접할 수 있을 따름이라는 점을 생각한다면, 그 긍정적 의미가 적지 않다. 반면에 '기록존중'이 최소한의 고증마저 포기한 채 맹목적 경향으로 치우칠 때 초래되는 폐해 또한 만만치 않다. 일반적으로 사료에 대한 비판정신이 결여된 개별 자료의 재편은 독자의 역사인식에 불필요한 혼선과 오해를 야기한다. 『삼국사기』가 채택하지 않은 삼국 관련 전승들의 존재도 간혹 아쉬움을 더하는 요인이 되고 있다. 다만 중국 사서의 정보가 국내 자료와 상충하는 경우에는 『삼국사기』 편찬자들도 대개 비판적 고증을 빠뜨리지 않았다.

한편 『삼국사기』에는 모두 31개의 사론(史論)이 작성되어 있다. 사론은 특정 사실에 대하여 찬자 자신의 적극적인 가치 평가를 부여한 글이다. 그러므로 사론은 김부식 자신의 의미 부여를 필요한 조건으로 한다. 그러나 사실과 마찬가지로 사론에도 선행한 중국 사서의 사론을 토대로 한 것들이 적지 않다. 그러한 사례는 우선 사론의 대상 사건이 가지는 유사함에 기인한다. 그와 함께 중국 중심적 유교주의 교양으로 무장한 고려 지식인들의 한계이기도 할 것이다. 여하튼 사론은 절제된 서술과정에서 찬자들의 주관적 평가가 개입된 부분이다. 그러므로 사론은 그에 반영된 찬자의 역사인식을 추출하는 일차적 재료로 기능한다. 물론 어떠한 역사기록도 기술자의 현재적 제약에서 완전히 자유로울 수 없다는 점에서는 사론도 예외가 아니다. 따라서 김부식의 정치적 현실과 그의 사론에 나타난 주요 관점 사이에는 긴밀한 유기적 관계가 개입되어 있게 마련이다.

김부식은 사론을 작성하기 위해 수많은 자료를 참고하였다. 특히 절대적 주류를 이루는 24종의 중국 측 경(經)·자(子)·사(史)류는 모두 62회 인용되거나 고려되었다. 그 가운데서도 『좌전』(左傳)과 『신당서』에 의거한 빈도가 높았다. 일차적으로 이것은 김부식의 시대배경 및 정치 환경과 관련된 사항이겠지만, 『신당서』의 경우는 고문(古文)으로 개찬되었다는 점에서 『구당서』와 구분되며, 대의명분을 제일로 삼는 『춘추』(春秋)의 경문과는 달리 『좌전』은 사실주의에 입각하였다는 측면을 주목해야 하겠다. 특히 『좌전』의 비중을 보면 『자치통감』에서 받은 영향이 컸을지도 모르겠다. 『자치통감』의 원래 목적은 제왕학으로서 기획되었지만, 사마광 자신의 역사가적 식견이 주입된 훌륭한 역사서로 되었다. 그런데 『자치통감』은 『춘추』의 경문보다는 오히려 『좌전』의 체제를 모방했던 것이다. 아울러 『자치통감』이 이루어지면서 사론이 성하게 된 추이도 염두에 둘 일이다.

무엇보다도 우리가 주목하고자 하는 것은 김부식의 생애에서 사마광의 정치적 부침과 유사한 행로를 발견할 수 있다는 것이다. 이미 말한 바와 같이 김부식은 12세기 고려사회가 당면한 현실 타개의 대안 모색에서 윤언이 등으로 대표되는 제도적 개혁론에 맞서 있다. 김부식 등은 개혁론자들의 이른바 '신법'(新法)을 비판하여 '지켜 잃지 않아야 할 것'으로 '조종지법'(祖宗之法)의 고수를 주장하였다. 사실 묘청 등의 서경 천도론 역시 '신법론'의 범주에 드는 하나의 실천 대안이었다. 뒷날 서경 세력에 동조했던 것을 시인한 신법론자 윤언이는 1133년 인종에게 「만언서」(萬言書)를 올린 바 있다. 주지하듯이 「만언서」는 북송의 왕안석(王安石)이 그의 개혁이념을 담아 1058년 송의 인종에게 올린 글이다. 이후 송에서는 왕안석의 신법 개혁이 추진되면서 이른바 '구법'(舊法)의 영수 사마광과 운명적 대결을 거듭하게 되었다. 두 사람의 명암은 그 지지자들에게 대를 이어 재연되었다. 왕안석의 신법이 강행되자 퇴관을 자청한 사마광은 낙양(洛陽)에 은거하여 『자치통감』의 편찬에 몰두하였다.

그러므로 신법론자 윤언이의 복권에 당하여 스스로 퇴출을 결정한 김부식과 뒤이은 『삼국사기』 편찬은 사마광과 그의 『자치통감』을 모델로 했던 것이다. 실제 김부식은 인종에게 사마광의 「유표」(遺表)를 강의하면서 그를 변호하였다. 사마광의 「유표」는 원풍(元豊) 5년(1082) 그 자신의 사후 신종에게 올릴 의도에서 작성되었다. 「유표」에는 왕안석의 신법 개혁에 대한 격렬한 비판과 함께 자신의 충정이 받아들여지지 않는 데 대한 좌절감이 담겨 있다. 그리고 '조종의 법'을 고수하였다. 『자치통감』은 1084년 신종의 죽음에 4개월 앞서 봉정되었다. 사마광의 좌절감과 신법에 대한 불신감이 『자치통감』에 어떤 형태로든 반영되었을 것은 자명하다. 요컨대 김부식은 『삼국사기』의 편찬과 특히 그 사론을 통하여 말하고자 했던바, 그리고 그 방법에서까지 사마광의 『자치통감』을 하나의 전범으로 삼고 있었다고 판단한다. 공교롭게도 인종 역시 『삼국사기』가 진상된 후 두 달 만에 승하하였다.

이제 우리는 『삼국사기』의 사실과 사론을 구분해서 읽어야 할 필요에 동의하게 되었다. 저명한 김유신을 예로 들면 적절하겠다. 김유신은 7세기 전쟁에서 신라의 승리를 이끌어낸 일등공신이며, 『삼국사기』에 모두 3권의 분량이 배려된 인물이다. 압도적 비중을 접한 독자들은 비록 그가 김부식과 같은 '신라인'이라는 점에 착안하는 경박함까지야 아니라 할지라도, 김유신의 무장으로서의 위대함을 강조하고 신하로서의 충성스러움을 찬양했다는 느낌마저 절제할 필요는 없다. 그러나 김유신의 삶에 대한 사론이 겨냥한 것은 이와 다르다. 그것은 김유신의 위대함이 아니라 김유신에 대한 신라 왕실의 흔들리지 않는 신뢰였다. 김유신을 김유신이게 하는 것은 실로 인군다운 인군의 태도에 있었던 것이다. 자신의 정당함을 배려하고자 했던 사마광이 스스로의 죽음을 예감하고 쓴 「유표」에 그의 정치적 고립감과 그로 인한 울분이 스며 있듯이, 사실상의 퇴출을 강요당한 김부식의 사론에는 역시 절제된 항의가 담겨 있다.

결국 구체적인 사건이나 인물들에 대한 평가는 대부분 사론을 작성한 김부식 자신의 생애와 긴밀한 의미 관계에 있다. 요컨대 한 시대의 정치 현상과 그 이데올로기를 이루는 사상 경향은 유리될 사안이 아니다. 김부식은 고려 중기의 잦은 정변이나 개혁 논의 속에서 예교에 입각한 군신간의 질서를 고수하였다. 그리고 그러한 자신의 충의와 정당함을 토로하고자 하였다. 이 점에서 『삼국사기』의 사론에는 한 현실 정치가의 자기 변호와 항의가 공존하고 있다. 이를 염두에 두고, 사론을 제외한 『삼국사기』의 편년 기사가 가지는 사료로서의 가치와 김부식 개인의 삶을 구분할 것을 제안한다. 이것은 사실과 사론을 구분하자는 말이기도 하다. 당연한 말이지만 『삼국사기』 개별 기사의 신빙성 여하는 찬자의 정치적 속성과는 상관없이 그에 관련된 본연의 연구성과가 축적되는 과정에서 가늠되어야 옳다고 믿기 때문이다.

6. 사서로서 위상과 평가

비록 김부식이 스스로를 송의 사마광에 견주었는지는 단정하기 어렵지만, 고려와 북송은 시공을 뛰어넘어 각각 김부식과 사마광이라는 격동기 정치가의 역사책을 낳았다. 물론 김부식은 『자치통감』의 세계를 충분히 내재화하지는 못하였다. 즉 두 역사가가 처한 현실의 우연한 공유대와는 달리, 김부식 자신과 고려의 역사 관련 토대는 자못 빈약했던 것이다. 그러므로 찬자의 정치 역정과 마찬가지로 『삼국사기』 역시 우리 고대 문화를 내실 있게 아우르지 못하였다.

그런데 이 빈약한 『삼국사기』는 우리 고대사를 연구하는 데 가장 기본이 되는 문헌자료이기도 하다. 물론 우리 고대사 연구는 『삼국유사』나 중국 측 자료 및 고고학의 성과나 금석문 사료에 힘입는 바 크다. 그러나 그것들은 어디까지나 부차적일 따름이며 고대사를 복원하는 데 『삼국사기』가 가지는 위상을 대신할 수는 없는 것들이다. 그럼에도 불구하고 『삼국사기』의 정보는 반드시 문면 그대로 받아들이기 어려운 측면도 없지 않다. 분명한 오류나 모순 때문에 연구자들은 『삼국사기』 자체, 혹은 그에 기반한 연구성과에 대한 불신의 여지를 완전히 극복하지 못하고 있다.

『삼국사기』에 대한 비판은 고려 당시부터 곧바로 제기되었다. 주지하듯이 『삼국사기』의 삼국시대관은 넓게는 고려 중기 12세기의 유교적·합리적 세계관에 입각한 것이었으며, 좁게는 찬자 김부식의 삶과 정치적 역정이 투영되어 있다. 따라서 그것은 시대상황의 변화에 따라 새로운 역사상이 요청될 때마다 늘 재해석의 대상이 될 수밖에 없다. 예컨대 이미 의종대 김관의(金寬毅)의 『왕대종록』(王代宗錄)은 고려 왕실의 세계(世系)에 대한 인식에서 『삼국사기』 기록을 부인하고 있는 것이다.

이규보의 『동명왕편』과 일연의 『삼국유사』는 좀더 근원적인 문제를 제기하였다. 그 하나는 이른바 『구삼국사』의 실체와 관련하여 『삼국사기』의 내용 및 체제에 대한 비판적 논의가 될 것이다. 나아가 이를 토대로 수사가(修史家)로서 김부식의 객관성과 자주성에 대한 논의가 다른 한 부분을 이루고 있다. 『삼국사기』에 익숙했던 이규보가 『구삼국사』를 접하고 동명왕에 대한 서사시를 짓고자 고무되었다면, 그것은 적어도 동명왕과 같은 민족 영웅담에서 『삼국사기』가 설득력과 감동을 전하는 데 얼마간 결함이 있다는 것을 인정해야 할 부분이다. 마찬가지로 『삼국사기』를 삼국의 '본사'로 존중했던 일연이 이민족의 폭압 아래 크게 왜곡된 민족사의 현실에서 체득한 각성이 『삼국유사』에 스며 있다면, 그것은 '유사'라는 표제처럼 단순한 겸양만은 아닐 수도 있는 것이다.

크게 보아 조선시대 지식인들의 『삼국사기』관 역시 원전으로서의 비중을 인정하는 것과는 별개 문제로 그다지 우호적이지 않았다. 특히 편년체 통사를 주로 편찬하던 조선 초 식자들의 눈에는 『삼국사기』의 번다하기만 한 형식적 체제가 우선 비판의 과녁이 되었다. 또 그들은 『삼국사기』의 사실보다는 김부식의 사론에 더욱 가혹한 질타를 서슴지 않았다. 다만 그것은 고려와 조선의 왕조 환경 차이에서 비롯된 것들이 대부분이라는 점에서 본질을 잠시 비켜난 것이기도 하다. 예를 들어 유교적 예의 범주를 일탈했다거나 모화의식이 크게 부족하다거나, 혹은 비현실적 내용을 절제없이 수록했다거나 하는 비난이 김부식과 『삼국사기』에 쏟아졌다. 실제 김부식의 의도가 스며든 사론의 현실 대안은 고려라는 시대환경을 떠난 순간 거의 모든 범위에서 현실성과 설득력을 상실하고 말았던 것이다.

자국사에 대한 자각에 눈뜨고 중화주의적 세계관을 극복하게 된 실학자들 또한 당연히 『삼국사기』에 만족할 수 없었다. 그곳에는 민족사에 대한 자존의식도 없었고, 단군의 역사도 발해의 역사도 없었던 것이다. 그것은 대안이 없기 때문에 버리지 못하는 부실한 자료에 불과했다. 이처럼 『삼국사기』는 제대로 '모화적'이지도 '자주적'이지도 못한 채 조선시대를 지나 근대적 방법론으로 무장한 식민지시대 연구자들에게 넘겨졌다.

근대 역사학은 국권을 강탈한 일제의 연구자들과 역사 연구를 민족해방의 방편으로 삼은 우리 연구자들의 투쟁의 양상을 띠고 전개되었다. 그러나 『삼국사기』에 대한 평가절하는 투쟁의 대상이나 투쟁 당사자들 사이에 큰 차이가 없다. 물론 비판의 맥락은 전혀 달랐다. 『일본서기』의 토양에 선 이들에게 『삼국사기』는 우선 그 내용의 사실성을 수긍할 수 없는 책이었다. 현실의 민족국가 위상이 그 역사와 역사책에도 강요되었던 것이다. 이와는 달리 민족사관이나 유물사관에 서서 자국사를 재구성하고 이를 통해 외세에게 유린된 민족현실을 타개하려는 이들에게 『삼국사기』가 준 가장 큰 실망감은 사대성의 문제였다. 이와 함께 일부의 사실성 문제도 심도 있게 거론되었다. 연구자들은 『삼국사기』의 중세적 세련보다는 그것이 손상하거나 변형시켰을 진솔한 고대적 체질에 주목하게 되었던 때문이다. 한 예로 『삼국유사』의 가치를 재발견한 최남선(崔南善)은 "만일 『삼국사기』와 『삼국유사』 가운데 어느 하나만을 지녀야 할 경우가 있다고 한다면 마땅히 『삼국유사』를 선택하겠다"라고 말하기까지 했던 것이다.

해방은 분단과 함께 왔다. 남북의 연구자들은 먼저 지난 시기 식민사학의 독소를 제거하는 데 주력하였다. 그러나 각기 민족사관과 계급사관을 표방한 남북의 학계도 『삼국사기』에 대한 폄하에서는 여전히 상당한 일치를 보였다. 오늘날 연구 역량이 증대되고 고고학 성과가 쌓여 가면서 『삼국사기』의 사실성에 대한 의혹은 차츰 정돈되는 추세에 있다. 논의는 끝나지 않았지만, 다양한 형태로 정확성과 신빙성이 향상되는 방향을 감지하게 된다.

그러면서도 놓칠 수 없는 우려가 남아 있다. 첫째는 흔히 『삼국사기』의 사서로서의 위상과 김부식의 정치가로서의 위상을 혼용하는 무신경에 대한 염려이다. 그러나 우리는 정치가 김부식에 대한 정당한 평가가 당시의 정치·사상·외교 관계 등의 현실로 들어가 이루어져야 하듯이, 역사가 김부식을 만나기 위해서는 사론의 정밀한 음미가 필요하다는 데

동의하였다. 그러므로『삼국사기』와 김부식이 서로의 대명사로 쓰여서는 안 된다. 둘째는 삼국을 비롯한 우리 고대사의 일차 자료로서의『삼국사기』를 향해 들이대는 평가기준의 경직성에 대한 염려이다. 독자들의 질문은 언제나 예리하고 공세적인 반면,『삼국사기』는 너무나 빈약한 정보와 지루한 규범을 반복할 뿐이다. 만약 우리가『삼국사기』와 그 편찬자들 역시 오늘의 우리와 다름없이 그 시대로부터 자유로울 수 없었다는 평범한 사실만 인정한다면,『삼국사기』에 완벽한 고대사의 복원을 요구하는 가혹함도 어렵지 않게 버릴 수 있을 것이다.

『삼국사기』를 읽는 이들의 동기는 서로 매우 다를 수 있다. 동시에 서로 다른 욕구는『삼국사기』의 여러 층위로 해소될 수 있기도 하다.『삼국사기』는 우리를 민족의 고대로 안내하는 창이지만, 그 겹겹의 창은 들여다보는 이의 손길을 기다릴 뿐, 저절로 열리지는 않기 때문이다. 말하자면 12세기 중엽의 창 속에는 고려 전기 사회의 역량이 숨어 있고, 그다음 창에는 통일기 신라인들의 의중이 기다리고 있으며, 다시 창을 열면 삼국민들의 사유가 고여 있는 식이다. 어떤 창의 단계에서 오늘의 우리 삶과 민족국가사의 지향에 이바지할 광맥을 만나게 될지는 이제 독자들의 몫으로 남았다.

1. 이 역주서는 일차적으로는 민족문화추진회에서 발행한 『교감 삼국사기』(校勘 三國史記)를 대본으로 삼았다. 이 교감본은 조선 중종(中宗) 임신간본(壬申刊本), 즉 세칭 정덕본(正德本)을 축소 영인하고 김정배(金貞培)가 여러 이본(異本) 및 참고서에 근거하여 교감기(校勘記)를 첨기한 것이다. 아울러 정신문화연구원에서 발행한 『역주(譯註) 삼국사기 1─감교(勘校) 원문편(原文篇)』과 비교하였다. 그러나 반드시 필요한 경우가 아니라면 본래 정덕본의 표기를 존중하여 교감기의 견해를 따르지 않은 곳도 있다.

2. 번역문은 순 한글을 원칙으로 하되, 필요할 경우 원문의 한자에 한정하여 ( ) 안에 표기하였다. 주석 역시 같은 원칙을 적용하여 한자의 노출을 최대한 억제하였다. 따라서 한글과 한자가 일치하지 않은 경우는 없다. 그리고 가까운 거리를 두고 반복되는 한자는 생략했으며, 인명이나 관등명 같은 고유명사도 처음 등장한 이후에는 역시 일일이 한자를 병기하지 않았다.

3. 번역은 원뜻에 충실하되 현대 어법에 가까운 표현이 되도록 노력하였다. 이에 따라 근소한 의역이 불가피한 곳도 있었으나, 원문의 표기법을 최대한 존중하였다. 또한 왕의 조서, 표문, 외교 문서, 대화 등의 경우는 원문의 의취를 손상하지 않기 위해 최소한의 범위에서 만연체 문장이나 경어법을 그대로 살렸다.

4. 각 왕의 연대기 가운데 최초로 등장하는 재위 연대와 연호로 표기된 연대에는 그에 해당하는 서기 연대를 ( ) 안에 써 넣었다. 한 왕의 다른 재위 연대 부분은 최초 연대에서 추산이 가능하므로 생략하였다. 주석에서는 이와 함께 일부 인물의 생몰 연대도 ( ) 안에 제시하였다.

5. 왕의 이름을 피하기 위해 다른 글자로 쓴 경우는 본래의 글자를 복원·표기하여 번역하였다. 또한 원문에서 고려 시대를 의미하는 '금'(今)의 경우는 모두 '지금'으로 번역하였다. 원문의 '논왈'(論曰)은 편찬자의 사평(史評)에 해당하므로, "편찬자는 논평하여 말한다"라고 번역하였다.

6. 주석의 대상은 본문의 내용을 이해하는 데 직접적으로 긴요한 사항에 한정하였다. 그러므로 현 단계까지의 연구 성과나 현재 지명의 비정 등은 일괄 배제하였다. 반면에 일반 독자가 쉽게 접할 수 없는 중국 측 문헌의 관련 고사는 가능한 한 최대한 적출하여 설명하였다. 또한 같은 항목에 대해서는 최초 등장하는 곳에만 주석을 붙였으며, 주요 항목은 찾아보기에 반영하여 활용할 수 있게 하였다.

7. 원문에 있는 주석의 경우는 [ ]로 표시하고, 역자의 주석은 번호를 붙여 설명하였다. 각 본기의 새로 즉위한 왕명과 재위 연기, 잡지의 주요 표제어(標題語), 열전의 표제인명(標

題人名)은 서체를 **태고딕**으로 하였다. 또 원문을 복원하지 못한 결락 부분은 추정되는 글자 수만큼 □로 표시하였다. 모든 인용문은 " "로 표기하고, 인용문 안에서 다시 인용된 대목은 ' '로 표기하였다.

8. 원문에 있는 수량은 십 단위 이하는 원칙적으로 아라비아 숫자로 표기하였으나, 일부의 경우 독자의 편의를 고려하여 우리말의 셈수로 풀어 썼다. 100 이상은 백, 천, 만 단위로 읽어 표기하였다. 단 연대 표기와 주석에 있는 책의 권수는 모두 아라비아 숫자로 표기하였다.

9. 권두에 김부식이 고려 인종 23년(1145)에 작성한 「진삼국사기표」(進三國史記表)를 『동문선』(東文選)에서 옮겨 실었다. 또 권말에 조선 태조 3년(1394)에 작성한 김거두(金居斗)의 발문과 함께 『삼국유사』에 있는 조선 중종 7년(1512)에 작성한 이계복(李繼福)의 발문을 옮겨 실었다. 원문에는 각 분권 머리마다 일일이 찬자 김부식과 그의 직함이 있으나, 본 번역에서는 생략하였다.

10. 이 역주를 위해 참고한 주요 번역서 및 역주서는 아래와 같다.

① 이병도(李丙燾), 『국역 삼국사기』(國譯 三國史記), 3판, 을유문화사, 1982.

② 북한 고전연구실, 『삼국사기』 상·하, 과학원출판사, 1958·1959.

③ 정구복(鄭求福) 외, 『역주(譯註) 삼국사기 2 — 번역편』, 정신문화연구원, 1997.

진삼국사기표(進三國史記表)

신(臣) 부식(富軾)은 아뢰나이다. 옛날 여러 나라는 제각기 사관(史官)을 두어 일을 기록했으니, 맹자께서도 "진(晉)의 『사승』(史乘)과 초(楚)의 『도올』(檮杌)과 노(魯)의 『춘추』(春秋)가 모두 한가지이다"라고 하셨습니다.[1] 생각하옵건대 우리 해동(海東)의 삼국은 나라를 세워 지나온 자취가 장구하와, 마땅히 그 사실들이 서책에 드러나 있어야 할 것입니다. 이에 폐하께서는 늙은 저에게 편집을 하명하셨사옵니다. 그러나 신이 스스로를 헤아려보매 모자랄 뿐인지라, 어찌 할 바를 모르겠더이다. 엎드려 헤아려 보건대, 성상 폐하께서는 요(堯)임금의 문사(文思)를 타고나시고 우(禹)임금의 근검을 본받으사 새벽에 일어나 밤늦게까지 정사를 돌보시는 사이에도 널리 옛일을 섭렵하시어 신에게 이르셨나

---

1) 『맹자』 이루(離婁) 하에 나오는 말이다. 진의 『사승』, 곧 『진승』(晉乘)은 춘추시대 진의 역사를 기록한 책 이름이다. 『도올』은 본래 악을 기록해 경계로 삼은 나무를 이르거니와, 춘추시대 초나라 사서의 이름이다. 『춘추』는 춘추 말기에 공자가 노나라 사관이 편찬한 『노춘추』와 주(周) 왕실 및 각국 사관의 기재를 참고해 편수한 책의 이름으로 현존하는 최초의 편년체 역사책인데, 노나라 은공(隱公) 원년부터 애공(哀公) 14년까지 242년의 역사를 담고 있다.

이다.

"오늘날 학사들과 대부들이 오경(五經)[2]이나 제자(諸子)[3]의 서책과 진·한시대 이래의 역대 중국 사서에는 간혹 넓게 통달해 자세히 말하는 이가 있지만, 우리나라의 일에 이르러서는 갑자기 망연해져서 그 시말을 알지 못하니 매우 한탄할 일이다. 하물며 저 신라와 고구려와 백제는 나라를 열고 솥의 세 발처럼 서서 예로써 중국과 교통할 수 있었기 때문에, 범엽(范曄)의 『한서』(漢書)[4]와 송기(宋祁)의 『당서』(唐書)[5]에는 모두 삼국의 열전이 실려 있는 것이다. 그러나 그 경우 중국의 일은 자세히 하고 외국의 일은 간략히 하여, 삼국의 사실이 다 갖추어 실리지 못하였다. 또한 『고기』(古記)[6]는 문자가 거칠고 졸렬하며 사적(史蹟)이 빠지고 없어져서, 임금의 선악(善惡)과 신하의 충사(忠邪)와 나라의 안위(安危)

---

2) 오경은 다섯 가지 경전으로 오전(五典)이라고도 하는데 『역경』·『서경』·『시경』·『예기』·『춘추』를 가리키는 것이 한대(漢代) 이후의 통설이나, 그 밖의 것을 포함하는 경우도 있다.

3) 제자는 선진시대 학자와 그들의 책을 이르는바, 자(子)라고 하는 것은 남자의 미칭이다. 『사기』 태사공자서(太史公自序)에는 음양가(陰陽家)·유가(儒家)·묵가(墨家)·명가(名家)·법가(法家)·도가(道家) 등을 들었으며, 『한서』 30 예문지(藝文志)에는 '제자십가'(諸子十家)라 하여, 『사기』의 6가 위에 종횡가(從橫家)·농가(農家)·잡가(雜家)·소설가(小說家)를 소개하였다.

4) 범엽(398~445)은 남조 송의 순양(順陽) 사람으로 경사(經史)에 박학하고 문장과 음악에 뛰어났다. 문제(文帝) 원가(元嘉) 연간에 『후한서』 찬술을 시작했는데, 『동관한기』(東觀漢記)를 위주로 해 기존의 자료들 가운데 번다한 부분은 삭제하고 빠진 부분은 보충하면서 저작에 종사하다가, 원가 22년에 모반죄로 피살되어 원래의 계획에 있던 10권의 지(志)를 이루지 못하였다.

5) 송기(998~1061)는 북송 안주(安州) 안륙(安陸) 사람으로 자는 자경(子京)이다. 경력(慶曆) 연간에 인종(仁宗)의 명으로 『신당서』를 찬수할 때 간수관(刊修官)으로 참여해 열전 150권을 찬술하였다. 본기와 지·표 등은 구양수(歐陽修)가 찬술하였다.

6) 『고기』는 중국의 자료에 대한 '우리 측의 고유 자료'를 의미하는 총칭으로서, 구체적인 개별 자료를 가리키는 경우도 있으며, 혹은 '신라'·'해동'·'삼한' 등을 앞에 붙여 쓴 경우도 있다. 『삼국사기』에는 모두 24군데에 인용되어 있다. 특히 대체로 중국 측 자료의 정보에 대한 검증 기준으로 『고기』가 제시된 것으로 보아 그에 대한 찬자의 신뢰가 현저했다는 것을 알 수 있다.

와 인민의 치란(治亂)을 다 드러내어 권계(勸戒)로 드리우지 못한다. 이 제 마땅히 박식하고 뛰어난 재사를 얻어 일가(一家)의 역사를 이루어 만 세에 전해 해와 별처럼 밝게 할 일이다."

하오나 신과 같은 이는 본래 뛰어난 재사가 아니옵고 더구나 깊은 식 견도 없사오며, 나이를 먹어감에 정신은 날로 더욱 혼몽해져서 책을 읽 는 것은 비록 부지런히 하오나 덮으면 곧 잊어버리옵고, 붓을 잡은 손에 힘이 없어 원고를 대해 써내려 가기가 힘드옵니다. 신의 학술이란 것이 굼뜨고 얕기가 이와 같은데 지난 성현들의 말씀과 옛일들은 깊고 어두 운 것이 저와 같사오니, 이 때문에 정력을 다해 겨우 책을 이루게 되었으 나 종내 볼 만한 것이 없어 오직 스스로 부끄러울 따름입니다. 엎드려 바 라옵나니 성상 폐하께서는 멋대로 추려 재단한 점을 용서해 주시고, 함 부로 지은 죄를 벗겨주소서. 비록 명산에 비장할 만한 것은 아니오나 깨 진 항아리에 바르는 일은 없기를 바라나이다. 제 구구한 망언을 하늘의 해가 비추고 있나이다.[7]

---

7) 『삼국사기』를 올리는 김부식의 이 표문은 정덕본(正德本) 『삼국사기』에는 실려 있 지 않고, 『동문선』(東文選) 권44에 수록되어 있다. 한편 이 표문의 내용은 『신당서』 를 올리는 증공량(曾公亮)의 「진당서표」(進唐書表)를 모델로 작문되었다. 증공량은 『구당서』의 미흡함과 『신당서』 편찬의 당위성을 들어 "(『구당서』는) 서술의 순서에 원칙이 없고 자세하고 간략한 것에도 적합함을 잃었으며, 문장이 명료하지 않을 뿐 만 아니라 사실 자체가 많이 결락되었습니다. ……말세의 선비들이 기력이 쇠약해 지매 말은 조잡하고 생각은 비루하여 본연의 문장을 일으킬 수 없었으니, 밝은 군 주와 어진 신하의 걸출한 공적과 성대한 위업, 그리고 뭇 혼미하고 포학한 통치자 와 난신적자(亂臣賊子)의 화란(禍亂)의 뿌리와 죄악의 발단 따위에서 모두 그 선악 을 드러내어 사람들의 이목을 격동하게 할 수 없었던바, 진실로 후세에 권계를 드 리워 장구하게 보일 만한 것이 못 되는지라 매우 애석하다 하겠습니다"라고 하였 다. 김부식의 표문과 비교해 음미할 일이다.

삼국사기 권 제1

신라본기 제1

시조 혁거세 거서간, 남해 차차웅, 유리 이사금,
탈해 이사금, 파사 이사금, 지마 이사금, 일성 이사금

시조는 성이 박씨(朴氏)이고 이름은 **혁거세**(赫居世)이다. 전한(前漢) 효선제(孝宣帝) 오봉(五鳳) 원년 갑자(기원전 57) 4월 병진일에〔정월 15 일이라고도 한다〕 즉위해, 왕호를 거서간(居西干)이라 하였다. 이때 나이가 13세였으며, 국호를 '서나벌'(徐那伐)이라 하였다.

이보다 앞서 조선(朝鮮)의 유민들이 산과 골짜기에 나뉘어 살면서 6 촌을 이루었다. 첫째가 알천(閼川)의 양산촌(楊山村), 둘째가 돌산(突山) 의 고허촌(高墟村), 셋째가 취산(觜山)의 진지촌(珍支村)〔혹은 간진촌(干 珍村)이라고 한다〕, 넷째가 무산(茂山)의 대수촌(大樹村), 다섯째가 금산 (金山)의 가리촌(加利村), 여섯째가 명활산(明活山)의 고야촌(高耶村)이 니, 이것이 진한(辰韓)의 6부가 되었다.

고허촌장 소벌공(蘇伐公)이 양산의 기슭을 바라보니 나정(蘿井) 옆의 숲 사이에 웬 말이 꿇어앉아 울고 있는 것이었다. 다가가서 보자 홀연히 사라져 보이지 않고 큰 알만 하나 있었다. 알을 가르자 그 속에서 한 어린아이가 나오므로 거두어 길렀다. 나이 10여 세가 되자 뛰어나게 숙성 하였다. 6부의 사람들은 그의 출생이 신이하다 하여 받들어 높이더니, 이때 와서 그를 옹립해 임금으로 삼았다. 진한 사람들은 '호'(瓠)를 '박'

(朴)이라고 하는데, 처음 그가 나온 큰 알이 박과 같은 모양이었기 때문에 성을 박씨로 하였다. 거서간이란 진한 말로 왕을 이른다〔혹은 귀인의 칭호라고 한다〕.

4년(기원전 54) 여름 4월 초하루 신축에 일식이 있었다.

5년 봄 정월에 용이 알영(閼英)의 우물에 나타나 오른쪽 옆구리에서 여자아이를 낳았다. 한 노파가 이것을 보고 기이하게 여겨 데려다 기르고, 우물 이름으로 그 아이의 이름을 지었다. 자라매 덕스러운 용모가 있으므로, 시조가 듣고 맞아들여 왕비로 삼았다. 어진 덕행이 있어 내조를 잘하니, 당시 사람들이 두 성인[1]이라고 일컬었다.

8년에 왜인들이 군사를 몰아와 변경을 침범하려다가 우리 시조가 거룩한 덕이 있다는 말을 듣고 그만 돌아갔다.

9년 봄 3월에 혜성이 왕량성(王良星)[2] 자리에 나타났다.

14년 여름 4월에 혜성이 삼성(參星)[3] 자리에 나타났다.

17년에 왕이 6부를 돌아다니며 위무했는데 왕비 알영도 따라다녔다. 농사와 양잠을 장려하고 토지의 이용을 면밀히 하도록 하였다.

19년 봄 정월에 변한(卞韓)이 나라를 바쳐 항복해 왔다.

21년에 수도에 성을 쌓고 금성(金城)이라 하였다. 이해에 고구려의 시조 동명(東明)이 왕위에 올랐다.

---

1) 원문에는 '2성'(二聖)이라고 하였는데, 이는 예부터 주나라 문왕과 무왕, 혹은 주공과 공자를 지칭하였다. 여기에서처럼 왕과 왕비를 일컫는 용례로는 당 고종과 그의 황후, 즉 측천황후(則天皇后)를 합칭한 경우가 있다.
2) 28수(宿) 가운데 방수(房宿), 즉 천사좌(天駟座) 곁의 첫째 큰 별의 이름이니, 오늘날 카시오페아 자리에 속한다. 28수는 고대에 하늘을 4궁(宮)으로 나누고 다시 궁마다 일곱 성수(星宿)를 두어 구분한 것을 말한다. 동방 창룡7수(蒼龍七宿)는 각(角)·항(亢)·저(氐)·방(房)·심(心)·미(尾)·기(箕), 북방 현무7수(玄武七宿)는 두(斗)·우(牛)·여(女)·허(虛)·위(危)·실(室)·벽(壁), 서방 백호7수(白虎七宿)는 규(奎)·누(婁)·위(胃)·묘(昴)·필(畢)·자(觜)·삼(參), 남방 주작7수(朱雀七宿)는 정(井)·귀(鬼)·유(柳)·성(星)·장(張)·익(翼)·진(軫)으로 구성된다.
3) 28수(宿) 가운데 하나로 서방 백호7수(白虎七宿)에 속한다.

24년 여름 6월 그믐 임신에 일식이 있었다.

26년 봄 정월에 금성에 궁실을 지었다.

30년 여름 4월 그믐 기해에 일식이 있었다. 낙랑(樂浪) 사람들이 군사를 거느리고 와서 침범하려다가 우리 변경 사람들이 밤에도 문을 걸어 잠그지 않을 뿐만 아니라 노적가리가 들을 뒤덮고 있는 것을 보고 서로 말하기를, "이곳 사람들은 서로 훔치지 않으니 도의가 있는 나라라고 할 만하다. 우리가 몰래 군사를 내어 습격하는 것은 도둑질하는 것과 다를 바 없으니 부끄러운 일이 아니겠는가" 하고, 그냥 군사를 거두어 돌아갔다.

32년 가을 8월 그믐 을묘에 일식이 있었다.

38년 봄 2월에 호공(瓠公)을 보내 마한(馬韓)을 방문하였다. 마한 왕이 호공을 꾸짖어 말하기를 "진한과 변한은 우리의 속국이거늘 근년에 와서 공물을 보내지 않으니, 큰 나라를 섬기는 예의가 어찌 이와 같단 말인가"라고 하였다. 호공은 대답하기를 "우리나라는 두 분 성인께서 일어나시면서부터 백성의 일이 정비되고 하늘의 시운(時運)이 화목하니, 창고는 가득 차고 백성들은 서로 존경하고 겸양하게 되었습니다. 그리하여 진한의 유민들로부터 변한, 낙랑, 왜인에 이르기까지 외경심을 품지 않음이 없는데도, 우리 왕께서는 겸허하게도 저를 보내어 방문의 예를 닦게 하시니 오히려 예의에 넘침이 있는 것입니다. 그런데도 대왕께서는 크게 화를 내시어 군사로 위협하시니 이것이 무슨 까닭입니까"라고 하였다. 마한 왕은 분노하여 그를 죽이려 했으나, 좌우의 신하들이 간하여 말리자 그만 돌아가도록 놓아주었다.

이보다 앞서 중국 사람들이 진(秦)의 난리를 견디지 못해 동쪽으로 오는 경우가 많았는데, 대부분 마한의 동쪽에 자리를 잡고 진한과 더불어 섞여 살다가 이때 와서 점차 번성해졌기 때문에,[4] 마한이 꺼려 이러한

---

4) 이러한 이해는 『삼국지』 30 동이전 진한조에 보이는 진한 노인들의 말, 즉 "우리는 옛날 망명해 온 사람들로 진(秦)의 고역을 피해 한국(韓國)으로 왔는데, 마한이 그들의 동쪽 땅을 베어 우리에게 주었다"라고 한 말과 상응하는 것이다. 『후한서』 85 동이열전 한조에도 유사한 기록이 있다.

질책이 있었던 것이다. 호공이란 이는 그 혈족과 성씨가 자세하지 않은 데, 본래 왜인으로서 처음에 박을 허리에 매고 바다를 건너왔기 때문에 호공이라고 불렀다.

39년에 마한 왕이 죽었다. 어떤 이가 왕에게 아뢰기를 "서한(西韓)의 왕이 지난번에 우리 사신을 욕보였으니, 이제 그의 장례를 기회로 정벌 하면 그 나라 정도는 쉽게 평정할 수 있겠습니다"라고 하였다. 그러나 왕은 "다른 사람의 불행을 요행으로 여기는 것은 어질지 못한 일이다" 하여 따르지 않고, 곧 사신을 보내 조문하였다.

40년에 백제의 시조 온조(溫祚)가 왕위에 올랐다.

43년 봄 2월 그믐 을유에 일식이 있었다.

53년에 동옥저(東沃沮)의 사신이 와서 좋은 말 20필을 바치며 말하기 를 "우리 왕께서 남한(南韓)에 성인이 나셨다는 말을 들으셨는지라, 이 렇게 저를 보내드리는 것입니다"라고 하였다.

54년 봄 2월 기유에 혜성이 하고성(河鼓星)[5] 자리에 나타났다.

56년 봄 정월 초하루 신축에 일식이 있었다.

59년 가을 9월 그믐 무신에 일식이 있었다.

60년 가을 9월에 용 두 마리가 금성의 우물에 나타나더니 심하게 우레 가 치고 비가 쏟아졌으며, 성의 남문에 벼락이 쳤다.

61년 봄 3월에 거서간이 승하하였다. 사릉(蛇陵)에 장사 지냈는데, 사 릉은 담암사(曇巖寺) 북쪽에 있다.

남해 차차웅(南解次次雄)이 왕위에 올랐다〔차차웅은 혹은 자충(慈充) 이라고 한다. 김대문(金大問)[6]은 말하기를 "차차웅이란 방언으로 무당

---

5) 하고는 하고(何鼓)·천고(天鼓)라고도 하며, 견우성(牽牛星) 북쪽에 있는 세 별을 말한다. 가운데 별을 상장(上將)이라 하고 양편의 별을 좌장(左將)·우장(右將)이라 고 하는데, 서양의 독수리 자리에 해당한다.
6) 통일기 진골 출신 문장가로서 성덕왕 때 한산주도독을 역임하였다. 본서 46에 있는 전기에는 그의 저서로 『계림잡전』·『한산기』·『고승전』·『악본』·『화랑세기』가 소

을 이른다. 세상 사람들이 무당이 귀신을 섬기고 제사를 받들기 때문에 그를 외경해 마침내 존귀한 어른을 일컬어 자충이라고 하게 되었다"라고 하였다]. 그는 혁거세의 적자(嫡子)이다. 몸이 장대하고 성품이 깊고 두터웠으며 지혜와 책략이 많았다. 어머니는 알영(閼英)부인이고, 왕비는 운제(雲帝)부인이다[아루(阿婁)부인이라고도 한다]. 아버지를 이어 즉위해, 곧 원년이라고 일컬었다.

편찬자는 논평하여 말한다. 임금이 즉위함에 해를 넘겨서야 원년을 일컫는 것은 그 법이 『춘추』(春秋)에 자세하니, 이것은 선왕의 고치지 못할 전례이다. 그런데 『상서』(尙書)의 이훈(伊訓)편에는 "성탕(成湯)이 죽으매 태갑(太甲) 원년이다"라고 하였고, 『정의』(正義)에는 이것을 설명해 "성탕이 죽으매 이해가 곧 태갑 원년이다"라고 하였다.[7] 그러나 맹자는 이르되 "탕이 죽으매 태정(太丁)은 왕위에 오르지 못하였고, 외병(外丙)은 2년이요 중임(仲壬)은 4년이라"고 하였다.[8] 그러므로 『상서』에는 빠진 부분이 있고, 그 때문에 『정의』의 설명이 잘못된 것 같다. 한편 어떤 이는 설명하기를 "옛적에 임금이 즉위할 때 혹은 달을 넘겨 원년을

개되어 있으나, 오늘날 전해지는 것은 없다.

7) 『상서』(尙書) 이훈(伊訓)편에 "성탕이 죽으매 태갑 원년이라……공영달(孔穎達)의 『정의』에 이르되 '성탕이 죽으매 이해가 곧 태갑 원년이다.……태갑은 태정의 아들이니……태정이 미처 서지 못하고 죽자 태갑이 손자로서 조부를 이은 것이 분명하다. 그러므로 탕이 죽자 태갑이 그를 이어 즉위해서 그해를 원년이라고 일컬었던 것이다'……"라고 하였다.

8) 『맹자』 만장(萬章) 상에 "이윤(伊尹)이 탕왕을 도와 천하의 왕자가 되게 하였다. 탕왕이 죽자 태정은 미처 왕위에 서지 못하였고 외병은 2년이요 중임은 4년이었는데, 태갑이 탕왕의 법을 뒤집어 뜯어고쳤다. 이에 이윤은 태갑을 동(桐)으로 추방해 3년을 지내게 하니 태갑이 허물을 뉘우치고……"라고 한 대목을 이른다. 이 대목에 대해 조기(趙岐)는 "태정은 탕의 태자인데 왕위에 오르지 못하고 죽었다. 외병은 2년 동안, 중임은 4년 동안 재위했는데 모두 태정의 아우들이다. 태갑은 태정의 아들이다"라고 하였다. 그러나 정자(程子)는 "탕이 죽었을 때 외병은 바야흐로 2세였고, 중임은 4세였으며, 오직 태갑만이 조금 장성했으므로 그를 세웠다"라고 해 서로 다르게 설명하였다.

칭하기도 하고, 혹은 해를 넘겨 원년을 칭하기도 했으니, 달을 넘겨 원년을 칭한 예는 '성탕이 죽으니 태갑 원년이다'라고 한 예가 그것이다. 또한 『맹자』에 '태정은 왕위에 오르지 못하였다'라고 한 것은 태정이 임금으로 서지 못하고 죽었다는 말이요, '외병은 2년이요 중임은 4년이라'고 한 것은 그들이 모두 태정의 아들이자 태갑의 두 형으로서 혹은 2년을 살다가 죽고 혹은 4년을 살다가 죽었으므로, 이 때문에 태갑이 탕을 계승할 수 있었다는 사실을 말했을 따름이다. 그런데도 『사기』(史記)에서 문득 이 중임과 외병을 두 임금으로 파악한 것[9]은 잘못이다"라고 한다. 따라서 전자 즉 『춘추』 및 그에 충실한 『상서』의 태갑 원년에 대한 해석에 따르면 남해왕의 즉위는 선군이 죽은 해에 즉위해 원년을 일컬은 것이니 옳지 못하고, 후자 즉 『상서』 및 그에 대한 어떤 이의 해석에 따르면 상(商)대의 예법에는 들어맞았다고 할 수 있을 것이다.[10]

원년(4) 가을 7월에 낙랑의 군사가 이르러 금성을 여러 겹으로 포위하였다. 왕은 좌우의 신하들에게 일러 말하기를 "두 성인께서 돌아가시고 내가 나라 사람들의 추대로 외람되이 왕위에 있게 되니 조심스럽기가 마

---

9) 『사기』 3 은본기(殷本紀)에는 "탕이 죽자, 태자인 태정은 미처 왕위에 오르지 못하고 죽었고, 이에 태정의 아우 외병을 세웠으니 이가 곧 제(帝) 외병이요, 제 외병이 즉위한 지 3년 만에 죽어 외병의 아우 중임이 서게 되니 이가 곧 제 중임인데, 제 중임이 즉위한 지 4년 만에 죽으니 이윤이 태정의 아들 태갑을 세웠다. 태갑은 성탕의 적장손이니 이가 곧 제 태갑이다"라고 하였다.

10) 이처럼 태갑의 즉위를 둘러싼 논의는 일찍부터 반복되었는데, 유서(劉恕)의 『자치통감외기』(資治通鑑外紀) 하상기(夏商紀)를 보면 『삼국사기』가 편찬되던 당대 송에서도 이 문제는 해결되지 못한 채로 남아 있었던 것을 알 수 있다. 결국 김부식은 당시까지 반복되어왔고 송에서도 상반된 견해가 상존하는 정황을 염두에 두고, 그것들을 '전자'와 '후자'(혹자)로 대별 소개한 것이었다. 아울러 이 사론의 본의를 이렇게 이해했을 때 김부식은 신라의 유월칭원, 즉 즉위년칭원에 대해 그다지 부정적이지는 않았다는 것을 알 수 있다. 오히려 『삼국사기』의 왕대력을 즉위년칭원법에 따라 정리하기 위한 예비적 원칙론으로서 이와 같은 사론이 필요했던 것이다.

치 물을 건너는 것만 같도다. 지금 이웃 나라가 침범해 오니, 이 또한 내가 덕이 부족한 탓이다. 이 일을 어찌해야 좋겠는가"라고 하였다. 좌우의 신하들이 대답해 아뢰기를 "적들은 우리의 국상(國喪)을 요행으로 여겨 함부로 군사를 몰아 왔으니, 반드시 하늘이 돕지 않을 것입니다. 별로 두려울 것이 없사옵니다"라고 하였다. 적들이 조금 뒤에 물러나 돌아갔다.

3년 봄 정월에 시조묘(始祖廟)를 세웠다. 겨울 10월 초하루 병진에 일식이 있었다.

5년 봄 정월에 왕이 탈해(脫解)가 어질다는 말을 듣고 맏딸을 아내로 삼게 하였다.

7년 가을 7월에 탈해를 대보(大輔)로 삼아 군사와 국정에 관한 일을 맡겼다.

8년 봄과 여름에 가물었다.

11년 왜인들이 병선 1백여 척을 보내 해변의 민가를 노략하니, 6부의 굳센 병사들을 출동시켜 막았다. 그러자 낙랑이 우리 내부가 허실할 것으로 여기고 몰려와서 금성을 공격하니 상황이 매우 위급하였다. 밤에 유성이 적의 진영에 떨어지자 무리가 두려워 물러나 알천(閼川) 가에 주둔해 돌무더기 스무 개를 만들어놓고 달아났다. 6부의 병사 1천 명이 추격했는데, 토함산(吐含山) 동쪽으로부터 알천에 이르러서 돌무더기를 보고 적의 규모가 큰 것으로 여겨 추격을 그쳤다.

13년 가을 7월 그믐 무자에 일식이 있었다.

15년에 수도에 가뭄이 들었다. 가을 7월에는 누리가 생겼다. 백성이 굶주리므로 창고를 풀어 구휼하였다.

16년 봄 2월에 북명(北溟) 사람이 밭을 갈다가 예왕(濊王)의 인장[11]을

---

11) 예왕의 인장에 대한 언급은 이 밖에도 『삼국지』 동이전 부여조에 "그 나라 인장에는 '예왕지인'(濊王之印)이라 한 글귀가 있다"라고 한 것을 들 수 있다. 한편 이와 관련해 평양 정백동에서 출토된 '부조예군'(夫租薉君)이나, 고상현묘(高常賢墓)에서 출토된 '부조장인'(夫租長印) 등도 함께 고려할 수 있다. 부조는 『한서』 지리지에 낙랑군의 25개 속현 가운데 보인다.

얻어 바쳤다.

19년에 크게 전염병이 돌아 사람들이 많이 죽었다. 겨울 11월에는 물이 얼지 않았다.

20년 가을에 태백성(太白星)이 태미성(太微星) 자리에 들어갔다.[12]

21년 가을 9월에 누리가 생겼다.

왕이 죽었다. 사릉원(蛇陵園) 안에 장사 지냈다.

유리 이사금(儒理尼師今)이 왕위에 오르니, 남해 차차웅의 태자이다. 어머니는 운제(雲帝)부인이고, 왕비는 일지갈문왕(日知葛文王)의 딸이다〔혹은 왕비의 성은 박씨로 허루왕(許婁王)의 딸이라고 한다〕.

처음에 남해가 죽었을 때 유리가 마땅히 왕위에 올라야 했으나 대보(大輔)인 탈해가 평소 덕망이 있다 하여 그에게 왕위를 밀어 양보하였다. 탈해가 말하기를 "임금의 자리는 용렬한 사람이 감당할 바가 아닙니다. 내가 듣건대 성스럽고 지혜가 있는 사람은 이가 많다고 합니다"라고 하였다. 이에 시험삼아 떡을 깨물어 보니 유리의 이 자국이 많았다. 이에 곧 좌우의 신하들이 받들어 왕위에 올리고 왕호를 이사금이라 하였다. 예부터 전해 오는 말이 이와 같은바, 김대문은 말하기를 "이사금은 방언이니 잇금을 이른다. 이전에 남해가 바야흐로 죽으려 할 즈음 아들 유리와 사위 탈해에게 일러 말하기를 '내가 죽은 뒤 너희 박·석 두 성씨 가운데 나이가 많은 사람이 왕위를 이을 일이다'라고 하였다. 그 후 김씨가 또한 발흥하니 세 성씨 가운데 나이가 많은 사람이 서로 왕위를 이었으며, 이런 연유로 이사금이라고 일컬었다"라고 하였다.

2년(25) 봄 2월에 왕이 친히 시조묘(始祖廟)에 제사를 지내고 죄수들을 크게 사면하였다.

---

12) 태백은 금성(金星)의 다른 이름이며 태미는 태미원(太微垣)을 말한다. 『사기』 27 천관서(天官書)에 따르면 남방 주작7수(朱雀七宿) 가운데 익(翼)과 진(軫)의 북쪽에 있으며 천자의 궁정, 오제좌(五帝座), 12제후의 부(府) 등을 나타낸다. 오늘날 사자좌(獅子座) 서남 부근 열 개의 별에 해당한다.

5년 겨울 11월에 왕이 나라 안을 두루 다니다가 한 노파가 굶주림과 추위로 곧 죽으려 하는 것을 보고 말하기를 "내가 보잘것없는 몸으로 임금 자리에 있으면서 백성을 잘 기르지 못해 늙고 유약한 이들로 하여금 이 지경에 이르게 했으니, 이는 나의 죄로다" 하고, 옷을 벗어 덮어주고 음식을 주어 먹였다. 이어 관리에게 명해 홀아비, 과부, 고아, 자식 없는 늙은이, 늙고 병들어 제 힘으로 살아갈 수 없는 이들을 찾아 위문하고 물자를 지급해 부양하게 하였다. 이에 이웃 나라 백성 가운데 소문을 듣고 찾아오는 이가 많았다. 이해에 민간의 풍속이 즐겁고 평안하여 처음으로 도솔가(兜率歌)를 지었으니, 이것이 가악(歌樂)의 시초이다.

9년 봄에 6부의 이름을 고치고 아울러 성씨를 내려주었다. 양산부(楊山部)는 양부(梁部)라 하고 성은 이씨(李氏)로, 고허부(高墟部)는 사량부(沙梁部)라 하고 성은 최씨(崔氏)로, 대수부(大樹部)는 점량부(漸梁部) 〔모량(牟梁)이라고도 한다〕라 하고 성은 손씨(孫氏)로, 간진부(干珍部)는 본피부(本彼部)라 하고 성은 정씨(鄭氏)로, 가리부(加利部)는 한기부(漢祇部)라 하고 성은 배씨(裴氏)로, 명활부(明活部)는 습비부(習比部)라 하고 성은 설씨(薛氏)로 하였다.

또 관위 17등급을 두었으니 1등은 이벌찬(伊伐湌), 2등은 이척찬(伊尺湌), 3등은 잡찬(迊湌), 4등은 파진찬(波珍湌), 5등은 대아찬(大阿湌), 6등은 아찬(阿湌), 7등은 일길찬(一吉湌), 8등은 사찬(沙湌), 9등은 급벌찬(級伐湌), 10등은 대나마(大奈麻), 11등은 나마(奈麻), 12등은 대사(大舍), 13등은 소사(小舍), 14등은 길사(吉士), 15등은 대오(大烏), 16등은 소오(小烏), 17등은 조위(造位)라고 하였다.

왕은 이처럼 6부의 이름을 정한 다음 이를 둘로 나누고, 왕녀 두 사람으로 하여금 각각 부내의 여자들을 거느려 패를 나누어 편을 짓도록 하였다. 이들은 가을 7월 16일부터 매일 일찍이 대부(大部)의 뜰에 모여 길쌈을 해 밤 열 시경에 파하였다. 그 후 8월 15일이 되어 그 성적의 많고 적음을 평가해 진 쪽에서는 술과 음식을 마련해서 이긴 쪽에게 베풀었다. 이 자리에는 노래와 춤과 온갖 오락이 다 벌어졌으니, 이를 일러 가

배(嘉俳)라고 하였다. 이때 진 쪽에서 한 여자가 일어나 춤을 추면서 탄식조로 "회소(會蘇)! 회소!"라고 했는데, 그 소리가 슬프고도 우아하니, 뒷날 사람들이 그 소리를 따라 노래를 지어 회소곡(會蘇曲)이라고 하였다.

11년에 수도의 땅이 갈라지고 그 사이로 물이 솟구쳤다. 여름 6월에 홍수가 났다.

13년 가을 8월에 낙랑이 북쪽 변경을 침범하여 타산성(朶山城)을 공격해 함락시켰다.

14년에 고구려 왕 무휼(無恤)이 낙랑을 습격해 멸망시켰다.[13] 그 나라 사람 5천 명이 투항해 와서 6부에 나뉘어 살았다.

17년 가을 9월에 화려현(華麗縣)과 불내현(不耐縣)[14] 사람들이 함께 모의해 기병을 이끌고 북쪽 지역을 침범했는데, 맥국(貊國)의 우두머리가 군사를 동원하여 곡하(曲河) 서쪽에서 요격해 깨뜨렸다. 왕이 기뻐하여 맥국과 우호를 맺었다.

19년 가을 8월에 맥국의 우두머리가 사냥해 잡은 짐승을 바쳤다.

31년 봄 2월에 혜성이 자미궁(紫微宮)[15] 자리에 나타났다.

33년 여름 4월에 용이 금성의 우물에 나타났는데, 조금 있다가 서북쪽에서 폭우가 몰려왔다. 5월에 큰 바람이 불어 나무가 뽑혔다.

34년 가을 9월에 왕이 병에 걸려 신하들에게 말하기를 "탈해는 그 신분이 국척(國戚)이요 지위는 대보의 자리에 있으면서, 여러 차례 공적

---

13) 무휼왕은 대무신왕을 가리키며, 이해는 대무신왕 20년이다. 고구려본기에 따르면 그보다 5년 전 최리(崔理)의 낙랑국을 공격한 기사가 있는 것으로 보아, 여기보이는 낙랑 역시 중국의 낙랑군 자체가 아니라 낙랑으로 총칭되던 서북지역 일대의 일부 세력을 말한다고 생각한다.

14) 화려현과 불내현은 『한서』 28 지리지 낙랑군조에 화려현과 불이현(不而縣)에 대응하는 것이며, 후한시대에는 후국(侯國)이 되었다고 하였다. 『삼국지』 30 동이전 동옥저.

15) 북두(北斗)의 북쪽에 있는 별 이름을 '자미'라고 한다. 중국의 천문학에서는 천제(天帝)가 있는 자리라 하여 '자미궁'이라고 일컫는다.

과 명성을 드러냈다. 나의 두 아들은 그 재주가 탈해에 비해 훨씬 못 미치니, 내가 죽은 다음에는 탈해로 하여금 왕위를 잇게 하라. 나의 유훈을 잊지 말라"라고 하였다.

겨울 10월에 왕이 죽었다. 사릉원 안에 장사 지냈다.

탈해 이사금(脫解尼師今)이 왕위에 올랐다〔탈해는 토해(吐解)라고도 한다〕. 이때 나이가 62세였다. 성은 석씨(昔氏)이고, 왕비는 아효(阿孝) 부인이다.

탈해는 본래 다파나국(多婆那國)에서 태어났다. 그 나라는 왜국의 동북쪽 1천 리에 있다. 처음 그 나라 왕이 여인국의 왕녀를 아내로 맞이했는데 임신한 지 7년 만에 큰 알을 낳았다. 그 나라 왕이 말하기를 "사람이 알을 낳았으니 상서롭지 못하다. 마땅히 버릴 일이다"라고 하였다. 그녀는 차마 버리지 못하고 비단으로 알과 보물을 싸서 궤 속에 넣어 바다에 띄워 떠가는 대로 놓아두었다.

맨 처음 금관국(金官國)의 바닷가에 닿았는데, 금관국 사람들이 괴이하게 여겨 건지지 않았다. 다시 진한의 아진포(阿珍浦) 어구에 이르렀는데, 이때는 시조 혁거세가 왕위에 있은 지 39년이었다. 때마침 해변에 있던 한 할머니가 밧줄로 해안에 끌어당겨 궤를 열어보니, 아이 하나가 들어 있는지라 거두어 길렀다. 아이가 장성하매 키가 9척이나 되고 풍모가 수려하고 지식이 뛰어났다. 어떤 이가 말하기를 "이 아이는 성씨를 알 수 없거니와, 처음 궤가 떠내려 왔을 때 까치 한 마리가 울면서 따라 날고 있었으므로, 까치 '작'(鵲)자를 줄여 석(昔)씨라고 하는 것이 좋겠다. 또한 궤를 풀고 나왔으니 마땅히 탈해라고 이름하자"라고 하였다.

탈해는 처음에 고기를 낚는 것으로 일을 삼아서 늙은 어머니를 봉양했는데, 한 번도 못마땅해하는 기색이 없었다. 그 어머니가 일러 말하기를 "너는 평범한 사람이 아니며 골상이 매우 특이하니, 마땅히 학문에 종사해 공명을 세우라"라고 하였다. 이에 오로지 학문에만 정진했는데,

아울러 지리도 알게 되었다. 그는 양산(楊山) 아래에 있는 호공(瓠公)의 집을 바라보고 길한 땅이라고 생각해 속임수를 써서 빼앗아 살았다. 그 땅이 뒷날 월성(月城)이 되었다. 남해왕 5년에 왕이 그의 현명함을 듣고 딸을 아내로 삼아주었다. 남해왕 7년에는 그를 등용해 대보(大輔)로 삼고 정사를 맡겼다. 유리가 죽으려 할 때 "선왕께서 유언하시기를 '내가 죽은 뒤에는 아들과 사위를 논하지 말고, 나이가 많고 어진 사람으로 하여금 왕위를 잇게 하라'고 하였거니와, 이로써 과인이 먼저 왕위에 올랐으니 이제 마땅히 왕위를 탈해에게 전해야겠다"라고 하였다.

2년(58) 봄 정월에 호공을 대보로 임명하였다. 2월에 친히 시조묘에 제사를 지냈다.

3년 봄 3월에 왕이 토함산에 오르니, 검은 구름이 덮개처럼 왕의 머리 위에 떠서 한참 있다가 흩어졌다. 여름 5월에 왜국과 우호를 맺고 사신을 교환하였다. 6월에 혜성이 천선성(天船星)[16] 자리에 나타났다.

5년 가을 8월에 마한의 장수 맹소(孟召)가 복암성(覆巖城)을 들어 항복하였다.

7년 겨울 10월에 백제 왕이 영토를 넓혀 낭자곡성(娘子谷城)까지 이르러서 사신을 보내와 만날 것을 청했으나, 왕이 가지 않았다.

8년 가을 8월에 백제가 군사를 보내 와산성(蛙山城)을 공격하였다. 겨울 10월에는 다시 구양성(狗壤城)을 공격하였다. 왕이 기병 2천 명을 보내 공격해 쫓았다. 12월에 지진이 있었고, 눈이 내리지 않았다.

9년 봄 3월 어느 날 밤에 왕이 금성 서쪽 시림(始林)의 나무 사이에서 닭 우는 소리를 들었다. 날이 밝을 무렵 호공을 보내 살펴보게 했더니, 금빛의 작은 궤가 나뭇가지에 걸려 있고, 흰 닭이 그 밑에서 울고 있었다. 호공이 돌아와 본 대로 아뢰었다. 왕이 사람을 시켜 궤를 가져다 열

---

16) 천선은 별의 이름으로 천황(天潢)이라고도 한다. 『사기』 27 천관서에 따르면 왕량좌(王良座) 옆의 은하를 가로지른 여덟 개의 별을 천황좌라고 하였다. 또 "제왕이 덕의 정치를 베풀면 태미원(太微垣)에 그 조짐이 나타나고, 제왕이 밖으로 놀러가면 천황좌에 그 조짐이 나타난다"라고 하였다.

어보니, 그 안에 작은 사내 아이가 있었는데 자태와 용모가 기이하고 빼어났다. 왕이 기뻐하며 좌우의 신하들을 보고 이르기를 "이 아이야말로 어찌 하늘이 내게 주신 자식이 아니겠는가!" 하고 거두어 길렀다. 장성하매 총명하고 지략이 많았으므로, 이름을 알지(閼智)라고 하였다. 또 그가 금빛 궤 속에서 나왔으므로 성을 김씨라고 하였다. 시림을 '계림'(雞林)으로 고쳐 이름하고, 그로 인해 이를 국호로 삼았다.

10년에 백제가 와산성을 공격해 탈취하고, 2백 명을 머물러 두고 지키게 하였다. 조금 있다가 우리가 다시 빼앗았다.

11년 봄 정월에 박씨 귀척(貴戚)으로 하여금 나라 안의 주(州)·군(郡)을 나누어 다스리게 하고, 그 칭호를 주주(州主)·군주(郡主)라 하였다. 2월에 순정(順貞)을 이벌찬으로 삼아 정사를 맡겼다.

14년에 백제가 와서 침범하였다.

17년에 왜인이 목출도(木出島)를 침범하였다. 왕이 각간(角干) 우오(羽鳥)를 보내 막게 했으나 이기지 못하고, 우오는 그곳에서 죽었다.

18년 가을 8월에 백제가 변경을 노략하니 병사를 보내 막았다.

19년에 크게 가뭄이 들어 백성이 굶주리니 창고를 열어 구휼하였다. 겨울 10월에 백제가 서쪽 변경의 와산성을 공격해 함락시켰다.

20년 가을 9월에 군사를 보내 백제를 쳐서 와산성을 다시 회복하고, 백제로부터 와서 살고 있던 2백여 명을 모두 죽였다.

21년 가을 8월에 아찬 길문(吉門)이 황산진(黃山津) 어구에서 가야군과 싸워 1천여 명의 목을 베었다. 길문을 파진찬으로 삼아 그 공로를 포상하였다.

23년 봄 2월에 혜성이 동방에 나타났고, 또 북방에도 혜성이 출현하더니 20일 만에 없어졌다.

24년 여름 4월에 수도에 큰 바람이 불어 금성의 동문이 저절로 무너져 내렸다.

가을 8월에 왕이 죽었다. 성의 북쪽 양정(壤井) 언덕에 장사 지냈다.

파사 이사금(婆娑尼師今)이 왕위에 오르니, 유리왕의 둘째 아들이다[혹은 유리의 아우인 나로(奈老)의 아들이라고 한다]. 왕비는 김씨 사성(史省)부인으로 허루(許婁) 갈문왕의 딸이다.

처음 탈해가 죽었을 때 신료들이 유리의 맏아들 일성(逸聖)을 즉위시키고자 했으나 어떤 이가 말하기를 "일성이 비록 적자이기는 하지만 위엄과 총명이 파사에 미치지 못한다"라고 하여, 마침내 파사를 왕위에 오르게 하였다. 파사는 절약하고 검소하여 씀씀이를 줄이고 백성을 아끼니 나라 사람들이 칭송하였다.

2년(81) 봄 2월에 친히 시조묘에 제사를 지냈다. 3월에 주·군을 돌아다니며 위무하고 창고를 열어 구휼했으며, 감옥의 죄수들을 조사해 참수형과 교수형[17]이 아니면 모두 용서하였다.

3년 봄 정월에 명령을 내려 말하기를 "지금 창고가 비어 있고 병장기는 무디어졌으니 만일 홍수나 가뭄이 들거나 변경에 사건이라도 생긴다면 어떻게 막아내겠는가? 마땅히 담당 관부로 하여금 농사와 양잠을 권장하게 하고 군사를 조련해 뜻밖의 사태에 대비하게 할 일이다"라고 하였다.

5년 봄 2월에 명선(明宣)을 이찬으로 삼고, 윤량(允良)을 파진찬으로 삼았다. 여름 5월에 고타군주(古陀郡主)가 푸른 소를 바쳤다. 남신현(南新縣)에서는 보리 이삭이 한 줄기에 여러 개 달리더니, 크게 풍년이 들어 길가는 이들이 양식을 가지고 다니지 않았다.

6년 봄 정월에 백제가 변경을 침입하였다. 2월에 길원(吉元)을 아찬으로 삼았다. 여름 4월에 객성(客星)이 자미궁 자리에 들어왔다.[18]

---

17) 원문에 '2죄'(二罪)라고 하였는데, 두 가지 사형죄를 의미하는 '2사'(二死)와 같은 것으로 생각된다. 수대 이전에는 사형에 경(磬)·교(絞)·참(斬)·효(梟)·열(裂) 등이 있었으나, 이후로 교형과 참형만 있었으므로, 두 가지 사형죄는 이것을 말한 것으로 본다.

18) 객성은 갑자기 나타났다가 사라지는 별을 이르는데 큰 별의 폭발과 관련이 있으며, 이른바 초신성(超新星)이라고 부른다. 특히 이때의 객성 관찰 기록은 백제본기에도 같은 연대인 개루왕 9년조에서 그 일진 '을사'까지 확인되고 있다. 자미궁,

8년 가을 7월에 명령을 내려 말하기를 "짐이 덕이 없이 이 나라를 차지하고 있으니, 서쪽으로는 백제와 이웃하고 남쪽으로는 가야와 경계를 접하였으되, 덕망은 백성을 편안하게 하지 못하고 위엄은 이웃 나라가 두려워하기에 부족하도다. 마땅히 성새와 보루를 수리해 외적의 침입에 대비하라"라고 하였다. 이 달에 가소성(加召城)과 마두성(馬頭城)의 두 성을 쌓았다.

11년 가을 7월에 사신 열 사람을 나누어 보내서 주주(州主)와 군주(郡主) 가운데 공무에 부지런하지 않거나 밭과 들을 크게 황폐하게 한 이들을 감찰해 강등시키거나 해직시켰다.

14년 봄 정월에 윤량을 이찬으로 삼고, 계기(啓其)를 파진찬으로 삼았다. 2월에 왕이 고소부리군(古所夫里郡)을 순행하여 친히 나이 많은 이들을 위문하고 곡식을 내려주었다. 겨울 10월에 수도에 지진이 있었다.

15년 봄 2월에 가야의 적군이 마두성을 포위하였다. 아찬 길원을 보내 기병 1천 명을 거느리고 쳐서 쫓아냈다. 가을 8월에 알천에서 군대를 사열하였다.

17년 가을 7월에 폭풍이 남쪽에서 불어와 금성 남쪽에 있는 큰 나무가 뽑혔다. 9월에 가야인들이 남쪽 변경을 습격하였다. 가성주(加城主) 장세(長世)를 보내 막게 했으나 적군에게 살해되었다. 왕이 노하여 용사 5천 명을 거느리고 나가 싸워 그들을 쳐부수고 노획한 것이 매우 많았다.

18년 봄 정월에 군사를 일으켜 가야를 치려 했으나, 그 나라 왕이 사신을 보내와 사죄하므로 그만두었다.

19년 여름 4월에 수도에 가뭄이 들었다.

21년 가을 7월에 우박이 내려 날던 새가 맞아 죽었다. 겨울 10월에 수도에 지진이 있어 민가가 무너지고 죽는 이가 생겼다.

즉 자미원(紫微垣)은 북두(北斗)의 북쪽에 있는 성좌를 말하며 천자의 거소라 한다. 객성이 이곳으로 들어가는 것은 미천한 사람이 천자의 자리를 침범하는 사태로 간주되어 중시하였다.

22년 봄 2월에 성을 쌓고 월성(月城)이라 하였다. 가을 7월에 왕이 월성으로 거처를 옮겼다.

23년 가을 8월에 음즙벌국(音汁伐國)과 실직곡국(悉直谷國)이 영토를 다투다가 왕에게 와서 판결해줄 것을 청하였다. 왕이 난처하게 여기고 '금관국 수로왕(首露王)이 연로해 아는 것이 많으리라'고 생각해서 수로왕을 불러 물었다. 수로가 의견을 내어, 다투던 땅을 음즙벌국에 귀속하도록 하였다. 이에 왕이 6부에 명해 모여서 수로왕을 위해 향연을 베풀도록 하였다. 5부는 모두 이찬으로서 접대하게 했는데 유독 한기부만이 지위가 낮은 이로 하여금 접대하게 하니, 수로가 노하여 종 탐하리(耽下里)를 시켜 한기부의 부주(部主) 보제(保齊)를 죽이고 돌아갔다. 탐하리는 달아나 음즙벌주(音汁伐主) 타추간(陁鄒干)의 집에 숨었다. 왕이 사람을 시켜 그 종을 수색했으나, 타추가 보내지 않았다. 왕이 노하여 군사를 몰아 음즙벌국을 치니, 음즙벌주와 그 무리가 스스로 항복하였다. 실직과 압독(押督) 두 나라 왕도 와서 항복하였다. 겨울 10월에 복숭아나무와 오얏나무에 꽃이 피었다.

25년 봄 정월에 뭇 별이 비오듯 떨어져 내렸으나, 땅까지 이르지는 않았다. 가을 7월에 실직이 배반하므로 군사를 내서 토벌하고 평정했으며, 그 남은 무리를 남쪽 변경으로 옮겼다.

26년 봄 정월에 백제가 사신을 보내 화친을 청하였다. 2월에는 수도에 눈이 3척이나 내렸다.

27년 봄 정월에 왕이 압독에 행차하여 빈궁한 이들을 구휼하였다. 3월에 왕이 압독에서 돌아왔다. 가을 8월에 마두성 성주에게 명해 가야를 치게 하였다.

29년 여름 5월에 홍수가 났다. 백성이 굶주리자 10도에 사신을 보내 창고를 열어 구휼하였다. 군사를 보내 비지국(比只國)·다벌국(多伐國)·초팔국(草八國)을 쳐서 병합하였다.

30년 가을 7월에 누리가 곡식을 해쳤다. 왕이 산천에 두루 제사하여 재해를 물리쳐줄 것을 빌었더니 누리가 없어지고 풍년이 들었다.

32년 여름 4월에 성문이 저절로 무너졌다. 5월부터 가을 7월까지 비가 내리지 않았다.

33년 겨울 10월에 왕이 죽었다. 사릉원 안에 장사 지냈다.

지마 이사금(祇摩尼師今)이 왕위에 오르니[혹은 지미(祇味)라고 한다], 파사왕의 적자이다. 어머니는 사성(史省)부인이고, 왕비는 김씨 애례(愛禮)부인으로 갈문왕 마제(摩帝)의 딸이다.

처음에 파사왕이 유찬(楡湌)의 못가에서 사냥할 때 태자가 따라갔다. 사냥을 마친 다음 한기부(韓歧部)를 지나게 되었는데 이찬 허루(許婁)가 향연을 베풀었다. 술이 오르자 허루의 아내가 어린 딸을 데리고 나와 춤을 추었다. 마제 이찬의 아내도 역시 그 딸을 이끌고 나오자, 태자가 그녀를 보고 기뻐하였다. 허루가 달가워하지 않자 왕이 허루에게 말하기를 "이곳 지명이 대포(大庖)인데 공이 여기에서 훌륭한 음식과 좋은 술을 차려 잔치를 베풀어서 즐기게 하니, 마땅히 지위를 주다(酒多)로 하여 이찬의 윗자리에 있게 하리라" 하고, 마제의 딸을 태자의 배필로 삼아주었다. 주다는 뒷날 각간(角干)이라고 하였다.

2년(113) 봄 2월에 왕이 친히 시조묘에 제사를 지냈다. 창영(昌永)을 이찬으로 임명해 정사를 맡아보게 하고, 옥권(玉權)을 파진찬으로, 신권(申權)을 일길찬으로, 순선(順宣)을 급찬으로 삼았다. 3월에 백제가 사신을 보내와 방문하였다.

3년 봄 3월에 우박이 내려 보리의 싹이 상하였고, 여름 4월에는 홍수가 나니, 죄수들을 다시 심사하여 사형죄를 제외한 나머지는 모두 용서해주었다.

4년 봄 2월에 가야가 남쪽 변경을 노략하였다. 가을 7월에 왕이 친히 가야 정벌에 나서 보병과 기병을 거느리고 황산하(黃山河)를 건넜는데, 가야인들이 수풀 사이에 복병을 숨겨두고 기다렸다. 왕이 깨닫지 못하고 곧바로 나아가니, 복병이 뛰어나와 몇 겹으로 에워쌌다. 이에 왕은 군사를 지휘해 맹렬하게 싸워서 포위를 뚫고 퇴각하였다.

5년 가을 8월에 장수를 보내 가야를 치게 하고, 왕도 정예병 1만 명을 거느리고 그 뒤를 따르자, 가야가 성을 닫고 굳게 지켰다. 때마침 오래도록 비가 내리니 그냥 돌아왔다.

9년 봄 2월에 큰 별이 월성 서쪽에 떨어졌는데 그 소리가 우레 같았다. 3월에는 수도에 전염병이 크게 돌았다.

10년 봄 정월에 익종(翌宗)을 이찬으로 삼고, 흔련(昕連)을 파진찬으로 삼았으며, 임권(林權)을 아찬으로 삼았다. 2월에 대증산성(大甑山城)을 쌓았다. 여름 4월에 왜인이 동쪽 변경을 침범하였다.

11년 여름 4월에 큰 바람이 동쪽에서 불어와 나무를 꺾고 기와를 날리더니, 저물녘이 되어서야 그쳤다. 수도의 주민들 사이에 왜병이 크게 몰려온다는 헛소문이 나돌아서 사람들이 다투어 산골짜기로 도망해 숨으니, 왕이 이찬 익종 등에게 그들을 타일러 멈추도록 하였다. 가을 7월에 누리가 곡식을 해치더니, 흉년이 들어 도둑이 많았다.

12년 봄 3월에 왜국과 강화하였다. 여름 4월에 서리가 내렸다. 5월에는 금성 동쪽의 민가가 꺼져내려 못이 되더니, 연꽃이 생겨났다.

13년 가을 9월 그믐 경신에 일식이 있었다.

14년 봄 정월에 말갈(靺鞨)[19]이 북쪽 변경에 대거 쳐들어와 관리와 백성을 죽이고 노략질하였다. 가을 7월에 다시 대령책(大嶺柵)[20]을 습격하고 이하(泥河)를 넘어 오니, 왕이 백제에 글을 보내 구원을 청하였다. 백제가 장군 다섯 명을 보내 돕게 되자, 적들이 듣고 물러갔다.

16년 가을 7월 초하루 갑술에 일식이 있었다.

---

19) 말갈은 본래 수·당대에 중국 동북방에 자리한 종족 명칭인바, 이른 시기 삼국과 관련된 말갈은 종래 그 진위가 의심되어왔다. 예컨대 정약용의 경우 삼국 초기 기사에 보이는 말갈의 출몰지로 미루어 『삼국지』의 예(濊)에 해당하는 것으로 판단하였다. 자세한 것은 백제본기 온조 2년조 주석을 참조할 것.

20) 책은 국경이나 요해처에 설치한 군사적 방위시설로서 나무로 만든 울타리를 이른다. 목책만 시설하는 경우도 있지만, 토성이나 석성에 부수적 보조적 기능을 가지는 경우도 많다. 삼국 가운데서는 백제본기에 목책 기록이 가장 많이 나온다.

17년 가을 8월에 혜성의 긴 꼬리가 하늘 끝까지 뻗쳤다. 겨울 10월에 나라 동쪽에 지진이 있었다. 11월에는 우레가 쳤다.

18년 가을에 이찬 창영이 죽었으므로, 파진찬 옥권을 이찬으로 삼아 정사에 참여하게 하였다.

20년 여름 5월에 큰비가 내려 민가가 물에 잠기고 떠내려갔다.

21년 봄 2월에 궁궐 남문에 화재가 있었다.

23년 봄과 여름에 가물었다.

가을 8월에 왕이 죽었는데, 아들이 없었다.

일성 이사금(逸聖尼師今)이 왕위에 오르니, 유리왕의 맏아들이다〔혹은 일지(日知)갈문왕의 아들이라고 한다〕. 왕비는 박씨로 지소례왕(支所禮王)의 딸이다.

원년(134) 9월에 죄수들을 크게 사면하였다.

2년 봄 정월에 친히 시조묘에 제사를 지냈다.

3년 봄 정월에 웅선(雄宣)을 이찬으로 임명해 중앙과 지방의 군사에 관한 일을 겸해 맡아보게 하고, 근종(近宗)을 일길찬으로 삼았다.

4년 봄 2월에 말갈이 국경에 들어와 장령(長嶺)의 다섯 목책을 불태웠다.

5년 봄 2월에 금성에 정사당(政事堂)을 두었다. 가을 7월에 알천 서쪽에서 군대를 크게 사열하였다. 겨울 10월에 왕이 북쪽으로 순행하여 친히 태백산(太白山)에 제사를 지냈다.

6년 가을 7월에 서리가 내려 콩을 죽였다. 8월에 말갈이 장령을 습격해 주민들을 사로잡고 노략하였다. 겨울 10월에 또 쳐들어왔다가, 눈이 심하게 내리자 그만 물러갔다.

7년 봄 2월에 장령에 목책을 세워 말갈을 방비하였다.

8년 가을 9월 그믐 신해에 일식이 있었다.

9년 가을 7월에 왕이 여러 공(公)을 불러 모아 말갈을 칠 것을 의논했는데, 이찬 웅선이 불가하다고 아뢰어 그만두었다.

10년 봄 2월에 궁실을 수리하였다. 여름 6월 을축에 형혹성(熒惑星)이 진성(鎭星)을 침범하였다.[21] 겨울 11월에 우레가 있었다.

11년 봄 2월에 명령을 내려 "농사는 정치의 근본이요 먹는 것은 백성에게 하늘과 같은 것이니, 모든 주·군에서는 제방을 수리 보완하고 밭과 들을 널리 개간하라"라고 하였다. 또 영을 내려 민간에서 금·은·구슬·옥을 사용하는 것을 금하였다.

12년 봄과 여름에 가물었는데, 남쪽 지방이 가장 심하여 백성이 굶주리매 곡식을 운반해 구휼하였다.

13년 겨울 10월에 압독이 배반하므로 군사를 내어 토벌하고 평정했으며, 그 남은 무리를 남쪽 지방으로 옮겼다.

14년 가을 7월에 신료들에게 명해 각기 지혜와 용맹이 뛰어나 장수가 될 만한 이를 천거하게 하였다.

15년 박아도(朴阿道)를 갈문왕으로 봉하였다〔신라에서는 추봉한 왕을 모두 갈문왕이라고 부르는데, 그 뜻은 자세하지 않다〕.

16년 봄 정월에 득훈(得訓)을 사찬으로 삼고, 선충(宣忠)을 나마로 삼았다. 가을 8월에 혜성이 천시성(天市星)[22] 자리에 나타났다. 겨울 11월에 우레가 있었고, 수도에 전염병이 크게 돌았다.

17년 여름 4월부터 비가 오지 않더니, 가을 7월이 되어서야 비가 내렸다.

18년 봄 2월에 이찬 웅선이 죽었으므로 대선(大宣)을 이찬으로 삼아 중앙과 지방의 군사에 관한 일을 겸하여 맡아보게 하였다. 3월에 우박이

---

21) 형혹성은 화성(火星)의 다른 이름이다. 진성은 토성(土星)의 다른 이름이다. 『사기』 천관서에 따르면 "군주가 예를 버리면 형혹성이 그 징벌의 조짐을 보이는데, 형혹성이 궤도를 이탈해 운행하는 것이 그것이다. 형혹성이 출현하면 전쟁이 발발하고, 사라지면 전쟁이 종식된다"라고 하였다.

22) 천시는 자미·태미와 함께 고대 천문의 3원(三垣) 가운데 하나로 방(房)·심(心)의 동북쪽에 있다. 나라의 교역과 참륙(斬戮)에 관한 일을 관장한다. 『사기』 천관서에 동방 창룡7수(蒼龍七宿)를 설명하는 가운데 "동북쪽에는 12개의 별이 굽어져 있는데 이를 기(旗)라 한다. 기의 가운데 네 별이 천시원이다"라고 하였다.

내렸다.

20년 겨울 10월에 궁궐 문이 불탔다. 혜성이 동방에 나타나더니, 또 동북방에도 나타났다.

21년 봄 2월에 왕이 죽었다.

• 삼국사기 권 제1

삼국사기 권 제2

신라본기 제2
아달라 이사금, 벌휴 이사금, 내해 이사금,
조분 이사금, 첨해 이사금, 미추 이사금,
유례 이사금, 기림 이사금, 흘해 이사금

아달라 이사금(阿達羅尼師今)이 왕위에 오르니, 일성의 맏아들이다. 키가 7척이요, 코가 크고 얼굴 모습이 특이하였다. 어머니는 박씨로 지소례왕(支所禮王)의 딸이고, 왕비는 박씨 내례(內禮)부인이니 지마왕(祇摩王)의 딸이다.

원년(154) 3월에 계원(繼元)을 이찬으로 삼아 군사와 국정에 관한 일을 맡겼다.

2년 봄 정월에 친히 시조묘에 제사를 지내고, 죄수들을 크게 사면하였다. 흥선(興宣)을 일길찬으로 삼았다.

3년 여름 4월에 서리가 내렸다. 계립령(雞立嶺) 길을 열었다.

4년 봄 2월에 처음으로 감물현(甘勿縣)과 마산현(馬山縣)을 두었다. 3월에 장령진(長嶺鎭)에 순행하여 주둔하고 있는 병사들을 위로하고 각각 군복을 내려주었다.

5년 봄 3월에 죽령(竹嶺) 길을 열었다. 왜인이 와서 방문하였다.

7년 여름 4월에 폭우로 알천 물이 넘쳐 인가가 물에 잠기고 떠내려갔으며, 금성 북문이 저절로 무너졌다.

8년 가을 7월에 누리가 곡식을 해치고, 바닷고기가 많이 물 밖으로 나와서 죽었다.

9년에 사도성(沙道城)에 순행하여 주둔하고 있는 병사들을 위로하였다.

11년 봄 2월에 용이 수도에 나타났다.

12년 겨울 10월에 아찬 길선(吉宣)이 모반했다가 발각되자, 죽음을 당할까 두려워 백제로 도망해 들어갔다. 왕이 글을 보내 돌려보내 줄 것을 요구했으나, 백제가 허락하지 않았다. 왕이 노하여 군사를 내어 치자, 백제는 성을 닫고 굳게 지키면서 나오지 않았다. 우리 군사는 식량이 다해 그만 돌아왔다.

13년 봄 정월 초하루 신해에 일식이 있었다.

14년 가을 7월에 백제가 나라 서쪽 두 성을 습격해 깨뜨리고, 주민 1천 명을 노략해 갔다. 8월에 일길찬 홍선을 시켜 군사 2만 명을 거느리고 이를 치게 하였다. 또 왕이 기병 8천 명을 거느리고 한수(漢水)를 건너 다다르니, 백제가 크게 두려워해 노략해간 남녀를 돌려보내고 화친을 청하였다.

15년 여름 4월에 이찬 계원이 죽었으므로, 홍선을 이찬으로 삼았다.

17년 봄 2월에 시조묘를 중수하였다. 가을 7월에 수도에 지진이 있었고, 서리와 우박이 내려 곡식을 해쳤다. 겨울 10월에 백제가 변경을 노략질하였다.

18년 봄에 곡물이 품귀해 백성이 굶주렸다.

19년 봄 정월에 구도(仇道)를 파진찬으로 삼고, 구수혜(仇須兮)를 일길찬으로 삼았다. 2월에 시조묘에 변고가 있었다. 수도에 전염병이 크게 돌았다.

20년 여름 5월에 왜의 여왕 비미호(卑彌乎)[1]가 사신을 보내와 방문하

---

1) 『삼국지』 위서 동이전 왜인조에 따르면 야마대국(邪馬臺國)의 여왕으로 나오는바, "그 나라는 본래 남자를 왕으로 삼았는데, 70∼80년을 지나 왜국이 어지러워져서 몇 해 동안이나 서로 싸우다가 이윽고 함께 한 여자를 왕으로 삼으니, 이름이 비미호이다"라고 하였다.

였다.

21년 봄 정월에 흙비가 내렸다. 2월에 가뭄이 들어 우물과 샘이 말랐다.

31년 봄 3월에 왕이 죽었다.

벌휴 이사금(伐休尼師今)〔'발휘'(發暉)라고도 쓴다〕이 왕위에 오르니, 성은 석씨이고 탈해왕의 아들 구추(仇鄒) 각간의 아들이다. 어머니는 성이 김씨로 지진내례(只珍內禮)부인이다.

아달라가 죽었을 때 아들이 없으므로 나라 사람들이 벌휴를 왕으로 세웠다. 왕은 바람과 구름을 점쳐 홍수나 가뭄 및 그해의 풍흉을 미리 알았고, 또 사람의 정직한 것과 마음이 바르지 않은 것을 알아맞히니 사람들이 성인이라고 하였다.

2년(185) 봄 정월에 친히 시조묘에 제사를 지내고, 죄수들을 크게 사면하였다. 2월에 파진찬 구도와 일길찬 구수혜를 임명해 좌·우군주(左·右軍主)로 삼아 소문국(召文國)을 치게 하였다. 군주(軍主)라는 이름은 여기에서 비롯되었다.

3년 봄 정월에 주·군을 순행하여 풍속을 살폈다. 여름 5월 그믐 임신에 일식이 있었다. 가을 7월에 남신현(南新縣)에서 상서로운 벼이삭[2]을 진상하였다.

4년 봄 3월에 주·군에 명해 토목 공사를 일으켜서 농사철을 빼앗는 일이 없도록 하였다. 겨울 10월에 북쪽 지방에 큰 눈이 내려 깊이가 1장이나 되었다.

5년 봄 2월에 백제가 쳐들어와 모산성(母山城)을 공격하였다. 파진찬 구도에게 명해 군사를 내서 막게 하였다.

---

2) 원문에 '가화'(嘉禾)라고 하였다. 혹은 '가곡'(嘉穀)이라고도 하는 이것은 이삭이 한 줄기에 여러 개 달린 큰 벼를 말하는데, 예부터 상서롭게 여겼다. 『동관한기』(東觀漢記)에는 광무제가 태어났을 때 한 줄기에 이삭이 아홉 개 달린 가화가 있었기 때문에 이름을 '수'(秀)라고 했다 한다.

6년 가을 7월에 구도가 백제와 구양(狗壤)에서 싸워 이기고, 5백여 명을 죽이고 사로잡았다.

7년 가을 8월에 백제가 서쪽 국경의 원산향(圓山鄉)을 습격하고, 다시 진격해 부곡성(缶谷城)을 포위하였다. 구도가 날랜 기병 5백 명을 거느리고 공격하니 백제 군사가 짐짓 거짓으로 달아났다. 구도는 추격해 와산까지 갔다가 백제군에 패하였다. 왕은 구도가 실책했다 하여 부곡성주로 강직시키고, 설지(薛支)를 좌군주로 삼았다.

8년 가을 9월에 치우기성(蚩尤旗星)이 각성(角星)과 항성(亢星) 자리에 나타났다.[3]

9년 봄 정월에 국량(國良)을 아찬으로 임명하고, 술명(述明)을 일길찬으로 삼았다. 4월에 수도에 눈이 3척이나 내렸다. 여름 5월에 홍수가 나서 산이 10여 군데나 무너졌다.

10년 봄 정월 초하루 갑인에 일식이 있었다. 3월에 한기부(漢祇部) 여자가 한꺼번에 아들 넷과 딸 하나를 낳았다. 6월에 왜인들이 크게 굶주려서 우리에게 와 먹을 것을 구하는 이가 1천여 명이나 되었다.

11년 여름 6월 그믐 을사에 일식이 있었다.

13년 봄 2월에 궁실을 중수하였다. 3월에 가물었다.

여름 4월에 궁궐 남쪽의 큰 나무에 벼락이 쳤고, 또 금성 동문에도 벼락이 쳤다. 왕이 죽었다.

내해 이사금(奈解尼師今)이 왕위에 오르니, 벌휴왕의 손자이다. 어머니는 내례(內禮)부인이고, 왕비는 석씨로 조분왕의 누이이다. 왕은 용모와

---

3) 치우는 고대 구려족(九旅族)의 우두머리로 신통력이 많았으며, 여러 가지 무기를 제조했다 한다. 황제(黃帝)에게 반란을 일으켰다가 처단되었다. 『사기』 오제본기. 한편 치우기는 혜성과 흡사하게 뒷부분이 굽어 마치 깃발처럼 생긴 별의 이름인데, 병란의 전조를 보이는 것이라고 한다. 『사기』 천관서에 따르면 이 별이 나타나면 제왕이 사방을 정벌한다고 하였다. 각성과 항성은 28수에 포함되는 별들로서 동방 창룡7수(蒼龍七宿)에 속한다.

위의(威儀)가 걸출하고 빼어났으며, 재주가 뛰어났다. 전왕의 태자인 골정(骨正)과 둘째 아들 이매(伊買)가 먼저 죽었고, 장손은 아직 어렸기 때문에 이매의 아들을 왕으로 세우니, 이가 내해 이사금이다.

이해 정월부터 4월까지 비가 오지 않다가 왕이 즉위하는 날 큰비가 내리므로, 백성들이 즐거워 경축하였다.

2년(197) 봄 정월에 시조묘에 참배하였다.

3년 여름 4월에 시조묘 앞에 쓰러져 있던 버드나무가 저절로 일어섰다. 5월에 나라 서쪽에 홍수가 났으므로 수재를 만난 주와 현은 1년 동안의 조세를 면제해주고, 7월에는 사신을 보내 위문하였다.

4년 가을 7월에 백제가 변경을 침범하였다.

5년 가을 7월에 태백성이 낮에 나타났고, 서리가 내려 초목을 죽였다. 9월 초하루 경오에 일식이 있었다. 알천에서 군대를 크게 사열하였다.

6년 봄 2월에 가야국이 화친을 요청하였다. 3월 초하루 정묘에 일식이 있었다. 크게 가물어 중앙과 지방의 죄수들을 조사해 가벼운 죄는 용서하였다.

8년 겨울 10월에 말갈이 국경을 침범하였다. 복숭아나무와 오얏나무에 꽃이 피었다. 사람들은 전염병을 많이 앓았다.

10년 봄 2월에 진충(眞忠)을 일벌찬으로 임명해 국정을 맡아보게 하였다. 가을 7월에 서리와 우박이 내려 곡식을 해쳤다. 태백성이 달을 침범하였다. 8월에 여우가 금성과 시조묘의 뜰에서 울었다.

12년 봄 정월에 왕자 이음(利音)〔혹은 내음(奈音)이라고 한다〕을 이벌찬으로 임명하고, 중앙과 지방의 군사 일을 겸해 맡아보게 하였다.

13년 봄 2월에 서쪽의 군과 읍을 돌아보고 열흘 만에 돌아왔다. 여름 4월에 왜인이 국경을 침범하므로, 이벌찬 이음을 보내 군사를 거느리고 가서 막게 하였다.

14년 가을 7월에 포상팔국(浦上八國)이 가라(加羅)를 침략하고자 계획하니, 가라의 왕자가 와서 구원을 요청하였다. 왕이 태자 우로(于老)와 이벌찬 이음에게 명해 6부의 군사를 거느리고 가서 구해주도록 하였

다. 여덟 나라의 장군을 쳐 죽이고, 잡혀갔던 6천 명을 빼앗아 되돌려왔다.[4]

15년 봄과 여름에 가물었다. 왕이 사신을 보내 군과 읍의 죄수들을 조사해서, 두 가지 사형죄를 제외하고는 모두 용서하였다.

16년 봄 정월에 훤견(萱堅)을 이찬으로 임명하고, 윤종(允宗)을 일길찬으로 삼았다.

17년 봄 3월에 가야가 왕자를 보내 볼모로 삼았다. 여름 5월에 홍수가 나서 백성들의 가옥이 떠내려가고 무너졌다.

19년 봄 3월에 큰 바람이 불어 나무를 꺾었다. 가을 7월에 백제가 와서 나라 서쪽 요거성(腰車城)을 공격해 성주 설부(薛夫)를 죽였다. 왕이 이벌찬 이음에게 명해 정예병 6천 명을 거느리고 백제를 치게 하여 사현성(沙峴城)을 깨뜨렸다. 겨울 12월에 우레가 쳤다.

23년 가을 7월에 무기고의 병기들이 저절로 나오더니, 백제 사람들이 와서 장산성(獐山城)을 포위하였다. 왕이 몸소 군사를 이끌고 나가 쳐서 쫓았다.

25년 봄 3월에 이벌찬 이음이 죽었다. 충훤(忠萱)을 이벌찬으로 삼아 군사에 관한 일을 겸하여 맡아보게 하였다. 가을 7월에 양산(楊山) 서쪽에서 군대를 크게 사열하였다.

27년 여름 4월에 우박이 내려 콩과 보리를 해쳤다. 남신현(南新縣)에서는 사람이 죽었다가 몇 달이 지난 뒤에 다시 살아났다. 겨울 10월에 백제 군사가 우두주(牛頭州)에 들어왔다. 이벌찬 충훤이 군사를 거느리고 막았으나 웅곡(熊谷)에 이르러 적에게 패해 홀로 말을 타고 돌아오니, 그를 진주(鎭主)로 강직시키고 연진(連珍)을 이벌찬으로 삼아 군사에 관한 일을 겸하여 맡아보게 하였다.

---

4) 본서 48 물계자전(勿稽子傳)에 자세한 전말이 있거니와, 그에 따르면 '가라'(加羅)를 '아라'(阿羅)라고 하였다. 『삼국유사』 피은(避隱) 물계자조에도 같은 내용이 소개되었다. 한편 여기 보이는 '이벌찬 이음'은 앞 12년조에는 '왕자 이음'이라 하였고, 물계자전과 물계자조에는 각각 '왕손 내음(㮈音)'과 '태자 내음'이라 하였다.

29년 가을 7월에 이벌찬 연진이 봉산(烽山) 아래에서 백제와 싸워 깨뜨리고 1천여 명을 죽이고 사로잡았다. 8월에 봉산성을 쌓았다.

31년 봄에 비가 오지 않더니, 가을 7월이 되어서야 비가 내렸다. 백성들이 굶주리니 창고를 열어 구제하였다. 겨울 10월에 중앙과 지방의 죄수들을 조사해 가벼운 죄는 용서하였다.

32년 봄 2월에 왕이 서남쪽 군과 읍을 순수(巡狩)하고 3월에 돌아왔다.[5] 파진찬 강훤(康萱)을 이찬으로 임명하였다.

34년 여름 4월에 뱀이 남쪽 창고에서 3일 동안 울었다. 가을 9월에 지진이 있었다. 겨울 10월에 큰 눈이 와서 5척이나 쌓였다.

35년 봄 3월에 왕이 죽었다.

조분 이사금(助賁尼師今)〔제귀(諸貴)라고도 한다〕이 왕위에 오르니, 성은 석씨요 벌휴 이사금의 손자이다. 아버지는 골정(骨正)〔'홀쟁'(忽爭)으로도 쓴다〕갈문왕이고, 어머니는 김씨 옥모(玉帽)부인이니 구도(仇道)갈문왕의 딸이며, 왕비 아이혜(阿爾兮)부인은 내해왕의 딸이다. 전왕이 장차 죽으려 할 때 유언하여 사위 조분에게 왕위를 잇게 하였다. 왕은 키가 크고 외모가 훌륭했으며, 일이 닥치면 명쾌하게 판단해 나라 사람들이 두려워하면서도 존경하였다.

원년(230)에 연충(連忠)을 이찬으로 임명해 군사와 국정에 관한 일을

---

5) 원문에는 "순수서남군읍"(巡狩西南郡邑)이라고 하였는데 '순수'(巡狩)는 '순수'(巡守), 즉 순행(巡行)을 이르는 것이다. 순수는 천자가 제후들의 영지를 순찰하는 것을 말하는데, 이때 민정을 살피고 제후의 치적을 평가해 상과 벌을 내린다.『맹자』양혜왕(梁惠王) 하에 "천자가 제후의 나라에 가는 것을 순수(巡狩)라고 하니, 순수라는 것은 지키는 바를 돌아보는 것이다. 제후가 천자에게 조회하는 것을 술직(述職)이라고 하니, 술직이라는 것은 맡은 바의 직무를 보고하는 것이다"라고 하였다. 또『예기』왕제(王制)에는 "천자는 5년에 한 번 제후의 나라들을 순수(巡守)한다. 그 해에는 2월에 먼저 동쪽을 순수하여 태산(泰山)에 이르러 시제(柴祭)를 올리고, 산천에 망제(望祭)를 지낸다"라고 하였거니와, 산천에 망제를 지낸 사례는 기림 이사금 3년조에 보인다.

맡겼다. 가을 7월에 시조묘에 참배하였다.

2년 가을 7월에 이찬 우로를 대장군으로 삼아 감문국(甘文國)을 쳐부수고, 그 땅을 군으로 만들었다.

3년 여름 4월에 왜인이 갑자기 들이닥쳐 금성을 포위하므로, 왕이 몸소 나가 싸웠다. 적들이 무너져 달아나니, 날랜 기병을 보내 쫓아가 쳐서 1천여 명을 죽이고 사로잡았다.

4년 여름 4월에 크게 바람이 불어 가옥의 기와를 날려 보냈다. 5월에 왜병이 동쪽 변경을 노략하였다. 가을 7월에 이찬 우로가 사도(沙道)에서 왜인과 싸웠는데, 바람을 이용해 불을 놓아 적들의 배를 불사르니, 적들은 물에 뛰어들어 모조리 죽었다.

6년 봄 정월에 왕이 동쪽 지방을 돌아다니면서 백성들을 위문하고 구휼하였다.

7년 봄 2월에 골벌국(骨伐國)의 왕 아음부(阿音夫)가 무리를 이끌고 와 항복하니 집과 전장(田莊)을 주어 편안히 살게 하고, 그 땅을 군으로 만들었다.

8년 가을 8월에 누리가 곡식을 해쳤다.

11년에 백제가 서쪽 변경을 침범하였다.

13년 가을에 크게 풍년이 들었고, 고타군(古陀郡)에서는 상서로운 벼 이삭을 진상하였다.

15년 봄 정월에 이찬 우로를 서불한(舒弗邯)으로 임명해 군사에 관한 일을 겸해 맡아보게 하였다.

16년 겨울 10월에 고구려가 북쪽 변경을 침범하므로, 우로가 군사를 거느리고 나가 쳤으나 이기지 못하고 물러나 마두책(馬頭柵)을 지켰다. 그날 밤이 몹시 추웠는데 우로가 사졸들을 위로하고 몸소 땔나무를 태워 덥혀주니, 무리는 마음속으로 감격하였다.

17년 겨울 10월에 동남방 하늘에 흰 기운이 피륙을 편듯이 뻗쳤다. 11월에 수도에 지진이 있었다.

18년 여름 5월에 왕이 죽었다.

첨해 이사금(沾解尼師今)이 왕위에 오르니, 조분왕의 친동생이다.

원년(247) 가을 7월에 시조묘에 참배하였다. 아버지 골정(骨正)을 세신(世神)갈문왕으로 봉하였다.

편찬자는 논평하여 말한다. 한(漢) 선제(宣帝)가 즉위하자 관리가 아뢰기를 "남의 후사가 된 이는 그의 아들이 되는 것이므로 자기의 친부모를 낮추어 제사하지 않는 것인바, 이는 왕통의 조상을 높이는 뜻입니다"라고 하였다.[6] 이로써 선제의 생부는 '친'(親)이라 하고 시호(諡號)를 '도'(悼)라 하며 생모는 '도후'(悼后)라 하여 후왕(侯王)의 지위에 비기었으니, 이것은 경전의 뜻에 맞고 만세의 법이 되어 후한 광무제(光武帝)[7]와 송 영종(英宗)[8]이 본받아 행하였다. 그런데 신라에서는 왕의 친족으로서 왕실에 들어가 대통을 이은 임금이 그 생부를 봉하여 높여서 왕이라고 일컫지 않은 경우가 없으며, 비단 이와 같을 뿐만 아니라 그 장인을 봉한 경우마저 있다. 이것은 예가 아니므로 정녕 본받아서는 안 될

---

6) 『한서』 63 무오자전(武五子傳)에서 인용한 말이다. 효선제(孝宣帝)는 효무제(孝武帝)의 증손이요 효소제(孝昭帝)를 이어 즉위했는데, 일찍이 태어난 지 몇 달 만에 그의 조부모 여태자(戾太子)와 사량제(史良娣), 그리고 부모 사황손(史皇孫)과 왕부인(王夫人)이 모두 해를 입었다. 뒷날 제위에 오른 선제는 부모와 조부모의 시호·능원·수묘봉읍의 문제 등을 정비하고자 했는데, 이때 담당 부서에서 주청하기를 "예법에 '남의 후사가 된 자는 그의 아들이 되는 것이다'라고 했으므로 자신의 친부모를 낮추어 제사하지 않는 것은 왕통의 조상을 높이는 뜻입니다"라고 하여, 선제가 소제의 후사임을 강조하고, 선제의 친부모는 제후왕의 의례에 견주어 처리할 것을 논의하였다.

7) 광무제는 후한의 시조로 왕망의 신(新)을 극복하고 낙양(洛陽)에 도읍했거니와, 전한 고조 유방으로부터는 9세손이 된다. 건무(建武) 19년(43)에 효선황제(孝宣皇帝)를 중종(中宗)으로 추존하고 소제(昭帝)와 원제(元帝)를 태묘(太廟)에서, 그리고 성제(成帝)·애제(哀帝)·평제(平帝)를 장안에서 제사하였다. 즉 광무제는 부자의 서차로는 원제의 아들뻘이요, 성제의 형제가 되지만, 전한의 왕통을 잇는 후사의 위상에 충실했던 것이다. 『후한서』 1 하 광무제기.

8) 송 영종은 복안의왕(濮安懿王) 윤양(允讓)의 제13자로서 인종(仁宗) 사후 유조에 따라 황위를 이었다. 그의 경우도 뒷날 『송사』를 통해 사론 찬자의 지적대로인 것을 알 수 있다. 『송사』 13 본기 13 영종 치평(治平) 2년(1065) 4월 무술조 및 3년 정월 정축조.

것이다.[9]

2년 봄 정월에 이찬 장훤(長萱)을 서불한으로 삼아 국정을 맡아보게 하였다. 2월에 고구려에 사신을 보내 화친을 맺었다.

3년 여름 4월에 왜인이 서불한 우로를 죽였다.[10] 가을 7월에 궁궐 남쪽에 남당(南堂)을 짓고[남당은 혹은 도당(都堂)이라고 한다], 양부(良夫)를 이찬으로 삼았다.

5년 봄 정월에 처음으로 남당에서 정사를 보았다. 한기부(漢祇部) 사람 부도(夫道)라는 이가 집안이 가난한데도 아첨하지 않고 글씨와 계산에 뛰어나 당시에 이름이 나 있었으므로, 왕이 불러 아찬으로 삼고 물장고(物藏庫)의 사무를 맡겼다.

7년 여름 4월에 용이 궁궐 동쪽 못에 나타나고, 금성 남쪽의 쓰러졌던 버드나무가 저절로 일어섰다. 5월부터 7월까지 비가 오지 않아 시조묘와 명산에 빌고 제사를 지냈더니 곧 비가 내렸다. 이해에 흉년이 들어 도적이 많았다.

9년 가을 9월에 백제가 침입해 오자 일벌찬 익종(翊宗)이 괴곡(槐谷) 서쪽에서 맞아 싸우다가 적들에게 살해되었다. 겨울 10월에 백제가 봉

---

9) 이 사론에서 찬자는 신라의 갈문왕 추봉을 소재로 해 자못 강경한 비판을 하고 있는데, 이것은 아마 고려 당시의 상황을 염두에 둔 것일 것이다. 즉 고려 인종은 즉위 직후 일부 중신들과 함께 자신의 외조부이며 장인인 이자겸에 대한 특례 조처를 고려한 바 있다. 이때 김부식은 단호하게 반대했는데, 그의 글 「대외조의」(對外祖議)에 따르면 "……위제(魏帝)의 아버지 연왕(燕王) 우(宇)는 표를 올릴 때 '칭신'(稱臣)하였으니 비록 부자간의 지친이라도 예수(禮數)가 오히려 이와 같거늘 하물며 외조에 대해서랴. 의례(儀禮)의 오복제도(五服制度)를 보면 어머니의 부모가 죽었을 때는 소공(小功)의 복(服), 즉 다섯 달 동안 복을 입을 뿐이니, 자기의 부모에 대해 존친함과는 서로 면데 어찌 임금과 더불어 대등한 예를 할 수 있으리요. 마땅히 표를 올릴 때는 '칭신'하고, 조정에서는 군신의 예를 행할 것이며, 궁중의 안에서는 집안사람의 예로 상견하게 할 일이다……"라고 하였다. 연왕 우는 위 진류왕(陳留王) 환(奐)의 아버지로서 당시 그들 간에도 '칭신' 관련 논의가 있었다. 『고려사』 98 열전 11 김부식 및 『삼국지』 4 위서(魏書) 4.

10) 우로의 죽음에 대해서는 본서 45 석우로전에 자세하나 연대를 비롯해 서로 약간의 차이가 있다.

산성(烽山城)을 쳤으나 함락시키지 못하였다.

10년 봄 3월에 나라 동쪽 바다에서 큰 물고기 세 마리가 나왔는데, 몸길이가 3장이고 높이는 1장 2척이나 되었다. 겨울 10월 그믐에 일식이 있었다.

13년 가을 7월에 가물고 누리가 있더니 흉년이 들어 도적이 많았다.

14년 여름에 홍수가 나서 40여 군데의 산이 무너졌다. 가을 7월에 혜성이 동방에 나타나서 25일 만에야 사라졌다.

15년 봄 2월에 달벌성(達伐城)을 쌓고, 나마 극종(克宗)을 성주로 삼았다. 3월에 백제가 사신을 보내 화친을 청했으나 허락하지 않았다.

겨울 12월 28일에 왕이 갑자기 병에 걸려 죽었다.

미추 이사금(味鄒尼師今)〔미조(味照)라고도 한다〕이 왕위에 오르니, 성은 김씨이다. 어머니 박씨는 갈문왕 이칠(伊柒)의 딸이고, 왕비는 석씨 광명(光明)부인으로 조분왕의 딸이다.

왕의 선조 알지(閼智)는 계림(雞林)에서 나왔는데, 탈해왕이 거두어 궁중에서 길러, 뒤에 대보(大輔)로 임명하였다. 알지가 세한(勢漢)[11]을 낳고, 세한이 아도(阿道)를 낳고, 아도가 수류(首留)를 낳고, 수류가 욱보(郁甫)를 낳고, 욱보가 구도(仇道)를 낳았으니, 구도는 곧 미추의 아버지이다. 첨해에게 아들이 없으므로 나라 사람들이 미추를 왕으로 세우니, 이것이 김씨가 나라를 차지한 처음이었다.

원년(262) 봄 3월에 용이 궁궐 동쪽 못에 나타났다. 가을 7월에 금성 서쪽 문에 화재가 나서 불길이 번져 인가 3백여 호가 불탔다.

2년 봄 정월에 이찬 양부(良夫)를 서불한으로 임명하고, 중앙과 지방의 군사 관련 일을 겸하여 맡아보게 하였다. 2월에 왕이 친히 국조묘에

---

11) '세한'을 「문무왕릉비」(文武王陵碑)에 보이는 '15대조 성한왕(星漢王)', 그리고 「흥덕왕릉비편」(興德王陵碑片)에 보이는 '태조(太祖) 성한(星漢)'에 대응시켜 이해하는 경우가 있다.

제사를 지내고 죄수를 크게 사면했으며, 왕의 죽은 아버지 구도를 갈문 왕으로 봉하였다.

3년 봄 2월에 왕이 동쪽으로 행차하여 바다에 제사를 지냈다. 3월에 왕이 황산(黃山)에 가서 나이 많은 이와 가난하여 제 힘으로 살 수 없는 이들을 위문하고 구휼하였다.

5년 가을 8월에 백제가 쳐들어와 봉산성을 공격하였다. 성주 직선(直宣)이 장사 2백 명을 거느리고 나가 치자, 적들이 패해 달아났다. 왕이 그 소식을 듣고 직선을 일길찬으로 임명하고, 사졸들에게 후하게 상을 주었다.

7년 봄과 여름에 비가 내리지 않았다. 여러 신하를 남당에 모아 왕이 친히 정사와 형벌의 잘잘못을 물어 듣고, 또 다섯 사람을 보내 돌아다니면서 백성들의 고충과 우환을 위문하게 하였다.

11년 봄 2월에 명령을 내려 무릇 농사를 해치는 일은 일절 없애도록 하였다. 가을 7월에 서리와 우박이 내려 곡식을 해쳤다. 겨울 11월에 백제가 변경을 침범하였다.

15년 봄 2월에 신료들이 궁실을 고쳐 지을 것을 요청했으나, 왕이 사람들을 수고롭게 하는 일이라 하여 따르지 않았다.

17년 여름 4월에 폭풍이 불어 나무가 뽑혔다. 겨울 10월에 백제 군사가 쳐들어와 괴곡성(槐谷城)을 에워싸자, 파진찬 정원(正源)에게 명해 군사를 거느리고 가서 막게 하였다.

19년 여름 4월에 가뭄이 들자 죄수들을 다시 조사해주었다.

20년 봄 정월에 홍권(弘權)을 이찬으로 임명하고, 양질(良質)을 일길찬으로, 광겸(光謙)을 사찬으로 삼았다. 2월에 시조묘에 참배하였다. 9월에 양산 서쪽에서 군대를 크게 사열하였다.

22년 가을 9월에 백제가 변경을 침범하였고, 겨울 10월에는 괴곡성을 에워싸므로, 일길찬 양질에게 명해 군사를 거느리고 가서 막게 하였다.

23년 봄 2월에 나라 서쪽의 여러 성을 둘러보며 백성들을 위무하였다.

겨울 10월에 왕이 죽었다. 대릉(大陵)[죽장릉(竹長陵)이라고도 한다]
에 장사 지냈다.

유례 이사금(儒禮尼師今)[『고기』에는 "제3대 왕과 제14대 왕 두 왕의
이름이 같아 유리(儒理) 혹은 유례(儒禮)라고 하였다"[12] 하니 어느 것이
옳은지를 알 수 없다]이 왕위에 오르니, 조분왕의 맏아들이다. 어머니는
박씨로 갈문왕 내음(奈音)의 딸이다. 그녀가 일찍이 밤길을 가다가 별빛
이 입으로 들어오더니 곧 임신을 하였다. 바야흐로 유례를 낳던 날 저녁
이 되자 기이한 향기가 방 안에 가득 찼다.

2년(285) 봄 정월에 시조묘에 참배하였다. 2월에 이찬 홍권(弘權)을 서
불한으로 임명해 중요한 정무를 맡겼다.

3년 봄 정월에 백제가 사신을 보내 화친을 청하였다. 3월에 가물었다.

4년 여름 4월에 왜인이 일례부(一禮部)를 습격해 불을 놓아 태우고, 사
람 1천 명을 사로잡아 갔다.

6년 여름 5월에 왜병이 온다는 소식을 듣고, 선박을 수리하고 갑옷과
무기를 손질하였다.

7년 여름 5월에 홍수가 나서 월성이 무너졌다.

8년 봄 정월에 말구(末仇)를 이벌찬으로 임명하였다. 말구는 충성스
럽고 곧았으며 지략이 있었으므로, 왕이 늘 방문해 정사의 요체를 물
었다.

9년 여름 6월에 왜병이 사도성(沙道城)을 쳐서 함락시켰다. 일길찬 대
곡(大谷)에게 명해 군사를 거느리고 가서 구원하고 복구하게 하였다. 가
을 7월에 가물더니 누리가 생겼다.

10년 봄 2월에 사도성을 고쳐 쌓고, 사벌주(沙伐州)의 호민(豪民) 80여

---

12) 『고기』에는 3대 왕과 14대 왕에 모두 '유례'와 '유리'의 휘를 적용하였다고 한다.
한편 『삼국유사』 왕력에는 3대 왕은 '노례'(弩禮), 14대 왕은 '유례'라 하였고, 기
이 1 노례왕조에는 '유례'의 용례를 소개했으며, 미추왕·죽엽군조에는 14대 '유
례'에 대해 '유리'의 용례를 적용하였다.

가(家)를 이주시켰다.

11년 여름에 왜병이 와서 장봉성(長峯城)을 쳤으나 이기지 못하였다. 가을 7월에 다사군(多沙郡)에서 상서로운 벼이삭을 진상하였다.

12년 봄에 왕이 신하들에게 말하기를 "왜인들이 우리 성읍을 여러 차례 침범해 백성이 편안하게 살 수가 없으니, 내가 백제와 함께 계책을 내서 일시에 바다를 건너 들어가 그 나라를 치고자 하는데 어떻게 생각하는가"라고 하였다. 서불한 홍권이 대답하기를 "저희들은 수전에 익숙하지 못하니 위험을 무릅쓰고 멀리 나가 싸우다가 예측하지 못한 위험이 있을까 두렵고, 더구나 백제는 속임수가 많아서 늘 우리나라를 집어삼킬 마음을 가지고 있으니 역시 함께 일을 도모하기는 어려울 것 같습니다"라고 하였다. 왕이 "그렇겠다"고 하였다.

14년 봄 정월에 지량(智良)을 이찬으로, 장흔(長昕)을 일길찬으로, 순선(順宣)을 사찬으로 삼았다. 이서고국(伊西古國)이 와서 금성을 공격하자, 우리가 크게 군사를 일으켜 방어했으나 물리치지 못하였다. 이때 문득 이상한 군사들이 나타났는데, 그 수를 이루 다 헤아릴 수가 없었다. 모두 대나무 잎을 귀에 꽂았는데, 우리 군사와 함께 적군을 쳐서 깨뜨린 다음 온데간데없이 사라졌다. 사람들 가운데는 대나무 잎 수만 장이 죽장릉에 쌓여 있는 것을 본 이들이 있었다. 이 때문에 나라 사람들은 "선왕께서 음병(陰兵)으로 싸움을 도우신 것이다"라고 생각하였다.[13]

15년 봄 2월에 수도에 안개가 짙게 끼어 사람을 분간할 수 없었는데, 닷새 만에야 걷혔다.

겨울 12월에 왕이 죽었다.

기림 이사금(基臨尼師今)[기립(基立)이라고도 한다]이 왕위에 오르니, 조분 이사금의 손자이다. 아버지는 걸숙(乞淑) 이찬[걸숙은 조분의 손자라고도 한다]이다. 성품이 너그럽고 두터워서 사람들이 모두 칭송하

---

13) 이 사건에 대해서는 『삼국유사』 기이 1 미추왕·죽엽군조에 자세하다.

였다.

2년(299) 봄 정월에 장흔(長昕)을 이찬으로 임명해 중앙과 지방의 군사 관련 일을 겸해 맡아보게 하였다. 2월에 시조묘에 제사를 지냈다.

3년 봄 정월에 왜국과 사절을 교환하였다. 2월에 왕이 비열홀(比列忽)에 행차하여 친히 나이 많은 이와 가난한 이들을 위문하고 곡식을 차등 있게 내려주었다. 3월에 우두주(牛頭州)에 이르러 태백산에 제사를 지냈다. 낙랑과 대방 두 나라가 귀의해 왔다.

5년 봄과 여름에 가물었다.

7년 가을 8월에 지진이 있어 샘물이 치솟았다. 9월에 수도에 지진이 있어 민가를 무너뜨렸으며, 죽은 사람도 있었다.

10년에 국호를 다시 '신라'라고 하였다.

13년 여름 5월에 왕이 병으로 누워 위독하자 중앙과 지방의 죄수들을 사면해주었다.

6월에 왕이 죽었다.

흘해 이사금(訖解尼師今)이 왕위에 오르니, 내해왕의 손자이다. 아버지는 우로(于老) 각간이고, 어머니 명원(命元)부인은 조분왕의 딸이다.

우로는 임금을 섬김에 공로가 있어 여러 차례 승진해 서불한이 되었는데, 흘해의 용모가 빼어나고 두뇌가 명민해 일을 처리하는 것이 여느 사람과는 다른 것을 보고 여러 후(侯)에게 이르기를, "우리 집안을 일으킬 사람은 반드시 이 아이일 것이다"라고 하였다. 이때 와서 기림이 죽고 아들이 없으므로 여러 신하가 의논해 말하기를 "흘해는 어리면서도 노성한 덕행이 있다" 하고, 곧 그를 받들어 왕으로 세웠다.

2년(311) 봄 정월에 급리(急利)를 아찬으로 삼아 정사의 요긴한 바를 맡기고, 중앙과 지방의 군사 관련 일을 겸하여 맡아보게 하였다. 2월에 왕이 친히 시조묘에 제사를 지냈다.

3년 봄 3월에 왜국 왕이 사신을 보내 아들의 배필을 구하니, 아찬 급리의 딸을 보내주었다.

4년 가을 7월에 가물고 누리가 생겼다. 백성이 굶주리므로 사신들을 보내 구휼해주었다.

5년 봄 정월에 아찬 급리를 이찬으로 임명하였다. 2월에 궁궐을 다시 고치다가, 비가 내리지 않자 그만두었다.

8년 봄과 여름에 가물어, 왕이 친히 죄수들을 조사해 대부분 용서해주었다.

9년 봄 2월에 명령하기를 "지난번 가뭄으로 인해 농사가 순조롭게 되지 못했으나, 이제는 땅이 기름지고 생기가 일어나 농사일이 바야흐로 시작될 터이니, 무릇 백성을 수고롭게 하는 일은 모두 중지하라"라고 하였다.

21년에 처음으로 벽골지(碧骨池)를 만드니, 그 둑의 둘레가 1천 8백 보였다.

28년 봄 2월에 사신을 보내 백제를 방문하였다. 3월에 우박이 내렸다. 여름 4월에 서리가 내렸다.

35년 봄 2월에 왜국이 사신을 보내 혼인할 것을 청하자, 딸이 이미 출가했다 하여 거절하였다. 여름 4월에 폭풍이 불어 궁궐 남쪽의 큰 나무가 뽑혔다.

36년 봄 정월에 강세(康世)를 이벌찬으로 임명하였다. 2월에 왜 왕이 글을 보내 국교를 끊었다.

37년에 왜병이 갑자기 풍도(風島)에 이르러 변경의 민가를 노략하더니, 다시 나와 금성을 에워싸고 급히 공격하였다. 왕은 군사를 내어 서로 싸우고자 했으나 이벌찬 강세가 말하기를 "적들은 멀리서 왔으므로 그 예봉을 감당할 수 없으니, 시간을 늦추어 그 군사가 피로해지기를 기다리는 것만 못합니다"라고 하였다. 왕이 그렇겠다고 여겨 성문을 닫고 나가지 않았다. 적들이 양식이 다 떨어져 막 물러가려 하자, 강세에게 명해 굳센 기병을 이끌고 추격하게 하여 쫓아버렸다.

39년에 궁궐의 우물물이 갑자기 넘쳤다.

41년 봄 3월에 황새가 월성 모퉁이에 둥지를 틀었다. 여름 4월에 큰비가 열흘이나 내려 평지에 물이 3~4척이나 고이고, 관청과 민가 건물이 물에 잠기고 떠내려갔으며, 산이 열세 군데나 무너졌다.

47년 여름 4월에 왕이 죽었다.

• 삼국사기 권 제2

삼국사기 권 제3

신라본기 제3
내물 이사금, 실성 이사금, 눌지 마립간,
자비 마립간, 소지 마립간

내물 이사금(奈勿尼師今)[1][나밀(那密)이라고도 한다]이 왕위에 오르니, 성은 김씨이고 구도 갈문왕의 손자이다. 아버지는 말구 각간이고, 어머니는 김씨 휴례(休禮)부인이다. 왕비는 김씨로 미추왕의 딸이다. 흘해가 죽었을 때 아들이 없으므로 내물이 왕위를 이었다[말구는 미추 이사금과 형제이다].

편찬자는 논평하여 말한다. 장가를 드는 데 동성(同姓)을 취하지 않는 것은 부부의 유별을 두터이 하고자 함이다.[2] 그러므로 노공(魯公)이 동

---

1) 『삼국유사』에는 이때부터 '마립간'의 칭호를 쓰고 있다.
2) 『예기』 곡례(曲禮) 상에 "남녀 사이에 중매가 있지 않으면 서로 이름을 알리지 못하며, 폐백을 받지 않았으면 교제하거나 친근히 하지 못한다. ……아내를 맞는 데에는 같은 성을 받아들이지 않는 것이니, 첩을 들일 때 그 성을 알지 못하면 점을 친다"라고 하였고, 같은 책 방기(坊記)편에도 "아내를 맞을 때 같은 성을 받아들이지 않는 것은 부부의 분별을 두터이 하고자 함이다. 그러므로 첩을 들일 때 그 성을 알지 못하면 점을 친다. 이렇게 백성들을 막아도 노의 『춘추』에는 오히려 부인의 성을 저버리고 '오씨'라고 했으며 그녀가 죽자 '맹자 죽다'라고 하였다"라고 하였다. 이것은 노의 소공이 동성의 오나라에서 부인을 맞이했기 때문에 희씨(姬氏)라 하지

성의 오(吳)에 장가든 것이나 진후(晉侯)가 동성의 사희(四姬)를 둔 것에 대해, 진(陳)의 사패(司敗)[3]와 정(鄭)의 자산(子産)[4]이 깊이 나무랐던 것이다. 그런데 신라와 같은 경우는 동성을 취할 뿐만 아니라, 형제의 딸이나 고종·이종 자매를 다 맞아 아내로 삼기도 하였다. 비록 외국이 각기 풍속이 다르다 하나, 중국의 예로 이를 따져본다면 크게 잘못된 일이다. 그러나 흉노와 같이 어머니와 정을 통하고 자식과 관계하는 것[5]은 이보다 더욱 심한 것이다.

2년(357) 봄에 왕이 사신을 보내 홀아비, 과부, 고아, 자식 없는 늙은이들을 보살피게 하고, 각각 곡식 3곡(斛)[6]을 내려주었다. 부모에 효도하고 형제간에 우애하여 행실이 빼어난 이들에게는 관직 한 등급씩을 주었다.

3년 봄 2월에 왕이 친히 시조묘에 제사를 지냈더니, 자줏빛 구름이 묘당 위에 서리고 신이한 새들이 묘당 뜰에 모여들었다.

7년 여름 4월에 시조묘 뜰의 나무들이 가지를 이어 하나로 어우러졌다.

9년 여름 4월에 왜병이 크게 들이닥쳤다. 왕이 듣고 대적할 수 없을까 두려워해 풀 인형 수천 개를 만들어 옷을 입히고 무기를 들려서 토함산 아래에 벌려 세우고, 용사 1천 명을 부현(斧峴) 동쪽 들에 매복시켰다.

못하고 오씨라고 한 것을 말한다.

3) 『논어』 술이(述而)편에 보이는 진의 사패와 공자의 대화에서 유래한 일이다. 사패는 노의 소공이 동성의 오나라에서 부인을 맞이하였고, 그 점을 꺼려서 그녀를 '오맹자'라고 하였으니, 그와 같은 소공이 예를 안다면 누가 예를 모르겠느냐고 비판하였다.

4) 『좌전』 소공 원년조에 보이는 일이다. 진 평공(平公)이 병에 걸리자 정나라에서 자산을 보내 문병하게 했는데, 자산은 진후가 병에 걸리게 된 원인을 논변하면서 사희(四姬), 즉 동성 여인을 네 명 거느린 점에 대해 비판했던 것이다.

5) 『사기』 110 흉노전에 "아버지가 죽으면 그 후모(後母)를 아내로 맞이하고, 형제가 죽으면 모두 그들의 아내들을 받아들여 자신의 아내로 거느린다"라고 하였다.

6) 곡(斛)은 10두(斗), 즉 열 말의 용량을 말한다.

왜인들이 수가 많은 것을 믿고 곧바로 나오니, 복병을 일으켜 불의에 공격하였다. 왜인들이 크게 패해 달아나자 우리 군사가 추격해 거의 다 죽였다.

11년 봄 3월에 백제 사람이 와서 방문하였다. 여름 4월에 홍수가 나서 산 열세 군데가 무너졌다.

13년 봄에 백제가 사신을 보내 좋은 말 두 필을 진상하였다.

17년 봄과 여름에 가물더니, 이해에 흉년이 들어 백성이 굶주리고 떠돌아다니는 이들이 많았다. 왕이 사신을 보내 곡식 창고를 열어 그들을 구휼하였다.

18년에 백제 독산성주(禿山城主)가 무리 3백 명을 거느리고 와 투항해 오니, 왕이 받아들여 6부에 나누어 살게 하였다. 백제 왕이 글을 보내 말하기를 "우리 두 나라가 화목하고 우호하여 형제처럼 지낼 것을 약속했는데 이제 대왕께서 우리의 도망간 백성을 받아들이니, 이는 화친하는 뜻에 매우 어긋나는 것이며 대왕께 기대하던 바가 아닙니다. 돌려보내 주시기 바랍니다"라고 하였다. 우리 왕이 대답해 말하기를 "백성이란 변함없는 마음이 있는 것이 아니기 때문에, 생각이 있으면 오고 싫증이 나면 가는 것은 본래부터 그러한 것이거늘, 대왕께서는 백성이 편안하지 못한 것을 근심하지는 않고 도리어 과인을 나무라는 것이 어찌 이리 심합니까"라고 하였다. 백제가 그 말을 듣더니 더 이상 말하지 않았다. 여름 5월에 수도에 내리는 비에 물고기가 섞여 있었다.

21년 가을 7월에 부사군(夫沙郡)에서 뿔이 하나 달린 사슴을 진상하였다. 이해에 크게 풍년이 들었다.

24년 여름 4월에 양산(楊山)에서 작은 참새가 큰 새를 낳았다.

26년 봄과 여름에 가물더니 흉년이 들어 백성이 굶주렸다. 위두(衛頭)를 부견(苻堅)의 전진(前秦)에 보내 방물을 바쳤다.[7] 부견이 위두에게

---

7) 전진은 351년부터 394년까지 5대 44년간 존속한 5호 16국의 하나로 저족(氐族)의 추장 부건(苻健)이 세운 나라이다. 특히 357년에 즉위한 부견(苻堅)은 현명하고 중

묻기를 "그대의 말을 들어보니 해동의 일들이 예전 같지 않으니 무슨 까닭인가"라고 하였다. 위두가 대답하기를 "역시 중국에서 시대가 변하고 명분과 국호가 바뀌는 것과 마찬가지이니, 지금 해동이 어찌 예전과 같겠습니까"라고 하였다.

33년 여름 4월에 수도에 지진이 있더니, 6월에 또 지진이 있었다. 겨울에는 물이 얼지 않았다.

34년 봄 정월에 수도에 전염병이 크게 돌았다. 2월에 흙이 섞인 비가 내렸다. 가을 7월에 누리가 생기더니, 곡식이 잘 여물지 않았다.

37년 봄 정월에 고구려에서 사신을 보내왔다. 왕은 고구려가 강성하다 하여, 이찬 대서지(大西知)의 아들 실성(實聖)을 보내 볼모로 삼았다.

38년 여름 5월에 왜인들이 와서 금성을 에워싸고 닷새가 되도록 풀지 않았다. 장수와 병사들이 모두 나가 싸울 것을 요청했으나, 왕은 "지금은 적들이 배를 버리고 깊숙이 들어와 죽을 곳에 있는지라 그 예봉을 당할 수 없다" 하여 성문을 닫아 걸고 있자, 적들이 아무 소득없이 물러갔다. 왕이 먼저 용맹한 기병 2백 명을 보내 그들이 돌아가는 길목을 막게 하고, 다시 보병 1천 명을 보내 독산(獨山)까지 추격하여 양쪽에서 끼고 공격해 크게 쳐부수니, 죽이고 잡은 수가 매우 많았다.

40년 가을 8월에 말갈이 북쪽 변경을 침범하므로 군사를 내보내 실직(悉直)의 들에서 크게 쳐부수었다.

42년 가을 7월에 북쪽 변경의 하슬라(何瑟羅)에 가뭄이 들고 누리가 생겨서 농사를 망치고 백성들이 굶주리니, 죄수들을 살펴 사면하고 1년의 납세를 면제해주었다.

44년 가을 7월에 날고 있는 누리떼가 들판을 뒤덮었다.

국의 학문에 통하여 한족 명문의 지지를 받은데다가, 왕맹을 중용해 관제·경제·학문 등을 정비함으로써 5호 16국 가운데 가장 강성한 왕조를 이루었다. 전연과 전량(前涼)을 차례로 멸망시켰으나, 382년 동진을 쳐서 강남을 병합하려다가 비수(淝水) 전투에서 대패한 뒤 국력이 현저하게 위축되었다.『진서』112~115 전진재기(前秦載記).

45년 가을 8월에 혜성이 동방에 나타났다. 겨울 10월에 왕이 늘 타고 다니는 궁중 마구간 말이 무릎을 꿇고 눈물을 흘리면서 슬프게 울었다.

46년 봄과 여름에 가물었다. 가을 7월에 고구려에 가 있던 볼모 실성이 돌아왔다.

47년 봄 2월에 왕이 죽었다.

실성 이사금(實聖尼師今)이 왕위에 오르니, 알지의 후손이요 대서지(大西知) 이찬의 아들이다. 어머니 이리(伊利)〔'이'(伊)는 '기'(企)로도 쓴다〕부인은 석등보(昔登保) 아간(阿干)의 딸이다. 왕비는 미추왕의 딸이다. 실성은 키가 7척 5촌이나 되었으며, 명민하고 통달하여 멀리 내다보는 식견이 있었다. 내물이 죽고 그의 아들이 어렸으므로 나라 사람들이 실성을 옹립해 왕위를 잇게 하였다.

원년(402) 3월에 왜국과 우호를 맺고, 내물왕의 아들 미사흔(未斯欣)을 볼모로 삼았다.

2년 봄 정월에 미사품(未斯品)을 서불한으로 삼아 군사와 정무에 관한 일을 맡겼다. 가을 7월에 백제가 변경을 침범하였다.

3년 봄 2월에 왕이 친히 시조묘에 참배하였다.

4년 여름 4월에 왜병이 와서 명활성(明活城)을 공격하다가 이기지 못하고 돌아갔다. 왕이 기병을 거느리고 독산(獨山) 남쪽에서 막아 다시 싸워 깨뜨리고, 3백여 명을 죽이고 사로잡았다.

5년 가을 7월에 나라 서쪽에 누리가 생겨 곡식을 해쳤다. 겨울 10월에 수도에 지진이 있었고, 11월에는 물이 얼지 않았다.

6년 봄 3월에 왜인들이 동쪽 변경을 침범하더니, 여름 6월에 또 남쪽 변경에 침입하여 1백 명을 노략해 갔다.

7년 봄 2월에 왕은 왜인들이 대마도에 군영을 설치하고 무기와 군량을 비축하고서 우리를 습격하려 한다는 말을 듣고, 그들이 군사를 미처 일으키기 전에 우리가 먼저 정예병을 뽑아 그들의 군사 시설을 치고자 하였다. 이때 서불한 미사품이 말하기를 "제가 들건대 '무기란 흉한 도구요, 싸움이란 위험한 일이다'[8]고 하였습니다. 하물며 큰 바다를 건너서 다른 나라를 치다가 만일 실패한다면, 그때는 후회해도 소용이 없을 것입니다. 차라리 험한 곳에 의지해 관문을 설치하여 그들이 오면 막아서 우리를 침범해 어지럽히지 못하게 하고, 유리할 때는 나가 사로잡는 것만 못합니다. 이것이 이른바 '남을 이용할 것이요, 남에게 이용당하지 않아야 한다'[9]는 것이니, 대책 가운데 으뜸일 것입니다"라고 하였다. 왕이 그 말을 좇았다.

11년에 내물왕의 아들 복호(卜好)를 고구려에 볼모로 보냈다.

12년 가을 8월에 구름이 낭산(狼山)에서 일어났는데, 멀리서 보면 누각같이 생겼고 향기가 자욱하여 오래도록 없어지지 않았다. 왕이 이르기를 "이것은 필시 신선이 내려와 노니는 것이니, 응당 복받은 땅이로다"라고 하여, 이후로는 사람들이 이곳에서 나무를 베지 못하게 하였다. 새로 평양주(平壤州)의 큰 다리를 낙성하였다.

14년 가을 7월에 왕이 혈성(穴城)의 들판에서 군대를 크게 사열하고, 또 금성의 남문에서 활쏘는 것을 관람하였다. 8월에 왜인들과 더불어 풍도(風島)에서 싸워 이겼다.

15년 봄 3월에 동해 해변에서 큰 물고기를 잡았는데, 뿔이 나 있었으며 그 크기가 수레에 가득 찼다. 여름 5월에 토함산이 무너지고, 우물물이 3장이나 솟구쳤다.

16년 여름 5월에 왕이 죽었다.

---

8) 『국어』(國語) 월어(越語) 하에 "대저 용(勇)이란 덕을 거스르는 것이요, 병(兵)이란 흉기요, 쟁(爭)이란 일의 말단이다"라고 하였다. 『사기』43 조세가(趙世家)에도 "전(戰)이란 덕을 거스르는 것이요, 쟁(爭)이란 일의 말단이다"라고 하였다. 『노자』(老子) 31에 역시 "병자불상지기"(兵者不祥之器)라 하였으니, "무기란 것은 상서롭지 못한 도구이니 군자가 쓸 만한 도구는 아니다"라는 의미이다.

9) 이것은 『손자』(孫子) 허실편(虛實篇)에 "선전자치인이불치어인"(善戰者致人而不致於人)에서 유래한 말이다. 즉 적으로 하여금 험난을 무릅쓰고 오게 할 일이요 아군이 위험을 밟고서 가서는 안 되며, 반드시 적들을 이편으로 유인해 들여야 이쪽에서 적들에게 주도권을 빼앗겨 끌려다녀서는 안 된다는 의미이다.

눌지 마립간(訥祗麻立干)이 왕위에 오르니〔김대문이 이르기를 "마립이라는 것은 방언으로 말뚝을 이른다. 말뚝은 함조(諴操)를 말하는데 관위에 따라 배치하였다. 즉 왕의 말뚝을 위주로 해 신하의 말뚝들은 그 아래벌여 두었으므로, 왕호를 이렇게 이름했던 것이다"라고 하였다〕, 내물왕의 아들이다. 어머니 보반(保反)부인〔내례길포(內禮吉怖)라고도 한다〕은 미추왕의 딸이다. 왕비는 실성왕의 딸이다.

내물왕이 왕위에 있은 지 37년에 실성을 고구려에 볼모로 보냈는데, 실성이 돌아와 왕이 되자 내물이 자기를 외국에 볼모로 보낸 것을 원망해 내물의 아들을 해쳐서 그 원한을 풀고자 하였다. 이에 사람을 보내 자기가 고구려에 있을 때 서로 잘 알고 지내던 이를 불러들여 은밀히 지시하기를, "눌지를 보거든 죽이라!"고 하였다. 드디어 눌지로 하여금 가게 하여 중도에서 그와 맞닥뜨리게 하였다. 고구려 사람은 눌지의 됨됨이가 시원스럽고 우아하여 군자의 풍모가 있는 것을 보고, 마침내 고백하기를 "당신 나라 왕이 나를 시켜 당신을 해치라고 했으나 지금 당신을 만나고 보니 차마 살해할 수 없습니다" 하고는 그냥 돌아가버렸다. 눌지가 이를 원망해 도리어 왕을 시해하고 스스로 왕위에 올랐다.[10]

2년(418) 봄 정월에 왕이 친히 시조묘에 참배하였다. 왕의 아우 복호(卜好)가 고구려로부터 제상(堤上) 나마와 함께 돌아왔다.[11] 가을에는 왕의 아우 미사흔이 왜국에서 도망쳐 돌아왔다.

3년 여름 4월에 우곡(牛谷)에서 물이 솟구쳤다.

4년 봄과 여름에 크게 가물었다. 가을 7월에 서리가 내려 곡식을 죽이니, 백성들이 굶주려 자손을 파는 이마저 있었다. 죄수들을 조사해 죄를

---

10) 고구려 군사가 개입한 이 정변은 『삼국유사』 기이 1 실성왕조에도 간략하게 소개되어 있다. 경주 호우총(壺杅塚)에서 나온 청동호우는 이즈음 고구려와 신라의 특수한 관계를 반영하고 있는 자료로 주목된다.

11) 박제상의 활약에 대해서는 본서 45 박제상전에 자세하다. 『삼국유사』 기이 1 내물왕·김제상(奈勿王·金堤上)조의 경우는 연대상의 오류를 비롯해 적지 않은 차이가 있다.

용서해주었다.

7년 여름 4월에 남당(南堂)에서 늙은이들을 대접했는데, 왕이 친히 음식을 집어주고 곡식과 비단을 차등있게 내려주었다.

8년 봄 2월에 사신을 고구려에 보내 교빙(交聘)의 예를 닦았다.

13년에 새로 시제(矢堤)를 쌓았는데, 둑의 둘레가 2천 1백 70보였다.[12]

15년 여름 4월에 왜병이 와서 동쪽 변경을 침범하고 명활성(明活城)을 에워쌌지만 아무 소득이 없이 물러갔다. 가을 7월에 서리와 우박이 내려 곡식을 죽였다.

16년 봄에 곡식이 귀하게 되어 사람들이 소나무 껍질을 벗겨 먹었다.

17년 여름 5월에 미사흔이 죽었다. 그에게 서불한을 추증하였다. 가을 7월에 백제가 사신을 보내 화친을 요청하므로, 그대로 따랐다.

18년 봄 2월에 백제 왕이 좋은 말 두 필을 보내더니, 가을 9월에 다시 흰 매를 보내왔다. 겨울 10월에 왕이 황금과 명주(明珠)를 백제에 보내 답례하였다.

19년 봄 정월에 바람이 크게 불어 나무가 뽑혔다. 2월에 역대 왕들의 원릉(園陵)을 손질하였다. 여름 4월에 왕이 시조묘에 제사를 지냈다.

20년 여름 4월에 우박이 내렸다. 죄수들을 다시 조사해주었다.

22년 여름 4월에 우두군(牛頭郡)의 산골짜기 물이 갑자기 들이닥쳐 집 50여 채를 떠내려 보냈다. 수도에 거센 바람이 불고 우박이 내렸다. 이 해에 백성들에게 우차(牛車) 쓰는 방법을 가르쳤다.

24년에 왜인들이 남쪽 변경을 침범해 백성을 노략해 갔다. 여름 6월에는 다시 동쪽 변경을 침범하였다.

25년 봄 2월에 사물현(史勿縣)에서 꼬리가 긴 흰 꿩을 진상하니, 왕이

---

12) 『예기』 왕제(王制)편에 "옛날에는 주척(周尺) 8척을 보(步)로 하였는데 지금은 주척 6척 4촌(寸)을 보로 한다"라고 했으며, 『설문해자』(說文解字)에 "척은 10촌이다"라고 하였다. 주척 1척은 대개 19.5센티미터 내외에 해당한다. 한대의 1척은 23센티미터가 좀 넘었으며, 일본에서도 사용된 이른바 '고려척'은 대략 35센티미터 정도이다. 통일기 이후 신라에서는 29.7센티미터에 해당하는 당척을 사용하였다.

가상히 여겨 현의 관리에게 곡식을 내려주었다.

28년 여름 4월에 왜병이 금성을 열흘 동안 에워쌌다가, 양식이 다하자 그냥 돌아갔다. 왕이 군사를 내어 뒤쫓고자 하니 좌우의 신하들이 말하기를 "병가의 말에 '궁지에 몰린 도적을 쫓지 말라'[13]고 했으니 왕께서는 그만두소서"라고 하였다. 왕은 듣지 않고 기병 수천여 명을 거느리고 추격해 독산 동쪽에서 어우러져 싸웠으나, 적들에게 패해 죽은 장수와 병사들이 절반이 넘었다. 왕이 창황하여 말을 버리고 산 위에 오르니, 적들이 여러 겹으로 에워쌌다. 이때 홀연히 안개가 끼어 지척을 분간할 수 없게 되자, 적들은 신령이 돕는 것이라고 생각해 군사를 거두어 물러나 돌아갔다.

34년 가을 7월에 고구려 변경의 장수가 실직(悉直)의 들에서 사냥을 하고 있었는데, 우리 하슬라 성주 삼직(三直)이 군사를 내보내서 그를 엄습해 죽였다. 고구려 왕이 소식을 듣고 노하여 사람을 보내 와 통고하기를 "내가 대왕과 더불어 우호를 닦아 매우 기쁘게 여기던 터에, 지금 군사를 내서 우리 변경의 장수를 죽이니 이것이 무슨 도리인가" 하고, 곧 군사를 일으켜서 우리의 서쪽 변경을 침범하였다. 이에 왕이 겸손한 말로 사과하자 그대로 돌아갔다.

36년 가을 7월에 대산군(大山郡)에서 상서로운 벼이삭을 진상하였다.

37년 봄과 여름에 가물었다. 가을 7월에 이리떼가 시림(始林)에 들어왔다.

38년 가을 7월에 서리와 우박이 내려 곡식을 해쳤다. 8월에 고구려가 북쪽 변경을 침범하였다.

39년 겨울 10월에 고구려가 백제를 침범하니, 왕이 군사를 보내 구원

---

13) 원문에 '궁구물추'(窮寇勿追)라고 했는데 이는 『손자』(孫子) 군쟁(軍爭)편에 "이병물식 귀사물알 위사필궐 궁구물박"(餌兵勿食 歸師勿遏 圍師必闕 窮寇勿迫)이라고 한 대목에서 유래한다. 즉 "미끼로 던진 군사를 치지 말고, 철수하는 군사를 막지 말며, 군사를 에워쌈에 달아날 틈을 둘 것이고, 궁지에 몰린 도적을 쫓지 말라"라고 한 부분을 인용한 것이다.

하였다.

41년 봄 2월에 바람이 크게 불어 나무가 뽑혔다. 여름 4월에 서리가 내려 보리를 해쳤다.

42년 봄 2월에 지진이 있어 금성 남문이 저절로 무너졌다.

가을 8월에 왕이 죽었다.

자비 마립간(慈悲麻立干)이 왕위에 오르니, 눌지왕의 맏아들이다. 어머니 김씨는 실성의 딸이다.

2년(459) 봄 2월에 왕이 시조묘에 참배하였다.

여름 4월에 왜인들이 병선 1백여 척으로 동쪽 변경을 습격하고, 나아와 월성을 에워싸니 사방에서 화살과 돌이 비오듯 하였다. 왕이 성에서 지키다가 적들이 바야흐로 물러나려 하자 군사를 출동시켜 그들을 쳐부수고, 달아나는 것을 추격해 바다 어귀에 이르니, 적들 가운데 물에 빠져 죽는 이가 절반이 넘었다.

4년 봄 2월에 왕이 서불한 미사흔의 딸을 맞아들여 왕비로 삼았다. 여름 4월에 용이 금성 우물 가운데 나타났다.

5년 여름 5월에 왜인들이 활개성(活開城)을 쳐부수고 백성 1천 명을 사로잡아 갔다.

6년 봄 2월에 왜인들이 삽량성(歃良城)을 침범하다가 이기지 못하고 물러가자, 왕이 벌지(伐智)와 덕지(德智)에게 명해 군사를 거느리고 길에 매복해 기다리고 있다가 요격해서 크게 쳐부수었다. 왕은 왜인들이 자주 강역을 침범하므로 변경을 따라 성을 두 개 쌓았다. 가을 7월에 군대를 크게 사열하였다.

8년 여름 4월에 홍수가 나서 산이 열일곱 군데나 무너졌다. 5월에 사벌군(沙伐郡)에 누리가 생겼다.

10년 봄에 해당 부서에 명해 전함을 수리하게 하였다. 가을 9월에 하늘이 붉어지더니 큰 별이 북방에서 동남방으로 흘러갔다.

11년 봄에 고구려가 말갈과 함께 북쪽 변경의 실직성(悉直城)을 습격하였다.

가을 9월에 하슬라 사람 가운데 나이 15세 이상 되는 이들을 징발해 이하(泥河)에 성을 쌓았다[이하는 일명 이천(泥川)이다].

12년 봄 정월에 수도의 마을 이름들을 정하였다. 여름 4월에 나라 서쪽에 홍수가 나서 민가가 떠내려가고 허물어졌다. 가을 7월에 왕이 수해를 입은 주·군들을 돌아다니면서 보살폈다.

13년에 삼년산성(三年山城)을 쌓았다['삼년'이란 것은 처음 공사를 시작한 때로부터 3년 만에 일을 마쳤기 때문에 이렇게 이름한 것이다].

14년 봄 2월에 모로성(芼老城)을 쌓았다. 3월에 수도에서 땅이 갈라졌는데 너비와 길이가 2장이나 되었고 탁한 물이 솟구쳐 나왔다. 겨울 10월에 전염병이 크게 돌았다.

16년 봄 정월에 아찬 벌지와 급찬 덕지를 좌·우장군으로 삼았다. 가을 7월에 명활성을 수리하였다.

17년에 일모(一牟)·사시(沙尸)·광석(廣石)·답달(沓達)·구례(仇禮)·좌라(坐羅) 등의 성을 쌓았다.

가을 7월에 고구려 왕 거련(巨連)이 친히 군사를 거느리고 백제를 쳤다. 백제 왕 경(慶)이 아들 문주(文周)를 보내 구원을 요청하니, 왕이 군사를 내서 백제를 구하게 했으나, 우리가 도착하기 전에 백제는 이미 함락되었고 경 역시 살해되었다.[14]

18년 봄 정월에 왕이 명활성으로 거처를 옮겼다.

19년 여름 6월에 왜인들이 동쪽 변경을 침범하였다. 왕이 장군 덕지에게 명해 쳐부수게 하고 2백여 명을 죽이고 사로잡았다.

20년 여름 5월에 왜인들이 군사를 일으켜 다섯 갈래로 쳐들어왔다가 끝내 아무 소득도 없이 돌아갔다.

---

14) 이 사건은 고구려본기에는 장수왕 63년(475) 9월조에 있고 가장 자세한 백제본기에도 개로왕 21년(475) 9월조에서 확인되므로, 신라본기에 1년 이르게 편년된 것은 오류일 것이다. '거련'은 장수왕의 이름으로 '거련'(巨璉)이라고도 쓴다. '경'은 개로왕의 이름 '경사'(慶司)를 약칭한 것이다.

21년 봄 2월 밤에 붉은빛이 피륙을 편듯 땅에서 하늘까지 뻗치었다. 겨울 10월에 수도에 지진이 있었다.

22년 봄 2월 3일에 왕이 죽었다.

소지 마립간(炤知麻立干)〔비처(毗處)라고도 한다〕이 왕위에 오르니, 자비왕의 맏아들이다. 어머니 김씨는 서불한 미사흔의 딸이다. 왕비 선혜(善兮)부인은 내숙(乃宿) 이벌찬의 딸이다. 소지는 어려서부터 행실이 효성스러웠으며 겸손하게 삼가고 스스로 단속하니, 사람들이 모두 그를 따랐다.

원년(479)에 죄수들을 크게 사면하고 모든 관료에게 관작을 1등급 올려주었다.

2년 봄 2월에 시조묘에 제사를 지냈다. 여름 5월에 수도에 가뭄이 들었다. 겨울 10월에 백성이 굶주리자 창고의 곡식을 풀어서 구휼하였다. 11월에 말갈이 북쪽 변경을 침범하였다.

3년 봄 2월에 왕이 비열성(比列城)에 행차하여 군사들을 위무하고 군복을 내려주었다. 3월에 고구려가 말갈과 함께 북쪽 변경에 침입해 호명(狐鳴) 등 일곱 성을 빼앗고 다시 미질부(彌秩夫)로 진군하였다. 우리 군사가 백제·가야의 구원병과 함께 길을 나누어 막으니 적들이 무너져 물러갔다. 그들을 추격해 이하 서쪽에서 쳐부수고, 1천여 명의 목을 베었다.

4년 봄 2월에 바람이 크게 불어 나무가 뽑혔고, 금성 남문에 화재가 있었다. 여름 4월에 오랫동안 비가 내렸다. 왕이 중앙과 지방의 관리들에게 명해 죄수를 다시 조사해주도록 하였다. 5월에 왜인들이 변경을 침범하였다.

5년 여름 4월에 홍수가 났고, 가을 7월에도 홍수가 있었다. 겨울 10월에 왕이 일선(一善) 지역에 행차하여 재난을 당한 백성들을 위문하고 곡식을 차등있게 내려주었다. 11월에 우레가 있었고 수도에 전염병이 크게 돌았다.

6년 봄 정월에 오함(烏含)을 이벌찬으로 삼았다. 3월에 토성이 달을 침범하였고, 우박이 내렸다. 가을 7월에 고구려가 북쪽 변경을 침범하므로, 우리 군사와 백제가 함께 모산성(母山城) 아래에서 공격해 크게 쳐부수었다.

7년 봄 2월에 구벌성(仇伐城)을 쌓았다. 여름 4월에 왕이 친히 시조묘에 제사를 지내고 묘당을 관리하는 민호 20가를 더 두었다. 5월에 백제가 와서 방문하였다.

8년 봄 정월에 이찬 실죽(實竹)을 장군으로 임명하였다. 일선 지역의 장정 3천 명을 징발해 삼년(三年)과 굴산(屈山)의 두 성을 고쳐 쌓았다. 2월에 내숙을 이벌찬으로 삼아 국정에 참여하게 하였다. 여름 4월에 왜인들이 변경을 침범하였다. 가을 8월에 낭산(狼山) 남쪽에서 군대를 크게 사열하였다.

9년 봄 2월에 신궁(神宮)을 나을(奈乙)에 설치하였다. 나을은 시조가 처음 태어나신 곳이다. 3월에 처음으로 사방에 우역(郵驛)을 두고 해당 관부에 명해 관도(官道)를 수리하게 하였다. 가을 7월에 월성을 보수하였다. 겨울 10월에 우레가 있었다.

10년 봄 정월에 왕이 월성으로 거처를 옮겼다. 2월에 일선군에 행차하여 홀아비, 과부, 고아, 자식 없는 늙은이들을 위문하고 곡식을 차등있게 내려주었다. 3월에 일선에서 돌아오면서 지나오는 주·군의 죄수들을 두 가지 사형죄를 제외하고는 다 용서해주었다. 여름 6월에 동양(東陽)에서 눈이 여섯 개 달린 거북을 바쳤는데, 배 아래에 글자가 있었다. 가을 7월에 도나성(刀那城)을 쌓았다.

11년 봄 정월에 하는 일 없이 놀고 먹는 백성들을 몰아다가 농사를 짓게 하였다. 가을 9월에 고구려가 북쪽 변경을 침범해 과현(戈峴)까지 왔다가, 겨울 10월에 호산성(狐山城)을 함락시켰다.

12년 봄 2월에 비라성(鄙羅城)을 다시 쌓았다. 3월에 용이 추라정(鄒羅井)에 나타났다. 처음으로 수도에 시장을 개설해 사방의 물자를 유통시켰다.

14년 봄과 여름에 가뭄이 들자, 왕이 스스로를 죄책하고 평상시보다

음식의 가짓수를 줄였다.

15년 봄 3월에 백제 왕 모대(牟大)가 사신을 보내 혼인을 요청하자, 왕이 이벌찬 비지(比智)의 딸을 보냈다. 가을 7월에 임해진(臨海鎭)과 장령진(長嶺鎭)을 설치해 왜적을 방비하였다.

16년 여름 4월에 홍수가 났다. 가을 7월에 장군 실죽 등이 고구려와 살수(薩水)의 들판에서 싸우다 이기지 못하고 물러나 견아성(犬牙城)을 지켰는데, 고구려 군사가 이를 에워쌌다. 백제 왕 모대가 군사 3천 명을 보내 구원하여 포위를 풀었다.

17년 봄 정월에 왕이 친히 신궁에 제사를 지냈다. 가을 8월에 고구려가 백제의 치양성(雉壤城)을 에워싸자 백제가 구원을 청해 왔다. 왕이 장군 덕지에게 명해 군사를 거느리고 가서 구원하니, 고구려 군사가 무너졌다. 백제 왕이 사신을 보내와 감사하였다.

18년 봄 2월에 가야국에서 흰 꿩을 보내왔는데, 꼬리 길이가 5척이나 되었다. 3월에 궁실을 다시 수리하였다. 여름 5월에 큰비가 내려 알천 물이 불어나 집 2백여 채가 떠내려가고 물에 잠겼다. 가을 7월에 고구려가 우산성(牛山城)에 쳐들어오자, 장군 실죽이 나가 이하(泥河)에서 쳐부수었다. 8월에 왕이 남쪽 교외에 행차하여 농사를 살폈다.

19년 여름 4월에 왜인들이 변경을 침범하였다. 가을 7월에 가물더니 누리가 생겼다. 왕이 여러 관료에게 명해 수령이 될 만한 재주를 가진 이들을 각각 한 사람씩 천거하게 하였다. 8월에 고구려가 우산성을 쳐서 함락시켰다.

22년 봄 3월에 왜인들이 장봉진(長峯鎭)을 쳐서 함락시켰다. 여름 4월에 폭풍이 불어 나무가 뽑혔으며, 용이 금성의 우물에 나타났고, 수도에 황색 안개가 끼어 사방의 시야를 막았다.

가을 9월에 왕이 날기군(捺己郡)에 행차하였다. 날기군 사람 파로(波路)에게 딸이 있었는데 이름은 벽화(碧花)이고 나이는 열여섯으로 참으로 한 나라의 미색이었다. 그녀의 아버지가 수놓은 비단옷을 입혀 가마에 태우고 색깔있는 비단으로 덮어 가려서 왕에게 바쳤다. 왕은 음식을 올리는 것으로 여기고 열어 보니 단정한 소녀인지라 괴이하여 받지 않았다. 궁궐에 돌아와서는 그 생각이 그치지 않아 두세 차례 남몰래 은밀히 다녀 그 집에 가서 그녀와 관계하였다. 길이 고타군(古陁郡)을 지나게 되어 어느 노파의 집에 묵었는데, 왕이 노파에게 묻기를 "요즘 사람들은 국왕이 어떠한 임금이라고 여기는가"라고 하였다. 노파가 대답하기를 "많은 이들은 성인이라고 하지만 저만은 그것을 의심합니다. 왜냐하면 내가 가만히 들어보니 왕이 날기군의 여자를 사랑해 여러 차례 복장을 숨기고 온다 하니, 무릇 용이 고기의 옷을 입는다면 고기잡이의 손아귀에 드는 것이기 때문입니다.[15] 지금 왕은 만승(萬乘)[16]의 지위에 있거니와 스스로 신중하지 않으니 이러고도 성인이라 한다면 어느 누가 성인이 아니겠습니까"라고 하였다. 왕이 그 말을 듣고 크게 부끄러워 곧 몰래 그 여자를 맞아다가 궁궐의 별실에 두고, 아들 하나를 낳기에 이르렀다.

겨울 11월에 왕이 죽었다.[17]

• 삼국사기 권 제3

---

15) 『설원』(說苑) 정간(正諫)편에 기록된 중국 전설로서, 예저(豫且)가 용을 쏜 이야기에서 유래한 것이다. 그에 따르면 오(吳) 왕이 백성들과 어울려 술을 마시려 하자, 오자서(伍子胥)가 만류하면서 이 이야기를 하고 있다. 즉 천제(天帝)가 기르는 백룡이 연못에 내려와 물고기로 변해 있었는데, 예저라는 어부가 그 눈을 쏘아 맞혔다 한다. 이에 백룡이 하늘로 올라가서 호소하자 천제는 오히려 물고기로 변한 백룡의 행위를 책망했다는 것이다. 이어서 오자서는 "지금 만승의 높은 지위를 버리고서 포의(布衣)의 선비들과 어울려 술을 마시고자 하시니, 저는 예저와 같은 우환거리가 있을까 두렵습니다"라고 하였다.

16) 만승은 1만 대의 병거(兵車)를 말하는데, 이로써 병거 1만 대를 낼 수 있는 토지, 혹은 그만한 토지를 영유하고 있는 큰 나라의 제후, 혹은 천자를 의미한다. 보통 제후의 천승(千乘) 규모에 대응하는 말로 쓰인다. 『맹자』 양혜왕(梁惠王) 상.

17) 앞에서 왕이 9월에 벽화를 만났다 하고, 여기 보이는 것처럼 같은 해 11월에 죽었다 하니, 그들 사이에 아들이 태어났다는 내용은 자연스러운 서술이 되지 못한다. 따라서 왕의 졸년이 더 뒤로 설정되는 것이 옳지 않은가 하는 시각도 있다. 여하튼 『삼국사기』에는 이처럼 구체적 발생 시기에 대한 정보를 확보하지 못했을 때, 관련 왕의 말년에 일괄 기재하는 경우가 종종 보인다.

삼국사기 권 제4

신라본기 제4
지증 마립간, 법흥왕, 진흥왕, 진지왕, 진평왕

지증 마립간(智證麻立干)이 왕위에 오르니, 성은 김씨이고 이름은 지대로(智大路)이다〔혹은 지도로(智度路)라고 하며, 지철로(智哲老)라고도 한다〕.[1] 내물왕의 증손자요 습보(習寶) 갈문왕의 아들이니, 소지왕의 재종 아우이다. 어머니는 김씨 조생(鳥生)부인으로 눌지왕의 딸이다. 왕비는 박씨 연제(延帝)부인으로 등흔(登欣) 이찬의 딸이다. 체격이 매우 크고 담력이 보통 사람보다 뛰어났다.[2] 전왕이 죽었을 때 아들이 없으므로 왕위를 이으니, 이때 나이가 64세였다.

편찬자는 논평하여 말한다. 신라의 왕칭에는 거서간이 하나, 차차웅이 하나, 이사금이 열여섯, 마립간이 넷의 용례가 있다.[3] 신라 말의 유명

---

1) 본서 33 악지에서는 '지대로왕'이, 44 이사부전에는 '지도로왕'이, 그리고 1989년 발견된 「영일냉수리비」(迎日冷水里碑)에는 '지도로갈문왕'(至都盧葛文王)이 확인된다.
2) 『삼국유사』 기이 1 지철로왕조에 왕의 신체적 특징과, 그에 걸맞은 왕비를 구한 설화가 자세하다.
3) 『삼국유사』 왕력에는 이질금(尼叱今), 즉 이사금을 칭한 경우가 열넷이고, 마립간을 칭한 경우가 여섯으로 되어 있다. 이것은 왕력이 내물과 실성을 마립간으로 일컬은 데서 야기된 차이이다. 한편 「광개토왕비」(廣開土王碑) · 「중원고구려비」(中原

한 유학자 최치원(崔致遠)이 지은 『제왕연대력』(帝王年代曆)⁴⁾에는 모두 '모왕'(某王)이라 하고 거서간 등은 말하지 않았으니, 이는 아마 그 말이 비야(鄙野)하여 족히 일컬을 만하지 못하다고 여겼던 때문이 아닐까? 그러나 『좌전』(左傳)과 『한서』(漢書)로 말하자면 중국의 사서인데도 오히려 초(楚)나라 말 '곡오도'(穀於菟)⁵⁾와 흉노 말 '탱리고도'(撑犁孤塗)⁶⁾ 등을 그대로 보존해 남겨 두었다. 그러므로 지금 신라의 일을 기록하면서 그 방언을 그대로 두는 것이 역시 마땅할 것이다.

3년(502) 봄 3월에 명령을 내려 순장(殉葬)을 금지하였다. 이전에는 왕이 죽으면 남녀 각각 다섯 사람을 순장했는데, 이때 와서 그것을 금지한 것이다. 왕이 친히 신궁에 제사를 지냈다. 3월에 주·군의 장관에게 일일이 명해 농사를 권장하게 하고, 처음으로 소를 이용해 논밭을 갈게 하였다.

4년 겨울 10월에 여러 신하가 아뢰기를 "시조께서 나라를 창업하신 이래로 국호가 정해지지 않아 혹은 '사라'(斯羅)라 일컫고, 혹은 '사로'(斯盧)라 일컬었으며, 혹은 '신라'(新羅)라고도 하였습니다. 저희들은 '신' (新)이란 글자는 덕업이 날로 새로워진다는 뜻이고, '나'(羅)라는 글자

高句麗碑) ·「울진봉평비」(蔚珍鳳坪碑) ·「지증대사적조탑비」(智證大師寂照塔碑) · 『일본서기』(日本書紀) 신공기(神功紀) 등에는 신라 왕칭으로 '매금'(寐錦)이 보이고 있다.

4) 『제왕연대력』은 『삼국유사』 왕력과 같이 여러 왕호와 각 시대의 주요 사건들을 약술한 연대기적 자료로 생각한다.

5) '곡오도'는 『좌전』 선공(宣公) 4년조에 보인다. 초나라 영윤(令尹) 자문(子文)의 출생에 관련된 고사로서, 그가 젖먹이 시절에 들에 버려졌는데 범이 와서 젖을 먹였다는 것이다. 그런데 초나라 사람들은 젖 '유'(乳)를 '곡'(穀)이라 하고 범 '호'(虎)를 '오도'(於菟)라고 하기 때문에, 그의 이름을 '투곡어토'라고 했다 한다.

6) 『한서』 94 상 흉노전에 보인다. 이에 따르면 선우(單于)의 성은 연제씨(攣鞮氏)이고 그 나라에서는 그를 탱리고도선우(撑犁孤塗單于)라고 부르는데, 흉노는 하늘 '천' (天)을 '탱리'라 하고 아들 '자'(子)를 '고도'라고 한다 하므로, '탱리고도'는 곧 '천자'를 이르는 것이다.

는 사방을 망라한다는 뜻이라고 생각하온즉, 이를 나라 이름으로 삼는 것이 좋을 듯합니다. 또 예부터 나라를 가진 이들을 보면 모두 '제'(帝)나 '왕'(王)을 일컬었거니와, 우리 시조께서 나라를 세워 지금에 이르기까지 22세 동안 단지 방언으로만 왕호를 일컫고 존귀한 칭호를 바로잡지 못했습니다. 이제 여러 신하가 한뜻으로 삼가 '신라 국왕'이라는 칭호를 올리나이다"라고 하니, 왕이 그대로 좇았다.

5년 여름 4월에 상복법(喪服法)을 제정해 반포·시행하였다. 가을 9월에 일꾼을 징발해 파리(波里)·미실(彌實)·진덕(珍德)·골화(骨火) 등 12개 성을 쌓았다.

6년 봄 2월에 왕이 친히 국내의 주와 군과 현을 정하였다. 실직주(悉直州)를 설치하고 이사부(異斯夫)를 군주(軍主)로 삼으니, 군주라는 이름이 여기에서 비롯되었다. 겨울 11월에 처음으로 해당 부서에 명해 얼음을 저장하게 하고, 또 선박 이용 제도를 제정하였다.

7년 봄과 여름에 가물어 백성이 굶주리므로 창고를 열어 구휼하였다.

10년 봄 정월에 수도에 동쪽 시장을 설치하였다. 3월에 함정을 설치하여 맹수의 피해를 제거하였다. 가을 7월에 서리가 내려 콩을 죽였다.

11년 여름 5월에 지진이 있어 인가가 무너지고 죽은 사람이 생겼다. 겨울 10월에 우레가 있었다.

13년 여름 6월에 우산국(于山國)이 귀복하여 해마다 토산물을 공물로 바치게 되었다. 우산국은 명주(溟州) 바로 동쪽 바다에 있는 섬인데, 혹은 울릉도(鬱陵島)라고 한다. 땅은 사방 1백 리이되, 지형이 험한 것을 믿고 복종하지 않았다. 이찬 이사부가 하슬라주(何瑟羅州) 군주가 되어, '우산국 사람들은 우매하고 사나워서 위엄으로 불러들이기는 어렵고 계책을 써서 굴복시킬 수밖에 없겠다'고 생각하였다. 이에 곧 나무를 깎아 사자 인형을 많이 만들어서 병선에 나누어 싣고 그 나라 해안에 다다라 속임수로 통고하기를, "너희가 만약 항복하지 않는다면 이 맹수들을 풀어놓아 짓밟아 죽일 것이다"라고 하니, 그 나라 사람들이 두려워해 곧 항복하였다.

15년 봄 정월에 아시촌(阿尸村)에 소경(小京)을 설치하고, 가을 7월에는 6부 및 남부 지방 주민들을 이곳에 옮겨 채웠다.

이해에 왕이 죽으니, 시호(諡號)를 지증이라 하였다. 신라의 시호법은 이때 비롯되었다.

법흥왕(法興王)이 왕위에 오르니, 이름은 원종(原宗)이고〔『책부원귀』(冊府元龜)에는 '성이 모(募)요 이름은 태(泰)'라고 하였다〕[7] 지증왕의 맏아들이다. 어머니는 연제(延帝)부인이고, 왕비는 박씨 보도(保刀)부인이다. 왕은 키가 7척이나 되었고, 성품이 너그럽고 후덕하여 사람들을 사랑하였다.

3년(516) 봄 정월에 왕이 친히 신궁에 제사를 지냈다. 용이 양산(楊山)의 우물 가운데 나타났다.

4년 여름 4월에 처음으로 병부(兵部)를 설치하였다.

5년 봄 2월에 주산성(株山城)을 쌓았다.

7년 봄 정월에 율령(律令)을 반포하고, 비로소 백관의 공복(公服)을 제정해 주색(朱色)·자색(紫色)의 복색으로 관위의 등급을 매겼다.

8년에 사신을 양(梁)[8]에 보내 방물을 바쳤다.

9년 봄 3월에 가야국(加耶國) 왕이 사신을 보내 혼인을 요청하였다. 이

---

7) 실제『책부원귀』996 외신부(外臣部) 제역(鞮譯) 양 고조 보통(普通) 2년(521)조에는 '신라 왕 모진(募秦)'이라고 되어 있어 분주와는 다르다. 분주처럼 '성이 모요 이름은 태'와 같은 형태의 기술은『남사』(南史) 신라전에 가장 가깝다. 이와 관련해『삼국유사』에서는 "『책부원귀』에는 성이 모요 이름은 진이라고 하였다"라고 하여, 인용 유형으로는『삼국사기』의 오류를 편의적으로 답습한 것 같으나, '태'(泰)가 '진'(秦)으로 바뀐 것을 보면 찬진 당시의『삼국사기』에 '秦'으로 되어 있던 것을 판각, 혹은 뒷날의 개각시에 '泰'로 오각했을 가능성도 배제하지는 못할 것이다.

8) 양은 중국 남조의 한 나라로, 502년 소연(蕭衍)이 남제(南齊)의 화제(和帝)로부터 선양을 받아 창건하였다. 무제(武帝)의 치세 동안 양은 내정이 정비되고 불교가 특히 융성했으며, 대외관계도 비교적 평온해 남조 최성기를 구가하였다. 무제 말년에 후경(侯景)의 반란으로 크게 위축되더니, 마침내 557년 경제(敬帝)가 진패선(陳覇先)에게 제위를 양위함으로써 종국을 고하였다.

에 왕이 이찬 비조부(比助夫)의 누이를 보냈다.[9]

11년 가을 9월에 왕이 남쪽 국경에 나가 새로 개척한 땅을 둘러보았는데, 가야국 왕이 찾아와서 만났다.

12년 봄 2월에 대아찬 이등(伊登)을 사벌주 군주로 삼았다.

15년에 불법(佛法)이 유행하기 시작하였다. 처음 눌지왕 때 사문(沙門) 묵호자(墨胡子)가 고구려로부터 일선군(一善郡)에 왔는데, 일선군 사람 모례(毛禮)가 자기 집 가운데 굴을 파서 방을 만들어 편안히 머물게 하였다. 이때 양(梁)에서 사신을 보내 옷가지와 향을 내려주었는데, 임금과 신하들이 그 향의 이름과 쓰임새를 알지 못해 사람을 보내 향을 가지고 다니면서 두루 묻게 하였다. 묵호자가 이것을 보고 그 이름을 일컬어 말하기를 "이것을 사르면 향기가 자욱이 피어 오르는 까닭에 정성이 신성한 데 이르게 됩니다. 이른바 신성이라는 것은 삼보(三寶)를 벗어나는 것이 아니니 첫째는 불타(佛陀)요, 둘째는 달마(達摩)이고, 셋째는 승가(僧伽)입니다.[10] 만약 이것을 태우면서 발원(發願)하면 반드시 영험한 응답이 있을 것입니다"라고 하였다. 때마침 왕녀의 병이 위독해 왕이 묵호자를 시켜 향을 사르고 발원을 드리게 했더니, 왕녀의 병이 곧 나았다. 왕이 매우 기뻐하여 예물을 후하게 주었다. 묵호자가 궁궐을 나와 모례를 보고 자기가 받은 예물을 주면서 말하기를 "나는 지금 갈 데가 있어서 작별하고자 한다"라고 하더니, 조금 있다가 간 곳을 알 수 없었다.

비처왕(毗處王)[11] 때에 이르러 아도(阿道)〔'아도'(我道)로도 쓴다〕화

---

9) 『신증동국여지승람』 29 고령군 연혁에 최치원의 『석순응전』(釋順應傳)을 인용해 대가야국 이뇌왕(異腦王)이 신라에 구혼해 이찬(夷粲) 비지배(比枝輩)의 딸을 맞이해서 월광태자(月光太子)를 낳았다고 하였다.

10) 불교의 삼보는 불보(佛寶)·법보(法寶)·승보(僧寶)를 말한다. 일체의 불타 즉 범어 'Budha'가 불보이고, 불타가 설한 교법 즉 범어 'Dharma'가 법보이며, 그 교법에 따라 수행하는 이들 즉 범어 'Samgha'가 승보에 해당한다. 불타와 달마와 승가는 이들 범어를 음역한 것이다.

11) 비처왕은 소지 마립간을 가리키는바, 『삼국유사』 기이 1 사금갑(射琴匣)조에 내

상이라는 이가 있어 시중드는 사람 셋과 함께 역시 모례의 집에 왔는데, 생김새가 묵호자와 비슷하였다. 아도는 몇 년 동안 살다가 아무 병도 없이 죽었다. 그를 시중들던 세 사람이 머물러 있으면서 불경과 계율을 강독하니, 이따금 불교를 믿고 받드는 이들이 생겼다.

이때 와서 법흥왕 역시 불교를 일으키고자 했으나 신하들이 믿지 않고 이러쿵저러쿵 구설이 비등하므로 왕도 난처하였다. 이때 가까운 신하 이차돈(異次頓)〔혹은 처도(處道)라고 한다〕이 왕에게 아뢰기를 "청컨대 제 목을 베어 여러 사람의 논란을 진정시키소서!"라고 하였다. 이에 왕이 "본래 불도를 일으키고자 하는 것이거늘, 무고한 사람을 죽이는 것은 옳지 않은 일이다"라고 하였다. 그가 다시 대답해 말하기를 "만약 불도가 펴질 수만 있다면 저는 비록 죽는다 할지라도 유감이 없겠나이다"라고 하였다.

왕이 이에 여러 신하를 불러 물으니, 다들 말하기를 "지금 승려들을 보면 박박 깎은 머리에 이상한 옷을 입고 있으며, 강론하는 것은 괴이한 속임수요 떳떳한 도가 아닙니다. 이제 만약 저들을 제멋대로 놓아둔다면 후회할 일이 생길까 염려되오니, 저희들은 비록 이 자리에서 중죄를 입을지라도 감히 조칙을 받들지 못하겠나이다"라고 하였다.

이차돈만이 홀로 말하기를 "지금 여러 신하의 말은 옳지 않습니다. 무릇 범상하지 않은 사람이 있은 다음에야, 범상하지 않은 일이 있게 되는 것입니다. 지금 불교의 연원이 심오한 것을 듣고 보면 아마 믿지 않을 수 없을 것입니다"라고 하였다. 왕은 "여러 사람의 말이 강고해 깨뜨릴 수 없다. 너만이 홀로 다른 말을 하니 둘 다 따를 수는 없다"라고 하였다.

마침내 형리에게 내려 그의 목을 베려 하였다. 이차돈이 죽음에 임해 말하기를 "내가 불법을 위해 형장에 나가게 되었구나. 만약 부처에게 신통력이 있다면 내가 죽을 때 반드시 기이한 일이 벌어질 것이다"라고 하

_____

전(內殿) 분수승(焚修僧)의 존재가 확인된다.

였다. 이윽고 그의 목을 베자 잘린 자리에서 피가 솟구치는데, 색깔이 희어서 마치 젖과 같았다. 여러 사람이 그것을 보고 괴이하게 여겨 다시는 불교 행사에 관한 일을 헐뜯지 못하였다〔이것은 김대문(金大問)의 『계림잡전』(鷄林雜傳) 기록에 의거해 썼다. 한나마(韓奈麻) 김용행(金用行)이 지은 「아도화상비」(我道和尙碑)의 기록과는 현저히 다르다〕.[12]

16년에 명령을 내려 살생을 금하였다.

18년 봄 3월에 관련 부서에 명해 제방을 수리하였다.[13] 여름 4월에 이찬 철부(哲夫)를 상대등(上大等)으로 임명해 국사를 총괄해 맡아보게 하였다. 상대등이라는 관직은 여기에서 비롯되었으니, 지금의 재상과 같은 것이다.

19년 금관국주(金官國主) 김구해(金仇亥)가 왕비 및 세 아들인 맏아들 노종(奴宗), 다음 아들 무덕(武德), 막내 아들 무력(武力)과 함께 자기 나라의 재물과 보물을 가지고 와서 항복하였다.[14] 왕은 예를 갖추어 대우하고 상등(上等)의 관위를 주었으며, 본래 그들 나라를 식읍[15]으로 삼아

---

12) 『삼국유사』 흥법 원종흥법·위촉멸신(原宗興法·猒髑滅身)조에는 이차돈의 순교를 법흥왕 14년으로 기록하였다. 「아도화상비」는 같은 책 아도기라(阿道基羅)조에 인용된 「아도본비」(我道本碑)를 가리키는데, 그 내용은 『해동고승전』에 인용된 박인량(朴寅亮)의 『수이전』(殊異傳)과 방불하다. 특히 『삼국유사』에 부분 인용된 김용행의 「아도화상비」와 일념(一念)의 「촉향분예불결사문」(髑香墳禮佛結社文)에 의하면, 이차돈의 가계는 당시 신라 왕실과 혈족 관계에 있었다. 신라의 불교 공인 과정에 대한 자료로는 이 밖에도 『해동고승전』 법공(法空)조와 이차돈의 순교 장면을 음각한 「백률사석당기」(栢栗寺石幢記) 등을 참조할 수 있다.

13) 1968년 발견된 「영천청제비」(永川菁堤碑)를 이 조처와 관련해 이해하는 것이 일반적이다.

14) 김구해를 마지막으로 김해(金海)의 본가야(本加耶), 즉 금관가야는 종국을 고하였다. 그 시말에 대해서는 『삼국유사』 기이 2에 인용된 『가락국기』(駕洛國記)에 자세하다.

15) 식읍은 토지를 영유하는 것, 또는 영유한 토지를 말한다. 『한서』 1 하 고제기(高帝紀)에는 그 말년 조서에 "내가 천자가 되어 황제로서 천하를 차지한 지 이제 12년이도다. 천하의 뛰어난 인사와 어진 대부들과 같이 천하를 평정하고 함께 안정시켰거니와, 그 가운데 공로가 있는 이들은 위로는 왕에 이르고, 다음으로는 제후가 되었으며, 아래로는 식읍을 받았다"라고 하였다.

주었다. 아들 무력은 벼슬이 각간까지 이르렀다.

21년에 상대등 철부가 죽었다.

23년에 처음으로 연호를 일컬어 '건원(建元) 원년'이라고 하였다.

25년 봄 정월에 교서를 내려 외직의 관료들이 가족을 데리고 부임하는 것을 허락하였다.

27년 가을 7월에 왕이 죽었다. 시호를 법흥이라 하였으며, 애공사(哀公寺) 북쪽 봉우리에 장사 지냈다.

진흥왕(眞興王)이 왕위에 오르니, 이름은 삼맥종(彡麥宗)[혹은 '심맥부'(深麥夫)로도 쓴다]이고, 이때 나이가 일곱 살이었다. 법흥왕의 아우인 갈문왕 입종(立宗)의 아들이다. 어머니는 김씨부인으로 법흥왕의 딸이다. 왕비는 박씨 사도(思道)부인이다. 왕이 어렸기 때문에 왕태후가 섭정을 하였다.

원년(540) 8월에 죄수들을 크게 사면하고, 문무 관료들에게 관작을 1등급씩 올려주었다. 겨울 10월에 지진이 있었고, 복숭아나무와 오얏나무에 꽃이 피었다.

2년 봄 3월에 눈이 1척이나 내렸다. 이사부(異斯夫)를 병부령(兵部令)으로 임명해 중앙과 지방의 군사 관련 일을 관장하게 하였다. 백제가 사신을 보내 화친을 요청하므로 이를 허락하였다.

5년 봄 2월에 흥륜사(興輪寺)가 낙성되었다. 3월에 사람들이 출가해 승려가 되어서 불교를 신봉하는 것을 허락하였다.

6년 가을 7월에 이찬 이사부가 왕에게 아뢰기를 "나라의 역사라는 것은 임금과 신하의 잘잘못을 기록해, 그 포찬할 것과 폄절할 것을 후세 만대에 보이는 것입니다. 이것을 수찬(修撰)하지 않는다면 뒷날 무엇을 보겠습니까"라고 하였다. 왕이 수긍하여 대아찬 거칠부(居柒夫) 등을 시켜서 문사들을 널리 모아 그들로 하여금 『국사』(國史)를 수찬하게 하였다.[16]

9년 봄 2월에 고구려와 예인(穢人)들이 백제의 독산성(獨山城)을 공격하자 백제가 우리에게 구원을 요청하였다. 왕이 장군 주령(朱玲)을 보내 정예병 3천 명을 거느리고 가서 치게 하니 죽이고 사로잡은 적들이 매우 많았다.

10년 봄에 양에서 사신과 그곳에 들어가 공부하던 승려 각덕(覺德)을 보내 부처의 사리를 전송해왔다. 왕은 백관으로 하여금 흥륜사 앞 길에서 받들어 맞이하게 하였다.

11년 봄 정월에 백제가 고구려의 도살성(道薩城)을 함락시켰다. 3월에는 고구려가 백제의 금현성(金峴城)을 함락시켰다. 왕은 두 나라 군사가 피로한 틈을 타 이찬 이사부에게 명해 군사를 내어 쳐서 두 성을 빼앗아 증축하고, 군사 1천 명을 주둔시켜 지키게 하였다.[17]

12년 봄 정월에 연호를 고쳐 '개국'(開國)이라고 하였다.

3월에 왕이 순수(巡守)하여 낭성(娘城)에서 묵었는데, 우륵(于勒)과 그의 제자 이문(尼文)이 음악에 정통하다는 말을 듣고 특별히 그들을 불렀다. 왕이 하림궁(河臨宮)에 머물며 그들에게 음악을 연주하게 하니, 두 사람이 각각 새 노래를 작곡해 연주하였다. 이보다 앞서 가야국 가실왕(嘉悉王)이 열두 줄의 현금(弦琴)을 만들어 열두 달의 음률을 상징하고, 곧 우륵을 시켜 그 곡을 짓게 하였다. 우륵이 그 나라가 어지러워지자 악기를 가지고 우리에게 투신해 오니, 그 악기를 가야금(加耶琴)이라 하였다.[18]

왕이 거칠부 등에게 명해 고구려를 침공하게 하고, 승세를 몰아 10개 군을 빼앗았다.[19]

---

16) 본서 44 거칠부전에도 관련 내용이 있다. 여기 지적한 『국사』 편찬의 당위성은 『신당서』나 『삼국사기』를 올리는 찬진표의 표현을 방불하게 한다. 특히 최치원이 작성한 「사은표」(謝恩表)에 언급한 '실록', 역시 최치원의 「숭복사비명」(崇福寺碑 銘)에 보이는 '향사'(鄕史) 등은 이후 신라의 지속적인 편사 전통을 짐작하게 해주는 사례이며, 이와 관련해 고려 초의 「광조사진철대사보월승공탑비」(廣照寺眞澈 大師寶月乘空塔碑)에서 지적한 신라의 '국사'도 고려할 일이다.
17) 본서 44 이사부전에도 보인다.
18) 우륵의 행적과 가야금에 관한 내력은 본서 32 악지에 자세하다.

13년에 왕이 계고(階古)와 법지(法知)와 만덕(萬德) 등 세 사람에게 명해 우륵에게서 음악을 배우게 하였다. 우륵은 그들의 재능을 헤아려 계고에게는 가야금을 가르치고, 법지에게는 노래를 가르쳤으며, 만덕에게는 춤을 가르쳤다. 학업을 다 이루자 왕이 그들로 하여금 연주하게 하더니, "지난번 낭성에서 들은 연주와 다르지 않구나!" 하고 후하게 상을 주었다.

14년 봄 2월에 왕이 관련 부서에 명해 월성 동쪽에 새 궁궐을 짓게 했는데 황룡이 그 터에서 나타났다. 왕은 의아하게 여겨 궁궐을 고쳐 절을 만들고, 이름을 내려 황룡사(皇龍寺)라 하였다.

가을 7월에 백제의 동북쪽 변경을 빼앗아 신주(新州)를 설치하고, 아찬 무력을 군주로 삼았다. 겨울 10월에 왕이 백제의 왕녀를 맞이해 소비(小妃)로 삼았다.

15년 가을 7월에 명활성(明活城)을 수리해 쌓았다. 백제 왕 명농(明襛)[20]이 가량(加良)과 함께 관산성(管山城)에 쳐들어왔다. 군주인 각간 우덕(于德)과 이찬 탐지(耽知) 등이 맞아 싸웠으나 불리하자, 신주(新州)의 군주 김무력(金武力)이 주의 군사를 데리고 달려왔다. 교전하게 되자 비장(裨將)인 삼년산군(三年山郡)의 고간(高干) 도도(都刀)가 급히 쳐서 백제 왕을 죽였다. 이에 여러 부대가 승세를 몰아 크게 이기고, 좌평(佐平) 네 사람과 사졸 2만 9천 6백 명을 베었으며, 말 한 필도 돌아가지 못하게 하였다.

16년 봄 정월에 비사벌(比斯伐)에 완산주(完山州)를 설치하였다.[21] 겨울 10월에 왕이 북한산에 행차하여 영토를 개척하고 국경을 정하였다. 11월에 북한산에서 돌아왔는데, 왕이 지나오는 주·군에 교서를 내려 1

---

19) 거칠부 등의 공략에 대해서는 본서 44 거칠부전에 상세하다. 특히 1978년 발견된 「단양적성비」(丹陽赤城碑)에서 이즈음 신라의 영역 확장 성과를 짐작할 수 있다.
20) 명농은 백제 성왕의 이름이다.
21) 이로부터 6년 뒤인 562년에 세워진 「창녕진흥왕척경비」(昌寧眞興王拓境碑)에서 '비자벌군주'(比子伐軍主)를 확인할 수 있다.

년간의 납세를 면제해주고, 특별히 두 가지 사형죄를 제외하고는 모두 용서해 원래대로 회복해 주었다.

17년 가을 7월에 비열홀주(比列忽州)를 설치하고 사찬 성종(成宗)을 군주로 삼았다.

18년에 국원(國原)을 소경(小京)으로 삼았다. 사벌주(沙伐州)를 폐지하고 감문주(甘文州)를 두었으며, 사찬 기종(起宗)을 군주로 삼았다. 신주를 폐지하고 북한산주(北漢山州)를 설치하였다.

19년 봄 2월에 귀족 집안의 자제 및 6부의 호민(豪民)들을 옮겨서 국원경을 채웠다. 나마 신득(身得)이 포노(砲弩)를 만들어 바쳐 성 위에 설치하였다.

23년 가을 7월에 백제가 변경 주민들을 침략하였다. 왕이 군사를 출동시켜 막아 1천여 명을 죽이고 사로잡았다.

9월에 가야가 배반하므로 왕이 이사부에게 명해 토벌하게 하고, 사다함(斯多含)을 그 부장으로 삼았다. 사다함이 기병 5천 명을 거느리고 선두에서 치달려 전단문(栴檀門)에 들어가 흰 깃발을 세우니, 온 성중 사람들이 두려워 어찌할 바를 몰랐다. 이사부가 군사를 이끌고 도착하니 일시에 모두 항복하였다. 전공을 논함에 사다함이 으뜸이었다. 왕이 좋은 밭과 사로잡은 포로 2백 명을 그에게 상으로 주었다. 사다함은 세 번이나 사양하여 왕이 억지로 권해서야 받았다가, 포로들은 방면해 양인으로 만들어주고, 밭은 나누어 전쟁에 참여한 병사들에게 주니, 나라 사람들이 아름답게 여겼다.[22]

25년에 사신을 북제(北齊)[23]에 보내 조공하였다.

26년 봄 2월에 북제의 무성황제(武成皇帝)가 조서를 내려 왕을 사지절

---

22) 본서 44 사다함전에 상세하다.

23) 북제(550~577)는 동위의 실력자 고환(高歡)의 아들 고양(高洋)이 동위 효정제(孝靜帝)로부터 양위받아 건국한 왕조이다. 고제(高齊)로 통칭되기도 한다. 동위와 마찬가지로 업(鄴)에 도읍하였다. 고씨는 본래 선비족, 혹은 선비족화한 한족으로 생각된다. 북주(北周)에 멸망당하였다.

동이교위낙랑군공신라왕(使持節東夷校尉樂浪郡公新羅王)으로 삼았다.
가을 8월에 아찬 춘부(春賦)에게 명해 국원(國原)에 나가 지키게 하였다.
9월에 완산주를 폐지하고 대야주(大耶州)를 설치하였다.

진(陳)[24]에서 사신 유사(劉思)와 승려 명관(明觀)을 보내와 방문했으며, 불교의 경론 1천 7백여 권을 보내왔다.

27년 봄 2월에 지원(祇園)과 실제(實際) 두 절을 낙성하였다. 왕자 동륜(銅輪)을 왕태자로 삼았다. 사신을 진에 보내 방물을 바쳤다. 황룡사 짓는 일이 끝났다.

28년 봄 3월에 사신을 진에 보내 방물을 바쳤다.

29년에 연호를 고쳐 '대창'(大昌)이라고 하였다.[25] 여름 6월에 사신을 진에 보내 방물을 바쳤다. 겨울 10월에 북한산주를 폐지하고 남천주(南川州)를 설치했으며,[26] 또 비열홀주를 폐지하고 달홀주(達忽州)를 두었다.[27]

31년 여름 6월에 사신을 진에 보내 방물을 바쳤다.

32년 사신을 진에 보내 방물을 바쳤다.

33년 봄 정월에 연호를 고쳐 '홍제'(鴻濟)라고 하였다. 3월에 왕태자 동륜이 죽었다. 사신을 북제에 보내 방물을 바쳤다. 겨울 10월 20일에 전쟁에서 죽은 사졸들을 위해 바깥의 절에서 팔관연회(八關筵會)[28]를 7일

---

24) 진(557~589)은 남조 최후의 왕조로 진패선(陳覇先)이 양으로부터 제위를 양위받아 건강(建康)에 도읍하였다. 수 문제(文帝) 때 한금호(韓擒虎) 등을 선봉으로 하여 양자강을 건너 후주(後主)와 그의 장귀비(張貴妃)를 잡은 사건은 후주의 실정과 관련해 유명한 일화이다. 이에 대해서는 경순왕 말년조 사론의 주석을 참조할 것. 후주 때는 궁정문화가 번영하였고 불교가 크게 신봉되었다.

25) 이해에 세워진 「마운령진흥왕순수비」(磨雲嶺眞興王巡狩碑)에서 '태창'(太昌)의 용례를 확인할 수 있다.

26) 1816년 김정희(金正喜)가 발견한 「북한산진흥왕순수비」(北漢山眞興王巡狩碑)에서 '남천군주'(南川軍主)를 확인할 수 있다.

27) 신라의 이 시기 동해안 쪽 영역 진출의 성과는 「황초령진흥왕순수비」(黃草嶺眞興王巡狩碑)와 「마운령진흥왕순수비」로 짐작할 수 있다.

28) 팔관재(八關齋)는 원래 불교의 여덟 가지 금계(禁戒)를 준수하는 의식인데, 여기

동안 베풀었다.

35년 봄 3월에 황룡사의 장륙상(丈六像)[29] 주조를 마쳤는데, 구리의 무게가 3만 5천 7근(斤)이었고 도금한 무게는 1만 1백 98푼이었다.[30]

36년 봄과 여름에 가물었다. 황룡사 장륙상에서 눈물이 흘러나와 발꿈치까지 적셨다.

37년 봄에 비로소 원화(源花)를 받들었다. 처음에 임금과 신하들이 인재를 알아볼 방법이 없는 것을 병통으로 여겨, 사람들로 하여금 무리지어 노닐도록 해서 그 행동거지를 살핀 다음에 천거해 쓰고자 하였다. 이리하여 어여쁜 여자 두 사람을 뽑으니 한 사람은 남모(南毛)요, 또 한 사람은 준정(俊貞)이었다. 무리 3백여 명을 모았는데 두 여자가 미모를 다투어 서로 질투하더니, 준정이 남모를 자기 집으로 유인해 그녀에게 억지로 술을 권하여 취하게 한 다음, 끌어다가 강물에 던져서 죽였다. 이에 준정은 죽음을 당하였고, 그 무리들도 화목을 잃어 흩어지고 말았다.

그 뒤 다시 미모의 남자를 골라 단장하고 꾸며서 화랑(花郞)이라 이름하고 받들게 되었다. 낭도(郞徒)의 무리가 구름처럼 모여들어 혹은 도의를 서로 연마하고, 혹은 노래와 음악을 서로 즐기며, 산과 강을 찾아 노닐어 멀리까지 이르지 않은 곳이 없었다. 이로 인해 그 사람됨의 옳고 그름을 알아 그 가운데 훌륭한 이를 가려서 조정에 추천하였다.

그러므로 김대문은 『화랑세기』(花郞世記)에서 말하기를 "어진 재상과

의 팔관연회는 전쟁에서 죽은 사졸들을 위해 베풀어졌던 것이므로 계율을 통해 국가 차원의 전몰자 추념을 도모하고자 한 것이다. 거칠부전(居柒夫傳)에 따르면 고구려에서 망명해 온 혜량법사(惠亮法師)의 주청으로 진흥왕 12년에 처음 비롯된 것으로 보인다. 이러한 재(齋)의 운용은 중국화된 불교의 특징을 잘 나타내주는 것으로서, 그 목적이 전몰자에 대한 추념에 그치지 않고, 충효지사(忠孝之士)가 더욱 힘써 국가에 공을 세우도록 권면하는 데 있다.

29) 장륙상은 신장이 1장 6척인 불상을 말한다. 석가모니 시대 인도인의 신장은 보통 8척이었는바, 후대 불교도들이 석가를 존경하는 나머지 그 상을 만들 때 일반인의 배 척인 1장 6척으로 했다 한다.

30) 1근은 16냥인데, 1냥이 100푼이므로 1근은 1,600푼이 된다.

충성스러운 신하가 이로부터 나왔고, 훌륭한 장수와 용맹한 병사가 여기에서 생겨났다"라고 했던 것이다.[31]

최치원은 「난랑비」(鸞郎碑) 서문에서 말하기를 "나라에 현묘한 도가 있으니 이름하여 '풍류'(風流)라고 한다. 이 가르침을 창설한 근원은 '선사'(仙史)에 자세히 갖추어 있으니, 실로 세 가지 가르침을 포함해 뭇 중생을 교화하는 것이다. 말하자면 집에 들어와 부모에 효도하고 나가서는 나라에 충성하는 것과 같은 것은 노(魯) 사구(司寇)[32]의 가르침이요, 아무런 작위적 일이 없는 가운데서도 말로 표현할 수 없는 진리를 실천하는 것은 주(周) 주사(柱史)[33]의 근본 뜻이며, 모든 악행을 짓지 않고 모든 선행을 받들어 행동하는 것은 축건(竺乾) 태자[34]의 교화인 것이다"라고 하였다.

당나라 영호징(令狐澄)의 『신라국기』(新羅國記)[35]에는 말하기를, "귀

---

31) 이 기사는 『삼국사기』의 서술 편제대로 하면 신라에서 화랑을 처음 두게 된 전말을 전한 대목이거니와, 서두에 원화 관련 내용을 비롯해 진흥왕 37년 당해년에 모든 일이 일어난 것으로는 볼 수 없다. 특히 사다함전(斯多含傳)에 따르면 사다함이 화랑으로 활동하던 때가 진흥왕 23년(562)경으로 산출되므로, 원화는 물론 화랑 역시 진흥왕 말년에 처음 비롯된 것은 아닌 것이다. 전체적으로 보아 『삼국사기』에서는 중요한 사건이나 제도와 관련해 그 구체적인 연·월·일을 확정하기 어려운 경우 해당 왕의 말년조에 일괄 기록하는 형태를 취했던 까닭에 화랑의 전말도 여기에 취합되어 있는 것일 뿐이라고 생각한다. 본서 47 김흠운전에 붙인 사론은 거의 본조의 내용과 중복되어 있다. 한편 『삼국유사』 탑상 미륵선화·미시랑·진자사(彌勒仙花·未尸郎·眞慈師)조에도 화랑의 최초 설치에 관한 정보가 있거니와, 『삼국사기』와 부합하지 않는 부분이 적지 않다.
32) 사구는 춘추시대 관직의 하나로 형옥과 경찰을 담당하였다. 공자는 50세가 넘어서 노나라의 사구를 역임한 바 있다.
33) 주사는 주하사(柱下史)의 약칭으로 주나라의 관명인데 후의 시어사(侍御史)와 같다. 노자가 이를 역임했으므로 특히 노자를 이른다.
34) 축건은 천축(天竺), 즉 인도의 별칭이니, 축건 태자는 정반왕(淨飯王)의 태자 석가모니를 이른다.
35) 『신라국기』는 대력(大曆) 연간(766~779)에 책봉사로 신라에 온 귀숭경(歸崇敬)의 종사관이었던 고음(顧愔)의 견문록이다. 그것이 대중(大中) 연간(847~859)에 영호징이 저술한 『대중유사』(大中遺事), 즉 『정릉유사』(貞陵遺事)에 인용되었던

인 자제 가운데 잘생긴 이를 가려 뽑아 분을 발라 단장하고 꾸며서 '화
랑'이라 이름하여 나라 사람들이 모두 받들고 섬긴다"라고 하였다.

안홍법사(安弘法師)가 수나라에 들어가 불법을 탐구했는데 서역승 비
마라(毗摩羅) 등 승려 두 명과 함께 돌아와서『능가경』(稜伽經)과『승만
경』(勝鬘經)[36] 및 부처의 사리를 바쳤다.[37]

가을 8월에 왕이 죽었다. 시호를 진흥이라 하였으며, 애공사(哀公寺)
북쪽 봉우리에 장사 지냈다. 왕은 어린 나이에 왕위에 올라 한마음으로
부처를 받들더니, 말년에 이르러 머리를 깎고 승복을 입어 스스로 법호
를 법운(法雲)이라고 하면서 생애를 마쳤다. 왕비 역시 그를 본받아 비
구니가 되어 영흥사(永興寺)에서 살았다. 왕이 죽었을 때 나라 사람들이
예를 갖추어 장사 지냈다.

진지왕(眞智王)이 왕위에 오르니, 이름은 사륜(舍輪)〔혹은 금륜(金輪)
이라고 한다〕이요 진흥왕의 둘째 아들이다. 어머니는 사도(思道)부인이

것인데,『삼국사기』편자는 영호징 자신의 저술로 오인한 것이다.『신당서』58 지
48 예문 2 참조.

36) '능가'는 범어 'Lanka'를 번역한 것으로, 사자국(師子國)에 있는 산 이름이다. 부
처님이 이 산에 머물러『대승경』(大乘經)을 설법하여 이를『능가경』이라 한다.
'승만'은 시리마라(尸利摩羅), 즉 범어 'Srimara'를 번역한 것인데, 이는 중인도
사위국(舍衛國)의 왕녀 이름이다. 그녀가 성불의 수기(授記)를 받고 법문을 설한
것을『승만경』이라 한다.『승만사자후일승대방편방광경』(勝鬘師子吼一乘大方便
方廣經)의 약칭이다.

37) 안홍이 구법을 위해 갔다는 수는 정작 581년에 건국되었으므로 이 기사의 연대
는 잘못된 것이다.『해동고승전』의 찬자 각훈(覺訓)은 이 점에 대해 진평왕 27년
(605)에 안홍이 귀국한 것으로 서술하면서, 동시에 최치원이 찬한『의상전』(義相
傳)을 들어 의문을 표한 바 있다.『의상전』에 따르면 의상이 태어나던 해, 즉 진평
왕 건복 42년(625)에 '동방의 성인' 안홍이 귀국했다 한다. 따라서『삼국사기』와
『해동고승전』및『의상전』에 안홍의 귀국년에 관한 정보가 다 다르거니와,『삼국
사기』의 경우는 원광과 관련한 분명한 오기이다.『삼국유사』기이 1 마한조와 탑
상 황룡사구층탑조에는 안홍의『동도성립기』(東都成立記)가 소개되었다. 한편
「단속사신행선사비」(斷俗寺神行禪師碑)에 따르면 신라 초기 선종사에 저명한 신
행선사가 바로 안홍의 방계 후손이라 한다.

고, 왕비는 지도(知道)부인이다. 태자가 일찍 죽었으므로 진지가 왕위에 올랐다.

원년(576)에 이찬 거칠부를 상대등으로 삼아 국사를 맡겼다.

2년 봄 2월에 왕이 친히 신궁에 제사를 지내고 죄수들을 크게 사면하였다. 겨울 10월에 백제가 우리 서쪽 변경의 주·군을 침범하였다. 왕이 이찬 세종(世宗)에게 명해 군사를 내보내 일선(一善)의 북쪽에서 격파하고, 3천 7백 명의 목을 베었다. 내리서성(內利西城)을 쌓았다.

3년 가을 7월에 사신을 진에 보내 방물을 바쳤다. 백제의 알야산성(閼也山城)을 빼앗았다.

4년 봄 2월에 백제가 웅현성(熊峴城)과 송술성(松述城)을 쌓아서 산산성(祘山城), 마지현성(麻知峴城), 내리서성의 길을 막았다.

가을 7월 17일에 왕이 죽었다.[38] 시호를 진지라 하였으며, 영경사(永敬寺) 북쪽에 장사 지냈다.

진평왕(眞平王)이 왕위에 오르니, 이름은 백정(白淨)이요 진흥왕의 태자 동륜의 아들이다. 어머니는 김씨 만호(萬呼)[만내(萬內)라고도 한다] 부인으로 갈문왕 입종의 딸이다. 왕비는 김씨 마야(摩耶)부인으로 갈문왕 복승(福勝)의 딸이다. 왕은 나면서부터 얼굴이 기이하고 신체가 장대했으며, 품은 뜻이 굳건하고 식견이 밝아 사리에 통달하였다.

원년(579) 8월에 이찬 노리부(弩里夫)를 상대등으로 삼고, 왕의 친동생 백반(伯飯)을 진정(眞正) 갈문왕으로, 국반(國飯)을 진안(眞安) 갈문왕으로 봉하였다.

2년 봄 2월에 왕이 친히 신궁에 제사를 지냈다. 이찬 후직(后稷)을 병부령으로 삼았다.

3년 봄 정월에 처음으로 위화부(位和府)를 설치했는데, 지금의 이부

---

38) 『삼국유사』 기이 1 도화녀·비형랑(桃花女·鼻荊郎)조에 따르면 진지왕은 재위 4
   년 만에 국인들에 의해 폐위되었다고 한다.

(吏部)와 같은 것이다.

5년 봄 정월에 처음으로 선부서(船府署)를 설치하고, 대감(大監)과 제감(弟監)을 각각 한 명씩 두었다.

6년 봄 2월에 연호를 고쳐 '건복'(建福)이라고 하였다. 3월에 조부령(調府令) 한 명을 두어 공부(貢賦) 관련 업무를 관장하게 하고, 승부령(乘府令) 한 명을 두어 수레 관련 업무를 관장하게 하였다.

7년 봄 3월에 가물어 왕이 정전(正殿)에 자리하지 않고 평상시보다 음식의 가짓수를 줄였으며, 남당(南堂)에 나가 친히 죄수들을 다시 조사해 주었다. 가을 7월에 고승 지명(智明)이 진에 들어가 불법을 탐구하였다.

8년 봄 정월에 예부령(禮部令) 두 명을 두었다. 여름 5월에 우레와 벼락이 치더니 별이 비오듯 떨어졌다.

9년 가을 7월에 대세(大世)와 구칠(仇柒) 두 사람이 바다로 떠나갔다. 대세는 내물왕의 7세 손으로 이찬 동대(冬臺)의 아들이다. 자질이 빼어나고 젊어서부터 세속 바깥의 이역에 뜻을 두어 승려 담수(淡水)와 사귀면서 말을 나누기를, "이 신라의 산골짜기에 묻혀서 한평생을 마친다는 것은 못 가운데 물고기와 조롱에 갇힌 새가 푸른 바다의 크나큼과 산림의 드넓음을 모르는 것과 무엇이 다를 것인가! 나는 장차 뗏목을 타고 바다에 떠 나가서 오(吳)·월(越)에 이르러 차차 스승을 찾아 따르면서 명산에서 도를 구하고자 한다. 만약 평범한 속세인의 골격을 벗어던지고 신선술을 배울 수 있다면 훨훨 바람을 타고 앉아 허공 드높이 날 것이니, 이야말로 천하의 기묘한 놀이요 볼 만한 광경일 것이다. 그대는 나를 따를 수 있겠는가"라고 하였다. 담수가 수긍하지 않자, 대세는 물러나서 다시 동행할 벗을 찾았다.

때마침 구칠이라는 이가 있었는데 지조가 굳고 남다른 절개가 있었으므로 드디어 함께 남산(南山)의 절로 놀러 갔다. 갑자기 비바람에 나뭇잎이 떨어져서 뜰의 괸 물에 떠다녔다. 대세가 구칠에게 말하기를 "내가 그대와 함께 서역을 유람하려는 생각을 가지고 있는바, 이제 각자 나뭇잎 하나씩을 배로 삼아 누구의 것이 먼저 가는지 보자"라고 하였다. 이

옥고 대세의 나뭇잎이 앞서 나가니 대세가 웃으면서 말하기를 "내가 먼저 떠나겠구나!"라고 하였다. 구칠이 발끈해 말하기를 "나 또한 남아인데 어찌 홀로 못 가겠는가!"라고 하였다. 대세는 그가 함께 할 만한 사람인 것을 알고 은밀하게 자기 뜻을 말하였다. 구칠이 말하기를 "이야말로 내가 바라던 것이다"라고 하였다. 마침내 서로 벗이 되어 남쪽 바다에서 배를 타고 떠났는데, 그 후 그들이 간 곳을 알지 못하였다.

10년 겨울 12월에 상대등 노리부가 죽었으므로, 이찬 수을부(首乙夫)를 상대등으로 삼았다.

11년 봄 3월에 원광법사(圓光法師)가 진에 들어가 불법을 탐구하였다. 가을 7월에 나라 서쪽에 홍수가 나서 민가 3만 3백 60채가 떠내려가거나 물에 잠겼으며, 죽은 사람도 2백여 명이나 되었다. 왕이 사신을 내보내 그들을 구휼하였다.

13년 봄 2월에 영객부령(領客府令) 두 사람을 두었다. 가을 7월에 남산성(南山城)을 쌓았는데 둘레가 2천 8백 54보(步)였다.[39]

15년 가을 7월에 명활성을 고쳐 쌓았는데 둘레가 3천 보였으며, 서형산성(西兄山城)은 둘레가 2천 보였다.

16년에 수 황제가 조서를 내려 왕을 상개부낙랑군공신라왕(上開府樂浪郡公新羅王)으로 임명하였다.

18년 봄 3월에 고승 담육(曇育)이 수에 들어가 불법을 탐구하였다. 사신을 수에 보내 방물을 바쳤다. 겨울 10월에 영흥사(永興寺)에 불이 나 번져서 집 3백 50채를 태우니 왕이 친히 가서 구휼하였다.

19년에 삼랑사(三郎寺)가 낙성되었다.

22년에 고승 원광이 수에 사절로 갔던 나마 제문(諸文)과 대사 횡천

---

39) 이 축조에 관련해 세운 이른바 「남산신성비」(南山新城碑)는 1934년에 제1비가 발견된 이래 그 수가 늘고 있다. 특히 제1비에는 '신해년'이 판독되는바, 『삼국사기』의 기록과 일치하고 있다. 이 비들은 「경주명활산성비」(慶州明活山城碑) · 「대구무술오작비」(大邱戊戌塢作碑)와 함께 중고기 신라의 신분제와 역역(力役) 동원 체제에 대한 비중있는 연구 자료이다.

(橫川)을 따라 돌아왔다.

24년에 대나마 상군(上軍)을 사신으로 수에 들여보내 방물을 바쳤다. 가을 8월에 백제가 아막성(阿莫城)에 쳐들어오니, 왕이 장군과 병사들로 하여금 맞아 싸우게 하여 크게 이겼다. 귀산(貴山)과 추항(箒項)이 죽었다.[40]

9월에 고승 지명(智明)이 수에 사신으로 들어갔던 상군을 따라 돌아왔다. 왕은 지명의 계행(戒行)을 존경해 대덕(大德)[41]으로 삼았다.

25년 가을 8월에 고구려가 북한산성에 침입하므로, 왕이 친히 군사 1만 명을 거느리고 가서 막았다.

26년 가을 7월에 대나마 만세(萬世)와 혜문(惠文) 등을 수에 사신으로 보내 조알하였다. 남천주를 폐지하고 본래대로 북한산주를 설치하였다.

27년 봄 3월에 고승 담육이 수에 사신으로 들어갔던 혜문을 따라 돌아왔다. 가을 8월에 군사를 내서 백제를 침공하였다.

30년에 왕이 고구려가 자주 국토를 침범하는 것을 우려해 수에 군사를 요청해서 고구려를 치고자 하였다. 이에 원광에게 명해 군사를 요청하는 표문을 짓게 했더니, 원광이 말하기를 "자신을 보존하기 위해 다른 이를 없애는 것은 사문이 할 바가 아니오나, 제가 대왕의 땅에 살면서 대왕의 물과 곡식을 먹는 바에야 감히 명령을 좇지 않겠습니까!" 하고, 곧 글을 지어 올렸다.

2월에 고구려가 북쪽 변경을 침범해 8천 명을 사로잡아 갔다. 4월에 고구려가 우명산성(牛鳴山城)을 함락시켰다.

31년 봄 정월에 모지악(毛只嶽) 아래의 땅에 불이 일어나 그 규모가 너비 4보, 길이 8보, 깊이 5척이나 되었는데, 10월 15일이 되어서야 꺼졌다.

33년에 왕이 수에 사신을 보내 표문을 올려 군사를 요청했더니, 수 양

---

40) 본서 45 귀산전에 전말이 상세하다.
41) 대덕은 지혜와 덕망이 높은 고승의 명칭으로, 본래 부처님을 일컫던 말인데 뒤에 승려의 존칭으로 되었다.

제(煬帝)가 허락하였다. 군사를 동원한 일의 전모는 고구려기(高句麗紀)에 실려 있다.[42] 겨울 10월에 백제 군사가 와서 가잠성(椵岑城)을 1백 일 동안 에워쌌다. 현령 찬덕(讚德)이 굳게 지키다가 힘이 다해 죽고 성은 함락되었다.

35년 봄에 가물었다. 여름 4월에는 서리가 내렸다. 가을 7월에 수의 사신 왕세의(王世儀)가 황룡사에 이르매 백고좌(百高座)[43]를 베풀고, 원광 등 법사들을 맞이해 불경을 강설하였다.

36년 봄 2월에 사벌주(沙伐州)를 폐지하고 일선주(一善州)를 두었으며, 일길찬 일부(日夫)를 군주로 삼았다. 영흥사의 흙으로 빚은 불상이 저절로 무너지더니 얼마 안 되어 비구니가 된 진흥왕의 왕비가 죽었다.

37년 봄 2월에 왕이 큰 술잔치를 3일 동안 열어주었다. 겨울 10월에 지진이 있었다.

38년 겨울 10월에 백제가 모산성(母山城)에 쳐들어왔다.

40년에 북한산주의 군주 변품(邊品)이 가잠성을 회복할 목적으로 군사를 내보내 백제와 싸웠다. 해론(奚論)이 종군하여 적에게 달려들어 힘껏 싸우다가 죽었다. 해론은 찬덕의 아들이다.[44]

43년 가을 7월에 왕이 사신을 당에 보내 방물을 바쳤다. 당 고조가 친히 사신을 위문하고 통직산기상시(通直散騎常侍) 유문소(庾文素)를 사절로 보내와 황제의 조서와 그림 병풍과 무늬 있는 비단 3백 단을 내려주었다.

44년 봄 정월에 왕이 친히 황룡사에 행차하였다. 2월에 이찬 용수(龍樹)를 내성사신(內省私臣)으로 삼았다. 처음 왕이 즉위한 지 7년에 대궁(大宮)·양궁(梁宮)·사량궁(沙梁宮) 세 곳에 각각 사신(私臣)을 두었는

---

42) 고구려본기 영양왕 22년 및 23년조 기사를 가리키며, 그것은 정작 『자치통감』 182 수기(隋紀) 6 양제(煬帝) 중 대업(大業) 7·8년조에 연유한 것이다.

43) 백고좌는 사자좌(獅子座) 1백 개를 만들고 고승 대덕을 초치해 설법하는 큰 법회를 말한다.

44) 본서 47 해론전에 상세하다.

데, 이때 와서 내성사신 한 사람을 두어 세 궁의 일을 겸하여 관장하게 하였다.

45년 봄 정월에 병부(兵部) 대감(大監) 두 명을 두었다. 겨울 10월에 사신을 당에 보내 조공하였다. 백제가 늑노현(勒弩縣)을 습격하였다.

46년 봄 정월에 시위부(侍衛府) 대감 여섯 명과 상사서(賞賜署) 대정(大正) 한 명과 대도서(大道署) 대정 한 명을 두었다.

3월에 당 고조가 사신을 보내 왕을 주국낙랑군공신라왕(柱國樂浪郡公新羅王)으로 책봉하였다.

겨울 10월에 백제 군사가 와서 우리의 속함(速含)·앵잠(櫻岑)·기잠(歧岑)·봉잠(烽岑)·기현(旗懸)·혈책(穴柵) 등 여섯 성을 에워쌌다. 이에 세 성이 혹은 함락당하고 혹은 항복하였다. 급찬 눌최(訥催)가 봉잠·앵잠·기현 등 세 성의 병사를 합해 굳게 지켰으나, 이기지 못하고 죽었다.[45]

47년 겨울 11월에 사신을 당에 보내 조공하였다. 아울러 고구려가 길을 막아 조공할 수 없게 하고, 또 자주 침입한다고 호소하였다.

48년 가을 7월에 사신을 당에 보내 조공하였다. 당 고조는 주자사(朱子奢)를 보내와 조서를 내려 고구려와 함께 화목할 것을 권유하였다.

8월에 백제가 주재성(主在城)을 치자, 성주 동소(東所)가 막아 싸우다가 죽었다. 고허성(高墟城)을 쌓았다.

49년 봄 3월에 바람이 크게 불고, 흙이 섞인 비가 5일 동안 내렸다. 여름 6월에 사신을 당에 보내 조공하였다. 가을 7월에 백제 장군 사걸(沙乞)이 서쪽 변경의 두 성을 함락시키고, 남녀 3백여 명을 잡아갔다. 8월에 서리가 내려 곡식을 죽였다. 겨울 11월에 사신을 당에 보내 조공하였다.

50년 봄 2월에 백제가 가잠성을 에워싸니, 왕이 군사를 내보내 쳐부수었다. 여름에 크게 가물어 시장을 옮기고 용을 그려서 비를 빌었다. 가을과 겨울에 백성들이 굶주린 나머지 자녀를 팔았다.

51년 가을 8월에 왕이 대장군 용춘(龍春)과 서현(舒玄), 부장군 유신

---

45) 본서 47 눌최전에 자세하다.

(庾信)을 보내 고구려 낭비성(娘臂城)을 침공하였다. 고구려 사람들이 성에서 나와 진을 벌이는데 그 군사들의 기세가 매우 왕성하므로 우리 군사는 그것을 보고 두려워 거의 다 싸울 마음이 없게 되었다. 유신이 말하기를 "나는 '옷깃을 흔들어 떨치면 옷이 바르게 되고, 벼리를 들어올리면 그물이 펼쳐진다'[46]고 들었다. 내가 바로 그 벼리와 옷깃이 되겠다"라고 하였다. 즉시 말에 걸터 올라 검을 빼들고 적진을 향해 곧장 달려나가 세 번을 드나드는데, 매번 들어갈 때마다 혹은 적장의 목을 베고 혹은 적군의 깃발을 뽑아 왔다. 여러 군사가 그 승세를 타고서 북을 울리고 함성을 지르며 나아가 쳐서 5천여 명의 목을 베어 죽이니, 그 성이 그만 항복하였다. 9월에 사신을 당에 보내 조공하였다.

52년에 대궁(大宮) 뜰의 땅이 갈라졌다.

53년 봄 2월에 흰 개가 궁궐 담장 위에 올라갔다. 여름 5월에 이찬 칠숙(柒宿)과 아찬 석품(石品)이 반란을 꾀하였다. 왕이 그 사실을 알아차려 칠숙을 잡아다가 동쪽 시가에서 목을 베고, 아울러 그 9족(九族)을 죽였다.[47] 아찬 석품은 도망해 백제 국경까지 갔다가 처자식을 보고 싶은 생각에 낮에는 숨고 밤에는 걸어서 돌아와 총산(叢山)에 이르렀다. 여기에서 한 나무꾼을 만나 자기 옷을 벗어 나무꾼의 해진 옷과 바꾸어 입은 다음, 땔나무를 짊어지고 몰래 집에 왔다가 붙들려서 처형당하였다.

가을 7월에 사신을 당에 보내 미녀 두 사람을 바쳤는데, 위징(魏徵)[48]

---

46) 벼리와 옷깃은 원문에 '강령'(綱領)이라고 하였는데, 이것은 일의 근본이 되는 큰 줄거리를 말한다. 즉 큰 줄거리를 들어올리면 세목은 저절로 밝아진다는 뜻이다. 『서경』 반경(盤庚) 상에 "그물에 벼리가 있어야 그물 눈이 조리가 있어 흐트러지지 않는다"라고 했으니, 곧 아래에서 위를 따르고 작은 것이 큰 것을 좇는 것을 비유한 것이다.

47) 9족은 아홉 범주의 친족을 말하는데 동성(同姓) 직계의 경우는 고조·증조·조부·부·자신·자·손·증손·현손을 이르고, 이성(異姓)을 포함하는 경우는 부족 4, 모족 3, 처족 2를 합칭하는 것이다. 대개 9족을 멸한다는 것은 옛날 형벌의 하나로 고조부터 현손에 이르는 친족을 모두 연좌시켜 주멸하는 것이니, 반역 등의 대죄를 범했을 때 시행하였다.

48) 위징(580~643)은 당 곡성(曲城) 출신으로 수 말에 이밀(李密)을 따라 당에 들어

이 이를 받는 것은 옳지 않다고 하였다. 황제가 흔연히 말하기를 "저 임읍(林邑)[49]에서 바친 앵무새도 오히려 추위의 고통을 말하면서 제 나라로 돌아갈 것을 생각하거늘, 하물며 이 두 여인은 멀리 친척과 이별하였음에랴!" 하고 사신에 딸려 돌려보냈다. 흰 무지개가 궁궐 우물물을 머금고, 토성이 달을 범하였다.[50]

54년 봄 정월에 왕이 죽었다. 시호를 진평이라 하고, 한지(漢只)에 장사 지냈다. 당 태종이 조서를 내려 좌광록대부(左光祿大夫) 작위를 추증하고, 포목 2백 단을 부의하였다[『고기』에는 "정관(貞觀) 6년 임진(632) 정월에 죽었다"라고 했는데, 『신당서』와 『자치통감』에는 모두 "정관 5년 신묘에 신라 왕 진평이 죽었다"라고 했으니, 아마 이들의 잘못이 아닐까 한다].[51]

• 삼국사기 권 제4

와 고조와 태종에 봉사하였다. 그의 간신(諫臣)으로서의 의론은 『정관정요』(貞觀政要)에 보이는데, 특히 수성(守成)의 어려움을 논변한 일화로 유명하다. 『주서』·『수서』 등의 편찬에 관여했으며, 당시 훌륭한 관리로 칭송되었다. 『신당서』 97 위징전.

49) 임읍은 진(秦)대의 임읍현, 즉 인도차이나 남동해안 지역에 있던 나라 이름이다. 후한 말 이후 자립해 중원의 왕조와 교통하였다. 수가 이를 격파해 3군을 두었으나, 곧 재흥하여 당에 조공해 왔다.

50) 『사기』 천관서에 토성은 5방 중 중앙에 속하므로 "덕을 관장하며, 왕후의 성상(星象)이다"라고 했으며, "마땅히 머무르지 않아야 하는 데에 머물거나, 이미 지났는데 다시 역행해 되돌아와 머물면, 그 나라는 영토를 얻거나 그렇지 않으면 부녀(婦女)를 얻는다"라고 하였다. 따라서 선덕왕의 계위를 암시하는 것으로 해석될 수 있다.

51) 『자치통감』 193 당기(唐紀) 9 태종 상지중 정관 5년(631)조에 "신라 왕 진평이 죽었는데 후사가 없으므로 국인들이 그의 딸 선덕을 옹립해 왕으로 삼았다"라고 했으며, 『구당서』와 『신당서』의 신라전에도 모두 정관 5년의 일로 기록해 『삼국사기』가 인용한 『고기』나 연표와는 1년의 차이가 있다. 정관은 당 태종의 연호이다. 한편 『삼국유사』 왕력에는 선덕왕의 즉위를 '인평(仁平) 갑오(634)'라고 하였다.

삼국사기 권 제5

신라본기 제5
선덕왕, 진덕왕, 태종왕

선덕왕(善德王)이 왕위에 오르니, 이름은 덕만(德曼)이고 진평왕의 맏 딸이다. 어머니는 김씨 마야(摩耶)부인이다. 덕만은 성품이 너그럽고 인 자하며 명민하였다. 진평왕이 죽고 아들이 없으므로 나라 사람들이 덕 만을 왕위에 올려 세우고 '성조황고'(聖祖皇姑)라는 칭호를 올렸다.

전왕 때에 당에서 가져온 모란꽃 그림과 그 꽃씨를 덕만에게 보였더 니, 덕만이 말하기를 "이 꽃은 비록 빼어나게 아름답지만 반드시 향기 가 없을 것입니다"라고 하였다. 왕이 웃으며 묻기를 "네가 어떻게 그것 을 아느냐" 하니, 대답하기를 "꽃을 그렸는데 나비가 없으므로 그런 줄 을 알 수 있습니다. 즉 무릇 여자가 국색(國色)이면 남성들이 따르는 법 이고, 꽃에 향기가 있으면 벌과 나비가 따르는 까닭에서입니다. 이 꽃이 빼어나게 아름다운데도 그것을 그린 위에 벌과 나비가 없으니 이는 반 드시 향기가 없는 꽃일 것입니다"라고 하였다. 꽃씨를 심었더니 과연 말 그대로였다. 그의 앞을 내다보는 식견이 이와 같았다.

원년(632) 2월에 대신 을제(乙祭)로 하여금 국정을 총괄하게 하였다. 여름 5월에 가물더니, 6월이 되어서야 비가 내렸다. 겨울 10월에 사신을 보내 나라 안의 홀아비, 과부, 고아, 자식 없는 늙은이와 제 힘으로 살 수 없는 이들을 위문하고 구휼하였다. 12월에 사신을 당에 들여보내 조공하였다.

2년 봄 정월에 왕이 친히 신궁에 제사를 지내고 죄수를 크게 사면했으며, 1년 동안 여러 주·군의 납세를 면제해주었다. 2월에 수도에 지진이 있었다. 가을 7월에 사신을 당에 보내 조공하였다. 8월에 백제가 서쪽 변경을 침범하였다.

3년 봄 정월에 연호를 '인평'(仁平)으로 고쳤다. 분황사(芬皇寺)가 낙성되었다. 3월에 우박이 내렸는데 크기가 밤알만 하였다.

4년에 당에서 사신을 보내 천자의 신절을 가지고 와 왕을 주국낙랑군공신라왕(柱國樂浪郡公新羅王)으로 책명하고, 아버지의 봉작을 이어받게 하였다. 영묘사(靈廟寺)가 낙성되었다. 겨울 10월에 이찬 수품(水品)과 용수(龍樹)[용춘(龍春)이라고도 한다]를 보내 주와 현을 돌아다니며 위무하게 하였다.

5년 봄 정월에 이찬 수품을 상대등으로 임명하였다. 3월에 왕이 병에 걸렸는데 의술과 기도가 모두 효험이 없자, 황룡사에 백고좌를 베풀고 승려들을 모아 『인왕경』(仁王經)을 강설하게 했으며, 승려 1백 명에게 도첩(度牒)을 주었다.

여름 5월에 두꺼비가 궁궐 서쪽 옥문지(玉門池)에 크게 모여들었다. 왕이 이를 듣고 좌우의 신하들에게 이르기를 "두꺼비의 성난 눈은 병사의 모습이다. 내가 일찍이 서남쪽 국경 지대에 땅 이름을 옥문곡(玉門谷)이라 하는 곳이 있다고 들었으니, 생각건대 혹시 이웃 나라 군사가 몰래 그 가운데 잠입한 것이 아닐까" 하고, 곧 장군 알천(閼川)과 필탄(弼呑)에게 명해 군사를 거느리고 가서 수색하게 하였다. 과연 백제 장군 우소(于召)가 독산성을 습격하려고 갑사(甲士) 5백 명을 거느리고 와서 그곳에 매복하고 있었다. 알천이 이를 엄습해 모두 죽였다.[1]

---

1) 이 사건은 『삼국유사』 기이 1 선덕왕지기삼사(善德王知幾三事)조에 매우 적실하게 소개한 '세 가지 일' 가운데 하나이다. 그에 따르면 '옥문곡'은 '여근곡'(女根谷)이

자장법사(慈藏法師)가 당에 들어가 불법을 탐구하였다.[2]

6년 봄 정월에 이찬 사진(思眞)을 서불한으로 임명하였다. 가을 7월에 알천을 대장군으로 임명하였다.

7년 봄 3월에 칠중성(七重城) 남쪽의 큰 돌이 저절로 35보를 옮겨 갔다. 가을 9월에 노란 꽃비가 내렸다. 겨울 10월에 고구려가 북쪽 변경의 칠중성을 침공하니, 백성들이 놀라고 동요해 산골짜기로 들어갔다. 왕이 대장군 알천에게 명해 그들을 안정시키고 모이게 하였다. 11월에 알천이 고구려 군사와 칠중성 밖에서 싸워 이겨 죽이고 사로잡은 이들이 매우 많았다.

8년 봄 2월에 하슬라주를 북소경(北小京)으로 만들고, 사찬 진주(眞珠)를 시켜 지키게 하였다. 가을 7월에 동해의 물이 붉어지고 뜨거워져서 물고기들이 죽었다.

9년 여름 5월에 왕이 자제들을 당에 보내 국학(國學)에 들이기를 청하였다. 이때 당 태종이 천하의 유명한 유학자들을 크게 불러들여 학관(學官)을 삼아 자주 국자감(國子監)에 행차하여 그들로 하여금 강론하게 하고, 학생 가운데 『예기』(禮記)나 『춘추좌씨전』(春秋左氏傳) 가운데 한 가지 이상에 능통한 이는 모두 관직에 임명될 수 있게 했으며, 학사(學舍) 1천 2백 칸을 증축하고 학생을 증원해 3천 2백 60명을 채웠다.[3] 이리하여

라고 하였다.

2) 『속고승전』(續高僧傳) 24 자장전에 따르면 자장은 정관(貞觀) 12년(638)에 입당한 것으로 되어 있고, 「황룡사구층목탑찰주본기」(皇龍寺九層木塔刹柱本記)에도 "선덕대왕 즉위 7년, 즉 대당 정관 12년이요 우리나라 인평 5년 무술년에 우리 사신 신통(神通)을 따라서 당에 들어갔다"라고 하였다. 한편 『삼국유사』 자장정률(慈藏定律) 조와 황룡사구층탑조에는 모두 『삼국사기』와 같은 연대관을 전하고 있다.

3) 국자감은 수 이후 역대 왕조가 중앙의 학교를 총관하기 위해 설치한 기관이다. 이 것이 완비된 것은 당나라 때로서 국자학(國子學)·태학(太學)·사문학(四門學)·율학(律學)·서학(書學)·산학(算學)·광문관(廣文館) 등을 통합하였다. 북제(北齊)와 수 초에는 국자시(國子寺)라고 하다가, 개황(開皇) 13년(593)에 국자학(國子學)으로 고쳤고, 대업(大業) 3년(607)에 국자감이라고 하였다. 당 태종의 유학 장려는 『신당서』 198 열전 123 유학 상의 서문에 보인다.

사방에서 공부하는 이들이 구름처럼 수도에 모여들었다. 이에 고구려·백제·고창(高昌)·토번(吐蕃)에서도 자제들을 보내 입학시켰다.

11년 봄 정월에 사신을 당에 보내 방물을 바쳤다.

가을 7월에 백제 왕 의자(義慈)가 크게 군사를 일으켜 나라 서쪽의 40여 성을 쳐서 빼앗았다. 8월에 또 고구려와 함께 모의해 당항성(党項城)을 빼앗아 당으로 가는 길을 끊으려 하니, 왕이 당 태종에게 사신을 보내 위급한 사정을 알렸다. 이 달에 백제 장군 윤충(允忠)이 군사를 거느리고 대야성(大耶城)을 쳐서 함락시켰는데, 도독(都督) 이찬 품석(品釋)과 사지 죽죽(竹竹)·용석(龍石) 등이 이 싸움에서 죽었다.[4]

겨울에 왕이 장차 백제를 쳐서 대야성 싸움의 보복을 하고자 하여, 곧 이찬 김춘추를 고구려에 보내 군사를 요청하였다. 처음 대야성에서 패했을 때 도독 품석의 아내가 그곳에서 죽었는데, 이가 바로 춘추의 딸이었다. 춘추가 소식을 듣고 기둥에 기대어 서서 온종일 눈도 깜박이지 않았으며 사람이나 물건이 앞에 지나가도 깨닫지 못하더니, 이윽고 말하기를 "아아! 대장부가 어찌 백제를 집어삼키지 못할쏘냐!" 하고, 즉시 왕에게 나아가 "제가 사명을 받들어 고구려에 가서 군사를 청해 백제에 대한 원한을 갚고자 합니다"라고 하니 왕이 허락하였다. 고구려 왕 고장(高臧)은 평소에 춘추의 이름을 들었던지라, 군사의 호위를 엄히 한 다음 그를 만났다. 춘추가 의견을 아뢰기를 "지금 백제가 무도하여 긴 뱀과 큰 돼지[5]처럼 잔인하고 탐욕스럽게 우리 영토를 침범하므로, 우리 임금께서 귀국의 군사를 얻어 그 치욕을 씻고자 하여 이렇게 저를 보내 대왕께 말씀을 드리는 것입니다"라고 하였다. 고구려 왕이 그에게 이르기

---

4) 죽죽과 용석의 전사에 대해서는 본서 47 죽죽전에 상세하다.

5) 원문에 '장사봉시'(長蛇封豕)라고 하였는데, 이것은 모두 잔인하고 탐욕스러운 사람을 비유한 것이다. 『좌전』 정공(定公) 4년조에 초의 신포서(申包胥)가 진(秦)에 가서 군사를 요청하는 가운데 "오나라가 큰 돼지와 긴 뱀과 같이 탐욕스럽게도 중원의 나라들을 잠식하고 있거니와, 그 모진 행위는 초나라에서 시작하고 있습니다"라고 한 용례가 있다.

를 "죽령(竹嶺)은 본래 우리 땅이니 네가 만약 죽령 서북쪽 땅을 돌려준다면 군사를 내줄 수 있다"라고 하였다. 춘추가 대답하기를 "제가 임금의 명을 받들어 군사를 빌리고자 하는 터에, 대왕께서는 환란을 구원해 이웃 나라와 잘 지낼 생각은 없고 단지 사신을 위협하고 겁박하여 땅을 되돌려줄 것만을 요구하시니, 저는 죽음이 있을지언정 그 밖의 것은 모르겠나이다"라고 하였다. 고장은 그의 말이 불손한 데 노하여 그를 별관에 가두었다. 춘추는 몰래 사람을 시켜 본국 왕에게 알렸다. 왕이 대장군 김유신에게 명해 결사대 1만 명을 거느리고 달려가게 하였다. 유신이 군사를 몰아 한강을 건너 고구려 남쪽 국경에 들어서자, 고구려 왕이 그 소식을 듣고 춘추를 풀어 돌려보냈다.[6] 왕이 유신을 압량주(押梁州) 군주로 임명하였다.

12년 봄 정월에 사신을 당에 보내 방물을 바쳤다. 3월에 당에 들어가 불법을 탐구하던 고승 자장이 돌아왔다.

가을 9월에 사신을 당에 보내 아뢰기를 "고구려와 백제가 우리나라를 침범하고 능멸하여 여러 차례 공격을 받은 것이 수십 성입니다. 저들 두 나라는 군사를 연합해 기필코 빼앗으려 하여 이번 9월에 장차 군사를 크게 일으키려 하니, 우리나라의 사직이 필시 온전할 수 없을 듯합니다. 삼가 저의 신하를 보내 대국에 운명을 맡기오니, 원컨대 일부 군사를 빌려 구원해주시기 바랍니다"라고 하였다.[7]

황제가 사신에게 이르기를 "나는 실로 너희가 두 나라의 침구에 시달리는 것을 안타깝게 여기고 있다. 그러므로 자주 사신을 보내 너희 세 나라가 화친하게 했던 것이다. 그러나 고구려와 백제는 사신이 발길을 돌리자마자 뉘우치던 것을 뒤집어버리니, 이는 생각이 너희 나라를 집어삼켜 없애고 그 땅을 갈라 차지하려는 데 있는 것이다. 너희 나라에서는 무슨 기묘한 꾀를 마련해 그들이 막무가내로 날뛰는 것을 모면하려 하

---

6) 김춘추의 고구려 청병 외교의 추이에 대해서는 본서 41 김유신전 상에 자세하다.
7) 『책부원귀』 991 외신부 비어(備禦) 4 정관(貞觀) 17년조를 인용한 것이다.

는가"라고 하였다. 사신이 말하기를 "우리 왕께서는 일이 막다른 곳에 이르고 계책이 다해 오직 위급한 사정을 대국에 알려 나라의 보전을 바랄 따름입니다"라고 하였다.

황제가 말하였다.

"내가 변방의 군사를 조금 내고 거란과 말갈을 합쳐 곧바로 요동으로 들어가면, 너희 나라는 저절로 풀려나 일 년 동안은 포위 상태를 누그릴 수 있을 것이다. 그러나 그 뒤 이어지는 군사가 없는 것을 알면 도리어 침략과 모욕을 함부로 하여 네 나라가 다 같이 소란스러워질 것이니, 너희도 평안하지 못할 것이다. 이것이 첫째 대책이 될 것이다. 나는 또 너희에게 수천 개의 붉은 옷과 붉은 기를 줄 수 있나니, 두 나라 군사가 이르렀을 때 그것들을 세워 벌여두면 저들이 보고 우리나라 군사인 줄로 알아 반드시 모두 달아날 것이다. 이것이 둘째 대책이 될 것이다. 백제는 바다의 험함을 믿고서 전투 병기를 정비하지 않고, 남녀가 어지러이 뒤섞여 서로 모여 잔치를 벌이고 있다. 우리는 수십 수백 척의 배에 무장한 군사를 실어 소리없이 바다에 떠 곧바로 그 땅을 습격할 것이다. 또 너희 나라는 부인을 임금으로 삼았기 때문에 이웃 나라들이 업신여기며 임금의 근본을 잃고 도적을 불러들여 평안할 날이 없는 것이니, 내가 종친 한 사람을 보내 너희 나라 임금을 삼아주겠다. 그러나 그 자신 홀로 왕노릇을 할 수는 없을 것이니, 마땅히 군사를 보내 맡아 호위하다가 너희 나라가 안정되기를 기다려 너희에게 맡겨 스스로 지키게 할 것인바, 이것이 셋째 대책이 될 것이다. 너는 잘 생각하라. 장차 어느 대책을 따르겠는가."

사신은 다만 "예"라고 할 뿐 대답이 없었다. 황제는 그가 용렬하고 무능하여 군사를 빌리고 위급함을 호소할 만한 인재가 못 되는 것을 한탄하였다.

13년 봄 정월에 사신을 당에 보내 방물을 바쳤다. 태종이 사농승(司農丞) 상리현장(相里玄奬)을 보내 새서(璽書)[8]를 지니고 와 고구려에 주게 하고, 이어 말하기를 "신라는 운명을 우리나라에 맡기고 조공을 빠뜨리지 않고 있다. 너희는 백제와 함께 마땅히 곧 군사를 거둘 일이다. 만약 다시 신라를 친다면 내년에는 의당 군사를 내서 너희 나라를 칠 것이다"라고 하였다. 개소문(蓋蘇文)이 현장에게 이르기를 "고구려와 신라는 원수가 되어 틈이 벌어진 지 이미 오래이다. 지난날 수가 침략했을 때 신라가 그 틈을 타고 고구려의 5백 리 땅을 탈취해 성읍을 모두 차지하였다. 그 땅과 성들을 돌려주지 않는다면 이 전쟁은 아마 그만둘 수 없을 것이다"라고 하였다. 현장은 "이미 지나간 일을 어찌 다시 추궁해 이야기할 것인가"라고 했으나, 소문은 끝내 그의 말을 따르지 않았다.

가을 9월에 왕이 유신을 대장군으로 삼아 군사를 거느리고 백제를 치게 하여 크게 이기고 일곱 성을 빼앗았다.

14년 봄 정월에 사신을 당에 보내 방물을 바쳤다. 유신이 백제를 정벌하고 돌아와서 아직 왕을 뵙지도 않았는데, 백제의 대군이 다시 와서 변경을 침구하였다. 왕이 유신에게 출정을 명하니 유신은 마침내 집에도 가지 않고 나가 처부수고 2천 명의 목을 베었다. 유신이 □□□ 돌아와 왕에게 복명하고 아직 집에 돌아가지 못한 터에 또 백제가 다시 와서 침범한다는 급보가 이르렀다. 왕은 사태가 위급하므로 말하기를 "나라가 보존되고 멸망하는 것이 공의 한 몸에 매였으니, 수고로움을 꺼리지 말고 가서 대책을 꾀하기 바란다"라고 하였다. 유신이 또다시 집에 돌아가지 않고 밤낮으로 군사를 훈련해 서쪽으로 행군하는데, 길이 자기 집 문 앞으로 지나게 되었다. 온 집안의 남녀가 우러러보면서 울었으나, 공은 돌아보지도 않고 갔다.

3월에 황룡사탑을 처음으로 세우니 이는 자장의 요청을 따른 것이다.[9]

여름 5월에 태종이 친히 고구려를 정벌하자 왕은 군사 3만 명을 내어 이를 도왔다. 백제가 이 빈 틈을 타고 나라의 서쪽 일곱 성을 습격해 탈

---

8) 새서는 본래 대부나 제후의 봉인(封印)을 찍은 서류를 이르는데, 진·한대 이후로는 천자의 어인(御印)을 찍은 문서를 말한다.

9) 그 전말에 대해서는 『삼국유사』 탑상 황룡사구층탑조 및 경문왕 12년(872)에 중수하면서 작성한 「황룡사구층목탑찰주본기」에 상세하다.

취하였다.

겨울 11월에 이찬 비담(毗曇)을 상대등으로 임명하였다.

16년 봄 정월에 비담과 염종(廉宗) 등이 여왕이 잘 다스리지 못한다 하여 반역을 꾀하고 군사를 일으켰다가 성공하지 못하였다.[10]

8일에 왕이 죽었다. 시호를 선덕이라 하고, 낭산(狼山)에 장사 지냈다[『당서』에는 "정관(貞觀) 21년(647)에 죽었다" 하고, 『통감』에는 "25년에 죽었다"고 했으나, '본사'(本史)로써 고증한다면 『통감』이 잘못이다].[11]

편찬자는 논평하여 말한다. 신이 듣건대 옛날 여와씨(女媧氏)[12]는 그 자신이 천자는 아니고 복희씨(伏羲氏)[13]를 도와 9주(九州)[14]를 다스렸

---

10) 비담 등의 반란에 대해서는 본서 41 김유신전 상에 상세하다.

11) 『자치통감』 198 당기 14 태종 하지상 정관 22년(648) 정월조에 "신라 왕 김선덕이 죽었으므로 선덕의 누이 진덕을 주국(柱國)으로 삼아 낙랑군왕을 봉하고 사신을 보내 책명하였다"라고 했으므로, 『삼국사기』는 『자치통감』의 '22년'을 '25년'으로 오인한 것이다. 한편 『구당서』와 『신당서』 신라전에는 선덕왕의 죽음을 '정관 21년'으로 하여 『삼국사기』와 일치하는 반면, 『구당서』 태종본기에는 '정관 22년'으로 파악하였고, 『책부원귀』 역시 '정관 22년'으로 기록하였다.

12) 중국의 천지창조 신화에 보이는 여신으로 복희씨의 아내 혹은 누이로 알려져 있다. 한대의 문헌에는 여와씨의 모습이 사람의 얼굴과 뱀의 몸을 가진 것으로 나타나며, 후한 이래로 복희씨와 함께 삼황(三皇)의 하나로 이해되기도 하였다. 『사기』 삼황본기.

13) 중국 전설상의 제왕으로 포희(庖犧)라고도 하며 삼황 가운데 한 사람이라 한다. 『역경』 계사전(繫辭傳)에 따르면 복희씨가 역(易)의 팔괘(八卦)를 만들고 혼인제도를 정했다 하고, 또 그물을 발명하여 새와 짐승과 물고기 잡는 방법을 가르쳤다고도 한다. 복희는 여와와 마찬가지로 뱀의 몸과 사람의 얼굴을 하고 있다고 하는데, 후한대의 무씨사화상석(武氏祠畵像石)에도 그와 같은 모습으로 복희와 여와가 꼬리를 휘감고 있는 그림이 있다.

14) 구유(九有)라고도 하며, 중국 고대에 전국을 아홉 주로 나누어 천하를 의미하였다. 요·순·우대에는 기(冀)·연(兗)·청(靑)·서(徐)·형(荊)·양(揚)·예(豫)·양(梁)·옹(雍)이며, 은대에는 기·연·서·양(揚)·형·예·옹(雝)·유(幽)·영(營)이고, 『주례』(周禮) 하관(夏官) 직방씨(職方氏)에는 기·연·청·양(揚)·형·예·옹(雍)·유·병(幷)이라 하였다.

을 뿐이다. 여치(呂雉)와 무조(武曌) 같은 이에 이르러서는 유약한 임금을 만나 조정에 임하여 칭제(稱制)야 했지만 사서에 공공연히 칭왕(稱王)하지는 못하고 다만 '고황후(高皇后) 여씨(呂氏)', '측천황후(則天皇后) 무씨(武氏)'라고 썼을 뿐이다.[15] 하늘의 이치로 말하자면 양(陽)은 굳세고 음(陰)은 유약하며, 사람으로 말하자면 남자는 높고 여자는 낮거늘, 어찌 늙은 할미로 하여금 규방에서 나와 국가의 정사를 재단하게 하겠는가? 신라는 여자를 붙들어 세워 왕위에 있게 했으니 진실로 난세의 일이며, 이러고서도 나라가 망하지 않은 것이 다행이다. 『서경』에 "암탉이 새벽에 운다"[16] 하였고, 『역경』에 "암퇘지가 껑충거린다"[17]라고 했으니, 어찌 경계하지 아니할 것인가!

진덕왕(眞德王)이 왕위에 오르니, 이름은 승만(勝曼)이고 진평왕의 친동생 국반(國飯)[국분(國芬)이라고도 한다]갈문왕의 딸이다. 어머니는 박씨 월명(月明)부인이다. 승만은 자태와 바탕이 넉넉하고 아름다웠으며, 키가 7척이나 되었고 손을 늘어뜨리면 무릎을 넘었다.

원년(647) 정월 17일에 비담을 목베어 죽였는데, 이에 연루되어 죽은

---

15) 여치와 무조는 각각 한 고조와 당 고종의 비(妃)인 여후와 무후를 이른다. '조'(曌)는 '조'(照)와 같은 뜻으로 측천무후가 만든 19자 가운데 하나인데 자신의 이름이다. 유약한 임금이란 한의 혜제(惠帝)와 당의 중종(中宗)·예종(睿宗)을 가리킨다. 『한서』 3 고후기(高后紀)에 "혜제가 붕어하자 태자가 서서 황제가 되었는데 나이가 어려 태후가 조정에 임하여 칭제하였다"라고 했으며, 『신당서』 본기 4 측천황후 중종 및 『구당서』 본기 6 측천황후조에 "홍도(弘道) 원년 12월 정사에 고종이 붕어하자 황태자 현(顯)이 즉위하여 측천황후를 높여 황태후라고 했으나, 황후는 이미 찬탈할 마음을 지녀 이날 스스로 조정에 임하여 칭제하였다"라고 하였다.

16) 원문에 "빈계지신"(牝鷄之晨)이라 하였다.『서경』 목서(牧誓)편에 "옛사람의 말에 '암탉은 새벽을 알리지 않는 것이니, 암탉이 새벽을 알리면 집안이 망하고 만다'라고 하였다"는 대목을 인용한 것이다.

17) 『역경』 구괘(姤卦)에 "이시부척촉"(羸豕孚蹢躅)이라고 하였는데, 왕필(王弼)의 주에 "이시(羸豕)는 암퇘지를 말하며, 부(孚)는 마음이 안정되지 못해 시끄럽게 떠드는 것과 같다"라고 하였다. 척촉(蹢躅)은 머뭇거리고 주저해 발을 멈추고 앞으로 나아가지 않는 모습이다.

이가 30명이었다. 2월에 이찬 알천을 상대등으로 임명하고, 대아찬 수승(守勝)을 우두주(牛頭州) 군주로 삼았다. 당 태종이 사신에게 황제의 신절을 주어 보내 전왕을 추증해 광록대부(光祿大夫)로 삼고, 아울러 왕을 주국(柱國)으로 책명하고 낙랑군왕(樂浪郡王)으로 봉하였다. 가을 7월에 사신을 당에 보내 은혜에 감사하였다. 연호를 고쳐 '태화'(太和)라고 하였다. 8월에 혜성이 남방에 나타나고 또 뭇 별이 북방으로 흘러갔다.

겨울 10월에 백제 군사가 무산(茂山) · 감물(甘勿) · 동잠(桐岑)의 세 성을 에워쌌다. 왕이 유신을 보내 보병과 기병 1만 명을 거느리고 가서 막게 하였다. 악전고투하여 기운이 다했을 때 유신의 휘하 비령자(丕寧子)와 그의 아들 거진(擧眞)이 적진에 들어가 급히 싸우다 죽으니, 여러 군사가 모두 떨쳐 일어나 쳐부수어 적군 3천여 명의 목을 베었다.[18]

11월에 왕이 친히 신궁에 제사를 지냈다.

2년 봄 정월에 사신을 당에 보내 조공하였다. 3월에 백제 장군 의직(義直)이 서쪽 변경을 침범해 요거성(腰車城) 등 10여 성을 함락시켰다. 왕이 이를 근심해 압독주 도독 유신에게 대책을 강구하라 하였다. 유신이 이에 사졸들을 훈계하고 독려하여 거느리고 나가자, 의직이 가로막았다. 유신이 군사를 세 갈래 길로 나누어서 사이에 끼고 공격하자 백제 군사가 패해 달아났다. 유신이 달아나는 그들을 추격해 거의 다 죽였다. 왕이 기뻐하여 사졸들에게 상을 차등있게 내려주었다.

겨울에 감질허(邯帙許)를 사신으로 당에 보냈는데, 태종이 어사(御史)에게 하문하기를 "신라가 신하로 우리 조정을 섬기면서 어찌하여 따로 연호를 일컫는가"라고 하였다. 질허가 말하기를 "일찍이 대국 조정에서 정삭(正朔)[19]을 반포하지 않았는지라 이 때문에 선조 법흥왕 이래 사사

---

18) 본서 47 비령자전에 자세하다.

19) 정삭은 정월의 삭일(朔日)을 말한다. 옛날 제왕이 새로 나라를 세우면 그 세수(歲首)를 고쳐서 새로운 역을 천하에 반포하고, 백성들은 모두 그것을 준봉했기 때문에 신민이 되는 것을 정삭을 받든다고 하였다. 하 · 은 · 주 삼대의 정삭은 각각 인통(人統) · 지통(地統) · 천통(天統)이라 하여 음력 정월 · 12월 · 11월로 하였다.

로이 연호를 가져왔습니다. 만약 대국 조정의 명령이 있을진대 우리나라가 어찌 감히 그러하겠습니까"라고 하니, 태종이 수긍하였다. 이찬 김춘추와 그의 아들 문왕(文王)을 당에 보내 입조시켰더니, 태종이 광록경(光祿卿) 유형(柳亨)을 교외까지 보내 맞이하였다. 이윽고 일행이 도착하자 춘추의 위의가 빼어나고 늠름한 것을 보고 두터이 대우하였다. 춘추가 국학에 나아가 석전(釋奠)[20]과 강론을 참관하고자 청하니, 태종이 허락하고 아울러 친히 지은 「온탕비」(溫湯碑)와 「진사비」(晉祠碑)의 비문[21] 및 새로 편찬한 『진서』(晉書)[22]를 내려주었다.

한번은 연회에 불러 만나보고 황금과 비단을 더욱 후하게 내려주면서 묻기를, "그대는 무슨 생각을 마음속에 품고 있는가"라고 하였다. 춘추가 무릎을 꿇고 아뢰기를 "우리나라는 후미진 바다 한구석에 있사와 공

---

20) 석전은 사전(舍奠)이라고도 하며, 옛날 학교에서 산천·묘사(廟社) 및 선성(先聖)과 선사(先師)에 제사할 때 행하는 예를 말한다. 한대 이후로는 공자에 대한 제례에 한정해 석전이라고 말하게 되었다. 『예기』 문왕세자(文王世子)에는 "무릇 학교에서는 봄에 교관이 석전을 베풀고, 가을과 겨울에도 그와 같이한다. 대체로 처음학교를 세우는 이는 반드시 선성·선사에게 석전을 베풀되 그 의례에는 반드시 폐백이 있어야 한다. 석전을 올리는 데는 반드시 음악의 합주가 있어야 하나, 나라에 변고가 있을 때는 음악을 쓰지 않는다"라고 하였다. 또 『예기』 왕제(王制)에는 천자가 출정하여 죄있는 이들을 잡아오면, 학교에서 석전을 거행하고 사로잡은 이와 죽인 이들의 수를 고한다고 하였다.

21) 온탕(溫湯)에 대해서는 『신당서』 본기 1 고조 무덕(武德) 6년 2월조에 "경술에 황제가 온탕에 행차하여 임자에 여산(驪山)에서 사냥하고, 갑인에 온탕에서 돌아왔다"라고 했으며, 『자치통감』 190 당기 6 동조에 따르면 여산은 옹주(雍州) 신풍(新豊)에 있는데 온천이 있다고 하였다. 태종 역시 종종 온탕에 행차하였고, 김춘추가 입조한 바로 이해 정월에도 온탕에 다녀온 기록이 있다. 또 진사(晉祠)는 산서성 태원현(太原縣)에 있는 사당으로 주대의 후국 진나라의 시조인 당숙우(唐叔虞)를 모신 곳이다. 당 고조가 병사를 일으키면서 이곳에 제사하였고, 정관 연간에 태종이 명(銘)을 지은 바 있다. 태종의 「온탕비」와 「진사비」는 「온천명」·「진사명」이라고도 한다.

22) 태종 정관 20년(646)에 수찬을 시작해 22년에 완성된 기전체 사서로, 동진과 서진 및 16국의 역사를 다루었다. 방현령(房玄齡)·저수량(褚遂良)·허경종(許敬宗) 등이 감수했으며, 태종이 선제(宣帝)와 무제(武帝)의 본기 및 육기(陸機)와 왕희지(王羲之)전의 사론을 직접 쓴 까닭에 '어찬'(御撰)이라고 한다.

순하게 대국 조정을 섬긴 지 여러 해이오나, 백제가 억세고도 교활하여
여러 차례 침범하고 능멸함을 멋대로 하더니, 급기야 지난해에는 대군
을 일으켜 깊숙이 쳐들어와 수십 성을 쳐 짓밟아서 대국에 입조할 길조
차 막아버렸습니다. 만약 폐하께서 천조(天朝)의 군사를 빌려주시어 저
흉악한 무리를 잘라 없애주시지 않는다면 우리나라 백성들은 남김없이
저들에게 사로잡히고 말 것이니, 그리고서야 산 넘고 물 건너 조알하고
조공하는 일은 더 이상 바랄 수가 없을까 합니다"라고 하였다. 태종이
깊이 동감하고 군사를 출정시켜줄 것을 허락하였다. 춘추가 또 관리들
의 공복을 고쳐서 중국 제도를 따르겠다고 했더니, 이에 내전에서 진귀
한 의복을 내다가 춘추와 그 수행원들에게 내려주고, 조서를 내려 춘추
를 특진(特進)[23]으로 삼고 문왕에게는 좌무위장군(左武衛將軍) 작위를
수여하였다. 본국으로 돌아오려 할 때는 조칙을 내려 3품 이상 관리들로
하여금 연회를 베풀어 전송하게 하니, 그 예우함이 매우 면밀하였다. 춘
추가 태종에게 아뢰기를 "저에게 아들 일곱이 있사오니, 폐하 곁을 떠나
지 않고 숙위(宿衛)[24]하게 해주시기 바랍니다" 하고, 곧 그의 아들 문왕
과 대감(大監) □□에게 명해 머물게 하였다.[25]

춘추는 돌아오는 길에 바다 위에서 고구려의 순라병을 만났는데, 그를

---

23) 특진은 한 대에 제후·왕공·장군 가운데 공덕이 현저한 이에게 내려준 관명으로
   삼공(三公)의 아래에 해당한다. 수·당대에 와서는 직임이 없는 산관(散官)으로
   되었다.

24) 숙위는 본래 밤에 숙직하면서 지키는 것으로, 제후의 자제들로 하여금 중국 천자
   를 조알하고 그곳에 머물러 천자를 가까이 모시는 것을 말한다. 『사기』52 제도혜
   왕세가(齊悼惠王世家)에는 "애왕(哀王) 3년에 그의 아우 장(章)이 한실(漢室)에 들
   어가 숙위했는데, 여태후(呂太后)가 장을 주허후(朱虛侯)에 봉하고 여록(呂祿)의
   딸과 혼인시켰다. 4년 뒤에는 장의 아우 흥거(興居)를 동모후(東牟侯)로 삼았으니,
   모두 장안(長安)에서 숙위했다"라고 하였다.

25) 김춘추의 이 청병외교는 앞서 선덕왕 11년(642)에 고구려에 대한 시도가 실패한
   뒤, 그리고 진덕왕 즉위년에 대화개신(大化改新) 직후의 왜국과 교섭을 실현시킨
   뒤의 일로서, 모두 백제 고립 외교의 성격을 지니고 있다. 『일본서기』25 효덕천황
   (孝德天皇) 대화(大化) 3년조.

수행하던 온군해(溫君解)가 높다란 관모와 큰 옷차림으로 배 위에 앉아 있었더니, 고구려 순라병들은 그를 춘추로 여기고 잡아죽였다. 춘추는 작은 배를 타고 본국에 이르니, 왕이 이 일을 듣고 애통해하였으며, 온군해에게 대아찬의 관위를 추증하고 그 자손들에게 넉넉히 포상하였다.

3년 봄 정월에 처음으로 중국 조정의 의관 복제를 착용하였다.

가을 8월에 백제 장군 은상(殷相)이 군사를 거느리고 와 석토성(石吐城) 등 일곱 성을 쳐서 함락시켰다. 왕이 대장군 유신과 장군 진춘(陳春)·죽지(竹旨)·천존(天存) 등에게 명해 나가 막게 했는데, 여기저기 옮아다니면서 싸우기를 열흘 동안이나 하였지만 물리치지 못하고 도살성(道薩城) 아래 주둔하게 되었다. 유신이 군사들에게 이르기를 "오늘 틀림없이 백제 사람이 와서 정탐을 할 것이니, 너희들은 짐짓 모르는 체하고 함부로 누구냐고 묻지 말라!"라고 하였다. 이어 사람을 시켜 진영 사이를 돌며 말하게 하기를 "견고히 지켜 움직이지 말라! 내일 원군이 오기를 기다려서 결전하리라!"라고 하였다. 백제 첩자가 이를 듣고 은상에게 돌아가 보고하였다. 은상 등은 증원군이 있는가 보다고 생각해 경계하고 두려워하지 않을 수 없었다. 이때 유신 등이 진격해 적들을 크게 쳐부수고 장교 1백 명을 죽이고 사로잡았다. 또 군졸 8천 9백 80명의 목을 베고 전투마 1만 필을 노획했으며, 병장기 같은 것이야 이루 다 헤아릴 수가 없을 지경이었다.

4년 여름 4월에 교서를 내려 진골로서 관위에 있는 이는 상아홀[26]을 지니게 하였다. 6월에 사신을 당에 보내 백제 군사를 쳐부순 사실을 알렸다. 또 왕은 5언 율시의 「태평송」(太平頌)을 비단에 수를 놓아 춘추의 아들 법민(法敏)을 시켜 당 황제에게 바쳤다. 그 내용은 이러하다.

---

26) 홀은 임금 앞에 조회할 때 관리들이 손에 드는 기물로서 임금의 지시를 간단히 기록하는 수첩 대용이었는데, 후대에는 복식 도구로 되어 관품에 따라 그 재질이 달랐다. 『당회요』(唐會要) 여복(輿服) 하 홀조에 의하면, 당 고조 무덕(武德) 4년 8월 16일 조(詔)에 5품 이상은 상홀(象笏)을 지니고 그 이하는 죽목홀(竹木笏)을 지니게 하였다.

위대한 당나라 왕업을 여시니

황제의 높은 포부 창성도 하여라

전쟁이 그치매 군사들은 시름 놓고

문교(文敎)를 닦아 대대로 이을세라

하늘을 대신하여 은혜도 높을시고

만물을 다스리니 저마다 빛을 머금다

가없는 어진 덕은 일월과 짝하고

시운을 어루만져 태평시절 힘쓰시다

깃발은 어찌 그리 빛나게 나부끼며

군악 소리 어이하여 그리도 우렁찬가

황제 명령 거스르는 외방의 오랑캐는

잘리고 넘어져서 천벌을 받으리라

밝으나 어두우나 순박한 풍속 어리었고

먼 곳 없이 다투어 올리느니 복락이라

사철의 조화는 옥촉(玉燭)같이 고르고[27]

일월과 뭇 별은 만방을 두루 돌다

산의 신령은 어진 재상 내려주시고[28]

황제께서 일을 맡기시니 충량한 신하로다

5제 3황의 덕을 한가지로 이루어서

우리의 당나라 임금 밝게 비추리로다

---

27) 옥촉은 사철의 기후가 조화를 이룬 것을 말하니, 이렇게 되면 만물이 광휘를 머금
는 것이 마치 옥촉과 같다는 뜻이다. 『이아』(爾雅) 석천(釋天)에 "사철의 기후가
조화로운 것을 옥촉이라고 이른다"라고 하였다.

28) 원문에 "유악강재보"(維嶽降宰輔)라 하였는데, 이것은 『시경』 대아(大雅) 숭고
장(崧高章)에 있는 "유악강신 생보급신"(維岳降神 生甫及申)에서 인용한 것이니,
"산악에서 신을 내려 보후(甫侯)와 신백(申伯)을 내셨도다"라는 뜻이다. 보후와
신백은 모두 주대의 사람으로 주나라의 기둥과 번병(蕃兵)이 되었으니, '재보'는
그와 같은 중신을 말한다.

당 고종은 이 글에 흡족해하였으며, 법민을 대부경(大府卿)으로 임명해 돌려보냈다. 이해에 처음으로 중국의 연호 '영휘'(永徽)를 쓰기 시작하였다.

편찬자는 논평하여 말한다. 3대(三代)가 정삭(正朔)을 고치고 후대에 연호를 일컬은 것은 모두 일통(一統)을 크게 하고[29] 백성의 이목을 새롭게 하고자 함이었다. 이 때문에 실로 때를 타고 나란히 일어나 마주서서 천하를 다투거나, 간교한 영웅이 틈을 타고 제왕의 자리를 엿보는 경우가 아닌 다음에야, 중국에 신속한 한쪽 구석의 작은 나라는 본래 사사로이 연호를 지어 쓰지 못하는 것이다. 신라와 같이 한마음으로 중국을 섬기고 사신과 공물이 길에 이어지면서도, 법흥왕이 스스로 연호를 사용한 것은 잘못된 일이다. 그 후에도 이 같은 허물을 되풀이해 여러 해를 지내더니, 당 태종의 꾸지람을 듣고도 여전히 머뭇거렸다. 그러나 이때 와서 당의 연호를 받들어 사용하니, 비록 마지못해 그리한 것이라고는 하나 역시 허물이 있어 그것을 옳게 고친 경우라고 할 수 있겠다.

5년 봄 정월 초하루에 왕이 조원전(朝元殿)에 나와 백관의 신년 하례를 받았다. 새해를 축하하는 예법이 이때 비롯되었다.

2월에 품주(稟主)를 집사부(執事部)로 고치고, 파진찬 죽지(竹旨)를 집사중시(執事中侍)로 임명해 기밀 사무를 관장하게 하였다. □□□ 파진찬 김인문을 당에 들여보내 조공하고, 아울러 그곳에 머물러 숙위하게 하였다.

6년 봄 정월에 파진찬 천효(天曉)를 좌리방부령(左理方府令)으로 삼

---

29) 원문에 '대일통'(大一統)이라고 하였는데,『공양전』은공(隱公) 원년조 주소(注疏)에 따르면 왕자가 천명을 받아 정월을 제정하여 천하에 교화를 베풀면 만민과 만물이 모두 한결같이 그것을 받게 되므로 '대일통'이라고 한다 하였다. 즉 왕자가 책력을 만들어서 천하에 분여하여 천하가 그 책력 아래 통일되는 것을 말한다.

고, 사신을 당에 보내 조공하였다. 3월에 수도에 큰 눈이 내렸으며, 왕궁의 남쪽 문이 까닭없이 저절로 무너졌다.

7년 겨울 11월에 사신을 당에 보내 금총포(金總布)를 바쳤다.

8년 봄 3월에 왕이 죽으니, 시호를 진덕이라 하고 사량부(沙梁部)에 장사 지냈다. 당 고종이 이를 듣고 영광문(永光門)에서 애도식을 거행하고, 대상승(大常丞) 장문수(張文收)로 하여금 신절을 가지고 와 조문하고 제사를 지내게 하였으며, 왕에게 개부의동삼사(開府儀同三司)를 추증하고 비단 3백 단을 내려주었다.[30]

신라 사람들은 시조 혁거세로부터 진덕까지 28명의 왕을 성골(聖骨)이라 하고, 무열(武烈)부터 마지막 왕까지를 진골(眞骨)이라고 하였다. 당나라 영호징(令狐澄)의 『신라기』(新羅記)[31]에는 말하기를 "그 나라의 왕족은 제1골이라 하며, 나머지 귀족들은 제2골이라고 한다"라고 하였다.

태종 무열왕(太宗武烈王)이 왕위에 오르니, 이름은 춘추(春秋)이고 진지왕의 아들인 이찬 용춘(龍春)〔용수(龍樹)라고도 한다〕의 아들이다〔『당서』에는 진덕왕의 아우라고 했는데 잘못이다〕. 어머니는 천명(天明)부인으로 진평왕의 딸이다. 왕비는 문명(文明)부인으로 서현(舒玄) 각찬(角湌)의 딸이다.

왕은 풍채가 아름답고 빼어났으며, 어려서부터 세상을 잘 다스리고자 하는 뜻을 가졌다. 진덕왕을 섬겨 관위는 이찬을 지냈고, 당 황제가 특진(特進)의 품계를 주었다. 진덕왕이 죽자 여러 신하가 알천 이찬에게 섭정을 청했으나, 알천은 굳게 사양해 말하기를 "나는 이미 늙었고 이렇다 할 만한 덕행도 없다. 오늘날 덕망이 높고 두터운 것이 춘추공만 한 이가

---

30) 이해는 영휘(永徽) 5년 갑인(654)인바, 『구당서』 신라전에는 '영휘 3년'이라 하였고, 『책부원귀』 봉책조에는 '진덕'을 '정덕'(貞德)으로 오기하였다.

31) 『신라기』에 대해서는 진흥왕 37년조 주석을 참조할 것.

없으니, 실로 세상을 잘 다스려 백성을 구제할 영웅 호걸이라고 할 만하다"라고 하였다. 마침내 춘추공을 받들어 왕으로 삼으니, 춘추는 세 번이나 사양하다가 부득이해 왕위에 나아갔다.

원년(654) 여름 4월에 왕의 아버지를 추봉해 문흥대왕(文興大王)이라 하고, 어머니를 문정태후(文貞太后)라 하였으며, 죄수들을 크게 사면하였다.

5월에 이방부령(理方府令) 양수(良首) 등에게 명해 율령을 상세히 참작해서 이방부격(理方府格) 60여 조를 찬수해 제정하게 하였다. 당에서 사신을 보내서 부절을 가지고 예를 갖추어 왕을 개부의동삼사신라왕(開府儀同三司新羅王)으로 책봉하였다. 왕은 사신을 당에 보내 글을 올려 감사하였다.

2년 봄 정월에 이찬 금강(金剛)을 상대등으로 임명하고, 파진찬 문충(文忠)을 중시(中侍)로 삼았다. 고구려와 백제 및 말갈이 군사를 연합해 우리 북쪽 영토를 침략하여 33개 성을 빼앗았다. 왕이 사신을 당에 보내 도움을 청했더니 3월에 당에서 영주도독(營州都督) 정명진(程名振)과 좌우위중랑장(左右衛中郎將) 소정방(蘇定方)을 보내 군사를 일으켜 고구려를 쳤다. 맏아들 법민(法敏)을 태자로 삼고, 여러 아들 가운데 문왕(文王)을 이찬으로, 노차(老且)를 해찬(海湌)으로, 인태(仁泰)를 각찬(角湌)으로, 지경(智鏡)과 개원(愷元)을 각각 이찬으로 삼았다.

겨울 10월에 우수주(牛首州)에서 흰 사슴을 바쳤다. 굴불군(屈弗郡)에서는 흰 돼지를 바쳤는데, 머리 하나에 몸이 둘이었고, 발은 여덟 개였다. 왕의 딸 지조(智照)가 대각찬(大角湌) 유신에게 시집갔다. 고루(鼓樓)를 월성 안에 세웠다.

3년에 김인문(金仁問)이 당에서 돌아오자 군주로 임명하고 장산성(獐山城) 쌓는 일을 감독하게 하였다. 가을 7월에 아들 우무위장군(右武衛將軍) 문왕을 당에 보내 조알하게 하였다.

4년 가을 7월에 일선군에 홍수가 나서 물에 빠져 죽은 이가 300여 명이나 되었다. 동쪽 토함산에서는 땅이 불타 3년 만에야 꺼졌다. 흥륜사

문이 저절로 무너졌으며, □□□ 북쪽 바위가 무너지면서 부서지더니 쌀이 되었다. 그것을 먹어보니 창고의 묵은쌀 같았다.

5년 봄 정월에 중시(中侍) 문충(文忠)의 직위를 고쳐 이찬으로 하고, 문왕을 중시로 하였다. 3월에 왕이 하슬라는 그 땅이 말갈과 이어져 있어 사람들이 편안할 수 없다고 하여, 경(京)을 폐지하고 주(州)로 삼아 도독을 두어 지키게 하였다. 또 실직으로 북진(北鎭)을 만들었다.

6년 여름 4월에 백제가 자주 변경을 침범하자, 왕이 바야흐로 이를 치고자 하여 사신을 당에 보내 군사를 청하였다. 가을 8월에 아찬 진주(眞珠)를 병부령으로 삼았다. 9월에 하슬라주에서 흰 새를 진상하였다. 공주(公州) 기군강(基郡江)에서 큰 물고기가 나와 죽었는데, 길이가 1백 척이었고 이것을 먹은 사람은 죽었다.

겨울 10월에 왕이 조정에 앉아 있었는데, 당에 군사를 요청했던 일에 회보가 없는 까닭에 근심하는 기색이 있었다. 이때 갑자기 어떤 사람이 왕 앞에 나타났는데, 마치 죽은 신하인 장춘(長春)과 파랑(罷郞) 같았다. 그들이 말하기를 "우리가 비록 몸은 백골이지만 여전히 나라의 은혜에 보답하려는 마음을 가지고 있습니다. 어제 당에 가서 황제가 대장군 소정방 등에게 명해 군사를 거느리고 내년 5월 백제를 치게 한 것을 알게 되었습니다. 대왕께서 근심하며 기다리는 것이 이와 같으시므로 이에 아뢰는 것입니다"라고 하더니, 말을 마치자 사라졌다. 왕은 크게 놀라고 기이한 일이라고 여겨 두 집안의 자손들에게 두터이 상을 주고, 아울러 해당 관리에게 명해 한산주(漢山州)에 장의사(莊義寺)를 세워 그들의 명복을 빌게 하였다.[32]

7년 봄 정월에 상대등 금강(金剛)이 죽자, 이찬 김유신을 상대등으로 임명하였다. 3월에 당 고종이 좌무위대장군(左武衛大將軍) 소정방(蘇定方)을 신구도행군대총관(神丘道行軍大摠管)으로 삼고 김인문을 부대총관(副大摠管)으로 삼아서 좌효위장군(左驍衛將軍) 유백영(劉伯英) 등 수

---

32) 『삼국유사』 기이 1 장춘랑·파랑조에 자세하다.

류 13만 군사를 거느리고 □□ 백제를 치게 했으며, 왕에게도 칙명을 내려 우이도행군총관(嵎夷道行軍摠管)으로 삼아 군사를 거느리고 이를 성원하게 하였다.

여름 5월 26일에 왕이 유신·진주(眞珠)·천존(天存) 등과 함께 군사를 거느리고 수도를 떠나, 6월 18일에 남천정(南川停)에 이르렀다. 소정방은 내주(萊州)에서 출발하니 전함이 천리에 꼬리를 잇대었으며, 해류를 따라 동쪽으로 내려왔다. 21일에 왕이 태자 법민을 보내 병선 1백 척을 거느리고 덕물도(德物島)에서 소정방을 맞이하게 하였다. 정방이 법민에게 이르기를 "나는 7월 10일에 백제 남쪽에 도착해 대왕의 병력과 회합해서 의자(義慈)의 도성을 무찌르려고 한다"라고 하였다. 이에 법민은 "대왕께서는 대군을 목마르게 기다리고 계시온바, 대장군께서 왔다는 소식을 들으시면 틀림없이 이른 아침 잠자리에서 식사를 하고 부리나케 달려오실 것입니다"라고 하였다. 정방이 기뻐하면서 법민을 되돌려보내 신라의 병마를 징발하게 하였다. 법민이 돌아와 정방의 군세가 매우 성대하다고 하자 왕이 기쁨을 억누르지 못하고 다시 태자와 대장군 유신, 장군 품일(品日), 흠춘(欽春)〔'춘'(春)은 혹은 '순'(純)으로도 쓴다〕 등에게 명해 정예 병력 5만 명을 이끌고 그에 부응하게 했으며, 왕 자신은 금돌성(今突城)에 머물렀다.

가을 7월 9일에 유신 등이 황산(黃山)의 들로 진군해 가니, 백제 장군 계백(堦伯)이 군사를 거느리고 와 먼저 요해처를 차지하고 세 곳에 진영을 치고서 기다리고 있었다. 유신 등은 군사를 세 갈래로 나누어 네 번을 싸웠으나 불리했으며, 사졸들은 힘이 다하고 말았다. 장군 흠순이 아들 반굴(盤屈)에게 이르기를 "신하된 이에게는 충성보다 귀중한 것이 없고, 자식의 도리로는 효도만 한 것이 없다. 이 위기를 당해 목숨을 바친다면 충성과 효도가 함께 온전히 갖추어지리라"라고 하였다. 이에 반굴이 "삼가 분부 말씀 들어 알겠나이다" 하고, 곧장 적진으로 들어가 힘껏 싸우다 죽었다. 좌장군(左將軍) 품일도 아들 관장(官狀)〔관창(官昌)이라고도 한다〕을 불러 말 앞에 세우고, 여러 장수를 가리키며 말하기를 "내 아들

나이가 겨우 열여섯 살이지만 뜻과 기백이 제법 용맹하니 오늘 싸움에서 3군의 모범이 될 수 있으리라" 하였다. □□ 관장이 "예!" 하고는, 갑옷에 말을 타고 창 하나를 가지고서 적진으로 달려 들어갔으나, 적들에게 사로잡혀 계백에게 보내졌다. 계백이 투구를 벗기게 하더니 그가 어린 나이에도 용맹한 것을 아깝게 여겨 차마 해치지 못하고, 이내 탄식해 말하기를 "신라를 적대할 수 없겠구나. 소년조차 이러하거늘 하물며 장사들이야 어떠하겠는가!" 하고는 그만 살려 보내도록 하였다. 관장은 아버지에게 고하기를 "제가 적군 속에 들어가 적장을 베고 그 기를 뽑아 오지 못한 것은 죽음을 두려워해서가 아닙니다" 하고는, 말을 마치자 손으로 우물물을 움켜 마시고 다시 적진을 향해 질풍처럼 쳐나갔다. 계백이 그를 붙잡아 목을 베어 말안장에 매달아 보냈다. 품일이 그 머리를 잡아 드니, 흐르는 피가 옷소매를 적셨다. 품일은 "내 아들의 얼굴이 살아 있는 것만 같구나! 나랏일에 죽을 수 있었으니 다행이로다!"라고 하였다. 3군에서 이 모습을 보고 격정이 솟구쳐 죽음을 각오하고 북을 울리고 함성을 지르면서 진격하자, 백제 군사가 크게 패하였다. 계백이 여기서 죽었으며, 좌평 충상(忠常)과 상영(常永) 등 20여 명을 사로잡았다.[33]

이날 정방과 부총관 김인문 등은 기벌포(伎伐浦)에 도착해 백제 군사를 만나 맞아 쳐서 크게 이겼다. 유신 등이 당의 군영에 이르자, 정방은 유신 등이 뒤늦게 왔다 하여 신라 독군(督軍) 김문영(金文穎)〔혹은 '영'(永)으로도 쓴다〕을 군문에서 목 베려 하였다. 이에 유신이 무리들에게 말하기를 "대장군이 황산의 전투를 보지 않은 터에 기일에 늦은 것으로 죄를 삼으려 하거니와, 나는 무고하게 치욕을 당할 수 없으니 기필코 먼저 당군과 결전을 벌인 뒤에 백제를 쳐부수리라"라고 하였다. 이윽고 도끼를 들고 군문 앞에 서니, 머리털이 꼿꼿이 곤추서고 허리춤에서는 보검이 칼집에서 절로 튀어나왔다. 정방의 우장(右將) 동보량(董寶亮)이 정방의 발등을 밟으면서 "신라군이 변란를 일으킬 것 같습니다"라고 하

---

33) 이 전투에 대해서는 본서 47의 관창전과 계백전에 자세하다.

자, 정방이 곧 문영에게 들씌웠던 죄를 풀어주었다. 백제의 왕자가 좌평 각가(覺伽)를 시켜 당의 장수에게 글을 보내 철병할 것을 애걸하였다.

12일에 당과 신라의 군사가 □□□ 의자(義慈)의 도성을 에워싸고자 소부리(所夫里)의 들로 나아갔다. 정방은 꺼려지는 바가 있는지 앞에 나서지 못하는데, 유신이 그를 설득해 두 나라 군사가 용감하게 네 갈래로 일제히 떨쳐 나갔다. 백제의 왕자가 또다시 상좌평(上佐平)을 시켜서 고기와 가축 등을 풍성하게 보냈으나 정방이 받지 않고 물리쳤으며, 백제 왕의 서자 궁(躬)이 좌평 여섯 사람과 함께 정방 앞에 나와 죄를 빌었으나 역시 거절하였다.

13일에 의자는 측근을 거느리고 밤에 달아나서 웅진성으로 들어가고, 의자의 아들 융(隆)과 대좌평(大佐平) 천복(千福) 등이 나와 항복하였다. 법민이 융을 말 앞에 꿇어앉히고 얼굴에 침을 뱉으며 꾸짖기를 "지난날 네 아비가 내 누이를 억울하게 죽여 옥중에 묻어버린 탓에 나로 하여금 20년 동안 가슴이 아프고 골치를 앓게 하더니, 오늘에야 네 목숨이 내 손 안에 들었구나!"라고 하였다. 융은 땅에 엎드린 채 아무 말이 없었다.

18일에 의자가 태자와 웅진 방령(方領)의 군사 등을 이끌고 웅진성으로부터 와서 항복하였다. 왕은 의자가 항복했다는 말을 듣고 29일에 금돌성에서 소부리성에 이르렀으며, 제감(弟監) 천복(天福)을 당에 보내 승전 보고를 하였다.

8월 2일에 술자리를 크게 열어 장병들을 위로하였다. 왕은 정방 및 장수들과 함께 높다란 당 위에 앉고, 의자와 그 아들 융은 당 아래 앉혔으며, 간혹 의자에게 술을 따르게 하니, 백제의 좌평 등 여러 신하가 흐느껴 울면서 눈물을 흘리지 않는 이가 없었다. 이날 모척(毛尺)을 잡아죽였다. 모척은 본래 신라 사람이었는데 백제로 도망해 들어가서 대야성(大耶城)의 검일(黔日)과 함께 모의해 성을 함락시켰으므로 그의 목을 벤 것이다.[34] 또 검일을 붙잡아 그의 죄를 꼽기를 "네가 대야성에 있을

---

34) 대야성 함락의 전말에 대해서는 본서 47 죽죽전에 자세하다.

때 모척과 모의해 백제 군사를 끌어들이고 창고를 불살라 없애 온 성안에 먹을 것이 떨어져 패멸하게 만들었으니 이것이 첫 번째 죄요, 품석 부부를 강박해 죽였으니 이것이 두 번째 죄며, 백제와 함께 와서 본국을 공격했으니 이것이 세 번째 죄이다" 하고는, 사지를 찢어서 그 시체를 강물에 던졌다. 백제의 잔당들은 남잠(南岑)·정현(貞峴) 등의 성에 웅거해 있었고, 또 좌평 정무(正武)는 무리를 모아 두시원악(豆尸原嶽)에 주둔하면서 당과 신라 사람들을 노략하였다.

26일에 임존(任存)의 큰 목책을 공격했으나 적의 병력이 많고 지세가 험준해 이기지 못했으며, 다만 작은 목책만을 쳐부수었다.

9월 3일에 낭장 유인원(劉仁願)이 병력 1만 명을 거느리고 사비성(泗沘城)에 남아 지키게 되었는데, 왕자 인태(仁泰)가 사찬 일원(日原)·급찬 길나(吉那)와 함께 병력 7천 명을 거느리고 그를 도왔다. 정방은 백제 왕 및 왕족, 신료 93명, 백성 1만 2천 명을 데리고 사비에서 배를 타고 당으로 돌아갔으며, 김인문과 사찬 유돈(儒敦)·대나마 중지(中知) 등이 함께 갔다.

23일에 백제의 잔당들이 사비에 들어와서 사로잡혀 항복한 이들을 빼앗아가려 하였다. 유수(留守) 유인원이 당과 신라의 군사를 출동시켜 그들을 쳐서 쫓았다. 적들은 물러나 사비의 남쪽 산마루에 올라가 너댓 군데에 목책을 세우고 모여 주둔하면서 틈을 엿보아 성읍을 노략하였다. 백제 사람 가운데 등을 돌려 그들에게 호응하는 성이 20여 개나 되었다.

당 황제가 좌위중랑장(左衛中郞將) 왕문도(王文度)를 보내 웅진도독으로 삼았다. 28일에 삼년산성(三年山城)에 도착해 조서를 전하는데, 문도는 동쪽을 향해 서고 대왕은 서쪽을 향해 섰다. 칙명을 전한 다음 문도는 황제가 보낸 물건을 왕에게 주려다가 갑작스레 발작이 일어나 그 자리에서 죽었으므로, 수행원이 대리해 일을 마쳤다.

10월 9일에 왕이 태자와 여러 군단을 거느리고 이례성(尒禮城)을 공격해, 18일에 성을 빼앗고 관리를 두어 지키게 하니, 백제의 20여 성이 크게 두려워하여 모두 항복하였다. 30일에 사비(泗沘)의 남쪽 산마루에 있던 백제군의 목책을 쳐서 1천 5백 명의 목을 베었다.

11월 1일에 고구려가 칠중성(七重城)을 침공했는데 군주(軍主) 필부(匹夫)가 여기에서 전사하였다.[35] 5일에 왕이 계탄(雞灘)을 건너 왕흥사잠성(王興寺岑城)을 쳐서 7일 만에 이겼으며, 7백여 명의 목을 베었다.

22일에 왕이 백제로부터 돌아와 전공을 평가해 계금졸(罽衿卒) 선복(宣服)을 급찬으로 삼고, 군사(軍師) 두질(豆迭)을 고간(高干)으로 삼았으며, 전사한 유사지(儒史知)·미지활(未知活)·보홍이(寶弘伊)·설유(屑儒) 등 네 사람에게도 관직을 차등있게 추증하였다. 백제 사람들도 아울러 재주를 헤아려 임용했는데, 좌평 충상과 상영, 그리고 달솔(達率) 자간(自簡)에게는 일길찬의 관위를 수여해 총관에 보임하였고, 은솔(恩率) 무수(武守)에게는 대나마의 관위를 수여하고 대감(大監)에 보임했으며, 은솔 인수(仁守)에게는 대나마의 관위를 주어 제감(弟監)에 임명하였다.

8년 봄 2월에 백제의 잔당들이 사비성에 쳐들어왔다. 왕이 이찬 품일을 대당장군(大幢將軍)으로 삼아 잡찬 문왕(文王)과 대아찬 양도(良圖)와 아찬 충상 등을 부장으로 하고, 잡찬 문충(文忠)을 상주장군(上州將軍)으로 삼아 아찬 진왕(眞王)을 부장으로 했으며, 아찬 의복(義服)을 하주장군(下州將軍)으로, 무훌(武欻)과 욱천(旭川) 등을 남천대감(南川大監)으로, 문품(文品)을 서당장군(誓幢將軍)으로, 의광(義光)을 낭당장군(郎幢將軍)으로 삼아서 달려가 구원하게 하였다.

3월 5일, 중간쯤 왔을 때 품일이 휘하 군사를 나누어 두량윤(豆良尹)[‘이’(伊)로도 쓴다]성 남쪽으로 먼저 가서 진영 세울 곳을 둘러보았다. 이때 백제 사람들이 우리 진영이 정돈되지 못한 것을 보고 갑작스레 튀어나와 불의에 급습하니, 우리 군사가 크게 놀라 흩어져 달아났다. 12일에 대군이 도착해 고사비성(古沙比城) 바깥에 주둔하고 두량윤성으로 진공했으나, 한 달 엿새가 되도록 이기지 못하였다.

여름 4월 19일에 군사를 되돌리니, 대당과 서당이 앞서 행군하고 하주

---

35) 본서 47 필부전을 참조할 것.

병력이 후군이 되어 행군하였다. 빈골양(賓骨壤)에 이르러 백제 군사를 만나 서로 싸우다 패해 물러나니, 죽은 이는 비록 적었지만 잃어버린 병장기와 군수물자가 매우 많았다. 상주와 낭당의 군사는 각산(角山)에서 적을 만나 진격해 물리치고, 마침내 백제의 진지에 들어가서 2천 명을 잡아 목을 베었다. 왕은 군사가 패했다는 소식을 듣고 크게 놀라 장군 김순(金純)·진흠(眞欽)·천존·죽지를 보내 군사를 증파해 구원하게 했는데, 가시혜진(加尸兮津)에 이르렀을 때 선발군이 철수하여 가소천(加召川)에 도착했다는 말을 듣고 그냥 돌아왔다. 왕이 여러 장수의 패전에 대해 그 책임을 따져서 차등을 두어 처벌하였다.

5월 9일[11일이라고도 한다]에 고구려 장군 뇌음신(惱音信)과 말갈 장군 생해(生偕)가 군사를 합해 술천성(述川城)에 쳐들어 왔다가 이기지 못하자, 방향을 바꿔 북한산성을 공격하였다. 포차(抛車)³⁶⁾를 벌여놓고 돌을 쏘아 날리니, 맞는 곳마다 성가퀴와 누옥이 속속 무너졌다. 성주인 대사(大舍) 동타천(冬陁川)은 사람들로 하여금 마름쇠³⁷⁾를 성 밖에 던져 사람과 말이 다닐 수 없게 하고, 또 안양사(安養寺) 창고를 헐어내 그 재목을 실어다가 성의 무너진 곳마다 즉시 망루를 얽고 밧줄로 그물 매듭을 쳐서 마소의 가죽과 솜옷을 걸쳐 매달게 했으며, 그 안쪽에 노포(弩砲)를 설치해 지켰다. 당시 성안에는 겨우 남녀 2천 8백 명이 있었는데, 성주 동타천이 어리고 허약한 이들까지 능숙하게 격려해 강대한 적들과 맞서 버틴 것이 무릇 20여 일이었다. 그러나 식량이 바닥나고 힘은 다하였다. 이에 동타천이 지극한 정성으로 하늘에 빌었더니, 느닷없이 큰 별이 적의 진영에 떨어지고 또 우레와 비가 벽력같이 쏟아지는지라, 적들은 의아해하고 두려워하며 포위를 풀고 돌아갔다. 왕이 동타천을 가상

---

36) 포차는 투석용 전차를 말한다.
37) 원문에 '철질려'(鐵蒺藜)라고 하였는데, 이것은 '능철'(菱鐵)이라고도 하는 것으로, 삼각형의 날카로운 철추(鐵錐)를 엮어 진지 앞에 뿌려서 적군의 진공을 방해하는 무기이다. '질려'는 남가새과에 속하는 풀의 이름으로, 그 열매에는 단단하고 억센 가시가 서너 개 달려 있다.

히 여겨 표창하고 대나마의 관위에 발탁하였다. 압독주를 대야(大耶)로 옮기고, 아찬 종정(宗貞)을 도독으로 삼았다.

6월에 대관사(大官寺)의 우물물이 피가 되고, 금마군(金馬郡)에서는 땅에서 피가 흘러 너비가 5보나 되더니, 왕이 죽었다. 시호를 무열이라 하였으며, 영경사(永敬寺) 북쪽에 장사 지냈다. 묘호를 올려 태종이라 하였다. 당 고종이 부음을 듣고 낙성문(洛城門)에서 애도식을 거행하였다.

• 삼국사기 권 제5

삼국사기 권 제6

신라본기 제6
문무왕 상

문무왕(文武王)이 왕위에 오르니, 이름은 법민(法敏)이고 태종왕의 맏아들이다. 어머니는 김씨 문명왕후(文明王后)로 소판 서현(舒玄)의 막내딸이요 유신의 누이이다.

그녀의 언니가 꿈속에서 서형산(西兄山) 마루에 앉아 오줌을 누었는데, 오줌이 흘러 나라 안에 가득 찼다. 꿈을 깨어 동생에게 꿈 이야기를 했더니 동생이 장난삼아 말하기를 "내가 언니의 이 꿈을 사고 싶다" 하고는, 이로 인해 비단 치마를 꿈값으로 주는 것이었다. 며칠 뒤에 유신이 춘추공과 함께 공을 차다가 그만 춘추의 옷고름을 밟아 떼내고 말았다. 유신이 말하기를 "우리 집이 다행히 가까이 있으니 가서 옷고름을 답시다"라고 하였다. 이윽고 함께 집으로 가서 술자리를 벌여놓고 조용히 보희(寶姬)를 불러 바늘과 실을 가지고 와서 꿰매라고 했는데, 보희는 사정이 있어 나오지 않고 그 동생이 앞에 나와 옷고름을 달았다. 담백한 화장과 가벼운 옷단장에 빛나는 아름다움은 보는 이를 눈부시게 하였다. 춘추가 이를 보고 기뻐하여 곧 청혼하고 성례를 했으며, 뒤미처 임신해 사내아이를 낳으니 이가 법민이다.[1] 왕비 자의왕후(慈儀王后)는 파진찬 선품(善品)의 딸이다.

법민은 자태가 영특했으며 총명하고 지략이 많았다. 영휘(永徽) 초년
에 당에 들어가니, 당 고종이 대부경(大府卿) 관위를 수여하였다. 태종
원년에 파진찬으로 병부령(兵部令)이 되었다가, 얼마 후 태자로 봉해졌
다. 현경(顯慶) 5년(660) 태종이 당나라 장수 소정방과 함께 백제를 평정
할 때 법민이 종군해 큰 공을 세우더니, 이때 와서 왕위에 올랐다.

원년(661) 6월, 당에 들어가 숙위(宿衛)하고 있던 인문(仁問)과 유돈(儒
敦) 등이 와서 왕에게 고하기를 "황제가 이미 소정방을 보내 35도(道)의
수군과 육군을 거느리고 고구려를 치면서, 드디어 왕께도 군사를 일으
켜 서로 호응하라 명령했습니다. 비록 상중이오나 황제의 칙명을 어기
기가 어려울까 합니다"라고 하였다.

가을 7월 17일에 김유신을 대장군으로 삼고 인문·진주(眞珠)·흠돌(欽
突)을 대당장군(大幢將軍)으로, 천존(天存)·죽지(竹旨)·천품(天品)을
귀당총관(貴幢摠管)으로, 품일(品日)·충상(忠常)·의복(義服)을 상주총
관(上州摠管)으로, 진흠(眞欽)·중신(衆臣)·자간(自簡)을 하주총관(下州
摠管)으로, 군관(軍官)·수세(藪世)·고순(高純)을 남천주총관(南川州摠
管)으로, 술실(述實)·달관(達官)·문영(文穎)을 수약주총관(首若州摠管)
으로, 문훈(文訓)·진순(眞純)을 하서주총관(河西州摠管)으로, 진복(眞
福)을 서당총관(誓幢摠管)으로, 의광(義光)을 낭당총관(郎幢摠管)으로,
위지(慰知)를 계금대감(罽衿大監)으로 삼았다.

8월에 대왕이 여러 장수를 거느리고 시이곡정(始飴谷停)에 이르러 머
물렀을 때, □□ 사자가 와서 보고하기를 "백제의 잔당들이 옹산성(甕山
城)에 웅거해 길을 막고 있으므로 나아갈 수가 없습니다"라고 하였다.
왕이 먼저 사신을 보내 그들을 타일렀으나 듣지 않았다.

9월 19일에 대왕이 웅현정(熊峴停)에 나아가 머물면서 여러 총관과 대
감들을 집결해놓고 친히 나와 훈계하였다. 25일에 군사를 내보내 옹산
성을 에워싸고, 27일에 이르러 먼저 큰 목책을 불사른 다음 수천 명을 베

---

1) 『삼국유사』 기이 1 태종춘추공조에 자세하다.

어 죽이고서야 마침내 항복을 받았다. 전공을 논의해 각간이나 이찬으로서 총관으로 있는 이들에게는 칼을 내려주고, 잡찬·파진찬·대아찬으로서 총관으로 있는 이들에게는 창을 주었으며, 그 이하는 각각 관위를 1품씩 올려주었다. 웅현성(熊峴城)을 쌓았다. 상주총관 품일이 일모산군(一牟山郡) 태수 대당(大幢)과 사시산군(沙尸山郡) 태수 철천(哲川) 등과 함께 군사를 거느리고 우술성(雨述城)을 쳐서 1천여 명의 목을 베었다. 백제의 달솔 조복(助服)과 은솔 파가(波伽)가 무리들과 함께 의논해 항복하였다. 조복에게는 급찬의 관위를 주고 아울러 고타야군(古陁耶郡) 태수 직을 수여했으며, 파가에게도 급찬의 관위를 주고 겸하여 밭과 집과 옷가지를 내려주었다.

겨울 10월 29일에 대왕이 당 황제의 사신이 왔다는 말을 듣고, 마침내 수도로 돌아왔다. 당의 사신이 조상하고 위로했으며, 겸하여 조칙으로 전 임금에게 제사를 지내고 여러 빛깔의 비단 5백 단(段)을 증여하였다. 유신 등이 군사를 쉬게 하면서 다음 명령을 기다리고 있었더니, 함자도 총관(含資道摠管) 유덕민(劉德敏)이 와서 칙지를 전해 평양으로 군량을 수송하라고 하였다.

2년 봄 정월에 당의 사신이 객관에 머물고 있다가, 이때 와서 왕을 개부의동삼사상주국낙랑군왕신라왕(開府儀同三司上柱國樂浪郡王新羅王)으로 책명하였다. 이찬 문훈(文訓)을 중시로 임명하였다.

왕이 유신과 인문·양도 등 장군 아홉 명에게 명해 수레 2천여 대에다가 쌀 4천 석과 조(租) 2만 2천여 석을 싣고 평양으로 가게 하였다. 18일에 풍수촌(風樹村)에서 묵었다. 얼음이 미끄럽고 길이 험해 수레가 갈 수 없으므로 짐을 모두 소와 말에 실었다. 23일에 칠중하(七重河)를 건너 산양(蒜壤)에 이르렀다. 귀당제감(貴幢弟監) 성천(星川)과 군사(軍師) 술천(述川) 등이 이현(梨峴)에서 적병을 만나 쳐죽였다.

2월 1일에 유신 등이 장새(獐塞)에 이르니 평양과의 거리가 3만 6천 보였다. 먼저 보기감(步騎監) 열기(裂起) 등 15명을 보내 당의 군영으로 가게 하였다. 이날 바람과 눈으로 날씨가 몹시 차서 얼어붙을 지경이었으므로, 사람과 말들이 많이 얼어 죽었다. 6일에 양오(楊隩)에 이르렀다. 유신이 아찬 양도(良圖)와 대감 인선(仁仙) 등을 보내 군량을 전해주고, 소정방에게 은 5천 7백 푼과 가는 베 30필, 두발 30냥, 우황 19냥을 선물하였다. 소정방은 군량을 얻자 곧 싸움을 그만두고 돌아가버렸다. 유신 등은 당나라 군사들이 돌아갔다는 말을 듣고 역시 되짚어 과천(瓢川)을 건넜다. 고구려 군사들이 쫓아오자 군사를 되돌려 싸워서 1만여 명의 목을 베고 소형(小兄) 아달혜(阿達兮) 등을 사로잡았으며, 노획한 병장기가 1만여 개에 달할 정도였다.[2] 전공을 논의해 본피궁(本彼宮)의 재화와 전장(田莊)과 노복을 반으로 나누어 유신과 인문에게 내려주었다.

영묘사(靈廟寺)에 화재가 있었다. 탐라국주(耽羅國主)인 좌평 도동음률(徒冬音律)〔'진'(津)으로도 쓴다〕이 와서 항복하였다. 탐라는 무덕(武德) 연간 이래로 백제에 신속(臣屬)되어 있었기 때문에 좌평으로 관직의 이름을 삼았거니와, 이때 와서 우리에게 항복하고 속국이 되었다.

3월에 죄수를 크게 사면하였다. 왕은 이미 백제를 평정했기 때문에 관련 부서에 명해 큰 술잔치를 베풀었다.

가을 7월에 이찬 김인문을 당에 들여보내 방물을 바쳤다.

8월에 백제의 잔당들이 내사지성(內斯只城)에 모여들어 악행을 하므로, 흠순 등 장군 19명을 보내 쳐부수게 하였다. 대당총관 진주와 남천주총관 진흠이 거짓으로 병을 핑계삼아 한가로이 방일하면서 나랏일을 돌보지 않으므로, 마침내 베어 죽이고 아울러 그 일족을 모두 다 죽였다.

사찬 여동(如冬)이 어머니를 때렸더니 하늘에서 우레가 울리고 비가 퍼붓는 가운데 벼락을 맞아 죽었는데, 그 몸 위에 '須聖堂'〔'聖'자는 알 수가 없다〕의 세 글자가 쓰여 있었다. 남천주에서 흰 까치를 바쳤다.

---

2) 본서 42 김유신전 중(中)에 자세하며, 역시 『삼국유사』 기이 1 태종춘추공조에 인용된 『고기』에도 보인다.

3년 봄 정월에 남산신성(南山新城)에 긴 창고를 짓고 부산성(富山城)을 쌓았다. 2월에 흠순과 천존이 군사를 거느리고 백제의 거열성(居列城)을 쳐서 빼앗고, 7백여 명의 목을 베었다. 또 거물성(居勿城)과 사평성(沙平城)을 쳐서 항복을 받았으며, 덕안성(德安城)을 공격해 1천 70명의 목을 베었다. 여름 4월에 당이 우리나라를 계림대도독부(雞林大都督府)로, 우리 왕을 계림주대도독(雞林州大都督)으로 삼았다.

5월에 영묘사 문에 벼락이 쳤다. 백제의 옛 장수 복신(福信)과 승려 도침(道琛)이 전왕의 아들 부여풍(扶餘豊)을 맞이해 왕으로 세우고, 유진랑장(留鎭郎將) 유인원(劉仁願)을 웅진성에서 포위하였다. 당 황제가 조서를 내려 유인궤를 검교대방주자사(檢校帶方州刺史)로 삼아 전 도독왕문도(王文度)의 병력을 통솔해 우리 군사와 함께 백제 진영으로 향하게 하였다. 도중에 여기저기에서 싸워 진지를 함락시키니 향하는 곳마다 막아서는 이가 없었다. 복신 등은 유인원을 에워쌌던 것을 풀고 임존성(任存城)으로 물러가 지켰다. 얼마 후 복신이 도침을 죽여 그의 군사를 아우르고 당에 저항해 도망한 이들을 불러들여 세력이 매우 커졌다. 유인궤는 유인원과 합세해 무장을 풀고 군사를 쉬게 하면서 군사의 증원을 요청하였다. 이에 황제가 조서를 내려 우위위장군(右威衛將軍) 손인사(孫仁師)를 보내 군사 40만 명을 거느리고 덕물도(德物島)에 이르러서 웅진부성으로 나가게 하였다. 왕이 김유신 등 장군 28명[30명이라고도 한다]을 거느리고 그들과 함께 합세해 두릉['량'(良)으로도 쓴다]윤성(豆陵尹城)과 주류성(周留城) 등 여러 성을 쳐서 모두 함락시켰다. 부여풍은 몸을 빼내 달아나고, 왕자 충승(忠勝)과 충지(忠志) 등은 그들의 무리를 이끌고 항복했는데, 유독 지수신(遲受信)만이 임존성에 웅거해 항복하지 않았다. 겨울 10월 21일부터 이를 공격했으나 이기지 못하고, 11월 4일에 군사를 되돌려 설['후'(后)로도 쓴다]리정(舌利停)으로 왔다. 전공을 논의해 차등있게 포상을 시행하고, 죄수를 크게 사면하였다. 또 의복을 만들어 머물러 지키고 있는 당나라 군사들에게 지급하였다.

4년 봄 정월에 김유신이 나이 들어 물러날 것을 청했으나, 왕이 허락하지 않고 안석과 지팡이를 내려주었다.[3] 아찬 군관(軍官)을 한산주도독으로 삼았다. 교서를 내려 부인들도 역시 중국의 의복을 입게 하였다.

2월에 관련 부서에 명해 여러 왕의 능원에 각각 백성 20호씩을 옮겨 살게 하였다. 각간 김인문과 이찬 천존이 당의 칙사 유인원 및 백제의 부여융(扶餘隆)과 함께 웅진에서 맹약을 하였다.

3월에 백제 잔당이 사비산성에 웅거해 반란을 일으키자, 웅진도독이 군사를 일으켜 쳐부수었다. 지진이 있었다. 성천(星川)과 구일(丘日) 등 28명을 웅진부성에 보내 당나라 음악을 배우게 하였다.

가을 7월에 왕이 장군 인문·품일·군관·문영 등에게 명해 일선(一善)과 한산(漢山) 두 주의 군사를 거느리고 웅진부성의 병력과 함께 고구려의 돌사성(突沙城)을 쳐서 패멸시켰다.

8월 14일에 지진이 있어 백성들의 가옥이 무너졌는데, 남쪽 지방이 더욱 심하였다. 사람들이 함부로 재화와 전답을 절에 시주하는 것을 금지하였다.

5년 봄 2월 중시 문훈이 은퇴하자 이찬 진복(眞福)을 중시로 삼았다. 이찬 문왕(文王)이 죽으니, 왕자의 예를 갖추어 장사 지냈다. 당 황제가 사신을 보내와 조문하고 겸하여 자줏빛 옷 한 벌, 허리띠 한 벌, 채색 능직 비단 1백 필, 생초(生綃) 2백 필을 보내왔다. 왕이 당의 사신에게 금과 비단을 더욱 두터이 주었다.

가을 8월에 왕이 칙사 유인원 및 웅진도독 부여융과 함께 웅진의 취리산(就利山)에서 맹약을 하였다. 처음에 백제가 부여장(扶餘璋) 때부터 고구려와 화친을 맺고 자주 강토를 침노하므로 우리가 사신을 들여보내 구원을 요청하느라 사신들의 왕래가 길에 이어졌는데, 소정방이 백제를

---

3) 앉거나 보행할 때 몸을 기대는 안석과 지팡이는 모두 노인에게 필요한 물건으로서, 본래 천자가 대부 등의 늙은이를 예우해 이 두 가지 물건을 내려주었다. 『예기』곡례(曲禮) 상에 "대부가 나이 70이면 치사(致仕)하는데, 이를 받아들이지 않을 경우에는 반드시 궤장(几杖)을 내려준다"라고 하였다.

평정한 다음 군사를 되돌리자, 그 남은 무리가 다시 반란을 일으켰다. 왕은 진수사(鎭守使) 유인원 및 유인궤 등과 함께 몇 해 동안이나 이들을 경략한 끝에 차츰 평정하게 되었다. 이에 당 고종은 부여융에게 조서를 내려 돌아가서 남은 백성들을 위무하고, 나아가 우리와 화친하라 했던 것이다. 이리하여 흰말을 잡아 맹세하는데, 먼저 하늘과 땅 및 산천의 신령에게 제사를 지낸 다음 입에 백마의 피를 머금었다.[4] 그 맹약문은 이러하다.

"지난날 백제의 전 임금이 역리와 순리를 분간하지 못해 이웃 나라와 도탑게 지내지 못하고 인척끼리 화목하지 못했으며, 고구려와 결탁하고 왜국과 교통하여 함께 잔인함과 포악을 일삼아 신라를 침략해 마을과 성을 도륙하니 거의 평안한 해가 없었다. 천자께서는 한 가지 물건이라도 제자리를 잃는 것을 가엾게 여기고 죄 없는 백성들을 딱하게 여겨 여러 차례 사신을 시켜 화친하고 우호하게 했거니와, 험한 지세에 기대고 거리가 먼 것을 믿어 천조의 경륜을 업신여기매, 황제께서 크게 노하시어 백성들을 위로하고 반역자를 처단하는 토벌을 엄숙히 결행하니 깃발이 향하는 곳마다 단번에 말끔히 평정되었다. 진실로 궁실과 집터를 구렁으로 만들어 후세에 경계로 삼을 일이요, 근원을 틀어막고 뿌리를 뽑아 후손들에게 교훈을 드리울 것이로되, 유순한 이를 품어주고 반역자를 토벌하는 것은 앞선 임금들의 좋은 법이요, 망한 것을 다시 일으키고 끊어진 것을 잇게 하는 것은 옛날 성현들의 한결같은 규범인데다, '무슨 일이든지 반드시 옛것을 본받아야 한다'는 것은 역사에 전해오는 말인지라, 이전 백제의 대사가정경(大司稼正卿) 부여융을 웅진도독으로 삼아 조상의 제사를 지내게 하고 그 옛터를 보전하게 하니, 신라에 의지해 이웃 나라가 되어 각각 묵은 감정을 버리고 우호를 맺어 화친하며, 황제

의 조칙을 받들어 길이 번방(藩邦)이 될 일이다. 아울러 우위위장군노성현공(右威衛將軍魯城縣公) 유인원(劉仁願)을 보내와 직접 만나 권유하고 황제께서 결정한 뜻을 선포하게 하매 혼인으로 약속하고 맹세로 다졌으며 말을 베어 그 피를 머금었으니, 서로들 한결같이 돈독히 지내고 어려움을 나누며 환란을 구제하여 형제처럼 우애할 일이다. 황제의 말씀을 삼가 받들어 감히 실추함이 없게 할 것이요, 이제 맹세한 뒤에는 모두 굳은 절조를 지킬 일이다. 만약 맹세를 저버리고 마음을 한결같이 하지 않아 군사를 일으키고 무리를 동원해 변경을 침범한다면, 밝으신 신명께서 굽어보사 온갖 재앙이 내리고 자손을 기르지 못할 것이며, 사직을 보전하지 못하고 제사조차 인멸되어 아무것도 남아나지 못할 것이다. 그러므로 이제 금으로 쓰고 쇠에 새긴 문서5)를 만들어 종묘에 간직해서 자손 만대토록 감히 어기지 않도록 할 것이니, 신령께서는 이를 들으시고 흠향하시어 복을 베푸소서."6)

이는 유인궤의 글이다. 피 바르는 절차를 마친 다음 제물들은 제단의 북쪽 땅에 묻고, 그 문서는 우리의 종묘에 간직해 두었다. 이리하여 유인궤는 우리의 사신과 백제·탐라·왜 등 네 나라의 사신을 거느리고 뱃길로 서쪽으로 돌아가서 태산(泰山)의 제사에 참석하였다. 왕자 정명(政明)을 태자로 삼고 죄수를 크게 사면하였다. 겨울에 일선주와 거열주의 주민들이 군수품을 하서주로 수송하였다. 예전에는 명주와 베 10심(尋)7)을 한 필로 했던 것을 고쳐서 길이 7보(步), 폭 2척(尺)을 한 필로 하였다.

---

5) '금으로 쓰고 쇠에 새긴 문서'라는 표현은 한 고조가 공신을 봉할 때 쇠에다가 글을 새기고 금으로 도금한 고사에서 나온 말로서, '금권'(金券), '철권'(鐵券), 혹은 '금서철권'(金書鐵券)이라고 한다.
6) 이 맹문은 『구당서』199 상 열전 149 동이 백제국 인덕(麟德) 2년 8월조 및 『당대조령집』(唐大詔令集) 129 번이(蕃夷) 맹문(盟文) 「부여여신라맹문」(扶餘與新羅盟文), 그리고 『천지상서지』(天地祥瑞志)와 『책부원귀』981 외신부 26 맹서조에도 실려 있으나, 『삼국사기』의 것은 『구당서』에 가장 충실한 인용으로 본다.
7) 1심(尋)은 8척(尺), 1보(步)는 대개 6척이다.

6년 봄 2월에 수도에 지진이 있었다. 여름 4월에 영묘사에 화재가 있었다. 죄수를 크게 사면하였다. 천존의 아들 한림(漢林)과 유신의 아들 삼광(三光)이 모두 나마(奈麻)로서 당에 들어가 숙위하였다. 왕은 이미 백제를 평정했으므로 고구려를 없애고자 당에 군사를 요청하였다.

겨울 12월에 당에서는 이적(李勣)을 요동도행군대총관(遼東道行軍大摠管)으로 삼고, 사열소상백(司列少常伯) 안륙(安陸) 출신 학처준(郝處俊)을 보좌로 삼아 고구려를 쳤다. 고구려의 권신 연정토(淵淨土)가 12성과 7백 63호, 3천 5백 43명을 이끌고 와서 투항하였다. 연정토와 그 예하 관료 24명에게는 옷가지와 식량과 집을 지급하고 왕도와 주(州)·부(府) 등에 안치했으며, 그 가운데 8개 성은 완비되어 있었으므로 사졸들을 보내 진무해 지키도록 하였다.

7년 가을 7월에 3일 동안 큰 술자리를 베풀었다. 당 황제가 조칙을 내려 지경(智鏡)과 개원(愷元)을 장군으로 삼아 요동의 전쟁터에 가게 하는지라, 왕이 즉시 지경을 파진찬으로, 개원을 대아찬으로 삼았다. 또 황제가 칙령으로 일원(日原) 대아찬을 운휘장군(雲麾將軍)으로 삼으니, 왕이 명하여 궁궐 뜰에서 칙명을 받게 하였다. 대나마 집항세(汁恒世)를 당에 들여보내 조공하였다. 고종이 유인원과 김인태(金仁泰)에게는 비열도(卑列道)를 따라서, 그리고 우리 군사를 징발해서는 다곡(多谷)과 해곡(海谷)의 두 길을 따라서 평양으로 모이도록 명령하였다. 가을 8월에 왕이 대각간 김유신 등 장군 30명을 거느리고 수도를 출발해, 9월에 한성정(漢城停)에 이르러 영공(英公)을 기다렸다.

겨울 10월 2일에 영공이 평양성 북쪽 2백 리 지점에 이르러 이동혜촌주(尒同兮村主) 대나마 강심(江深)을 보내 거란 기병 80여 명을 거느리고 아진함성(阿珍含城)을 지나 한성에 도착해서 편지를 전달하게 하여 군사 동원 기일을 독촉하였다. 대왕이 그대로 좇았다. 11월 11일에 장새(獐塞)에 이르렀을 때, 영공이 돌아갔다는 말을 듣고 왕의 군사 역시 되돌아왔다. 아울러 강심에게 급찬의 관위를 수여하고 벼 5백 석을 내려주었다.

12월에 중시 문훈이 죽었다. 당의 유진장군(留鎭將軍) 유인원이 천자의 칙명을 전해 고구려 정벌을 도우라 하고, 아울러 왕에게 대장군의 정절(旌節)[8]을 내려주었다.

8년 봄에 아마(阿麻)가 와서 항복하였다. 원기(元器)와 정토(淨土)를 당에 들여보냈더니, 정토는 그곳에 남아 돌아오지 않고 원기만 돌아왔다. 이후로는 여자를 바치는 것을 금한다는 황제의 조칙이 있었다.

3월에 파진찬 지경(智鏡)을 중시로 임명하였다. 비열홀주(比列忽州)를 설치하고, 이어 파진찬 용문(龍文)을 총관으로 삼았다. 여름 4월에 혜성이 천선성(天船星) 자리에 머물렀다.

6월 12일에 요동도안무부대사요동행군부대총관겸웅진도안무대사행군총관우상검교태자좌중호상주국낙성현개국남(遼東道安撫副大使遼東行軍副大摠管兼熊津道安撫大使行軍摠管右相檢校太子左中護上柱國樂城縣開國男) 유인궤가 황제의 칙지를 받들어, 숙위하고 있던 사찬 김삼광과 함께 당항진(党項津)에 도착하였다. 왕이 각간 김인문을 시켜 성대한 예로 맞이하게 하였다. 이에 우상(右相)은 약속을 마치고 천강(泉岡)으로 향하였다.

21일에 대각간 김유신을 대당대총관(大幢大摠管)으로 삼고 각간 김인문·흠순·천존·문충과 잡찬 진복(眞福), 파진찬 지경(智鏡), 대아찬 양도·개원·흠돌(欽突)을 대당총관으로 삼았다. 또 이찬 진순(陳純)〔'춘'(春)으로도 쓴다〕과 죽지를 경정총관(京停摠管)으로, 이찬 품일과 잡찬 문훈, 대아찬 천품(天品)을 귀당총관(貴幢摠管)으로, 이찬 인태(仁泰)를 비열도총관(卑列道摠管)으로, 잡찬 군관(軍官)과 대아찬 도유(都儒), 아찬 용장(龍長)을 한성주행군총관(漢城州行軍摠管)으로, 잡찬 숭신(崇信)과 대아찬 문영(文穎), 아찬 복세(福世)를 비열성주행군총관(卑列城州行

8) 정절은 깃대에 5색의 새 깃을 드리운 일종의 기와, 사신이나 대장이 지니는 신표(信標)를 이른다. 『신당서』 백관지에는 절도사에게 쌍정·쌍절(雙旌·雙節)을 내려준다고 하였다.

軍摠管)으로, 파진찬 선광(宣光)과 아찬 장순(長順)·순장(純長)을 하서
주행군총관(河西州行軍摠管)으로, 파진찬 의복(宜福)과 아찬 천광(天光)
을 서당총관(誓幢摠管)으로, 아찬 일원(日原)과 흥원(興元)을 계금당총
관(罽衿幢摠管)으로 삼았다.

　22일에 웅진부성의 유인원이 귀간(貴干) 미힐(未肹)을 보내 고구려의
대곡(大谷)□ 및 한성 등 2군 12성이 귀순하여 항복했음을 알려오니, 왕
이 일길찬 진공(眞功)을 보내 치하하였다. 인문·천존·도유 등이 일선주
등 일곱 군과 한성주의 병력을 거느리고 당의 군영으로 갔다. 27일에는
왕이 수도를 떠나 당의 군영으로 가고, 29일에는 여러 방면의 총관들이
떠나갔다. 왕은 유신이 풍병에 걸렸다 하여 수도에 남아 있도록 하였다.
인문 등이 영공(英公)을 만나 영류산(嬰留山)〔영류산은 지금의 서경(西
京) 북쪽 20리에 있다〕 아래로 진군하였다.

　가을 7월 16일에 왕이 한성주에 도착해서 여러 총관에게 교시하여, 가
서 당나라 군사와 회집하게 하였다. 문영 등은 사천(蛇川)의 들에서 고
구려 군사를 만나 맞아 싸워서 크게 깨뜨렸다.

　9월 21일에 당나라 군사와 합세해 평양을 에워쌌다. 고구려 왕은 먼
저 천남산(泉男産) 등을 보내 영공에게 가서 항복을 요청하게 하였다.
이리하여 영공이 왕 보장(寶藏)과 왕자 복남(福男)·덕남(德男) 및 대신
등 20여만 명을 데리고 당으로 돌아갔다. 이때 각간 김인문과 대아찬
조주(助州)가 영공을 따라 돌아가고 인태(仁泰)·의복(義福)·수세(藪
世)·천광·흥원도 일행을 따라갔다. 처음에 당나라 군사가 고구려를 평
정할 때 왕은 한성을 떠나 평양을 목표로 하여 힐차양(肹次壤)에서 머
물다가, 당의 여러 장수가 이미 돌아갔다는 말을 듣고 한성으로 되돌아
왔다.

　겨울 10월 22일에 유신에게 태대각간(太大角干)의 관위를 내려주고,
인문에게는 대각간을 주었으며, 그 밖에 이찬의 장군 등은 모두 각간으
로 삼고, 소판 이하는 모두 관위를 1등급씩 올려주었다. 대당소감(大幢
少監) 본득(本得)은 사천(蛇川) 전투에서 공로가 으뜸이었고, 한산주소

감 박경한(朴京漢)은 평양성 안에서 군주 술탈(述脫)을 죽여 공로가 으뜸이었으며, 흑악령(黑嶽令) 선극(宣極)은 평양성 대문 전투에서 공로가 으뜸이었으므로, 모두 일길찬의 관위를 수여하고 조(租) 1천 석을 내려주었다. 서당당주(誓幢幢主) 김둔산(金遁山)은 평양 군영 전투에서 공로가 으뜸이었으므로, 사찬의 관위를 수여하고 조(租) 7백 석을 내려주었다. 군사(軍師)인 남한산의 북거(北渠)는 평양성 북문 전투에서 공로가 으뜸이었으므로, 술간의 관위를 수여하고 벼 1천 석을 내려주었다. 군사인 부양(斧壤)의 구기(仇杞)는 평양의 남교(南橋) 전투에서 공로가 으뜸이었으므로, 술간의 관위를 수여하고 벼 7백 석을 내려주었다. 가군사(假軍師)인 비열홀의 세활(世活)은 평양의 소성(少城) 전투에서 공로가 으뜸이었으므로, 고간의 관위를 수여하고 벼 5백 석을 내려주었다. 한산주소감 김상경(金相京)은 사천 전투에서 전사했는데 공로가 으뜸이었으므로, 일길찬의 관위를 수여하고 조(租) 1천 석을 내려주었다. 아술(牙述)의 사찬 구율(求律)은 사천 전투에서 다리 아래로 내려가 물을 건너 나와서 적과 싸워 크게 이겼으나, 군령도 없이 멋대로 위험한 길에 들어갔다 하여 그 전공이 비록 으뜸이지만 등록되지 않았다. 이에 분하고 한스럽게 여겨 목을 매서 죽으려 하는 것을 주위 사람이 구해 죽지 못하였다.

25일에 왕이 수도로 돌아오는 도중 욕돌역(褥突驛)에 이르자 국원경의 사신(仕臣) 용장(龍長) 대아찬이 사사로이 자리를 베풀어 왕과 여러 시종을 대접하였다. 음악이 시작되자 나마 긴주(緊周)의 아들 능안(能晏)이 나이 15세였는데 가야의 춤을 추어 보였다. 왕이 그의 얼굴과 거동이 단아하고 고운 것을 보고는 앞으로 불러 등을 어루만지며 금잔으로 술을 권하고 폐백을 자못 후하게 내려주었다.

11월 5일에 왕이 사로잡은 고구려 사람 7천 명을 데리고 수도로 들어왔다. 6일에는 문무 관료들을 거느리고 선조의 묘당에 조알하고 고하기를 "삼가 선왕의 뜻을 이어 당과 함께 의로운 군사를 일으켜 백제와 고구려의 죄를 문초해 그 괴수를 처단하매 국운이 태평해졌기로, 이에 감히 고하노니 신령이여 들으소서"라고 하였다. 18일에는 전쟁에서 죽은 이들을 위해 소감(少監) 이상에게는 10□□필을, 그를 시종한 이에게는 20필을 내려주었다. 12월에 영묘사에 화재가 있었다.

9년 봄 정월에 신혜법사(信惠法師)를 정관대서성(政官大書省)으로 삼았다. 당의 승려 법안(法安)이 와서 천자의 명령을 전하고 자석(磁石)을 구하였다. 2월 21일에 대왕이 여러 신하를 모아놓고 교서를 내렸다.

"지난날 우리 신라는 두 나라와 사이가 벌어져 북쪽을 치고 서쪽을 침공하느라 잠시도 평안한 해가 없었다. 군사들은 뼈를 드러낸 채 들에 쌓이고 몸뚱이와 머리가 서로 멀리 나뉘어 뒹굴었다. 선왕께서는 백성들의 참혹함을 가엾게 여기시어 임금의 존귀함도 잊으시고 바다를 건너 당에 들어가 군사를 청하고자 대궐에 이르셨거니와, 이는 본디 두 나라를 평정해 길이 싸움을 없이 하고, 여러 대 동안 깊이 맺힌 원한을 씻으며, 백성들의 가련한 목숨을 보전하고자 함이었다. 그리하여 백제는 비록 평정되었으나 고구려를 미처 멸망시키지 못한 채 과인이 그 평정을 완수할 유업을 계승해 마침내 선왕의 뜻을 다 이루게 되었으니, 이제 두 적국은 이미 평정되고 사방이 잠잠하고 태평해졌다. 전장에서 공을 세운 이는 이미 모두 포상을 받았고, 전사한 이의 혼백을 위해 명복을 빌 자용(資用)도 추증하였다. 다만 옥중에서만은 그 죄인을 불쌍히 여기는 은혜[9]를 입지 못하고, 칼을 쓰고 족쇄에 묶여 있는 고통에서 아직 다시 새로워질 수 있는 혜택을 받지 못했으니, 생각이 이 일에 미치면 자고 먹는 것도 편안하지 못하다. 이제 나라 안의 죄수들을 사면해야 할 것이니, 총장(總章) 2년(669) 2월 21일 새벽을 기준으로 그 이전에 5역죄(五

---

9) 원문에 "읍고지은"(泣辜之恩)이라 하였는데, '읍고'는 '읍죄'(泣罪)라고도 하는 것으로, 우임금이 밖에 나갔다가 죄인을 만나자 수레에서 내려 그 사정을 물어 듣고 눈물을 흘렸다는 고사에서 유래한 것이다. 『설원』 군도(君道)편. 그러므로 이것은 『서경』 태서(泰誓)에 "백성이 죄를 짓는 것은 오직 나 한 사람 때문이다"라고 한 의미와 같은 것이다.

逆罪)[10]를 범해 사형에 처해질 죄수 이하 지금 옥에 갇혀 있는 이들은 그 죄질의 크고 작음을 막론하고 빠짐없이 석방할 것이요, 앞서 사면을 받은 이후 다시 죄를 저질러 관작을 빼앗긴 이들도 모두 원래대로 회복시켜줄 것이며, 도적질한 이는 그 몸만 석방하되 재물로 상환할 수 없는 경우에는 징수의 기한을 두지 말라. 백성 가운데 빈한하여 남의 곡식을 빌렸다가 흉년이 든 지방에 사는 이는 본래의 부채와 이자 모두 상환을 면제해주고, 만약 풍년이 든 지방에 사는 이라면 올해 수확 때까지 기다려 다만 원래의 부채만 갚게 하고 그 이자는 면제해주라. □□ 30일을 기한으로 관련 부서는 받들어 집행하라."

여름 5월에 천정(泉井)·비열홀·각련(各連) 등 세 군의 백성이 굶주리므로, 창고를 열어 구휼하였다. 지진산(祗珍山) 급찬 등을 당에 들여보내 자석 두 상자를 바쳤다. 또 흠순 각간과 양도 파진찬을 당에 들여보내 사죄하였다. 겨울에 당의 사신이 와서 조서를 전하고 쇠뇌 기술자 구진천(仇珍川) 사찬을 데리고 돌아갔다. 황제가 그에게 나무로 쇠뇌를 만들게 했더니 화살이 30보밖에 나가지 않았다. 황제가 묻기를 "듣자하니 너희 나라에서는 쇠뇌를 만들어 쏘면 1천 보를 간다는데 지금 겨우 30보를 가니 어찌 된 일이냐"라고 하였다. 그가 대답하기를 "재질이 좋지 않기 때문입니다. 만약 본국의 목재를 가져온다면 그렇게 만들 수 있습니다"라고 하였다. 천자가 사신을 보내 나무를 구하므로 곧 복한(福漢) 대나마를 보내 나무를 바쳤다. 이윽고 고쳐 만들도록 명했는데, 쏘아보니 60보를 나갔다. 그 까닭을 물었더니 대답하기를 "저 역시 그 까닭을 알 수 없으나 아마 나무가 바다를 건너오면서 습기가 찼던 것 같습니다"라고 하였다. 천자는 그가 짐짓 능력을 발휘하지 않는 것이 아닌가 의심하여 중죄로 위협했으나, 끝내 그 재능을 다 발휘하지 않았다.

말 목장을 모두 1백 74개소에 나누어 두었다. 소내(所內)에 22개소, 관(官)에 10개소를 소속시키고, 김유신 태대각간에게 6개소, 김인문 태각

---

10) 5역은 임금·부·모·조부·조모를 시해하는 행위 또는 그러한 사람을 이른다.

간에게 5개소, 각간 7명에게 각각 3개소, 이찬 5명에게 각각 2개소, 소판 4명에게 각각 2개소, 파진찬 6명과 대아찬 12명에게 각각 1개소씩을 내려주고, 이하 74개소는 적당하게 나누어주었다.

10년 봄 정월에 고종이 흠순의 귀국을 허락하고, 양도는 억류해 가두어두었는데 끝내 감옥에서 죽었다. 이것은 왕이 멋대로 백제의 땅과 유민을 차지했다 하여 황제가 문책하고 노하여 거듭 사자를 억류했기 때문이다.

3월에 사찬 설오유(薛烏儒)가 고구려 태대형(太大兄) 고연무(高延武)와 더불어 각각 정예병 1만 명을 거느리고 압록강을 건너 옥골(屋骨)에 이르니, □□□ 말갈 병사가 먼저 개돈양(皆敦壤)에 와서 기다리고 있었다. 여름 4월 4일에 그들을 상대해 싸워서 우리 군사가 크게 이겼으며, 목을 벤 것이 이루 헤아릴 수가 없었다. 당나라 군사가 뒤를 이어 이르매 우리 군사가 백성(白城)으로 물러나 지켰다.

6월에 고구려 수림성(水臨城) 사람 모잠(牟岑) 대형(大兄)이 남은 백성들을 거두어 모아 궁모성(窮牟城)으로부터 패강 남쪽에 이르러 당의 관리와 승려 법안(法安) 등을 죽이고 신라로 향하였다. 일행이 서해의 사야도(史冶島)에 이르러서 고구려 대신 연정토(淵淨土)의 아들 안승(安勝)을 만나 한성 안으로 맞아들여 임금으로 떠받들고, 소형(小兄) 다식(多式) 등을 보내 애걸하기를 "멸망한 나라를 일으키고 끊어진 왕통을 잇게 하는 것[11]은 천하의 옳은 의리이니, 오직 대국에 이를 바랄 뿐입니다. 우리나라의 선왕이 도의를 잃고 패멸당했으나, 이제 저희들은 본국의 귀족 안승을 찾아 받들어서 임금으로 삼고 제후의 나라가 되어 영원토록 충성을 다하고자 합니다"라고 하였다. 왕은 그들을 나라 서쪽 지방 금마저(金馬渚)에 자리 잡게 하였다.

한기부(漢祇部)의 여인이 한꺼번에 3남 1녀를 출산했으므로, 벼 2백

---

11) 원문에 "흥멸국계절세"(興滅國繼絶世)라고 하였거니와, 이것은 『논어』요왈(堯曰)편에서 인용한 것이다.

석을 내려주었다.

가을 7월에 왕은 백제의 남은 무리들이 배신할까 의심하여 대아찬 유돈(儒敦)을 웅진도독부에 보내서 화친을 요청했으나, 도독부에서는 듣지 않고 바로 사마(司馬) 예군(禰軍)을 보내 우리를 정탐하게 하였다. 왕이 저들에게 우리에 대한 음모가 있음을 알고, 예군을 억류해 돌려보내지 않고 군사를 일으켜 백제를 쳤다. 품일(品日)·문충(文忠)·중신(衆臣)·의관(義官)·천관(天官) 등이 63성을 쳐서 빼앗고, 그곳 주민들을 내지로 옮겼다. 천존(天存)과 죽지(竹旨) 등은 일곱 성을 빼앗고 2천 명의 목을 베었으며, 군관(軍官)과 문영(文穎)은 12성을 빼앗고 적병(狄兵)을 쳐서 7천 명의 목을 베었으며, 전투마와 병장기들을 매우 많이 노획하였다. 왕이 돌아와 중신·의관·달관(達官)·흥원(興元) 등이 □□□사(寺) 진영에서 퇴각한 것은 그 죄가 마땅히 죽여야 할 만한 것이지만 용서하여 면직시키고, 창길우(倉吉于)□□□□일(一)에게는 각각 급찬의 관위를 수여하고 벼를 차등있게 내려주었다.

사찬 수미산(須彌山)을 보내 안승을 고구려 왕으로 책봉했다. 그 책문은 이러하다.

"함형(咸亨) 원년 세차(歲次) 경오(670) 가을 8월 1일 신축에 신라 왕은 고구려의 후계자 안승에게 책명을 보내노라. 공의 태조 중모왕(中牟王)[12]은 덕을 북쪽에 쌓고 공을 남쪽 바다에 세워, 위풍은 청구(靑丘)[13]에 떨쳤으며 어진 교화가 현도를 뒤덮었도다. 자손이 서로 이어 근본과 가지가 끊이지 않고 개척한 땅은 천리나 되어 거의 8백 년이 되려 할새, 남건과 남산의 형제에 이르러 화란이 안에서부터 일어나고 골육 사이에 틈이 나 집안과 나라가 파탄되고 망하니, 종묘 사직은 인멸되었으며 생

---

12) 중모왕은 고구려 시조 주몽(朱蒙), 즉 추모(鄒牟)를 말한다. 고구려본기 동명성왕 즉위년조 주석을 참조할 것.

13) 청구는 『산해경』(山海經) 해외동경(海外東經)에 보이는데 동방의 땅을 이른다. 당 태종이 고구려를 칠 때 우진달(牛進達)과 설만철(薛萬徹) 등이 청구도행군대총관(靑丘道行軍大摠管)의 직함을 가지고 있었다.

령들은 동요하고 들끓어 마음 둘 데가 없게 되었다. 공은 산과 들에서 위험과 난관을 피해 다니다가 이웃 나라에 홀몸을 던져오니, 그 유랑의 온갖 고생이야 진 문공(文公)의 자취와 같고,[14] 망한 나라를 다시 일으킨 것은 위(衛) 선공(宣公)과 마찬가지로다![15] 무릇 백성에게 임금이 없을 수 없으며, 하늘은 반드시 사랑을 베풀어주실 것이니, 선왕의 바른 후계자로는 오직 공이 있을 뿐이요, 제사를 주관할 이 또한 공말고 누가 있겠는가? 이제 삼가 일길찬 김수미산(金須彌山) 등을 사신으로 보내 책명을 전하게 하여 공을 고구려 왕으로 삼노라. 공은 마땅히 유민들을 어루만져 모으고 옛 왕통을 이어 일으켜서, 길이 이웃 나라가 되어 일마다 형제와 같이할 것이니, 삼가고 삼갈지어라! 아울러 멥쌀 2천 석과 갑옷을 갖춘 말 한 필, 능라 다섯 필, 견직 및 가는 베 각각 열 필, 솜 열다섯 저울을 보내니 왕은 이를 받을지어다.”

12월에 토성이 달에 들어가고, 수도에 지진이 있었다. 중시 지경(智鏡)이 물러났다. 왜국이 국호를 ‘일본’으로 고치고 스스로 말하기를 “해돋는 곳에서 가까우므로 이렇게 이름을 지었다”라고 하였다.[16] 한성주총

---

14) 진 문공은 헌공(獻公)의 아들이며 이름은 중이(重耳)인데, 초를 격파하고 맹주가 되어 패업을 이룬 춘추시대의 명군이다. 그는 헌공 21년에 계모 여희(驪姬)가 자기 소생인 해제(奚齊)를 태자로 삼고자 하여 헌공의 태자 신생(申生)을 죽음으로 몰아넣고 그의 형제들마저 해치려 하자, 국외로 망명해 19년 동안이나 외국에서 유랑생활을 하다가 가까스로 진(秦) 목공(穆公)의 도움으로 본국에 돌아와 즉위하니, 그때 나이가 62세였다. 『좌전』 희공(僖公) 4년조 참조.

15) 위 선공은 춘추시대 제후로 이름은 진(晋)이고 장공(莊公)의 아들이며 환공(桓公)의 아우이다. 그는 장공의 또 다른 아들 주우(州吁)가 환공 완(完)을 죽이고 스스로 군주의 지위에 올랐다가 진(陳)에서 죽음을 당한 뒤, 형(邢)으로부터 돌아와 백성들의 추대로 즉위하였다. 『좌전』 은공 4년.

16) 『신당서』 220 동이전 일본조에 “함형(咸亨) 원년(670)에 사신을 보내 고구려를 평정한 것을 축하하였다. 그 후 차츰 중국의 말을 익히더니 왜(倭)라는 명칭을 싫어해 국호를 일본으로 고쳤다. 그 나라 사신의 설명으로는 나라가 해 뜨는 곳에 가까운 까닭에 일본으로 이름하였다고 한다”라고 하였다. 한편 이러한 의식은 이전부터 있었던 것 같다. 예를 들어 『수서』 81 동이전 왜국조에는 대업(大業) 3년(607)에 왜왕이 사신을 보내 조공했는데 그 국서에 “해 뜨는 곳의 천자가 해 지는 곳의

관 수세(藪世)가 백제의 □□□□□□, 마침 그 일이 발각되어 대아찬 진주(眞珠)를 보내 베어 죽였다〔십이(十二)□□□분서소륙(賁書所六)□□강사동이가(僵事同異可)□〕.

천자에게 국서를 보내나니 평안하신지……"라고 하니, 양제(煬帝)가 그 무례함을 못마땅해했다고 한다.

삼국사기 권 제7

신라본기 제7
문무왕 하

11년(671) 봄 정월에 이찬 예원(禮元)을 중시로 임명하였다. 군사를 내어 백제를 침공해서 웅진 남쪽에서 싸웠는데, 당주(幢主) 부과(夫果)가 죽었다.[1] 말갈 군사가 와서 설구성(舌口城)을 에워쌌다가 이기지 못하고 장차 물러나려 할 때, 군사를 출동시켜 공격해 3백여 명을 목베어 죽였다. 당나라 군사가 와서 백제를 구하려 한다는 말을 듣고, 대아찬 진공(眞功)과 아찬 □□□□을 보내 군사를 거느리고 옹포(甕浦)를 지키게 하였다. 흰 물고기가 뛰어들었는데 □□□□□□□□□ 1촌이었다. 여름 4월에 흥륜사 남문에 벼락이 쳤다.

6월에 장군 죽지(竹旨) 등을 보내 군사를 거느리고 백제의 가림성(加林城) 벼를 짓밟게 하고, 마침내 당나라 군사와 더불어 석성(石城)에서 싸워 5천 3백 명을 목베어 죽이고 백제 장군 두 사람과 당나라 과의(果毅) 여섯 명을 사로잡았다.

가을 7월 26일에 당의 총관 설인귀(薛仁貴)가 임윤법사(琳潤法師)를 시켜서 글을 보내 말하였다.

---

1) 부과가 전사한 이 전투에 대해서는 본서 47 취도전에 자세하다.

"행군총관 설인귀, 신라 왕께 글을 보낸다. 맑은 바람 만리에 불어오고 넓은 바다 3천 리 길이로되, 황제의 기약하심이 있어 이 땅에 와 준행하노라. 듣자하니 왕께서는 교사스러운 마음이 움직여 변경의 성에다 무력을 기울인다 하는데, 이는 자로(子路)의 한마디 말을 저버리고,[2] 후생(侯生)의 한 번 약속을 어그러뜨림이로다.[3] 형은 반역의 수괴가 되고 아우는 충성스러운 신하 노릇을 하여, 꽃과 꽃받침의 그늘이 멀리 나뉘고[4] 서로 그리는 달빛은 헛되이 비추나니, 피차의 관계를 말하자면 실로 탄식만 더할 뿐이다.

선왕 개부(開府)[5]는 한 나라를 경영할 책략을 가지고서 많은 성읍을 위해 편히 쉬거나 자지도 못한 채, 서쪽으로는 백제의 침입을 두려워하고 북쪽으로는 고구려의 침구를 경계하느라 천리 땅 여러 곳에서 칼날을 맞부딪치니, 누에 치는 여인들은 뽕잎 딸 때를 놓치고 김매는 농부들은 밭 갈 철을 잃고 말았다. 나이 60 지경이 되어 해가 저무는 듯한 만년에도 뱃길의 위험을 두려워하지 않고 머나먼 풍파의 험난함을 헤쳐서,

---

2) 『논어』 안연(顔淵)편에 공자가 자로(子路)를 일러 말하기를 "한마디 말로 송사를 판단할 이는 유(由)일 것이다"라고 했으니, 자로의 말은 충성스럽고 믿음이 있으며 명쾌하게 결단하는 까닭에 사람들이 의심없이 믿는다는 뜻이다.

3) 후생은 전국시대 위의 은사(隱士) 후영(侯嬴)을 말한다. 그는 위 소왕(昭王)의 아들 신릉군(信陵君)의 예우를 받아 상객이 되었다. 신릉군이 진(秦)으로부터 조(趙)를 구원하러 떠날 때 늙어서 종군하지 못함을 한탄하고, 신릉군의 일정에 맞추어 자살하겠다 하더니, 과연 그날이 되자 북쪽을 향해 스스로 목을 찔러 죽었다. 『사기』 77 위공자전(魏公子傳).

4) 꽃과 꽃받침을 뜻하는 원문의 '화악'(花萼)에서 '화'는 형, '악'은 아우를 비유한 것으로, 『시경』 소아(小雅) 상체장(常棣章)에는 '화'(華)와 '악'(鄂)으로 표현하였다. 그에 따르면 "산앵두나무꽃이여 꽃받침이 환하게 빛나도다. 무릇 지금 사람들 가운데 형제만 한 이 없으리라"라고 했으니, 꽃과 꽃받침처럼 갈라질 수 없는 형제와 같은 관계를 의미한다. 그러므로 형제의 두터운 우애를 '체악지정'(棣鄂之情)이라 한다.

5) 개부의동삼사의 약칭으로 쓰였다. '개부'는 정무의 장소를 열고 속관을 두는 것을 말한다. 한나라 때 삼공(三公)에게 허여된 제도이나, 후세에는 장군도 그에 준해 개부의동삼사라고 하였다. '의동삼사'(儀同三司)는 "의장은 삼사와 같다"는 뜻에서 비롯한 것이다.

마음을 중화 지역에 쏟아부어 황제의 대궐 앞에 머리를 조아려서 그 고
단함과 위약함을 갖추어 아뢰고, 두 나라의 침노를 자세히 설명해 그 정
상을 토로하니 듣는 이가 측은함을 이기지 못하였다. 우리 태종문황제
(太宗文皇帝)께서는 기개가 천하에 으뜸이요 정신은 우주에 군림해, 마
치 반고(盤古)가 아홉 번 변화하는 것과 같고[6] 거령(巨靈)의 한 손아귀
와 같아,[7] 쓰러지는 이를 붙들어주고 약한 이를 구하느라 날마다 쉴 겨
를이 없었다. 이리하여 황제께서 선군을 불쌍히 여겨 받아주시고 그 소
청을 긍휼히 여겨 들어주시며, 빠른 수레와 날랜 말과 아름다운 옷과 좋
은 약으로 하루 동안에도 여러 번 특별하게 대우하시매, 선군 역시 그 은
혜를 받들어서 군사 관련 일을 상응해 올리니 서로 들어맞는 것이 고기
가 물을 만난 듯하고 쇠와 돌보다 더 명백하였다. 천 겹의 봉황 자물쇠
와 만 호의 번화한 학 대문 속 대궐에서 주연과 담소를 즐기면서 오래 머
무는 동안, 병마에 관한 일을 의논하고 기일을 나누어서 성원하기로 하
여 하루아침에 크게 군사를 일으켜 바다와 육지에서 칼날이 어우러지
니, 이때는 변방의 풀들이 꽃을 흩뜨리고 느릅나무는 열매 깍지가 달릴
때였다. 주필산(駐蹕山) 싸움[8]에서는 문제께서 친히 납시어서 백성들을
위로하고 측은한 이를 구제했으니, 그 의리가 심절했던 것이다. 그러나

---

6) 반고는 중국 신화의 주인공인데 3세기 오나라 서정(徐整)의 『삼오력기』(三五歷記)
에 처음 그 이름이 등장한다. 그에 따르면 천지가 혼돈하여 마치 계란과 같은 상태
에 있었을 때 반고가 그 가운데서 태어났는데, 1만 8천 년 뒤에 오늘날과 같은 천지
가 될 수 있었다고 한다. 즉 양청(陽淸)한 기운이 하늘이 되고 음탁(陰濁)한 것은 땅
이 되었는데, 반고는 그 사이에서 하루에 아홉 번 변화를 일으켜 하늘에서는 신(神)
이요 땅에서는 성(聖)으로서, 하늘은 하루에 1장씩 높아지고 땅은 하루에 1장씩 두
꺼워지며, 반고는 하루에 1장씩 커지기를 1만 8천 년 동안 했다는 것이다. 『회남자』
(淮南子) 3 천문훈(天文訓).
7) 거령은 중국 전설상의 하신(河神)인데, 본래 하나의 산이었던 화산(華山)을 둘로
나누어 그 사이로 하수가 흐르도록 했다 한다.
8) '주필'은 천자가 행차하는 도중 수레를 멈추는 것을 말하는데, 『구당서』 태종본기
정관 19년 6월조에는 태종의 주류로 인해 주필산이라는 이름이 생겼다 한다. 즉 당
태종의 고구려 친정을 말한다.

이윽고 산과 바다가 모습을 달리한 듯 해와 달이 빛을 가리운 듯 성인께서 세상을 뜨시고 왕 역시 선왕의 뒤를 이으매, 바위와 칡처럼 서로 의지하여 토벌의 군사를 함께 일으켜 병장기를 닦고 말을 단련하여 다 같이 선대의 뜻을 좇았다. 수십 년을 지나면서 중국은 피로했으나 때때로 국고를 열어 군수 물자를 대주었으며, 창도(蒼島)[9]의 땅으로 인해 황도(黃圖)[10]의 군사를 일으키매 유익한 일은 적고 무용한 데 애쓰는 것인지라 어찌 그만둘 줄을 몰랐으리오만은, 다만 선군의 신의를 저버릴까 염려했을 따름이었다. 이제 완강한 도적들이 이미 소탕되고 원수들은 나라를 잃었으며 그 군사와 말과 옥백(玉帛) 역시 왕의 차지가 되었으므로, 마땅히 마음과 힘을 다른 데로 옮기지 말고 안팎이 서로 도와 병장기를 녹여 없애고 욕심을 버려 마음을 비우는 성정을 가지게 된다면, 자연히 후손에게 그 지모를 전하게 되어 그들을 도와 편안하게 할 것인바, 훌륭한 사가는 이를 칭찬할 것이니 이 어찌 아름답지 않으랴!

그런데 지금 왕께서는 안온한 터를 내버리고 바른 정책을 지키기 싫어하며, 멀리는 황제의 명령을 어기고 가까이는 부왕의 말씀을 저버리며, 천시(天時)를 업신여기고 이웃 나라와의 우호를 기만하면서 한 귀퉁이 땅 궁벽진 구석에서 집집마다 군사를 징발하고 해마다 무기를 치켜드니, 젊은 과부가 곡식을 나르고 어린 아들이 둔전(屯田)[11]을 하게 되어, 지키려 하나 의지할 데가 없고 나가 싸우고자 해도 막을 수가 없도다. 얻은 것으로 잃는 것을 채우고 가진 것으로 없어지는 것을 보충하나 크고 작은 것들이 짝이 맞지 않고 순리와 뒤집힘의 순서가 어그러지니,

---

9) 창도는 동방, 즉 우리 고대사의 공간인 한반도를 중심으로 한 일대를 지칭한 것이다.

10) 황도는 본래 삼보(三輔)·궁관(宮觀)·능묘(陵廟)·명당(明堂) 등의 일을 기록한 책 이름으로 『수서』 33 경적지(經籍志)에 소개되어 있는데, 여기서는 의미가 변전하여 궁전, 즉 중국 조정을 가리킨다.

11) 둔전은 둔경(屯耕)이라고도 하는데, 병사가 주둔해 평시에는 농기구를 잡고 경작에 종사하다가, 유사시에는 무기를 들어 그 땅을 수비하는 것을 말한다. 한 무제 때 변경에 사단이 자주 발생해 병력의 이동과 군수품의 수송에 경비가 많이 들자, 아예 군사를 국경 요지에 주둔시키고 개간하게 한 데서 비롯하였다.

이는 또한 활을 가지고서 닭을 잡으러 가다가 마른 우물에 빠질 위험을 보지 못하는 것과 같고,[12] 사마귀가 매미를 잡으러 나가다가 꾀꼬리가 덮치는 환란을 알지 못하는 것과 같은바,[13] 이야말로 왕께서 헤아릴 줄을 모르는 것인저! 선왕이 생전에 일찍부터 황제의 총애를 받고서도 속으로 음험한 마음을 품고 정성을 펴는 예의를 가장하여 자신의 사사로운 욕심에 따라 황제의 지극한 공적을 탐해서 전날 구차스러이 은혜를 바라고 뒷날 배역할 것을 도모했다면 이것은 선군의 단점이라고 해야 할 것이어니와, 생각건대 그 맹세는 황하수가 띠가 되도록 변치 않을 것이었고 의리와 명분은 추상 같았을 것이니, 이제 왕께서 임금의 명령을 어기는 것은 충성이 아니고 부모의 마음을 배반하는 것은 효도가 아니거늘 한 몸에 두 명분을 지니고서 어찌 스스로 평안할 수 있으랴! 왕의 부자가 하루아침에 떨쳐 일어선 것은 모두 황제의 마음씀이 멀리 미치고 그 위력이 도와 부지해주어서 주와 군이 연접되어 마침내 뿌리가 서리고 줄기가 어울어진 때문이요, 그런 뒤로부터 번갈아 책명을 받고 신하로 일컬으며 앉아서 경서를 닦고 시와 예를 골고루 갖추게 되었거늘, 옳은 말을 듣고도 따르지 않고 착한 일을 보고도 가볍게 여기며 여러 가지 권모술수에 귀를 기울여 이목의 정신을 번거롭게 하고 고귀한 가문의 자리를 소홀히 하여 귀신이 엿보는 빌미를 맞이해 들이며, 선군의 성

---

12) 송대 서현(徐鉉)이 찬한 『계신록』(稽神錄) 1 계정(雞井)조에 있는 고사에서 유래한 것이다. 강하(江夏)의 임주부(林主簿) 딸이 닭고기를 좋아해 닭을 쫓다가 닭이 마른 우물 가운데로 달아나자 따라 들어갔으나 종내 나오지 않았다. 그 아버지 역시 딸을 찾으러 들어갔다가 종적이 묘연하자, 집안사람들이 우물가에서 곡을 할 뿐 감히 들어가려 하는 이가 없었다. 나중에 보니 우물 속에는 닭과 두 사람의 뼈만 남아 있었다고 한다. 결국 눈앞의 이익에 급급해 더 큰 위험을 알아차리지 못하는 것을 비유한 말이다.

13) 나무 위에 이슬을 먹고 있는 매미는 그 뒤에 사마귀가 자기를 덮치려 하는 것을 모르고, 사마귀는 매미 덮칠 생각에 빠져 옆에서 꾀꼬리가 덮치려는 것을 모르며, 꾀꼬리 역시 자기 생각에 눈이 멀어 나무 아래에서 사람이 탄환을 가지고 쏠 준비를 하고 있는 것을 모른다는 것이다. 즉 모두 눈앞에 있는 이익을 얻기에만 급급할 뿐 그 뒤에 있는 환란을 돌아볼 줄 모르는 것을 비유한 것이다. 『설원』 정간(正諫)편.

대한 공업을 딴마음으로 받들어서 안으로는 싫어하는 신하를 없애버리고 밖으로는 강한 적을 불러들이니, 이를 어찌 지혜라 할 것인가! 또 고구려의 안승은 나이 아직 어리고 나라가 망한 다음 성읍과 촌락에는 살아남은 이가 반이나 줄어서 스스로 거취를 정하지 못하고 강토를 지킬 중임을 감당하지 못하는지라, 나 설인귀의 병선들은 돛을 펴고 깃발을 잇대어 북쪽 해안을 돌면서도 그가 이미 활에 깃을 다친 새 신세가 된 것을 불쌍하게 여겨 차마 군사를 가하지 못했거늘, 왕께서는 그를 믿어 바깥의 도움으로 삼으니 이 얼마나 그릇된 일인가!

황제의 은덕은 가이 없고 어진 풍교는 멀리까지 미치매 사랑하심이 햇빛과 같고 그 밝게 비추심이 봄날 꽃과 같은지라, 멀리서 소식을 들으시고 우려하면서도 믿지는 않으시어 나에게 명령해 이곳에 와서 자세한 사유를 알아보게 했던 것이다. 그러나 왕께서는 사신을 서로 만나게 한다든가 우리 군사에게 고기와 술을 베푸는 것이 아니라 드디어 문득 갑병을 언덕 밑에 감추고 군사를 강 어귀에 숨기며 숲속에서 기어다니게 하고 수풀 사이에서 헐떡이게 하여, 스스로 후회할 사단만을 은밀히 기르면서도 맞서 지탱할 기력은 도무지 없었도다. 우리 대군이 미처 출동하기에 앞서 유격병이 대오를 갖추어 바다를 향해 뱃길에 오르자 고기가 놀라고 새들이 달아나 숨듯 하니, 이 같은 정황으로 보건대 사람이 해야 할 일을 알 수 있을 것인바, 왕께서는 자신의 혼미함과 망령스러운 행동을 행여 그칠 줄을 알라. 무릇 큰일을 일으키는 이는 작은 이익을 탐하지 않고 높은 절의를 지니는 이는 빼어난 계책에 기대는 법이며, 반드시 난새와 봉새에 길들지 아니할 때에야 승냥이와 이리가 엿보게 되는 것이다. 고장군(高將軍)의 중원 기병과 이근행(李謹行)의 번병(蕃兵), 오(吳)·초(楚) 지방의 수군, 유주(幽州)·병주(幷州)의 사나운 군사들이 사방에서 구름처럼 모여들어 뱃머리를 나란히 하여 내려와서 험한 곳에 의지해 요새를 쌓고 땅을 개간해 둔전하게 된다면, 이는 왕의 돌이킬 수 없는 병이 되고 말 것이다. 왕께서 만약 피로한 군사들로 하여금 노래를 부르도록 싸움을 그친다면, 지난 일이야 굽혀졌던 것이라 해도 단번에 퍼질 것이니, 자세하게 그 사유를 이야기하고 이러저러한 사정을 명백하게 펴 보일 일이다. 나 설인귀는 일찍이 황제의 행차에 배행하여 친히 위임을 받았으므로 문서에 기록해 황제께 아뢸 것이고, 그리하면 일이 반드시 밝게 해결될 것이거늘, 왕께서는 무엇 때문에 그토록 고달프고 조급하게 하며 서로를 번거롭고 소란스럽게 하는가?

슬프다, 옛날에는 충성과 의리를 다하더니 이제는 역신이 되고 말았으니, 시작은 길하였으나 끝에 와서 흉하게 된 것을 한스럽게 여기며, 근본은 같았는데 말단이 달라진 것을 원통하게 여기도다! 바람이 높이 불고 절기가 차가우니 낙엽은 떨어지고 한 해가 쓸쓸히 저무는데, 산에 기대어 저 멀리 바라보매 심회에 아픔이 있도다. 왕께서는 심지가 맑고 풍채가 준수하니 한결같이 겸손한 의리를 회복하고 순종하는 마음을 보존한다면, 제사는 시절 따라 있게 되고 사직이 바뀌지 않을 것이다. 어느 것이 좋은 쪽일 것인지 잘 살펴서 복을 받아들이는 것이 왕의 훌륭한 방책이리라. 삼엄한 군진 사이에도 사신이 오고 가니 이제 왕의 관할 승려인 임윤(琳潤)에게 편지를 지녀 보내서 한두 가지 생각을 말하는 것이다."

대왕이 이에 답장을 보내 말하였다.

"선왕께서 정관(貞觀) 22년(648)에 입조하여 태종문황제의 은혜로운 조칙을 직접 받았거니와, 황제께서는 '내가 지금 고구려를 치려는 것은 다른 까닭이 있는 것이 아니라 너희 신라가 두 나라 사이에 끼어 매번 침해와 능멸을 받아 평안한 날이 없는 것을 가엾게 여기는 때문이요, 산천과 땅은 내가 탐하는 바가 아니며 재물과 자녀도 내가 다 가지고 있는 것이니, 내가 두 나라를 평정하면 평양 이남의 백제 땅은 모두 너희 신라에게 주어 길이 평안토록 하고자 한다' 하시면서 계획을 내려주시고 군사일정을 정해주셨다. 신라 백성들은 다들 은혜로운 조칙을 듣고 사람마다 힘을 기르고 집집마다 그 쓰임을 기다렸더니, 대업이 미처 끝나기도 전에 문제(文帝)께서 붕어하시고 지금 황제께서 제위에 오르시어 다시금 지난날의 은혜를 계속하시니, 자주 애호하심을 입은 일이야 지난날보다 더하였다. 우리 형제와 자식들은 재물과 관작을 받아 그 광영스러운 총애의 지극함이 예전에 볼 수 없었던바, 몸이 가루가 되고 뼈가 부서지도록 부리시는 일마다 다하고자 했으며, 참혹하게 죽어 들에 널브러지는 한이 있더라도 은혜의 만분의 일이나마 보답하고자 하였다.

현경(顯慶) 5년(660)에 이르러 성상께서는 선대 황제의 뜻이 끝맺음을 보지 못한 것을 유감스럽게 여기시어 전날의 남은 사업을 이루고자 배를 띄우고 장수에게 명령하여 대대적으로 수군을 발동하게 하시매, 우리 선왕께서는 나이 늙고 힘이 쇠약해져 몸소 행군을 감당할 수 없었으나 지난날의 은혜를 추모하는 감격에서 억지로 국경 지방까지 와서 나에게 군사를 거느리고 가 귀국의 군사를 영접하게 하셨다. 동쪽과 서쪽에서 호응하면서 수륙 양면으로 일제히 진격해 수군이 겨우 강 어귀에 들어설 무렵 육군은 이미 대규모의 적군을 깨뜨리매 두 나라 군사가 모두 백제의 왕도에 도착해 함께 한 나라를 평정하였다. 평정을 마친 다음 선왕께서는 마침내 소대총관(蘇大摠菅)과 함께 백제 유민에 대한 조처를 하시되, 당나라 군사 1만 명을 머물게 하고 신라 역시 왕제 인태(仁泰)를 보내 군사 7천 명을 거느리고 함께 웅진을 지키게 하였다.

당의 본군이 돌아간 다음 적국의 신하 복신(福信)이 강의 서쪽에서 기병하여 남은 무리를 끌어모아 부성(府城)을 에워싸고 핍박해 먼저 바깥 목책을 쳐부수어 군수품을 모두 탈취하고 다시 부성을 공격해 거의 함락될 지경이었으며, 게다가 부성 둘레의 가까운 네 곳에 성채를 쌓아 지키니 이 때문에 부성에 드나들 수가 없었다. 이에 나는 군사를 거느리고 달려가서 그들의 포위를 풀고 사면에 있는 적들의 성채를 한꺼번에 모두 쳐부수어 우선 그들의 위급함을 구하였고, 다시 군량을 날라다가 마침내 1만 명의 당나라 군사가 범의 아가리에 든 위기를 면하게 했으며, 부성에 머물러 수비하던 굶주린 군사들로 하여금 자식을 바꿔 서로 잡아먹는 참상이 없게 하였다. 6년이 되자 복신의 도당이 점점 많아져서 강의 동쪽 땅을 침탈하므로 웅진의 당나라 군사 1천 명이 나가 적의 무리를 쳤으나 적들에게 꺾이고 격파당해 한 사람도 돌아오지 못했으며, 이 패배 이래로 웅진에서는 군사 요청이 밤낮으로 끊이지 않게 되었다.

이즈음 신라에는 전염병이 창궐해 병마를 징발할 수 없었으나 그들의 애청을 차마 외면할 수 없는지라 마침내 군사를 발동해 가서 주류성(周留城)을 에워쌌거니와, 적들이 우리 군사가 적은 것을 알고 드디어 곧장 나와 치니 우리는 병마를 크게 잃고 불리해 돌아오고 말았다. 이리하여 남쪽 지방의 뭇 성이 일제히 반란을 일으켜 다들 복신에게 붙었으며 복신은 승세를 타고 다시 부성을 포위하니, 그 즉시 웅진으로 통하는 길이 끊어져 소금과 된장 따위가 바닥나는지라 지체없이 용사들을 모집해 몰래 길을 틈타 소금을 보내서 그들의 곤핍함을 구제하였다.

6월에 선왕께서 돌아가시매 장례를 겨우 마치고 미처 상복도 벗지 못했는지라 요청에 응해 군사를 달려 보내지 못하던 차, 황제의 칙명이 군사를 발동해 북쪽으로 보내라 하고 함자도총관 유덕민(劉德敏) 등도 칙명을 받들고 와서 우리 신라에게 군량을 평양으로 수송하라 했거니와, 이때 웅진에서도 사람을 보내 웅진부성이 고립무원으로 위태롭다는 사정을 누누이 알려왔다. 유총관이 나와 일을 처리하면서 스스로 말하기를 '만약 먼저 평양으로 군량을 보낸다면 웅진 길이 끊어질까 염려되는데다, 웅진 길이 끊어지는 날이면 그곳에 남아 지키던 당나라 군사들은 그대로 적의 손아귀에 들게 되겠구나'라고 하여, 마침내 나와 함께 나가 먼저 옹산성(甕山城)을 쳐서 함락시키고 웅진현(熊津峴)에 성을 쌓아 웅진 길을 개통시켰던 것이다. 12월이 되자 웅진의 군량이 다했으나 먼저 웅진으로 군량을 운반하자니 황제의 칙령을 어기는 것이 염려되고, 평양으로 군량을 보낼 경우에는 웅진의 군량이 바닥날 것이 걱정이라, 할 수 없이 늙고 약한 이들을 가려서 웅진으로 양곡을 운반해 가게 하고 힘세고 건장한 이들을 평양으로 향해 가게 했더니, 웅진으로 군량을 수송하는 일행은 길에서 눈을 만나 사람과 말이 거의 다 죽어서 백에 한 명도 돌아오지 못하고 말았다.

용삭(龍朔) 2년(662) 정월에 유총관과 우리 신라의 양하도총관(兩河道摠管) 김유신 등이 함께 평양으로 군량을 수송했는데, 그 당시 궂은 비가 한 달 넘게 내리고 눈보라가 몹시 차서 사람과 말들이 얼어 죽으니, 가지고 간 군량을 제대로 전달할 수 없는데다 평양의 당나라 군사 또한 돌아가고자 하므로 우리 신라의 병마도 군량이 다해 역시 되돌아왔는데, 군사들이 굶주림과 추위로 손발이 얼어 상하고 길에서 죽는 이들을 이루 헤아릴 수가 없었다. 일행이 호로하(瓠瀘河)에 왔을 때 고구려 군사가 뒤쫓아 달려와서 강안에 진을 치자 우리 군사들은 피로함이 오래되었으면서도 적들이 멀리까지 뒤쫓아올까 염려한 나머지, 적들이 미처 강을 건너기 전에 먼저 강을 건너 접전하여 선봉이 잠깐 어우러지자 적들이 와해되므로 마침내 군사를 거두어 돌아왔다. 이 군사들이 집에 도착해 한 달도 지나지 않았는데 웅진부성에서는 자주 곡식을 찾으니, 전후해 보낸 곡식이 수만여 곡(斛)이었다. 남으로는 웅진에 군량을 보내고 북으로는 평양에 공급해 조그마한 우리 신라가 두 곳에 나누어 공급하다 보니, 인력은 극도로 피로하고 소와 말은 거의가 죽어 농사일은 때를 놓치고 한 해의 결실이 흉작이 되었으며, 비축해 둔 창고의 양곡은 실어 나르느라 모두 소진해 버렸는바, 우리 백성들은 풀뿌리조차 부족한 반면 웅진의 당나라 군사들은 양식이 남아돌았다. 또한 웅진에 머물러 지키는 당나라 군사들이 집을 떠나 온 지가 오래되자 옷가지가 해져 몸에 온전하게 걸친 것이 없으므로, 우리 신라 백성들을 독려해 철에 맞는 옷을 지어 보내기도 하였다. 웅진도호 유인원(劉仁願)이 멀리 고립된 성을 지키는데 사방이 모두 적들뿐이라 늘 백제에 포위당하고, 그때마다 우리 신라의 구원을 입곤 하여 당나라 군사 1만 명이 4년 동안 신라 것을 먹고 입었으니, 유인원 이하 병사까지 모두 가죽과 뼈야 비록 중국 땅에서 났을지라도 그 피와 살은 하나같이 신라에서 기른 것이요, 당의 은택이 비록 가없다 하나 우리 신라가 바친 충정 또한 가련하게 여길 만한 것이었다.

용삭 3년(663)에는 총관 손인사(孫仁師)가 군사를 거느리고 와서 부성을 구원하매, 신라 역시 병마를 동원해 함께 치게 되어 일행이 주류성 아래 이르렀다. 이때 왜국의 수군이 백제를 도우러 와서 왜의 선박 1천 척이 백강(白江)에 정박해 있고 백제의 정예 기병이 강 언덕 위에서 배를 지키고 있는지라, 우리 신라의 날랜 기병들이 당군의 선봉이 되어 우선 강 언덕의 적진을 깨뜨리니 주류성이 혼비백산해 마침내 곧 항복하였다. 남쪽 지방이 이미 평정되자 군사를 돌려 북쪽을 치는데 임존성 한 곳만이 미욱하게도 항복하지 않으므로, 두 나라 군사가 힘을 합해 함께 성 하나를 쳤으나 굳게 지키면서 막아 저항하는 바람에 쳐부수지 못하였다. 이에 우리 신라는 곧장 군사를 되돌리려고 했는데, 두대부(杜大夫)가 이르기를 '칙령에 따르면 백제를 평정한 다음에 함께 모여 서로 맹약을 맺으라 했으니, 지금 임존성 하나가 비록 항복하지 않았을지라도 곧 함께 맹세를 해야 합니다'라고 하였다. 그러나 우리 생각으로는 조칙대로 한다면 백제를 다 평정한 다음에 함께 맹약을 맺어야 할 것인바, 임존성이 아직 항복하지 않은 이상 백제가 다 평정되었다고는 할 수 없는 것이고, 더군다나 백제는 온갖 간사함으로 뒤집기를 종잡을 수 없게 하니 지금 설령 함께 모여 맹약을 한다 해도 뒤에 가서 후회막급의 우환이 있게 될까 염려되었던 까닭에 황제에게 맹세의 중지를 주청하였다. 인덕(麟德) 원년(664)에 또다시 황제가 엄한 조칙을 내려 맹세하지 않는 것을 질책하므로, 곧 사람을 웅령(熊嶺)으로 보내 단을 쌓고 함께 모여 맹세하게 하고, 아울러 맹세한 곳으로 마침내 두 나라의 경계를 삼았으니, 맹약의 일이야 비록 바라는 바는 아니지만 감히 칙명을 어길 수 없었기 때문이다. 또 취리산(就利山)에 단을 쌓고 칙사 유인원을 마주해 피를 머금고 서로 맹약하되, 산천을 두고 맹세하고 경계를 그어 봉토(封土)로 세워 길이 강토의 경계선으로 삼아 백성들이 거주하면서 제각기 생업을 영위하게 하였다.

건봉(乾封) 2년(667)이 되어 나는 대총관 영국공(英國公)이 요동을 친다는 말을 듣고 한성주로 가서 군사를 보내 국경 지역에 집결하게 한 다음, 우리 군사가 단독으로 들어갈 수는 없는지라 먼저 정찰을 세 번이나 보내고 배를 잇달아 파견해 당나라 군사의 동정을 알아보게 했더니, 그들이 돌아와 다들 말하기를 '당나라 군사는 아직 평양에 도착하지 않았다'고 하였다. 이에 우선 고구려의 칠중성(七重城)을 쳐서 길을 열어두고 당나라 군사가 이르기를 기다리려 했는데, 성이 거의 함락되려 할 즈음 영국공의 사자 강심(江深)이 와서 이르기를 '대총관의 처분을 받았거니와 신라 군사는 성들을 칠 필요없이 일찌감치 평양으로 달려와 곧 군량을 공급하라 합니다'라고 하는지라, 군사들로 하여금 가서 회동하게 했으나 수곡성(水谷城)까지 갔을 때 당나라 군사가 벌써 돌아갔다는 말을 듣고 우리 군사도 마침내 그 즉시 빠져나왔다. 건봉 3년에 대감 김보가(金寶嘉)를 바다로 들여보내 영공에게로 가서 처분을 받게 했더니, 우리 군사를 평양으로 보내 집결시키라고 하였다. 5월이 되어 유우상(劉右相)이 와서 우리 병마를 징발해 함께 평양으로 가므로, 나 역시 한성주로 가서 병마를 검열하였다. 이때 번병과 당군 모두가 사수(蛇水)에 총집결하니 남건(男建)이 군사를 내서 일전을 벌이려 하는지라, 우리 군사가 홀로 선봉이 되어 먼저 적의 대진을 쳐부수니 평양성 안에서는 예봉이 꺾이고 사기가 위축되었으며, 영공이 다시 우리의 날랜 기병 5백 명을 뽑아 먼저 성문으로 들여보내 마침내 평양성을 격파하고 크나큰 공을 이루었다. 이에 우리 병사들은 모두 말하기를 '싸움을 시작한 이래 이미 9년이 지나 인력은 다 할대로 다하였지만 끝내 두 나라를 평정해 여러 대 동안의 오랜 숙망이 오늘에야 이루어졌다. 이제 나라는 반드시 충성을 다한 데 대한 은혜를 입어야 할 것이고, 백성들은 힘을 다 바친 데 대한 포상을 받아야 할 것이다'라고 하였다. 그런데 영공이 말을 흘리기를 '신라는 앞서 군사의 기일을 어겼으므로 모름지기 그 부분에 대해서도 조처가 있어야 한다'라고 하니, 우리 병사들이 이 말을 듣고는 다시금 두려움을 더하게 되었다. 또 전공을 세운 장군들이 모두 기록에 올라 당에 입조하여 수도에 도착했는데, 곧바로 말하기를 '지금 신라에는 아무도 공을 세운 이가 없다'고 하는바, 그들이 돌아오매 백성들은 또다시 공포심을 더하게 되었다. 또한 비열성(卑列城)은 본래 신라의 것으로 고구려가 이를 쳐서 차지한 지 30여 년 만에 우리 신라가 다시 이 성을 되찾아 백성들을 옮겨 배치하고 관리를 두어 지키게 했던 것인데, 당이 도로 이 성을 가져다 고구려에 돌려주었다. 그 밖에 우리 신라가 백제를 평정하는 일에서부터 고구려를 평정하기까지 충성과 힘을 다해 당나라를 등지지 않았거늘, 무슨 죄가 있길래 하루아침에 버림을 받는지 알 수 없도다. 비록 이와 같은 억울함이 있긴 하나 끝까지 배반하려는 마음은 없었다.

또 총장(總章) 원년(668)에 백제는 맹약을 맺었던 곳에서 봉토를 옮기고, 경계 표지를 바꾸어 농토를 침탈해가며, 우리의 노비와 백성을 유인해 내지에다가 숨겨두고 여러 차례 찾아오고자 해도 끝까지 돌려보내지 않았으며, 한편 소식을 통해 들으매 웅진에서는 '당이 선박을 수리하면서 겉으로는 왜국을 정벌한다고 핑계를 대나 기실은 신라를 치고자 하는 것이다'라고 한다 하니, 백성들이 이를 듣고 놀랍고도 두려워 불안해하였다. 게다가 웅진에서는 백제 여자를 데려다가 우리의 한성도독 박도유(朴都儒)에게 시집보내고, 그와 함께 계략을 꾀해 우리의 무기를 훔쳐내서 한 주(州)의 땅을 습격하려 하다가, 다행히 일이 발각되어 즉시 박도유의 목을 베어버리는 통에 그 음모가 성공하지 못한 일마저도 있었다.

함형(咸亨) 원년(670) 6월에는 고구려가 반란을 꾀해 당의 관리들을 모두 죽이므로 우리는 곧장 군사를 발동하고자 먼저 웅진에 알리기를, '고구려가 반란한 이상 토벌하지 않을 수 없거니와, 그쪽이나 우리나 다 같이 황제의 신하이니 도리로 보아 반드시 함께 저 흉악한 적을 쳐야 할 것이요, 군사를 내는 일에는 반드시 의논이 있어야 할 것이니, 청컨대 관리를 이곳으로 보내 함께 만나 계획을 세우자'라고 했더니, 백제의 사마(司馬) 예군(禰軍)이 이곳에 와서 함께 의논하면서 하는 말이 '군사를 동원한 뒤에 피차 서로 의심할 것이 염려되니, 양측의 관인을 서로 볼모로 교환하는 것이 좋겠다'라고 하였다. 이리하여 곧바로 김유돈(金儒敦) 및 부성(府城)의 백제 주부(主簿) 수미장귀(首彌長貴) 등을 부(府)로 보내서 볼모 교환에 관한 일을 처리하게 하였다. 그런데 백제는 비록 볼모를 교환하기로 승낙은 했으나 성안에 여전히 병마를 모아두고서 그들 일행이 성 아래 이르면 밤에 나와 치기를 주저하지 않았다. 7월에는 당에 입조했던 김흠순(金欽純) 등이 돌아왔는데, 당 쪽에서 장차 경계를 획정하면서 지도에 의거하여 백제의 옛 땅을 조사해 모두 베어 돌려주려 한다는 것이었다. 황하가 아직 띠처럼 마르지 않고 태산도 닳지 않은 채이거늘,[14] 3~4년 사이에 한 번 주었다가 한 번 빼앗으니, 우리 신라 백성들은 모두들 본래의 희망을 잃고 말하기를 '신라와 백제는 누대 동안 깊이 원수를 맺어왔거니와 오늘날 백제의 형상을 보건대 틀림없이 따로이 한 나라로 자립할 모양이니, 백 년 뒤에는 필시 우리 자손이 그들에게 먹혀 없어지고 말 것이다. 우리 신라는 이미 당의 한 지방인지라 두 나라로 나눌 수는 없는 것이니, 원컨대 한 집안으로 만들어 길이 후환이 없게 하기를 바란다'라고 하였다.

지난해 9월에는 이 사정을 낱낱이 기록해 사신을 보내 아뢰도록 했으나 바다에서 표류되어 그만 돌아왔고, 다시 사신을 보냈으나 역시 도달하지 못했으며, 그 뒤 바람이 차고 풍랑이 거세어 보고해 아뢰지 못하던 차에 백제가 거짓으로 꾸며 아뢰기를 '신라가 반역한다'고 했던 것이다. 우리 신라는 앞서 귀관의 뜻을 잃고 뒤에 다시 백제의 참소를 입어, 나가나 물러서나 허물만 당하고 충성을 펴 보일 겨를이 없으며, 이와 유사한 참소가 날마다 황제의 귀를 지나매 변함없는 충성이 일찍이 한 번이나마 황제에게 주달된 적이 있었으랴!

이제 사자 임윤이 와서 고마운 편지를 받으니 총관이 풍파를 무릅쓰고 멀리 이곳에 온다는 말을 듣게 되었다. 도리상 마땅히 사신을 보내 교외에서 영접하고 술과 고기를 보낼 것이로되, 머나먼 이역 땅에 살다보니 예의를 다 갖추어 드리지 못하고 제때에 영접하지 못하였는바, 청컨대 괴이하게 여기지는 마시라. 총관이 보내온 편지를 펴서 읽다보면 갈데없이 신라는 이미 반역한 것으로 되어 있으나, 원래 본심이 아닌 까닭에 참담한 마음에 놀랍고 두려울 따름이라. 스스로의 공적을 헤이다가

---

14) 한나라 초기의 봉작하는 맹서의 글에 "황하가 허리띠처럼 가늘어지고 태산이 숫돌만큼 작아진다 해도, 조정 공신들의 봉국(封國)을 영원무궁토록 평안히 하고 그 은택이 자손 만대에 미치게 할 것이다"라고 한 데서 유래한 말이다. 즉 맹약의 견고함을 비유한 것이다. 『사기』 18 고조공신후자연표(高祖功臣侯者年表).

는 수치스러운 비방을 당할까 두렵고, 입을 다물고 질책을 받자니 그 또한 무심한 판단을 자초하게 될 것이라, 이제 억울한 사정을 대강 진술하고 반역함이 없었음을 갖추어 쓰도다. 당에서는 한 명의 사신을 보내 근본 원인을 물으려 하지도 않고, 곧장 수만 명 군사를 보내 우리 보금자리를 뒤엎으려 하여 큰 배는 푸른 바다에 가득 차고 작은 배는 강 어귀에 이어졌으며 저 웅진까지 대동해 우리 신라를 치고 있으니, 슬프다, 두 나라가 아직 평정되지 아니했을 때는 사냥개처럼 부려 내달리게 하더니, 들짐승이 이제 다하고 보니 도리어 삶아 먹히는 박해를 당하는도다![15] 잔악한 적 백제는 도리어 옹치(雍齒)의 상을 받는데,[16] 당을 위해 희생한 신라는 이미 정공(丁公)의 죽음을 당하는구나.[17] 빛나는 태양이 비록 빛을 비춰주지 않을지라도, 해바라기와 콩잎의 본 마음이야 변함없이 해를 향하는 마음을 버리지 않는 것이다. 총관은 영웅의 빼어난 기품을 타고났고 장상의 고매한 자질을 지녔으며 7덕(七德)[18]을 겸비하고 9

---

15) 이곳의 문의는 마치 토끼를 잡고 나면 사냥개를 요리하게 된다는 격으로, 억울함을 비유한 것이다. 『사기』조세가(趙世家)의 '교토사주구팽'(狡免死走狗烹)이라거나, 『회남자』(淮南子) 설림훈(說林訓)의 '교토득이렵견팽'(狡免得而獵犬烹) 등에서 유래한 것이다.

16) 옹치는 패(沛) 땅 출신으로 한 고조가 기병했을 때 그를 좇았다가 뒤에 배반했으나 다시 귀순해 와서 전공을 세웠다. 한 고조는 그에게 호감을 가지지 않았으나 승전한 후 여러 장수의 전공을 평정할 때 의도적으로 그를 먼저 십방후(什方侯)에 봉하였다. 이에 나머지 장수들이 "옹치조차도 후가 되었으니 우리야 걱정할 게 없다"라고 하면서 안심하고 기뻐했다는 것이다. 『사기』 55 유후세가(留侯世家).

17) 정공은 설(薛) 땅 출신으로 초나라 항우의 장수가 되어 일찍이 팽성(彭城)에서 한 고조를 추격해 몰아세웠는데, 한 고조가 급한 나머지 정공에게 사정해 생명을 건진 일이 있었다. 그 후 초가 패하고 정공이 한 고조를 찾아왔을 때 한 고조는 은혜를 갚는 대신 오히려 자기 임금에게 충성심이 없는 자라 하여 그를 죽였으며, "후세에 신하된 이들은 정공을 본받지 말라"라고 하였다. 즉 상을 받기는커녕 의외의 벌을 받는 경우를 비유하는 말이다.

18) 7덕은 무장이 갖추어야 할 일곱 가지 덕으로서 금포(禁暴), 즙병(戢兵), 보대(保大), 정공(定功), 안민(安民), 화중(和衆), 풍재(豊財)를 말한다. 즉 춘추시대 초 장공(莊公)은 정(鄭)나라를 도우러 온 진(晉)의 군사를 격파하고서 말하기를 "무(武)라는 것은 난폭함을 억누르고 무기를 거두어 싸움을 중지하며, 큰 나라를 보

류(九流)[19]를 섭렵했으니, 황제의 책벌을 삼가 봉행함에 있어 어찌 함부로 죄없는 이에게 징벌을 가하리오. 황제의 군사를 출동시키기 전에 먼저 그 근본 연유를 물었어야 할 것인바, 이번에 가져온 편지를 계기로 하여 감히 배반하지 않았음을 진술하노니, 청컨대 총관은 깊이 헤아려 사실을 갖추어서 황제께 아뢰기 바란다. 계림주대도독좌위대장군개부의동삼사상주국신라왕(雞林州大都督左衛大將軍開府儀同三司上柱國新羅王) 김법민은 사뢰노라."

소부리주(所夫里州)를 설치하고 아찬 진왕(眞王)을 도독으로 삼았다.

9월에 당나라 장군 고간(高侃) 등이 번병(蕃兵) 4만 명을 거느리고 평양에 도착해, 도랑을 깊이 파고 보루를 높이 쌓아 대방(帶方)을 침공하였다.

겨울 10월 6일에 당의 운송선 70여 척을 공격해 낭장 겸이대후(鉗耳大侯)와 사졸 1백여 명을 사로잡았으며, 물에 빠져 죽은 이는 이루 헤아릴 수가 없었다. 급찬 당천(當千)의 공로가 으뜸이었으므로, 그에게 사찬의 관위를 수여하였다.

12년 봄 정월에 왕이 장수를 보내 백제의 고성성(古省城)을 쳐서 이겼다. 2월에 백제의 가림성(加林城)을 쳤으나 이기지 못하였다.

가을 7월에 당나라 장수 고간이 군사 1만 명을 거느리고, 또 이근행(李謹行)은 군사 3만 명을 거느리고, 일시에 평양에 이르러서 여덟 개의 군영을 짓고 머물러 주둔하였다. 8월에는 한시성(韓始城)과 마읍성(馬邑城)을 쳐서 이기고, 병력을 백수성(白水城)에서 5백 보쯤 떨어진 곳에 진주시켜 진영을 만들었다. 우리 군사가 고구려 군사와 함께 이들을 맞받아 싸워서 수천 명의 목을 베었다. 고간 등이 퇴각하매 추격해 석문(石

유하고 공을 세우며, 백성을 편안히 하고 만민을 화락하게 하며, 물자를 풍부하게 해서 생활을 안정시키는 것이다"라고 하였다.『좌전』선공(宣公) 12년.

19) 9류는 한나라 시대의 아홉 학파로서, 유가(儒家)·도가(道家)·음양가(陰陽家)·법가(法家)·명가(名家)·묵가(墨家)·종횡가(縱橫家)·잡가(雜家)·농가(農家)를 말한다.『한서』30 예문지(藝文志).

門)에 이르러 싸웠으나 우리 군사가 패배했으며, 대아찬 효천(曉川), 사찬 의문(義文)과 산세(山世), 아찬 능신(能申)과 두선(豆善), 일길찬 안나함(安那含)과 양신(良臣) 등이 죽었다. 한산주의 주장성(晝長城)을 쌓으니, 주위가 4천 3백 60보였다.

9월에 혜성이 일곱 번이나 북방에 출현하였다.

왕은 지난번에 백제가 당에 가서 호소하고 군사를 청해 우리를 침노하려 들자 사태의 형세가 급박한지라 황제에게 아뢰지 못하고 군사를 내어 토벌했던바, 이로 말미암아 대국의 조정에 죄를 지었으므로, 마침내 급찬 원천(原川)과 나마 변산(邊山)을 보내 억류해 두었던 당나라 병선랑장(兵船郎將) 겸이대후(鉗耳大侯), 내주사마(萊州司馬) 왕예(王藝), 본열주장사(本烈州長史) 왕익(王益), 웅주도독부사마 예군(禰軍), 증산사마(曾山司馬) 법총(法聰), 그리고 군사 1백 70명을 돌려보내면서 표문을 올려 죄를 청하였다.

"신 아무개 죽을 죄를 짓고 삼가 말씀 올립니다. 지난날 제가 위급하여 사세가 마치 거꾸로 매단 것 같았을 때 멀리 구원해주심에 힘입어 도륙을 모면했으니, 몸을 부수고 뼈를 갈아도 넓은 은혜에 보답하기에 모자라고 머리를 부수어뜨려 재와 티끌이 된다 한들 어찌 어진 은혜를 우러러 갚을 수 있겠나이까. 그러나 철천지 원수 백제가 우리나라를 핍박해 오고, 천조에 무고하여 군사를 끌어다 우리를 없애 치욕을 씻으려 하매, 우리는 파멸될 지경에 처해 스스로 생존을 구하려다가 억울하게도 흉악한 역적의 이름을 뒤집어쓰게 되고, 마침내 용서받기 어려운 죄에 빠지고 말았습니다. 이제 제가 사건의 전말을 아뢰지도 않고 우선 형벌대로 죽음을 당한다면, 살아서는 명령을 거역한 신하가 될 것이요 죽어서는 은혜를 배신한 귀신이 되고 말 것이 두렵습니다. 이에 삼가 사건의 진상을 적어 죽음을 무릅쓰고 아뢰오니, 엎드려 바라옵건대 잠시 귀를 기울여주시어 그 근본 연유를 밝게 살펴주소서.

저는 선대 이래 조공을 끊이지 않았으나 근래에 백제로 인해 두 번이나 조공을 빠뜨려, 마침내 성조(聖朝)로 하여금 의론을 내게 하고 장수에게 명해 저의 죄를 성토하게 되었으니 죽어도 남은 죄가 있을 것입니다. 저 종남산(終南山)의 대나무로도 제 죄를 쓰는 데 부족할 것이고 포야(褒斜)20)의 나무로도 저의 차꼬를 다 만들지 못할 것이오되, 종묘 사직을 못으로 만들고 제 몸을 죽여 찢어버릴지라도 일의 전말을 들으시고 처결해주신다면 죽음을 달게 받겠나이다. 저는 관과 상여를 옆에 두고 머리에 진흙이 아직 마르지도 아니한 채 피눈물을 흘리며 조정의 처분을 기다리고 있거니와, 엎드려 형벌에 관한 칙명을 듣겠나이다.

삼가 생각건대 황제 폐하께서는 해와 달처럼 밝으시어 그 너그러운 빛은 아무리 후미진 곳이라 해도 모두 골고루 비추고, 그 은덕은 천지와 합치하여 동물과 식물이 다 그로부터 길러지며, 살리기를 좋아하는 덕은 멀리 곤충에까지 미치고, 죽이는 것을 싫어하는 어진 마음은 날짐승과 물고기에까지 흘러드나니, 만약 죄를 자복하고 내쳐지는 용서를 베푸시어 머리와 허리를 베지 않는 은혜를 내려주신다면, 비록 죽는다 하더라도 산 것이나 다름없을 것이옵니다. 감히 바라는 바는 아니오나, 품은 생각을 사뢰자니 칼에 엎어지고 싶은 마음 이기지 못하겠나이다. 삼가 원천 등을 보내 글을 올려 사죄하고 엎드려 칙명을 듣고자 합니다. 아무개는 거듭 머리를 조아려 황송할 뿐입니다."

이와 아울러 은 3만 3천 5백 푼, 구리 3만 3천 푼, 바늘 4백 매, 우황 1백 20푼, 금 1백 20푼, 40승(升)포21) 6필, 30승포 60필을 진상하였다. 이해에 곡식이 귀해 사람들이 굶주렸다.

13년 봄 정월에 큰 별이 황룡사와 재성(在城)22) 중간에 떨어졌다. 강

20) 포야는 중국 섬서성(陝西省) 종남산(終南山)의 골짜기를 이르는데, 사천(四川)과 섬서 사이 교통의 요로로서 남쪽 곡구(谷口)를 '포'라 하고 북쪽 곡구를 '야'라 한다.
21) 승은 직물의 80올을 말하는 것이니, 우리말 '새'에 해당한다. 30승포나 40승포 등은 베의 섬세한 정도를 표시한다.
22) 재성은 도성을 일컫는 우리 고유의 용어이니, 신라의 경우 월성(月城)을 말한다. 즉 왕궁과 관부를 포함한 왕성을 '임금이 있는 성'이라는 뜻에서 재성이라고 한다. 이 재성이 내성(內城)인 데 반해, 도성의 일반 부락까지 포함하는 외성(外城)은 나성(羅城)이라고 한다.

수(强首)를 사찬으로 임명하고, 해마다 조(租) 2백 석을 내려주었다.[23) 2
월에 서형산성을 증축하였다. 여름 6월에 호랑이가 대궁(大宮)의 뜰에
들어왔으므로 죽였다.

가을 7월 1일에 유신이 죽었다. 아찬 대토(大吐)가 반역하여 당에 붙고
자 획책했는데, 그 일이 누설되어 처형당하고 처자식은 천인으로 만들
었다. 8월에 파진찬 천광(天光)을 중시로 삼았다. 사열산성(沙熱山城)을
증축하였다.

9월에 국원성〔옛날의 완장성(亂長城)이다〕·북형산성(北兄山城)·소
문성(召文城)·이산성(耳山城) 및 수약주(首若州)의 주양성(走壤城)〔일
명 질암성(迭巖城)이라고 한다〕, 달함군(達含郡)의 주잠성(主岑城), 거열
주(居烈州)의 만흥사산성(萬興寺山城), 삽량주(歃良州)의 골쟁현성(骨爭
峴城)을 쌓았다. 왕이 대아찬 철천(徹川) 등을 보내 병선 1백 척을 이끌
고 서해를 지키게 하였다. 당의 군사가 말갈 및 거란 병력과 함께 북쪽
변경에 침입해 와, 무릇 아홉 번을 싸워 우리 군사가 승리하고 2천여 명
의 목을 베었으며, 당나라 군사 가운데 호로(瓠瀘)와 왕봉(王逢)의 두 강
에 빠져 죽은 이들을 이루 헤아릴 수가 없었다. 겨울에 당나라 군사가 고
구려 우잠성(牛岑城)을 쳐서 항복을 받고, 거란과 말갈의 군사는 대양성
(大楊城)과 동자성(童子城)을 쳐서 패멸시켰다.

처음으로 외사정(外司正)을 두었는데, 주에는 2명, 군에는 1명이었다.
처음에 태종왕이 백제를 멸망시킨 다음 국경을 지키는 수병(戍兵)을 없
앴던 것을, 이때 와서 다시 두었다.

14년 봄 정월에 당에 들어가 숙위하고 있던 대나마 덕복(德福)이 역술
(曆術)을 배워 지니고 돌아오매, 새 역법(曆法)으로 고쳐 사용하였다. 왕
이 당에 저항하는 고구려의 반민들을 받아들이고 또 백제의 옛 땅을 차
지하고서 사람을 시켜 지키게 하니, 당 고종이 크게 노하여 조서를 내려
왕의 관작을 삭탈하였다. 또 왕의 아우 우효위원외대장군임해군공(右驍

---

23) 본서 46 강수전에 그의 생애가 자세하다.

衛員外大將軍臨海郡公) 김인문이 당의 수도에 있었는지라 그를 신라 왕으로 삼아 귀국하게 하는 한편, 좌서자동중서문하삼품(左庶子同中書門下三品) 유인궤를 계림도대총관(雞林道大摠管)으로 삼고 위위경(衛尉卿) 이필(李弼)과 우령군대장군(右領軍大將軍) 이근행(李謹行)을 보좌로 삼아 군사를 동원해 와서 치게 하였다.

2월에 궁궐 안에 못을 파고 산을 만들었으며, 화초를 심고 진기한 새와 짐승들을 길렀다. 가을 7월에 큰 바람이 불어 황룡사 불전을 무너뜨렸다. 8월에 서형산 아래에서 군대를 크게 사열하였다. 9월에 의안법사(義安法師)를 대서성(大書省)으로 임명하고 안승을 보덕왕(報德王)으로 봉하였다[10년에 안승을 고구려 왕으로 봉했다가 지금 다시 그를 봉하니, '보덕'(報德)이라는 말이 '귀명'(歸命)과 같은 것인지 혹은 지명인지 알 수가 없다].[24]

왕이 영묘사 앞길에 행차하여 군대를 사열하고, 아찬 설수진(薛秀眞)의 6진병법[25]을 관람하였다.

15년 봄 정월에 구리로 모든 관부 및 주·군의 인장을 주조해 나누어 주었다.

2월에 유인궤가 칠중성에서 우리 군사를 깨뜨렸다. 유인궤가 군사를 이끌고 돌아가자 황제가 조서를 내려 이근행을 안동진무대사(安東鎮撫大使)로 삼아 경략하게 하였다. 왕이 그제야 사신을 들여보내 조공하고 또 사죄했더니 황제가 용서하여 왕의 관작을 회복해주었으며, 이에 따라 김인문이 중도에서 돌아오게 되니 다시 고쳐서 그를 임해군공으로

---

24) '귀명'은 '귀순'(歸順) · '귀의'(歸依) 등과 같은 뜻이다. 한편『삼국지』48 오서(吳書) 3 손호전(孫皓傳)에는 그가 진(晋)에 항복하자 진에서는 그에게 귀명후(歸命侯)의 호칭을 내려주었다고 한다. 따라서 여기 찬자는 안승을 '보덕왕'으로 삼은 사실을, 손호를 '귀명후'로 삼은 전례와 견주어 이해한 것이다.

25) 6진병법은 일명 육화진법(六花陣法)으로 당의 이정(李靖)이 제갈량의 8진법(八陣法)에 의거해 만든 것이다. 제갈량의 8진은 동당(洞當) · 중황(中黃) · 용등(龍騰) · 조비(鳥飛) · 호익(虎翼) · 절충(折衝) · 악기(握機) · 연형(連衡)의 전투대형을 말한다.

봉하였다. 그러나 왕은 백제 땅을 대부분 차지하고 마침내 고구려의 남쪽 지경까지 다다라 주와 군을 만들었다. 당나라 군사가 거란 및 말갈 병력과 함께 쳐들어온다는 말을 듣고, 아홉 군단을 출동시켜 이에 대비하였다.

가을 9월에 설인귀가 숙위학생(宿衛學生) 풍훈(風訓)의 아버지 김진주(金眞珠)가 본국에서 처형된 것을 기화로, 풍훈을 길잡이 삼아 천성(泉城)에 쳐들어왔다. 우리 장군 문훈 등이 맞받아 싸워 이기고 1천 4백 명의 목을 베었으며, 병선 40척을 빼앗았다. 설인귀가 포위를 풀고 물러나 달아나므로, 전투마 1천 필을 획득하였다. 29일에 이근행(李謹行)이 군사 20만 명을 거느리고 매초성(買肖城)에 주둔하였다. 우리 군사가 이를 쳐서 쫓아버리고 전투마 3만 3백 80필을 노획했으며, 그 밖의 병장기도 이에 맞먹었다. 사신을 당에 들여보내 방물을 바쳤다. 안북하(安北河)를 따라서 관문과 성채를 설치했으며, 또 철관성(鐵關城)을 쌓았다.

말갈이 아달성(阿達城)에 들어와 노략질하므로 성주 소나(素那)가 맞아 싸우다 죽었다.[26]

당나라 군사가 거란 및 말갈의 군사와 함께 쳐들어와 칠중성을 에워 쌌으나 이기지 못했는데, 소수(小守) 유동(儒冬)이 전사하였다. 말갈이 또 적목성(赤木城)을 에워싸고 쳐 없애려 하니, 현령 탈기(脫起)가 백성을 거느리고 막다가 힘이 다해 다 함께 죽었다. 당나라 군사는 다시 석현성(石峴城)을 에워싸 함락시키니, 현령 선백(仙伯)과 실모(悉毛) 등이 힘껏 싸우다가 죽었다. 또 우리 군사가 당나라 군사와 더불어 열여덟 번의 크고 작은 전투를 하여 모두 이기고, 6천 47명의 목을 베었으며, 전투마 2백 필을 얻었다.

16년 봄 2월에 고승 의상(義相)이 왕의 뜻을 받들어 부석사(浮石寺)를 창건하였다.[27] 가을 7월에 혜성이 북하성(北河星)과 적수성(積水星) 사

---

26) 본서 47 소나전을 참조할 것.
27) 『삼국유사』 의해(義解) 의상전교(義湘傳敎)조에 자세하다.

이에 나타났는데, 길이가 6∼7보가량 되었다. 당나라 군사가 도림성(道臨城)에 쳐들어와 함락시키니, 현령 거시지(居尸知)가 전사하였다. 양궁(壤宮)을 지었다.

겨울 11월에 사찬 시득(施得)이 수군을 거느리고 설인귀와 더불어 소부리주 기벌포(伎伐浦)에서 싸우다 패배했으나, 다시 진군해 스물두 번의 크고 작은 싸움에서 이를 이기고 4천여 명의 목을 베었다. 재상 진순(陳純)이 은퇴를 청했으나, 왕이 허락하지 않고 안석과 지팡이를 내려주었다.

17년 봄 3월에 왕이 강무전(講武殿)의 남쪽 문에서 활쏘는 것을 관람하였다. 처음으로 좌사록관(左司祿館)을 두었다. 소부리주에서 흰 매를 바쳤다.

18년 봄 정월에 선부령(船府令) 한 명을 두고 선박에 관한 일을 맡게 하였다. 좌·우리방부경(左右理方府卿) 각 한 명씩을 더 두었다. 북원소경(北原小京)을 두고, 대아찬 오기(吳起)에게 이를 지키게 하였다. 3월에 대아찬 춘장(春長)을 중시로 임명하였다. 여름 4월에 아찬 천훈(天訓)을 무진주도독으로 삼았다. 5월에 북원(北原)에서 기이한 새를 바쳤는데, 깃에 무늬가 있고 다리에는 털이 나 있었다.

19년 봄 정월에 중시 춘장이 병으로 사직하고, 서불한 천존(天存)이 중시가 되었다. 2월에 사신을 보내 탐라국(耽羅國)을 진무하였다. 궁궐을 중수했는데 자못 웅장하고 화려함을 다하였다. 여름 4월에 형혹성(熒惑星)이 우림성(羽林星) 자리에 머물렀다. 6월에 태백성이 달에 들어가고 유성이 삼대성(參大星) 자리를 침범하였다. 가을 8월에 태백성이 달에 들어갔다. 각간 천존이 죽었다. 동궁을 처음으로 짓고 비로소 안팎에 있는 모든 문의 현판 이름을 제정하였다. 사천왕사(四天王寺)가 낙성되었다. 남산성(南山城)을 증축하였다.

20년 봄 2월에 이찬 김군관(金軍官)을 상대등으로 임명하였다. 3월에 금은의 그릇과 여러 빛깔의 비단 1백 단을 보덕왕 안승에게 내려주고, 마침내 왕의 누이를 그의 아내로 삼게 하였다[잡찬 김의관(金義官)의 딸

이라고도 한다].[28]

왕이 교서를 내려 말하기를 "인륜의 근본은 부부가 으뜸이며 교화의 기초는 후사를 잇는 것이 제일이거늘, 왕에게는 아내의 자리가 비어 있으니 어진 짝을 생각하고 있을 것인바,[29] 오랫동안 내조할 배필을 비어 두어 끝내 집안을 일으킬 사업을 빠뜨려서는 안 될 일이다. 이제 좋은 때 길한 날을 택해 옛 법도에 따라 과인의 누이의 딸을 반려로 삼게 하노라. 왕은 의당 함께 정의를 돈독히 하여 삼가 조상의 묘사를 받들고, 자손이 번창하여 길이 반석같이 융성하게 해야 할 것이니, 이 어찌 성대하고 아름다운 일이 아니랴!"라고 하였다.

여름 5월에 고구려 왕이 대장군 연무(延武) 등을 시켜 표문을 올려 말하기를 "신 안승은 아뢰나이다. 대아찬 김관장(金官長)이 와서 교지를 받들어 전하고 아울러 교서를 내렸거니와, 대왕의 생질을 저희 지방의 안주인으로 삼으시고 곧이어 4월 15일에 이곳에 이르니, 기쁨과 두려움이 마음에 엇갈려 어찌할 바를 모르겠나이다. 가만히 생각하옵건대 요임금의 딸이 순(舜)에게 시집가고 주실(周室)의 왕녀가 제(齊)나라에 시집간 것은 본디 거룩한 덕을 드날린 것이요 범속한 인물에 관계될 바는 아니었습니다. 저는 본래 용렬한 부류로 행동과 재능에서 이렇다 할 만한 것이 없는데도 다행히 창성하는 시운을 만나 거룩한 교화에 흠뻑 젖어 매양 특별한 은택을 입고 보답할 길이 없아옵거늘, 이제 거듭 대왕의

---

28) 여기 '왕의 누이'는 원문에 '왕매'(王妹)라 한 것인데, 이어지는 교서에는 '과인의 누이의 딸', 즉 '과인매녀'(寡人妹女)라 하였고, 또한 이에 대한 고구려 왕 안승의 답서에도 그녀를 일러 '생질'과 '인친'이라고 했으므로, 원문의 '왕매'는 '왕매녀'(王妹女)라고 해야 옳을 것이다.

29) "아내의 자리가 비어 있어 어진 짝을 생각한다"는 것은 원문에 "작소위광 계명재심"(鵲巢位曠 雞鳴在心)이라 한 것인데, 모두 『시경』에서 유래한 표현이다. 즉 『시경』 소남(召南) 작소장(鵲巢章)에는 "까치가 둥지를 틀매 비둘기가 살도다. 새아씨 시집오매 백 대의 수레로 맞이하도다"라고 하였다. 또 제풍(齊風) 계명장(雞鳴章)에는 "닭이 이미 울었으니 조정에는 이미 신하들이 가득할 것입니다"라고 했으니, 이것은 어진 후비가 임금을 처소에서 모시고 있으면서, 날이 새려고 할 때면 이렇게 아뢰어 임금으로 하여금 일찍 일어나 조회를 보게 하려는 의도였던 것이다.

총애를 입게 되어 인친(姻親)을 내려주시니, 마침내 꽃은 농염하게 피어 경사를 표하고 사람은 화락하여 덕을 이루었나이다. 좋은 날 좋은 때를 가려 저의 집으로 출가하게 하시니, 억 년 동안에도 만나기 어려운 일을 하루아침에 얻었사온바, 이러한 일이야 본래 바라지도 못하던 일이요 뜻밖의 기쁨이오매, 어찌 한두 명의 부형들만이 이 은혜를 받았다 할 것이겠습니까? 선조 이하 모두가 진실로 기뻐할 은총이옵니다. 저는 아직 대왕의 교지를 받지 못해 감히 곧 가서 알현하지 못하오나, 지극한 기쁨을 이기지 못해 삼가 대장군 태대형(太大兄) 연무를 보내 글을 올려 아뢰나이다"라고 하였다.

가야군에 금관소경(金官小京)을 설치하였다.

21년 봄 정월 초하루에 종일토록 캄캄해 밤과 같이 어두웠다. 사찬 무선(武仙)이 정예병 3천 명을 거느리고 비열홀을 수비하였다. 우사록 관(右司祿館)을 두었다. 여름 5월에 지진이 있었으며 유성이 삼대성(參大星)[30] 자리를 침범하였다. 6월에 천구성(天狗星)[31]이 서남방에 떨어졌다.

왕이 도성을 새롭게 하고자 승려 의상에게 물었더니, 의상이 대답하기를 "비록 초야의 띠집에서 살더라도 바른 도를 행한다면 복된 왕업이 장구할 것이지만, 만약 그렇지 못할진대 비록 사람을 수고롭게 해 궁성을 짓는다 해도 또한 이로울 게 없을 것입니다"라고 하였다. 이에 왕이 그만 공사를 중지하였다.

가을 7월 1일에 왕이 죽었다. 시호를 문무라 하고, 여러 신하가 왕의 유언대로 동해 어구의 큰 돌 위에 장사 지냈다. 세속에서 전해오기로는 왕이 용으로 변했다 하니, 이로 인해 그 돌을 가리켜 대왕석이라고 하였

---

30) 삼대성은 28수 가운데 하나로, 서방 백호7수(白虎七宿)에 속하는 별이다. 서양의 오리온 자리에 속한다.
31) 천구성은 큰 유성을 말하는데 떨어질 때 소리를 낸다. 지면에 닿아야 소리가 멈추며, 개짖는 소리와 유사하다. 그것이 떨어진 곳을 멀리에서 보면 마치 불빛이 하늘 높이 치솟는 것처럼 보인다. 『사기』 천관서.

다.[32] 왕이 남긴 조서는 이러하다.

"과인이 어지러운 시운과 전쟁의 때를 만나 서쪽을 치고 북쪽을 정벌하여 강토를 평정했으며, 반역자를 토벌하고 붙좇는 이를 불러들여 마침내 멀고 가까운 곳들이 평안해졌다. 위로는 조종의 끼치신 사랑을 위로해 올리고 아래로는 부자의 오랜 원수를 갚았도다. 산이나 죽은 이 모두에게 두루 상을 추증하고 안팎에 고르게 관작을 나누어 주었으며, 병장기를 녹여 농기구를 만들고 백성들을 어질고 오래 살도록 이끌었다. 납세를 가볍게 하고 요역을 덜어 집집마다 넉넉하고 사람마다 풍족하니, 백성들은 안도하고 나라 안에 근심이 없게 되었다. 창고에는 곡식이 산처럼 쌓이고 감옥에는 풀만이 무성하니, 저승에서나 이승에서나 부끄러움이 없다 할 것이며, 상하의 여러 인사에게도 저버린 바가 없다 하겠다. 그러나 풍상을 무릅쓰다 보니 마침내 고질병이 생겼으며, 정무에 애쓰다 보니 더욱 깊은 병에 걸리고 말았다. 운수는 떠나가고 이름만 남는 것은 예나 지금이나 한가지이니, 갑자기 명계(冥界)로 돌아간들 무슨 한됨이 있으랴!

태자는 일찍이 어진 덕행을 쌓고 오랫동안 동궁의 자리에 있었으니, 위로는 여러 재상으로부터 아래로는 뭇 관료에 이르기까지 죽은 이를 보내는 도리를 어기지 말고 남은 이를 섬기는 예의를 잃지 말라. 종묘 사직의 주인은 잠시라도 비워두어서는 안 될 것이니, 태자는 장사 지내기 전에 곧장 관 앞에서 왕위를 이어 오르라.

또한 산과 골짜기는 모습을 바꾸고 사람의 세대도 변하나니, 오(吳)왕의 북산(北山) 무덤에서 어찌 금으로 만든 물오리 향로의 광채를 볼 것이며,[33] 위(魏) 임금의 서릉(西陵) 유적에서도 오직 동작(銅雀)이라는

---

32) 이에 대해서는 『삼국유사』 기이 2 문무왕법민(文武王法敏)조에 관련 내용이 자세하며, 만파식적(萬波息笛)조에도 감은사(感恩寺) 창건 유래와 관련해 소개되었다. 그 밖에 「문무왕릉비」(文武王陵碑)에도 화장(火葬) 관련 언급의 흔적이 확인된다.
33) 북산은 종산(鍾山), 금릉산(金陵山)이라고도 하며, 삼국시대 오나라 대제(大帝) 손권(孫權)의 장릉(蔣陵)이 있는 곳으로 강소성(江蘇省) 강녕현(江

이름만을 들을 뿐이다.[34] 옛날 만사를 아우르던 영웅도 끝내는 한 무더기 흙더미가 되고 말아, 꼴 베고 소 먹이는 아이들이 그 위에서 노래하고 여우와 토끼가 그 옆에 굴을 팔 것이니, 분묘를 치장하는 것은 한갓 재물만 허비하고 사책에 비방만 남길 것이요, 공연히 인력을 수고롭히면서도 죽은 혼령을 구제하지 못하는 것이다. 가만히 생각하면 마음이 쓰리고 아픈 것을 금치 못하겠으되 이와 같은 것들은 내가 즐겨하는 바가 아니다.

임종 후 열흘이 되면 바로 왕궁의 고문(庫門) 밖 뜰에서 서역의 법식에 따라 불로 태워 장사 지내고, 상복을 입는 경중이야 본래 정해진 규례가 있을 터이나 장례 절차는 힘써 검약하게 하라. 변방의 성들과 방위 요새 및 주·군의 과세는 일에 긴요한 것이 아니거든 모두 헤아려 폐지하고, 율령과 격식 가운데 불편한 것들은 즉시 편의대로 고쳐 반포할 것이며, 멀고 가까운 곳에 모두 포고해 나의 이러한 뜻을 알리고 책임자가 시행하게 하라."

• 삼국사기 권 제7

寧縣)에 있다. 금으로 만든 물오리 향로는 원문에 '금부'(金鳧)라고 한 것인데, 진시황의 여산릉(驪山陵)에 있었던 것을 오 보정(寶鼎) 원년(266)에 일남군(日南郡)에서 습득했다 한다. 『낭야대취편』(琅琊代醉編) 금부.

34) 서릉은 위(魏) 무제 조조(曹操)의 무덤으로 하남성 임장현(臨漳縣) 서쪽에 있다. 동작은 무제가 건안(建安) 15년에 임장현 서남쪽 업성(鄴城) 안의 서북쪽에 지은 누대(樓臺)의 이름이다. 『삼국지』 위서 무제기. 한편 이 동작대는 송대의 『악부시집』(樂府詩集) 상화가사(相和歌辭)류에 일명 동작기(銅雀妓)라 하여 실린 가사의 이름이기도 하다. 이에 따르면 업도고사(鄴都故事)를 인용해 무제의 유언이 소개되어 있다. 무제는 임종 시에 여러 아들에게 말하기를 자기가 죽은 뒤 업성의 서쪽 언덕에 장사 지내고, 첩들과 기인(伎人)들로 하여금 동작대에 올라 6척의 상을 진설하고 그 아래 고운 휘장을 드리워서 조석으로 음식을 바치며, 매월 초하루와 보름에 휘장 앞을 향해 가무를 벌이도록 하라 하였고, 또 아들들 역시 때로 동작대에 올라 자신의 서릉묘전(西陵墓田)을 바라보라고 했다 한다.

삼국사기 권 제8

신라본기 제8
신문왕, 효소왕, 성덕왕

신문왕(神文王)이 왕위에 오르니, 이름은 정명(政明)〔명(明)의 자는 일
초(日怊)이다〕이고 문무대왕의 맏아들이다. 어머니는 자의(慈儀)〔'의'
(義)로도 쓴다〕왕후이다. 왕비 김씨는 소판 흠돌(欽突)의 딸인데, 왕이
태자로 있을 때 맞이했으나 오래도록 아들이 없었고 뒤에 아버지의 반
란에 연루되어 왕궁을 떠났다. 문무왕 5년에 태자로 세워졌다가 이때 와
서 왕위를 이었다. 당 고종이 사신을 보내 '신라 왕'으로 책립하고 아울
러 선대 왕의 관작을 답습하게 하였다.

원년(681) 8월에 서불한 진복(眞福)을 상대등으로 임명하였다. 8일에
소판 김흠돌, 파진찬 흥원(興元), 대아찬 진공(眞功) 등이 반역을 꾀하다
가 처형당하였다. 13일에 보덕왕(報德王)이 사신 소형(小兄) 수덕개(首
德皆)를 보내 와 역적을 평정한 일을 축하하였다.

16일에 왕이 교서를 내려 말하였다.

"공이 있는 이에게 상을 주는 것은 지난 성현들의 좋은 규범이요, 죄
가 있는 이를 처형하는 것은 선왕의 아름다운 법전이다. 과인이 보잘것
없고 박덕한 몸으로 높은 왕업을 이어받아 지키느라 끼니마저 거르고
새벽에 일어나 밤늦게 자리에 들면서 여러 중신과 함께 나라를 평안하

게 하고자 했더니, 어찌 상중에 수도에서 반란이 일어날 줄을 생각이나 하였으랴! 역적의 수괴 흠돌·흥원·진공 등은 그 지위가 재능으로 나아간 것이 아니고 관직도 실상 은전에 힘입어 올랐거니와, 한결같이 삼가서 부귀를 보전하지 못하고 이내 어질지 못하고 의롭지 못한 행동으로 복락과 위세를 마음대로 만들어내며, 관료들을 업신여기고 위아래를 속이고 능멸하였다. 근자에는 끝없는 탐욕과 포학한 마음을 제멋대로 드러내 흉악하고 간사한 무리를 불러들이고 궁중의 측근들과 결탁하여 화란이 안팎으로 통하게 했으며, 악한들이 서로 도와 굳게 기일을 정하고 반역을 일으키려 하였도다. 과인은 위로 천지 신령의 보우에 힘입고 아래로 종묘 영령의 보살핌을 받아서, 흠돌 등의 악행이 쌓이고 죄악이 가득 차자 그 음모가 탄로되었으니, 이야말로 사람과 신명이 함께 내치는 바이요 하늘과 땅 사이에 용납되지 못할 바이며, 도의를 짓밟고 풍기를 해치는 데 이보다 심한 것이 없을 것이라. 이리하여 군사를 끌어모아 흉포한 무리를 쓸어 없애려 했더니, 혹은 산골짜기로 달아나 숨고 혹은 궁궐 뜰에 나와 항복하였다. 그러나 잔 가지와 잎사귀 하나까지 철저히 찾아내 모두 처단하니, 3~4일 사이에 적당의 우두머리들이 소탕되었다. 부득이한 일이었으나 여러 사람을 놀라고 동요하게 했으니, 이 참담한 심정이야 어찌 한시인들 잊으랴! 이제는 이미 요망한 무리를 말끔히 쓸어 없애 멀고 가까운 데 걱정이 없게 되었으니, 소집한 병력을 신속하게 되돌려보내고 사방에 포고해 이 뜻을 알게 할 일이로다."

28일에 왕이 이찬 군관(軍官)을 처형하고, 교서를 내려 말하였다.

"임금을 섬기는 규범은 충성을 다하는 것이 근본이요, 관직에 있는 이의 도리는 두 마음을 먹지 않는 것이 으뜸이거늘, 병부령 이찬 군관은 반열의 순서에 따라 마침내 높은 지위에 올랐으면서도, 임금의 허물을 간하고 정성껏 보필해 순결한 절개를 조정에 바치지 않으며 명령을 받으면 제 몸을 잊은 채 티없는 정성을 사직을 위해 드러낼 줄을 모르고서, 역신 흠돌 등과 관계를 맺어 그들의 역모 사실을 알고도 일찍이 고발하지 않았으니, 이는 이미 나라를 걱정하는 마음이 없고 또한 공무에 충실할 뜻을 저버린 것이라. 어찌 그로 하여금 또다시 재상 자리에 앉아 함부로 나라의 헌장(憲章)을 흐리게 할 것인가. 마땅히 무리들과 함께 내쳐서 후진들을 경계토록 할 것인바, 군관과 그의 아들 한 명에게는 자진하게 하고, 온 나라에 포고해 모두 다 알게 하라."

겨울 10월에 시위감(侍衛監)을 없애고, 장군 6명을 두었다.

2년 봄 정월에 왕이 친히 신궁에 제사를 지내고 죄수를 크게 사면하였다. 여름 4월에 위화부령(位和府令) 2명을 두고 선거(選擧)에 관한 일을 맡게 하였다. 5월에 태백성이 달을 침범하였다. 6월에 국학(國學)을 세우고 경(卿) 1명을 두었으며, 또 공장부감(工匠府監) 1명과 채전감(彩典監) 1명을 두었다.

3년 봄 2월에 순지(順知)를 중시로 삼았다. 일길찬 김흠운(金欽運)의 어린 딸을 부인으로 삼았다. 이를 위해 먼저 이찬 문영(文穎)과 파진찬 삼광(三光)을 보내 기일을 정하고 대아찬 지상(智常)을 시켜 납채(納采)하게 했는데, 폐백이 열다섯 짐이요, 쌀·술·기름·꿀·간장·된장·말린 고기·젓갈이 1백 35짐이었으며, 벼가 1백 50수레였다. 여름 4월에 평지에 눈이 1척이나 쌓였다.

5월 7일에 이찬 문영(文穎)과 개원(愷元)을 김흠운의 집에 보내 그의 딸을 부인으로 책봉하고, 그날 묘시(卯時)에 파진찬 대상(大常)과 손문(孫文), 아찬 좌야(坐耶)와 길숙(吉叔) 등을 보내 각각 그들의 아내와 딸 및 양부와 사량부의 여자 각 30명씩과 함께 맞이해 오게 하였다. 부인은 수레에 탔는데 좌우에서 시종하는 관인들과 부녀자들이 매우 성대했으며, 왕궁의 북문에 이르러 수레에서 내려 궁궐로 들어갔다.

겨울 10월에 보덕왕 안승을 불러들여 소판으로 삼고 김씨 성을 내려주었으며, 수도에 머무르게 해 훌륭한 집과 좋은 밭을 내려주었다. 혜성이 오거성(五車星) 자리에 나타났다.

4년 겨울 10월에 저물녘부터 날이 밝을 무렵까지 유성이 어지럽게 떨어졌다.

11월에 안승의 조카뻘 되는 장군 대문(大文)이 금마저(金馬渚)에서 모반했다가 일이 발각되어 처형당하였다. 그 나머지 사람들은 대문이 사형당하는 것을 보더니, 관리들을 살해하고 읍을 장악해 반역하였다. 왕이 장졸들에게 명해 이를 치게 했는데 맞받아 싸우던 중에 당주(幢主) 핍실(逼實)이 죽었다. 그 성을 함락시키고 그곳 사람들을 나라 남쪽 지방의 주·군으로 옮겼으며, 그 지역을 금마군(金馬郡)으로 삼았다〔대문은 혹은 실복(悉伏)이라고 한다〕.

5년 봄에 다시 완산주를 설치하고 용원(龍元)을 총관으로 삼았다. 거열주(居列州)에서 청주(菁州)를 떼어내 설치하니, 비로소 9주를 갖추게 되었다.[1] 대아찬 복세(福世)를 총관으로 삼았다. 3월에 서원소경(西原小京)을 설치하고 아찬 원태(元泰)를 사신(仕臣)으로 삼았으며, 남원소경(南原小京)을 설치하고 여러 주·군의 주민들을 이곳으로 옮겨와서 나누어 살게 하였다. 봉성사(奉聖寺)가 완성되었다. 여름 4월에 망덕사(望德寺)가 완성되었다.

6년 봄 정월에 이찬 대장(大莊)〔'장'(將)으로도 쓴다〕을 중시로 삼고, 예작부경(例作府卿) 2명을 두었다. 2월에 석산(石山)·마산(馬山)·고산(孤山)·사평(沙平)의 네 현을 설치하였다. 사비주(泗沘州)를 군으로 만들고, 웅천군(熊川郡)을 주로 만들었다. 발라주(發羅州)를 군으로 만들고, 무진군(武珍郡)을 주로 만들었다.

사신을 당에 들여보내 『예기』와 문장을 요청했더니, 측천무후(則天武后)가 관련 부서에 명령해 길흉요례(吉凶要禮)를 베끼고 『문관사림』(文館詞林) 가운데서 규계(規誡)에 관한 글을 골라 뽑아 50권을 만들어주게 하였다.[2]

---

1) 9주는 중국 고대에 천하를 아홉으로 나누어 관념하던 것을 모방한 것이다. 선덕왕(善德王) 말년 사론의 주석을 참조할 것.

2) 『구당서』 199 신라국전에는 수공(垂拱) 2년(686)에 정명(政明)이 『당례』(唐禮)와 여러 문장을 구하였다고 했으며, 『신당서』 220 신라전에도 같은 내용이 있다. 그러므로 여기에서 구하였다고 한 『예기』는 정작 『당례』를 이르는 것이다. 한편 최치원

7년 봄 2월에 왕의 맏아들이 태어났다. 이날 날씨가 음침하고 어두컴 컴했으며, 우레와 번개가 심하였다. 3월에 일선주를 없애고 다시 사벌주를 두었으며, 파진찬 관장(官長)을 총관으로 삼았다. 여름 4월에 음성서(音聲署)의 장관을 경(卿)으로 고쳤다.

대신을 조묘(祖廟)에 보내 제사를 드렸는데, 그 제문이 이러하다.

"왕 아무개는 머리를 조아려 두 번 절하고 삼가 태조대왕, 진지대왕, 문흥대왕, 태종대왕, 문무대왕의 영전에 아뢰나이다. 저는 재주와 덕이 없이 높은 왕업을 이어받아 지키느라 자나깨나 근심하고 애쓰면서 편안하게 지낼 겨를이 없었사오나, 종묘의 돌보아 지켜주심과 하늘과 땅이 내려주시는 복록에 힘입어 사방은 안정되고 백성은 화락하며, 이역에서 온 손들은 보물을 배에 실어와 받들어 조공하고, 형벌이 맑아지자 송사가 잦아들어 오늘에 이르게 되었습니다. 그러나 근자에 임금의 정사에 도의가 상실되고 하늘의 비추어보심에 의리가 어그러지매 별자리에 괴변이 나타나고 해와 별이 빛을 잃는지라, 두려움에 몸이 벌벌 떨려 마치 깊은 계곡으로 떨어지는 것만 같사옵니다. 이에 삼가 아무 관직의 아무개를 보내 변변치 못한 제물을 차려서 살아계신 듯한 신령들께 정성을 바치오니, 엎드려 바라옵건대 이 보잘것없는 정성이나마 밝게 살피시고 하찮은 이 몸을 긍휼히 여기사, 사철 기후를 순조롭게 하시고 5사(五事)3)를 이룸에 차질이 없게 하시며, 농사는 풍년이 들고 역질은 없어져 의식이 풍족하고 예의가 갖추어지매 안팎이 깨끗하고 조용해지며 도적

이 대작한 효공왕의 「사은표」(謝恩表)에는 신라본기와 마찬가지로 "옛날 원조(遠祖) 정명께서 중국에 우러러 『예기』를 구하시고, 현종성제께서 특별히 『효경』을 내려주시어 교화가 크게 이루어졌음이 실록에 환히 나타나 있습니다"라고 하였다.

3) 5사는 주 무왕이 기자를 찾아가 하늘의 도리를 물었을 때 기자가 우임금 때의 홍범 구주(洪範九疇)를 들어 대답하는 가운데 언급한 것이다. 그에 따르면 "다섯 가지 일이란 첫째는 모(貌)·언(言)·시(視)·청(聽)·사(思)를 말하는데, 외모는 공손해야 하고, 말은 이치를 따라야 하며, 보는 것은 밝아야 하고, 듣는 것은 분명해야 하며, 생각하는 것은 슬기로워야 합니다"라고 하여 제왕이 갖추어야 할 중요한 덕으로 제시하였다. 『서경』 홍범 및 『사기』 38 송미자세가(宋微子世家).

은 사라지게 하시고, 이 풍요로움을 자손들에까지 드리워 길이 많은 복
을 누리게 해주소서. 삼가 아뢰나이다"라고 하였다.

5월에 교서를 내려 문무 관료들에게 밭을 차등있게 내려주었다. 가을
에 사벌주성(沙伐州城)과 삽량주성(歃良州城)을 쌓았다.

8년 봄 정월에 중시 대장(大莊)이 죽고, 이찬 원사(元師)가 중시가 되
었다. 2월에 선부경(般府卿) 1명을 더 두었다.

9년 봄 정월에 왕이 교서를 내려 중앙과 지방 관리들의 녹읍(祿邑)을
폐지하고, 해마다 조(租)를 차등있게 내려주는 것으로 불변의 고정된 법
을 삼았다.[4] 가을 윤 9월 26일에 왕이 장산성(獐山城)에 행차하였다. 서
원경성(西原京城)을 쌓았다. 왕이 달구벌(達句伐)로 도읍을 옮기고자 했
으나 뜻을 이루지 못하였다.

10년 봄 2월에 중시 원사가 병으로 면직되고, 아찬 선원(仙元)이 중시
가 되었다. 겨울 10월에 전야산군(轉也山郡)을 두었다.

11년 봄 3월 1일에 왕자 이홍(理洪)을 태자로 봉하고, 13일에 죄수를
크게 사면하였다. 사화주(沙火州)에서 흰 참새를 바쳤다. 남원성(南原城)
을 쌓았다.

12년 봄에 대나무가 말랐다.

당 중종(中宗)이 사신을 보내 구두로 명령하기를, "우리 태종문황제
(太宗文皇帝)께서는 신성한 공덕이 천고에 뛰어났으므로 묘호(廟號)를
'태종'이라고 했거니와, 너희 나라의 선왕 김춘추에게 같은 묘호를 쓴
것은 매우 참람한 것이니 모름지기 빨리 칭호를 고칠 일이다"라고 하였
다. 왕이 여러 신하와 더불어 함께 논의하고 대답하기를, "우리나라 선
왕 춘추의 시호가 우연히 성조(聖祖)의 묘호와 서로 저촉되어 칙령으로
이를 고치라 하니 저는 감히 명령을 따르지 않을 수 없습니다. 그러나 생

---

4) 녹읍은 관료의 복무 대가로 지급한 읍, 즉 토지를 말한다. 애초 녹읍은 국가의 통제
하에 있어서 제한된 수취만이 허용되고 세습적 보유는 금지되었을 것이다. 그러던
것이 점차 해당 지역에 대한 총체적 지배로 발전해 귀족의 사적 기반이 되어갔던
까닭에 이때 와서 녹읍을 폐지하고, 대신 매년 세조(歲租)를 지급하게 되었다.

각건대 우리 선왕 춘추는 자못 어진 덕망이 있었사옵고, 더구나 생전에 어진 신하 김유신을 얻어서 한마음으로 정사를 하여 삼한을 통일했으니, 그 공업을 이룬 것 역시 적다 할 수 없습니다. 그가 세상을 뜰 때 온 나라의 신민들이 슬퍼하며 추모함을 이기지 못하여 추존한 시호가 성조(聖祖)와 서로 저촉되는 것을 깨닫지 못했는데, 이제 교칙을 들으매 두려움을 이기지 못하겠나이다. 사신이 돌아가 황제에게 복명할 때 이대로 아뢰어줄 것을 삼가 바랍니다"라고 하였다. 그 뒤 다시 별도의 조칙은 없었다.

가을 7월에 왕이 죽었다.[5] 시호를 신문이라 하고, 낭산(狼山) 동쪽에 장사 지냈다.

효소왕(孝昭王)이 왕위에 오르니, 이름이 이홍(理洪)〔'공'(恭)으로도 쓴다〕이고 신문왕의 태자이다. 어머니의 성은 김씨로 신목왕후(神穆王后)이니, 일길찬 김흠운(金欽運)〔운(雲)이라고도 한다〕의 딸이다. 당의 측천무후가 사신을 보내 조상하는 제사를 지내게 하고, 아울러 왕을 신라왕보국대장군행좌표도위대장군계림주도독(新羅王輔國大將軍行左豹韜尉大將軍雞林州都督)으로 책봉하였다. 좌우리방부(左右理方府)를 좌우의방부(左右議方府)로 고쳤는데, '이'(理)자가 왕의 이름에 저촉되었기 때문이다.

원년(692) 8월에 대아찬 원선(元宣)을 중시로 삼았다. 고승 도증(道證)이 당에서 돌아와 천문도(天文圖)를 올렸다.

3년 봄 정월에 왕이 친히 신궁에 제사를 지내고 죄수를 크게 사면하였다. 문영(文穎)을 상대등으로 삼았다. 김인문이 당에서 죽으니 나이 66세였다. 겨울에 송악성(松岳城)과 우잠성(牛岑城)을 쌓았다.

4년에 자월(子月)[6]로 정월을 삼았다. 개원을 상대등으로 임명하였다.

---

5) 이해는 장수(長壽) 원년 임진(692)에 해당하는데, 『책부원귀』 봉책조에는 '장수 2년'으로 기록하였다.

겨울 10월에 수도에 지진이 있었다. 중시 원선이 나이 들어 물러났다. 서시(西市)와 남시(南市)를 두었다.

5년 봄 정월에 이찬 당원(幢元)이 중시가 되었다. 여름 4월에 나라 서쪽 지방이 가물었다.

6년 가을 7월에 완산주에서 상서로운 벼이삭을 진상했는데, 서로 다른 이랑의 줄기가 합쳐져 하나의 이삭을 맺은 것이었다.[7] 9월에 왕이 임해전(臨海殿)에서 여러 신하에게 잔치를 베풀었다.

7년 봄 정월에 이찬 체원(體元)을 우두주총관으로 삼았다. 2월에 수도에서 땅이 흔들리고 바람이 크게 불어 나무를 부러뜨렸다. 중시 당원이 나이 들어 물러나자, 대아찬 순원(順元)이 중시가 되었다. 3월에 일본국의 사신이 오자, 왕이 숭례전(崇禮殿)에서 불러 접견하였다. 가을 7월에 수도에 홍수가 났다.

8년 봄 2월에 흰 기운이 하늘에 뻗치고 혜성이 동방에 나타났다. 사신을 당에 보내 방물을 바쳤다. 가을 7월에 동해의 물이 핏빛이 되었다가, 5일 만에 예전처럼 돌아왔다. 9월에 동해의 물결이 맞부딪쳐서 그 소리가 왕도까지 들렸으며, 무기고 안에서 북과 뿔피리가 저절로 소리를 내울어댔다. 신촌(新村) 사람 미힐(美肹)이 무게가 1백 푼이나 되는 황금한 개를 주워 바치매, 남변제일(南邊第一)의 지위를 수여하고 조(租) 1백석을 내려주었다.

9년에 다시 인월(寅月)로 정월을 삼았다. 여름 5월에 이찬 경영(慶永)〔'영'(永)은 '현'(玄)으로도 쓴다〕이 반역을 꾀하다 처형당하고, 중시 순원은 여기에 연좌되어 파면되었다. 6월에 세성(歲星)이 달에 들어갔다.

---

6) 자월은 음력 11월이니, 12지(支)로 달의 이름을 삼은 것이다.
7) 원문에 '이무동영'(異畝同潁)이라 하였거니와, 이것은 다른 밭 이랑에서 이삭을 같이 한 벼이삭을 말한다. 『상서』 미자지명(微子之命)에 당숙(唐叔)이 자신의 식읍에서 이 가화(嘉禾)를 얻었는데, 이는 천하가 화동(和同)하는 형상이며, 주공의 덕화에서 비롯한 것이므로 주공에게 바쳤다 한다.

10년 봄 2월에 혜성이 달에 들어갔다. 여름 5월에 영암군 태수 일길찬 제일(諸逸)이 공무를 저버리고 사리사욕에만 열중하므로, 곤장 1백 대의 형벌을 내리고 섬으로 유배보냈다.

11년 가을 7월에 왕이 죽었다. 시호를 효소라 하고, 망덕사 동쪽에 장사 지냈다[『당서』를 보면 이르기를 "장안(長安) 2년(702)에 이홍(理洪)이 죽었다"라고 하였고, 여러『고기』에도 "임인년(702) 7월 27일에 왕이 죽었다"라고 했는데,『통감』에는 "대족(大足) 3년(703)에 죽었다"고 했으니『통감』이 잘못이다].8)

성덕왕(聖德王)이 왕위에 오르니, 이름은 흥광(興光)이다. 왕의 본명은 융기(隆基)였는데, 당 현종의 이름과 같았기 때문에 선천(先天) 연간에 고쳤다[『당서』에는 김지성(金志誠)이라고 하였다].9) 신문왕의 둘째 아들이며 효소왕의 친동생이다. 효소왕이 죽었을 때 아들이 없었으므로 나라 사람들이 그를 왕으로 세웠다.

당 측천무후는 효소가 죽었다는 말을 듣고 그를 위해 애도식을 거행하고 이틀간 조회를 하지 않았으며, 사신을 보내 조문하고 새 왕을 책봉

---

8) 『자치통감』207 당기 23 측천황후 하 장안 3년(703) 윤 5월조에 "신라 왕 김이홍이 죽었으므로 사신을 보내 그의 아우 숭기(崇基)를 왕으로 삼았다"라고 하여,『삼국사기』와『구당서』신라전의 '장안 2년'과는 1년의 차이가 있다. 한편『삼국사기』는『자치통감』을 인용하면서 '대족 3년'이라고 했는데, '대족'은 701년 1월부터 사용한 측천무후의 연호로서, 같은 해 10월 다시 '장안'으로 고쳤으므로, '대족 3년'은 곧 '장안 3년'이 된다.

9) 『당서』를 근거로 하여 성덕왕의 이름을 '김지성'이라고 한 분주이다. 그러나 실제로 양『당서』에는 성덕왕의 이름을 모두 '흥광'이라고 하여 본문과 일치하고 있다. 반면『책부원귀』에는 성덕왕 4년에 해당하는 중종(中宗) 신룡(神龍) 원년 3월에 '신라 왕 김지성'이 보인다. 동시에 성덕왕 4년 3월과 9월, 동왕 5년 4월의 견당사 파견은『책부원귀』와『삼국사기』가 일치한다. 따라서 본 분주의『당서』는『책부원귀』로 보는 것이 옳다.『책부원귀』970 외신부 조공 3에는 "중종 신룡 원년 3월에 신라 왕 김지성이 사신을 보내와 조공하였다. 9월에 다시 사신을 보내 방물을 헌상하였다. 2년 4월에 신라 왕 김융기(金隆基)가 사신을 보내 방물을 헌상하였다"라고 하였다.

해 신라 왕으로 삼으면서 아울러 형 왕의 '장군도독' 칭호를 답습하게 하였다.

원년(702) 9월에 죄수를 크게 사면하고 문무 관료의 작위를 1등급씩 더해주었으며, 1년 동안 여러 주·군의 조세를 면제해주었다. 아찬 원훈 (元訓)을 중시로 삼았다. 겨울 10월에 삽량주에서 상수리나무 열매가 변해 밤이 되었다.

2년 봄 정월에 왕이 친히 신궁에 제사를 지냈다. 사신을 당에 보내 방물을 바쳤다. 가을 7월에 영묘사(靈廟寺)에 화재가 있었고, 수도에 홍수가 나서 빠져 죽은 이가 많았다. 중시 원훈이 물러나자 아찬 원문(元文)을 중시로 삼았다. 일본국의 사신이 왔는데 모두 2백 4명이었다. 아찬 김사양(金思讓)을 당에 보내 입조하게 하였다.

3년 봄 정월에 웅천주에서 금지(金芝)를 진상하였다. 3월에 당에 들어갔던 김사양이 돌아와서 『최승왕경』(最勝王經)[10]을 바쳤다. 여름 5월에 승부령(乘府令) 소판 김원태(金元泰)의 딸을 맞아들여 왕비로 삼았다.

4년 봄 정월에 중시 원문이 죽었으므로, 아찬 신정(信貞)을 중시로 삼았다. 3월에 사신을 당에 보내 조공하였다. 여름 5월에 가물었다. 가을 8월에 늙은이들에게 술과 음식을 내려주었다. 9월에 교서를 내려 살생을 금하였다. 사신을 당에 보내 방물을 바쳤다. 겨울 10월에 나라 동쪽 지방의 주·군에 기근이 들어 떠돌아다니는 사람들이 많으므로 사신을 보내 구휼하였다.

5년 봄 정월에 이찬 인품(仁品)이 상대등이 되었다. 나라 안에 기근이 들었으므로 곡식 창고를 열어 구휼하였다. 3월에 뭇 별이 서쪽으로 흘렀다. 여름 4월에 사신을 당에 보내 방물을 바쳤다. 가을 8월에 중시 신정이 병으로 사직하니, 대아찬 문량(文良)을 중시로 삼았다. 사신

---

10) 『금광명최승왕경』(金光明最勝王經)의 약칭으로 당 의정(義淨)이 번역하였다. 이 경에는 3본이 있는데 제1 번역은 『금광명경』(金光明經)이라 하고, 제2 번역은 『합부금광명경』(合部金光明經)이라 하며, 제3 번역이 곧 이 『금광명최승왕경』(金光明最勝王經)이다.

을 당에 보내 방물을 바쳤다. 이해에 곡식이 잘 여물지 않았다. 겨울 10월에 사신을 당에 보내 방물을 바쳤다. 12월에 죄수를 크게 사면하였다.

6년 봄 정월에 백성들 가운데 굶주려 죽는 이들이 많으므로 1인당 하루에 조 3승(升)을 7월까지 지급해주었다.[11] 2월에 죄수를 크게 사면하고 백성들에게 오곡의 종자를 차등있게 내려주었다. 겨울 12월에 사신을 당에 보내 방물을 바쳤다.

7년 봄 정월에 사벌주(沙伐州)에서 상서로운 지초(芝草)를 진상하였다. 2월에 지진이 있었다. 여름 4월에는 진성(鎭星)이 달을 침범하였다. 죄수들을 크게 사면하였다.

8년 봄 3월에 청주(菁州)에서 흰 매를 진상하였다. 여름 5월에 가물었다. 6월에 사신을 당에 보내 방물을 바쳤다. 가을 8월에 죄인들을 사면하였다.

9년 봄 정월에 천구성(天狗星)이 삼랑사(三郎寺) 북쪽에 떨어졌다. 사신을 당에 보내 방물을 바쳤다. 지진이 있었다. 죄인들을 사면하였다.

10년 봄 3월에 큰 눈이 왔다. 여름 5월에 가축 도살을 금하였다. 겨울 10월에 왕이 나라 남쪽의 주·군을 순수(巡狩)하였다. 중시 문량이 죽었다. 11월에 왕이 「백관잠」(百官箴)을 지어 여러 신하에게 보였다. 12월에 사신을 당에 보내 방물을 바쳤다.

11년 봄 2월에 사신을 당에 보내 조공하였다. 3월에 이찬 위문(魏文)을 중시로 삼았다. 당에서 사신 노원민(盧元敏)을 보내 칙명으로 왕의 이름을 고치라고 하였다. 여름 4월에 왕이 온천에 행차하였다. 가을 8월에 김유신의 처를 부인으로 봉하고, 해마다 곡식 1천 석을 내려주었다.

12년 봄 2월에 전사서(典祀署)를 설치하였다. 사신을 당에 보내 조공

---

11) 1승, 즉 한 되는 10홉(合)이고, 10승을 1두(斗)라고 한다. 이때의 조치는 『삼국유사』 기이 2 성덕왕조에 자세히 보인다.

하니 현종이 문루까지 나와 접견하였다. 겨울 10월에 당에 들어갔던 사신 김정종(金貞宗)이 돌아왔는데, 황제가 조서를 내려 왕을 표기장군특진행좌위위대장군사지절대도독계림주제군사계림주자사상주국낙랑군공신라왕(驃騎將軍特進行左威衛大將軍使持節大都督雞林州諸軍事雞林州刺史上柱國樂浪郡公新羅王)으로 책봉하였다. 겨울 10월에 중시 위문이 나이가 들었다 하여 은퇴할 것을 청하니 이를 허락하였다. 12월에 죄수를 크게 사면하고, 개성(開城)을 쌓았다.

13년 봄 정월에 이찬 효정(孝貞)을 중시로 삼았다. 2월에 상문사(詳文司)를 고쳐 통문박사(通文博士)라 하고 표문 쓰는 일을 맡게 하였다.

왕자 김수충(金守忠)을 당에 들여보내 숙위하게 하니, 현종이 집과 비단을 내려주어 그를 총애했으며, 조정에서 잔치를 베풀어주었다. 윤 2월에 급찬 박유(朴裕)를 당에 보내 신년을 하례했더니, 그에게 조산대부원외봉어(朝散大夫員外奉御)의 관작을 내려주어 돌려보냈다. 여름에 가물었으며 사람들이 많이 전염병에 걸렸다. 가을에 삽량주의 산에서 상수리 열매가 변해 밤이 되었다. 겨울 10월에 당 현종이 우리 사신을 위해 내전에서 잔치를 베풀어주고, 재신(宰臣) 및 4품 이상 문한관들로 하여금 이에 참여토록 하였다.

14년 봄 3월에 김풍후(金楓厚)를 당에 보내 조공하였다. 여름 4월에 청주에서 흰 참새를 진상하였다. 5월에 죄수를 사면하였다. 6월에 크게 가물어 왕이 하서주(河西州) 용명악(龍鳴嶽)의 거사 이효(理曉)를 불러다 임천사(林泉寺) 못가에서 비를 빌게 했더니, 곧 비가 내려 열흘 동안이나 계속되었다. 가을 9월에 태백성(太白星)이 서자성(庶子星)[12]을 가렸고, 겨울 10월에는 유성이 자미성(紫微星)을 침범했으며, 12월에는 유성이 천창성(天倉星)[13] 자리에서 태미성(太微星) 자리로 들어갔다. 죄인들을

---

12) 서자성은 북극성좌를 이루는 다섯 별 가운데 셋째 별을 이른다.
13) 천창성은 28수 가운데 하나로, 서방 백호7수(白虎七宿)에 속하는 위수(胃宿)를 이르는 것이다. 천제의 곡물 창고를 관장하는 별이다.

사면하였다. 왕자 중경(重慶)을 태자로 책봉하였다.

15년 봄 정월에 유성이 달을 범하니 달이 빛을 잃었다. 3월에 사신을 당에 보내 방물을 바쳤다. 성정(成貞)〔엄정(嚴貞)이라고도 한다〕왕후를 내보내면서 비단 5백 필, 밭 2백 결(結),¹⁴⁾ 조(租) 1만 석, 집 한 채를 내려주었는데 집은 강신공(康申公)의 옛 저택을 사서 주었다. 바람이 크게 불어 나무가 뽑히고 기와가 날아갔으며, 숭례전(崇禮殿)이 허물어졌다. 신년 하례차 당에 들어갔던 사신 김풍후가 본국에 돌아가고자 하니, 황제가 그에게 원외랑의 관위를 수여해 돌려보냈다. 여름 6월에 가물어 다시 거사 이효를 불러 기도하게 했더니 곧 비가 내렸다. 죄인들을 사면하였다.

16년 봄 2월에 의박사(醫博士)와 산박사(算博士)를 1명씩 두었다. 3월에 새로 궁궐을 지었다. 여름 4월에 지진이 있었다. 6월에 태자 중경이 죽으니, 시호를 효상(孝殤)이라 하였다.

가을 9월에 당에 들어갔던 대감 김수충이 돌아와 문선왕(文宣王)과 10철(十哲) 및 72제자의 화상을 바치므로,¹⁵⁾ 곧 대학(大學)에 비치하였다.

17년 봄 정월에 중시 효정(孝貞)이 은퇴하고, 파진찬 사공(思恭)이 중시가 되었다. 2월에 왕이 나라 서쪽의 주·군을 돌아다니면서 보살폈으며, 나이 많은 이와 홀아비, 과부, 고아, 자식 없는 늙은이들을 친히 위문하고 물자를 차등있게 내려주었다. 3월에 지진이 있었다. 여름 6월에 황

---

14) 결부제(結負制)는 신라시대 이래 토지 면적과 그 수확량을 표시하는 독특한 계량법이었다. 곡화(穀禾) 한줌을 1파(把)라 하고, 10파를 1속(束), 10속을 1부(負), 100부를 1결(結)이라고 하여, 곡화의 수확량을 표시하는 단위인 동시에, 그만한 수확량을 산출할 수 있는 토지 면적을 의미하기도 한다.

15) 문선왕은 당 현종이 개원(開元) 연간에 추시한 공자의 시호이다. 10철은 문하 가운데 뛰어난 열 사람의 제자로 공문십철(孔門十哲)이라고도 하는데, 안연(顏淵)·민자건(閔子騫)·염백우(冉伯牛)·중궁(仲弓)·재아(宰我)·자공(子貢)·염유(冉有)·자로(子路)·자유(子游)·자하(子夏)를 말한다. 72제자는 소위 6예(六藝) 즉 예(禮)·악(樂)·서(書)·사(射)·수(數)·어(御)에 능통한 공자의 제자 72인을 말한다.

룡사 탑에 벼락이 쳤다. 처음으로 물시계를 만들었다. 사신을 당에 보내 조공했더니, 수중랑장(守中郞將)의 관위를 주어 돌려보냈다. 겨울 10월에 유성이 묘성(昴星) 자리에서 규성(奎星) 자리로 들어가니 작은 뭇 별이 따라갔으며, 천구성(天狗星)이 동북방에 떨어졌다. 이해에 한산주도독 관내에 여러 성을 쌓았다.

18년 봄 정월에 사신을 당에 보내 신년을 하례하였다. 가을 9월에 금마군(金馬郡) 미륵사(彌勒寺)에 벼락이 쳤다.

19년 봄 정월에 지진이 있었다. 상대등 인품이 죽으니, 대아찬 배부(裴賦)가 상대등이 되었다. 3월에 이찬 순원(順元)의 딸을 맞아들여 왕비로 삼았다. 여름 4월에 큰비가 내려 산이 열세 군데나 무너졌고, 우박이 내려 벼 모가 상하였다. 5월에 해당 관리를 시켜 해골들을 묻게 하였다. 완산주에서 흰 까치를 진상하였다. 6월에 왕비를 책봉해 왕후로 삼았다. 가을 7월에 웅천주에서 흰 까치를 바쳤다. 누리떼가 곡식을 해쳤다. 중시 사공이 은퇴하니, 파진찬 문림(文林)이 중시가 되었다.

20년 가을 7월에 하슬라 방면 장정 2천 명을 징발해 북쪽 경계에 장성(長城)을 쌓았다. 겨울에 눈이 내리지 않았다.

21년 봄 정월에 중시 문림이 죽고, 이찬 선종(宣宗)이 중시가 되었다. 2월에 수도에 지진이 있었다. 가을 8월에 처음으로 백성에게 정전(丁田)을 지급하였다. 겨울 10월에 대나마 김인일(金仁壹)을 당에 보내 신년을 하례하고 아울러 방물을 바쳤다. 모벌군성(毛伐郡城)을 쌓아서 일본 도적들의 침입로를 막았다.

22년 봄 3월에 왕이 당에 사신을 보내 미녀 두 사람을 바쳤는데 한 사람은 이름이 포정(抱貞)으로 아버지가 천승(天承) 나마였고, 또 한 사람은 이름이 정원(貞菀)으로 아버지가 충훈(忠訓) 대사였다. 그녀들에게 옷가지와 살림살이와 노비와 수레와 말을 주고 예를 갖추어 보냈더니, 당 현종이 말하기를 "이 여성들은 모두 신라 왕의 고종 누이들로서 멀리 일가붙이를 버리고 고국을 떠나 왔으니 차마 머물러 둘 수 없다" 하고, 후하게 베풀어 돌려보냈다. 「정원비」(貞菀碑)에는 이르기를 "효성(孝成)

6년, 즉 천보(天寶) 원년(742)에 당에 가다"라고 했으니, 어느 것이 옳은지 알 수 없다.

여름 4월에 당에 사신을 보내 과하마(果下馬)[16] 한 필, 우황, 인삼, 질좋은 다리,[17] 조하주(朝霞紬), 어아주(魚牙紬), 매를 아로새긴 방울, 바다표범 가죽, 금과 은 등을 바쳤다. 아울러 표를 올려 말하기를 "저는 바다 귀퉁이 시골에서 살고 있고 땅도 먼 벽지에 있어서, 원래부터 천객(泉客)의 보물[18]이나 종인(賨人)의 재화[19]도 없사온지라, 감히 지방에서 나는 토산물로 황제의 이목을 어지럽히고 노둔한 말로 황제의 마구간을 더럽히나이다. 가만히 생각하매 연(燕)의 돼지를 바친 어리석음과 같사오니[20] 감히 초(楚)의 닭을 바친 충정에야 비기겠습니까![21] 자못 부끄

---

16) 과하마는 『삼국지』 동이전 예조에 보이는데, 남조 송의 배송지(裵松之, 372~451)가 이를 설명하기를 "과하마라는 것은 키가 3척이니, 이를 타고 과수(果樹) 아래로 지나갈 수 있기 때문에 '과하마'라고 한 것이다"라고 하였다.

17) 원문에 '미체'(美髢)라 하였으니, 예전에 여자들이 머리 숱을 많아 보이게 하기 위해 장식용으로 덧넣었던 딴 머리채를 말한다. 월자(月子)·월내(月乃)라고도 한다.

18) 천객은 천주(泉州)의 상인을 말한다. 수·당대의 천주는 복건성(福建省) 지역에 포함되며, 『서경』 우공(禹貢)편의 양주(揚州) 지역에 해당한다. 『술이기』(述異記) 상에 따르면 양주의 사시(蛇市)에서 교인(鮫人)이 주옥(珠玉)을 거래했는데, 교인은 곧 물 가운데 사는 사람, 즉 인어와 같은 것인바, 이를 천객, 혹은 연객(淵客)이라고 한다 하였다. 그러므로 '천객의 보물'은 좀체로 구하기 힘든 진귀한 교역품을 말한다.

19) 종인은 파주(巴州) 사람, 혹은 파이(巴夷)라고 하는바, 비속한 남만인(南蠻人)을 말한다. 『후한서』 86 남만전(南蠻傳)에 따르면 진(秦) 소왕(昭王) 때 초를 정벌하고 만이(蠻夷)를 공취해 군을 설치했으며, 한나라 때 이곳에서 베를 거두었는데 이것을 종포(賨布)라고 한다 하였다. 그러므로 '종인의 재화'는 이역에서 공물로 바쳐오는 물자를 말한다.

20) 연의 돼지는 요동의 돼지를 말한 것이다. 후한 광무제 때 사람 주부(朱浮)가 어양태수(漁陽太守) 팽총(彭寵)을 질책하는 글에서 팽총의 자만을 비유해 말하기를 "지난날 요동 사람이 머리가 흰 돼지 새끼를 진기하게 생각하고 왕에게 진상하고자 가지고 가던 도중에 하동(河東) 땅을 지나다 보니 그곳 돼지들이 모두 머리가 흰지라 부끄러워 돌아갔거니와, 만약 그대의 공을 조정에서 논할지면 '요동의 돼지'가 될 것이다"라고 하였다. 즉 자신은 고루한 기준에서 대단한 것이라고 여기지만 남들에게는 심상한 것에 불과하다는 뜻이다. 『후한서』 33 주부전.

21) 초의 닭은 초의 봉(鳳)이라고도 하는 것으로, 전국 시대 윤문(尹文)의 저서 『윤문

222

러움으로 얼굴이 붉어지는 것을 느끼면서 더더욱 떨리고 땀이 나옵니다"라고 하였다. 이해에 지진이 있었다.

23년 봄에 왕자 승경(承慶)을 태자로 삼고 크게 죄수를 사면하였다. 웅천주에서 상서로운 지초(芝草)를 진상하였다. 2월에 김무훈(金武勳)을 당에 보내 신년을 하례하였다. 무훈이 돌아왔는데, 현종이 글을 내려 보내 말하기를 "그대는 매양 정삭을 받들고 나의 조정에 조공을 해오니 내가 그대의 품은 뜻을 생각하매 깊이 가상할 만하도다. 또 진상한 여러 물건을 받아보니 모두 넓은 바다를 건너고 이리저리 거친 들판을 지나 왔건만 물건들이 다 정교하고 아름다워 그대의 마음을 충분히 드러내고 있도다. 이제 그대에게 비단 옷과 금 띠와 무늬있는 비단과 흰 비단을 합해 2천 필을 주어 그대의 정성스러운 헌상물에 답하노니, 물건이 이르거든 잘 받을 일이다"라고 하였다. 겨울 12월에 사신을 당에 보내 방물을 바쳤다. 소덕왕비(炤德王妃)가 죽었다.

24년 봄 정월에 흰 무지개가 나타났다. 3월에 눈이 오고, 여름 4월에 우박이 내렸다. 중시 선종이 물러나고, 이찬 윤충(允忠)이 중시가 되었다. 겨울 10월에 땅이 흔들렸다.

25년 여름 4월에 김충신(金忠信)을 당에 보내 신년을 하례하였다. 5월에 왕의 아우 김근질(金釿質)을 당에 보내 조공했더니, 당에서 그에게 낭장의 관위를 수여해 돌려보냈다.

26년 봄 정월에 죄인들을 사면하였다. 사신을 당에 보내 신년을 하례하였다. 여름 4월에 일길찬 위원(魏元)을 대아찬으로 삼고, 급찬 대양(大讓)을 사찬으로 삼았다. 겨울 12월에 영창궁(永昌宮)을 수리하였다. 상대

자』(尹文子) 대도(大道)편에 있는 고사이다. 초나라 사람이 산치(山雉)를 메고 가던 중 길에서 그것이 무슨 새냐고 묻는 이가 있자, 봉황이라고 속여 비싼 값에 팔았다. 이를 산 이가 초 왕에게 바치고자 했으나 가던 도중 산치가 죽었던바, 이 소문을 왕이 듣고 그를 가상히 여겨 본래 값의 열 배 이상으로 상을 내려주었다 한다. 즉 하찮은 것을 보배로 삼는 것을 비유한 것이다. 산치는 작(鸐), 혹은 산계(山雞)라고도 하는데, 꼬리가 긴 야조(野鳥)를 이른다.

등 배부가 나이가 들었다 하여 은퇴를 청했으나, 허락하지 않고 안석과 지팡이를 내려주었다.

27년 가을 7월에 왕의 아우 김사종(金嗣宗)을 당에 보내 방물을 바치고 겸하여 표를 올려서 자제들을 당의 국학에 입학시켜주기를 요청하니, 황제가 조칙을 내려 허락하였다. 또 황제가 김사종에게 과의(果毅)의 관위를 내려주고 그대로 머물러서 숙위하게 하였다. 상대등 배부가 나이가 들었다 하여 은퇴를 청하니 이를 허락하고 이찬 사공(思恭)을 상대등으로 삼았다.

28년 봄 정월에 사신을 당에 보내 신년을 하례하였다. 가을 9월에 사신을 당에 보내 조공하였다.

29년 봄 2월에 왕족 지만(志滿)을 당에 보내 작은 말 다섯 필, 개 한 마리, 금 2천 냥, 두발 80냥, 바다표범 가죽 열 장을 바쳤다. 당 현종이 지만에게 태복경(太僕卿)의 관위를 주고, 명주 1백 필과 자주색 옷과 가느다란 비단 띠를 내려주었으며, 그대로 머물러 숙위하게 하였다. 겨울 10월에 사신을 당에 보내 방물을 바쳤더니, 현종이 그들에게 물품을 차등있게 내려주었다.

30년 봄 2월에 김지량(金志良)을 당에 보내 신년을 하례하였다. 현종이 그에게 태복소경원외치(太僕少卿員外置)의 관위를 주고 비단 64필을 주어 돌려보내면서 조서를 내려 말하기를, "진상해온 우황과 금·은 등의 물건들은 표문을 살펴보고 다 받았도다. 그대 부부의 경사스러운 복으로 삼한이 화목하게 지내니, 세상에서 어질고 의로운 나라라고 일컬었고 대대로 공훈과 훌륭한 업적을 드러냈으며, 문장과 예악·문물에는 군자의 풍도를 보여주었도다. 정성을 들이고 충성을 바쳐 왕실에 부지런한 절개를 다하니, 진실로 나라를 보위해 지키는 울타리의 벼리요 충성과 의리의 모범이거늘, 어찌 머나먼 다른 지방의 풍속들과 같이 놓고 견주어 말할 수 있겠는가? 더구나 의리를 흠모하고 따르기를 부지런히 다하며 알현하고 조공하는 것을 더욱 정성스럽게 하여, 산을 넘고 바다를 건너 멀고 험한 길에도 게으르지 않고 폐백과 보물을 어김없이 해마다 바쳤도다. 그리하여 우리 국법을 지키고 나라의 헌장에 기록을 드리웠으니, 그 간절한 정성을 돌아보매 깊이 가상할 만하도다. 나는 매양 새벽에 일어나 우두커니 생각에 잠기고 어두운 밤에도 옷을 차려 입고 어진 이를 기다려서 그 사람을 만나면 환하게 비추어 가르침을 받고 윤택하게 될 것을 생각하거니와, 그대를 만나 지내게 되기를 기다려서 나의 품은 뜻이 들어맞으리라고 여겼더니, 지금 사신이 와서야 그대가 병고에 걸려 명령을 감당하지 못하게 된 것을 알았도다. 그 멀리 떨어져 있는 것을 생각하면 걱정이 더할 뿐이다. 차츰 기후가 따뜻하고 화창해지면 병은 나으리라 생각한다. 이제 그대에게 무늬 넣은 비단 5백 필과 비단 2천 5백 필을 주노니 마땅히 곧 받을 일이다"라고 하였다.

여름 4월에 죄수들을 사면하고 늙은이들에게 술과 음식을 내려주었다. 일본국의 병선 3백 척이 바다를 건너 우리 동쪽 변경을 습격하므로, 왕이 장수에게 명해 군사를 내서 크게 깨뜨렸다. 가을 9월에 백관을 적문(的門)에 모이게 해 수레에 장치한 쇠뇌 쏘는 것을 관람하였다.

31년 겨울 12월에 각간 사공(思恭)과 이찬 정종(貞宗), 윤충(允忠), 사인(思仁)을 각각 장군으로 삼았다.

32년 가을 7월에 당 현종이 발해말갈이 바다를 건너 들어와서 등주(登州)를 침구한다 하여,[22] 태복원외경 김사란(金思蘭)을 귀국시키면서 우리 왕에게 작위를 올려주어 개부의동삼사영해군사(開府儀同三司寧海軍使)로 삼고, 군사를 출동시켜 말갈 남쪽 지방을 치게 하였다. 그러나 때마침 큰 눈이 1장 남짓이나 내려 산길이 막히고 죽은 사졸들이 절반을 넘어서자, 아무런 전공도 없이 돌아왔다. 김사란은 본래 왕족으로 앞서 당에 들어가 조알했을 때 공손하고 예의가 있었으므로 그대로 머물러

---

22) 발해 무왕 대무예(大武藝)가 흑수말갈(黑水靺鞨) 지배권을 둘러싸고 당과 대립하던 중 의견을 달리한 왕제 대문예(大門藝)가 당으로 망명하자 양국간 외교 분쟁으로 확산되어, 마침내 당 현종 개원(開元) 20년(732)에 발해의 장문휴(張文休)가 등주(登州)를 선제 공격한 바 있었다. 『구당서』 199 하 북적(北狄) 발해말갈 및 『신당서』 219 북적 발해.

숙위하고 있었는데, 이때 와서 사절의 임무를 맡긴 것이다.

겨울 12월에 왕의 조카 지렴(志廉)을 당에 보내 황제의 은혜에 감사하였다. 처음에 황제가 우리 왕에게 흰 앵무새 암수 각각 한 마리와 자줏빛 비단에 수놓은 옷, 금과 은으로 아로새긴 그릇들, 그리고 상서로운 무늬의 비단과 5색 무늬의 비단 3백여 단을 내려주었다. 이에 왕이 표문을 올려 감사해 말하였다.

"엎드려 생각건대 폐하께서 법을 잡고 나라를 여니 성스러운 문(文)이요 신묘한 무(武)인지라, 천 년의 창성한 운세에 순응했으며 만물의 상서로운 징조들을 불러들였나이다. 바람과 구름이 다니는 곳은 모두 폐하의 지극한 덕화를 받들게 되었으며, 해와 달이 비추는 곳은 다 함께 폐하의 깊은 은혜를 입게 되었습니다. 제가 사는 곳은 봉래(蓬萊)와 방호(方壺)[23]에 막혔으나 황제의 사랑은 이 먼 곳까지 젖어들었고, 우리나라는 문명된 중국과는 달리 시골이오나 밝은 혜택이 이 어두운 곳까지 퍼져왔습니다. 엎드려 조서를 읽고 꿇어앉아 귀한 선물함을 열어보니, 높은 하늘의 비와 이슬을 머금은 듯하고 오색 빛깔의 봉황이 두른 듯하옵니다. 은혜를 가려 말하는 신령스러운 앵무새는 희고 푸른 두 마리가 묘하기도 하여 혹은 장안의 노래를 부르는 듯, 혹은 황제의 은택을 전하는 듯합니다. 펼쳐진 비단의 찬란한 무늬와 금은 보물의 세공품들은 보는 이의 눈을 부시게 하고 듣는 이의 마음을 놀라게 합니다. 정성을 바친 공적의 근원을 추구해보면 실로 선조들에서 말미암은 것인데, 이와 같은 특별한 은총을 내려주시어 말단의 후손에까지 뻗쳐 이르렀습니다. 제 보잘것없는 충성은 티끌 같은 것인데 황제의 무거운 은혜는 태산과 같사오니, 물가 궁벽진 곳에서 제 분수를 헤아리건대 무엇으로 보답해 올릴지 모르겠나이다."

---

23) 봉래와 방호는 동해 가운데 신선이 살고 있다는 산을 말한다. 『산해경』 해내북경(海內北經)에 보이며, 『열자』(列子) 탕문(湯問)편에는 발해 동쪽에 있는 다섯 산을 들어 대여(岱輿)·원교(員嶠)·방호·영주(瀛洲)·봉래라 하였고, 『사기』 진시황기에는 바다 가운데 삼신산(三神山)으로 봉래·방장(方丈)·영주를 들고 있다.

황제가 조칙을 내려 지렴을 내전에서 대접하게 하고, 그에게 비단 묶음을 내려주었다.

33년 봄 정월에 모든 관료에게 교서를 내려서 친히 북문으로 들어와 왕을 마주하고 상주하게 하였다. 당에 들어가 숙위하고 있던 좌령군위원외장군(左領軍衛員外將軍) 김충신이 황제에게 표문을 올려 아뢰었다.

"제가 받자온 분부는 폐하의 신절을 가지고 본국에서 군사와 마필을 동원해 말갈을 쳐 없애고 사태가 발생할 때는 계속 보고해 아뢰는 것이었습니다. 저는 황제 폐하의 분부를 받은 이후 장차 목숨을 바치고자 맹세했더니, 마침 그때 교대해 들어온 김효방(金孝方)이 죽어서 편의상 제가 숙위로 머무르게 되었던 것입니다. 우리 본국의 왕께서는 제가 오랫동안 황제를 모셨다 하여 왕의 조카 지렴을 보내 저와 교대하도록 했습니다. 이제 그가 이미 도착했으므로 저는 곧 돌아가는 것이 합당할 것이옵니다. 전에 받자온 분부는 늘 생각해 밤낮없이 잊지 않겠나이다. 폐하께서는 앞서 조칙을 내리시어 본국 왕 흥광(興光)에게 영해군대사(寧海軍大使)의 작위를 더해주시고 정절을 내려주시어 흉적을 토벌하게 했습니다. 황제의 위엄을 실어 이르는 곳은 비록 아무리 먼 곳이라 해도 가까운 것과 다를 바 없고, 임금의 명령이 있는 터에 신하가 감히 받들어 따르지 않겠나이까. 저 무지하고 사리에 어두운 오랑캐는 이미 재난을 다시 받지 않도록 뉘우치고 있습니다. 그러나 악을 제거하는 데는 근본을 힘써 바로잡아야 하고, 법을 펴는 데는 혁신을 생각해야 하는 것입니다. 그러므로 군사를 내는 것은 그 의리가 세 번의 승리보다도 귀중하다 하나, 적들을 내버려두게 되면 그 후환이 누대까지 끼칠 것입니다.

엎드려 바라옵건대 폐하께서는 제가 본국에 돌아가는 계제에 저에게 부사의 직책을 빌려주시어 황제의 뜻을 남김없이 다시 한번 이역 변방에 선포하게 하소서. 그리하면 어찌 이것이 다만 황제의 위세를 더욱 떨칠 뿐이겠습니까. 진실로 또한 군사들도 기세를 높여 반드시 적들의 소굴을 둘러엎고 우리 황벽된 구석을 안정시킬 것이오니, 신의 작은 정성을 다해 국가의 크나큰 이익이 되게 하소서. 저희들이 다시 푸른 바다에 배를 타고 나가 승전보를 황제의 궁궐에 바치고, 터럭 같은 공적이나마 이루어 비와 이슬처럼 베풀어주시는 은혜를 갚는 것이, 저의 바람이옵니다. 엎드려 생각하옵건대 오직 폐하께서는 이를 헤아려주소서."

황제가 이를 허락하였다.

여름 4월에 대신 김단갈단(金端竭丹)을 당에 보내 신년을 하례하였다. 황제는 내전에서 잔치를 베풀어 접견하고 그에게 위위소경(衛尉少卿) 관위를 주었으며, 붉은 난포(襴布)와 고르게 편 은제 띠 및 명주 60필을 내려주었다. 이보다 앞서 왕이 조카 지렴을 보내 황제의 은혜에 감사했을 때 작은 말 두 필, 개 세 마리, 금 5백 냥, 은 20냥, 베 60필, 우황 20냥, 인삼 2백 근, 두발 1백 냥, 바다표범 가죽 16장을 바쳤는데, 이때 와서 황제가 지렴에게 홍려소경원외치(鴻臚少卿員外置)의 관위를 수여하였다.

34년 봄 정월에 형혹성이 달을 침범하였다. 김의충(金義忠)을 당에 들여보내 신년을 하례하였다. 2월에 부사 김영(金榮)이 당에서 죽자, 황제가 광록소경(光祿少卿)의 관위를 추증해주었다. 의충이 돌아올 때 황제가 조칙으로 패강 이남의 땅을 내려주었다.

35년 여름 6월에 사신을 당에 들여보내 신년을 하례하였다. 아울러 표문을 붙여 사례하기를 "엎드려 은혜로운 조칙을 받들자오니, 패강 이남의 땅을 내려주셨습니다. 저는 바다 귀퉁이에서 태어나 살면서도 거룩한 조정의 교화를 흠뻑 입었으므로 비록 붉은 충성과 깨끗한 정성으로 마음을 먹으나 드러낼 만한 공적은 없사옵고, 참되고 곧은 지조로 일을 하지만 상을 받을 만한 노고도 없사옵니다. 그런데 폐하께서는 비와 이슬 같은 은혜를 내리시고 해와 달같이 밝은 조칙을 내셔서, 저에게 땅을 내려주시고 고을을 넓혀주시며, 마침내 논밭을 개간할 기약을 갖게 하시고 농사 짓고 누에 칠 자리를 얻게 하셨습니다. 저는 조서의 뜻을 받들어 영예로운 총애를 깊이 입었사오니, 제 몸이 부서져 가루가 되더라도 보답해 올릴 방법이 없나이다"라고 하였다.

겨울 11월에 왕이 종제인 대아찬 김상(金相)을 당에 사신으로 보냈는데, 김상은 가던 도중에 죽었다. 황제가 매우 애도하여 그에게 위위경(衛

尉卿)의 관위를 추증해주었다. 왕이 이찬 윤충(允忠)·사인(思仁)·영술(英述)을 보내 평양과 우두(牛頭) 두 주의 지세를 조사하고 살펴보게 하였다. 개가 재성(在城)의 고루(鼓樓)에 올라가 3일 동안 짖었다.

36년 봄 2월에 사찬 김포질(金抱質)을 당에 들여보내 신년을 하례하고 방물을 바쳤다.

왕이 죽었다. 시호를 성덕이라 하고, 이거사(移車寺) 남쪽에 장사 지냈다.

• 삼국사기 권 제8

삼국사기 권 제9

신라본기 제9
효성왕, 경덕왕, 혜공왕, 선덕왕

효성왕(孝成王)이 왕위에 오르니, 이름은 승경(承慶)이고 성덕왕의 둘째 아들이다. 어머니는 소덕왕후(炤德王后)이다. 죄수를 크게 사면하였다.

3월에 사정부(司正府)의 승(丞)과 좌우의방부(左右議方府)의 승(丞)을 모두 좌(佐)로 고쳤다.[1] 이찬 정종(貞宗)을 상대등으로, 아찬 의충(義忠)을 중시로 삼았다. 여름 5월에 지진이 있었다. 가을 9월에 유성이 태미성(太微星) 자리에 들어갔다. 겨울 10월에 당에 들어갔던 사찬 포질(抱質)이 돌아왔다. 12월에 사신을 당에 들여보내 방물을 바쳤다.

2년(738) 봄 2월에 당 현종이 성덕왕이 죽었다는 말을 듣고 오랫동안 안타까워하고 애처롭게 여기더니, 좌찬선대부(左贊善大夫) 형숙(邢璹)을 홍려소경(鴻臚少卿)으로 삼아 보내와 조상하는 제사를 지내게 하고 태자태보(太子太保)의 관위를 추증했으며, 또 후사 왕을 개부의동삼사신라왕(開府儀同三司新羅王)으로 책봉하였다. 형숙이 장차 떠나려 할

---

1) 본서 38 직관지 상 사정부조에 의하면, 이 개칭은 '승'(丞)의 음이 효성왕의 이름자 '승'(承)과 같기 때문에 이를 피휘(避諱)하기 위한 것이었다.

때 황제가 시서(詩序)를 짓고 태자 이하 백관들이 모두 시를 지어서 보냈다. 황제가 형숙에게 이르기를 "신라는 군자의 나라로 불려 자못 글을 할 줄 알아서 중국과 비길 만하다. 그대는 독실한 유학자이므로 신절을 가지고 가게 하는 것이니, 마땅히 경전의 뜻을 펴 보여 그들에게 대국의 유교가 융성함을 알게 하라"라고 하였다. 또 황제는 우리나라 사람들이 바둑을 잘 둔다 하여 솔부병조참군(率府兵曹參軍) 양계응(楊季膺)을 부사로 삼아 보냈는데, 우리나라의 고수들이 모두 그의 아래에 들었다. 이에 왕이 형숙 등에게 금·보물·약품 등을 후하게 주었다. 당에서 사신을 보내 왕비 박씨를 책봉하였다.

3월에 김원현(金元玄)을 당에 들여보내 신년을 하례하였다. 여름 4월에 당의 사신 형숙이 노자의『도덕경』등 문서들을 왕에게 바쳤다.[2] 흰 무지개가 해를 꿰뚫고, 소부리군(所夫里郡)의 강물이 핏빛으로 변하였다.

3년 봄 정월에 왕이 할아버지의 사당에 배알하였다. 중시 의충(義忠)이 죽었으므로, 이찬 신충(信忠)을 중시로 삼았다. 선천궁(善天宮)이 낙성되었다. 형숙에게 황금 30냥, 베 50필, 인삼 1백 근을 내려주었다. 2월에 왕의 아우 헌영(憲英)을 파진찬으로 임명하였다. 3월에 이찬 순원(順元)의 딸 혜명(惠明)을 맞이해 왕비로 삼았다. 여름 5월에 파진찬 헌영을 태자로 책봉하였다. 가을 9월에 완산주에서 흰 까치를 바쳤다. 여우가 월성의 궁궐에서 울자, 개가 물어 죽였다.

4년 봄 3월에 당에서 사신을 보내와 부인 김씨를 왕비로 책봉하였다.

---

2) 이『도덕경』은 현종의 친주서(親注書)로서 천하에 이를 분급하는 과정에서 신라에 보내진 것이다. 비슷한 예로 현종은 5년 뒤인 경덕왕 2년에 다시『어주효경』(御注孝經)을 신라에 보내온 바 있다.『당회요』(唐會要) 36 수찬(修撰), 개원(開元) 10년 및『신당서』57 지 47 예문(藝文) 1·3. 한편 성덕왕 18년(719)에 조성된「감산사미륵보살상조상기」(甘山寺彌勒菩薩像造像記)에는 이미『도덕경』에 대한 깊은 이해가 확인되고 있다. 그러므로 현종의『도덕경』반급은 친주서라는 데 의의가 있는 것이지, 도교 자체가 신라인들에게 새삼스러운 것은 아니었다.

여름 5월에 진성(鎭星)이 헌원좌(軒轅座)의 큰 별을 침범하였다.[3]

가을 7월에 웬 붉은 옷을 입은 여인이 예교(隸橋) 아래에서 나와 조정의 정치를 비방하고, 효신공(孝信公)의 집 문 앞을 지나더니 갑자기 보이지 않았다.

8월에 파진찬 영종(永宗)이 모반했다가 처형당하였다. 이보다 앞서 영종의 딸이 후궁으로 들어와 있었는데, 왕이 그녀를 끔찍이 사랑하여 은총이 날로 더하자 왕비가 이를 질투해 자기 친족과 함께 그녀를 죽이고자 모의하는지라, 이에 영종이 왕비의 족당들에게 원한을 가졌던 까닭에 반역을 한 것이다.

5년 여름 4월에 대신 정종(貞宗)과 사인(思仁)에게 명해 쇠뇌수들을 사열하게 하였다.

6년 봄 2월에 동북 지방에 지진이 있었는데 우레 같은 소리가 났다. 여름 5월에 유성이 삼대성(參大星) 자리를 침범하였다.

왕이 죽었다.[4] 시호를 효성이라 하고, 유언하여 명한 대로 관은 법류사(法流寺) 남쪽에서 불사르고 유골은 동해에 뿌렸다.

경덕왕(景德王)이 왕위에 오르니, 이름은 헌영(憲英)이고 효성왕의 친동생이다. 효성왕에게 아들이 없으므로 헌영을 태자로 세웠던지라 왕위를 이을 수 있었던 것이다. 왕비는 이찬 순정(順貞)의 딸이다.

원년(742) 겨울 10월에 일본국 사신이 왔으나 받아들이지 않았다.

2년 봄 3월에 주력공(主力公)의 집 소가 한꺼번에 송아지 세 마리를 낳았다. 당 현종이 찬선대부(贊善大夫) 위요(魏曜)를 보내와 조상하는 제

---

3) 진성은 토성(土星)의 다른 이름이다. 『사기』 천관서에 토성은 5방 중 중앙에 속하고 덕을 관장하며 왕후의 성상(星象)이라고 하였다. 헌원좌는 권성좌(權星座)라고도 하는데, 황룡의 형상과 흡사하며 별 17개로 이루어졌다. 그 앞의 큰 별은 황후를 상징하고 그 옆의 작은 별들은 비빈과 희첩을 상징한다고 한다. 『회남자』 천문훈(天文訓)에서는 천신 제비(帝妃)가 있는 곳이라고 하였다.

4) 이해는 천보(天寶) 원년(742) 임오에 해당하는데, 『구당서』 신라전에는 천보 2년으로 기록해 『삼국사기』와 1년 차이가 난다.

사를 지내게 하고, 아울러 왕을 신라 왕으로 책립했으며, 선왕의 관작을 승습하게 하였다.

현종의 조서에 이르기를 "작고한 개부의동삼사사지절대도독계림주제군사겸지절영해군사신라왕(開府儀同三司使持節大都督鷄林州諸軍事兼持節寧海軍使新羅王) 김승경(金承慶)의 아우 헌영(憲英)은 대를 이어 어진 생각을 품고 떳떳한 예의에 마음을 쏟아 대현(大賢)이 베푸신 풍속과 교화는 조리가 더욱 밝아졌으며, 중국 법제의 의관을 성심으로 본받고 있도다. 바닷가 보배를 사신을 보내 나르고, 구름과 짝하는 머나먼 길을 따라 조정에 왕래하며, 대대로 충순한 신하가 되어 거듭 충절을 드러냈도다. 지난번 형이 나라를 계승하더니 세상을 뜨고 뒤이을 아들이 없으매 아우가 이를 받아 그 뒤를 이었으니, 이 또한 떳떳한 법도이라. 이에 제후를 품어들이는 예의로 우대해 책명하노니, 마땅히 옛 전통을 지켜 번방(藩邦)의 어른된 명망을 계승할 일이다. 아울러 특별한 예우를 더해 중국 관작의 칭호를 내려주나니, 형의 관작인 신라왕개부의동삼사사지절대도독계림주제군사겸충지절영해군사(新羅王開府儀同三司使持節大都督鷄林州諸軍事兼充持節寧海軍使)를 이어받으라"라고 하였다. 이와 함께 황제가 주해한 『효경』한 부를 보내주었다.[5]

여름 4월에 서불한 김의충(金義忠)의 딸을 맞이해 왕비로 삼았다. 가을 8월에 지진이 있었다. 겨울 12월에 왕의 아우를 당에 들여보내 신년을 하례했더니, 황제가 좌청도솔부원외장사(左淸道率府員外長史)의 관위를 수여하고 녹색 도포와 은제 띠를 내려주어 돌려보냈다.

3년 봄 정월에 이찬 유정(惟正)을 중시로 삼았다. 윤 2월에 사신을 당에 들여보내 신년을 하례하고 아울러 방물을 바쳤다. 여름 4월에 왕이 친히 신궁에 제사를 지냈다. 사신을 당에 들여보내 말을 바쳤다. 겨울에

---

5) 현종은 개원(開元) 10년(722) 6월 2일『효경』을 주석하여 국내외 및 국자학(國子學)에 반포한 바 있고, 천보(天寶) 2년(743) 5월 22일에 이를 다시 주석해 반포하였다. 효성왕 2년조 주석을 참조할 것.

요사스러운 별이 중천에 나타났는데, 크기가 닷 말들이 그릇만 하였으며 열흘 만에야 없어졌다.

4년 봄 정월에 이찬 김사인(金思仁)을 상대등으로 임명하였다. 여름 4월에 수도에 우박이 내렸는데 크기가 계란만 하였다. 5월에 가물었다. 중시 유정이 물러나고, 이찬 대정(大正)이 중시가 되었다. 가을 7월에 동궁을 수리하였다. 또 사정부(司正府)와 소년감전(少年監典)과 예궁전(穢宮典)을 설치하였다.

5년 봄 2월에 사신을 당에 들여보내 신년을 하례하고 아울러 방물을 바쳤다. 여름 4월에 죄수를 크게 사면하고 큰 술잔치를 베풀었으며, 승려 1백 50명에게 도첩(度牒)을 주었다.

6년 봄 정월에 중시(中侍)를 시중(侍中)으로 고쳤다. 국학의 여러 전공 과정에 박사(博士)와 조교를 두었다. 사신을 당에 들여보내 신년을 하례하고 아울러 방물을 바쳤다. 3월에 진평왕릉에 벼락이 쳤다. 가을에 가물더니, 겨울에는 눈이 내리지 않았다. 백성들이 굶주리고 또 전염병이 돌자, 사신을 열 개 방면으로 내보내 안정시키고 위무하였다.

7년 봄 정월에 천구성이 땅에 떨어졌다. 가을 8월에 태후가 새로 지은 영명궁(永明宮)으로 거처를 옮겼다. 처음으로 정찰(貞察) 1명을 두어서 백관을 규찰해 바로잡게 하였다. 아찬 정절(貞節) 등을 보내 북쪽 변경을 감찰하게 하였다. 처음으로 대곡성(大谷城) 등 14개의 군현을 두었다.

8년 봄 3월에 폭풍이 불어 나무가 뽑혔다. 3월에 천문박사(天文博士) 1명과 누각박사(漏刻博士) 6명을 두었다.

9년 봄 정월에 시중 대정이 면직하고, 이찬 조량(朝良)이 시중이 되었다. 2월에 어룡성(御龍省) 봉어(奉御) 2명을 두었다.

11년 봄 3월에 급찬 원신(原神)과 용방(龍方)을 대아찬으로 삼았다. 가을 8월에 동궁아관(東宮衙官)을 두었다. 겨울 10월에 창부(倉部)에 사(史) 3명을 더 두었다.

12년 가을 8월에 일본국 사신이 왔는데 오만무례하므로 왕이 접견하지 않자 그냥 돌아갔다. 무진주에서 흰 꿩을 바쳤다.

13년 여름 4월에 수도에 우박이 내렸는데 크기가 계란만 하였다. 5월에 성덕왕의 비(碑)를 세웠다. 우두주에서 상서로운 지초(芝草)를 바쳤다. 가을 7월에 왕이 관리에게 명해 영흥사(永興寺)와 원연사(元延寺)를 수리하였다. 8월에 가물고 누리가 있었다. 시중 조량이 물러났다.

14년 봄에 곡식이 귀해 백성들이 굶주렸다. 웅천주의 향덕(向德)은 가난하여 봉양할 것이 없자, 다리의 살을 베어 아버지에게 먹였다. 왕이 이를 듣고 그에게 물자를 자못 후하게 내려주고, 아울러 마을에 정문(旌門)을 세워 표창하였다.[6]

망덕사의 탑이 흔들렸다[당나라 영호징(令狐澄)의 『신라국기』에는 "그 나라에서 당을 위해 이 절을 세웠기 때문에 이렇게 이름한 것이다. 두 탑이 서로 마주하여 높이는 13층이었는데, 갑자기 흔들리면서 붙었다 떨어졌다 하여 며칠 동안이나 마치 쓰러지려는 듯하였다. 이해에 안녹산(安祿山)의 난리가 일어났으니, 아마 그 감응인 듯싶다"라고 하였다].[7]

여름 4월에 사신을 당에 들여보내 신년을 하례하였다. 가을 7월에 죄수를 사면했으며 늙은이, 병자, 홀아비, 과부, 고아, 자식 없는 늙은이들을 찾아 위문하고 곡식을 차등있게 내려주었다. 이찬 김기(金耆)를 시중으로 삼았다.

15년 봄 2월에 상대등 김사인(金思仁)이 근년에 재이(災異)가 자주 나

---

6) 정문은 효순(孝順)·충의(忠義)·정렬(貞烈) 등의 선행이 있는 이를 표창하기 위해 이름과 선행의 내용을 새겨 마을 입구나 그 집 앞에 세우는 문을 말한다. 붉게 단장하는 까닭으로 홍문(紅門)이라고도 한다. 여기 보이는 향덕의 일화는 본서 48 향덕전에 자세하다.

7) 『삼국유사』 기이 2 문무왕법민조에 따르면 당의 침공에 당하여 명랑법사(明朗法師)의 제안에 따라 사천왕사(四天王寺)를 가설하고 문두루비법(文豆婁秘法)을 베풀어 이를 물리쳤는데, 당 측에 대해서는 당의 은덕을 갚고자 이 절을 짓고 황제의 만수를 비는 법회를 열었다고 설명하고, 사천왕사 남쪽에 따로 절을 지어 당의 사신을 호도했으며, 이러한 연유로 그 절을 망덕사라고 했다 한다. 『신라국기』에 대해서는 진흥왕 37년조 주석을 참조할 것.

타나는 까닭에 상소하여 시국 정치의 잘잘못을 극론했더니, 왕이 가상히 여겨 받아들였다. 왕은 현종이 촉(蜀) 지방에 있다는 말을 듣고 사신을 당에 들여보내 양자강을 거슬러 올라가 성도(成都)에 이르러서 조공하게 하였다.[8] 이에 현종이 친히 5언 10운시를 지어 써서 왕에게 보내면서 말하기를, "신라 왕이 해마다 조공을 닦고 예악과 대의명분을 잃지 아니함을 가상히 여겨 시 한 수를 내려주노라"라고 하였다. 그 시는 이러하다.

천지사방은 명암과 동서로 나뉘어 있어도
세상 만물은 중심자리를 마음에 머금도다
조공해오는 구슬과 비단은 천하를 두루 돌아
산 넘고 물 건너 상도(上都) 향해 찾아든다
아득한 회포야 머나먼 동방에 막혔어도
오랜 세월 천자의 교화 부지런히 받들었다
가없이 드넓은 땅 끝 닿은 그곳은
깊고 푸른 바다 건너 귀퉁이에 있거니와
사람마다 명분과 의리의 나라라고 일컫나니
어찌 산 다르고 물 다른 이방이라 할 것인가
사신은 다녀가면 풍속 교화 전해 받고
사람마다 찾아와서 법전 제도 익혀간다
의관 차림새는 예의범절 받들 줄 알고
충성과 신의는 유풍(儒風)을 높일 줄 안다
성실도 하여라, 하늘이 굽어보리니
어질기도 하여라, 그 덕행이 외로우랴[9]

---

8) 촉은 중국 사천성(四川省)의 별명이다. 이때 현종은 안녹산의 난으로 낙양(洛陽)이 함락되자 측근들과 함께 이곳으로 피난하였다. 성도는 사천성의 수부(首府)로 남경(南京)으로 불린 바 있다. 현종과 희종(僖宗)이 이곳에 오면서 당대의 선진 중원 문화가 전래되었다.

깃발 아래 서로 도와 백성을 다스릴새
보내준 후한 선물 애틋한 정성 깃들었다[10]
푸르고 푸른 지조 더욱 소중히 하여
매운 풍상에도 늘 변하지 말지라

현종이 촉(蜀) 지방에 갔을 때 신라가 천 리 길을 멀다 하지 않고 황
제 있는 곳까지 찾아가서 조빙했으므로, 그 지극한 정성을 가상히 여겨
시를 준 것이다. 그 시 가운데 "푸르고 푸른 지조 더욱 소중히 하여, 매
운 풍상에도 늘 변하지 말지라"라고 한 것은 아마 옛 시에 "모진 바람이
있은 후에 굳센 풀을 알 수 있고, 난시에야 비로소 곧은 신하를 알게 된
다"[11]라는 의미일 것이다.

선화(宣和) 연간에 송에 사신으로 갔던 김부의(金富儀)가 이 시의 각
본(刻本)을 지니고 변경(汴京)에 들어가[12] 관반학사(館伴學士) 이병(李
邴)에게 보였더니, 이병이 황제에게 올렸다. 황제는 양부(兩府) 및 여
러 학사에게 돌려보인 후, 조칙을 전해 이르기를 "진봉시랑(進奉侍郎)
이 바친 시는 참으로 명황(明皇)의 글씨로구나" 하고 감탄해 마지않았다

---

9) 『논어』 이인(里仁)편에 나오는 공자의 말로 "덕이 있는 이는 외롭지 않으니, 반드시
   이웃이 있는 것이다"라고 한 데서 유래한 것이다.
10) 원문에 "후뢰비생추"(厚貺比生芻)라고 하였는데, 여기에서 '생추'는 『시경』 소아
    (小雅) 백구장(白駒章)에 "깨끗한 흰 망아지 저 빈 골짜기에 있어 싱싱한 꼴 한 다
    발을 주나니 그이는 옥처럼 아름답도다"라고 한 데서 유래한 것이다. 즉 어진 이
    가 떠나려 함에 만류할 수 없어 애석한 심정으로 그의 흰말에 꼴을 묶어서 먹이니,
    그의 덕이 옥과 같이 아름답다는 것이다.
11) 원문에 "질풍지경초 판탕식정신"(疾風知勁草 板蕩識貞臣)이라고 하였는데, 이것
    은 당 태종이 소우(蕭瑀)에게 준 시 가운데 "질풍지경초 판탕식정신"(疾風知勁草
    版蕩識貞臣)에서 유래한 것이다. '판탕'(版蕩)은 '판탕'(板蕩)으로 정치를 잘못해
    나라가 어지러워진 것을 말한다. 『신당서』 101 열전 26 소우전.
12) 김부의는 김부식의 아우로 인종 2년(1124), 즉 선화 6년 7월에 이자덕(李資德)과
    함께 송에 간 바 있다. 변경은 북송의 수도 동경(東京), 즉 개봉(開封)을 이른다.
    『고려사』 15 인종세가.

한다.

여름 4월에 큰 우박이 내렸다. 대영랑(大永郎)이 흰 여우를 바쳤으므로 남변제일(南邊第一)의 관위를 수여하였다.

16년 봄 정월에 상대등 사인이 병으로 면직하자, 이찬 신충(信忠)이 상대등이 되었다. 3월에 중앙과 지방 관리들의 월봉(月俸)을 없애고 다시 녹읍(祿邑)을 내려주었다. 가을 7월에 영창궁(永昌宮)을 중수하였다. 8월에 조부(調府)에 사(史) 2명을 더 두었다. 겨울 12월에 사벌주를 상주(尙州)로 고치고 1주·10군·30현을 소속시켰다. 삽량주는 양주(良州)라 하고 1주·1소경·12군·34현을 소속시켰다. 청주는 강주(康州)라 하고 1주·11군·27현을 소속시켰다. 한산주는 한주(漢州)라 하고 1주·1소경·27군·46현을 소속시켰다. 수약주는 삭주(朔州)라 하고 1주·1소경·11군·27현을 소속시켰다. 웅천주는 웅주(熊州)라 하고 1주·1소경·13군·29현을 소속시켰다. 하서주는 명주(溟州)라 하고 1주·9군·25현을 소속시켰다. 완산주는 전주(全州)라 하고 1주·1소경·10군·31현을 소속시켰다. 무진주는 무주(武州)라 하고 1주·14군·44현을 소속시켰다〔양주는 '양주'(梁州)로도 쓴다〕.

17년 봄 정월에 시중 김기(金耆)가 죽었으므로, 이찬 염상(廉相)이 시중이 되었다. 2월에 왕이 교서를 내려 중앙과 지방 관리들 가운데 휴가를 청해 만 60일이 된 이는 해직하도록 결단하였다. 여름 4월에 의술을 정교하게 궁구한 의관을 뽑아 궐내의 공봉의사(供奉醫師)에 충당하였다. 율령박사(律令博士) 2명을 두었다. 가을 7월 23일에 왕자가 태어났다. 우레와 번개가 심하더니 절 열여섯 곳에 벼락이 쳤다. 8월에 사신을 당에 들여보내 조공하였다.

18년 봄 정월에 병부(兵部)와 창부(倉部)의 경(卿)과 감(監)을 시랑(侍郎)으로 고치고, 대사(大舍)는 낭중(郎中)으로 고쳤으며, 집사사지(執事舍知)는 집사원외랑(執事員外郎)으로, 집사사(執事史)는 집사랑(執事郎)으로 고쳤다. 조부(調府)·예부(禮部)·승부(乘府)·선부(船府)·영객부(領客府)·좌우의방부(左右議方府)·사정부(司正府)·위화부(位和府)·예

작전(例作典)·대학감(大學監)·대도서(大道署)·영창궁(永昌宮) 등의 대
사(大舍)를 주부(主簿)로 고치고, 상사서(賞賜署)·전사서(典祀署)·음성
서(音聲署)·공장부(工匠府)·채전(彩典) 등의 대사는 주서(主書)라 하였
다. 2월에 예부의 사지(舍知)를 사례(司禮)로 고치고, 조부의 사지를 사
고(司庫), 영객부의 사지를 사의(司儀), 승부의 사지를 사목(司牧), 선부
의 사지를 사주(司舟), 예작부의 사지를 사례(司例), 병부의 노사지(弩舍
知)를 사병(司兵), 창부의 조사지(租舍知)를 사창(司倉)으로 고쳤다. 3월
에 혜성이 나타나더니, 가을이 되어서야 없어졌다.

19년 봄 정월에 도성 동북쪽에서 북치는 것 같은 소리가 들렸는데, 사
람들이 귀신의 북소리라고들 하였다. 2월에 궁궐 안에 큰 못을 파고, 또
궁궐 남쪽 문천(蚊川) 위에 월정교(月淨橋)와 춘양교(春陽橋)를 놓았다.
여름 4월에 시중 염상이 물러나고, 이찬 김옹(金邕)이 시중이 되었다. 가
을 7월에 왕자 건운(乾運)을 왕태자로 봉하였다.

20년 봄 정월 초하루에 무지개가 해를 꿰뚫고, 해에 햇무리가 끼었다.
여름 4월에 혜성이 나타났다.

21년 여름 5월에 오곡(五谷)·휴암(鵂巖)·한성(漢城)·장새(獐塞)·지
성(池城)·덕곡(德谷)의 여섯 성을 쌓고 각각 태수를 두었다. 가을 9월에
사신을 당에 들여보내 조공하였다.

22년 여름 4월에 사신을 당에 보내 조공하였다. 가을 7월에 수도에 바
람이 크게 불어 기와가 날아가고 나무가 뽑혔다. 8월에 복숭아나무와
오얏나무에 두 번째 꽃이 피었다. 상대등 신충과 시중 김옹이 면직하였
다.[13]

대나마 이순(李純)은 왕의 총애를 받는 신하였는데 하루아침에 갑자

---

13) 신충의 생애와 이후 행적에 대해서는 『삼국유사』 피은 신충괘관(信忠掛冠)조에
   자세하다. 이순의 일은 동조 인용 「별기」(別記)에 보인다. 김옹은 「성덕대왕신종
   지명」(聖德大王神鐘之銘)에 따르면 병부령으로서 봉덕사성전(奉德寺成典)의 검교
   사(檢校使), 사천왕사성전(四天王寺成典)의 감령(監令), 진지대왕사성전(眞智大王
   寺成典)의 검교사를 겸하고 있었다.

기 세속을 버리고 산에 들어가버려 왕이 여러 차례 불러도 나오지 않더니, 머리를 깎아 승려가 되어 왕을 위해 단속사(斷俗寺)를 창건해 세우고 그곳에서 살았다. 그 뒤 왕이 풍악을 좋아한다는 소문을 듣고 곧바로 궁궐 문에 찾아와 왕에게 간하여 아뢰기를, "듣자오니 옛날 걸(桀)과 주(紂)가 주색을 탐닉해 음탕한 쾌락을 그치지 않더니, 이로 말미암아 정치가 문란해지고 국가가 패망했다 합니다. 이처럼 엎어진 수레바퀴 자국이 앞에 있으니, 뒤따르는 수레는 마땅히 경계해야 할 것입니다. 엎드려 바라옵건대 대왕께서는 허물을 고치고 스스로 거듭나시어 나라의 수명을 길이 하소서"라고 하였다. 왕이 그 말을 듣고 감탄하여 곧 풍악을 그치게 하고, 다시 그를 내실로 이끌어 그가 말하는 오묘한 도리를 들었는데, 이야기가 세상을 다스리는 방책에까지 미치니 며칠이 되어서야 그쳤다.

23년 봄 정월에 이찬 만종(萬宗)이 상대등이 되고, 아찬 양상(良相)이 시중이 되었다. 3월에 혜성이 동남방에 나타나고, 용이 양산(楊山) 아래 나타나더니 조금 있다가 날아가버렸다. 겨울 12월 11일에 크고 작은 유성들이 나타났는데, 보는 이들이 이루 다 셀 수가 없었다.

24년 여름 4월에 지진이 있었다. 사신을 당에 들여보내 조공하였다. 황제가 사신에게 검교예부상서(檢校禮部尙書)를 수여하였다. 6월에 유성이 심성(心星)을 침범하였다.

이 달에 왕이 죽었다. 시호를 경덕이라 하고, 모지사(毛祇寺) 서쪽 산에 장사 지냈다〔『고기』에는 이르기를 "영태(永泰) 원년 을사(765)에 죽었다"라고 했는데, 『구당서』 및 『자치통감』에는 모두 "대력(大曆) 2년(767)에 신라 왕 헌영(憲英)이 죽었다"라고 했으니 아마 잘못이 아닐까 한다〕.[14]

---

14) 『자치통감』 224 당기 40 대종(代宗) 중지상 대력 2년(767)조에 "신라 왕 헌영이 죽고 아들 건운(乾運)이 섰다"라고 하여 『삼국사기』가 인용한 『고기』보다 2년 늦게 기록되어 있다. 이러한 현상은 『구당서』 신라전과 『책부원귀』도 마찬가지이며, 『신당서』 신라전에는 '대력 초'라고 하였다.

혜공왕(惠恭王)이 왕위에 오르니, 이름은 건운(乾運)이고 경덕왕의 적자이다. 어머니는 김씨 만월(滿月)부인으로 서불한 의충(義忠)의 딸이다. 왕이 즉위할 때의 나이가 8세인지라 태후가 섭정을 하였다.

원년(765)에 죄수를 크게 사면하였다. 왕이 태학(太學)에 행차하여 박사에게 『상서』의 뜻을 강의하게 하였다.

2년 봄 정월에 해 두 개가 나란히 나타났다. 죄수를 크게 사면하였다. 2월에 왕이 친히 신궁에 제사를 지냈다. 양리공(良里公) 집 암소가 송아지를 낳았는데, 다리가 다섯 개였으며 다리 하나는 위를 향하고 있었다. 강주(康州)에서 땅이 꺼져 못이 되었는데, 길이와 너비가 50여 척이나 되었고 물빛은 검푸렀다. 겨울 10월에 하늘에서 북치는 것 같은 소리가 들렸다.

3년 여름 6월에 지진이 있었다. 가을 7월에 이찬 김은거(金隱居)를 당에 들여보내 방물을 바치고 아울러 책명해주기를 청했더니, 황제가 자신전(紫宸殿)에 나와 연회를 베풀어 접견하였다. 별 세 개가 왕궁 뜰에 떨어져 서로 부딪쳤는데 그 빛이 불길처럼 세차게 흩어졌다. 9월에 김포현(金浦縣)의 벼가 모두 쌀로 결실하였다.

4년 봄에 혜성이 동북방에 나타났다. 당 대종(代宗)이 창부랑중(倉部郎中) 귀숭경(歸崇敬)에게 어사중승(御史中丞)을 겸직시켜 보내서 황제의 신절과 책서(冊書)를 가지고 와 왕을 개부의동삼사신라왕(開府儀同三司新羅王)으로 책봉하고, 겸하여 왕의 어머니 김씨를 대비로 책봉하였다. 여름 5월에 사형죄 이하의 죄수들을 사면하였다. 6월에 수도에 우레와 우박이 내려 초목을 해쳤다. 큰 별이 황룡사 남쪽에 떨어졌다. 지진이 있었는데 소리가 우레와 같았고 샘과 우물이 다 말랐다. 호랑이가 궁중에 들어왔다.

가을 7월에 일길찬 대공(大恭)이 그의 아우 아찬 대렴(大廉)과 함께 반역해 무리를 지어 33일 동안 왕궁을 에워쌌다. 왕의 군사가 이들을 토벌해 평정하고 9족을 처단하였다.[15)]

9월에 사신을 당에 들여보내 조공하였다. 겨울 10월에 이찬 신유(神

獻)를 상대등으로 삼고, 이찬 김은거를 시중으로 삼았다.

5년 봄 3월에 왕이 임해전에서 여러 신하에게 연회를 베풀었다. 여름 5월에 누리가 생기고 가물자, 왕이 백관들로 하여금 각기 알고 있는 인사를 천거하게 하였다. 겨울 11월에 치악현(雉岳縣)의 쥐 80여 마리가 평양을 향해 갔다. 눈이 내리지 않았다.

6년 봄 정월에 왕이 서원경에 행차하면서 경유하는 주와 현의 죄수들을 특별 사면해주었다. 3월에 흙비가 내렸다. 여름 4월에 왕이 서원경에서 돌아왔다. 5월 11일에 혜성이 오거성(五車星)[16] 북방에 나타났다가, 6월 12일이 되어서야 없어졌다. 29일에 호랑이가 집사성(執事省)에 들어왔으므로 잡아죽였다. 가을 8월에 대아찬 김융(金融)이 반역하다가 처형당하였다. 겨울 11월에 수도에 지진이 있었다. 12월에 시중 김은거가 물러나고, 이찬 정문(正門)이 시중이 되었다.

8년 봄 정월에 이찬 김표석(金標石)을 당에 보내 조알하게 하고 신년을 하례했더니, 대종이 위위원외소경(衛尉員外少卿)의 관위를 수여해 돌려보냈다.

9년 여름 4월에 사신을 당에 보내 신년을 하례하고 금·은·우황·어아주(魚牙紬)·조하주(朝霞紬) 등 방물을 바쳤다. 6월에 사신을 당에 보내 사례하자, 대종이 연영전(延英殿)으로 불러 접견하였다.

10년 여름 4월에 사신을 당에 보내 조공하였다. 가을 9월에 이찬 양상(良相)을 상대등으로 임명하였다. 겨울 10월에 사신을 당에 보내 신년을 하례하고 연영전에서 황제를 알현했더니, 원외위위경(員外衛尉卿)의 관위를 수여해 돌려보냈다.

11년 봄 정월에 사신을 당에 들여보내 조공하였다. 3월에 이찬 김순(金順)을 시중으로 삼았다. 여름 6월에 사신을 당에 들여보내 조알하였

---

15) 『삼국유사』 기이 2 혜공왕조에 그 전말이 자세하다.

16) 오거성은 남방 주작7수(朱雀七宿) 가운데 진수(軫宿) 남쪽에 위치한 천고좌(天庫座)에 속한 별의 이름이다. 『사기』 천관서에는 이 별이 빛을 발하거나 별들이 많아지거나 숨어 나타나지 않으면 거마(車馬)를 둘 곳이 없게 된다고 하였다.

다. 이찬 김은거가 반역하다가 처형당하였다. 가을 8월에 이찬 염상(廉相)과 시중 정문이 반역을 꾀하다가 처형당하였다.

12년 봄 정월에 왕이 교서를 내려 백관들의 관직 이름을 모두 다 이전대로 복구하였다. 왕이 감은사에 행차하여 바다에 망제(望祭)를 지냈다.[17]

2월에 왕이 국학에 가서 강의를 들었다. 3월에 창부에 사(史) 8명을 더 두었다. 가을 7월에 사신을 당에 보내 조알하게 하고 방물을 바쳤다. 겨울 10월에 사신을 당에 들여보내 조공하였다.

13년 봄 3월에 수도에 지진이 있더니, 여름 4월에 또 지진이 있었다. 상대등 양상이 상소하여 시국 정치를 극렬하게 비판하였다. 겨울 10월에 이찬 주원(周元)이 시중이 되었다.

15년 봄 3월에 수도에 지진이 일어나 백성들의 가옥이 무너지고, 죽은 이가 1백여 명이나 되었다. 태백성이 달에 들어갔다. 백좌법회(百座法會)를 열었다.

16년 봄 정월에 노란 안개가 끼고, 2월에는 흙비가 내렸다. 왕은 어린 나이에 왕위에 올라서, 장성하자 음악과 여색에 빠져들어 돌아다니며 노는 것을 절제하지 않았다. 기강이 문란해지니 재난과 괴이한 일이 자주 나타나고, 백성들의 마음은 갈팡질팡 안돈하지 못해 사직이 위태롭게 되었다. 이찬 김지정(金志貞)이 반란을 일으켜 무리를 모아 궁궐을 에워싸고 침범하였다.

여름 4월에 상대등 김양상(金良相)과 이찬 경신(敬信)이 군사를 동원해 지정 등을 베어 죽였다. 왕과 왕비도 난병에게 살해되었다. 양상 등은 왕의 시호를 혜공이라 하였다.[18] 원비(元妃) 신보왕후(新寶王后)는 이

---

17) 망제는 왕후가 영내 산천을 멀리에서 바라보며 신령에게 예를 드리는 제사를 이른다. 『예기』 왕제(王制)에 "천자는 5년에 한 번 제후의 나라들을 순수(巡守)한다. 그해에는 2월에 먼저 동쪽을 순수하여 태산(泰山)에 이르러 시제(柴祭)를 올리고, 산천에 망제(望祭)를 지낸다"라고 한 데서 유래한다. 『서경』 순전(舜典)에 용례가 있다.

찬 유성(維誠)의 딸이고, 차비(次妃)는 이찬 김장(金璋)의 딸인데, 그녀
가 궁궐에 들어온 연·월은 기록에 전하지 않는다.

선덕왕(宣德王)이 왕위에 오르니, 성은 김씨요 이름은 양상(良相)으로
내물왕의 10세 손이다. 아버지는 해찬(海湌) 효방(孝芳)이고, 어머니는
김씨 사소(四炤)부인으로 성덕왕의 딸이다. 왕비 구족(具足)부인은 각간
양품(良品)의 딸이다[의공(義恭) 아찬의 딸이라고도 한다].

죄수를 크게 사면하였다. 왕의 아버지를 개성대왕(開聖大王)으로 추봉
하고, 어머니 김씨를 정의태후(貞懿太后)로 추존했으며, 아내를 왕비로
삼았다. 이찬 경신(敬信)을 상대등으로 임명하고, 아찬 의공을 시중으로
삼았다. 어룡성의 봉어(奉御)를 경(卿)으로 고쳤다가, 다시 경을 감(監)
으로 고쳤다.

2년(781) 봄 2월에 왕이 친히 신궁에 제사를 지냈다. 가을 7월에 사신
을 파견해 패강 남쪽의 주·군을 안정시키고 위무하였다.

3년 봄 윤 정월에 사신을 당에 들여보내 조공하였다. 2월에 왕이 한산
주에 순행하여 민호들을 패강진으로 옮겼다. 가을 7월에 시림(始林)의
들에서 군대를 크게 사열하였다.

4년 봄 정월에 아찬 체신(體信)을 대곡진(大谷鎭) 군주로 삼았다. 2월
에 수도에 눈이 3척이나 내렸다.

5년 여름 4월에 왕이 왕위를 내놓으려 하므로, 여러 신하가 세 번이나
표문을 올려 간하니 그제야 중지하였다.

6년 봄 정월에 당 덕종(德宗)이 호부랑중(戶部郎中) 개훈(蓋塤)을 보내
황제의 신절을 가지고 왕을 책명해 검교태위계림주자사영해군사신라왕
(檢校太尉雞林州刺史寧海軍使新羅王)으로 삼았다.

이달에 왕이 병으로 누워 점차 위독해지자, 이내 조서를 내려 이르기

---

18) 이해는 건중(建中) 원년(780) 경신에 해당하는데, 두 『당서』 및 『책부원귀』에는
모두 건중 4년의 일로 기록하였다.

를 "과인은 본래 재주와 덕이 얇고 가벼워 왕위에 마음을 두지 않았으나, 여러 사람의 추대를 피하기 어려워 왕위에 오르게 되었던 것이다. 왕위에 있는 동안 농사는 순조롭게 되지 않고 백성의 살림은 곤궁해졌으니, 이는 모두 나의 덕이 백성의 여망에 부합하지 못하고 정사가 하늘의 뜻에 들어맞지 아니한 까닭이다. 과인은 늘상 왕위를 물려주고 궁 밖에 물러나 살고자 했으나, 그때마다 여러 관료와 신하들이 지성으로 만류해 내 뜻대로 이루지 못하고 머뭇거리다 오늘에 이르고 말았다. 이제 갑자기 병에 걸려 다시는 자리에서 일어날 수가 없게 되었다. 죽고 사는 것은 운명에 매어 있으니, 돌이켜보매 무슨 여한이 있으리오! 내가 죽은 다음에는 불교의 법식에 따라 화장하고, 유골은 동해에 뿌릴 일이다"라고 하였다. 13일에 죽으니, 시호를 선덕이라 하였다.

• 삼국사기 권 제9

삼국사기 권 제10

신라본기 제10
원성왕, 소성왕, 애장왕, 헌덕왕,
흥덕왕, 희강왕, 민애왕, 신무왕

원성왕(元聖王)이 왕위에 오르니, 이름은 경신(敬信)이요 내물왕의 12
세 손이다. 어머니는 박씨 계오(繼烏)부인이고, 왕비는 김씨로 신술(神
述) 각간의 딸이다.

처음 혜공왕 말년에 반역하는 신하가 권세를 휘둘러 함부로 날뛰었던
바, 선덕이 당시 상대등으로서 임금의 측근에 있는 악당들을 제거할 것
을 앞장서서 주창하였다. 경신이 이에 참여해 반란을 평정하는 데 공로
가 있었으므로, 선덕이 왕위에 오르자 곧바로 상대등이 되었다. 선덕이
죽었을 때 아들이 없었으므로 여러 신하가 후사를 의논해 왕의 족자(族
子) 주원(周元)을 왕으로 세우고자 하였다. 주원의 집은 수도의 북쪽 20
리 되는 곳에 있었는데, 때마침 큰비가 내려 알천의 물이 불어나서 주원
이 건너오지 못하였다. 어떤 이가 말하기를 "임금의 크나큰 지위에 나아
가는 것은 본디 사람이 도모할 수 없는 것이니, 오늘 폭우가 쏟아지는 것
은 아마도 하늘이 주원을 왕으로 세우려 하지 않기 때문이 아닐까 한다.
지금의 상대등 경신은 전왕의 아우이고 평소에 덕망이 높아 임금의 체
모를 가지고 있다"라고 하였다. 이에 여러 사람의 의견이 순식간에 일치
해 경신을 옹립해 왕위를 잇게 하였다. 이윽고 비가 그치니 나라 사람들

246

이 모두 만세를 불렀다.[1]

2월에 왕의 고조부 대아찬 법선(法宣)을 추봉해 현성대왕(玄聖大王)이라 하고, 증조부 이찬 의관(義寬)을 신영대왕(神英大王)으로, 조부 이찬 위문(魏文)을 흥평대왕(興平大王)으로, 아버지 일길찬 효양(孝讓)을 명덕대왕(明德大王)으로 추봉하였다. 또 어머니 박씨를 소문태후(昭文太后)라 하고, 아들 인겸(仁謙)을 왕태자로 삼았다. 성덕대왕(聖德大王)과 개성대왕(開聖大王)의 두 사당을 헐고 시조대왕, 태종대왕, 문무대왕 및 조부 흥평대왕과 아버지 명덕대왕으로 5묘(五廟)를 삼았다.[2] 문무백관의 작위를 1등급씩 올려주었다. 이찬 병부령 충렴(忠廉)을 상대등으로 임명하였다. 이찬 제공(悌恭)을 시중으로 삼았다가, 제공이 면직하자 이찬 세강(世强)이 시중이 되었다.

3월에 전왕비 구족왕후(具足王后)를 바깥 궁으로 내보내고, 조(租) 3만 4천 석을 내려주었다. 패강진에서 붉은 까마귀를 진상하였다. 총관(摠管)을 고쳐서 도독(都督)이라고 하였다.

2년(786) 여름 4월에 나라 동쪽 지방에 우박이 내려 뽕나무와 보리가 모두 상하였다. 김원전(金元全)을 당에 들여보내 방물을 진상했더니, 덕종(德宗)이 조서를 내려 말하였다.

"신라 왕 김경신에게 말하노라. 김원전이 이르러 표문과 진상한 봉물을 살펴보아 다 잘 알았도다. 그대의 나라는 풍속이 신의에 돈후하고 뜻을 바르고 순수하게 잡아 일찍부터 우리나라를 받들고 천자의 교화를 잘 좇아 번방(藩邦)을 진무할 수 있었다. 모두 유교의 풍습을 받아서 예법이 일어나 시행되고 나라 안이 평온해졌으며, 천자에 대해 정성을 다

---

1) 『삼국유사』 기이 2 원성대왕조에 그 전말이 자세하다.
2) 『예기』 왕제(王制)편에 "천자는 7묘이니 3소(三昭)·3목(三穆)과 태조의 묘를 합해 일곱이고, 제후는 5묘이니 2소·2목과 태조의 묘를 합해 다섯이며, 대부는 3묘이니 1소·1목과 태조의 묘를 합해 셋이다"라고 하였다. 소·목은 조상의 신위를 묘당에 모시는 차례를 말한다. 북쪽 중앙에 남향하여 태조의 신위를 모시고, 오른쪽이 소가 되고 왼쪽이 목이 된다. 소는 부·증조·6대조 등 짝수대의 선조를 의미하고, 목은 조·고조·7대조 등 홀수대의 선조를 말한다.

하고 조알하여 직분을 아뢰는 일을 빠뜨리지 않았다. 자주 사신을 보내 스스로 조공과 진상의 예를 닦고, 비록 멀고 넓은 큰 바다와 멀고 긴 육로 길에도 폐백의 왕래가 한결같이 옛 법도를 좇아 충성스러운 공로는 더욱 드러났으니, 진실로 깊이 가상히 여겨 찬탄하는 바이다. 내가 만방에 군림해 백성의 부모가 되었는지라, 중화로부터 바깥 세계에 미치기까지 법도를 합치하고 문자를 같이하여, 태평과 화락을 불러들이고 다 함께 어진 덕으로 장수할 길에 오르고자 하노라. 그대는 마땅히 나라 안의 질서를 안정시키고 부지런히 백성들을 구휼하며, 영원히 중국을 수호하는 제후가 되어 바다 건너 변방을 평안하게 하라. 이제 그대에게 두껍고 얇으며 무늬있는 각종 비단 30필과 옷 한 벌과 은합 하나를 주노니, 이르거든 잘 받을 일이다. 왕비에게는 두껍고 얇으며 무늬있는 각종 비단 20필과 금실로 수놓은 비단 치마 한 벌과 은쟁반 한 개를, 대재상(大宰相) 한 사람에게는 옷 한 벌과 은쟁반 한 개를, 차재상(次宰相) 두 사람에게는 각각 옷 한 벌과 은쟁반 한 개씩을 주나니, 그대는 잘 받아 나누어줄 일이다. 한여름 날씨가 몹시 더우니 그대는 평안하게 잘 지내기 바라며, 재상 이하 모두에게도 안부를 전하여라. 보내는 글에는 할 말을 일일이 다 언급할 수가 없도다."

가을 7월에 가물었다. 9월에 수도의 백성들이 굶주리므로, 벼 3만 3천 2백 40석을 풀어서 나누어 구휼하였다. 겨울 10월에 또 벼 3만 3천 석을 내주었다. 대사(大舍) 무오(武烏)가 『병법』(兵法) 15권과 『화령도』(花鈴圖) 2권을 바쳤으므로, 굴압현령(屈押縣令) 직을 주었다.

3년 봄 2월에 수도에 지진이 있었다. 왕이 친히 신궁에 제사를 지내고 죄수를 크게 사면하였다. 여름 5월에 태백성이 낮에 나타났다. 가을 7월에 누리가 곡식을 해쳤다. 8월 초하루 신사에 일식이 있었다.

4년 봄에 처음으로 독서삼품(讀書三品)을 제정하여 관직에 나가게 하였다. 『춘추좌씨전』 및 『예기』나 『문선』을 읽고 그 뜻에 능통하며 겸하여 『논어』·『효경』에 밝은 이를 상품(上品)으로 하고, 『곡례』·『논어』·『효경』을 읽은 이를 중품(中品)으로 하며, 『곡례』·『효경』을 읽은 이를 하품(下品)으로 하였다. 만약 5경(五經)과 3사(三史)[3]와 제자백가서에 두루 능통한 이는 차례를 뛰어넘어서 발탁해 등용하였다. 이전에는 단지 활솜씨로 사람을 선발했던 것을 이때 와서 고친 것이다. 가을에 나라 서쪽 지방에 가뭄이 들고 누리가 생겼으며 도적들이 많아지자, 왕이 사신을 파견해 안정시키고 위무하였다.

5년 봄 정월 초하루 갑진에 일식이 있었다. 한산주의 백성들이 굶주리자 곡식을 내서 나누어주었다. 가을 7월에 서리가 내려서 곡식이 상하였다.

9월에 자옥(子玉)을 양근현(楊根縣) 소수(小守)로 삼자, 집사사(執事史) 모초(毛肖)가 논박하기를 "자옥은 문적(文籍) 출신이 아니므로 수령직을 맡길 수 없다"라고 하였다. 이에 시중이 제의하기를 "비록 문적 출신은 아니라 하더라도 일찍이 당에 들어가 학생이 되었던 사람이므로 역시 등용할 만하지 않겠는가" 하니, 왕이 이 말을 따랐다.

편찬자는 논평하여 말한다. 오직 배운 연후에 도리를 알게 되고 도리를 안 연후에 사물의 본말을 밝게 알게 되나니, 학문을 하고서 벼슬하는 이는 일을 처리할 때 근본을 먼저 하므로 말단은 저절로 바로 되는 것이다. 비유하자면 그물의 한쪽 벼리를 들어 올리면 모든 그물눈이 그에 따라 모두 바르게 되는 것과 같다. 배우지 않은 이는 이와 반대로 사물의 선후와 본말의 순서가 있는 것을 알지 못하고 다만 구구하게 지엽말단에만 정신을 뺏겨, 혹은 무자비하게 긁어들이는 것으로 이익을 삼고 혹은 가혹하게 감찰하는 것으로 서로 높음을 견주나니, 비록 나라를 이롭게 하고 백성을 편안하게 하고자 해도 오히려 그것을 해치게 된다. 이 때문에 『예기』 학기(學記)편이 "근본에 힘쓰라"는 말로 끝맺었던 것이고,[4]

---

3) 위진남북조 시대에는 『사기』·『한서』·『동관한기』(東觀漢記)를 3사로 일컬었다가, 당 이후 『동관한기』가 전해지지 않게 되자 그 대신 범엽(范曄)의 『후한서』를 포함해 3사라고 부르게 되었다.

4) 『예기』 학기(學記)편은 "옛날 삼왕(三王)께서 물에 제사를 지낼 때는 모두 강에 먼

『상서』에도 또한 "배우지 않으면 담벼락에 얼굴을 마주한 것과 같아서 일에 당해 오직 번거로움만 있을 뿐이다"라고 했으니,[5] 집사 모초의 한 마디 말은 가히 만세의 모범이 된다고 하겠다.

6년 봄 정월에 종기(宗基)를 시중으로 삼았다. 벽골제(碧骨堤)를 증축 했는데 전주(全州) 등 일곱 주의 사람들을 징발해 공사를 일으켰다. 웅 천주에서 붉은 까마귀를 진상하였다.

3월에 일길찬 백어(伯魚)를 북국(北國)[6]에 사신으로 보냈다. 크게 가물었다.

여름 4월에 태백성과 진성(辰星)이 동정(東井) 자리에 모였다.[7] 5월에 곡식을 내서 한산주와 웅천주의 굶주린 주민들을 구휼하였다.

7년 봄 정월에 왕태자가 죽었다. 시호를 혜충(惠忠)이라 하였다. 이찬 제공(悌恭)이 반역하다가 처형당하였다. 웅천주 향성(向省) 대사(大舍) 의 아내가 한꺼번에 세 사내아이를 낳았다.

겨울 10월에 수도에 눈이 3척이나 내렸으며, 얼어 죽는 사람도 있었다. 시중 종기가 면직하고, 대아찬 준옹(俊邕)이 시중이 되었다. 11월에 수 도에 지진이 있었다. 내성시랑(內省侍郞) 김언(金言)이 삼중아찬(三重阿 湌)이 되었다.

저 제사하고 뒤에 바다에 제사했으니, 한쪽은 근본이고 한쪽은 그 말단인 때문이 다. 이것이야말로 '근본에 힘쓴다'고 이를 것이다"라는 말로 끝난다.
5) 『상서』 주관(周官)에 "의혹이 쌓이면 계획이 실패하는 것이고, 게으르고 소홀히 하 면 정치가 거칠어지는 것이며, 배우지 않으면 담벼락에 얼굴을 마주한 것과 같아서 일에 당해 오직 번거로움만 있을 뿐이다"라고 하였다.
6) 북국은 발해를 가리킨다. 뒷날 실학자 유득공(柳得恭)이 신라와 발해의 병립 시기 역사를 '남북국사'로 지칭한 것은 여기에서 비롯하는 것이다.
7) 태백은 금성(金星)을 말하고, 진성은 수성(水星)의 다른 이름이다. 『사기』 천관서 (天官書)에는 금성과 수성의 위치 및 상호의 관계에 따라 여러 가지 의미를 부여하 였다. 동정은 28수의 하나로 남방 주작7수(朱雀七宿)의 첫째 성수인 정수(井宿)를 이르는데, 8개의 별로 이루어져 있으며, 서양의 쌍둥이 자리에 속한다. 이 성수는 법령 제도의 준칙을 관장한다고 한다.

8년 가을 7월에 사신을 당에 들여보내 미인 김정란(金井蘭)을 바쳤다. 그녀는 나라 제일의 미인으로 몸에서 향내가 났다. 8월에 왕자 의영(義英)을 태자로 봉하였다. 상대등 충렴(忠廉)이 죽자 이찬 세강(世强)이 상대등이 되었다. 시중 준옹이 병으로 면직하자 이찬 숭빈(崇斌)이 시중이 되었다. 겨울 11월 초하루 임자에 일식이 있었다.

9년 가을 8월에 큰 바람이 불어 나무가 꺾이고 벼가 쓰러졌다. 나마 김뇌(金惱)가 흰 꿩을 바쳤다.

10년 봄 2월에 지진이 있었다. 태자 의영이 죽었다. 시호를 헌평(憲平)이라 하였다. 시중 숭빈이 면직하자 잡찬 언승(彦昇)을 시중으로 삼았다. 가을 7월에 봉은사(奉恩寺)를 처음 창건하였다. 한산주에서 흰 까마귀를 진상하였다. 궁궐 서쪽에 망은루(望恩樓)를 세웠다.

11년 봄 정월에 혜충태자의 아들 준옹을 태자로 봉하였다. 여름 4월에 가뭄이 들자 왕이 친히 죄수들을 다시 심사해주었더니, 6월이 되어서야 비가 내렸다. 가을 8월에 서리가 내려 곡식을 해쳤다.

12년 봄에 수도에 기근이 들고 전염병이 돌자, 왕이 창고를 열어 구휼하였다. 여름 4월에 시중 언승이 병부령이 되고, 이찬 지원(智原)이 시중이 되었다.

13년 가을 9월에 나라 동쪽 지방에 누리가 생겨 곡식을 해치고, 홍수가 나서 산이 무너졌다. 시중 지원이 면직되고, 아찬 김삼조(金三朝)가 시중이 되었다.

14년 봄 3월에 궁궐 남쪽 누교(樓橋)에 화재가 나고, 망덕사(望德寺)의 두 탑이 서로 부딪쳤다. 여름 6월에 가물었다. 굴자군(屈自郡) 석남오(石南烏) 대사(大舍)의 아내가 한꺼번에 3남 1녀를 낳았다.

겨울 12월 29일에 왕이 죽었다. 시호를 원성이라 하고, 유언대로 관을 봉덕사(奉德寺) 남쪽에서 불살랐다〔『당서』에는 이르기를 "정원(貞元) 14년(798)에 경신이 죽었다" 하였고, 『통감』에는 "정원 16년에 경신이 죽었다"라고 했는데, '본사'(本史)로 고증하건대 『통감』이 잘못이다〕.[8]

소성왕(昭聖王)〔혹은 소성(昭成)이라고 한다〕이 왕위에 오르니, 이름은 준옹(俊邕)이요 원성왕의 태자 인겸(仁謙)의 아들이다. 어머니는 김씨이고, 왕비는 김씨 계화(桂花)부인으로 대아찬 숙명(叔明)의 딸이다. 원성대왕 원년에 아들 인겸을 태자로 책봉했는데 7년에 이르러 태자가 죽으니 원성이 그의 아들을 궁중에서 길렀다. 준옹은 원성대왕 5년에 당에 가는 사절이 되어 대아찬 관위를 받았고, 6년에 파진찬으로 재상이 되었고, 7년에 시중이 되었으며, 8년에 병부령이 되었다가, 11년에 태자가 되어 원성이 죽자 왕위를 이었다.

원년(799) 봄 3월에 청주의 거로현(居老縣)을 학생녹읍(學生祿邑)으로 삼았다. 냉정현령(冷井縣令) 염철(廉哲)이 흰 사슴을 진상하였다. 여름 5월에 왕의 아버지 혜충태자(惠忠太子)를 혜충대왕으로 추봉하였다. 우두주도독이 사신을 보내 왕에게 아뢰기를, "마치 소처럼 생긴 이상한 짐승이 있사온대, 그 몸뚱이가 길고도 크며 꼬리는 3척쯤이나 되고, 털은 없는데 코가 길다란 놈이 현성천(峴城川)에서 오식양(烏食壤) 쪽으로 향해 갔습니다"라고 하였다. 가을 7월에 9척이나 되는 인삼을 얻었는데 매우 기이하게 여겨 당에 사신을 보내 진상했더니, 당 덕종은 인삼이 아니라고 생각해 받지 않았다. 8월에 왕의 어머니 김씨를 성목태후(聖穆太后)로 추봉하였다. 한산주에서 흰 까마귀를 바쳤다.

2년 봄 정월에 왕비 김씨를 왕후로 봉하고, 충분(忠芬)을 시중으로 삼았다. 여름 4월에 폭풍이 불어 나무를 꺾고 기와를 날려보냈으며, 서란전(瑞蘭殿)의 발은 날려간 곳을 알 수 없었고, 임해문(臨海門)과 인화문(仁化門)이 무너졌다. 6월에 왕자를 태자로 봉하였다.

왕이 죽었다. 시호를 소성이라 하였다.[9]

---

8) 『자치통감』 235 당기 51 덕종(德宗) 10 정원 16년(800) 4월조에 "신라 왕 경칙(敬則)이 죽었으므로, 그 적손 준옹(俊邕)에게 책명을 내려 신라 왕으로 하였다"라고 하여 『삼국사기』보다 2년 늦게 기록되어 있다. 최치원이 찬한 「숭복사비」(崇福寺碑)에는 '정원 무인년(798) 겨울'로 기록되어 있다.
9) 이해는 정원 16년 경진(800)에 해당하는데, 『신당서』 신라전에는 정원 15년의 일로

애장왕(哀莊王)이 왕위에 오르니, 이름은 청명(淸明)이요 소성왕의 태자이다. 어머니는 김씨 계화(桂花)부인이다. 왕위에 오를 때 나이가 13세였으므로 아찬 병부령 언승(彦昇)이 섭정을 하였다.

처음에 원성이 죽자 당 덕종이 사봉랑중겸어사중승(司封郎中兼御史中丞) 위단(韋丹)을 보내 천자의 신절을 가지고 와 조문하게 하고, 또 왕 준옹(俊邕)을 책명해 개부의동삼사검교태위신라왕(開府儀同三司檢校太尉新羅王)으로 삼게 하였다. 그런데 위단이 운주(鄆州)에 이르렀을 때 소성왕이 죽었다는 말을 듣고 그냥 돌아갔다.

가을 7월에 왕이 이름을 중희(重熙)로 고쳤다.

8월에 앞서 당에 들어갔던 숙위 학생 양열(梁悅)에게 두힐소수(豆肹小守) 직을 주었다. 처음에 당 덕종이 봉천(奉天)에 행차했을 때 양열이 어려운 가운데 따라가서 공로가 있었다 하여 황제가 우찬선대부(右贊善大夫)의 작위를 주어 돌려보냈으므로, 왕이 그를 발탁해 쓴 것이다.

2년(801) 봄 2월에 왕이 시조묘에 참배하였다. 태종대왕과 문무대왕의 두 묘당(廟堂)을 따로 세우고 시조대왕 및 고조부 명덕대왕(明德大王), 증조부 원성대왕, 조부 혜충대왕, 아버지 소성대왕을 5묘(廟)로 삼았다. 병부령 언승을 어룡성(御龍省) 사신(私臣)으로 삼았다가 얼마 후 상대등으로 삼았다. 죄수를 크게 사면하였다. 여름 5월 초하루 임술에 꼭 있었어야 할 일식이 일어나지 않았다. 가을 9월에 형혹성이 달에 들어가고 별이 비오듯 떨어졌다. 무진주에서 붉은 까마귀를 진상하고 우두주에서는 흰 꿩을 진상하였다. 겨울 10월에 몹시 추워서 소나무와 대나무가 모두 죽었다. 탐라국이 사신을 보내와 조공하였다.

3년 봄 정월에 왕이 친히 신궁에 제사를 지냈다. 여름 4월에 아찬 김주벽(金宙碧)의 딸을 후궁으로 들였다. 가을 7월에 지진이 있었다. 8월에 가야산의 해인사(海印寺)를 창건하였다. 삽량주에서 붉은 까마귀를 바쳤다. 겨울 12월에 균정(均貞)에게 대아찬 관위를 수여하고, 가짜 왕자로

기록하였다.

삼아 왜국에 볼모로 보내려 했으나 균정이 사양하였다.

4년 여름 4월에 왕이 남쪽 교외에 나가서 보리 농사를 살폈다. 가을 7월에 일본국과 더불어 사절을 교환하고 우호를 맺었다. 겨울 10월에 지진이 있었다.

5년 봄 정월에 이찬 수승(秀昇)을 시중으로 삼았다. 여름 5월에 일본국에서 사신을 보내 황금 3백 냥을 진상하였다. 가을 7월에 알천 가에서 군대를 크게 사열하였다. 삽량주에서 흰 까치를 진상하였다. 임해전을 중수하고 동궁의 만수방(萬壽房)을 새로 지었다. 우두주 난산현(蘭山縣)에서 누워 있던 돌이 일어섰다. 웅천주 소대현(蘇大縣) 부포(釜浦)의 물이 핏빛으로 변하였다. 9월에 망덕사의 두 탑이 부딪쳤다.

6년 봄 정월에 왕의 어머니 김씨를 대왕후로 봉하고 왕비 박씨를 왕후로 봉하였다. 이해에 당 덕종이 죽자, 순종(順宗)이 병부랑중겸어사대부(兵部郎中兼御史大夫) 원계방(元季方)을 보내 부음을 전하고, 또 왕을 개부의동삼사검교태위사지절대도독계림주제군사계림주자사겸지절충영해군사상주국신라왕(開府儀同三司檢校太尉使持節大都督雞林州諸軍事雞林州刺史兼持節充寧海軍使上柱國新羅王)으로 책봉하였다. 왕의 어머니 숙씨(叔氏)를 대비로 삼고〔왕의 어머니의 아버지 숙명(叔明)은 내물왕의 13세 손이므로 결국 왕의 어머니 성은 김씨인데, 그 아버지의 이름자를 가지고 숙씨라고 한 것은 잘못이다〕,[10] 왕의 아내 박씨를 왕비로 삼았다.

---

10) 여기 보이는 '숙씨'는 소성왕의 비 계화부인으로서 대아찬 숙명의 딸이었고, 뒤의 애장왕 9년조에 보이는 '신씨'는 찬자에 따르면 신술 각간의 딸, 곧 원성왕의 비 김씨를 이른다. 따라서 찬자는 두 사람 모두 김씨임에도 불구하고 당 측의 책봉이 '신씨'·'숙씨'로 된 것은 그들의 아버지인 김신술과 김숙명의 이름자인 '신'과 '숙'을 성씨로 오해한 데에 연유했다고 생각한 것이다. 그러나 이 문제는 신라 측에서 외교의 필요상 동성 간 족내혼의 양상이 당 측에 알려지는 것을 꺼린 의도에서 비롯한 것으로 본다. 한편 양조는 당의 책봉 기사가 분주의 대상이므로 중국 측 기록과 대응해보면, 우선 『구당서』 신라전에는 '신씨'(申氏)·'숙씨'(叔氏)로, 『신당서』는 '신'(申)·'淑'(숙)으로, 『구당서』 14 순종본기(順宗本紀) 정원(貞元) 21년(805) 2월조와 『책부원귀』 965 외신부 봉책 3 순종 정원 21년조에는 '숙씨'(叔氏)를 '화씨'(和氏)로 기술하고 있다. 이것은 양 『당서』의 신라전이 애장왕의 이름을

254

가을 8월에 법규 20여 조목을 반포하였다. 겨울 11월에 지진이 있었다.

7년 봄 3월에 일본국 사신이 이르자 조원전(朝元殿)에서 접견하였다. 왕이 교서를 내려 새롭게 절을 창건하는 것을 금지하고, 오직 수리 보수하는 것만을 허락하였다. 또 수놓은 비단을 불교 행사에 쓰는 것과 금과 은으로 그릇을 만들어 쓰는 것을 금하고, 마땅히 관련 부서에서 널리 알려 시행하라 하였다. 당 헌종(憲宗)이 숙위하고 있던 왕자 김헌충(金獻忠)을 본국으로 돌려보내면서 시비서감(試秘書監)의 관위를 더해주었다. 가을 8월에 사신을 당에 들여보내 조공하였다.

8년 봄 정월에 이찬 김헌창(金憲昌)〔'정'(貞)으로도 쓴다〕이 시중이 되었다. 2월에 왕이 숭례전(崇禮殿)에 앉아 음악 연주를 관람하였다. 가을 8월에 큰 눈이 내렸다.

9년 봄 2월에 일본국의 사신이 도착하자 왕이 두터운 예로 그들을 접대하였다. 김역기(金力奇)를 당에 들여보내 조공하였다. 역기가 황제에게 아뢰기를 "정원(貞元) 16년(800)에 황제께서 조칙을 내려 저희의 전임금 김준옹을 신라 왕으로 책명하시고, 왕모 신씨(申氏)를 대비로, 아내 숙씨(叔氏)를 왕비로 삼게 하셨는데, 책봉사 위단이 도중에서 왕이 죽었다는 말을 듣고 그냥 돌아가버렸습니다. 그 책문이 중서성(中書省)에 있사오니 지금 제가 본국으로 돌아가는 기회에 저에게 주셔서 가지고 가게 해주소서"라고 하였다. 황제가 칙명하기를 "김준옹 등의 책문은 마땅히 홍려시(鴻臚寺)에 명령하여 중서성에서 받아 가지고 와 김역기에게 주어서 그가 받들어 귀국하게 하라"라고 하였다. 아울러 왕의 숙부 언승과 그 아우 중공(仲恭) 등에게도 문극(門戟)[11]을 내려주되, 본국의 준례

'중흥'(重興)이라 한 데 반해, 『구당서』 본기와 『책부원귀』가 '중희'(重熙)라고 한 것과 유사한 구분 양상이며, 결국 『책부원귀』는 『구당서』 본기 기사에 충실했던 것이다.

11) 문극은 당·송대의 제도로 묘사(廟社)·궁전의 문이나 여러 부(府)·주(州)의 공문(公門)에 시령을 설치하고 나무로 만든 창을 나열해 위의를 나타낸 것이다. 귀족 관료의 사저에도 내려주었다.

에 따라 지급하게 하였다[신씨는 김신술(金神述)의 딸이니, '신'(神)자가 음이 같다 하여 '신'(申)씨라고 한 것은 잘못이다].12)

사신을 열두 방면으로 보내 여러 군과 읍의 경계를 나누어 정하였다. 가을 7월 초하루 신사에 일식이 있었다.

10년 봄 정월에 달이 필성(畢星)13)을 침범하였다. 여름 6월에 서형산성(西兄山城)의 소금 창고가 울었는데 그 소리가 소 우는 것 같았으며, 벽사(碧寺)에서는 두꺼비가 뱀을 잡아먹었다. 가을 7월에 대아찬 김육진(金陸珍)을 당에 들여보내 황제의 은혜에 감사하고 겸하여 방물을 진상하였다. 크게 가물었다.

왕의 숙부 언승이 그의 아우 제옹(悌邕)과 함께 군사를 거느리고 궁궐에 들어와 반란을 일으켜 왕을 시해하였다. 왕의 아우 체명(體明)이 왕을 시위하고 있다가 함께 해를 입었다. 왕에게 시호를 추증해 애장이라 하였다.14)

헌덕왕(憲德王)이 왕위에 오르니, 이름은 언승(彦昇)이요 소성왕의 친동생이다. 원성왕 6년에 당에 가는 사절이 되어 대아찬의 관위를 받았고, 7년에 반역하는 신하를 죽여 잡찬이 되었고, 10년에 시중이 되었고, 11년에 이찬으로서 재상이 되었으며, 12년에는 병부령이 되었다. 애장왕 원년에는 각간이 되었고, 2년에 어룡성 사신(私臣)이 되었으며, 얼마 안있어 상대등이 되었다가 이때 와서 왕위에 올랐다. 왕비 귀승(貴勝)부인은 예영(禮英) 각간의 딸이다.

이찬 김숭빈(金崇斌)을 상대등으로 삼았다. 가을 8월에 죄수를 크게 사면하였다. 이찬 김창남(金昌南) 등을 당에 들여보내 부고를 전하였다. 당 헌종(憲宗)은 직방원외랑섭어사중승(職方員外郞攝御史中丞) 최정(崔

---

12) 애장왕 6년조 주석을 참조할 것.
13) 필성은 28수 가운데 하나로, 서방 백호7수(白虎七宿)에 속한다.
14) 이해는 원화(元和) 4년(809) 기축에 해당하는데, 양 『당서』의 신라전과 『책부원귀』에는 모두 원화 7년의 일로 기록하였다.

廷)을 보내면서 질자로 가 있던 김사신(金士信)을 부사로 하여 천자의
신절을 가지고 와 조문하게 하였다. 또 왕을 책립해 개부의동삼사검교
태위지절대도독계림주제군사겸지절충영해군사상주국신라왕(開府儀同
三司檢校太尉持節大都督雞林州諸軍事兼持節充寧海軍使上桂國新羅王)으로
삼고, 아내 정씨(貞氏)를 왕비로 책명했으며, 대재상 김숭빈 등 세 사람
에게 문극(門戟)을 내려주었다[생각건대 왕비는 예영 각간의 딸인데 지
금 정씨라 하였으니 자세히 알 수 없다].[15]

2년(810) 봄 정월에 파진찬 양종(亮宗)을 시중으로 삼았다. 하서주(河
西州)에서 붉은 까마귀를 진상하였다. 2월에 왕이 친히 신궁에 제사를
지냈다. 사신을 파견해 국내의 제방을 수리하였다. 가을 7월에 유성이
자미성 자리에 들어갔다. 서원경에서 흰 꿩을 진상하였다. 겨울 10월에
왕자 김헌장(金憲章)을 당에 들여보내 금과 은으로 만든 불상 및 불경
등을 바치고 아뢰기를 "순종(順宗)을 위해 명복을 빕니다"라고 하였다.
유성이 왕량성(王良星) 자리에 들어갔다.

3년 봄 정월에 시중 양종이 병으로 면직하고, 이찬 원흥(元興)이 시중
이 되었다. 2월에 이찬 웅원(雄元)을 완산주도독으로 삼았다. 여름 4월에

---

15) 이것은 『구당서』 199 동이 신라국 및 『신당서』 220 동이열전 신라에 의거해 헌덕
  왕의 비에 대한 당 측의 책봉 내용 가운데 왕비의 성씨에 문제를 제기한 분주이다.
  본 분주의 대상이 되는 헌덕왕 즉위년조 계보에서는 헌덕왕의 비 귀승부인이 예
  영 각간의 딸이라 하였고, 그 예영 각간은 원성왕의 아들이며 신무왕 우징의 조부
  였다. 따라서 찬자는 귀승부인의 성씨를 김씨로 간주했던 것이고, 혹은 최소한 정
  씨라고 한 당의 책봉서는 의심스럽다는 판단을 했던 것이다. 한편 헌덕왕의 비를
  정씨로 한 책봉은 양 『당서』 신라전에는 모두 원화(元和) 7년(812)으로 되어 있다.
  반면에 『구당서』 헌종본기(憲宗本紀)에는 동년의 기사에 진씨(眞氏)로 되어 있어,
  추측건대 진씨를 취한 『책부원귀』 965 외신부 봉책 3 원화 7년 7월조의 경우는 이
  『구당서』 본기 기사에 입각했던 것이다. 물론 이 경우 '진'(眞)은 '정'(貞)의 오기
  일 것이다. 그렇다면 『삼국사기』 편자는 양 『당서』 신라전에 의거해 본조의 서술
  을 했을 것이다. 그렇다면 본조의 연대 809년과 양 『당서』의 책봉 연대 812년 사이
  의 시차도 문제의 소지가 있다. 즉 전왕인 애장왕의 졸년에는 의문점이 있다. 한편
  귀승부인이 정씨로 간주된 연유는, 추측하건대 귀승부인의 이름에 '정'(貞)자가
  포함되어 있었던 때문인 듯하다. 애장왕 6년조의 주석을 참조할 것.

왕이 처음으로 평의전(平議殿)에 나가 정사를 보았다.

4년 봄에 균정(均貞)을 시중으로 삼았다. 이찬 충영(忠永)이 나이 70세가 되었으므로 안석과 지팡이를 내려주었다. 가을 9월에 급찬 숭정(崇正)을 북국(北國)에 사신으로 보냈다.

5년 봄 정월에 이찬 헌창(憲昌)을 무진주도독으로 삼았다. 2월에 왕이 시조묘에 참배하였다. 현덕문(玄德門)에 화재가 있었다.

6년 봄 3월에 숭례전(崇禮殿)에서 여러 신하에게 잔치를 베풀었다. 즐거움이 절정에 이르러 왕이 거문고를 타니, 이찬 충영(忠榮)이 일어나 춤을 추었다. 여름 5월에 나라 서쪽 지방에 홍수가 났다. 왕이 사신을 파견해 수재를 입은 주·군의 주민들을 위무하고 1년 동안의 납세를 면제해주었다. 가을 8월에 수도에 바람이 불고 안개가 끼어 마치 밤과 같았다. 무진주도독 헌창이 중앙에 들어와 시중이 되었다. 겨울 10월에 검모(黔牟) 대사(大舍)의 아내가 한꺼번에 아들 셋을 낳았다.

7년 봄 정월에 사신을 당에 보내 조알하니, 헌종이 이끌어 접견하고 잔치를 베풀어주었으며 물품을 차등있게 내려주었다. 여름 5월에 눈이 내렸다. 가을 8월 초하루 기해에 일식이 있었다. 서쪽 변경의 주·군에 큰 기근이 들어 도적이 벌떼처럼 일어나자 군사를 내 이를 쳐서 평정하였다. 큰 별이 익성(翼星)과 진성(軫星)[16] 사이에 나타나 서쪽을 가리켰는데, 뻗친 빛의 길이가 6척쯤이나 되었고 폭은 2촌쯤 되었다.

8년 봄 정월에 시중 헌창이 외직으로 나가 청주도독이 되고, 장여(璋如)가 시중이 되었다. 흉년으로 백성들이 굶주려서 절동(浙東) 지방에 가 먹을 것을 구하는 이가 1백 70명이나 되었다. 한산주 당은현(唐恩縣)에서는 길이 10척, 폭 8척, 높이 3척 5촌이나 되는 돌이 저절로 1백여 보를 옮아갔다. 여름 6월에 망덕사의 두 탑이 부딪쳤다.

9년 봄 정월에 이찬 김충공(金忠恭)을 시중으로 삼았다. 여름 5월에 비가 내리지 않아 산천에 두루 기도했더니, 가을 7월이 되어서야 비가 내

---

16) 익성과 진성은 28수 가운데 하나로, 남방 주작7수(朱雀七宿)에 속한 별들이다.

렸다. 겨울 10월에 사람들이 많이 굶주려 죽자, 주·군에 교서를 내려 창고의 곡식을 풀어 구휼하게 하였다. 왕자 김장렴(金張廉)을 당에 들여보내 조공하였다.

10년 여름 6월 초하루 계축에 일식이 있었다.

11년 봄 정월에 이찬 진원(眞元)이 나이 70세가 되었으므로, 안석과 지팡이를 내려주었다. 이찬 헌정(憲貞)이 병으로 걷지 못하자, 나이는 아직 70세가 되지 않았으나 금으로 장식한 자단목(紫檀木) 지팡이를 내려주었다. 2월에 상대등 김숭빈이 죽고, 이찬 김수종(金秀宗)이 상대등이 되었다. 3월에 초적(草賊)들이 여기저기서 일어나자 여러 주·군의 도독과 태수에게 명령해 그들을 붙잡게 하였다.

가을 7월에 당의 운주절도사(鄆州節度使) 이사도(李師道)가 반란을 일으키자, 헌종이 장차 토벌하고자 하여 조칙으로 양주절도사(楊州節度使) 조공(趙恭)을 보내와 우리 군사를 징발하였다. 왕이 칙지를 받들어 순천군장군(順天軍將軍) 김웅원(金雄元)에게 명해 갑옷을 갖춘 군사 3만 명을 거느리고 가서 돕게 하였다.

12년 봄과 여름에 가물더니, 겨울에 기근이 들었다. 11월에 사신을 당에 들여보내 조공하였다. 목종(穆宗)이 인덕전(麟德殿)에서 불러 접견하고 잔치를 베풀어주었으며, 물품을 차등있게 내려주었다.

13년 봄에 백성들이 굶주려서 자손을 팔아 생존하는 경우까지 있었다. 여름 4월에 시중 김충공이 죽고, 이찬 영공(永恭)이 시중이 되었다. 청주도독 헌창이 새로 웅천주도독이 되었다. 가을 7월에 패강(浿江)과 남천(南川)의 두 돌이 서로 싸웠다. 겨울 12월 29일에 크게 우레가 쳤다.

14년 봄 정월에 왕의 친동생 수종(秀宗)을 부군(副君)[17]으로 삼아 월지궁(月池宮)에 들게 하였다[수종은 혹은 수승(秀升)이라고 한다].

2월에 눈이 5척이나 내리고 나무들이 말랐다.

3월에 웅천주도독 헌창이 그의 아버지 김주원이 왕이 되지 못했다 하

---

17) 부군은 국군(國君)의 후계자로서 태자를 이른다.

여 반역하고, 국호를 '장안'(長安)이라고 하였으며, 연호를 세워 '경운(慶雲) 원년'이라고 하였다. 그는 무진주·완산주·청주·사벌주의 네 도독과 국원경·서원경·금관경의 사신(仕臣)들 및 여러 군·현의 수령들을 위협해 자기 휘하의 무리로 삼았다. 청주도독 향영(向榮)은 몸을 빼내 추화군(推火郡)으로 달아나고, 한산·우두·삽량·패강·북원 등은 헌창의 역모를 미리 알아 군사를 일으켜 스스로 지켰다.

18일에 완산주의 장사(長史) 최웅(崔雄)과 주조(州助)인 아찬(阿湌) 정련(正連)의 아들 영충(令忠) 등이 수도로 도망해 와서 사태를 보고하였다. 왕은 곧바로 최웅에게 급찬의 관위와 속함군(速含郡) 태수 직을 주고, 영충에게도 급찬의 관위를 주었으며, 드디어 장수 여덟 사람을 뽑아 왕도의 8방을 지키게 한 다음에 군사를 출동시켰다. 일길찬 장웅(張雄)이 먼저 출발하고 잡찬 위공(衛恭)과 파진찬 제릉(悌凌)이 그 뒤를 이었으며, 이찬 균정(均貞)과 잡찬 웅원(雄元)과 대아찬 우징(祐徵) 등이 3군을 통솔해 정벌에 나섰다. 각간 충공(忠恭)과 잡찬 윤응(允膺)은 문화(蚊火)의 관문을 지키고, 명기(明基)와 안락(安樂) 두 화랑이 각각 종군을 청해, 명기는 낭도들과 함께 황산(黃山)으로 가고 안락은 시미지진(施彌知鎭)으로 갔다. 이에 헌창이 그의 장수를 보내 요로를 점거하고 기다리게 하였다. 장웅이 적병들을 도동현(道冬峴)에서 만나 쳐부수었고, 위공과 제릉은 장웅의 군사와 합해 삼년산성을 공격해 이겼으며, 계속 속리산(俗離山)으로 진군해 적병을 쳐 없앴다. 균정 등은 성산(星山)에서 적과 어우러져 싸워서 괴멸시켰다. 여러 부대가 함께 웅진에 도착해 적과 크게 싸워서 베어 죽이고 잡은 것이 이루 헤아릴 수 없이 많았다. 헌창은 겨우 몸만 빼내 성으로 들어가 굳게 지켰다. 여러 부대가 성을 에워싸고 공격하기 열흘 만에 성이 바야흐로 함락당하려 하자, 헌창은 모면할 수 없을 것을 알고 자살하였다. 그의 종자가 머리와 몸뚱이를 베어 따로 묻었는데, 성이 함락되자 그 몸뚱이를 옛 무덤에서 찾아내 다시 베었다. 그의 친족과 도당 무릇 2백 39명을 죽이고 백성들을 풀어주었다. 그 뒤 전공을 논해 관작과 상을 차등있게 주었다. 아찬 녹진(祿眞)에게는 대아찬 관위를 주었으나 사양하고 받지 않았다.[18] 삽량주의 굴자군(屈自郡)은 적들과 가까이에 있었으나 반란군에 뜻을 굽히지 않았다 하여, 7년 동안의 납세를 면제해주었다.

이보다 앞서 청주 태수의 청사 남쪽 못 가운데 이상한 새가 있었는데, 몸 길이가 5척이나 되고 검은 빛깔이었으며, 머리는 다섯 살 난 아이 머리만 하였고, 부리의 길이는 1척 5촌이나 되었다. 또 눈의 모습은 사람처럼 생겼고 모이주머니는 닷 되들이 그릇만 하였는데, 3일 만에 죽었으니 바로 헌창이 패망할 조짐이었다.

각간 충공의 딸 정교(貞嬌)를 맞이해 태자비로 삼았다. 패강의 산골짜기 사이에서 넘어진 나무가 싹을 틔웠는데, 하룻밤 만에 높이가 13척이요 둥치 둘레가 4척 7촌이나 자랐다. 여름 4월 13일에 달빛이 핏빛과 같았다. 가을 7월 12일에 태양에 검은 햇무리가 생겨 남북 방향을 가리켰다. 겨울 12월에 주필(柱弼)을 당에 들여보내 조공하였다.

15년 봄 정월 5일에 서원경에서는 벌레가 하늘에서 떨어져내렸고, 9일에는 희고 검고 붉은 세 종류의 벌레가 생겨 눈밭을 무릅쓰고 기어다녔는데, 햇볕을 보면 멈추었다. 원순(元順)과 평원(平原) 두 각간이 일흔 살이 되어 은퇴를 고하자, 왕이 안석과 지팡이를 내려주었다. 2월에 수성군(水城郡)과 당은현(唐恩縣)을 합쳤다. 여름 4월 12일에 유성이 천시성(天市星) 자리에서 일어나 제좌(帝座)를 침범하더니, 천시원(天市垣)의 동북쪽 별들과 직녀성(織女星), 왕량성(王良星)을 지나 각도성(閣道星)에 이르러 셋으로 나누어졌는데, 북치는 것 같은 소리를 내고는 사라져버렸다.[19] 가을 7월에 눈이 내렸다.

---

18) 본서 45 녹진전을 참조할 것.

19) 천시원은 태미원·자미원과 함께 삼원(三垣)의 하나이다. 일성 이사금 16년조 주석을 참조할 것. 직녀성은 북방 현무7수(玄武七宿) 가운데 하나인 우수(牛宿)를 구성하는 세 별을 말한다. 서양의 거문고 자리에 속한다. 각도성은 북두(北斗)의 축성(軸星)으로 왕량성 북쪽에 있다. 왕량성은 혁거세 9년조 주석을 참조할 것. 『사기』 천관서.

17년 봄 정월에 헌창의 아들 범문(梵文)이 고달산(高達山)의 적도 수신(壽神) 등 1백여 명과 함께 모반해 평양에 도읍을 세우고자 북한산주를 공격하니, 도독 총명(聰明)이 군사를 거느리고 가서 잡아 죽였다[평양은 지금의 양주(楊州)이다. 우리 태조께서 지은 「장의사재문」(莊義寺齋文)에는 "고려의 옛 땅이요 평양의 명산이다"라는 구절이 있다]. 3월에 무진주 마미지현(馬彌知縣)에 사는 여인이 아이를 낳았는데 머리와 몸뚱이가 둘이고 팔이 넷이었으며, 그 아이가 태어날 때 하늘이 크게 천둥을 쳤다.

여름 5월에 왕자 김흔(金昕)을 당에 들여보내 조공하고, 그 기회에 황제에게 아뢰기를 "먼저 와 있던 대학생 최리정(崔利貞)·김숙정(金叔貞)·박계업(朴季業) 등을 본국으로 돌려보내주시고, 새로 입조한 김윤부(金允夫)·김립지(金立之)·박양지(朴亮之) 등 12명은 머물러 숙위하게 하소서. 아울러 그들을 국자감에 배치해 학업을 익히게 하고, 홍려시에서 학비를 지급토록 해주시기를 바랍니다"라고 했더니, 그대로 들어주었다.

가을에 삽량주에서 흰 까마귀를 바쳤다. 우두주 대양관군(大楊管郡)에 사는 황지(黃知) 나마의 아내가 한꺼번에 두 아들과 두 딸을 낳았으므로, 조(租) 1백 석을 내려주었다.

18년 가을 7월에 우잠(牛岑) 태수 백영(白永)을 시켜서 한산 북쪽의 여러 주·군의 주민 1만 명을 징발해 패강에 장성 3백 리를 쌓았다.

겨울 10월에 왕이 죽었다. 시호를 헌덕이라 하고, 천림사(泉林寺) 북쪽에 장사 지냈다[『고기』에는 "왕위에 있은 지 18년 보력(寶曆) 2년 병오(826) 4월에 죽었다"라고 하였고, 『신당서』에는 "장경(長慶), 보력 연간에 신라 왕 언승이 죽었다"라고 했는데, 『자치통감』과 『구당서』에는 모두 "태화(太和) 5년(831)에 죽었다"라고 하니 아마 잘못이 아닐까 한다].[20]

---

20) 『자치통감』 244 당기 60 문종 상지하 태화 5년(831) 2월조에 "신라 왕 언승이 죽고 그 아들 경휘(景徽)가 섰다"라고 했으며, 『구당서』와 『책부원귀』도 이와 같은바,

흥덕왕(興德王)이 왕위에 오르니, 이름은 수종(秀宗)인데 뒤에 고쳐서 경휘(景徽)라고 하였다. 헌덕왕의 친동생이다.

겨울 12월에 왕비 장화(章和)부인이 죽자 정목왕후(定穆王后)로 추봉하였다. 왕이 왕비를 그리워하여 못내 잊지 못하고 서운해하면서 즐거움을 멀리하였다. 여러 신하가 표문을 올려 다시 왕비를 들일 것을 청하니 왕이 말하기를 "외짝 새에게도 제 짝을 잃은 슬픔이 있거늘, 하물며 의좋은 배필을 잃었는데 어찌 차마 무정하게 금방 다시 장가들겠는가" 하고 끝내 듣지 않았으며, 시녀들까지도 가까이 하지 않아 좌우에서 심부름하는 이로는 오직 내시뿐이었다[장화의 성은 김씨로 소성왕의 딸이다].

2년(827) 봄 정월에 왕이 친히 신궁에 제사를 지냈다. 당 문종(文宗)은 헌덕왕이 죽었다는 말을 듣고 조회를 철폐하고, 태자좌유덕겸어사중승 (太子左諭德兼御史中丞) 원적(源寂)에게 명해 천자의 신절을 가지고 와 조문하게 하였다. 아울러 후사 왕을 책립해 개부의동삼사검교태위사지 절대도독계림주제군사겸지절충영해군사신라왕(開府儀同三司檢校太尉 使持節大都督雞林州諸軍事兼持節充寧海軍使新羅王)으로 삼고, 왕모 박씨를 대비로, 아내 박씨를 왕비로 삼았다.

3월에 고구려 승려 구덕(丘德)이 당에 들어갔다가 불경을 가지고 돌아오니, 왕이 여러 절의 승려들을 모이게 하여 나가서 맞이하였다. 여름 5월에 서리가 내렸다. 가을 8월에 태백성이 낮에 나타나고, 수도에 크게 가뭄이 들었다. 시중 영공(永恭)이 물러났다.

3년 봄 정월에 대아찬 김우징(金祐徵)을 시중으로 삼았다. 2월에 사신을 당에 들여보내 조공하였다. 3월에 눈이 3척이나 쌓였다.

여름 4월, 청해대사(淸海大使) 궁복(弓福)은 성이 장씨(張氏)로[일명 보고(保皐)라고 한다] 당나라 서주(徐州)에 들어가 군중소장(軍中小將) 이 되었는데, 뒤에 귀국해 왕을 알현한 다음 군사 1만 명을 거느리고 청

이것은 『삼국사기』가 인용한 『고기』보다 5년 늦은 것이다.

해(淸海)〔청해는 지금의 완도(莞島)이다〕를 지키게 되었다.[21]

한산주 표천현(瓢川縣)에 사는 요사스러운 사람이 빨리 부자가 되는 비술이 있다고 떠벌리자, 많은 사람이 자못 이에 정신이 팔렸다. 왕이 이 말을 듣고 말하기를 "사교를 가지고서 사람들을 현혹하는 자를 처형하는 것은 선왕의 법규이다" 하고, 그를 먼 섬으로 내쳐버렸다.

겨울 12월에 사신을 당에 들여보내 조공하였다. 당 문종이 사신을 인덕전(麟德殿)으로 불러 마주하고 연회를 베풀어주었으며, 물품을 차등 있게 내려주었다. 당에 들어갔다가 돌아오는 사신 대렴(大廉)이 차나무 씨앗을 가지고 오니, 왕이 지리산(地理山)에 심게 하였다. 차는 선덕왕(善德王) 때부터 있었지만 이때 와서 크게 유행하였다.

4년 봄 2월에 당은군(唐恩郡)을 당성진(唐城鎭)으로 만들고, 사찬 극정(極正)으로 하여금 가서 지키게 하였다.

5년 여름 4월에 왕이 병에 걸려 편치 않자 기도를 드리고, 아울러 승려 150명에게 도첩을 주었다. 겨울 12월에 사신을 당에 들여보내 조공하였다.

6년 봄 정월에 지진이 있었다. 시중 우징이 면직되고, 이찬 윤분(允芬)이 시중이 되었다. 2월에 왕자 김능유(金能儒) 및 승려 아홉 명을 당에 보냈다. 가을 7월에 당에 들어갔던 진봉사(進奉使) 김능유 등 일행이 돌아오다 바다에 빠져 죽었다. 겨울 11월에 사신을 당에 들여보내 조공하였다.

7년 봄과 여름에 가물더니 땅에 남아난 곡식이 없었다. 왕이 정전(正殿)에 나가 앉지 않고 평상시보다 음식의 가짓수를 줄였으며, 중앙과 지방의 감옥수들을 사면했더니, 가을 7월이 되어서야 비가 내렸다. 8월에 흉년이 들어 도적이 곳곳에서 일어났다. 겨울 10월에 왕이 사신을 시켜

---

21) 본서 44 장보고·정년전은 두목(杜牧)이 지은 전기를 소개한 것인데, 신라본기에 보이는 궁복의 활동과는 상당한 출입이 있다. 『삼국유사』 기이 2 신무대왕·염장(閻長)·궁파(弓巴)조에도 그의 활동과 몰락 과정이 보인다. '보고'(保皐)는 원인(圓仁)의 『입당구법순례행기』(入唐求法巡禮行記)에는 '보고'(寶高)로 표기되어 있다.

백성들을 안정시키고 위무하였다.

8년 봄에 나라 안에 큰 기근이 들었다. 여름 4월에 왕이 시조묘에 참배하였다. 겨울 10월에 복숭아나무와 오얏나무에 두 번째 꽃이 피었다. 백성들 가운데 전염병으로 죽는 이가 많았다. 11월에 시중 윤분이 물러났다.

9년 봄 정월에 우징이 다시 시중이 되었다. 가을 9월에 왕이 서형산(西兄山) 아래에 행차하여 군대를 크게 사열하고, 무평문(武平門)에 나와서 활쏘는 것을 관람하였다. 겨울 10월에 왕이 나라 남쪽의 주·군을 순행하고 늙은이나 홀아비, 과부, 고아, 자식 없는 늙은이들을 찾아 위문하고 곡식과 베를 차등있게 내려주었다.

10년 봄 2월에 아찬 김균정(金均貞)을 상대등으로 임명하였다. 시중 우징은 그의 아버지 균정이 재상으로 들어갔기 때문에 표문을 올려서 사직할 것을 청하였다. 이에 대아찬 김명(金明)이 시중이 되었다.

11년 봄 정월 초하루 신축에 일식이 있었다. 왕자 김의종(金義琮)을 당에 보내 은혜에 감사하고 겸하여 숙위하게 하였다. 여름 6월에 혜성이 동방에 나타났다. 가을 7월에 태백성이 달을 침범하였다.

겨울 12월에 왕이 죽었다. 시호를 흥덕이라 하였다. 조정에서는 왕의 유언에 따라 장화왕비의 능에 합장하였다.

희강왕(僖康王)이 왕위에 오르니, 이름은 제융(悌隆)〔제옹(悌顒)이라고도 한다〕이요 원성대왕의 손자 이찬 헌정(憲貞)〔초노(草奴)라고도 한다〕의 아들이다. 어머니는 포도(包道)부인이고, 왕비 문목(文穆)부인은 갈문왕 충공(忠恭)의 딸이다.

처음에 흥덕왕이 죽었을 때 그의 당제(堂弟) 균정(均貞)과 당제의 아들 제융이 모두 임금이 되고자 하였다. 이에 시중 김명(金明)과 아찬 이홍(利弘)과 배훤백(裴萱伯) 등은 제융을 받들고, 아찬 우징(祐徵)은 조카 예징(禮徵) 및 김양(金陽)과 함께 그의 아버지 균정을 받들어, 양편이 한꺼번에 궁궐로 들어가 서로 싸웠다. 김양은 화살을 맞아 우징 등과 함께

달아나고, 균정은 살해되었으므로 뒤에 제융이 곧 왕위에 오를 수 있었다.[22]

2년(837) 봄 정월에 사형죄 이하의 죄수들을 크게 사면하였다. 왕의 아버지를 익성대왕(翌成大王)으로 추봉하고, 어머니 박씨를 순성태후(順成太后)라 하였다. 시중 김명을 상대등으로 임명했으며, 아찬 이홍을 시중으로 삼았다.

여름 4월에 당 문종이 숙위하던 왕자 김의종(金義琮)을 돌려보냈다. 아찬 우징이 자기 아버지 균정이 살해되었기 때문에 원망하는 말을 입 밖에 내자, 김명과 이홍 등이 이를 못마땅하게 여겼다.

5월에 우징이 자기에게 화가 미칠까 두려워 처자와 함께 황산진(黃山津) 어구로 달아나 배를 타고 청해진 대사 궁복에게로 가서 의탁하였다. 6월에 균정의 매제 아찬 예징과 아찬 양순(良順)이 우징에게로 도망해 와 투신하였다. 당 문종이 숙위하던 김충신(金忠信) 등에게 비단을 차등 있게 내려주었다.

3년 봄 정월에 상대등 김명과 시중 이홍 등이 군사를 일으켜 난을 꾸미며서 왕의 측근들을 죽이니, 왕은 자신도 온전하지 못할 것을 알고 그만 궁중에서 목을 맸다. 시호를 희강이라 하고, 소산(蘇山)에 장사 지냈다.

민애왕(閔哀王)이 왕위에 오르니, 성은 김씨이고 이름은 명(明)으로 원성대왕의 증손이요 대아찬 충공의 아들이다. 여러 관직을 거쳐 상대등이 되었는데, 시중 이홍과 함께 왕을 핍박해 죽이고 스스로 즉위해 왕이 되었다.

왕의 아버지에게 선강대왕(宣康大王)의 시호를 추증하고, 어머니 박씨 귀보(貴寶)부인을 선의태후(宣懿太后)라 하였으며, 아내 김씨를 윤용왕후(允容王后)라 하였다. 이찬 김귀(金貴)를 상대등으로 임명하고, 아찬

---

22) 이 사건의 전말에 대해서는 본서 44 김양전에 자세하다.

헌숭(憲崇)을 시중으로 삼았다.

2월에 김양(金陽)이 병사를 모집해 청해진으로 들어가 우징을 알현하였다. 아찬 우징은 청해진에 있으면서 김명이 왕위를 찬탈했다는 말을 듣고 청해진 대사 궁복에게 일러 말하기를, "김명은 임금을 죽이고 스스로 왕위에 올랐고 이홍은 임금과 아버지를 그릇되이 죽였으니 그들과는 같은 하늘 아래 살 수 없습니다. 원컨대 장군의 군사를 빌려 임금과 아버지의 원수를 갚고자 합니다"라고 하였다. 이에 궁복이 말하기를 "옛사람의 말에 '정의를 보고도 행동하지 않는 것은 용기가 없는 것'이라 했으니, 내가 비록 용렬하나 그 명령을 좇겠습니다"라고 하였다. 마침내 군사 5천 명을 나누어 그의 벗 정년(鄭年)에게 주면서 이르기를 "그대가 아니면 이 환란을 평정할 수 없겠다"라고 하였다.

겨울 12월에 김양이 평동장군(平東將軍)이 되어 염장(閻長)·장변(張弁)·정년·낙금(駱金)·장건영(張建榮)·이순행(李順行)과 함께 군사를 거느리고 무주 철야현(鐵冶縣)에 이르렀다. 왕은 대감 김민주(金敏周)를 시켜 군사를 내서 맞아 싸우게 하였다. 김양이 낙금과 이순행을 보내 기마병 3천 명으로 부딪쳐 가서 거의 다 살상하였다.

2년(839) 봄 윤 정월에 김양의 군사는 밤낮으로 행군하여, 19일에는 달벌(達伐)의 언덕에 도착하였다. 왕은 군사들이 이르렀다는 말을 듣고 이찬 대흔(大昕)과 대아찬 윤린(允璘) 및 억훈(嶷勛) 등에게 명해 군사를 거느리고 가서 막게 하였다. 김양의 군사가 또 한 번 싸워 크게 이기니, 왕의 군사 가운데 죽은 이가 절반이 넘었다. 이때 왕은 서쪽 교외의 큰 나무 밑에 있었는데 측근들도 모두 흩어져 가버리고 혼자 서서 어찌할 바를 몰라 하다가 월유택(月遊宅)으로 도망해 들어갔으나, 병사들이 찾아내서 해쳤다. 여러 신하가 예를 갖추어 장사 지내고, 시호를 민애라 하였다.

신무왕(神武王)이 왕위에 오르니, 이름은 우징(祐徵)이고 원성대왕의 손자인 균정(均貞) 상대등의 아들이며 희강왕의 종제(從弟)이다. 예징

(禮徵) 등이 먼저 궁성 내부를 깨끗이 하고 예를 갖추어 그를 맞이해 왕위에 오르게 하였다.

왕의 조부 이찬 예영(禮英)〔효진(孝眞)이라고도 한다〕을 혜강대왕(惠康大王)으로 추존하고, 아버지를 성덕대왕(成德大王)이라 하였으며, 어머니 박씨 진교(眞矯)부인을 헌목태후(憲穆太后)라 하고, 아들 경응(慶膺)을 태자로 삼았다. 청해진 대사 궁복을 감의군사(感義軍使)로 삼고 식읍 2천 호를 봉해주었다. 이홍은 두려워 처자식을 버려두고 산림으로 도망했는데, 왕이 기병을 보내 쫓아서 잡아죽였다.

가을 7월에 사신을 당에 보내 치청절도사(淄靑節度使)에게 노비를 주었더니, 황제가 이를 듣고 먼데서 온 사람임을 가엾게 여겨 조칙을 내려서 그들을 본국으로 돌아가도록 하였다.

왕이 병으로 드러누웠는데 꿈에 이홍이 활을 쏘아 왕의 등을 맞혔다. 잠을 깨어보니 등에 종기가 생겨 있었다. 이달 23일이 되어 죽으니, 시호를 신무라 하고, 제형산(弟兄山) 서북쪽에 장사 지냈다.

편찬자는 논평하여 말한다. 구양수(歐陽修)가 논해 말하기를 "노(魯) 환공(桓公)은 은공(隱公)을 시해하고 스스로 즉위한 이며,[23] 선공(宣公)은 자적(子赤)을 시해하고 스스로 즉위한 이며,[24] 정(鄭) 여공(厲公)은 세자 홀(忽)을 쫓아내고 스스로 즉위한 이며,[25] 위(衛) 공손표(公孫剽)는

---

23) 노 혜공(惠公)에게는 송나라 성자(聲子)에게서 낳은 아들 식(息)과 중자(仲子)에게서 낳은 아들 윤(允)이 있었는데, 혜공이 죽었을 때 윤은 나이가 어려 식이 군주의 지위에 올라 은공이 되었다. 은공은 평소에 혜공의 총애를 받은 중자의 아들 윤, 즉 서제 환공에게 지위를 물려주고자 생각했으므로, 은공 11년에 대부 우보(羽父)가 환공을 죽일 것을 요청했을 때 이를 거절하였다. 이에 우보는 오히려 환공에게 은공을 모략했으며, 사람을 시켜 은공을 살해하고 환공을 군주로 세웠다. 『좌전』 은공 11년조.

24) 선공은 노 문공의 둘째 부인 경영(敬嬴)의 아들인데, 문공이 죽은 후 양중(襄仲)이 문공의 태자 악(惡)과 그의 아우 시(視)를 죽이고서 선공을 세웠다. 『좌전』 문공 18년조.

25) 정나라 장공(莊公)은 등만(鄧曼)에게서 홀(忽) 즉 소공(昭公)을 낳고, 송나라 출신

268

그 임금 간(衎)을 쫓아내고 스스로 즉위한 이거니와,[26] 공자께서는『춘추』에 그들이 임금이 된 바를 모두 빠뜨리지 않고 각각 그 실상을 전해 후세 사람들로 하여금 이를 믿게 했던 것이니, 저 네 임금의 죄를 가릴 수 없게 했을 따름이며 사람들의 악한 짓이 그치기를 바라신 것이었다"고 하였다.[27] 신라의 언승은 애장왕을 시해하고 왕위에 올랐고, 김명은 희강왕을 시해하고 왕위에 올랐으며, 우징은 민애왕을 시해하고 왕위에 올랐으니, 지금 모두 그 실상을 적는 것도 역시『춘추』의 의도와 같은 것이다.

• 삼국사기 권 제10

옹길(雍佶)에게서 돌(突) 즉 여공(厲公)을 낳았다. 장공이 죽자 제중(祭仲)은 소공을 옹립했으나 송나라 옹씨 문중의 협박으로 다시 여공을 군주로 세웠다. 소공은 위(衛)로 도망했다가 5년 뒤 돌아와 소공으로 즉위하였다.『좌전』환공 11년조.

26) 간(衎)은 위 정공(定公)의 아들 헌공(獻公)인데, 손문자(孫文子)와의 갈등으로 말미암아 제(齊)로 도망하였다. 그 사이에 위에서는 공손표를 임금으로 옹립하니, 이가 곧 상공(殤公)이다.『좌전』양공(襄公) 14년조.

27) 구양수(1007~72)는 송나라 길주(吉州) 영풍(永豊) 사람으로 자는 영숙(永叔)이다. 일찍부터 사학에 뜻을 지녔던바, 설거정(薛居正)의『오대사』(五代史)에 불만을 가지고 스스로 개작하고자 하여 경우(景祐) 3년(1036)부터 황우(皇祐) 5년(1053)에 걸쳐『오대사기』(五代史記)를 찬성했는데 이를 세칭『신오대사』라고 부른다. 또한 그는 송기(宋祁)와 함께『신당서』편찬에도 참여하였다.『춘추』의 필법을 논한 이 대목은『신오대사』2 양본기(梁本紀) 2 말미 사론의 일부를 인용한 것이다. 그 대의는 당 소종(昭宗)을 죽이고 애제(哀帝)의 양위를 받아 오대의 첫 왕조를 연 주온(朱溫)의 양 본기를 서두에 쓴 점에 대해, 이것이 결코『춘추』의 뜻에 어긋나는 행위가 아니라는 것을 논파한 것이다. 즉 양나라야 천하가 다 그 악명을 미워하는 바이지만 그 전말을 사실대로 쓰고 전함으로써, 마치 공자가『춘추』에 네 임금의 악행을 다루어 후세인들에게 그러한 악명을 벗어던질 수 없다는 것을 알게 했던 본의에 충실하고자 한 것이라는 설명이다. 김부식 역시 같은 논법에서 구양수의 사론을 원용했던 것이다.

삼국사기 권 제11

신라본기 제11
문성왕, 헌안왕, 경문왕, 헌강왕,
정강왕, 진성왕

문성왕(文聖王)이 왕위에 오르니, 이름은 경응(慶膺)이고 신무왕의 태자이다. 어머니는 정계(貞繼)부인〔정종태후(定宗太后)라고도 한다〕 이다.

8월에 죄수를 크게 사면하고 교서를 내려 말하기를, "청해진 대사 궁복은 일찍이 군사로 아버지 신무를 도와 선왕의 큰 적당을 없앴으니 그 큰 공적을 잊어서야 되겠는가" 하고 곧 진해장군(鎭海將軍)으로 임명했으며, 겸하여 그에 걸맞은 예복을 내려주었다.

2년(840) 봄 정월에 예정을 상대등으로 삼고, 의종(義琮)을 시중으로 삼았으며, 양순(良順)을 이찬으로 삼았다. 여름 4월부터 6월에 이르기까지 비가 내리지 않았다. 당 문종이 홍려시에 조칙을 내려 질자(質子) 및 연한이 차서 귀국하게 된 학생 모두 1백 5명을 돌려보내게 하였다. 겨울에 기근이 들었다.

3년 봄에 수도에 전염병이 돌았다. 일길찬 홍필(弘弼)이 반역을 모의하다 일이 발각되자 바다의 섬으로 도망해 들어갔는데, 체포하려다가 잡지 못하고 말았다.

가을 7월에 당 무종(武宗)이 칙명으로 귀국하는 신라 출신 관리로서,

이전에도 신라에 들어갔던 선위부사충연주도독부사마(宣慰副使充兗州都督府司馬)이며 비어대(緋魚袋)를 하사받은 김운경(金雲卿)을 치주장사(淄州長史)로 임명하고 아울러 사신으로 삼아서, 왕을 개부의동삼사검교태위사지절대도독계림주제군사겸지절충영해군사상주국신라왕(開府儀同三司檢校太尉使持節大都督雞林州諸軍事兼持節充寧海軍使上柱國新羅王)으로 책봉하고, 아내 박씨를 왕비로 책봉하였다.

4년 봄 3월에 이찬 위흔(魏昕)의 딸을 맞이해 왕비로 삼았다.

5년 봄 정월에 시중 의종이 병으로 면직하고, 이찬 양순이 시중이 되었다. 가을 7월에 호랑이 다섯 마리가 신궁의 동산에 들어왔다.

6년 봄 2월 초하루 갑인에 일식이 있었고, 태백성이 진성(鎭星)을 침범하였다. 3월에 수도에 우박이 내렸다. 시중 양순이 물러나고, 대아찬 김여(金茹)가 시중이 되었다. 가을 8월에 혈구진(穴口鎭)을 설치하고, 아찬 계홍(啓弘)을 진두(鎭頭)로 삼았다.

7년 봄 3월에 왕이 청해진 대사 궁복의 딸을 맞이해 둘째 왕비로 삼으려 하자, 조정의 신하들이 간하여 말하기를 "부부가 되는 이치는 사람의 큰 윤리이옵니다. 그러므로 하(夏)는 도산(塗山)으로 인해 흥성했고,[1] 은(殷)은 신씨(娎氏)로 인해 창성했으며,[2] 주(周)는 포사(褒姒) 때문에 멸망했고,[3] 진(晉)은 여희(驪姬) 때문에 어지러워졌던 것입니다.[4] 그러

---

1) 도산은 하나라 우임금의 비(妃)로 도산국 출신 여인이며 계(啓)의 어머니이다. 『열녀전』에 따르면 "하의 흥성은 도산으로 인하였고, 그 망함은 말희(末喜)로 말미암았다"라고 했으니, 말희는 걸왕(桀王)의 비이다.
2) 신씨는 은나라 탕임금의 비로 유신국(有娎國) 출신 여인이다. 『열녀전』에는 "탕임금의 비는 유신씨(有莘氏)의 딸이다"라고 했으며, 『사기』은본기에도 같은 내용이 있다.
3) 포사는 주 유왕의 총희인데, 웃기를 싫어했으므로 유왕은 외적의 침구를 알리기 위한 봉화를 올려 제후가 모여들게 하여 그녀를 웃게 했다는 유명한 일화가 있다. 결국 유왕은 정비인 신후(申后)와 그 소생 태자 의구(宜臼)를 폐위시키고 포사와 그 소생 백복(伯服)으로 교체했으며, 이에 분노한 신후(申侯)가 서융(西戎)과 함께 침공했으나 제후들은 유왕의 봉화에도 불구하고 모이지 않았으므로, 끝내 서주는 멸망하고 말았다. 『사기』 주본기.
4) 여희는 춘추시대 진 헌공의 총애를 받은 융(戎) 출신 여인인데, 자기 소생의 해제(奚

한즉 나라가 보존되고 패망하는 것이 여기에 달려 있으니 어찌 신중하지 않을 수 있겠습니까? 지금 저 궁복은 섬 사람인데 어찌 그의 딸을 왕실의 배필로 삼을 수 있겠습니까"라고 하였다. 왕이 그 말을 따랐다. 겨울 11월에 우레가 있었고 눈이 내리지 않았다. 12월 초하루에 해 세 개가 나란히 나타났다.

8년 봄에 청해진의 궁복이 왕이 자기 딸을 들여주지 않는 것을 원망하여 청해진에 웅거해 반역하였다. 조정에서는 이를 토벌하자니 뜻밖의 환란이 있을까 염려되고, 그대로 두자니 그 죄가 용서할 수 없는 것인지라, 어떻게 처리할 바를 모르고 근심하였다. 무주 사람 염장(閻長)이라는 이가 당시에 용맹과 힘으로 유명했는데, 그가 찾아와 말하기를 "조정에서 다행히 제 말을 들어준다면 제가 한 사람의 군사도 번거롭게 하지 않고 맨주먹으로 궁복의 머리를 베어 바치겠습니다"라고 하였다. 왕이 그의 말을 따랐다. 염장은 짐짓 나라에 반역한 것처럼 하여 청해진에 몸을 의탁하였다. 궁복은 장사를 아꼈던 터라 아무 의심도 하지 않고 이끌어 상객으로 삼고, 그와 더불어 술을 마시면서 매우 기뻐하였다. 급기야 술이 취하자 염장은 궁복의 칼을 빼앗아 목을 벤 다음 그의 무리를 불러 설득하니, 그들은 엎드려 감히 움직이지 못하였다.

9년 봄 2월에 평의전(平議殿)과 임해전(臨海殿)을 중수하였다. 여름 5월에 이찬 양순과 파진찬 흥종(興宗) 등이 반역하다 처형당하였다. 가을 8월에 왕자를 봉해 왕태자로 삼았다. 시중 김여가 죽었으므로, 이찬 위흔이 시중이 되었다.

10년 봄과 여름에 가물었다. 시중 위흔이 물러나고, 파진찬 김계명(金啓明)이 시중이 되었다. 겨울 10월에 하늘에서 우레와 같은 소리가 들렸다.

11년 봄 정월에 상대등 예징이 죽었으므로, 이찬 의정(義正)이 상대등

齊)를 헌공의 후계자로 삼고자 하여 헌공의 전비 제강(齊姜) 소생 태자 신생(申生)을 죽게 하고, 중이(重耳)와 이오(夷吾) 형제를 축출해 진나라를 혼란에 빠뜨렸다.

이 되었다. 가을 9월에 이찬 김식(金式)과 대흔(大昕) 등이 반역해 처형당하고, 대아찬 흔린(昕鄰)은 여기 연좌되어 죄를 입었다.

12년 봄 정월에 토성이 달에 들어갔다. 수도에 흙비가 내리고 큰 바람이 불어 나무가 뽑혔다. 감옥의 죄수 가운데 사형수 이하를 사면하였다.

13년 봄 2월에 청해진을 없애고, 그곳 사람들을 벽골군(碧骨郡)으로 옮겼다. 여름 4월에 서리가 내렸다. 당에 들어갔던 사신 아찬 원홍(元弘)이 불경과 불아(佛牙)를 가져오니, 왕이 교외에 나가 맞이하였다.

14년에 봄 2월에 파진찬 진량(眞亮)이 웅천주도독이 되었다. 조부(調府)에 화재가 있었다. 가을 7월에 명학루(鳴鶴樓)를 중수하였다. 겨울 11월에 왕태자가 죽었다.

15년 여름 6월에 홍수가 났다. 가을 8월에 서남 지방의 주·군에 누리가 생겼다.

17년 봄 정월에 사신을 보내 서남 지방의 백성들을 위문하고 보살폈다. 겨울 12월에 진각성(珍閣省)에 화재가 났다. 토성이 달에 들어갔다.

19년 가을 9월에 왕이 병이 들자 유언의 조서를 내려 말하기를 "과인이 미미한 자질로 높은 자리에 있으면서, 위로는 하늘이 굽어보는 데 죄를 지을까 두려워하고, 아래로는 백성의 마음에 실망을 줄까 염려하느라, 밤낮으로 전전긍긍하는 것이 마치 깊은 물과 얇은 얼음을 건너는 듯하였다. 공경대부와 여러 신하가 좌우에서 붙들고 끌어주는 데 힘입어 왕위를 지탱해왔다. 그런데 이제 갑자기 병에 걸려 열흘이 되었으니, 정신이 흐릿하고 멍한 사이에 내 목숨은 아침 이슬처럼 스러질 듯하다. 생각해보면 선조로부터 이어온 왕업에는 그 주인이 없어서는 안 되며, 군사와 정치에 관련된 제반 사무는 잠시라도 폐기할 수 없다. 돌이켜보면 서불한 의정(誼靖)은 선대 임금의 손자요 과인의 숙부로서, 효성과 우애가 있고 명민하며 관후하고 인자하여 오랫동안 재상의 자리에 있으면서 임금의 정사를 끼고 도왔으니, 위로는 종묘를 삼가 받들 만하고 아래로는 백성들을 어루만져 기를 만하다. 이에 무거운 짐을 벗어 어질고 덕

있는 이에게 맡기려 하매 당부해 맡길 만한 적임자를 얻은 것이니, 다시 무슨 한될 일이 있겠는가? 하물며 나고 죽는 것과 시작하고 끝맺는 것은 만물의 큰 기약이요, 장수하고 일찍 죽으며 길고 짧은 것은 운명의 이미 정해진 분수이므로, 떠나는 이는 하늘의 이치를 이루는 것이니 뒤에 남는 이들은 지나치게 슬퍼할 필요가 없는 것이다. 너희 여러 신하는 힘을 다하고 충성을 다 바쳐 가는 이를 보내고 남은 이를 섬겨 혹여 예법에 어긋나지 않게 할 것이며, 나라 안에 널리 포고해 나의 뜻을 밝게 알릴 일이다"라고 하였다.

이레가 지나 왕이 죽으니, 시호를 문성이라 하고, 공작지(孔雀趾)에 장사 지냈다.

헌안왕(憲安王)이 왕위에 오르니, 이름은 의정(誼靖)〔우정(祐靖)이라고도 한다〕이요 신무왕의 이복 아우이다. 어머니 조명(照明)부인은 선강왕(宣康王)의 딸이다. 문성왕의 유언으로 왕위에 올랐다.

죄수를 크게 사면하였다. 이찬 김안(金安)을 상대등으로 임명하였다.

2년(858) 봄 정월에 왕이 친히 신궁에 제사를 지냈다. 여름 4월에 서리가 내렸다. 5월부터 가을 7월까지 비가 내리지 않았다. 당성군(唐城郡) 남쪽 강변에서 웬 큰 물고기가 나왔는데, 몸 길이가 40보나 되고 높이는 6장이었다.

3년 봄에 곡식이 귀해 사람들이 굶주리자, 왕이 사신을 보내 구휼하게 하였다. 여름 4월에 교서를 내려 제방을 튼튼하게 수리하고 농사에 힘쓰도록 하였다.

4년 가을 9월에 왕이 임해전에 여러 신하를 모이게 했는데, 왕족 응렴(膺廉)이 나이 15세로 자리에 참석하였다. 왕은 그의 뜻을 보고자 하여 문득 묻기를 "그대는 한동안 돌아다니면서 배웠는데, 배울 만한 사람을 만난 적이 없었더냐"라고 하였다. 응렴이 대답하기를 "제가 일찍이 세 사람을 보았는데, 자못 착한 행실이 있다고 여겼습니다"라고 하였다. 왕이 "어떤 것인가"고 물으니, "한 사람은 고귀한 가문의 자제로서 다른 사람과 더불어 있을 때 자기가 앞에 나서지 않고 남의 아래에 자리하는 이이고, 한 사람은 집안에 재물이 넉넉하여 의복을 사치할 만한데도 늘 삼베와 모시옷으로 기꺼워하는 이이며, 한 사람은 세도와 영화를 누리는 사람이면서도 한 번도 남에게 위세를 부리지 않는 이였습니다. 제가 본 바는 이와 같습니다"라고 하였다.

왕이 이 말을 듣고 잠잠히 있다가 왕후에게 귀엣말로 "내가 사람들을 많이 겪었지만 응렴만 한 이는 없었소" 하고는, 그를 사위로 삼을 생각으로 돌아보고 이르기를, "그대는 삼가 몸을 아끼라. 나에게 딸 자식이 있으니 그대의 배필을 삼게 하리라"라고 하였다. 다시 술을 가져다가 함께 마시면서 조용히 말하기를, "나에게 두 딸이 있는데 큰아이는 올해 스무 살이고 작은 아이는 열아홉 살이다. 그저 그대 마음에 드는 데로 장가를 들라"라고 하였다. 응렴은 사양하다 못해 일어나 절을 하여 감사하고, 곧 집으로 돌아와 부모에게 고하였다. 부모가 말하기를 "듣자하니 왕의 두 딸의 얼굴은 언니가 동생만 못하다 하니, 만약 부득이하다면 동생에게 장가드는 것이 좋겠다"라고 하였다. 그러나 응렴은 여전히 망설이며 결정을 하지 못하다가 흥륜사(興輪寺) 스님에게 물었다. 스님이 말하기를 "언니에게 장가들면 세 가지 이로움이 있을 것이고, 동생에게 장가들면 이와는 반대로 세 가지 손해가 있을 것이다"라고 하였다. 응렴이 곧 왕에게 아뢰기를 "저는 감히 스스로 결정을 하지 못하겠사오니, 그저 왕의 명령을 따르겠나이다"라고 하였다. 이에 왕은 맏딸을 그에게 출가시켰다.[5]

5년 봄 정월에 왕이 병으로 누워 위독하자 좌우의 신하들에게 일러 말하기를, "과인은 불행히도 아들이 없이 딸만 두었다. 우리나라의 옛일에 비록 선덕과 진덕의 두 여왕이 있었다고는 하나, 그것은 암탉이 새벽을 알리는 일에 가까운 것이니[6] 본받을 수 없다. 사위 응렴은 나이는 비록

---

5) 이 일화는 『삼국유사』 기이 2 경문대왕조에 상세하다.
6) 이 말은 『서경』 목서(牧誓)편의 '빈계지신'(牝雞之晨)에서 유래한 것이다. 이에 대

어리나 노성한 덕성을 가지고 있으니, 그대들이 왕으로 옹립해 섬긴다면 반드시 조종의 훌륭한 기업을 잃지 않을 것인바, 과인은 죽더라도 또한 마음을 놓을 것이다"라고 하였다.

이달 29일에 왕이 죽으니, 시호를 헌안이라 하고, 공작지에 장사 지냈다.

경문왕(景文王)이 왕위에 오르니, 이름은 응렴(膺廉)〔'응'(膺)은 '의'(疑)로도 쓴다〕이고 희강왕의 아들 계명(啓明) 아찬의 아들이다. 어머니는 광화(光和)부인〔광의(光義)라고도 한다〕이고, 왕비는 김씨 영화(寧花)부인이다.

원년(861) 3월에 왕이 무평문(武平門)에 나와 죄수를 크게 사면하였다.

2년 봄 정월에 이찬 김정(金正)을 상대등으로 삼고, 아찬 위진(魏珍)을 시중으로 삼았다. 2월에 왕이 친히 신궁에 제사를 지냈다. 가을 7월에 사신을 당에 보내 방물을 조공하였다. 8월에 당에 들어갔던 사신 아찬 부량(富良) 등 일행이 물에 빠져 죽었다.

3년 봄 2월에 왕이 국학에 행차하여 박사 이하 여러 사람으로 하여금 경서의 뜻을 강론하게 하고, 물건을 차등있게 내려주었다. 겨울 10월에 복숭아나무와 오얏나무가 꽃을 피웠다. 11월에 눈이 내리지 않았다.

영화부인의 동생을 맞아들여 둘째 왕비로 삼았다. 그 뒤 다른 날 왕이 흥륜사 스님에게 묻기를 "대사가 전에 일렀던바 세 가지 이로움이란 무엇인가" 하니, 그가 대답하기를 "그 당시에 왕과 왕비께서 당신들 뜻대로 된 것을 기뻐하여 총애가 점점 깊어졌으니 이것이 첫째 이로움이고, 그로 인해 왕위를 이을 수 있었으니 이것이 둘째 이로움이며, 마침내 처음부터 바라던 작은 딸에게 장가들 수 있게 되었으니 이것이 셋째 이로움입니다"라고 하였다. 왕이 듣고 크게 웃었다.

해서는 선덕왕(善德王) 16년 사론의 주석을 참조할 것.

4년 봄 2월에 왕이 감은사에 행차하여 바다에 망제(望祭)를 지냈다. 여름 4월에 일본국 사신이 왔다.

5년 여름 4월에 당 의종(懿宗)이 사신 태자우유덕어사중승(太子右諭德御史中丞) 호귀후(胡歸厚)와 부사 광록주부겸감찰어사(光祿主簿兼監察御史) 배광(裴光) 등을 보내 선왕을 조상하는 제사를 지내고, 겸하여 부의(賻儀) 1천 필을 증여했으며, 왕을 책립해 개부의동삼사검교태위지절대도독계림주제군사상주국신라왕(開府儀同三司檢校太尉持節大都督雞林州諸軍事上柱國新羅王)으로 삼았다. 아울러 왕에게 관작을 내리는 사령 문건 한 통, 의장용 정절(旌節) 한 벌, 비단 5백 필, 옷 두 벌, 금·은 그릇 일곱 개를 내려주었다. 또 왕비에게는 비단 50필과 옷 한 벌과 은그릇 두 개를, 왕태자에게는 비단 40필과 옷 한 벌과 은그릇 한 개를, 대재상(大宰相)에게는 비단 30필과 옷 한 벌과 은그릇 한 개를, 차재상(次宰相)에게는 비단 20필과 옷 한 벌과 은그릇 한 개를 내려주었다.

6년 봄 정월에 왕의 아버지를 의공대왕(懿恭大王)으로 추봉하고, 어머니 박씨 광화부인을 광의왕태후(光懿王太后)로, 부인 김씨를 문의왕비(文懿王妃)로 봉했으며, 왕자 정(晸)을 왕태자로 삼았다. 15일에는 왕이 황룡사에 행차하여 연등 행사를 구경하고, 아울러 백관들에게 잔치를 베풀어주었다.

겨울 10월에 이찬 윤흥(允興)이 아우 숙흥(叔興)·계흥(季興) 등과 함께 반역을 꾀하다 일이 발각되자 대산군(岱山郡)으로 달아났다. 왕이 명을 내려 추격해서 체포하여 목을 베고 일족을 처단하였다.

7년 봄 정월에 임해전(臨海殿)을 중수하였다. 여름 5월에 수도에 전염병이 돌았다. 가을 8월에 홍수가 나서 곡식이 익지 않았다. 겨울 10월에 사신들을 각지로 파견해 백성들을 위무하였다. 12월에 객성(客星)이 태백성을 침범하였다.

8년 봄 정월에 이찬 김예(金銳)와 김현(金鉉) 등이 반역을 꾀하다 처형당하였다. 여름 6월에 황룡사 탑에 벼락이 쳤다. 가을 8월에 조원전(朝元殿)을 중수하였다.

9년 가을 7월에 왕자 소판 김윤(金胤) 등을 당에 들여보내 은혜에 감사하였다. 겸하여 말 두 필, 부금(麩金) 1백 냥, 은 2백 냥, 우황 15냥, 인삼 1백 근, 큰 꽃무늬 어아금(魚牙錦) 10필, 작은 꽃무늬 어아금(魚牙錦) 10필, 조하금(朝霞錦) 20필, 40새짜리 올 고운 흰 모직포(毛織布) 40필, 30새짜리 모시옷감 40필, 4척 5촌짜리 머리카락 1백 50냥, 3척 5촌짜리 머리카락 3백 냥, 금비녀와 머리에 쓰는 오색 기대(綦帶) 및 반흉(班胸) 각 10조(條), 매 모양 금제 사슬을 돌려 매달아 무늬를 아로새긴 붉은 칼 전대 20부(副), 새로운 양식의 매 모양 금제 사슬을 돌려 매달아 무늬를 아로새긴 오색 칼 전대 30부, 매 모양 은제 사슬을 돌려 매달아 무늬를 아로새긴 붉은 칼 전대 20부, 새로운 양식의 매 모양 은제 사슬을 돌려 매달아 무늬를 아로새긴 오색 칼 전대 30부, 새매 모양 금제 사슬을 돌려 매달아 무늬를 아로새긴 붉은 칼 전대 20부, 새로운 양식의 새매 모양 은제 사슬을 돌려 매달아 무늬를 아로새긴 오색 칼 전대 30부, 새매 모양 은제 사슬을 돌려 매달아 무늬를 아로새긴 붉은 칼 전대 20부, 새로운 양식의 새매 모양 은제 사슬을 돌려 매달아 무늬를 아로새긴 오색 칼 전대 30부, 금꽃 모양 매 방울 2백 과(顆), 금꽃 모양 새매 방울 2백 과, 금으로 새겨넣은 매 꼬리 통 50쌍(雙), 금으로 새겨넣은 새매 꼬리 통 50쌍, 은으로 새겨넣은 매 꼬리 통 50쌍, 은으로 새겨넣은 새매 꼬리 통 50쌍, 매 묶는 붉은 아롱무늬 가죽 1백 쌍, 새매 묶는 붉은 아롱무늬 가죽 1백 쌍, 보석을 박아넣은 금 바늘 통 30구(具), 금꽃을 새긴 은 바늘 통 30구, 바늘 1천 5백 개를 받들어 진상하였다. 또 학생 이동(李同) 등 세 사람을 진봉사 김윤(金胤)에 딸려 당에 보내 학업을 익히게 하고, 아울러 책값으로 은 3백 냥을 내려주었다.

10년 봄 2월에 사찬 김인(金因)을 당에 들여보내 숙위하게 하였다. 여름 4월에 수도에 지진이 있었다. 5월에 왕비가 죽었다. 가을 7월에 홍수가 났다. 겨울에 눈이 내리지 않았으며, 백성들 사이에 전염병이 많이 돌았다.

11년 봄 정월에 왕이 담당 관리에게 명해 황룡사 탑을 고쳐 만들게 하였다.[7] 2월에 월상루(月上樓)를 중수하였다.

12년 봄 2월에 왕이 친히 신궁에 제사를 지냈다. 여름 4월에 수도에 지진이 있었다. 가을 8월에 나라 안의 주·군에서 누리가 곡식을 해쳤다.

13년 봄에 백성들이 굶주리고 게다가 전염병이 돌자, 왕이 사신을 파견해 진휼해주었다. 가을 9월에 황룡사 탑이 완성되었는데, 9층에다가 높이가 22장이었다.

14년 봄 정월에 상대등 김정(金正)이 죽었으므로, 시중 위진(魏珍)을 상대등으로 삼고, 인흥(藺興)을 시중으로 삼았다. 여름 4월에 당 희종(僖宗)이 사신을 보내와 유지(諭旨)를 선포하였다.

5월에 이찬 근종(近宗)이 반역을 꾀해 대궐을 침범하므로, 금군(禁軍)을 출동시켜 쳐부수었다. 근종이 그의 도당들과 함께 밤에 성을 빠져나가매, 추격해 잡아서 수레에 매달아 찢어 죽였다.[8]

가을 9월에 월정당(月正堂)을 중수하였다.

최치원이 당에서 과거에 급제하였다.[9]

15년 봄 2월에 수도와 나라 동쪽 지방에 지진이 있었다. 혜성이 동방에 나타났다가 20일 만에야 없어졌다. 여름 5월에 용이 왕궁의 우물에 나타나더니, 조금 있다가 구름과 안개가 사방에서 모여들자 날아갔다.

가을 7월 8일에 왕이 죽었다. 시호를 경문이라 하였다.[10]

헌강왕(憲康王)이 왕위에 오르니, 이름은 정(晸)이고 경문왕의 태자이다. 어머니는 문의왕후(文懿王后)이고, 왕비는 의명(懿明)부인이다. 왕은

---

7) 이듬해에 작성한 「황룡사구층목탑찰주본기」에서 상세한 전말을 확인할 수 있다.

8) 고대 형벌의 하나로 거열(車裂)이라고 한다. 즉 죄인의 몸을 우차 두 대에 결박해 좌우로 끌어 찢어 죽이는 형벌을 말한다.

9) 본서 46 최치원전에 자세하다.

10) 최치원이 찬한 「낭혜화상백월보광탑비명」(朗慧和尙白月葆光塔碑銘)에 따르면 건부 3년(876) 봄, 즉 『삼국사기』에 따를 경우 헌강왕 2년에 경문왕은 살아 있었던 것으로 나타난다.

성품이 총명하고 민첩했으며, 책보기를 좋아하여 눈으로 한 번 본 것은 모두 입으로 외웠다.

왕위에 오르면서 이찬 위홍(魏弘)을 상대등으로 임명하고, 대아찬 예겸(乂謙)을 시중으로 삼았으며, 중앙과 지방의 사형수 이하 죄수들을 크게 사면하였다.

2년(876) 봄 2월에 황룡사에서 승려들에게 공양을 올리고 백고좌(百高座)를 베풀어 불경을 강론했는데, 왕이 친히 행차하여 들었다. 가을 7월에 사신을 당에 들여보내 방물을 바쳤다.

3년 봄 정월에 우리 태조대왕(太祖大王)께서 송악군(松岳郡)에서 탄생하셨다.

4년 여름 4월에 당 희종(僖宗)이 사신을 보내와 왕을 사지절개부의동삼사검교태위대도독계림주제군사신라왕(使持節開府儀同三司檢校太尉大都督雞林州諸軍事新羅王)으로 책봉하였다. 가을 7월에 사신을 당에 보내 입조하려다가 황소(黃巢)의 반란[11]이 일어났다는 말을 듣고 그만두었다. 8월에 일본국의 사신이 이르니, 왕이 조원전(朝元殿)에서 그를 접견하였다.

5년 봄 2월에 왕이 국학에 행차하여 박사 이하에게 명해 강론하게 하였다. 3월에 왕이 나라 동쪽의 주·군을 순행했는데, 어디에서 왔는지 알 수 없는 사람 넷이 왕 앞에 나와 노래하고 춤을 추었다. 그들의 형용이 해괴하고 옷차림도 괴이하여 당시 사람들은 산과 바다의 정령(精靈)들

---

11) 황소는 조주(曹州) 태생으로 소금 암매에 종사했는데, 874년 왕선지(王仙芝)가 하북(河北)에서 거병하자 이듬해 이에 호응해 반란을 일으켰다. 왕선지가 878년 전사하자 황소는 충천대장군(衝天大將軍)을 자칭하고서 강남 일대를 휩쓴 다음, '타도당조'(打倒唐朝)를 내걸고 북벌을 개시해 880년 수도 장안에 입성하였다. 황제 희종(僖宗)은 안녹산의 난 때 현종이 피신했던 성도(成都)로 도피했으며, 황소는 스스로 황제의 위에 올라 국호를 대제(大齊), 연호를 금통(金統)이라 하였다. 당조에서는 결국 돌궐 출신 이극용(李克用)의 군사를 투입해 장안을 탈환하였고, 884년 황소가 피살되어 반란은 종국을 고하였다. 전국을 휩쓴 이 반란으로 왕조의 지배 질서는 완전히 붕괴되었다.

이라고 여겼다[12][『고기』에는 '왕이 즉위한 원년의 일'이라고 한다].

여름 6월에 일길찬 신홍(信弘)이 반역하다 사형을 당하였다. 겨울 10월에 왕이 준례문(遵禮門)에 나가 활쏘는 것을 구경하였다. 11월에 왕이 혈성(穴城)의 들에서 사냥을 하였다.

6년 봄 2월에 태백성이 달을 침범하였다. 시중 예겸이 물러나고, 이찬 민공(敏恭)이 시중이 되었다. 가을 8월에 웅주에서 상서로운 벼이삭을 진상하였다.

9월 9일에 왕이 좌우의 신하들과 함께 월상루(月上樓)에 올라 사방을 둘러보니, 수도의 민가들이 즐비하고 노래와 음악 소리가 그치지 않았다. 왕이 시중 민공을 돌아보고 이르기를 "내가 듣기로 지금 민간에서 집을 기와로 덮고 띠풀로 지붕을 이지 않는다 하고, 밥을 숯으로 짓고 나무를 쓰지 않는다 하는데 과연 그러한가"라고 하였다. 민공이 대답하기를 "저 역시 일찍이 그와 같은 이야기를 들었습니다"라 하고, 이어 아뢰기를 "주상께서 왕위에 오르신 이래로 음양이 조화롭고 비바람이 순조로워 해마다 풍년이 들어 백성들은 먹을 것이 풍족하고, 변경 지역은 잠잠하고 도시에서는 기쁘게 즐기니, 이는 전하의 어진 덕이 불러들인 바이옵니다"라고 하였다. 왕이 기뻐하며 말하기를 "이는 그대들의 보좌에 힘입은 것이지 내게 무슨 덕이 있겠는가"라고 하였다.

7년 봄 3월에 왕이 여러 신하와 임해전에서 잔치를 베풀었는데, 술이 무르익자 왕은 거문고를 두드리고 좌우에서는 각각 노래와 시를 불러 올리면서 마음껏 즐기고서 파하였다.

8년 여름 4월에 일본국 왕이 사신을 보내 황금 3백 냥과 명주(明珠) 열 개를 진상하였다. 겨울 12월에 고미현(枯彌縣)의 여인이 한꺼번에 세 아들을 낳았다.

---

12) 『삼국유사』 기이 2 처용랑(處容郞)·망해사(望海寺)조에는 헌강왕대에 동해용·남산신·북악신·지신의 순서로, 여기 보이는 것과 유사한 헌무(獻舞)·현무(現舞)·정무(呈舞)·출무(出舞)한 내용이 보인다.

9년 봄 2월에 왕이 삼랑사(三郎寺)에 행차하여 문신들에게 각각 시를 한 수씩 지으라고 명령하였다.

11년 봄 2월에 호랑이가 궁궐 뜰에 들어왔다. 3월에 최치원이 돌아왔다. 겨울 10월 임자에 태백성이 낮에 나타났다. 사신을 당에 들여보내 황소(黃巢)의 적당을 쳐부순 것을 축하하였다.

12년 봄에 북진(北鎭)에서 아뢰기를 "적국(狄國) 사람들이 우리 진(鎭)에 들어와 나뭇조각을 나무에 걸어놓고 갔습니다"라 하고, 드디어 가져와 바쳤다. 그 나뭇조각에는 글자 열다섯 자가 쓰여 있었는데 "보로국(寶露國)과 흑수국(黑水國) 사람들이 함께 신라국에 대해 화친하고자 한다"라고 하였다.

여름 6월에 왕이 병으로 편치 않으니 나라 안의 죄수들을 사면해주고 또 황룡사에 백고좌를 베풀어 불경을 강설하였다.

가을 7월 5일에 왕이 죽으니, 시호를 헌강이라 하고, 보리사(菩提寺) 동남쪽에 장사 지냈다.

정강왕(定康王)이 왕위에 오르니, 이름은 황(晃)이고 경문왕의 둘째 아들이다.

8월에 이찬 준흥(俊興)을 시중으로 임명하였다. 나라 서쪽 지방이 가물어 흉년이 들었다.

2년(887) 봄 정월에 황룡사에 백고좌를 열고 왕이 친히 행차하여 강론을 들었다. 한주(漢州)의 이찬 김요(金蕘)가 반역하니 군사를 내어 죽였다.

여름 5월에 왕은 병이 악화되자 시중 준흥에게 이르기를 "내 병이 위독해 다시 일어나지 못할 것이 틀림없는데, 불행하게도 뒤를 이을 아들이 없다. 그러나 나의 누이 만(曼)은 천품이 명민하고 체격이 장부 같으니, 그대들은 의당 선덕왕과 진덕왕의 옛일을 본받아서 그녀를 왕위에 세우는 것이 좋겠다"라고 하였다.

가을 7월 5일에 왕이 죽으니, 시호를 정강이라 하고, 보리사 동남쪽에 장사 지냈다.

진성왕(眞聖王)이 왕위에 오르니, 이름은 만(曼)이고 헌강왕의 누이동생이다[『최치원문집』(崔致遠文集) 제2권의 「사추증표」(謝追贈表)에는 "신 탄(坦)은 아룁니다. 엎드려 칙지를 받자오니 저의 죽은 아비 응(凝)을 추증해 태사(太師)로 삼고, 죽은 형 정(晸)을 태부(太傅)로 삼았습니다"라고 하였고, 또 「납정절표」(納旌節表)에는 "저의 맏형 국왕 정이 지난 광계(光啓) 3년(887) 7월 5일에 갑자기 성대를 버리고, 저의 조카 요(嶢)는 태어나 아직 돌도 되지 못했는지라, 저의 둘째 형 황(晃)이 임시로 나라를 다스리던바, 또 1년을 넘기지 못하고 멀리 세상을 떠났습니다"라고 하였다. 이로써 말하자면 경문왕의 이름은 '응'(凝)인데 본기(本紀)에는 '응렴'(膺廉)이라 하였고, 진성왕의 이름은 '탄'(坦)인데 본기에는 '만'(曼)이라 하였으며, 또 정강왕 황은 광계 3년에 죽었는데 본기에는 2년에 죽었다 하니, 모두 어떤 것이 옳은지 모르겠다].[13]

죄수를 크게 사면하고 모든 주·군의 1년간 조세를 면제해주었다. 황룡사에 백고좌를 베풀고 왕이 친히 행차하여 설법을 들었다. 겨울에 눈이 내리지 않았다.

2년(888) 봄 2월에 소량리(少梁里)의 돌이 저절로 움직여갔다. 왕이 평소에 각간 위홍(魏弘)과 정을 통하더니, 이때 와서는 늘상 궁궐에 들어와 일을 보게 하였다. 아울러 그에게 명해 대구화상(大矩和尙)과 함께 향가를 정리하고 편집하게 하여, 이를 『삼대목』(三代目)이라고 하였다. 위홍이 죽게 되자 시호를 추증해 혜성대왕(惠成大王)이라 하였다. 이후부

---

13) 「사추증표」와 「납정절표」는 최치원이 쓴 표문으로서 각각 진성여왕이 당에 대해 선왕을 추증해준 데 대한 감사와 당조에서 증여해준 정절을 환납(還納)하는 내용의 글이다. 분주 찬자는 최치원의 두 표문 내용과 신라본기의 편년 기사를 비교해 경문왕의 이름, 정강왕의 졸년, 진성왕의 이름 등의 차이를 환기시키고 있다. 논자에 따라서는 이곳의 '본기'를 이른바 『구삼국사』의 신라본기로 파악하기도 하지만, '본기'의 정보는 정작 『삼국사기』 신라본기와 다를 바 없다.

터는 몰래 젊은 미남 두세 명을 끌어들여 음란하게 지내고, 아울러 그들에게 요직을 주어 국정을 맡겼다. 이로 말미암아 아첨해 임금의 총애를 받는 이들이 제멋대로 방자히 굴고 뇌물이 공공연하게 나돌며 상과 벌이 공정하지 못하니, 기강이 무너지고 해이해졌다.

이때 이름을 알 수 없는 어떤 이가 당시의 정치를 비방하는 글을 지어 조정의 거리에 방을 써 붙였다. 왕은 사람을 시켜 그를 수색했으나 잡지 못하였다. 어떤 이가 왕에게 말하기를 "이는 틀림없이 문인으로서 자기 뜻을 이루지 못한 이의 소행일 것인바, 아마 대야주의 은자 거인(巨仁)이 아닌가 합니다"라고 하였다. 왕이 거인을 잡아 수도의 감옥에 가두게 하고 장차 처형하려 하였다. 거인이 분하고 원통해 감옥 벽에 글을 쓰기를 "우공(于公)이 통곡하자 3년이나 가물었고,[14] 추연(鄒衍)이 비통함을 머금으니 5월에 서리가 내렸도다.[15] 지금 나의 깊은 시름 돌아보매 옛일과 같은데, 하늘은 말없이 맑게 개어 푸르기만 할 뿐인가"라고 하였다. 그날 저녁에 갑자기 구름과 안개가 덮이고 벼락이 내리치면서 우박이 쏟아졌다. 왕이 두려워 거인을 풀어주고 돌려보냈다.[16]

---

14) 우공은 한나라 동해군(東海郡) 담현(郯縣) 사람인데, 현의 옥사(獄史)와 군의 결조(決曹)로서 재판을 잘 처리하는 것으로 이름이 높았다. 한때 동해군에서 과부가 된 효부(孝婦)가 시어머니를 죽였다는 누명을 쓰고 체포되었는데, 우공이 그 무고함을 주장했으나 태수를 설득할 길이 없자 법안을 가슴에 품고 크게 울고 사직했으며, 효부는 처형되고 말았다. 이후 동해군에는 3년 동안 가뭄이 들어 황폐해졌는데, 신임 태수가 부임해 우공의 말을 따라 효부의 무덤에 제사를 지내 원통한 것을 해명해주니, 갑자기 큰비가 내렸다고 한다. 『한서』71 우정국전(于定國傳).

15) 추연(기원전 305~기원전 240)은 전국시대의 음양오행가로 제(齊)의 임치(臨淄) 사람이다. 연 소왕(昭王)이 갈석궁(碣石宮)을 쌓고 그를 스승으로 받들었는데, 소왕이 죽자 혜왕(惠王)이 참소를 믿어 옥에 가두었다. 이에 추연이 하늘을 우러러 곡을 하자 그에 감응해 5월에 서리가 내렸다고 한다. 『태평어람』(太平御覽) 천부(天部) 14 상(霜).

16) 『삼국유사』기이 진성여왕·거타지(居陁知)조에는 왕거인의 시를 이렇게 소개하였다. "연단(燕丹)이 피울음을 울자 무지개가 해를 뚫고, 추연이 비통함을 머금으니 5월에 서리가 내렸도다. 지금 나의 불우함은 돌아보매 옛일과 같은데, 하늘은 어이하여 무심할 뿐이런가." 연단은 전국시대 연 왕 희(喜)의 태자인데 진(秦)에

3월 초하루 무술에 일식이 있었다. 왕이 병으로 편치 않자 죄수들을 살펴 사형죄 이하를 사면하고, 승려 60명에게 도첩을 수여하자 왕의 병이 곧 나았다. 여름 5월에 가물었다.

3년에 나라 안의 여러 주와 군들이 공물과 부세(賦稅)를 보내오지 않아, 창고가 비고 나라 재정이 궁핍하였다. 왕이 사신들을 보내 독촉했더니 이로 말미암아 도처에서 도적들이 벌떼처럼 일어났다. 이때 원종(元宗)과 애노(哀奴) 등은 사벌주에 웅거해 반란하였다. 왕이 나마 영기(令奇)에게 명해 사로잡게 했는데 영기는 적들의 보루를 바라보고 두려워 나아가지 못하였다. 촌주 우련(祐連)은 힘껏 싸우다가 죽었다. 왕이 칙명을 내려 영기의 목을 베고, 겨우 나이 10여 세에 불과한 우련의 아들로 하여금 아버지를 이어 촌주가 되게 하였다.

4년 봄 정월에 햇무리가 다섯 겹으로 생겼다. 15일에 왕이 황룡사에 행차하여 연등 행사를 보았다.

5년 겨울 10월에 북원(北原) 적당의 우두머리 양길(梁吉)이 자기 막료 궁예(弓裔)를 보내 기병 1백여 명을 거느리고 북원 동쪽의 부락과 명주 관내의 주천(酒泉) 등 10여 군·현을 습격하였다.[17]

6년에 완산의 적당 견훤이 완산주에 웅거해 스스로 후백제를 일컬으니, 무주 동남쪽의 군현들이 항복해 붙었다.[18]

7년에 병부시랑 김처회(金處誨)를 당에 보내 정절(旌節)을 바치게 했는데, 바다에 빠져 죽었다.

인질로 가 있다가 도망해 왔다. 진나라가 6국을 차례로 멸하고 역수(易水)에 이르자, 태자는 연에도 화가 미칠까 두려워 은밀히 위(衛)나라 출신 자객 형가(荊軻)를 보내 진 왕을 죽이려다가 실패하였다. 이에 진에서 왕전(王翦)을 보내 연을 치자 연 왕은 태자 단의 목을 베어 진에 보냈으나, 끝내 5년 뒤 연은 멸망하고 말았다. 이와 관련해 뒷날 한 경제(景帝) 때 사람 추양(鄒陽)의 글「어옥상서자명」(於獄上書自明) 가운데 "형가가 연단의 의리를 사모함에 흰 무지개가 해를 꿰뚫었다"라는 구절이 있다. 『사기』 26 자객열전(刺客列傳).

17) 본서 50 궁예전을 참조할 것.
18) 본서 50 견훤전을 참조할 것.

8년 봄 2월에 최치원이 시국과 정무에 관한 의견 10여 조목을 올리자, 왕이 좋게 여겨 받아들이고 그를 아찬으로 임명하였다.

겨울 10월에 궁예가 북원에서 하슬라로 들어오니 무리가 6백여 명에 달하였고, 스스로 장군이라고 일컬었다.

9년 가을 8월에 궁예가 저족(猪足)과 성천(狌川)의 두 군을 쳐서 빼앗고, 또 한주 관내의 부약(夫若)과 철원(鐵圓) 등 10여 군·현을 깨뜨렸다.

겨울 10월에 헌강왕의 서자 요(嶢)를 태자로 삼았다. 처음에 헌강왕이 사냥을 구경하다가 지나는 길옆에서 자태가 아름다운 한 여자를 보았다. 왕이 마음속으로 사랑하여 뒤쪽 수레에 태우게 해서 왕의 장막에 이르러 야합했으며, 곧 임신을 하여 아들을 낳았다. 그가 장성하자 체격과 용모가 크고 빼어나므로, 이름을 요라고 하였다. 진성왕이 이 말을 듣고 궐내로 불러들여 손으로 그의 등을 쓰다듬으며 말하기를 "나의 형제자매는 골격이 여느 사람과는 다른데 이 아이의 등 위에 두 뼈가 솟아 있으니 정말 헌강왕의 아들이겠구나!" 하고, 곧 관련 부서에 명해 예를 갖추어 태자로 봉하고 공경하게 하였다.

10년에 도적들이 나라 서남쪽에서 일어났는데 그들은 바지를 붉게 하여 스스로 구분되는 표시를 삼았기 때문에 사람들은 이를 일러 '적고적'(赤袴賊)이라고 하였다. 그들은 주와 현을 도륙하고, 수도의 서부 모량리(牟梁里)까지 와서 민가들을 겁탈하고 노략해갔다.

11년 여름 6월에 왕이 좌우의 측근들에게 이르기를 "이즈음 몇 년 이래로 백성들이 곤궁하고 도적들은 벌떼처럼 일어나니, 이는 나의 부덕한 탓이다. 어진 이에게 왕위를 사양해 물려줄 나의 뜻이 결정되었다" 하고, 왕위를 태자 요에게 전하였다. 이에 당에 사신을 들여보내 표문으로 아뢰기를 "신 아무개는 아룁니다. 희중(義仲)의 관직에 자리하는 것은 제 본분이 아니옵고,[19] 연릉(延陵)의 절조를 지키는 것이 저의 좋은

---

19) 희중은 『상서』 요전(堯典)의 "분명희중 택우이 왈양곡"(分命義仲 宅嵎夷 曰暘谷)에서 유래한 것으로, 즉 "희중에게 명해 우이(嵎夷)에 있게 하시니, 양곡(暘谷)이

방책인가 합니다.[20] 저의 조카 요는 죽은 형 정(晸)의 아들인바, 나이는 바야흐로 15세를 바라보고 그 그릇됨이 종실을 일으킬 만하옵기에 밖에서 구할 필요없이 이에 안에서 들어올려, 근자에 이미 그로 하여금 번국의 일을 임시로 맡게 해 나라의 재난을 진정시키고 있사옵니다"라고 하였다.[21]

겨울 12월 을사에 왕이 북궁(北宮)에서 죽으니, 시호를 진성이라 하고, 황산(黃山)에 장사 지냈다.

• 삼국사기 권 제11

라 하는 곳이다"라고 하였다. 그러므로 희중은 봄 농사를 맡은 직책에 있었으므로 해가 뜨는 동쪽을 관장하는 일관(日官)인 것이다. 그에 이어 같은 논리로 희숙(羲叔)은 남쪽에서 여름 일을, 화중(和仲)은 서쪽에서 가을 일을, 화숙(和叔)은 북쪽에서 겨울 일을 맡게 하였다.

20) 연릉은 춘추시대 오의 읍으로 강소성(江蘇省) 무진현(武進縣)의 치소인데, 계찰(季札)이 봉해진 곳이다. 계찰은 오 왕 수몽(壽夢)의 넷째 아들이다. 수몽은 계찰의 어진 것을 보고서 그에게 지위를 전하려고 했으나, 계찰은 받지 않았다. 연릉에 봉해졌기 때문에 연릉계자(延陵季子)라고 한다. 『사기』31 오태백세가(吳太伯世家).

21) 이 표문은 최치원이 작성한 「사사위표」(謝嗣位表)로서 그의 문집에 전문이 전한다.

삼국사기 권 제12

신라본기 제12
효공왕, 신덕왕, 경명왕, 경애왕, 경순왕

효공왕(孝恭王)이 왕위에 오르니, 이름은 요(嶢)이고 헌강왕의 서자이다. 어머니는 김씨이다.

죄수를 크게 사면하고 문무백관에게 작위를 1등급씩 올려주었다.

2년(898) 봄 정월에 어머니 김씨를 높여 의명왕태후(義明王太后)로 삼았다. 서불한 준흥(俊興)을 상대등으로 삼고, 아찬 계강(繼康)을 시중으로 삼았다.

가을 7월에 궁예가 패서도(浿西道) 및 한산주(漢山州) 관내 30여 성을 탈취하고 드디어 송악군(松岳郡)에 도읍하였다.

3년 봄 3월에 이찬 예겸(乂謙)의 딸을 맞아들여 왕비로 삼았다.

가을 7월에 북원 적당의 우두머리 양길(梁吉)이, 궁예가 자기에게 딴 마음을 가지고 있는 것을 꺼려 국원(國原) 등 10여 성주들과 함께 그를 치기로 계획했으나, 비뇌성(非惱城) 아래까지 진군했다가 오히려 양길의 군사가 무너져 달아났다.

4년 겨울 10월에 국원·청주·괴양(槐壤) 등지 적당의 우두머리 청길(淸吉)·신훤(莘萱) 등이 성을 들어서 궁예에게 투항하였다.

5년에 궁예가 왕을 일컫었다. 가을 8월에 후백제 왕 견훤이 대야성을 치다가 함락시키지 못하자, 금성(錦城) 남쪽으로 군사를 옮겨 연변의 부락들을 약탈하고 돌아갔다.

6년 봄 3월에 서리가 내렸다. 대아찬 효종(孝宗)을 시중으로 삼았다.

7년에 궁예가 도읍을 옮기고자 하여 철원(鐵圓)·부양(斧壤)에 이르러 산수를 둘러보았다.

8년에 궁예가 온갖 관부를 두었는데, 신라의 제도에 의거하였다[제정한 관부의 명칭은 비록 신라의 제도에서 연유한 것이지만 다른 것이 많았다]. 국호를 '마진'(摩震)이라 하고, 연호는 '무태(武泰) 원년'이라고 하였다. 패서도의 10여 주와 현이 궁예에게 항복하였다.

9년 봄 2월에 별이 비오듯이 떨어졌다. 여름 4월에 서리가 내렸다. 가을 7월에 궁예가 도읍을 철원으로 옮겼다. 8월에 궁예가 군사를 움직여 우리의 변경 읍락들을 침탈했으며, 다시 죽령 동북쪽까지 이르렀다. 왕은 강토가 날로 깎여 나간다는 말을 듣고 매우 근심했으나, 이를 막아내기에는 역부족인지라 여러 성주에게 명해 삼가 나가 싸우지 말고 성벽을 견고히 해 굳게 지키라고 하였다.

10년 봄 정월에 파진찬 김성(金成)을 상대등으로 삼았다.

3월, 전에 당에 들어가 급제했던 김문위(金文蔚)가 관직이 공부원외랑 기왕부자의참군(工部員外郎沂王府諮議參軍)에 이르러서 책명사가 되어 돌아왔다. 여름 4월부터 5월까지 비가 오지 않았다.

11년 봄과 여름에 비가 오지 않았다. 일선군 이남의 10여 성을 모두 견훤에게 빼앗겼다.

12년 봄 2월에 혜성이 동방에 나타났다. 3월에 서리가 내리더니, 여름 4월에는 우박이 내렸다.

13년 여름 6월에 궁예가 장수에게 명해, 병선을 거느리고 와서 진도군(珍島郡)의 항복을 받고 또 고이도성(皐夷島城)을 깨뜨렸다.

14년에 견훤이 직접 보병과 기병 3천 명을 거느리고 와서 나주성(羅州城)을 에워싸고 열흘이 지나도 풀지 않았다. 이에 궁예가 수군을 발동해 습격하니, 견훤이 군사를 이끌고 물러갔다.

15년 봄 정월 초하루 병술에 일식이 있었다. 왕이 천첩에게 빠져서 정사를 돌보지 않았다. 대신 은영(殷影)이 간하였으나 왕이 듣지 않으므로, 은영은 그 천첩을 잡아다 죽여버렸다. 궁예가 국호를 '태봉'(泰封)으로 고치고, 연호를 '수덕만세'(水德萬歲)라고 하였다.

16년 여름 4월에 왕이 죽었다. 시호를 효공이라 하고, 사자사(師子寺) 북쪽에 장사 지냈다.

신덕왕(神德王)이 왕위에 오르니, 성은 박씨이고 이름은 경휘(景暉)로 아달라왕(阿達羅王)의 먼 후손이다. 아버지 예겸(乂兼)〔예겸(銳謙)이라고도 한다〕은 정강대왕을 섬겨 대아찬이 되었고, 어머니는 정화(貞和)부인이며, 왕비 김씨는 헌강대왕의 딸이다. 효공왕이 죽고 아들이 없으므로, 나라 사람들의 추대를 받아 왕위에 올랐다.

원년(912) 5월에 죽은 아버지를 선성대왕(宣聖大王)으로 추존하고, 어머니를 정화태후(貞和太后)라 하였으며, 왕비는 의성왕후(義成王后)라 하였다. 아들 승영(昇英)을 왕태자로 삼고, 이찬 계강(繼康)을 상대등으로 임명하였다.

2년 여름 4월에 서리가 내리고 지진이 있었다.

3년 봄 3월에 서리가 내렸다. 궁예가 연호 '수덕만세'를 고쳐 '정개(政開) 원년'이라고 하였다.

4년 여름 4월에 참포(槧浦)의 물과 동해의 물이 서로 부딪쳐서 물결의 높이가 20장가량이나 치솟았는데 3일 만에야 잠잠해졌다.

5년 가을 8월에 견훤이 대야성을 쳤으나 이기지 못하였다. 겨울 10월에 지진이 있었는데 그 소리가 우레와 같았다.

6년 봄 정월에 태백성이 달을 침범하였다.

가을 7월에 왕이 죽었다. 시호를 신덕이라 하고, 죽성(竹城)에 장사 지냈다.

경명왕(景明王)이 왕위에 오르니, 이름은 승영(昇英)이고 신덕왕의 태자이다. 어머니는 의성왕후(義成王后)이다.

원년(917) 8월에 왕의 아우인 이찬 위응(魏膺)을 상대등으로 임명하고, 대아찬 유렴(裕廉)을 시중으로 삼았다.

2년 봄 2월에 일길찬 현승(玄昇)이 반역해 처형당하였다.

여름 6월에 궁예 휘하의 인심이 홀연히 변해 태조를 추대하였다. 궁예는 빠져나와 달아나다 부하에게 피살되었다. 태조가 왕위에 올라 새로이 원년을 일컬었다. 가을 7월에 상주 적당의 우두머리 아자개(阿玆蓋)가 사신을 보내 태조에게 항복하였다.

3년에 사천왕사(四天王寺)의 소조상이 잡고 있던 활 시위가 저절로 끊어지고, 벽화 속의 개가 짖어 대는 것 같은 소리가 났다. 상대등 김성(金成)을 각찬(角湌)으로 삼고, 시중 언옹(彦邕)을 사찬으로 삼았다. 우리 태조께서 도읍을 송악군으로 옮겼다.

4년 봄 정월에 왕이 태조와 더불어 사절을 교환하고 우호를 닦았다. 2월에 강주장군(康州將軍) 윤웅(閏雄)이 태조에게 항복하였다.

겨울 10월에 후백제 임금 견훤이 보병과 기병 1만 명을 거느리고 대야성을 쳐서 함락시키고 진례(進禮)로 진군해 오자, 왕이 아찬 김률(金律)을 태조에게 보내 구원을 청하였다. 태조가 장수에게 명해 군사를 출동시켜서 구원하게 하니, 견훤이 이를 듣고 바로 물러갔다.

5년 봄 정월에 김률이 왕에게 고하기를 "제가 지난해 고려에 사절로 갔을 때 고려왕이 제게 묻기를 '듣건대 신라에는 세 가지 보물이 있어 이른바 장륙존상(丈六尊像)과 구층탑과 성대(聖帶)가 그것이라 하는데,[1] 불상과 탑은 아직 있는 줄을 알거니와 성대가 지금도 있는가'라고 했는데, 제가 대답하지 못했습니다"라고 하였다. 왕이 이 말을 듣고 여러 신하에게 "성대라는 것이 어떤 보물인가"라고 물었으나 잘 아는 이가 없었다. 이때 나이 아흔을 넘긴 황룡사의 승려 하나가 말하기를 "제

---

1) 이 세 가지 보물에 대해서는 『삼국유사』 탑상(塔像)편의 황룡사장륙·황룡사구층탑조 및 기이 1 천사옥대(天賜玉帶)조에 자세하다.

가 일찍이 들었는데 성대는 바로 진평대왕이 차시던 것으로서 여러 대를 전해오면서 남쪽 창고에 들어 있다고 합니다"라고 하였다. 마침내 왕이 창고를 열어 찾게 했으나 발견할 수가 없었다. 그리하여 따로 날을 받아 재계하고 제사를 드린 다음에야, 그것을 발견할 수 있었다. 그 띠는 금과 옥으로 장식하였고 매우 길어서 보통 사람이 맬 수 있는 것은 아니었다.

편찬자는 논평하여 말한다. 옛날에 명당(明堂)[2]에 앉아 나라를 전하는 옥새(玉璽)[3]를 잡고 구정(九鼎)[4]을 벌여놓는 것이 마치 제왕들의 성대한 일이었던 양 여기나, 한유(韓愈)는 이를 논해 "하늘과 백성의 마음이 귀일하고 태평의 기틀이 일어나는 것은 결코 세 가지 기물로 할 수 있는 일이 아니다"[5]라고 했으니, 저 세 가지 기물을 내세워 소중하다고 하는 것은 과장하는 이의 말인 것이다. 하물며 이 신라의 이른바 세 가지 보물이란 역시 사람이 만들어놓은 사치스러운 물건일 따름이니, 국가를 위해 하필 이것이 아니면 안 될 것이겠는가?『맹자』에 이르기를 "제후의

---

2) 명당은 제왕의 태묘(太廟)로서 정교를 행하는 건물을 말한다. 고대에 국가의 대전례(大典禮)에 관한 일은 모두 이곳에서 하였는데, 시대에 따라 호칭이 달랐으니 하대에는 세실(世室), 은대에는 중옥(重屋), 주대에는 명당 혹은 청묘(淸廟)라 하였다.

3) 옥새는 천자의 어인(御印)으로 어새(御璽)라고 하며, '전국(傳國)의 새'라고도 한다.

4) 9정은 우임금 때 9주(九州)의 쇠를 공납받아서 주조한 솥으로 하·은대 이래로 전해 온 천자의 보물인데 중국의 9주를 상징하며, 아홉 개의 솥이라고도 하고, 혹은 하나의 솥이라고도 한다. 노 환공이 송나라로부터 곡대정(郜大鼎)을 뇌물로 받았을 때, 대부 장애백(莊哀伯)이 이를 비판하는 말 가운데 "주 무왕이 상나라를 쳐 이기고 구정을 낙읍(洛邑)으로 옮겼다"라고 한 대목이 있다.『좌전』환공 2년.

5) 한유(768~824)는 당나라 하남(河南) 출신으로 자는 퇴지(退之)이고, 당송팔대가의 한 사람이다.『순종실록』(順宗實錄)을 수찬했으며, 남북조 이래의 사륙병려체(四六駢儷體)를 비판해 유종원(柳宗元)과 함께 고문운동(古文運動)을 주창하였다. 그는「삼기론」(三器論)이라는 글에서 주장하기를 '명당에 앉아 국새를 잡고 구정을 벌여놓는 따위는 하늘과 사람의 마음을 귀일하게 하고 태평의 기틀을 일으키는 것과 아무런 상관 관계가 없다'고 설파하였다.

보배가 셋이니 토지와 인민과 정사"라 하였고,[6] 『초서』(楚書)에도 이르되 "초나라에는 보물로 삼을 것이 없으나 오직 착함을 보물로 여긴다"라고 하였다.[7] 만약 이러한 것을 나라 안에 실행하면 온 나라 사람을 착하게 할 수 있을 것이고, 나라 밖에 밀어 나아간다면 온 천하가 은택을 입을 수 있을 것이니, 이 밖에 또 무엇을 보배라고 말할 것인가! 태조께서는 신라 사람들의 말을 듣고 물어보신 것일 뿐이지, 그것을 숭상할 만한 것이라고 여기신 것은 아니었다.

2월에 말갈의 별부(別部)인 달고(達姑)의 군사가 북쪽 변경에 와서 노략하였다. 이때 태조의 장수 견권(堅權)이 삭주(朔州)를 지키고 있다가 기병을 거느리고 쳐서 크게 깨뜨리니, 한 필의 말도 돌아가지 못하였다. 왕이 기뻐하여 사신을 시켜 편지를 보내 태조에게 감사하였다. 여름 4월에 수도에 큰 바람이 불어 나무가 뽑혔다. 가을 8월에 누리가 생기고 가물었다.

6년 봄 정월에 하지성장군(下枝城將軍) 원봉(元逢)과 명주장군(溟州將軍) 순식(順式)이 태조에게 투항하였다. 태조는 그들의 귀순을 기념하여 원봉의 본거지 성을 순주(順州)라고 했으며, 순식에게는 왕씨 성을 내려주었다. 이달에 진보성장군(眞寶城將軍) 홍술(洪述)이 태조에게 투항하였다.

7년 가을 7월에 명지성장군(命旨城將軍) 성달(城達)과 경산부장군(京山府將軍) 양문(良文) 등이 태조에게 항복하였다. 왕이 창부시랑(倉部侍郎) 김락(金樂)과 녹사참군(錄事參軍) 김유경(金幼卿)을 후당(後唐)[8]에

---

6) 『맹자』 진심(盡心) 하에 "제후의 보배가 셋이니 토지와 인민과 정사이다. 주옥을 보배로 여기는 이에게는 반드시 재앙이 그 몸에 미치게 된다"라고 하였다.

7) 『예기』 대학(大學) 10장 석치국평천하(釋治國平天下)에서 인용한 말이다.

8) 후당(923~936)은 사타족(沙陀族) 출신의 이존욱(李存勖)이 주전충(朱全忠)의 후량(後梁)을 격파하고 세운 왕조로 5대 가운데 하나이다. 장종(莊宗) 이존욱은 이극용(李克用)의 아들인데, 이들 일족은 안녹산과 황소의 난 때 공을 세워 이씨 성을 하사받았던바, 이를 대당의 후계자가 될 권리를 승인받은 것으로 해

보내 조알하고 방물을 바쳤더니, 장종(莊宗)이 물품을 차등있게 내려주었다.

8년 봄 정월에 사신을 후당에 들여보내 조공하였다. 천주절도사(泉州節度使) 왕봉규(王逢規) 역시 사신을 후당에 보내 방물을 바쳤다. 여름 6월에 조산대부창부시랑(朝散大夫倉部侍郎) 김악(金岳)을 후당에 들여보내 조공하자, 장종이 그에게 조의대부시위위경(朝議大夫試衛尉卿)의 관위를 수여하였다.

가을 8월에 왕이 죽었다. 시호를 경명이라 하고, 황복사(黃福寺) 북쪽에 장사 지냈다. 태조가 사신을 보내 조상하는 제사를 지냈다.

경애왕(景哀王)이 왕위에 오르니, 이름은 위응(魏膺)이고 경명왕의 친동생이다.

원년(924) 9월에 태조에게 사절을 보내 방문하였다. 겨울 10월에 왕이 친히 신궁에 제사를 지내고, 죄수를 크게 사면하였다.

2년 겨울 10월에 고울부(高鬱府) 장군 능문(能文)이 태조에게 투항했는데, 태조가 그를 위로하고 타일러 돌려보냈으니, 그 성이 신라의 왕도에 가깝기 때문이었다.

11월에 후백제 임금 견훤이 조카 진호(眞虎)를 고려에 볼모로 보냈다. 왕이 그 말을 듣고 사신을 보내 태조에게 이르기를 "견훤은 변덕스럽고 거짓말이 많아서 그와 화친해서는 안 됩니다"라고 하자, 태조가 수긍하였다.

3년 여름 4월에 진호가 갑자기 죽었다. 견훤은 고려 사람들이 일부러 죽였다고 여겨 분노한 나머지 군사를 일으켜 웅진(熊津)으로 진군해왔다. 태조가 여러 성에 명령해 성루를 굳게 지키고 나가지 말라 하였다.

석해 당을 부흥한다는 의미에서 국호를 후당이라 하고 그 정통성을 주장하였다. 폐제(廢帝) 이종가(李從珂) 때 와서 석경당(石敬塘)과 거란의 연합군에 멸망당하였다.

왕이 고려에 사신을 보내 말하기를 "견훤이 맹약을 어기고 군사를 일으켰으니 하늘이 반드시 돕지 않을 것입니다. 만약 대왕께서 한 번 북을 울려 위엄을 떨친다면, 견훤은 틀림없이 저절로 패멸할 것입니다"라고 하였다. 태조가 사신에게 이르기를 "내가 견훤을 두려워하는 것이 아니라, 그 죄악이 가득 차서 제풀에 넘어지기를 기다리는 것일 따름이다"라고 하였다.

4년 봄 정월에 태조가 친히 백제를 치니 왕이 군사를 내어 이를 도왔다.

2월에 병부시랑(兵部侍郞) 장분(張芬) 등을 후당(後唐)에 들여보내 조공하였다. 후당에서 장분에게 검교공부상서(檢校工部尙書) 관위를 주고, 부사(副使) 병부랑중(兵部郞中) 박술홍(朴術洪)에게는 어사중승(御史中丞)의 관위를, 그리고 판관(判官) 창부원외랑(倉部員外郞) 이충식(李忠式)에게는 시어사(侍御史)의 관위를 각각 겸하게 하였다.

3월에 황룡사 탑이 요동하더니 북쪽으로 기울었다. 태조가 친히 근암성(近巖城)을 격파하였다. 후당 명종(明宗)이 권지강주사(權知康州事) 왕봉규(王逢規)를 회화대장군(懷化大將軍)으로 삼았다.

여름 4월에 지강주사 왕봉규가 사신 임언(林彦)을 후당에 들여보내 조공하였다. 명종이 중흥전(中興殿)에서 불러 대면하고 선물을 내려주었다. 강주 관하 돌산향(突山鄕) 등 네 향(鄕)이 태조에게 귀순하였다.

가을 9월에 견훤이 고울부에서 우리 군사를 습격하므로, 왕이 태조에게 구원을 청하였다. 태조가 장수에게 명해 굳센 병사 1만 명을 내어 가서 구하게 하였다. 견훤은 구원병이 아직 이르지 않은 탓에, 겨울 11월에 왕경을 덮쳐 들어왔다. 이때 왕은 왕비와 궁녀 및 친척들과 함께 포석정(鮑石亭)에서 잔치를 벌여 즐겁게 노느라 적병들이 들이닥치는 것도 모르고 있다가, 느닷없는 상황에 어찌할 바를 몰랐다. 왕과 왕비는 달아나 후궁으로 들어가고, 친척·대신·관료 등 남녀들은 사방으로 흩어져 뛰어 달아나고 숨었다. 적에게 붙잡힌 이들은 귀한 자 천한 자 할 것 없이 모두 놀라 자빠져, 땀을 흘리고 땅에 벌벌 기면서 종이 되겠다고 빌었지

만 화를 모면하지 못하였다. 견훤은 또 그들 군사를 풀어놓아 공공의 것
이나 사유물이거나를 막론하고 재물들을 거의 다 약탈했으며, 궁궐에
들어앉아서 좌우의 휘하를 시켜 왕을 찾게 하였다. 왕은 왕비와 첩 몇 사
람과 함께 후궁에 있다가 군중(軍中)으로 잡혀왔다. 견훤은 왕을 핍박해
자살하게 하고 왕비를 강간했으며, 휘하들을 풀어놓아 비첩들을 유린
하게 하였다. 이윽고 왕의 족제(族弟)를 세워 임시로 나랏일을 맡아보게
했으니, 이가 경순왕이다.

경순왕(敬順王)이 왕위에 오르니, 이름은 부(傅)이다. 문성대왕의 자손
이고 효종(孝宗) 이찬의 아들이다. 어머니는 계아태후(桂娥太后)이다. 견
훤의 추대로 왕위에 올랐다. 전왕의 시신을 옮겨 서쪽 대청에 빈소를 마
련하고 여러 신하와 함께 통곡하였다. 시호를 올려 경애라 하고, 남산(南
山) 해목령(蟹目嶺)에 장사 지냈다. 태조가 사신을 보내 조문하고 제사
를 지냈다.

원년(927) 11월에 왕의 아버지를 추존해 신흥대왕(神興大王)이라 하
고, 어머니를 왕태후라 하였다. 12월에 견훤이 대목군(大木郡)에 침입해
들에 쌓아둔 노적가리를 모조리 불살라버렸다.

2년 봄 정월에 고려의 장수 김상(金相)이 초팔성(草八城)의 도적 흥종
(興宗)과 싸우다 이기지 못하고 죽었다. 여름 5월에 강주장군 유문(有文)
이 견훤에게 항복하였다. 6월에 지진이 있었다. 가을 8월에 견훤이 장군
관흔(官昕)에게 명해 양산(陽山)에 성을 쌓게 하니, 태조가 명지성장군
(命旨城將軍) 왕충(王忠)에게 명해 군사를 거느리고 가 쳐서 쫓아버렸다.
견훤이 대야성(大耶城) 아래에 주둔하면서 군사를 나누어 보내 대목군
의 곡식을 베어갔다. 겨울 10월에 견훤이 무곡성(武谷城)을 쳐서 함락시
켰다.

3년 여름 6월에 천축국(天竺國)의 삼장(三藏) 마후라(摩睺羅)가 고려
에 다다랐다.

가을 7월에 견훤이 의성부성(義城府城)을 치자, 고려의 장군 홍술(洪

逑)이 나가 싸웠으나 이기지 못하고 죽었다. 순주(順州) 장군 원봉(元逢)이 견훤에게 항복하였다. 태조가 이를 듣고 노하였지만, 원봉은 지난날의 공로가 있다 하여 용서하고, 다만 순주를 고쳐 현으로 만들었다. 겨울 10월에 견훤이 가은현(加恩縣)을 에워쌌다가 이기지 못하고 돌아갔다.

4년 봄 정월에 재암성(載巖城) 장군 선필(善弼)이 고려에 항복하니, 태조가 두터운 예로 대우하고 '상보'(尙父)[9]라고 불렀다. 처음에 태조가 신라와 우호를 맺으려 했을 때 선필이 이를 인도했는데, 이때 와서 항복한 것이다. 태조는 그가 공로를 세운데다가 이제 늙은 것을 생각해 은총을 베풀고 칭찬한 것이다. 태조가 견훤과 더불어 고창군(古昌郡) 병산(瓶山) 아래에서 싸워 크게 이겼으며, 죽이고 잡은 성과가 매우 많았다. 영안(永安)·하곡(河曲)·직명(直明)·송생(松生) 등 30여 군·현이 차례차례 태조에게 항복하였다. 2월에 태조가 사신을 보내와 승전을 알리자, 왕이 회답하는 사신을 보내고, 아울러 서로 만날 것을 청하였다. 가을 9월에 나라 동쪽 바닷가 주·군의 부락들이 모두 태조에게 항복하였다.

5년 봄 2월에 태조가 기병 50여 명을 거느리고 수도 부근에 이르러 뵈올 것을 청하였다. 왕이 백관과 함께 교외에서 맞이하고 궁궐에 들어와 마주해 서로 마음과 예우를 곡진하게 다하였다. 임해전(臨海殿)에서 잔치를 열어 주흥이 무르익자, 왕이 말하기를 "내가 하늘의 뜻에 부응하지 못해 차츰 환란을 불러들이고, 견훤은 의롭지 못한 일들을 제멋대로 하여 나의 국가를 없애려 드니, 이렇게 마음 아픈 일이 어디 있겠소"라고 하면서 눈물을 줄줄 흘리며 울었다. 좌우에서 오열하지 않는 이가 없으니, 태조도 역시 눈물을 흘리면서 위로하였다. 이리하여 태조가 수십 일을 머물다 돌아가자, 왕은 혈성(穴城)까지 나가 전송하고 당제(堂弟) 유렴(裕廉)을 볼모로 삼아 태조를 수행하게 하였다. 태조 휘하 군사들이 엄숙하고 공정하여 털끝만큼도 침범함이 없으므로 도성의 남녀가 서로

---

9) 존숭하여 아버지와 같이 대우할 만한 사람에 대한 존칭이니, 예를 들면 주 무왕이 태공망(太公望) 여상(呂尙)을 상보로 존칭한 것과 같은 것이다.

즐거워하며 말하기를, "옛날 견훤이 왔을 때는 승냥이와 호랑이를 만난 것 같더니, 오늘 왕공(王公)께서 와 보니 부모를 뵙는 것 같구나!"라고 하였다. 가을 8월에 태조가 사신을 보내 왕에게 비단과 안장을 얹은 말을 증여하고, 아울러 여러 관료와 장병들에게도 베와 비단을 차등있게 내려주었다.

　6년 봄 정월에 지진이 있었다. 여름 4월에 사신 집사시랑(執事侍郎) 김불(金昢)과 부사(副使) 사빈경(司賓卿) 이유(李儒)를 후당에 들여보내 조공하였다.

　7년에 후당 명종(明宗)이 사신을 고려에 보내 책명을 주었다.

　8년 가을 9월에 노인성(老人星)이 나타났다.[10] 운주(運州) 경내 30여 군·현이 태조에게 항복하였다.

　9년 겨울 10월에 왕이 생각하기를 사방의 영토가 모두 다른 이의 차지가 되어 나라는 약해지고 형세는 외로워서 스스로 편안할 수 없다고 하여, 마침내 여러 신하와 함께 국토를 들어 태조에게 항복하는 일을 의논하였다. 여러 신하의 의견은 혹은 옳다 하고, 혹은 옳지 않다 하였다. 이때 왕자가 말하기를 "나라가 보전되고 멸망하는 것은 반드시 천명에 달려 있는 것이니, 다만 충신·의사와 함께 민심을 수습해 스스로 굳건히 하고 힘을 다한 다음에야 그만둘지언정, 어찌하여 천년의 사직을 하루아침에 경솔하게 남에게 주는 것이 옳은 것이겠습니까"라고 하였다. 이에 왕은 "외롭고 위태로움이 이와 같으니, 그 형세가 나라를 보전할 수 없다. 이미 강성하지 못한 터에 게다가 겸허하지도 못해 무고한 백성들로 하여금 간과 뇌가 땅에 나뒹굴게 하는 것은 내가 차마 할 수 없는 일이다" 하고, 곧 시랑(侍郎) 김봉휴(金封休)를 시켜 편지를 가지고 가 태

　10)『삼국사기』에 있는 유일한 노인성 관측 기록이다. 노인성은 남극성(南極星)의 다른 이름으로 수성(壽星)이라고도 한다.『사기』천관서에는 "남극성이 나타나면 평안무사하고 남극성이 출현하지 않으면 전쟁이 발생한다"라고 하였다. 이 별은 항성 가운데 두 번째로 밝은 별이지만, 남극 가까운 위치에 있기 때문에 이론적으로 노인성을 관찰할 수 있는 북방 한계선은 북위 37.8도라고 한다.

조에게 항복을 청하게 하였다. 왕자는 통곡하면서 왕을 하직하고, 그 길로 개골산(皆骨山)에 들어가 바위를 의지해 집을 삼고 삼베 옷과 나물 음식으로 일생을 마쳤다.

11월에 태조가 왕의 편지를 받고 대상(大相) 왕철(王鐵) 등을 보내 왕을 영접하게 하였다. 왕이 백관을 거느리고 왕도를 출발해 태조에게로 가는데, 아름다운 수레와 보배로 장식한 말들이 30여 리에 이어져 길을 막아 메우니, 구경하는 이들이 담을 두른 듯하였다. 태조가 교외에 나와 왕을 영접하고 위로했으며, 궁궐 동쪽에 으뜸가는 저택 한 구역을 주고, 맏딸 낙랑공주(樂浪公主)를 아내로 삼게 하였다.

12월에 왕을 정승공(正承公)으로 봉해 그 지위가 태자의 위에 있게 하고 녹봉 1천 석을 지급했으며, 시종하던 관원들과 장수들은 모두 그대로 채용하였다. 신라를 고쳐서 경주(慶州)라 하고, 이를 정승공의 식읍으로 삼았다.

처음 신라가 항복했을 때 태조가 몹시 기뻐하여 먼저 두터운 예로 대우하고 사람을 시켜 말하기를, "이제 왕께서 나라를 과인에게 주시니 그 은혜가 매우 큰지라 종실과 혼인을 맺어 장인과 사위의 우호를 길이 하고자 합니다"라고 하였다. 왕이 대답하기를 "나의 백부 억렴(億廉) 잡간(匝干)이 지대야군사(知大耶郡事)로 있는데 그 딸이 품행과 얼굴이 다 아름다우니, 이가 아니고는 내정(內政)을 감당할 만한 이가 없습니다"라고 하였다. 마침내 태조가 그녀를 맞이해 아들을 낳으니, 이가 바로 현종(顯宗)의 아버지로서 안종(安宗)으로 추봉된 이이다.

경종(景宗) 헌화대왕(獻和大王) 때에 와서 정승공의 딸을 불러들여 왕비로 삼고, 아울러 정승공을 상보령(尙父令)으로 책봉하였다.

공이 송 흥국(興國) 4년 무인(978)에 죽으니,[11] 시호를 경순[효애(孝哀)라고도 한다]이라 하였다.

---

11) 송 태종 태평흥국 3년이 무인년이므로, '4년'은 '3년'의 잘못이다. 『고려사』 2 경종(景宗) 3년, 즉 무인년(978)에 김부의 사망을 확인할 수 있다.

나라 사람들이 시조로부터 이때까지를 3대로 나누었는데, 맨 처음부터 진덕까지 스물여덟 왕을 상대(上代)라 하고, 무열부터 혜공까지 여덟 왕을 중대(中代)라 하며, 선덕에서 경순까지 스무 왕을 하대(下代)라 하였다.[12]

편찬자는 논평하여 말한다. 신라의 박씨와 석씨는 모두 알에서 태어났으며, 김씨는 하늘로부터 금궤에 든 채로 내려왔다거나 혹은 금수레를 타고 왔다고 하거니와, 이는 더욱 괴이해 믿을 수 없지만 세속에서 서로 전해와 사실처럼 되고 말았다. 정화(政和) 연간에 우리 조정에서 상서(尙書) 이자량(李資諒)을 송에 보내 조공했을 때, 나 김부식은 문한(文翰)의 임무를 띠고 보행하여 우신관(佑神館)에 이르러서 한 사당에 선녀의 화상이 걸려 있는 것을 보았다. 송의 관반학사(館伴學士) 왕보(王黼)가 "이것은 귀국의 신인데 공들께서 아시는지" 하더니, 마침내 말하기를 "옛날 어느 제왕가의 딸이 남편없이 임신해 사람들의 의심을 받게 되자, 곧 바다를 건너 진한(辰韓)에 도착해 아들을 낳았는데 이가 해동의 첫 임금이 되었으며, 그녀는 지선(地仙)이 되어 오랫동안 선도산(仙桃山)에서 살았는데 이것이 그녀의 화상입니다"라고 하였다.[13] 나는 또 송나라 사신 왕양(王襄)이 지은 「제동신성모문」(祭東神聖母文)에 "어진 이를 잉

---

12) 삼대의 구분은 적어도 신라 '하대' 사람들의 인식이 반영된 구분이겠지만, 『삼국 유사』에 소개된 또 다른 신라사의 시기구분과 비교할 때, 찬자가 바라보는 신라 사에 대한 시각과도 관련이 있다고 해야 할 것이다. 『삼국유사』 왕력에 따르면 시 조부터 지증왕까지를 '상고'(上古), 법흥왕부터 진덕왕까지를 '중고'(中古), 무열 왕부터 경순왕까지를 '하고'(下古)라고 구분하였다.

13) 김부식은 정화 6년, 즉 예종 11년(1116)에 이자량을 정사로 한 사행에 동행하였 다. 고려의 사행단과 왕보와의 교유는 『고려사』에서도 확인된다. 즉 이자량의 일 행 가운데는 정항(鄭沆)도 있었는데, 왕보가 정항이 지은 표장을 보고 찬탄했다 는 것이다. 여하튼 김부식은 송의 관인들과 교유하면서 선도산성모에 대한 견문 을 가지게 되었던 것인데, 이에 대해서는 『삼국유사』 감통(感通) 선도성모수희불 사(仙桃聖母隨喜佛事)조에도 자세히 언급되어 있다. 『고려사』 세가 14 예종 11년 7 월 기유조 및 같은 책 97 정항전.

태하여 나라를 창건하시다"라는 구절이 있는 것을 보았는데,[14] 여기 '동신성모'가 곧 선도산의 지선인 것은 알겠으나, 그의 아들이 어느 때에 왕 노릇을 하였는지는 모르겠다.

이제 다만 그 시초를 살펴보건대, 왕위에 있는 이들이 자신을 위하는 데서는 검소하고 다른 사람을 위하는 데서는 너그러우며, 관직을 두는 것은 간략하게 하고 일을 처리하는 것은 간편하게 하며, 지극한 정성으로 중국을 섬겨 산 넘고 바다 건너 조빙하는 사신들이 줄을 이어 끊이지 않으며, 늘 자제들을 보내 중국 조정에 가서 숙위하게 하고 국학에 들어가 강습하게 하니, 이로써 성현의 교화를 이어받아 미개하고 거친 풍속을 고쳐서 예의있는 나라가 되었던 것이다. 또한 중국 군사의 신령한 위광에 힘입어 백제와 고구려를 평정하고, 그 땅을 차지해 군·현을 만드니 창성하였다고 이를 만하다. 그러나 불가의 교법을 받들면서 그 폐해를 알지 못해, 항간에까지 불탑들이 즐비하기에 이르고 백성들은 달아나 승려가 되매, 군사와 농사가 차츰 위축되고 나라는 날로 쇠미해 갔으니, 이러고서야 어찌 문란하여 망하게 되지 않기를 바라겠는가! 이러할 즈음 경애왕은 무절제한 쾌락에 빠지기까지 하여, 궁녀와 좌우의 신하들을 데리고 포석정에 놀러 나가 술자리를 벌여놓고 즐기다 견훤이 들이닥치는 것도 몰랐으니, 이것은 '문 밖에는 한금호(韓擒虎)요, 누각 위에는 장여화(張麗華)'[15]라 한 것과 다를 바 없었던 것이다.

---

14) 왕양이 고려에 온 것은 『고려사』 13 세가 13 예종 5년(1110) 6월 신사조에서 확인된다. 서긍(徐兢)의 『고려도경』에 따르면 개경에 있는 동신사(東神祠)에는 동신성모지당(東神聖母之堂)이 있었고 사신들이 그에 제사하는 관례가 있었다 한다. 『고려도경』 17 사우(祠宇).

15) 진(陳)의 후주(後主)와 그의 귀비(貴妃) 장여화의 말로를 이른 것이다. 후주는 매양 장귀비 등과 연회를 즐겼는데, 수 문제(文帝)의 공격을 당해 대성(臺省)이 함락되고 수의 장수 한금호가 남액문(南掖門)으로 달려 들어가니, 후주가 뜻밖에 당하는 일인지라 어찌할 바를 모르고 장귀비 등과 함께 우물 속에 숨으려다가 잡혔다. 장여화 역시 수나라 군사의 손에 죽었다. 결국 찬자는 경애왕의 말로를 후주의 죽음에 비견한 것이다. 『진서』(陳書) 6 후주기 정명(禎明) 3년조 및 같은 책 장귀비전.

경순왕이 우리 태조께 귀의함과 같은 것은 비록 부득이해 한 일이지만 역시 가상한 것이며, 오히려 만약 힘써 죽기로 싸워 태조의 군사에 저항하다가 힘이 다하고 형세가 곤궁하기에 이르렀다면, 필시 그 종족이 뒤집혀 멸망되고 그 해독이 무고한 백성에까지 미쳤을 것이다. 그러나 명령을 여쭈어 기다리지 않고 미리 나라의 창고를 봉하고 군·현을 기록해 바쳐왔으니, 그의 우리 조정에 대한 공로와 백성들에 대한 은덕이 매우 크다 하겠다. 옛날 전씨(錢氏)가 오월(吳越)의 땅을 들어 송에 바치매[16] 소자첨(蘇子瞻)이 그를 충신이라고 했거니와,[17] 지금 신라의 공덕은 그보다 훨씬 더한 것이다. 우리 태조에게는 비빈(妃嬪)이 매우 많았고 그 자손도 역시 번창했지만, 현종(顯宗)께서 신라의 외손으로서 왕위에 올랐으며, 이 이후 왕통을 이은 이들이 모두 그의 자손이니,[18] 어

---

16) 전씨는 5대 오월국 왕 전숙(錢俶)으로 자는 문덕(文德)이다. 송 태조 때부터 입조하였고, 태평흥국(太平興國) 3년(978)에 자기 관할하의 13주를 들어 귀순해와 등왕(鄧王)에 봉해졌으며, 진국왕(秦國王)으로 추봉되었다. 『신오대사』 67 오월세가7.

17) 소자첨(1036~1101)은 북송 시대 문인으로 당송팔대가의 한 사람인 소식(蘇軾), 즉 소동파(蘇東坡)를 이른다. 여기 보이는 그의 오월국 왕에 대한 평가는 희령(熙寧) 10년(1077)에 쓴 「표충관비」(表忠觀碑)에서 인용한 것이다. 그에 따르면 송 태조가 천명을 받아 천하를 평정할 때 촉(蜀)이나 하동(河東)의 유씨(劉氏) 등이 힘이 다하고 형세가 곤궁해진 다음에야 항복하거나 백 번 싸워 죽기로 왕사(王師)에 저항하다가 해골이 쌓여 성을 이루고 피가 흘러 못을 이루었던 것과는 달리, 유독 오월만이 명령을 기다리지 않고 창고를 봉하고 군현을 기록해 조정에 관리를 청해 왔으며, 그 나라를 떠나는 것을 잠시 머무는 여관을 떠나는 것처럼 했으니, 조정에 대한 그의 공로가 매우 크다고 하였다. 이어서 그러한 전씨의 공덕은 두융(竇融)보다도 크다고 평가하였다. 그러므로 김부식의 경순왕에 대한 평가는 소식의 오월 왕에 대한 평가의 문면을 거의 그대로 답습한 것이다.

18) 『삼국사기』와 『고려사』에 따르면 현종은 지대야군사 김억렴의 딸인 신성왕후 김씨의 아들 안종(安宗) 욱(郁)의 소생이므로, 신라 왕실의 외손 격이 된다. 그러나 현종과 신라 왕실 간의 혈연적 관련성을 지적한 이 대목에 대해서는 곧바로 이설이 제기되었다. 즉 일연은 『삼국유사』에서 『삼국사기』의 관련 내용을 모두 인용한 다음 주를 가해 의종대 김관의(金寬毅)의 저작 『왕대종록』(王代宗錄)에는 신성왕후가 경주대위(慶州大尉) 이정언(李正言)의 딸이라고 했다는 사실을 지적하였다. 따라서 일부에서는 김관의의 견해에 입각하여 신성왕후에 대한 김부식의 설

찌 음덕의 응보가 아니겠는가!

명은 특정한 의도, 즉 이자겸을 배척하는 당대의 분위기에서 이씨와 혈연을 가지
는 왕통을 받은 현종의 계보를 개찬할 필요와 동시에, 김부식 자신의 가계를 분식
하고 고려 왕실과 특수한 관계임을 설명하려는 의도에서 비롯된 날조라고 보기
도 한다. 그러나 정작 일연 자신이나 당대의 사가 이제현(李齊賢)과 같은 경우에
서도 김관의 등의 이씨설은 근거없는 것으로 부정되었으므로, 이 대목을 김부식
의 조작으로 보는 것은 지나친 편견이라고 생각한다.

삼국사기 권 제13

고구려본기 제1
시조 동명성왕, 유리명왕

시조 동명성왕(東明聖王)의 성은 고씨이고, 이름은 주몽(朱蒙)〔추모(鄒牟)라고도 하고, 중해(衆解)라고도 한다〕이다.[1]

이에 앞서 부여 왕 해부루(解夫婁)가 늙도록 아들이 없자 산천에 제사를 지내 후사를 구하였다. 그가 탄 말이 곤연(鯤淵)에 이르러 큰 돌을 보고 마주 대해 눈물을 흘렸다. 왕이 이상하게 생각하고 사람을 시켜 그 돌을 굴려보니, 웬 어린아이가 금빛 개구리〔개구리 '와'(蛙)자는 달팽이 '와'(蝸)자로도 쓴다〕 모양을 하고 있었다. 왕이 기뻐하며 말하기를 "이야말로 하늘이 내게 주신 아들이로구나!" 하고서, 곧 거두어 기르고 이름을 금와(金蛙)라고 하였다. 그가 장성하자 태자로 삼았다.

그 뒤에 재상 아란불(阿蘭弗)이 말하기를 "요전날 천제께서 제게 내려와 이르시기를 '장차 나의 자손으로 하여금 여기에 나라를 세우고자 하

---

1) 주몽은 「광개토왕비」나 「모두루묘지」(牟頭婁墓誌)와 같은 고구려 당대 자료에는 '추모'(鄒牟)라고 하였으며, 『삼국유사』 왕력에는 '추몽'(鄒蒙)의 용례를 소개하였다. 또 신라본기 문무왕 10년조 안승을 책봉하는 글에는 '중모'(中牟)라고 표현하였고, 일본 측 자료에도 '중모'(仲牟)·'도모'(都慕) 등의 사례가 있다. 모두 동음의 차자표기이다.

니 너희는 이곳을 피해 가라. 동쪽 바닷가에 가섭원(迦葉原)이라고 하는 곳이 있는데 토양이 기름져서 오곡을 기르기에 적당하니 도읍할 만한 곳이다'라고 하였습니다" 하고는, 드디어 왕에게 권해 그곳으로 도읍을 옮기고, 국호를 '동부여'(東扶餘)[2]라고 하였다. 그 옛 도읍지에는 어디에서 왔는지를 알 수 없는 사람이 자칭 천제의 아들 해모수(解慕漱)라고 하면서 그곳에 와 도읍하였다.

해부루가 죽자 금와가 왕위를 이었다. 이때 태백산(太白山) 남쪽 우발수(優渤水)에서 한 여자를 만나 그녀에게 영문을 물으니 대답하기를 "저는 하백(河伯)의 딸인데 이름은 유화(柳花)라고 합니다. 동생들과 함께 나와 노는데, 그때 한 남자가 나타나 자기가 천제의 아들 해모수라고 하면서 저를 웅심산(熊心山) 아래 압록강가에 있는 방으로 유인해 사통하고 가버리더니 돌아오지 않았습니다. 저의 부모는 제가 중매 없이 다른 남자를 허락한 것을 꾸짖고 드디어 우발수로 귀양살이를 보냈습니다"라고 하였다.

금와가 이상하게 여겨 방 안에 가두었는데 햇빛이 그녀를 비추는지라, 그녀가 몸을 끌어 피하면 햇빛이 다시 쫓아가며 비추었다. 이로 인해 태기가 있더니 알 하나를 낳았는데 크기가 닷되 정도 되었다. 왕이 알을 버려 개·돼지에게 주었더니 짐승들이 먹지 않았고, 다시 길 가운데 버렸더니 소나 말이 피해 밟지 않았으며, 나중에는 들에 버렸더니 새가 날개로 덮어주었다. 왕이 알을 쪼개려 했으나 깨뜨릴 수가 없어 마침내 그 어머니에게 돌려주었다. 그 어머니가 알을 감싸서 따뜻한 곳에 두었더니 한 남자아이가 껍질을 깨고 나왔다. 아이는 골격과 풍채가 아름답고 기이하여 나이 겨우 일곱 살에 숙성하게 빼어나 보통 아이와는 달랐다. 제 손으로 활과 화살을 만들어 쏘았는데 백발백중이었다. 부여의 속어(俗語)로 활을 잘 쏘는 것을 '주몽'이라고 했기 때문에 이를 아이의 이름으로 했다 한다.[3]

---

2) 「광개토왕비」와 「모두루묘지」에는 주몽이 북부여로부터 나왔다고 하였다.

금와에게는 일곱 아들이 있어 늘 주몽과 함께 놀았는데, 그들의 재주가 모두 주몽에게 미치지 못하였다. 맏아들 대소(帶素)가 왕에게 말하기를 "주몽은 사람이 낳은 바가 아니고 그 사람됨이 용맹하니, 만약 일찌감치 대책을 세우지 않는다면 후환이 있을까 두렵습니다. 청컨대 그를 제거하소서"라고 하였다. 왕은 허락하지 않고, 주몽에게 말을 기르게 하였다. 주몽이 날랜 말을 알아보고 먹이를 적게 주어 야위게 하고, 노둔한 말은 잘 먹여 살찌게 했더니, 왕이 살찐 말은 자기가 타고, 야윈 말은 주몽에게 주었다.

그 뒤 들에서 사냥을 하는데, 주몽은 활을 잘 쏜다 하여 그에게는 화살을 적게 주었는데도 주몽이 잡은 짐승이 매우 많았다. 왕자와 여러 신하가 다시 그를 죽이려고 계획하였다. 주몽의 어머니가 이를 은밀히 알아차리고 말하기를 "나라 사람들이 장차 너를 해치려 하니 너의 재능과 지략을 가지고 어딘들 못 가겠느냐? 머뭇거리다가 치욕을 받느니보다 차라리 멀리 가서 큰일을 하는 것이 나을 것이다"라고 하였다.

이에 주몽은 오이(烏伊)·마리(摩離)·협보(陝父) 등 세 사람과 함께 벗을 삼아 엄시수(淹㴲水)〔개사수(蓋斯水)라고도 하는데 지금의 압록강 동북쪽에 있다〕에 이르러 물을 건너려 했으나, 다리가 없었다. 주몽은 뒤쫓아오는 군사들에게 붙잡힐까 두려워 물을 향해 말하기를 "나는 천제의 아들이요 하백의 외손자이다. 오늘 도망하는 길인데 뒤쫓는 이들이 거의 닥쳐오니 어찌하면 좋겠는가"라고 하였다. 이에 물고기와 자라가

---

3) 여기 소개된 해모수·해부루·유화·주몽 등의 관계에 대해서는 다른 전승들이 없지 않다. 즉 고구려본기의 경우 해부루와 금와의 부자 관계가 시기적으로 앞서 서술되고, 그 후 해모수와 유화의 관계가 언급된 다음 주몽이 태어나고 있는데, 이러한 구조는 『삼국유사』 기이 1 고구려조와 이규보(李奎報)의 「동명왕편」(東明王篇), 그리고 이승휴(李承休)의 『제왕운기』(帝王韻紀) 등과 일치한다. 반면에 『삼국유사』 북부여조 인용 『고기』에는 해모수와 해부루 양인을 부자 관계로 서술하였고, 같은 책 고구려조 인용 『단군기』(壇君記)와 『제왕운기』 인용 『단군본기』(檀君本紀)에는 단군과 하백의 딸 사이에 해부루가 태어난 것으로 되어 있는 것이다. 특히 『삼국유사』 왕력에는 주몽이 단군의 아들이라고 한 인식마저 보인다.

떠올라 다리를 만들어주어 주몽이 건널 수 있었다. 물고기와 자라가 곧 흩어져버려 쫓아오던 기병들은 건너지 못하였다.

주몽이 모둔곡(毛屯谷)〔『위서』(魏書)에는 "보술수(普述水)에 이르렀다"라고 하였다〕에 이르러 세 사람을 만났는데, 그 가운데 한 사람은 삼베 옷을 입었고, 한 사람은 승려 옷을 입었으며, 한 사람은 마름 옷을 입고 있었다. 주몽이 묻기를 "그대들은 어떤 사람들이며 성은 무엇이고 이름은 무엇인가"라고 하였다. 삼베 옷을 입은 이는 "이름이 재사(再思)입니다"라 하고, 승려 옷을 입은 이는 "이름이 무골(武骨)입니다"라고 하였으며, 마름 옷을 입은 이는 "이름이 묵거(黙居)입니다"라고 대답하면서도 성은 말하지 않았다. 주몽은 재사에게는 극씨(克氏)를, 무골에게는 중실씨(仲室氏)를, 묵거에게는 소실씨(少室氏)를 성으로 내려주고, 이어 여러 사람에게 이르기를 "내가 바야흐로 하늘의 명을 받아 나라를 열고자 하는데, 때마침 이 세 어진 이들을 만났으니 어찌 하늘이 내려주신 것이 아니겠는가"라고 하였다.

마침내 그들의 재능을 헤아려서 각각 일을 맡기고 함께 졸본천(卒本川)〔『위서』에는 "흘승골성(紇升骨城)에 이르렀다"라고 하였다〕에 이르렀다. 그곳 토양이 비옥하고 산과 강이 험준한 것을 보고 마침내 도읍하고자 했으나, 미처 궁실을 지을 겨를이 없어 단지 비류수(沸流水)가에 초막을 엮고 지냈다. 국호를 '고구려'라 하고 이로 말미암아 '고'(高)로 성씨를 삼았다[4]〔한편, 주몽이 졸본부여(卒本扶餘)에 이르렀을 때 그곳의 왕에게 아들이 없었는데, 왕이 주몽을 보고 보통 사람이 아닌 것을 알아 자기 딸을 아내로 삼게 했던바, 그 왕이 죽자 주몽이 왕위를 이었다고도 한다〕.

---

4) 뒤에 보이는 3대 대무신왕의 경우 '대해주류왕'(大解朱留王)이라 하고, 그의 아우인 4대 민중왕의 이름을 '해색주'(解色朱)라 하였으며, 대무신왕의 아들인 5대 모본왕의 이름은 '해우'(解憂), 혹은 '해애루'(解愛婁)라고 하였다 하므로, 고구려 왕실의 성씨에 관한 의문이 있다. 이러한 현상은 『삼국유사』 왕력에 2대 유리왕부터 모본왕까지 네 왕을 '해씨'라고 한 것과 상통하는 것이다.

이때 주몽의 나이 22세로, 이해는 전한(前漢) 효원제(孝元帝) 건소(建昭) 2년이요, 신라 시조 혁거세 21년 갑신년(기원전 37)이었다. 사방에서 소문을 듣고 와서 따르는 이가 많았다. 그 지역이 말갈(靺鞨)[5]의 부락과 붙어 있으므로, 그들이 침노하고 노략질하여 해가 될까 염려해서 마침내 물리쳐 쫓아내니, 말갈이 두려워 복종하고 감히 침범하지 못하였다.

왕이 비류수 가운데 채소잎이 떠내려오는 것을 보고, 그 상류에 사람이 살고 있는 줄을 알았다. 이윽고 사냥하면서 찾아 올라가 비류국(沸流國)에 이르게 되었다. 그 나라의 왕 송양(松讓)이 나와보고 말하기를 "과인이 바다 귀퉁이에서 후미지게 살다보니 일찍이 군자를 만나보지 못했는데, 오늘 뜻밖에도 서로 만나게 되니 역시 다행스러운 일이 아니리오! 그러나 그대가 어디에서 왔는지를 알지 못하겠다"라고 하였다. 주몽이 대답하기를 "나는 천제의 아들로서 모처(某處)에 와서 도읍하였다"라고 하였다. 이에 송양이 말하기를 "우리는 여기에서 여러 대 동안 왕이 되어왔고, 또 땅이 좁아 두 임금을 용납하기에는 부족하다. 그대는 도읍을 세운 지가 얼마 되지 않으니 우리의 속국이 되는 것이 어떠한가"라고 하였다. 왕이 그의 말에 분개한 나머지 그와 더불어 말다툼을 하다가 다시 활로 기예를 겨루게 되었는데, 송양은 대항할 수가 없었다.[6]

2년 여름 6월에 송양이 나라를 들어 항복해 오므로, 그 땅을 다물도(多

---

5) 말갈은 중국 사서들의 인식에 따르면 선진시대의 숙신(肅愼), 한·위대의 읍루(挹婁), 남북조시대의 물길(勿吉)의 후신이며, 후대 여진(女眞)의 전신으로 수·당시대에 해당하는 명칭이라 한다. 이에 대해서는 후술하는 백제본기 온조왕 2년조 주석을 참조할 것.
6) 고구려의 건국과정에 대한 이 서술은 이규보의 「동명왕편」에 인용된 이른바 『구삼국사』의 내용 가운데 현저히 비현실적이면서도 반드시 필요한 사항이 아니라고 판단한 일부를 축약한 것으로 생각되며, 그 밖에 『위서』 고구려전의 관련 내용을 고려한 것이다. 특히 「광개토왕비」나 「모두루묘지」 등 5세기 당대 고구려인들이 가지고 있던 고구려 국가의 내력과 비교해 크게 다르지 않다는 점은, 『삼국사기』의 사료적 신빙성과 관련해 주목할 일이다.

勿都)라 하고 송양을 그 주인으로 봉하였다. 고구려 말로 옛 땅을 회복한 것을 일러 '다물'(多勿)이라고 했기 때문에 그렇게 이름한 것이다.

3년 봄 3월에 황룡이 골령(鶻嶺)에 나타났다. 가을 7월에 상서로운 구름이 골령 남쪽에 나타났는데, 그 빛이 푸르고 붉었다.

4년 여름 4월에 구름과 안개가 사방에서 일어나 사람들이 7일 동안이나 물성의 빛깔을 분별하지 못하였다. 가을 7월에 성곽과 궁실을 지었다.

6년 가을 8월에 신이한 새들이 궁궐 뜰에 모여들었다. 겨울 10월에 왕이 오이(烏伊)와 부분노(扶芬奴)를 시켜서 태백산 동남쪽의 행인국(荇人國)을 치게 하여, 그 땅을 빼앗아 성읍으로 만들었다.

10년 가을 9월에 난(鸞)새들이 왕궁에 모여들었다. 겨울 11월에 왕이 부위염(扶尉猒)에게 명해 북옥저(北沃沮)를 쳐 없애게 하고, 그 땅을 성읍으로 만들었다.

14년 가을 8월에 왕의 어머니 유화가 동부여에서 죽었다. 그 나라 왕 금와가 태후의 예로 제사를 지낸 다음 신묘(神廟)를 세웠다. 겨울 10월에 사신을 부여에 보내 방물을 바쳐서 그 은덕에 보답하였다.

19년 여름 4월에 왕자 유리(類利)가 부여로부터 그의 어머니와 함께 도망해 왔다. 왕이 기뻐하여 그를 태자로 세웠다.

가을 9월에 왕이 승하하니, 이때 나이가 40세였다. 용산(龍山)에 장사 지내고, 왕호를 동명성왕이라 하였다.

유리명왕(琉璃明王)이 왕위에 오르니 이름은 유리(類利), 혹은 유류(孺留)라고도 한다. 주몽의 맏아들이고 어머니는 예씨(禮氏)이다.

처음에 주몽이 부여에 있을 때 예씨 여인에게 장가들어 임신이 되었는데, 주몽이 떠나간 뒤에야 아이가 태어났으니 이가 곧 유리(類利)였다. 유리가 어렸을 때 길에 나가 놀면서 참새를 쏘다가 잘못해 물 긷는 부인의 항아리를 깨뜨렸다. 그 부인이 꾸짖기를 "이 아이가 아버지가 없기 때문에 이렇게 못되게 군다"라고 하였다. 유리가 무안을 당하고 집에 돌아와 어머니에게 묻기를 "우리 아버지는 어떤 분이시며, 지금은 어디에 계십니까"라고 하였다. 어머니가 대답하기를 "네 아버지는 보통 사람이 아니다. 나라에서 용납되지 않자 남쪽으로 달아나 나라를 세우고 왕이 되었다. 떠날 때 나에게 이르기를 '당신이 만약 아들을 낳거든 내가 남긴 물건이 일곱 모가 난 돌 위의 소나무 밑에 감춰져 있다고 말해주시오. 그가 만약 이것을 찾게 되면, 그제서야 곧 나의 아들일 것이오'라고 하였다"고 하였다. 유리가 이를 듣고 바로 산골짜기에 가서 찾아보았으나 얻지 못하고 지쳐서 돌아왔다.

하루는 마루 위에 앉아 있는데, 기둥과 주춧돌 사이에서 무슨 소리가 나는 듯하여 다가가 살펴보니 주춧돌에 일곱 모가 나 있었다. 곧바로 기둥 밑을 들춰 부러진 칼 한 조각을 찾아냈다. 드디어 이것을 가지고 옥지(屋智)·구추(句鄒)·도조(都祖) 등 세 사람과 함께 길을 떠나 졸본(卒本)에 이르러 부왕을 뵙고 부러진 칼을 바쳤다. 왕이 자기가 지녀온 칼 조각을 꺼내 붙여보니, 이어져 완전한 한 자루의 칼이 되었다. 왕이 기뻐하고 유리를 태자로 삼았으니, 이때 와서 왕위를 잇게 된 것이다.

2년(기원전 18) 가을 7월에 다물후(多勿侯) 송양의 딸을 맞이해 왕비로 삼았다. 9월에 서쪽으로 사냥을 나가 흰 노루를 잡았다. 겨울 10월에 신령스러운 새들이 왕궁의 뜰에 모여들었다. 백제의 시조 온조(溫祚)가 왕위에 올랐다.

3년 가을 7월에 골천(鶻川)에 이궁(離宮)[7]을 지었다.

겨울 10월에 왕비 송씨(松氏)가 죽었다. 왕은 다시 두 여인에게 장가들어 계실(繼室)로 삼았다. 한 여자는 화희(禾姬)라 하는데 골천 사람의 딸이고, 또 한 여자는 치희(雉姬)라 하는데 한인(漢人)의 딸이었다. 두 여자가 총애를 다투어 서로 화목하지 못하자 왕은 양곡(凉谷)의 동쪽과 서쪽에 두 궁궐을 지어 각각 따로 머물게 하였다. 그 뒤 왕이 기산(箕山)에

---

7) 이궁은 천자가 출타하기 위해 궁성 밖에 세워 머무는 곳을 말한다. 이성(離城)이라고도 한다.

사냥 가서 7일 동안 돌아오지 않자 두 여자가 싸우게 되었다. 화희가 치희를 꾸짖기를 "너는 한인 집안의 종년 주제에 어찌하여 그토록 무례하냐"라고 하니, 치희가 부끄럽고도 한스러워 달아나 돌아가버렸다. 왕이 이를 듣고 말을 달려 뒤쫓았으나 치희는 노여워하며 돌아오지 않았다.

왕은 어느 날 나무 아래에서 쉬다가 꾀꼬리가 날아 모이는 것을 보고 곧 느끼는 바가 있어 노래하기를, "날아드는 저 꾀꼬리도 암수가 서로 의지하거늘, 나의 외로움 생각하니 그 누구와 더불어 돌아갈까"라고 하였다.

11년 여름 4월에 왕이 여러 신하에게 이르기를 "선비(鮮卑)[8]가 험한 지세를 믿고 우리와 화친하려 하지 않으며, 유리하면 나와 노략질하고 불리하면 들어앉아 지키니 나라의 걱정거리이다. 만약 이들을 물리칠 수 있는 사람이 있다면 내가 그에게 후한 상을 주리라"라고 하였다. 부분노가 나와 말하기를 "선비는 지세가 험하고 수비가 견고하며, 사람들이 용맹하긴 하지만 우둔하니, 힘으로 싸우기는 어렵고 꾀로 굴복시키기는 쉽습니다"라고 하였다. 왕이 "그렇다면 어떻게 해야 할까"라고 물었다. 부분노가 대답하기를 "사람을 시켜 나라를 배반한 척 저들에게로 들어가서 거짓으로 우리나라는 작고 군사력이 허약해 겁을 내고 움직이지 못한다고 말하게 하면, 선비는 반드시 우리를 만만하게 여겨 방비를 하지 않을 것입니다. 제가 그 틈을 타 정예 군사를 거느리고 지름길로 가서 산림에 의지해 그들의 성을 노리고 있겠습니다. 이때 왕께서 허술한 군사로 하여금 그들의 성 남쪽으로 출동하게 하시면 저들은 반드시 성을 비워두고 멀리 쫓아올 것입니다. 그러면 저는 정예병을 이끌어 그 성에 달려들어가고, 왕께서는 친히 용맹한 기병을 거느리시어, 그들을 양쪽에서 협공하게 되면 이길 수 있을 것입니다"라고 하였다. 왕이 그 말

---

8) 선비는 동호의 일족으로 그 나라의 대선비산(大鮮卑山)에서 족명이 유래했다 한다. 흥안령(興安嶺)의 동쪽에서 흥기했는데, 후한 대에 단석괴(檀石槐)가 영토를 개척해 옛날 흉노의 최전성기와 같은 양상으로 발전하였다. 진(晉) 초에 여러 부로 나누어졌는데, 그 가운데 모용씨와 탁발씨가 가장 저명하였다.

을 따랐다. 선비는 과연 성문을 열고 군사를 내서 쫓아오매, 부분노가 군사를 거느리고 그 성으로 달려들어갔다. 선비가 이를 바라보고는 크게 놀라 성으로 되돌아 달려왔다. 부분노가 성문에 막아서서 싸우니 베어 죽인 것이 매우 많았다. 왕이 깃발을 들어 올려 북을 울리며 나아오니, 선비는 앞뒤에서 적을 맞아 계책이 막막하고 힘이 다해 항복하고 속국이 되었다. 왕이 부분노의 공로를 생각해 상으로 식읍(食邑)을 주었으나, 부분노는 사양하면서 "이는 왕의 덕이오니 저에게 무슨 공이 있겠습니까" 하고 끝내 받지 않았다. 이에 왕은 황금 30근과 좋은 말 열 필을 내려 주었다.

13년 봄 정월에 형혹성(熒惑星)이 심성(心星) 자리에 머물렀다.[9]

14년 봄 정월에 부여 왕 대소(帶素)가 사신을 보내와 방문하고 볼모를 교환할 것을 청하였다. 왕은 부여가 강대한 것을 꺼려 태자 도절(都切)을 볼모로 보내고자 했으나 도절이 두려워해 가지 않으니 대소가 분노하였다. 겨울 11월에 대소가 군사 5만 명의 규모로 침범해왔다가 폭설이 내리고 사람들이 많이 얼어 죽자 그냥 돌아갔다.

19년 가을 8월에 교사(郊祀)[10]에 쓸 돼지가 달아났다. 왕은 탁리(託利)와 사비(斯卑)를 시켜 쫓아가 잡아오게 했더니, 장옥택(長屋澤)에 이르러 잡아서 칼로 돼지의 다리 힘줄을 잘라버렸다. 왕이 이를 듣고 노하여 말하기를 "하늘에 제사를 지낼 희생(犧牲)에 어찌 상처를 낼 수가 있겠느냐" 하고는, 드디어 두 사람을 구덩이에 던져 죽였다. 9월에 왕이 질병에 걸리자 무당이 말하기를 "탁리와 사비의 귀신이 빌미가 된 것입니다"라고 하였다. 왕이 무당을 시켜 귀신에게 사과하게 했더니 병이 곧

---

9) 형혹성은 화성(火星)의 다른 이름이다. 심성은 28수의 하나로, 동방 창룡7수(蒼龍七宿) 가운데 속한 별이다. 『사기』 천관서에 따르면 "군주가 예를 버리면 형혹성이 그 징벌의 조짐을 보이는데, 형혹성이 궤도를 이탈해 운행하는 것이 그것이다. 형혹성이 출현하면 전쟁이 발발하고, 사라지면 전쟁이 종식된다"라고 하였다.

10) 교사는 천자가 교외에서 천지신에 드리는 제사를 말한다. 동지에는 남쪽 교외에서 하늘에 제사하고, 하지에는 북쪽 교외에서 땅에 제사한다.

나왔다.

20년 봄 정월에 태자 도절이 죽었다.

21년 봄 3월에 교사에 쓸 돼지가 달아났다. 왕이 희생을 관장하는 설지(薛支)에게 명해 돼지를 쫓게 했던바, 국내(國內)의 위나암(尉那巖)에 이르러 붙잡아서 국내 사람 집에 가두어 기르게 하였다. 그가 돌아와 왕을 보고 말하기를 "제가 돼지를 쫓아 국내 위나암에 이르렀는데, 그 산과 물이 깊고도 험한데다 토양은 오곡을 경작하기에 알맞고, 게다가 고라니와 사슴과 물고기와 자라 등 산물이 많은 것을 보았습니다. 왕께서 만약 그곳으로 도읍을 옮기신다면 백성들의 복리가 끝없을 뿐만 아니라, 또한 전쟁의 환란을 면할 수 있을 것입니다"라고 하였다. 여름 4월에 왕이 위중림(尉中林)에서 사냥을 하였다. 가을 8월에 지진이 있었다.

9월에 왕이 국내에 가서 지세를 살피고 돌아오는 길에 사물택(沙勿澤)에 이르렀는데, 한 장부가 못가의 돌 위에 앉아 있는 것을 보았다. 그가 왕을 보고 말하기를 "왕의 신하가 되고자 합니다"라고 하였다. 왕이 기뻐하며 허락하고, 그에게 사물(沙勿)이라는 이름과 위씨(位氏) 성을 내려주었다.

22년 겨울 10월에 왕이 국내로 도읍을 옮기고 위나암성(尉那巖城)을 쌓았다. 12월에 왕이 질산(質山) 북쪽에서 사냥하면서 닷새 동안이나 돌아오지 않았다. 대보(大輔) 협보가 간하여 말하기를 "왕께서 새로이 도읍을 옮겨 백성들이 아직 편안하게 안착하지 못했으니 마땅히 치안 관련의 행정을 돌보는 데 서둘러 힘을 써야 할 것입니다. 그런데도 이러한 것은 생각하지 않고 말을 달려 사냥하느라 오래도록 돌아오지 않으시니, 만약 허물을 고치고 스스로 마음을 새롭게 하지 않는다면 정치가 황폐해지고 백성들은 흩어져 선왕의 업적이 땅에 떨어질까 두렵습니다"라고 하였다. 왕이 이 말을 듣고 크게 노하여 협보의 관직을 파면하고, 그로 하여금 관청의 원림(園林)을 관리하게 하였다. 협보가 분개해 남한(南韓)으로 가버렸다.

23년 봄 2월에 왕자 해명(解明)을 태자로 삼고, 나라 안의 죄수를 크게 사면하였다.

24년 가을 9월에 왕이 기산(箕山)의 들에서 사냥을 하다가 기이한 사람을 만났는데, 양 겨드랑이에 깃이 달려 있었다. 그를 조정에 등용해 우씨(羽氏) 성을 내려주고, 왕의 딸을 아내로 삼게 하였다.

27년 봄 정월에 왕태자 해명이 옛 도읍에 남아 있었는데, 힘이 세고 용맹한 것을 좋아하였다. 황룡국(黃龍國)의 왕이 소문을 듣고 사신을 보내 억센 활을 선물하였다. 해명은 그 사신 면전에서 활을 잡아당겨 부러뜨리고 말하기를, "내가 힘이 센 것이 아니라 이 활 자체가 강하지 못한 탓이다"라고 하니, 황룡 왕이 부끄럽게 여겼다. 왕이 이를 듣고 노하여 황룡 왕에게 이르기를 "해명이 자식이 되어 불효했으니, 청컨대 나를 위해 그를 죽여주십시오"라고 하였다.

3월에 황룡 왕이 사신을 보내 태자와 만나보기를 요청하였다. 태자가 가려 하자 어떤 이가 만류해 말하기를 "지금 이웃 나라에서 까닭없이 만나자 하니 그 의도를 헤아릴 수 없습니다"라고 하였다. 태자가 말하기를 "하늘이 나를 죽이려 하지 않는다면야 황룡 왕이 나를 어찌하겠는가" 하고 마침내 황룡국으로 갔다. 황룡 왕이 처음에는 그를 죽이려고 했으나, 그를 만나게 되자 감히 해치지 못하고 예우해 돌려보냈다.

28년 봄 3월에 왕이 사람을 보내 해명에게 이르기를 "내가 도읍을 옮긴 것은 백성을 안주하게 하여 나라의 위업을 굳게 하고자 함인데, 너는 나를 따르지 않고 굳센 힘만 믿고서 이웃 나라에 원한을 맺었으니 자식된 도리가 어찌 이와 같은가" 하고 곧 칼을 내려 자결하게 하였다. 태자가 즉시 자살하려 하자 어떤 이가 말리면서 말하기를 "대왕의 맏아들이 이미 죽었으므로 태자께서 바로 후계자가 된 것인데, 이제 사신이 한 번 왔다 하여 자살해버린다면, 혹시 그것이 속임수가 아닌 줄을 어찌 알 것입니까"라고 하였다. 태자가 말하기를 "지난번에 황룡 왕이 억센 활을 보내왔을 때 나는 그가 우리나라를 업신여기는 것을 염려해 일부러 활을 잡아당겨 부러뜨려서 되갚아주었던 것인데, 뜻밖에도 부왕으로부터 책망을 당하게 되었다. 지금 부왕께서는 내가 불효했다 하여 칼을 내리면서 자살하라 하시니, 아버지의 명령을 어찌 어길 수 있겠는가"라고 하였다. 이윽고 여진(礪津)의 동원(東原)으로 가서 창을 땅에 꽂아두고 말을 달려 창에 부딪쳐 죽으니, 이때 나이가 21세였다. 태자의 예를 갖추어 동원에 장사 지내고 사당을 세우니, 그 땅을 창원(槍原)이라고 부르게 되었다.

편찬자는 논평하여 말한다. 효자가 부모를 섬기는 것은 마땅히 좌우를 떠나지 않는 것으로 효도를 다하는 것이니, 마치 문왕이 세자였을 때와 같이해야 한다.[11] 그런데 해명은 별도(別都)에 있으면서 용맹을 좋아하기로 소문이 났으니, 그가 죄를 얻게 된 것은 당연하다. 또 들으니 『좌전』에 이르기를 "자식을 사랑하는 것은 그에게 바른 길을 가르쳐서 나쁜 데로 빠져들지 않게 하는 것이다"라고 했는데,[12] 지금 유리왕은 애초에 한번도 그것을 가르치지 않았다가 아들이 죄악을 저지르게 되자 지나치게 미워해 죽이고야 말았으니, 아비는 아비노릇을 못하고 자식은 자식노릇을 못했다고 할 만하다.[13]

---

11) 『효경』(孝經) 기효행장(紀孝行章)에 "효자가 부모를 섬기는 것은 옆에서 모심에 공경함을 다하고, 봉양함에 즐거움을 다하며, 병환에 드셨을 때 근심을 다하고, 상을 당했을 때 슬픔을 다하며, 제사를 지낼 때 엄숙함을 다해야 하나니, 이 다섯 가지가 완비된 다음에라야 부모를 잘 섬길 수 있는 것이다"라고 하였으며, 『예기』 문왕세자(文王世子)편에 따르면 문왕이 세자였을 때 아버지 왕계(王季)의 안부를 하루에 세 번 여쭈었다. 또 아버지에게 편안하지 못함이 있을 때에는 근심스러운 낯빛으로 걸음을 바로 딛지 못했으며, 음식을 올릴 때에는 반드시 직접 그 차고 따뜻한 절도를 살펴보고, 무슨 음식을 드셨는지 확인한 다음 같은 음식을 다시 올리지 못하게 했다 한다.

12) 위(衛)의 장공(莊公)이 애첩의 아들 주우(州吁)를 절제없이 사랑하자 대부 석작(石碏)이 장공에게 간하는 대목에서 인용한 말이다. 석작은 말하기를 "아들을 사랑하는 것은 그에게 바른 길을 가르쳐서 나쁜 데로 빠져들지 않게 하는 것이라고 들었습니다. 교만하고 사치스럽고 과도하게 탐욕을 부리고 멋대로 행동하는 것은 나쁜 길로 드는 단서이온데, 이 네 가지를 초래하는 것은 총애와 우대함이 지나친 데서 비롯하는 것입니다"라고 하였다. 『좌전』 은공(隱公) 3년.

13) 『논어』 안연(顏淵)편에 따르면 제(齊)의 경공(景公)이 공자에게 정사에 대해 물었

가을 8월에 부여 왕 대소의 사신이 와서 왕을 꾸짖어 말하기를 "우리 선왕께서는 그대의 선군 동명왕과 서로 우호했는데, 이제 우리 신하들을 유인하여 이곳으로 도망해 오게 하며 백성들을 모아서 나라를 이루려 하고 있다. 무릇 나라에는 크고 작음이 있고 사람에게는 어른과 아이가 있는지라, 작은 나라가 큰 나라를 섬기는 것은 예의요 아이가 어른을 섬기는 것은 순리인 것이다. 이제라도 왕이 만약 예의와 순리로 우리를 섬긴다면 하늘이 반드시 도와서 국운이 길이 다할 것이지만, 그렇지 않으면 사직을 보존하고자 하는 것도 어려울 것이다"라고 하였다.

이에 왕은 나라를 세운 지가 얼마 안 되고 백성들은 취약하고 군사력도 약세이니 형세상 치욕을 참고 굴복해 뒷날의 성공을 도모하는 것이 합당하다고 생각하였다. 이윽고 여러 신하와 의논해 부여 왕에게 회보하기를 "과인이 바다 귀퉁이에 치우쳐 살다보니 예의에 대해 듣지 못했는데, 오늘 대왕의 교시를 받고 보니 감히 명령대로 따르지 않을 수 없습니다"라고 하였다.

이때 왕자 무휼(無恤)은 아직 나이가 어렸는데, 왕이 부여에 회답하려는 내용을 듣더니 스스로 부여 사신을 보고 말하기를 "우리 선조께서는 신령의 자손이라 어질고도 재주가 많았던바, 대왕이 질투하고 모해하여 부왕에게 참소하고 말을 치게 해 모욕했기 때문에 불안하여 탈출했던 것이다. 그런데 이제 대왕은 지난날의 허물은 생각하지 않고 다만 군사가 많은 것만을 믿어 우리나라를 업신여기고 있다. 사자는 돌아가서 대왕에게 보고하되 '지금 여기에 포개 쌓은 알이 있으니 만약 대왕이 그 알들을 무너뜨리지 않는다면 내가 대왕을 섬길 것이고, 그렇지 않으면 섬기지 못하겠다'고 전하기 바란다"라고 하였다.

을 때 공자께서 대답하기를 "임금은 임금답고 신하는 신하다우며, 아비는 아비답고 자식은 자식다워야 합니다"라고 하였다. 이에 경공 역시 "훌륭한 말씀입니다. 진실로 임금이 임금답지 못하고 신하가 신하답지 못하며 아비가 아비답지 못하고 자식이 자식답지 못하다면, 비록 곡식이 있다 하나 내가 이를 먹을 수 있겠습니까!"라고 하였다.

부여 왕이 이 말을 듣고 여러 신하에게 두루 물었더니 한 노파가 대답하기를 "포개 쌓은 알은 위태로운 것이요 그 알들을 무너뜨리지 않는다는 것은 편안한 것이니, 그 말의 뜻은 왕이 자기의 위태로움은 알지 못하고 다른 사람들이 찾아올 것만을 바라는 것은, 차라리 자기의 위태로움을 편안함으로 바꾸어 스스로 잘 다스리는 것만 못하다는 것입니다"라고 하였다.

29년 여름 6월에 모천(矛川) 가에 검은 개구리와 붉은 개구리들이 떼지어 싸우더니, 검은 개구리 쪽이 이기지 못하고 죽었다. 이를 보고 의견을 내는 이가 말하기를 "검은 것은 북방의 색이니 북부여가 파멸될 징조이다"라고 하였다.[14)]

가을 7월에 두곡(豆谷)에 이궁을 지었다.

31년에 한의 왕망(王莽)이 우리 군사를 징발해 흉노를 치게 하였다. 우리 군사들이 가지 않으려 하는데도 억지로 협박해 보내니, 모두 변경으로 도망해 법을 어기고 도둑떼가 되었다. 요서대윤(遼西大尹) 전담(田譚)이 추격하다 그들에게 죽게 되자, 주·군들이 허물을 우리에게 돌렸다. 엄우(嚴尤)가 왕망에게 아뢰기를 "맥인(貊人)들이 법을 어긴 데 대해서는 마땅히 주·군들로 하여금 그들을 무마하고 안도하게 해야 합니다. 지금 함부로 큰 죄를 들씌우면 그들이 마침내 반란을 일으킬까 두렵습니다. 그럴 경우 부여의 무리 가운데 반드시 반란에 동조할 이가 있을 것이니, 흉노를 물리치지 못한 터에 부여와 예맥(穢貊)이 다시 일어난다면 이는 큰 걱정거리가 될 것입니다"라고 하였다. 왕망은 듣지 않고 엄우에게 조칙을 내려 그들을 치게 하였다. 엄우가 우리 장수 연비(延丕)를 유인해 목을 베어 수도로 보냈다[『양한서』(兩漢書) 및 『남북사』(南北史)에는 모두 "구려후(句麗侯) 추(騶)를 유인해 목을 베었다"라고 하였다]. 왕망이 기뻐하고 우리 왕의 명칭을 고쳐 '하구려후'(下句麗侯)라 하고, 천

---

14) 5행과 5방, 그리고 5색의 관계에서 수(水)는 북방·흑색이고, 화(火)는 남방·적색이므로, 검은 개구리와 붉은 개구리는 각각 부여와 고구려를 가리킨다.

하에 포고해 모두가 알게 하였다. 이에 한의 변경 지역을 침구하는 것이 더욱 심해졌다.

32년 겨울 11월에 부여 사람들이 와서 침범하였다. 왕이 아들 무휼을 시켜 군사를 거느리고 막게 하였다. 무휼은 군사가 적어 대적하지 못할까 염려해, 기발한 계책을 세워서 친히 군사를 거느리고 산골짜기에 매복한 채 기다렸다. 부여의 군사가 곧바로 학반령(鶴盤嶺) 아래에 이르자 복병을 출동시켜 불시에 그들을 치니, 부여군은 크게 패해 말을 버려두고 산으로 올라갔다. 무휼이 군사를 풀어 그들을 모두 죽였다.

33년 봄 정월에 왕자 무휼을 태자로 삼고 군사와 국정에 관한 일을 맡겼다.

가을 8월에 왕이 오이와 마리에게 명해 군사 2만 명을 거느리고 서쪽으로 양맥(梁貊)을 치게 하여 그 나라를 멸망시키고, 군사를 진격하여 한의 고구려현(高句麗縣)을 습격해 빼앗았다〔고구려현은 현도군에 속한다〕.

37년 여름 4월에 왕자 여진(如津)이 물에 빠져 죽었다. 왕이 애통해 하여 사람을 시켜 시체를 찾게 했으나 얻지 못하였다. 뒤에 비류(沸流) 사람 제수(祭須)가 찾아서 아뢰니, 마침내 예를 갖추어 왕골령(王骨嶺)에 장사 지내고, 제수에게는 금 10근과 밭 10경(頃)[15]을 내려주었다. 가을 7월에 왕이 두곡(豆谷)에 행차하였다.

겨울 10월에 왕이 두곡의 이궁에서 죽었다. 두곡의 동원(東原)에 장사 지내고, 왕호를 유리명왕이라 하였다.

• 삼국사기 권 제13

---

15) 경은 토지 면적의 단위로, 1경은 밭 1백 무(畝)를 가리킨다.

삼국사기 권 제14

고구려본기 제2
대무신왕, 민중왕, 모본왕

대무신왕(大武神王)이 왕위에 오르니〔혹은 대해주류왕(大解朱留王)이라고 한다〕, 이름은 무휼(無恤)이고 유리왕의 셋째 아들이다. 태어나면서부터 총명하고 지혜롭더니, 성장해서는 뛰어나게 걸출하여 큰 책략을 지녔다. 유리왕이 왕위에 있은 지 33년 갑술에 그를 태자로 삼으니 그때 나이가 11세였는데, 이때 와서 왕위에 올랐다. 어머니 송씨(松氏)는 다물국 왕 송양의 딸이다.

2년(19) 봄 정월에 수도에 지진이 있었다. 죄수를 크게 사면하였다. 백제 사람 1천여 호가 와서 투항하였다.

3년 봄 3월에 동명왕(東明王)의 사당을 세웠다. 가을 9월에 왕이 골구천(骨句川)에서 사냥하다 신마(神馬)를 얻어 거루(駏驤)라고 이름하였다.

겨울 10월에 부여 왕 대소가 사신을 시켜 붉은 까마귀를 보내왔는데, 머리 하나에 몸뚱이가 둘이었다. 처음에 부여 사람이 이 까마귀를 얻어 부여 왕에게 바쳤는데 어떤 이가 말하기를 "까마귀라는 것은 검은 것인데 지금 변해 붉은빛이 된데다가, 또 하나의 머리에 두 몸이 달린 것은 두 나라를 아우를 징조이니, 왕께서 아마 고구려를 차지하시는가 봅니다"라고 하였다. 대소가 이 말을 듣고 기뻐 까마귀를 보내오면서 그 어떤 이의 해석까지 함께 전하였다. 왕과 여러 신하가 논의해 회답하기를 "검은 것은 북방의 색인데 이제 변해 남방의 색이 되었으며, 또 붉은 까마귀는 상서로운 것인데 그대가 이를 얻고도 가지지 못하고 나에게 보냈으니, 우리 두 나라의 흥망을 알 수 없겠구나!"라고 하였다. 대소가 이 말을 듣고 놀라워하고 후회하였다.

4년 겨울 12월에 왕이 군사를 내어 부여를 치러 가는데 비류수 가에 왔을 때 물가를 바라보니, 마치 웬 여인이 솥을 가지고 노는 것 같았다. 다가가서 보니 여인은 없고 솥만 있었다. 그 솥으로 밥을 짓게 하자 불을 때지 않았는데도 저절로 밥이 익었다. 이리하여 음식을 만들어 전체 군사를 배부르게 할 수 있었다. 이때 갑자기 한 장부가 나타나서 말하기를 "이 솥은 우리 집 물건으로 내 누이가 잃었던 것인데, 이제 왕께서 얻었으니 제가 이를 메고 따라가고자 합니다"라고 하였다. 마침내 왕이 그에게 부정씨(負鼎氏)라는 성을 내려주었다. 이물림(利勿林)에 다다라 묵었는데 밤에 쇳소리가 들렸다. 밝을 무렵에 사람을 시켜 찾아보게 했더니, 금으로 만든 옥새와 무기 따위를 얻었다. 왕은 "하늘이 주신 것이다"라며, 절을 하고 받았다. 길에 오르자 웬 사람이 나타났는데 키가 9척쯤이나 되며 얼굴이 희고 눈에 광채가 있었다. 그가 왕에게 절하고 말하기를 "저는 북명(北溟) 사람 괴유(怪由)입니다. 대왕께서 북쪽으로 부여를 친다는 말을 들었기에, 제가 따라가서 부여 왕의 머리를 베어오고자 합니다"라고 하니 왕이 기꺼이 허락하였다. 또 한 사람이 나와 말하기를 "저는 적곡(赤谷) 사람 마로(麻盧)입니다. 긴 창을 가지고서 길잡이가 되고자 합니다" 하니 왕이 또 허락하였다.

5년 봄 2월에 왕이 부여국의 남쪽으로 진군하였다. 그곳에 진창이 많아서 왕은 마른 평지를 골라 군영을 만들고 말안장을 풀어 군사들을 쉬게 했는데 두려워하는 기색이 없었다. 부여 왕은 온 나라의 군사를 동원해 나와 싸우는데, 미처 정비하지 못한 틈에 덮치고자 말을 급히 달려나오다가 진창 때문에 오도가도 못하게 되었다. 왕이 이때 괴유에게 지시해 내보냈다. 괴유가 칼을 빼들고 부르짖으면서 쳐나가니 부여의 1만여 명 군사가 흩어지고 쓰러져 지탱을 하지 못하였다. 곧바로 달려가 부여 왕을 잡아 목을 베었다. 부여 사람들은 이미 그 왕을 잃고 기력이 꺾였지만 여전히 굴복하지 않고 우리를 여러 겹으로 에워싸왔다. 왕은 군량이 다해 병사들이 주리게 되자 근심 걱정으로 어찌할 바를 몰랐다. 결국 하늘에 영험을 빌었더니 갑자기 안개가 짙게 끼어, 7일 동안이나 지척에서도 사람과 물건들을 분별할 수 없었다. 왕이 풀로 허수아비를 만들게 하고 무기를 들려 군영의 안팎에 세워 병사처럼 꾸며놓고 사잇길을 따라 은밀히 행군하여 밤에 탈출했는데, 골구천에서 얻은 신마와 비류수 상류에서 얻은 큰 솥을 잃어버렸다. 이물림에 이르러 군사들이 굶주려 일어나지 못하자 들짐승을 잡아먹었다.

왕이 본국에 돌아오게 되자 여러 신하를 모아 음지(飮至)[1]의 의례를 거행하고 말하기를, "내가 덕이 없어 경솔하게 부여를 치다보니 비록 그 왕은 죽였으나 그 나라를 멸망시키지 못했고, 게다가 우리 군사와 물자를 많이 잃었으니 이 모두가 나의 허물이다" 하고, 곧이어 죽은 이를 조상하고 병든 이를 위문하여 백성의 마음을 살펴 어루만졌다. 이 때문에 나라 사람들이 왕의 덕성과 신의에 감복해 모두 나랏일에 몸 바칠 것을 기약하였다. 3월에 신마 거루가 부여 말 1백 필을 이끌고 학반령(鶴盤嶺) 아래 차회곡(車廻谷)으로 왔다.

여름 4월에 부여 왕 대소의 아우가 갈사수(曷思水) 가에 와서 나라를 세우고 왕을 일컬었으니, 이가 부여 왕 금와의 막내 아들인데 기록에 그 이름은 전하지 않는다. 처음에 대소가 살해되자 나라가 장차 망할 것을 알고 따르는 이 1백여 명과 함께 압록곡(鴨淥谷)으로 왔는데, 해두왕(海頭王)이 나와 사냥하는 것을 보고 드디어 그를 죽이고 그 백성을

---

1) 전쟁에서 이기고 돌아와 종묘에 고하고 그 자리에서 주연을 베풀며 공로가 있는 이에게 상을 주었는데, 이러한 행사를 음지라고 한다. 『좌전』 은공(隱公) 5년·환공(桓公) 2년·16년조 등에 사례가 있다.

빼앗아 이곳에 이르러 비로소 도읍했으니, 이가 갈사왕(曷思王)이 된 것이다.

가을 7월에 부여 왕의 종제가 나라 사람들에게 이르기를 "우리 선왕께서 돌아가시고 나라는 멸망해 백성들이 의지할 데가 없어졌다. 왕의 아우는 달아나 숨어 갈사에 도읍하였다. 나 또한 어질지 못해 나라를 부흥시킬 수가 없다" 하고, 곧 1만여 명과 함께 와서 항복하였다. 왕은 그를 왕으로 봉해 연나부(椽那部)에 안치하고, 그의 등에 얽힌 무늬가 있다 하여 낙씨(絡氏) 성을 내려주었다.

겨울 10월에 괴유가 죽었다. 처음 병이 위중했을 때 왕이 친히 가서 문병하자 괴유가 말하기를 "저는 북명의 미천한 사람으로 여러 번 두터운 은혜를 입어 비록 죽는다 해도 산 것과 같사오니, 감히 은혜에 보답할 것을 잊지 않겠나이다"라고 하였다. 왕은 그의 말을 착하게 여겼고 또 그에게 큰 공로가 있다 하여 북명산(北溟山) 남쪽에 장사 지내고, 담당 관리에게 명해 철따라 제사를 지내도록 하였다.

8년 봄 2월에 을두지(乙豆智)를 우보(右輔)로 임명해 군사와 국정에 관한 일을 맡겼다.

9년 겨울 10월에 왕이 친히 개마국(蓋馬國)을 쳐서 그 나라 왕을 죽이고 백성들을 위안하는 한편, 군사들에게는 인명과 재물을 노략질하지 못하게 하고, 다만 그 지역을 군과 현으로 만들었다. 12월에 구다국(句茶國) 왕이 개마가 멸망했다는 말을 듣고 그 화가 자기에게 미쳐올까 두려워 나라를 들어 항복해왔다. 이로 말미암아 새로 개척한 영토가 점점 넓어졌다.

10년 봄 정월에 을두지를 좌보(左輔)로 삼고 송옥구(松屋句)를 우보로 삼았다.

11년 가을 7월에 한의 요동태수(遼東太守)가 군사를 거느리고 쳐들어왔다. 왕이 여러 신하를 모아 전투와 방어의 계책을 물었다. 우보 송옥구가 말하기를 "제가 듣기로는 덕을 믿는 이는 창성하고, 힘을 믿는 이는 망한다고 했습니다. 지금 중국은 흉년이 들어 도적이 벌떼같이 일어나고 있는데 아무 명분도 없이 군사를 출동시키고 있으니, 이는 임금과 신하가 결정한 정책이 아니라 필시 변방의 장수가 이익을 탐내 제멋대로 우리나라를 침범한 것입니다. 하늘의 이치를 거스르고 사람의 도리에 어긋나는 것이니, 저들의 군사 행동에는 반드시 성과가 없을 것입니다. 우리가 험한 형세에 의지하고 있다가 출동해 기습하면 반드시 그들을 깨뜨릴 수 있습니다"라고 하였다. 좌보 을두지는 말하기를 "강병이라 해도 수가 적으면 많은 편에게 사로잡히는 것입니다. 제가 대왕의 군사와 한의 군사가 어느 편이 많은지를 헤아려 보았거니와, 꾀로 칠 수는 있을지언정 힘으로 이길 수는 없겠습니다"라고 하였다. 왕이 "꾀로 치려면 어떻게 해야 하는가" 하니, 대답하기를 "지금 한의 군사들은 멀리서 싸우러 와서 그 서슬을 당해낼 수 없습니다. 대왕께서는 성문을 닫고 스스로를 튼튼히 하여 적의 군사들이 피로해지기를 기다려서 나가 치는 것이 좋겠습니다"라고 하였다. 왕이 수긍하여 위나암성으로 들어가서 굳게 지키기를 수십 일 동안이나 했지만, 한나라 군사의 포위가 풀리지 않았다.

왕은 힘이 다하고 군사는 피로해졌으므로 을두지에게 이르기를 "형세가 더는 지킬 수 없으니 어떻게 해야겠는가" 물었다. 을두지가 말하기를 "한나라 사람들은 우리가 암석지대에 있어 물이 나오는 샘이 없을 것이라 생각하고, 이 때문에 오래도록 에워싸서 우리가 곤란해지기를 기다리는 것입니다. 그러니 연못 속의 잉어를 잡아 물풀로 싸고 여기에 맛 좋은 술 약간을 곁들여 가져다가 한의 군사들에게 먹이는 것이 좋겠습니다"라고 하였다. 왕이 을두지의 말을 따라 편지를 보내 말하기를 "과인이 우매한 탓에 상국에 죄를 지어 장군으로 하여금 백만 군사를 이끌고 우리 땅에서 비바람을 무릅쓰고 다니게 하였다. 장군의 후의를 거들어줄 게 없어 그저 보잘것없는 물건이나마 장군 휘하에 보내드린다"라고 하였다. 이에 한의 장수는 성안에 물이 있으니 별안간에 함락시킬 수는 없겠다고 생각하고 회답을 보내 말하기를, "우리 황제께서 저를 노둔하다 하지 않고 군사를 내서 대왕의 죄를 문책하라 하시기에 고구려 국경에 온 것이나 열흘이 넘도록 요긴한 대책이 없었는데, 이제 보내온 편지를 보매 말씀이 공순하니 어찌 감히 평계될 만한 구실을 붙여 황제께 보고하지 않을 수 있겠습니까" 하고, 드디어 군사를 이끌어 돌아갔다.

13년 가을 7월에 매구곡(買溝谷) 사람 상수(尙須)가 그 아우 위수(尉須) 및 사촌 아우 우도(于刀) 등과 함께 의탁해 왔다.

14년 겨울 11월에 우레가 치고, 눈은 내리지 않았다.

15년 봄 3월에 대신 구도(仇都)와 일구(逸苟)와 분구(焚求) 등 세 사람을 내쳐 서인으로 만들었다. 이 세 사람은 비류부장(沸流部長)으로 있었는데 자질이 탐욕스럽고 야비해 남의 처첩과 소·말·재물을 빼앗아 자기 욕심을 멋대로 부렸으며, 만약 주지 않는 이가 있으면 곧 채찍질을 하니 사람들이 모두 분개하고 원망하였다. 왕이 이를 듣고 죽이려 했으나, 동명왕의 옛 신하들인지라 차마 극형을 가하지는 못하고 내쫓고 말았던 것이다. 이어 곧 남부사자(南部使者)[2) 추발소(鄒敎素)로 하여금 대신 부장(部長)이 되게 하였다. 추발소가 부임한 뒤 따로 큰 집을 짓고 살면서 구도 등은 죄인이라 하여 마루에 오르지 못하게 하였다. 이에 구도 등이 앞에 나아와 말하기를 "우리가 소인인 탓에 왕의 법을 어기고서, 이제 부끄러움과 후회스러움을 이기지 못하고 있습니다. 원컨대 공께서 우리 허물을 용서하시어 스스로 새 사람이 되게 해주신다면 죽더라도 한스러움이 없겠습니다"라고 하였다. 추발소가 그들을 이끌어 올려 자리를 함께하고 말하기를 "사람이란 허물이 없을 수 없는 것이니, 한때의 허물을 고칠 수 있다면 이보다 더한 착함이 없는 것이다" 하고, 그들과 더불어

---

2) 남부는 '5부'의 하나이다. 『한원』(翰苑) 고려조에는 『위략』(魏略)을 인용하여 (1) 내부(內部)-계루부(桂婁部)-황부(黃部), (2) 북부(北部)-절노부(絶奴部)-후부(後部)-흑부(黑部), (3) 동부(東部)-순노부(順奴部)-좌부(左部)-상부(上部)-청부(靑部), (4) 남부(南部)-관노부(灌奴部)-전부(前部)-적부(赤部), (5) 서부(西部)-소노부(消奴部)-우부(右部)를 소개하였다. 「중원고구려비」나 평양성 석각(石刻)·농오리산성(籠吾里山城) 마애석각 등 고구려 당대의 자료 가운데에도 부명(部名)이 확인된다.

벗이 되었다. 구도 등은 감동하고 부끄러워 다시는 악한 짓을 하지 않았
다. 왕이 이를 듣고 말하기를 "추발소는 위엄을 부리지 않고 지혜로 악
한 이를 바로잡았으니 유능하다고 할 만하다" 하고, 성을 내려주어 대실
씨(大室氏)라고 하였다.

　여름 4월에 왕자 호동(好童)이 옥저(沃沮)에서 놀고 있었는데 낙랑왕
(樂浪王) 최리(崔理)가 나와 지나다가 그를 보게 되었다. 최리는 묻기를
"그대 얼굴 빛을 보니 보통 사람이 아니다. 어찌 북국(北國) 신왕(神王)
의 아들이 아니겠는가" 하고, 드디어 함께 돌아가 자기 딸을 아내로 삼
아주었다. 그 뒤 호동은 본국에 돌아와서 몰래 사람을 보내 최씨의 딸
에게 알리기를 "네가 너희 나라 무기고에 들어가 북과 나팔을 찢고 부
술 수 있다면 내가 예를 갖추어 맞아들일 것이요, 그러지 못한다면 맞
이하지 않겠다"라고 하였다. 이전부터 낙랑에는 북과 뿔피리가 있었는
데, 만약 적병이 오게 되면 저절로 울렸기 때문에 그것을 부수게 한 것
이다. 이에 최씨의 딸은 날카로운 칼을 가지고 몰래 무기고 안에 들어가
북의 가죽과 뿔피리의 입을 베어버리고 호동에게 알렸다. 호동은 왕에
게 권해 낙랑을 습격하였다. 최리는 북과 뿔피리가 울리지 않았기 때문
에 대비하지 않다가 우리 군사가 성 아래까지 덮쳐온 다음에야 북과 뿔
피리가 모두 부서진 것을 알고, 마침내 자기 딸을 죽이고 나와 항복하였
다[혹은 "낙랑을 멸망시키기 위해 청혼해서 그 딸을 데려다 아들의 아
내로 삼은 다음에 그녀를 본국에 돌려보내 그 병기를 부수게 했다"라고
한다].

　겨울 11월에 왕자 호동이 자살하였다. 호동은 왕의 둘째 비인 갈사왕
(曷思王) 손녀의 소생이다. 얼굴 모양이 아름답고 고와서 왕이 매우 사랑
했기 때문에 이름을 호동이라 하였다. 첫째 왕비는 호동이 적통(嫡統)을
빼앗아 태자가 될까 염려하더니, 그만 왕에게 참소하기를 "호동이 저에
게 예의를 갖추어 대하지 않고 자못 음행하려 하는 듯합니다"라고 하였
다. 왕은 "당신은 호동이 다른 사람 소생이라 하여 미워하는가"라고 하
였다. 왕비는 왕이 자기 말을 믿지 않는 것을 알고, 장차 화가 미쳐올까

두려워 곧 눈물을 흘리며 울면서 말하기를 "청컨대 대왕께서는 몰래 지켜보소서. 만약 그와 같은 일이 없다면 저 자신이 그 죄에 대한 처벌을 받겠습니다"라고 하였다. 이렇게 되자 대왕이 의심하지 않을 수가 없어 장차 호동에게 죄주려 하였다. 어떤 이가 호동에게 "그대는 왜 스스로 해명하지 않는가"라고 물었다. 호동은 대답하기를 "내가 만약 해명한다면 이는 어머니의 죄악을 드러내는 것이요, 왕께 근심을 끼치는 것이니 효도라고 할 수 있겠는가" 하고, 곧 칼에 엎어져 죽었다.

편찬자는 논평하여 말한다. 지금 왕이 참소하는 말을 믿고 사랑하는 아들을 무고하게 죽였으니 그 어질지 못함은 족히 말할 것도 없지만, 호동에게도 죄가 없는 것은 아니다. 왜냐하면 아들이 아비에게 꾸지람을 받을 경우에는 마땅히 순임금이 고수(瞽瞍)에게 했던 것과 같이, 작은 매는 맞고 큰 매에는 달아나 아비가 불의에 빠지지 않도록 해야 하는 것이다.[3] 그런데 호동은 이렇게 할 줄을 모르고 죽을 일이 아닌 일에 죽었으니, 이는 사소한 의리에 집착한 나머지 대의(大義)에 어두웠다고 하겠으며, 그것은 공자(公子) 신생(申生)의 죽음[4]에나 비유할 만

---

3) 『효경』 간쟁(諫諍)편에 "아비에게 간쟁하는 아들이 있으면 불의에 빠지지 않게 된다. 그러므로 아비가 의롭지 못한 일을 당하면 아들은 아비에게 간쟁하지 않으면 안 되고, 신하는 임금에게 간쟁하지 않으면 안 되는 것이다"라고 하였다. 고수는 순임금의 아버지인데 매우 우매하여 육체의 눈은 있으나 선악을 분별하는 마음의 눈은 어두우므로 당시 사람들이 소경과 같다 하여 고수라고 하였다. 『논형』(論衡) 길험(吉驗)편과 『사기』 오제본기에 따르면 고수는 순이 요임금을 만나기 전에 순의 아우 상(象)과 함께 순을 죽이고자 갖은 모해를 가했으나, 순은 요임금의 선양으로 제위에 오른 뒤 고수를 극진히 대우하고 상 역시 제후로 봉하였다.

4) 진 헌공(獻公)은 제강(齊姜)에게서 태자 신생을 낳고, 융(戎)의 두 여인에게서 중이(重耳)와 이오(夷吾)를 낳았다. 그 후 여융(驪戎)을 쳐서 여희(驪姬)를 맞이해 해제(奚齊)를 낳았는데, 여희는 헌공의 총애를 믿고 해제를 후계자로 세우려 하였다. 이에 여희는 신생이 헌공을 독살하려 한 것처럼 일을 꾸며 헌공으로 하여금 신생을 죽이도록 하였다. 이때 어떤 이가 신생에게 권하기를 사실대로 자초지종을 말해 헌공이 분별하도록 하라고 했으나, 신생은 "임금께서는 여희가 없으면 기거함에 편안하지 못하고, 음식을 먹어도 배가 부르지 않으신데, 내가 사실을 말한다면 반드

하다.

12월에 왕자 해우(解憂)를 태자로 삼았다. 사신을 한에 보내 조공하였다. 광무제(光武帝)가 '왕'의 칭호를 회복해 주었으니, 이때가 건무(建武) 8년(32)이었다.

20년에 왕이 낙랑을 습격해 멸망시켰다.

24년 봄 3월에 수도에 우박이 내렸다. 가을 7월에 서리가 내려 곡식을 해쳤다. 8월에 매화가 피었다.

27년 가을 9월에 한의 광무제가 군사를 보내 바다를 건너와 낙랑을 치고 그 땅을 빼앗아 군현을 만드니, 살수(薩水) 이남이 한에 속하게 되었다.

겨울 10월에 왕이 죽으니 대수촌원(大獸村原)에 장사 지내고, 왕호를 대무신왕이라 하였다.

민중왕(閔中王)은 이름이 해색주(解色朱)이고 대무신왕의 아우이다. 대무신왕이 죽었을 때 태자의 나이가 어려 정무를 수행할 수 없었다. 이에 나라 사람들이 그를 추대해 왕으로 세웠다.

겨울 11월에 죄수를 크게 사면하였다.

2년(45) 봄 3월에 여러 신하에게 잔치를 베풀었다. 여름 5월에 나라 동쪽 지방에 홍수가 나서 백성들이 굶주리므로 창고를 열어 구휼해주었다.

3년 가을 7월에 왕이 동쪽으로 사냥을 나가 흰 노루를 잡았다. 겨울 11

시 여희에게 죄가 돌아갈 것이요, 임금께서 이제 나이가 많으신 터에 나 또한 그렇게는 하고 싶지 않다"라고 하였다. 이에 다시 다른 나라로 도망갈 것을 권하자, 신생은 "임금께서 실제 그 죄가 누구에게 있는가를 살피지 않고 계시는 터에, 이와 같은 누명을 쓰고 달아난다면 그 누가 나를 받아주겠는가"라고 하였다. 그러고는 생모인 제강의 사당이 있는 신성(新城)에서 목을 매 자결하였다. 『좌전』 장공(莊公) 28년조 및 희공(僖公) 4년조.

월에 혜성이 남방에 나타났다가 20일 만에 없어졌다. 12월에 수도에 눈이 오지 않았다.

4년 여름 4월에 왕이 민중원(閔中原)에서 사냥하였다. 가을 7월에 또 그곳에서 사냥하다가 석굴을 발견하자 좌우의 신하들을 돌아보고 말하기를 "내가 죽으면 반드시 이곳에 장사 지낼 일이요, 모름지기 새로 능묘를 만들지 말라"라고 하였다. 9월에 동해(東海) 사람 고주리(高朱利)가 고래 눈을 바쳤는데 밤에 광채가 났다.

겨울 10월에 잠우락부(蠶友落部)의 대가(大家) 대승(戴升) 등 1만여 가(家)가 낙랑으로 가서 한에 투항하였다[『후한서』에는 '대가(大加) 대승 등 1만여 구(口)'라고 하였다].5)

5년에 왕이 죽었다. 왕후와 여러 신하는 왕의 유언을 어기기가 어려워 곧 석굴에 장사 지내고, 왕호를 민중왕이라 하였다.

모본왕(慕本王)은 이름이 해우(解憂)[해애루(解愛婁)라고도 한다]이고, 대무신왕의 맏아들이다. 민중왕이 죽자 그를 이어 왕위에 올랐다. 사람됨이 횡포하고 어질지 못해 나랏일을 돌보지 않으니 백성들이 원망하였다.

원년(48) 가을 8월에 홍수가 나서 산이 20여 군데나 무너졌다. 겨울 10월에 왕자 익(翊)을 왕태자로 삼았다.

2년 봄에 왕이 장수를 보내 한의 북평(北平)·어양(漁陽)·상곡(上谷)·태원(太原)을 습격하게 했으나, 요동태수 채동(蔡肜)6)이 은혜와 신의로 대하므로 그만 다시 화친하였다. 3월에 폭풍이 불어 나무가 뽑혔다. 여

---

5) 『후한서』 85 동이열전 구려(句驪) 건무(建武) 23년조에 있는 내용이다. 그런데 이 분주의 대상이 된 본문과 비교하면 '대가'(大家)와 '대가'(大加), '만여가'(萬餘家)와 '만여구'(萬餘口)의 차이가 있다. 만약 본문의 서술이 『후한서』를 잘못 인용한 것이라면, 역시 동일한 『후한서』를 근거로 본문과의 상이를 지적한 분주 찬자는 본문의 찬자와 동일인이 아닐 가능성이 있다. 그 경우 이 분주는 본문 서술이 완료된 이후 누군가에 의해 작성된 것이므로 이른바 '후주'(後註)라고 할 수 있다.
6) 『후한서』 20 제융전(祭肜傳) 및 같은 책 85 고구려전에는 '제융'이라고 하였다.

름 4월에 서리와 우박이 내렸다. 가을 8월에 사신을 보내 나라 안의 굶주린 백성들을 구휼하였다.

4년에 왕이 날이 갈수록 더욱 포학해져 앉을 때는 늘 사람을 깔고 앉고, 누울 때는 사람을 베고 누웠다. 만일 사람이 움직이면 가차없이 죽여버렸으며, 신하 가운데 왕에게 간하는 이가 있으면 활을 당겨 그 사람을 쏘아버렸다.

6년 겨울 11월에 두로(杜魯)가 임금을 시해하였다. 두로는 모본(慕本) 사람인데 왕을 측근에서 모시다가 자기가 죽음을 당할까 염려해 소리내 우니, 어떤 이가 말하기를 "대장부가 어찌하여 우는가? 옛사람의 말에 '나를 어루만져주면 임금이요 나를 학대하면 원수로다!'[7]라고 했거니와, 지금 왕은 포악한 짓을 하여 사람들을 죽이니 백성의 원수인지라, 그대가 먼저 계책을 세우라"라고 하였다. 두로가 칼을 품고 왕 앞에 나가니 왕이 그를 이끌어 깔고 앉았다. 이때 두로가 칼을 빼 왕을 해쳤다. 드디어 모본원(慕本原)에 장사 지내고, 왕호를 모본왕이라 하였다.

• 삼국사기 권 제14

---

7) 『서경』 태서(泰誓) 하편은 주 무왕이 은 주왕(紂王)과 결전하기에 앞서 군사들에게 내린 훈시이거니와, 그 가운데서 인용한 대목이다.

삼국사기 권 제15

고구려본기 제3
태조대왕, 차대왕

태조대왕(太祖大王)〔혹은 국조왕(國祖王)이라고 한다〕은 이름이 궁 (宮)이고 어릴 때 이름은 어수(於漱)이다. 유리왕의 아들 고추가(古鄒 加)[1] 재사(再思)의 아들이다. 어머니 태후는 부여 사람이다. 모본왕이 죽 고 태자가 어질지 못해 사직을 맡기에 부족하므로, 나라 사람들이 궁을 맞이해 모본왕을 잇게 하여 왕으로 세웠다. 왕은 나면서부터 눈을 뜨고 볼 수 있었으며 어려서도 숙성하였다. 나이 7세였기 때문에 태후가 발을 드리우고 정사를 처리하였다.

3년(55) 봄 2월에 요서(遼西)에 열 개의 성을 쌓아 한의 군사를 방비하 였다. 가을 8월에 나라의 남쪽 지방에서 누리가 곡식을 해쳤다.

4년 가을 7월에 동옥저(東沃沮)를 정벌해 그 땅을 빼앗아 성읍을 만들 고, 국경을 개척해 동쪽으로는 푸른 바다에 이르고 남쪽으로는 살수(薩 水)까지 이르렀다.

---

1) 『삼국지』 고구려전에 따르면 고추가는 고구려 왕실의 대가(大加)나 전 왕족인 연노 부(涓奴部) 및 대대로 왕비를 배출한 절노부(絶奴部)의 적통대인(適統大人)을 일컬 었던 칭호라고 하였다.

7년 여름 4월에 왕이 고안연(孤岸淵)에 가서 물고기를 구경하고, 붉은 날개의 흰 물고기를 낚았다. 가을 7월에 수도에 홍수가 나서 주민들의 가옥이 물에 잠기고 떠내려갔다.

10년 가을 8월에 동쪽으로 사냥을 나가 흰 사슴을 잡았다. 나라 남쪽 지방에서 누리가 곡식을 해쳤다.

16년 가을 8월에 갈사왕의 손자 도두(都頭)가 나라를 들어 항복해왔다. 도두를 우태(于台)로 삼았다. 겨울 10월에 우레가 쳤다.

20년 봄 2월에 관나부(貫那部) 패자(沛者) 달가(達賈)를 보내 조나(藻那)를 쳐서 그 왕을 사로잡았다. 여름 4월에 수도가 가물었다.

22년 겨울 10월에 왕이 환나부(桓那部) 패자 설유(薛儒)를 보내 주나(朱那)를 쳐서 그 나라 왕자 을음(乙音)을 사로잡아 고추가로 삼았다.

25년 겨울 10월에 부여의 사신이 와서 뿔이 세 개 달린 사슴과 꼬리가 긴 토끼를 바쳤다. 왕이 상서로운 동물이라 하여 죄수를 크게 사면하였다. 11월에 수도에 눈이 3척이나 내렸다.

46년 봄 3월에 왕이 동쪽 책성(柵城)으로 순행하다가 책성의 서쪽 계산(罽山)에 이르러 흰 사슴을 잡았다. 책성에 도착해 여러 신하와 잔치를 베풀어 술을 마시고 책성의 관리들에게 물품을 차등있게 내려준 다음, 다시 그 산의 바위에 공적을 기록해 기념하고 돌아왔다. 겨울 10월에 왕이 책성에서 돌아왔다.

50년 가을 8월에 사신을 보내 책성의 백성들을 편안하게 위무하였다.

53년 봄 정월에 부여의 사신이 와서 호랑이를 바쳤는데, 몸 길이가 1장 2척이고 털 빛깔은 매우 밝았지만 꼬리가 없었다. 왕이 장수를 한의 요동에 들여보내 여섯 현을 약탈하게 했는데, 태수 경기(耿夔)가 군사를 출동해 이를 막으니 왕의 군사가 크게 패하였다. 가을 9월에 경기가 맥인(貊人)을 쳐부수었다.

55년 가을 9월에 왕이 질산(質山) 남쪽에서 사냥을 하여 자줏빛 노루를 잡았다. 겨울 10월에 동해곡(東海谷)의 수령이 붉은 표범을 바쳤는데 꼬리 길이가 9척이었다.

56년 봄에 크게 가물더니, 여름이 되자 땅이 붉게 갈라져 거둘 작물이 없고 백성들이 굶주리므로, 왕이 사신을 보내 구휼하였다.

57년 봄 정월에 사신을 한에 보내 안제(安帝)의 성년 관례(冠禮)²⁾를 축하하였다.

59년에 한에 사신을 보내 방물을 바치고 현도군에 붙여줄 것을 요구하였다〔『통감』에는 "이해 3월에 고구려 왕 궁이 예맥(穢貊)과 함께 현도를 침구하였다"라고 했으니, 혹은 붙여줄 것을 요구하고, 혹은 침구했던 것인지도 모르겠다. 그렇지 않다면 한쪽이 잘못인 듯하다〕.

62년 봄 3월에 일식이 있었다. 가을 8월에 왕이 남쪽 바다 지역을 순행하였다. 겨울 10월에 왕이 남쪽 바다에서 돌아왔다.

64년 봄 3월에 일식이 있었다. 겨울 12월에 눈이 5척이나 내렸다.

66년 봄 2월에 지진이 있었다. 여름 6월에 왕이 예맥과 함께 한의 현도군을 기습해 화려성(華麗城)을 공격하였다. 가을 7월에 누리가 생기고 우박이 곡식을 해쳤다. 8월에 관련 부서에 명해 어질고 선량하며 효성스럽고 온순한 이들을 천거하게 하고 홀아비, 과부, 고아, 자식 없는 늙은 이 및 늙어 스스로 살아갈 수 없는 이들을 찾아 물어 옷가지와 먹을 것을 지급하도록 하였다.

69년 봄에 한의 유주자사(幽州刺史) 풍환(馮煥), 현도태수 요광(姚光), 요동태수 채풍(蔡諷) 등이 군사를 거느리고 침입해 와서 예맥의 우두머리를 쳐죽이고 무기와 말과 재물을 모조리 약탈하였다. 왕이 곧 아우 수성(遂成)을 보내 군사 2천여 명을 거느리고 풍환·요광 등을 막게 하였다. 수성이 사람을 보내 거짓으로 항복하자, 풍환 등이 이를 믿었다. 수성은 이 틈에 험한 곳에 웅거해 적의 대군을 막고, 은밀하게 3천 명을 보내 현도와 요동 두 군을 쳐서 그 성곽들을 불사르고 2천여 명을 죽이고

---

2) 원문에는 '가원복'(加元服)이라고 하였다. 원복은 남자가 성년, 즉 20세가 되어 처음으로 성인의 의관을 착용하는 의식인바, '원'은 머리를 뜻하고 '복'은 착용한다는 의미이다. 그러므로 머리에 관을 쓰는 관례라고 하며, 이를 원복의 예라고도 한다.

사로잡았다.

여름 4월에 왕이 선비 8천 명과 함께 가서 요대현(遼隊縣)을 공격하였다. 요동태수 채풍은 군사를 거느리고 신창(新昌)으로 나와 싸우다가 죽었다. 공조연(功曹掾) 용단(龍端)과 병마연(兵馬掾) 공손포(公孫酺)가 몸으로 채풍을 호위하다 함께 진중에서 죽었다. 죽은 이가 1백여 명이었다.

겨울 10월에 왕이 부여에 행차하여 태후의 사당에 제사를 지내고, 백성 가운데 곤궁한 이를 살펴 위문하고 물건을 차등있게 내려주었다. 숙신(肅愼)³⁾의 사신이 와서 자줏빛 여우 가죽 옷 및 흰 매와 흰말을 바쳤다. 왕이 잔치를 베풀어 그들을 위로해서 보냈다. 11월에 왕이 부여에서 돌아왔다. 왕이 수성에게 군사와 국정에 관한 일을 통괄하게 하였다.

12월에 왕이 마한과 예맥의 1만여 기병을 거느리고 진격해 현도성을 에워쌌다. 부여 왕이 아들 위구태(尉仇台)를 보내 군사 2만 명을 이끌고 한의 군사와 함께 힘을 합해 막아 싸우게 하니, 우리 군사가 크게 패하였다.

70년에 왕이 마한·예맥과 함께 요동을 침공하자, 부여 왕이 군사를 보내 구원하고 우리를 격파하였다〔마한은 백제 온조왕 27년(9)에 멸망했는데, 지금 고구려 왕과 함께 군사 행동을 하고 있으니 아마 멸망했다가 다시 일어난 것인가 한다〕.⁴⁾

71년 겨울 10월에 패자(沛者) 목도루(穆度婁)를 좌보(左輔)로 삼고 고복장(高福章)을 우보(右輔)로 삼아 수성과 함께 정사에 참여하게 하였다.

72년 가을 9월 그믐 경신에 일식이 있었다. 겨울 10월에 사신을 한에

---

3) 숙신은 춘추전국시대 중국 동북방 이적(夷狄)의 나라를 이르는데, 식신(息愼)·직신(稷愼)이라고도 하며, 한대 이후에는 읍루(挹婁)로 불렸다.
4) 이 분주는 본서 백제본기의 기사를 염두에 둔 것이다. 한편 전년조와 여기 보이는 마한 관련 기사는 『후한서』 5 효안제기(孝安帝紀) 건광(建光) 원년(121)과 연광(延光) 원년(122)조를 전재한 것이다.

들여보내 조공하였다. 11월에 수도에 지진이 있었다.

80년 가을 7월에 수성이 왜산(倭山)에서 사냥하고 측근들과 잔치를 열었다. 이때 관나(貫那)의 우태(于台) 미유(彌儒), 환나(桓那)의 우태 어지류(棼支留), 비류나(沸流那)의 조의(皀衣) 양신(陽神) 등이 은밀히 수성에게 이르기를 "처음 모본왕이 죽었을 때 태자가 어질지 못해 여러 신료들이 왕자 재사(再思)를 세우고자 했는데, 재사께서 스스로 늙었다 하여 아들에게 양보했던 것은 형이 늙었을 경우 아우에게 양위하게 하고자 함이었습니다. 그런데 지금 왕은 이미 연로한데도 양위할 뜻이 없으니 생각건대 당신은 그 점을 헤아려야 할 것입니다"라고 하였다. 수성이 말하기를 "왕위를 이어 계승함에 반드시 맏아들로 하는 것은 천하의 떳떳한 도리이다. 왕이 이제 비록 늙었으나 그에게 적자가 있는데, 어찌 감히 분수에 넘치는 일을 넘보겠는가"라고 하였다. 미유가 말하기를 "아우가 어진 경우에 형의 뒤를 잇는 것은 옛날에도 역시 있었던 일이니, 당신은 의심하지 마십시오"라고 하였다. 이에 좌보인 패자 목도루는 수성에게 딴마음이 있는 것을 알고, 병을 핑계로 벼슬하지 않았다.

86년 봄 3월에 수성이 질양(質陽)에서 사냥을 했는데, 7일이 되어도 돌아오지 않고 유희와 환락에 절도가 없었다. 가을 7월에 또 기구(箕丘)에서 사냥하여 5일이 지나서야 돌아왔다. 그 아우 백고(伯固)가 충고해 말하기를 "재앙과 복락은 따로 문이 있는 것이 아니라 오직 사람이 그것을 불러들이는 것입니다. 지금 당신이 왕의 아우라는 근친으로서 백관의 우두머리가 되었으니, 그 지위가 이미 더할 바 없으며 그 공적 역시 장대합니다. 이제 마땅히 충성과 의리로 마음을 보존하고 예의와 겸양으로 자기의 사욕을 눌러 이겨서, 위로는 왕의 덕을 따르고 아래로는 백성의 마음을 얻어야 합니다. 그런 다음에라야 부귀가 몸에서 떠나지 않고 재앙과 환란이 일어나지 않을 것입니다. 그런데 지금 이러한 일들을 하지 못할 뿐더러 향락에 탐닉하여 걱정을 잊고 있으니, 당신을 위해 이를 위태롭게 여기는 바입니다"라고 하였다. 수성이 대답하기를 "무릇 사람의 성정에 누가 부귀와 환락을 바라지 않으랴마는 이를 얻는 이는 만에 하나도 없을 것이다. 지금 내가 즐길 만한 형세에 있으면서도 내 뜻을 마음대로 하지 못한다면 장차 무엇을 하겠느냐"하고 끝내 듣지 않았다.

90년 가을 9월에 환도(丸都)에 지진이 있었다. 왕이 밤에 꿈을 꾸었는데, 표범이 호랑이 꼬리를 물어 끊는 것이었다. 깨어서 그 길흉을 물었더니 어떤 이가 말하기를 "호랑이란 백수의 어른이요 표범은 호랑이와 같은 부류이면서 작은 것이니, 생각하옵건대 왕족 가운데 혹시 대왕의 뒤를 끊으려고 획책하는 이가 있는가 합니다"라고 하였다. 왕이 불쾌하게 여기고 우보 고복장에게 이르기를 "내가 어젯밤 꿈에 본 것에 대해 점치는 이의 말이 이와 같으니 어떻게 해야겠는가"라고 하였다. 고복장이 대답하기를 "착하지 못한 일을 하면 길한 것도 변해 흉한 것이 되고, 착한 일을 하면 재앙이 도리어 복락이 되는 것입니다. 지금 대왕께서는 나라를 집안처럼 걱정하시고 백성을 자식처럼 사랑하시니 비록 사소한 이변이 있다 한들 무슨 근심할 게 있겠습니까"라고 하였다.

94년 가을 7월에 수성이 왜산(倭山) 아래에서 사냥하다가 측근들에게 이르기를 "대왕이 연로한데도 죽지 않고 내 나이도 금방 늙게 되니 기다릴 수가 없다. 오로지 그대들에게 바라노니 나를 위해 대책을 꾀하라"라고 하였다. 좌우에서 모두 말하기를 "삼가 명령을 따르겠나이다"라고 하였다. 이때 한 사람이 홀로 나와 말하기를 "아까 왕자께서 상서롭지 못한 말씀을 하셨는데, 주위 사람들이 바른 말로 말리지 못하고 모두 말하기를 '삼가 명령을 따르겠나이다'라고 하는 것은 간사하고 아첨을 하는 것이라고 하겠습니다. 저는 바른 말을 하고자 하거니와 존귀하신 뜻이 어떠할지 모르겠습니다"라고 하였다. 수성이 말하기를 "그대가 바른 말을 할 수 있다면 나의 나쁜 점을 고쳐주는 약이나 침과 같은 것일 터인데 무슨 의혹이 있겠는가"라고 하였다. 그 사람이 대답하기를 "지금 대왕께서 현명하시므로 안팎에 다른 마음을 가지는 이가 없거늘, 당신께서 비록 공적이 있다고는 하나 휘하에 간사하고 아첨하는 사람들을 거느리고 밝으신 임금을 폐위하려 도모하니, 이것이 한 오라기 실로 만 균(鈞)5)의 무게를 매달아 거꾸로 끌려 하는 것과 무엇이 다르겠습니까? 비록 아무리 어리석은 이라 해도 그것이 불가한 일이라는 것을 알 것입니다. 만약 왕자께서 계획을 바꾸고 생각을 고쳐서 효성과 순종으로 임금을 섬긴다면, 곧 대왕께서 왕자의 착함을 깊이 아시어 반드시 양위할 마음을 가지실 것이요, 그렇지 않으면 재앙이 닥칠 것입니다"라고 하였다. 수성이 듣고 불쾌하게 여겼다. 좌우에서는 그의 정직함을 시기해 수성에게 참소하기를 "왕자께서는 대왕께서 연로하시어 나라의 운명이 위태로울까 염려하시고 뒷일을 강구하시고자 함인데 이 사람의 망령된 말이 이와 같으니, 저희들 생각으로는 말이 새나가서 후환을 초래할까 두렵습니다. 죽여서 입을 막는 것이 좋겠습니다"라고 하였다. 수성이 그 말을 따랐다.

가을 8월에 왕이 장수를 보내 한의 요동군 서안평현(西安平縣)을 쳐서 대방령(帶方令)을 죽이고 낙랑태수의 처자를 잡아왔다.

겨울 10월에 우보 고복장이 왕에게 말하기를 "수성이 장차 배반하려 하니 청컨대 먼저 그를 처치하소서"라고 하였다. 왕이 말하기를 "나는 이미 늙었고 수성은 나라에 공로가 있으니 내가 장차 그에게 왕위를 전해주려 한다. 그대는 번거롭게 염려하지 말라"라고 하였다. 복장이 말하기를 "수성은 사람됨이 잔인하고 어질지 못해 오늘 대왕의 선위를 받는다면, 곧 내일 대왕의 자손을 해칠 것입니다. 대왕께서는 단지 어질지 못한 아우에게 은혜를 베푸실 것만 아시고 무고한 자손에게 환란을 끼치시는 것은 아시지 못하옵니다. 원컨대 대왕께서는 깊이 헤아리소서"라고 하였다.

12월에 왕이 수성에게 이르기를 "나는 이미 늙어서 온갖 정사가 권태롭기만 하다. 하늘이 정해둔 운명이 너에게 있는데다, 하물며 너는 안으로 국정에 참여했고 밖으로 군사 관련 일을 총괄해 오랫동안 사직에 공로가 있었으며 신하와 백성들의 여망에 훌륭히 부응했으니, 내가 나라

---

5) 1균은 30근(斤)이다.

를 부탁할 바 그 적임자를 얻었다고 할 만하도다. 일어나 왕위에 올라 길이 아름다움을 누릴지어다"라고 하였다. 이윽고 왕위를 내주고 별궁으로 물러나 앉으니, 태조대왕이라고 일컬었다[『후한서』에는 "안제(安帝) 건광(建光) 원년(121)에 고구려 왕 궁이 죽고 그의 아들 수성이 왕위에 올랐다. 현도태수 요광(姚光)이 건의하여 고구려의 국상을 틈타 군사를 발동해 치고 싶다 하자 의논하는 이들이 모두 수긍했으나, 상서(尙書) 진충(陳忠)이 말하기를 '궁이 전날 교활하여 요광이 치지 못했거니와 이제 그가 죽자 치자고 하는 것은 의롭지 않으니, 마땅히 사람을 보내 조문하고 그 계제에 지난 죄과를 나무라되 용서해 처벌하지는 마시어 그들이 허물을 고치고 착해지도록 하소서' 하매, 안제가 이 말을 따랐다. 이듬해에 수성이 한나라의 포로들을 돌려보냈다"라고 하였다. 그러나 『해동고기』(海東古記)를 살펴보면 "고구려 국조왕(國祖王) 고궁(高宮)은 후한 건무(建武) 29년 계사[6]에 왕위에 오르니 이때 나이가 7세라 국모(國母)가 섭정을 하였고, 효환제(孝桓帝) 본초(本初) 원년 병술(146)에 왕위를 친동생 수성에게 양위하니 이때 궁의 나이는 1백 세로 왕위에 있은 지 94년째였다"라고 한다. 그렇다면 건광 원년은 궁이 왕위에 있은 지 69년째가 되므로, 『한서』에 기록된 바와 『고기』가 어긋나 서로 부합하지 않으니, 아마 『한서』의 기록이 잘못인 듯하다].[7]

차대왕(次大王)은 이름이 수성(遂成)이고 태조대왕의 친동생이다. 용맹하고 건장하여 위엄이 있었지만 인자함은 적었다. 태조대왕이 양위한 자리를 받아 왕위에 올랐으니, 이때 나이가 76세였다.

---

6) 후한 건무 29년은 계축년이므로, '계사'는 '계축'의 오기이다.
7) 이것은 『후한서』 85 동이열전 구려(句驪)조와 『해동고기』를 비교해 태조왕의 재위 기간 및 수명을 논의한 것이다. 『해동고기』는 본서 제사지에도 인용된 예가 있으며, 『삼한고기』(三韓古記)와 함께 '중국에 대한 우리나라'를 의미하는 '해동'이나 '삼한'을 관칭한 『고기』류의 하나이다. 본서 백제본기 동성왕 23년조 주석을 참조할 것.

2년(147) 봄 2월에 관나의 패자 미유(彌儒)를 좌보로 임명하였다.

3월에 우보 고복장을 죽였다. 복장이 죽는 자리에서 탄식해 말하기를 "애통하고 원통하도다! 내가 당시 선대 임금의 가까운 신하로서 어찌 반역하는 이를 보고 잠자코 말하지 않을 수 있었으랴. 선대 임금께서 내 말을 듣지 않아 이 지경에 이른 것이 한스럽도다. 지금 임금은 이제 막 왕위에 올랐으니 마땅히 정사와 교화를 새롭게 하여 백성에게 보여야 할 것이거늘, 의롭지 못하게도 한 충신을 죽이니, 내가 이 무도한 때에 사느니보다 차라리 얼른 죽는 것이 낫겠구나"라고 하였다. 곧이어 형장으로 가니 원근 사람들이 듣고서 분개하고 애석해하지 않는 이가 없었다.

가을 7월에 좌보 목도루가 병을 핑계로 은퇴하니 환나의 우태 어지류(菸支留)를 좌보로 삼고 작위를 더해주어 대주부(大主簿)로 하였으며, 겨울 10월에는 비류나의 양신(陽神)을 중외대부(中畏大夫)로 삼고 작위를 더해주어 우태로 하니, 모두 왕의 옛 친구들이었다. 11월에 지진이 있었다.

3년 여름 4월에 왕이 사람을 시켜 태조대왕의 맏아들 막근(莫勤)을 죽였다. 그 아우 막덕(莫德)은 앙화가 잇달아 미쳐올까 두려워 스스로 목을 맸다.

편찬자는 논평하여 말한다. 옛날 송(宋) 선공(宣公)은 그 아들 여이(與夷)를 세우지 않고 그 아우 목공(穆公)을 세워 조그만 일을 차마 하지 못한 탓에 나라의 대계를 그르치고 누세의 난을 불러들였다. 그러므로『춘추』에 "정도(正道)에 처함을 중히 여기라"라고 했던 것이다.[8] 지금 태

---

8) 춘추시대 송 선공(宣公)은 자신의 태자 여이(與夷)를 제쳐놓고 아우 화(和)를 세웠으니, 이가 목공(穆公)이다. 화 역시 임종 때 아들 풍(馮)을 정(鄭)나라로 내치고 여이를 세워 상공(殤公)이 되게 했으니, 이로써 선공의 은의에 보답하였다. 이후 여이의 풍에 대한 의구심을 조장하는 제후 간의 전란이 끊이지 않았다. 결국 송에서는 화독(華督)의 내란이 일어나 충신 대사마(大司馬) 공보(孔父)를 살해한 데 이어 여이를 시해하고 풍을 맞아들이게 되었으니, 이가 장공(莊公)이다. 이렇게 되고 보니 선공의 행위는 끝내 누세의 전란과 무고한 아들의 희생을 자초한 것이 되고 말았

조왕이 대의를 알지 못하고 가벼이 왕위를 어질지 못한 아우에게 주어 그 앙화가 한 충신과 사랑하는 두 아들에까지 미쳤으니 탄식하지 않겠는가.

가을 7월에 왕이 평유원(平儒原)에서 사냥하는데, 흰 여우가 따라오면서 울었다. 왕이 활을 쏘았으나 맞지 않았다. 사무(師巫)⁹⁾에게 물었더니 대답하기를 "여우라는 것은 요사스러운 짐승이라 상서로운 조짐이 아닌데, 더군다나 그 빛깔이 희니 더욱 괴이합니다. 그러나 이는 하늘이 말을 거듭해 알려줄 수 없는지라 요사스럽고 괴이한 것을 보여주어 임금으로 하여금 두려워하고 반성해서 스스로 새로워지도록 하려는 것이니, 임금께서 만약 덕성을 닦는다면 곧 화가 복이 될 수 있을 것입니다"라고 하였다. 왕이 말하기를 "흉하면 흉하다고 할 것이고, 길하면 길하다고 할 것이지, 언제는 요사스러운 것이라 하더니 또 그것이 복이 되리라 하니, 어찌하여 그리 말을 꾸며대느냐" 하고, 드디어 그를 죽여버렸다.

4년 여름 4월 그믐 정묘에 일식이 있었다. 5월에 5성(五星)¹⁰⁾이 동방에 모였다. 일자(日者)¹¹⁾는 왕이 노할까 두려워 거짓으로 꾸며대 말하기를 "이는 임금의 은덕이요 나라의 복락입니다"라고 했더니 왕이 기뻐하였다. 겨울 12월에 물이 얼지 않았다.

다. 그러므로 『춘추』에서는 이를 평해 "군자는 정도에 처함을 중히 여기는 것이거늘, 송의 화란은 선공의 탓이다"라고 하였다. 『사기』 38 송미자세가(宋微子世家) 및 『공양전』(公羊傳) 은공(隱公) 3년조.

9) 사무는 '샤먼'(shaman)의 음사(音寫)로 판단한다.

10) 5성(五星)은 오행에 상응하는 별들로서 진성(辰星) 즉 수성(水星), 형혹성(熒惑星) 즉 화성(火星), 태백성(太白星) 즉 금성(金星), 세성(歲星) 즉 목성(木星), 진성(鎭星) 즉 토성(土星)을 말한다. 『한서』 26 천문지에 따르면 5성이 동방에 모이면 중국이 크게 이롭고, 서방에 모이면 이적(夷狄)의 용병자(用兵者)가 이롭게 된다고 한다.

11) 일자는 본래 일시의 길흉을 가려서 점을 치는 사람을 말하는데, 『사기』 127 일자열전(日者列傳)의 사례들과 같이 일반적으로는 널리 점후(占候)·복서(卜筮)를 담당한 사람을 가리킨다. 일관(日官)과 같이 쓰인다.

8년 여름 6월에 서리가 내렸다. 겨울 12월에 우레와 지진이 있었다. 그믐에 객성(客星)이 달을 침범하였다.

13년 봄 2월에 혜성이 북두성(北斗星) 자리에 나타났다. 여름 5월 그믐 갑술에 일식이 있었다.

20년 봄 정월 그믐에 일식이 있었다. 3월에 태조대왕이 별궁에서 죽으니 나이가 1백19세였다.

겨울 10월에 연나(椽那)의 조의 명림답부(明臨荅夫)가 백성들이 참을 수 없는 지경인지라 왕을 시해하였다. 왕호를 차대왕이라 하였다.

• 삼국사기 권 제15

삼국사기 권 제16

고구려본기 제4
신대왕, 고국천왕, 산상왕

신대왕(新大王)은 이름이 백고(伯固)[‘고’(固)는 ‘구’(句)로도 쓴다]이고 태조대왕의 막내 아우이다. 생김새가 영특하고 성품이 인자하며 너그러웠다.

처음에 차대왕이 무도하여 신하와 백성들이 친근히 붙지 않자 화란이 생겨 자기에게까지 화가 미칠까 두려워 마침내 산골짜기로 도망해 숨었는데, 차대왕이 시해되자 좌보 어지류(菸支留)가 여러 공(公)과 의논해 사람을 보내 맞아들였다. 그가 이르자 어지류가 무릎을 꿇고 국새(國璽)를 바치며 말하기를 “선대 임금께서 불행히 세상을 뜨시고 비록 아들이 있지만 나라를 맡을 수 없으며, 뭇 사람의 마음이 어진 이에게 돌아가는지라, 삼가 절을 드리고 머리를 조아려 청하오니 존귀한 자리에 오르소서”라고 하였다. 이에 엎드려 세 번 사양한 뒤에 왕위에 오르니, 이때 나이가 77세였다.

2년(166) 봄 정월에 왕이 명령을 내려 말하기를 “과인이 외람되게도 왕의 근친으로 태어났으나 본래 임금의 덕이 없도다. 지난날 형제 사이에 정권을 맡긴 것은 자못 자손에게 전해주는 모범에 어긋나는 것이었다. 나는 해를 입을까 두려웠고 편안하기 어려워 여러분을 떠나 멀리 은

둔했던 것인데, 흉보를 듣게 되자 오직 말할 수 없이 슬프고 마음이 꺾였을 뿐, 어찌 백성들이 즐거이 추대하고 여러 공(公)이 왕위에 나아갈 것을 권하리라고 생각했겠는가? 그릇되이 보잘것없는 몸이 숭고한 자리에 있게 되니, 감히 편안할 겨를이 없어 깊은 바다를 건너는 것 같도다. 마땅히 은덕을 밀어 먼데까지 미치게 하여 여러 사람과 더불어 자신을 새롭게 해야 할 것이니, 나라 안의 죄수를 크게 사면할 일이다"라고 하였다. 나라 사람들이 사면령을 듣고서 환호하고 손뼉치면서 기뻐하기를, "크구나, 신대왕의 은덕이여!"라고 하였다.

처음에 명림답부의 정변 때 차대왕의 태자 추안(鄒安)이 달아나 숨었는데, 새 왕의 사면령을 듣게 되자 곧 왕의 궁궐 문에 와서 고하기를 "지난번 나라에 재난이 있었을 때 저는 죽지도 못하고 산골짜기에 숨어 있다가 이제 새로운 정사를 듣고 감히 죄를 아뢰나이다. 만약 대왕께서 국법에 따라 죄를 결정하시고 저자에 내쳐 죽이시더라도 오직 명령을 따를 뿐이요, 혹시라도 죽음을 면해주시고 먼 곳으로 추방하신다면 죽은 몸을 살리시어 백골에 살을 붙여주시는 은혜일 것이오니, 이는 저의 욕심이옵고 감히 바랄 수야 없겠나이다"라고 하였다. 왕이 즉시 구산뢰(狗山瀨)와 누두곡(婁豆谷) 두 곳을 내려주고 아울러 그를 양국군(讓國君)으로 봉하였다. 답부를 국상(國相)으로 임명하고 작위를 더해 패자(沛者)로 삼아 중앙과 지방의 군사 관련 일을 맡아보게 했으며, 겸하여 양맥(梁貊)의 부락을 다스리게 하였다. 좌·우보(左右輔)를 고쳐 국상(國相)으로 한 것이 여기에서 비롯되었다.

3년 가을 9월에 왕이 졸본으로 가서 시조묘에 제사를 지냈다. 겨울 10월에 왕이 졸본에서 돌아왔다.

4년에 한의 현도군 태수 경림(耿臨)이 침입해 와서 우리 군사 수백 명을 죽였다. 왕이 스스로 항복하고 현도에 속할 것을 청하였다.

5년에 왕이 대가 우거(優居)와 주부 연인(然人) 등을 보내 군사를 거느리고 현도 태수 공손도(公孫度)[1]를 도와 부산(富山)의 적도들을 쳤다.

8년 겨울 11월에 한나라가 대군으로 우리나라를 향해 오니, 왕이 여러 신하에게 나가 싸우는 것과 지키는 것 가운데 어느 것이 편리할 것인지를 물었다. 여러 사람이 의논해 말하기를 "한의 군사들은 수가 많은 것을 믿고 우리를 가벼이 여기는데, 만약 우리가 나가 싸우지 않는다면 저들은 우리가 겁내고 있다고 생각하여 자주 침략해 올 것입니다. 게다가 우리나라는 산세가 험하고 길이 좁아서 이야말로 한 사람이 문을 지키면 만 명이 당할 수 없다는 형국입니다. 한의 군사가 비록 많다 하나 우리를 어찌할 수 없을 것이니, 청컨대 군사를 내보내 그들을 막으십시오"라고 하였다.

답부는 말하기를 "그렇지 않습니다. 한은 나라가 크고 백성이 많아 이제 강병으로 멀리서 쳐들어왔으니 그 서슬을 당할 수가 없습니다. 더군다나 군사가 많은 경우에는 나가 싸워야 하고, 군사가 적은 경우에는 지켜야 하는 것은 병법가(兵法家)의 원칙입니다. 지금 한나라 사람들은 천 리 길에 군량을 날라오니 오래 지탱할 수 없을 것입니다. 만약 우리가 도랑을 깊이 파고 보루를 높이 쌓으며 들의 곡식을 모두 비워놓고 기다린다면, 저들은 반드시 한 달을 넘기지 못해 굶주리고 피곤해서 돌아갈 것입니다. 이때 우리가 굳센 군사로 육박하면 뜻을 이룰 수 있을 것입니다"라고 하였다. 왕이 그의 말을 수긍하여 성문을 닫고 굳게 지켰다.

한나라 사람들은 공격해 보아도 이길 수 없고 사졸들이 굶주리자 군대를 이끌고 돌아갔다. 이때 답부가 수천 명의 기병을 거느리고 그들을 쫓아 좌원(坐原)에서 싸우니 한의 군사들은 크게 패해 말 한 필도 돌아가지 못하였다. 왕은 크게 기뻐하여 답부에게 좌원과 질산(質山)을 내려주어 식읍을 삼게 하였다.

12년 봄 정월에 여러 신하가 태자를 세울 것을 청하였다. 3월에 왕자

---

1) 공손도는 후한 말 양평(襄平) 사람으로 요동태수가 되어 고구려와 오환(烏丸)을 공략해 위세를 떨쳤다. 190년 중국 내부의 동란을 틈타 자립하여 요동후(遼東侯)·평주목(平州牧)을 일컬었다.

남무(男武)를 왕태자로 삼았다.

14년 겨울 10월 그믐 병자에 일식이 있었다.

15년 가을 9월에 국상 답부가 죽으니 나이가 1백13세였다. 왕이 몸소 가서 애통해 하고 7일 동안 조정 업무를 중지했으며, 예를 갖추어 질산에 장사 지내고, 묘를 지키는 데 충당할 20가(家)를 배치하였다.

겨울 12월에 왕이 죽자, 고국곡(故國谷)에 장사 지내고, 왕호를 신대왕이라 하였다.

고국천왕(故國川王)〔혹은 국양(國襄)이라고 한다〕은 이름이 남무(男武)〔혹은 이이모(伊夷謨)라고 한다〕이고 신대왕 백고(伯固)의 둘째 아들이다.

백고가 죽었을 때 나라 사람들이 맏아들 발기(拔奇)가 어질지 못하다 하여 이이모(伊夷謨)를 옹립해 왕으로 삼았다. 한 헌제(獻帝) 건안(建安) 초에 발기가 형인데도 왕위에 오르지 못한 것을 원망해 소노가(消奴加)와 함께 각각 하호(下戶) 3만여 명을 거느리고 공손강(公孫康)[2]에게 가서 항복했다가, 돌아와 비류수 가에서 살았다.[3]

왕은 키가 9척이나 되고 풍채가 우뚝 컸으며 힘은 솥을 들 수 있었고, 일에 임해 처리하는 데 있어서는 너그러움과 단호함을 적절하게 구사하였다.

2년(180) 봄 2월에 왕비 우씨(于氏)를 왕후로 삼으니, 그녀는 제나부(提那部) 우소(于素)의 딸이다. 가을 9월에 왕이 졸본으로 가서 시조묘에

---

2) 공손강은 후한 말의 무장 공손도의 아들로 조조로부터 양평후(襄平侯)에 봉해졌으며 좌장군(左將軍)이 되었다. 사후에 대사마(大司馬)에 추증되었다.

3) 발기와 이이모의 왕위를 둘러싼 갈등은 『삼국지』 위서 고구려전을 인용한 것이나, 이것은 실상 고국천왕 사후 그의 아우들에 관한 내용이다. 『삼국지』에서 고국천왕의 존재가 간과된 데서 말미암은 오류인 듯하다. 즉 고국천왕은 앞서 신대왕 12년에 태자로 책립된 바 있으므로 신대왕의 원자(元子)이고, 발기는 산상왕 즉위년조에 보이는 고국천왕의 첫째 동생 발기(發岐)이며, 이이모는 고국천왕의 둘째 동생으로 왕위를 계승한 산상왕이다.

제사를 지냈다.

4년 봄 3월 갑인일 밤에 붉은 기운이 태미원(太微垣)을 관통했는데 그 모습이 뱀과 같았다. 가을 7월에 혜성이 태미성 자리에 나타났다.

6년에 한의 요동태수가 군사를 일으켜 우리를 쳤다. 왕이 왕자 계수(罽須)를 보내 막게 했으나 이기지 못하자, 친히 정예 기병을 거느리고 가서 한의 군사와 좌원(坐原)에서 싸워 물리치니, 목을 벤 것이 산더미처럼 쌓였다.

8년 여름 4월 을묘에 형혹성(熒惑星)이 심성(心星) 자리에 머물렀다. 5월 그믐 임진에 일식이 있었다.

12년 가을 9월에 수도에 눈이 6척이나 내렸다.

중외대부(中畏大夫)인 패자(沛者) 어비류(於畀留)와 평자(評者) 좌가려(左可慮)는 모두 왕후의 친척으로서 나라의 정치 권력을 잡고 있어 그 자제들까지도 권세를 믿고서 교만하고 사치스러웠으며, 다른 사람의 자녀를 약탈하거나 다른 사람의 밭과 집을 탈취하니 나라 사람들이 원망하고 분하게 여겼다. 왕이 이를 듣고 노하여 그들을 죽이려 하자 좌가려 등이 네 연나(椽那)와 함께 모반하였다.

13년 여름 4월에 좌가려 등이 무리를 모아 왕도를 공격하였다. 왕은 왕도 인근의 군사와 말을 징발해 그들을 평정하고, 드디어 명령을 내려 말하기를 "요즈음 관직이 정실에 따라 주어지고 작위는 덕행으로 승진되지 않으니, 그 해독이 백성들에 퍼져가고 우리 왕실을 동요하게 하였도다. 이는 과인이 밝지 못한 소치라. 이제 너희 4부는 각각 현명하고 어질면서도 지위가 낮은 데 있는 이들을 천거하라"라고 하였다. 이에 4부가 다 함께 동부(東部)의 안류(晏留)를 천거하였다. 왕이 그를 불러 국정을 맡기니 안류가 왕에게 아뢰기를 "하찮은 저는 용렬하고 어리석어 진실로 큰 정사에 참여하기에는 부족합니다. 서압록곡(西鴨淥谷) 좌물촌(左勿村)의 을파소(乙巴素)라는 이는 유리왕대의 대신 을소(乙素)의 후손으로서, 성품이 강직하고 의연하며 지혜와 사려가 그윽하고 깊으나 세상에 쓰이지 않아 힘써 밭을 갈면서 지내고 있습니다. 대왕께서 만일 나라를 잘 다스리시고자 하신다면 이 사람이 아니면 안 될 것입니다"라고 하였다.

왕은 사신을 보내 겸손한 말과 두터운 예의로 을파소를 불러들여 중외대부에 임명하고 작위를 더해 우태(于台)로 삼아 일러 말하기를 "내가 외람되게도 선왕의 위업을 이어 신민의 윗자리에 있으나 덕은 얕고 재주는 짧으니 다스림이 고르지 못하였다. 선생이 재주를 숨기고 밝은 지혜를 감춘 채 궁벽한 시골에 있은 지 오래였는데 이제 나를 버려두지 않고 번연히 오니, 이는 단지 나의 기쁨일 뿐 아니라 사직과 백성의 복이로다. 즐거이 그대의 가르침을 받고자 하니 공은 마음을 다하기 바란다"라고 하였다. 을파소는 비록 몸을 나라에 바치고자 했지만 받은 직책이 일을 다스리기에는 충분하지 못하다고 여겼으므로 곧 대답하기를 "신은 노둔하고 굼떠서 감히 엄명을 감당하지 못하겠나이다. 원컨대 대왕께서는 현명하고 어진 이를 가려 높은 관직을 주셔서 큰 사업을 이루소서"라고 하였다. 왕이 그 뜻을 알아차려 곧 국상으로 임명해 정사를 맡게 하였다. 이에 조정의 신하들과 왕실의 친척들은 을파소가 신진 인물이 되어가지고 오래된 이들을 왕에게서 멀어지도록 한다고 하여 미워하였다. 그러자 왕이 교령을 내려 이르기를 "귀천을 막론하고 진실로 국상에게 복종하지 않는 자들은 죽일 것이다"라고 하였다.

을파소는 물러나와 다른 사람들에게 말하기를 "때를 만나지 못하면 은둔하고 때를 만나면 벼슬하는 것이 선비의 떳떳한 일이다. 지금 왕께서 나를 두터운 뜻으로 대하시니 어찌 다시 옛날과 같은 은둔을 생각할 수 있겠는가"라고 하였다. 이리하여 지극한 정성으로 나라를 받들어 정사와 교령을 밝히고, 상과 벌을 신중히 하니, 백성은 편안하고 나라 안팎에 일이 없게 되었다.

겨울 10월에 왕이 안류에게 이르기를 "만약 그대의 한마디 말이 없었다면 내가 을파소를 등용해 함께 다스릴 수 없었을 터이니, 오늘날 여러 공적이 쌓이게 된 것은 그대의 공이로다" 하고, 바로 안류를 대사자(大使者)로 임명하였다.

편찬자는 논평하여 말한다. 옛날 명철한 왕은 어진 이에 대해 보통의 관례에 의하지 않고 선발하며 그를 등용해 의혹을 두지 않았으니, 말하자면 은(殷)의 고종(高宗)이 부열(傅說)에게,[4] 촉(蜀)의 선주(先主)가 공명(孔明)에게,[5] 진(秦)의 부견(苻堅)이 왕맹(王猛)에게[6] 하듯 한 다음에라야, 어진 이가 제 지위에 있고 능력있는 이가 제 관직에 있게 되어, 정치와 교화가 밝게 닦여서 국가가 보전될 수 있었던 것이다. 지금 고국천왕은 결연히 독단하여 을파소를 바닷가로부터 발탁해 중론에 흔들리지 않고 그를 백관의 위에 두었으며, 게다가 그를 천거한 이에게도 상을 주었으니, 가히 선왕의 법도를 체득했다고 할 만하다.

16년 가을 7월에 서리가 내려 곡식을 죽여 백성들이 굶주리니 창고를

---

4) 은의 고종은 소을(小乙)의 아들 무정(武丁)으로 쇠미해가던 은나라를 다시 크게 일으켰다. 고종이 어느 날 꿈에 열(說)이라는 이름의 성인을 만났는데, 꿈을 깨어 여러 신하를 살펴보았으나 꿈에 본 모습이 아니었으므로, 그의 모습을 그리게 하여 찾게 했던바, 부험(傅險)의 들에서 그를 찾았다. 고종이 이를 만나보니 꿈에 본 모습과 같았으며 그와 함께 이야기를 나누어보니 과연 성인이었던지라, 그를 재상으로 삼아 은나라가 크게 다스려졌다. 그에게 부험(傅險)을 성씨로 하게 했으므로 일컬어 부열이라고 하게 되었다. 『사기』 3 은본기.

5) 촉의 선주(161~223)는 한나라 황실의 말손으로 삼국시대 촉한(蜀漢)의 소열제(昭烈帝)가 된 유비(劉備)를 이르는데, 그의 뒤를 이은 후주(後主) 유선(劉禪)에 대해 선주라고 한 것이다. 공명(181~234)은 유비가 삼고초려하여 얻은 촉한의 명재상 제갈량(諸葛亮)의 자(字)이다. 그와 유비의 관계는 물과 물고기의 관계로 비유되었다. 그는 유비와 후주를 보좌해 많은 공적을 세웠으나 위(魏) 명제(明帝)의 군사와 대진하던 중 병사하였다. 후세에 유가적 지식층에게서는 충성스러운 명신으로, 그리고 민간의 문학에서는 초인적인 병법의 대가로 칭송되었다.

6) 왕맹(325~375)은 전진(前秦)의 모신으로 자는 경략(景略)이며, 박학하여 병서에 정통하였다. 부견에게 초치되어 그의 건국에 참여했으며, 부견이 제위에 오르자 승상직에 올라 많은 공적을 세워 전진을 강성하게 하였다. 5호 16국을 통해 굴지의 정치가로 꼽힌다. 그가 죽었을 때 부견이 곡을 했다 한다. 그는 임종 시에 부견에게 '어진 이와 친하고 이웃 나라와 우호하는 것이 나라의 보배'라고 하면서 자기가 죽은 후 진(晉)나라를 도모하지 말 것을 부탁했으나, 부견은 그의 유언을 등지고 진을 토벌하다가 대패하였다. 『진서』 114 왕맹전.

열어 구휼해주었다.

겨울 10월에 왕이 질양(質陽)에서 사냥하다가 길에서 주저앉아 울고 있는 이를 보았다. 그에게 "어찌하여 우는가" 하고 물으니, 대답하기를 "저는 빈궁하여 늘 품을 팔아 어머니를 봉양했는데 올해 흉년이 들어 품 팔 곳이 없으니 한 되, 한 말 곡식도 얻을 수 없습니다. 이 때문에 울고 있을 따름입니다"라고 하였다. 왕이 말하기를 "어허! 내가 백성의 부모가 되어 백성들로 하여금 이 지경에 이르게 했으니 나의 죄로다" 하고 옷가지와 음식을 지급해 보살펴주었다. 아울러 중앙과 지방의 관련 부서에 명해 널리 홀아비, 과부, 고아, 자식 없는 늙은이, 늙고 병들고 가난하여 스스로 생활할 수 없는 이들을 찾아 구휼하게 하였다. 또 담당 관리에게 명해 매년 봄 3월부터 가을 7월까지 관가의 곡식을 내어 백성들의 식구수에 따라서 차등있게 구휼하고 빌려주었다가 겨울 10월에 상환하는 것을 법규로 삼으니, 온 나라가 크게 기뻐하였다.

19년에 중국이 크게 어지럽자 한나라 사람들이 난리를 피해 투항해오는 경우가 매우 많았으니, 이때가 한 헌제(獻帝) 건안(建安) 2년(197)이었다.

여름 5월에 왕이 죽자, 고국천원(故國川原)에 장사 지내고, 왕호를 고국천왕이라 하였다.

산상왕(山上王)은 이름이 연우(延優)〔위궁(位宮)이라고도 한다〕이고 고국천왕의 아우이다.

『위서』에 이르기를 "주몽의 후손 궁(宮)은 나면서부터 눈을 뜨고 볼 수 있었는데 이가 태조(太祖)가 되었다. 지금 왕은 태조의 증손인데 역시 태어나자마자 사람을 알아보는 것이 증조 궁과 같았다. 고구려에서는 서로 비슷하다는 것을 '위'(位)라고 했으므로 그의 이름을 위궁(位宮)이라고 한다"라고 하였다.[7] 고국천왕에게 아들이 없었으므로 연우가

---

7) 위궁을 산상왕의 이름으로 분주하고 그 유래에 대해 설명한 이 대목 역시 『삼국지』

뒤를 이어 왕위에 올랐다.

처음에 고국천왕이 죽었을 때 왕후 우씨(于氏)가 비밀로 하여 왕의 죽음을 발설하지 않고 밤에 왕의 아우 발기(發岐)의 집으로 가서 말하기를 "왕에게 후사가 없으니 그대가 마땅히 그를 이어야 하겠습니다"라고 하였다. 발기는 왕이 죽은 것을 모르고 대답하기를 "하늘이 정해둔 운명은 그 돌아갈 바가 있는 것이니 가벼이 논의할 수 없는 것입니다. 하물며 부인네가 밤에 나다니는 것이 어찌 예의라고 하겠습니까"라고 하였다. 왕후가 창피해서 다시 연우의 집으로 갔다. 연우는 일어나 의관을 갖추고 문에 나와 맞이해 자리에 들이고 잔치를 베풀었다. 왕후가 말하기를 "대왕께서 돌아가시고 아들이 없으니 발기가 맏아우로서 당연히 뒤를 이어야 하지만, 그는 내게 딴마음이 있다고 생각해서 사납고 거만하여 무례하게 대하기 때문에 숙씨(叔氏)를 만나보러 왔습니다"라고 하였다. 이에 연우는 예의를 극진히 하여 친히 칼을 잡고 고기를 베다가 잘못해 손가락을 다쳤다. 왕후는 치마 끈을 풀어서 연우의 다친 손가락을 감아주었다. 왕후가 돌아가려 할 때 연우에게 이르기를 "밤이 깊어서 뜻밖의 일이 있을까 두려우니 그대가 나를 궁궐까지 바래다주십시오"라고 하였다. 연우가 그 말대로 하자 왕후가 그의 손을 잡고 궁궐로 들어갔다.

다음 날 밝을 무렵이 되어 왕후가 거짓으로 선왕의 유명이라고 꾸며서 여러 신하로 하여금 연우를 옹립해 왕으로 삼게 하였다. 발기는 이를 듣고 크게 노하여 군사로 왕궁을 에워싸고 부르짖어 말하기를 "형이 죽으면 아우가 그 뒤를 잇는 것이 예법이거늘, 네가 차례를 뛰어넘어 왕위를 찬탈하니 크나큰 죄로다. 마땅히 속히 나오라. 그렇지 않으면 네 처자식들까지 죽이겠다"라고 하였다. 연우는 3일 동안 궁문을 닫고 나오지 않았다. 나라 사람들도 발기를 따르는 이가 없었다.

고구려전과 고구려본기의 관련 정보에 입각할 때, 산상왕의 아들 동천왕에 적용되어야 옳다. 고국천왕 즉위년조 주석을 참조할 것. 한편 서로 비슷한 것을 '위'(位)라고 표현했다는 것은 백제 왕명에서 '근'(近)의 용례와 비교될 수 있다. 백제본기 근초고왕 즉위년 주석을 참조할 것.

발기는 일이 어려운 것을 알고 처자를 데리고 요동으로 달아나 태수 공손도를 만나 말하기를 "나는 고구려 왕 남무(男武)의 친동생입니다. 남무가 죽고 아들이 없자 내 아우 연우가 형수 우씨와 함께 공모해 왕위에 올라 천륜의 대의를 폐기했습니다. 이 때문에 노하고 분개하여 상국(上國)에 와 투신하는 것이니, 엎드려 바라건대 군사 3만을 빌려주어 그들을 치게 해주신다면 저 분란을 평정할 수 있겠습니다"라고 하였다. 공손도가 그의 말을 들어주었다.

연우는 아우 계수(罽須)를 보내 군사를 거느리고 막게 하니 한의 군사가 크게 패하였다. 계수가 스스로 선봉이 되어 달아나는 적을 추격하자, 발기가 계수에게 말하기를 "네가 지금 차마 늙은 형을 해치려느냐"라고 하였다. 계수는 형제간에 무정할 수 없어 감히 그를 해치지는 않고 말하기를 "연우가 나라를 양보하지 않는 것은 비록 대의가 아니라 하겠으나 당신이 한때의 노여움으로 왕실과 나라를 없애려 드니 이것이 무슨 뜻입니까? 죽은 뒤에 무슨 면목으로 선조를 뵈올 것입니까"라고 하였다. 발기가 이 말을 듣고 부끄럽고도 후회스러워 배천(裵川)까지 달아났다가 스스로 목을 찔러 죽었다. 계수가 슬프게 울고 발기의 시체를 거두어 대강 간략하게 장례를 마치고 돌아왔다.

왕은 슬프면서도 한편으로는 기뻐서 계수를 내전으로 이끌어 잔치를 베풀고 집안사람의 예법[8]으로 대하였다. 그리고 말하기를 "발기가 다른 나라에 군사를 요청해 국가를 침공했으니 그 죄가 이보다 클 수 없으리라. 이제 네가 그를 물리치고도 그냥 놓아주어 죽이지 않은 것만 해도 족하거늘, 그가 자결하게 되자 매우 슬프게 울었으니 그대는 도리어 과인이 무도하다고 생각하는 것인가"라고 하였다. 계수가 서글프게 눈물을 머금고 대답하기를 "저는 이제 한마디 말씀을 드리고 죽기를 청하나이다"라고 하였다. 왕이 "무엇이냐" 하니, 계수가 말하기를 "왕후께서 비

---

8) 원문에 '가인지례'(家人之禮)라고 하였는데, 이것은 형제의 서열에 따라 군신의 예를 적용하지 않는 것을 말한다. 『한서』 38 제왕비전(齊王肥傳)에 용례가 있다.

록 선왕의 유명으로 대왕을 세웠으나 대왕께서는 예의로 사양하지 않아서 이미 형제간에 우애를 다해야 하는 의리를 잃고 말았습니다. 저는 대왕의 미덕을 이루고자 일부러 발기의 시신을 거두어 염습한 것이온데, 어찌 이로 인해 대왕의 노여움을 만나리라고 생각했겠습니까? 대왕께서 만약 어진 마음으로 발기의 죄악을 잊으시고 형의 죽음으로 예를 갖추어 장사 지내 주신다면, 누군들 대왕을 의롭다 하지 않겠습니까? 저는 이미 이 말씀을 드렸으니 비록 죽더라도 사는 것과 같습니다. 청컨대 이제 나가 처형을 받겠나이다"라고 하였다. 왕이 그의 말을 듣더니 자리를 다가 앉으며 따뜻한 낯빛으로 위로하며 달래기를 "과인이 못난 탓에 의혹이 없을 수 없었더니, 이제 네 말을 듣고 보니 진실로 내 허물을 알겠도다. 바라건대 너는 책망하지 말아다오"라고 하였다. 이에 왕자가 절을 하고, 왕 역시 절을 하여 마음껏 즐기다가 헤어졌다.

가을 9월에 왕이 담당 관리에게 명해 발기의 상여를 받들어 와서 왕의 예를 갖추어 배령(裴嶺)에 장사 지내게 하였다. 왕은 본래 우씨 덕으로 왕위에 올랐으므로, 다시 장가들지 않고 우씨를 왕후로 삼았다.[9]

2년(198) 봄 2월에 환도성(丸都城)을 쌓았다. 여름 4월에 나라 안의 교수형과 참수형 이하 죄수를 사면하였다.

3년 가을 9월에 왕이 질양(質陽)에서 사냥을 하였다.

7년 봄 3월에 왕이 아들이 없으므로 산천에 기도하였다. 이달 15일 밤 꿈속에서 하늘이 왕에게 이르기를 "내가 너의 소후(小后)로 하여금 아들을 낳게 할 것이니 걱정하지 말라"라고 하였다. 왕은 깨어나 여러 신하에게 말하기를 "꿈에 하늘이 나에게 자세하게 일러준 것이 이와 같은데 소후가 없으니 어찌해야겠는가"라고 하였다. 을파소가 대답하기를 "하

---

9) 이 경우를 일러 '형사취수혼'(兄死娶嫂婚)이라고 한다. 『삼국지』 위서 부여전에는 "형이 죽으면 형수를 아내로 삼는데, 이는 흉노의 풍습과 같다"라고 하였다. 인류학에서 말하는 'levirate'가 이것이며, 반대로 아내가 먼저 죽었을 경우 남편이 처제와 혼인 관계를 지속하는 것을 'sororate'라고 한다. 모두 고대 혼인의 집단적 측면을 잘 반영하는 사례이다.

늘이 정한 운명은 헤아릴 수 없는 것이니 왕께서는 기다리소서"라고 하였다.

가을 8월에 국상 을파소가 죽었다. 나라 사람들이 울며 서러워하였다. 왕은 고우루(高優婁)를 국상으로 삼았다.

12년 겨울 11월에 교사(郊祀)에 쓸 돼지가 달아났다. 담당자가 쫓아가서 주통촌(酒桶村)까지 이르렀는데 돼지가 이리저리 날뛰어 잡을 수가 없었다. 이때 스무 살쯤 되는 웬 여자가 아름답고 고운 얼굴에 미소를 띠고 나와 잡은 다음에야, 쫓던 이가 돼지를 찾아올 수 있었다. 왕이 이 말을 듣고 기이하게 여겨 그 여자를 만나보고자 남몰래 가서 밤에 그녀의 집에 이르렀다. 시종하는 이를 시켜 알리니 그 집에서 왕이 온 것을 알고 감히 거절하지 못하였다. 왕이 방에 들어가 그녀를 불러 동침하려 하였다. 여자가 아뢰기를 "대왕의 명을 감히 회피할 수 없사오나, 만약 총애를 입어 아들이 있게 되면 버림받지 않기를 바라옵니다"라고 하였다. 왕이 허락하였다. 자정 무렵이 되어 왕이 일어나 궁궐로 돌아왔다.

13년 봄 3월에 왕후는 왕이 주통촌의 여자에게 갔던 것을 알고 질투하여 몰래 병사를 보내 그녀를 죽이게 하였다. 그녀가 이 소문을 듣고 남자 복장을 한 채 달아났다. 병사들이 쫓아가 잡아서 해치려 하자 그녀가 묻기를 "너희들이 지금 와서 나를 죽이려는 것이 왕명이냐, 왕후의 명이냐? 지금 내 배 속에는 아이가 있으니 이는 실로 왕이 주신 혈육이다. 내 몸을 죽이는 것은 좋으나 왕자마저 죽이려느냐"라고 하였다. 병사들이 감히 죽이지 못하고 돌아와 그녀의 말을 보고하니 왕후가 노하여 기필코 그녀를 죽이려고 했으나 결행하지는 못하였다. 왕이 이 말을 듣고 곧 다시 그녀의 집으로 가서 묻기를 "네가 지금 임신한 것이 누구의 아이냐"라고 하였다. 그녀가 대답하기를 "저는 평생토록 형제와도 자리를 같이하지 않는데, 하물며 감히 성이 다른 남자를 가까이했겠습니까? 지금 제 배 속의 아이는 실로 대왕께서 주신 혈육입니다"라고 하였다. 왕이 위로하고 매우 두터이 선물을 주었으며 곧 돌아와 왕후에게 알리니, 왕후가 끝내 감히 그녀를 죽이지 못하였다.

가을 9월에 주통촌의 여자가 아들을 낳았다. 왕이 기뻐 말하기를 "이 아이는 하늘이 내게 주신 후사로다"라고 하였다. 처음에 교사에 쓸 돼지 사건으로 인해 그 어머니를 총애할 수 있었다 하여, 그 아이 이름을 교체(郊彘)라 하고 그 어머니를 소후(小后)로 삼았다. 처음 소후의 어머니가 잉태해 아직 출산하지 않았을 때 무당이 점을 쳐 말하기를 "반드시 왕후를 낳을 것이다"라고 하매 그 어머니가 기뻐하더니, 딸을 낳게 되자 후녀(后女)라고 이름하였다.

겨울 10월에 왕이 도읍을 환도(丸都)로 옮겼다.

17년 봄 정월에 교체를 왕태자로 삼았다.

21년 가을 8월에 한의 평주(平州) 사람 하요(夏瑤)가 백성 1천여 가를 이끌고 와 투항하였다. 왕이 그들을 받아들여 책성(柵城)에 안치하였다. 겨울 10월에 우레와 지진이 있었고, 혜성이 동북방에 나타났다.

23년 봄 2월 그믐 임자에 일식이 있었다.

24년 여름 4월에 기이한 새들이 왕궁 뜰에 모여들었다.

28년에 왕의 손자 연불(然弗)이 태어났다.

31년 여름 5월에 왕이 죽었다. 산상릉(山上陵)에 장사 지내고, 왕호를 산상왕이라 하였다.

• 삼국사기 권 제16

고구려본기 제5

동천왕, 중천왕, 서천왕, 봉상왕, 미천왕

동천왕(東川王)〔혹은 동양(東襄)이라고 한다〕은 이름이 우위거(憂位居)이고 어릴 때 이름은 교체(郊彘)이니 산상왕의 아들이다. 어머니는 주통촌 사람으로 궁궐에 들어와 산상왕의 소후(小后)가 되었는데 기록에 그녀의 족계와 성씨는 남아 있지 않다. 전왕 17년에 태자로 세워졌다가 이때 와서 왕위를 이었다.

왕은 성품이 너그럽고 인자하였다. 왕후가 왕의 마음을 시험해보고자 하여 왕이 사냥 나가는 것을 기다렸다가 사람을 시켜 왕의 수레 끄는 말의 갈기를 잘랐다. 왕이 돌아와 말하기를 "말에 갈기가 없으니 불쌍하다"라고 하였다. 왕후가 또 시중드는 이를 시켜 음식을 올릴 때 짐짓 국을 왕의 옷에 엎지르게 했으나, 역시 왕은 화를 내지 않았다.

2년(228) 봄 2월에 왕이 졸본에 가서 시조묘에 제사를 지내고 죄수를 크게 사면하였다. 3월에 우씨를 왕태후로 봉하였다.

4년 가을 7월에 국상 고우루(高優婁)가 죽었으므로, 우태 명림어수(明臨於漱)를 국상으로 삼았다.

8년에 위에서 사신을 보내와 화친하였다.

가을 9월에 태후 우씨가 죽었다. 태후가 임종시에 유언하기를 "내가 행실을 잘못했으니 장차 무슨 면목으로 지하에서 국양왕(國壤王)을 뵙겠는가? 만일 여러 신하가 나를 차마 구렁텅이에 버리지 못하겠거든, 산상왕의 능 옆에 장사 지내주기를 청하노라"라고 하였다. 드디어 그 말대로 장사 지냈더니, 무당이 말하기를 "국양왕이 저에게 강림해 말씀하시기를, '어제 우씨가 산상왕에게 가는 것을 보고 분함을 이기지 못해 마침내 그와 더불어 싸웠다. 돌아와서 생각해보니 얼굴이 뜨거워 차마 나라 사람들을 볼 수가 없다. 네가 조정에 알려 나의 무덤을 물건으로 가리게 하라' 하였습니다"라고 하였다. 이 때문에 능 앞에 소나무를 일곱 겹으로 심었다.[1]

10년 봄 2월에 오왕(吳王) 손권(孫權)[2]이 사신 호위(胡衛)를 보내 화친을 청해 왔다. 왕은 그 사신을 억류했다가 가을 7월이 되자 그의 목을 베어 위에 보냈다.

11년에 사신을 위에 보내 연호를 고친 것을 축하했으니, 이해가 경초(景初) 원년(237)이다.

12년에 위의 태부(太傅) 사마선왕(司馬宣王)이 군사를 거느리고 공손연(公孫淵)[3]을 토벌하였다. 왕이 주부(主簿)와 대가(大加)를 보내 군사 1천 명을 거느리고 가서 이를 돕게 하였다.

---

1) 고국천왕의 항의야말로 고국천왕·산상왕·우씨를 둘러싼 혼인이 보편적 '형사취수혼'의 원리에 부합하는 형태였음을 반증한다. 즉 이러한 혼인에서는 애초의 혼인 관계가 일방의 죽음에 의해 단절될 때, 그의 지위와 역할이 가까운 근친에 의해 대체되면서 여전히 본래의 혼인 관계가 지속되는 것이다. 따라서 우씨는 취수혼의 일반적인 원리에 충실할 경우 고국천왕과 합장되어야 옳았다.

2) 손권(182~252)은 삼국시대 오의 창업주이다. 208년에 적벽대전(赤壁大戰)에서 위의 조조군을 격파하고, 223년에는 이릉회전(彝陵會戰)에서 촉한의 침공군을 물리쳤다. 229년 건업(建業)에 천도하고 오의 대황제가 되었다.

3) 공손연은 위(魏) 요동태수 공손강(公孫康)의 아들로, 237년 명제(明帝)의 소환에 불응하고 자립해 연왕(燕王)이 되었으나, 이때 와서 사마선왕의 토벌을 받고 멸망하였다. 사마선왕은 사마중달(司馬仲達) 즉 사마의(司馬懿)를 말하는데, 뒷날 그의 손자 사마염(司馬炎)이 위로부터 양위의 형식을 빌려 진(晉)을 세우고 무제로 즉위하여 그를 선제(宣帝)로 추존한 데서 비롯한 명칭이다.

16년에 왕이 장수를 보내 요동의 서안평(西安平)을 습격해 깨뜨렸다.

17년 봄 정월에 왕자 연불(然弗)을 왕태자로 삼고, 나라 안의 죄수를 사면하였다.

19년 봄 3월에 동해의 사람이 미녀를 바치니, 왕이 후궁으로 받아들였다. 겨울 10월에 군사를 내어 신라의 북쪽 변경을 침입하였다.

20년 가을 8월에 위에서 유주자사(幽州刺史) 관구검(毌丘儉)[4]에게 1만 명을 거느려 보내 현도를 나와 침입하였다. 왕이 보병과 기병 2만 명을 거느리고 비류수 가에서 맞아 싸워 쳐부수고 적 3천여 명의 목을 베었다. 또 군사를 이끌고 가 양맥(梁貊) 골짜기에서 다시 싸워 적을 쳐부수고 3천여 명을 죽이고 잡았다. 왕이 여러 장수에게 이르기를 "위의 대군이 도리어 우리의 적은 군사만 못하도다. 관구검이란 이는 위의 명장이지만 오늘 그의 목숨이 내 손아귀에 있구나" 하고 곧 철기(鐵騎) 5천 명을 거느리고 진격하였다. 관구검은 방형의 진을 치고서 죽기를 각오하고 싸우니 우리 군사가 크게 패해, 죽은 이가 1만 8천여 명이었다. 왕은 1천여 기병을 데리고 압록원(鴨淥原)으로 달아났다.

겨울 10월에 관구검이 환도성을 쳐 함락시키고 도륙하더니, 내처 장군 왕기(王頎)를 보내 왕을 뒤쫓았다. 왕이 남옥저(南沃沮)로 달아나 죽령(竹嶺)에 이르자, 군사들은 분산해 거의 다 없어지고 오직 동부(東部)의 밀우(密友)만이 홀로 곁에 있었다. 그가 왕에게 아뢰기를 "지금 뒤를 쫓아오는 적병이 매우 급박하니 형세가 벗어날 수 없게 되었습니다. 제가 죽기를 결심하고 막겠사오니 왕께서는 도망하셔야 합니다" 하고, 마침내 결사대를 모아 그들과 함께 적에게로 달려나가 힘껏 싸웠다. 이 틈

---

4) 관구검은 위 명제(明帝) 때 상서랑(尙書郞)·형주자사(荊州刺史)를 역임했으며, 안읍후(安邑侯)에 봉해졌다. 그가 고구려를 칠 때는 제왕(齊王) 방(芳)의 치세로 유주자사 직에 있었다. 한편 이 사건은 『삼국지』 4 위서 제왕방기에는 정시(正始) 7년(246)조에 보여 여기 고구려본기와 일치하지만, 같은 책 고구려전에는 정시 5년으로, 관구검전에는 정시 연간에 1차 정벌하고 정시 6년에 2차 정벌한 것으로 되어 있다. 또 「관구검기공비」 잔편에는 정시 5년에 시작해 이듬해 6월에 철군한 것으로 기록되어 있다.

에 왕은 사잇길로 몸을 빼내 달아나 산골짜기에 의지해 흩어진 병졸들을 불러모아 스스로 방위하면서 이르기를, "만약 누가 밀우를 구해올 수 있다면 그에게는 상을 후하게 줄 것이다"라고 하였다. 하부(下部)의 유옥구(劉屋句)가 앞에 나와 대답하기를 "제가 가보겠습니다"라고 하더니, 마침내 싸움터에서 밀우가 쓰러져 있는 것을 발견하고 곧 업어왔다. 왕이 밀우를 다리에 받쳐 눕히자 한참 있다가 소생하였다.

왕은 사잇길로 이리저리 헤매다가 남옥저에 이르렀지만 위나라 군사의 추격은 멈추지 않았다. 왕은 계책이 다하고 형세가 꺾여 어찌할 바를 몰랐다. 이때 동부 사람 유유(紐由)가 나와 말하기를 "형세가 매우 위급하오나 헛되이 죽을 수는 없습니다. 저에게 어리석은 계책이 하나 있사온바, 음식을 가지고 가서 위의 군사를 대접하다가 틈을 엿보아 그 장수를 찔러 죽이고자 합니다. 만약 제 계책이 이루어진다면 왕께서는 맹렬히 공격해 승부를 가리십시오"라고 하였다. 왕이 "좋다"고 하였다. 유유는 위의 군영으로 가서 거짓으로 항복하고 말하기를 "우리 임금이 대국에 죄를 짓고 바닷가까지 도망해 몸둘 곳이 없는지라, 장차 귀국 진영에 나와 항복하고 법관에게 목숨을 맡기고자 하여, 먼저 저를 보내 변변치 않은 음식을 드려서 종군하는 이들을 대접하게 했습니다"라고 하였다. 위의 장수가 이 말을 듣고 바야흐로 그의 항복을 받아들이려 하였다. 유유는 칼을 음식 그릇에 숨겼다가 앞으로 나가면서 칼을 뽑아 위나라 장수의 가슴을 찌르고 그와 함께 죽으니 위의 군사들이 마침내 어지러워졌다. 왕이 군사를 세 갈래로 나누어 갑자기 그들을 치자, 위의 군사들은 시끌벅적 엉켜 진을 치지 못하더니, 마침내 낙랑에서 물러갔다.

왕은 나라를 회복하고 전공을 논의할 때 밀우와 유유를 제일로 삼았으며, 밀우에게는 거곡(巨谷)과 청목곡(靑木谷)을 주고, 유옥구에게는 압록(鴨淥)과 두눌하원(杜訥河原)을 주어서 식읍으로 하였다. 죽은 유유에게는 구사자(九使者)를 추증하고, 또 그 아들 다우(多優)를 대사자(大使者)로 삼았다.[5] 이번 전쟁에서 위의 장수가 숙신(肅愼)의 남쪽 경계에 이르러 돌을 새겨 공적을 기념하고, 또 환도산에 와서는 불내성(不耐城)

에 새기고 돌아갔다.

처음에 신하 득래(得來)가 왕이 중국을 침구하고 배반하는 것을 보고 여러 번 간하였으나 왕이 따르지 않았다. 득래가 탄식해 말하기를 "이 땅에 쑥이 나는 것을 당장 보게 될 것이다"라고 하더니 마침내 먹지 않고 죽었다. 관구검이 여러 군사에게 명령하여 그의 무덤을 허물지 말라 하고 나무를 베지 못하게 했으며, 그의 처자를 찾아다가 모두 놓아 보내 주게 하였다[『괄지지』(括地志)[6]에는 이르기를 "불내성(不耐城)은 곧 국내성(國內城)이다. 성은 돌을 쌓아 만들었다"라고 했으니, 이는 곧 환도산(丸都山)과 국내성이 서로 인접한 것이다. 『양서』에는 "사마의(司馬懿)가 공손연(公孫淵)을 토벌할 때 왕이 장수를 보내 서안평(西安平)을 습격했으므로 관구검이 와서 침공하였다"라고 하였다. 『통감』에서 득래가 와서 왕에게 간한 것이 왕 위궁(位宮) 때의 일이라고 한 것은 잘못이다].[7]

21년 봄 2월에 왕이 환도성은 병란을 겪어서 다시 도읍할 수 없다 하여 평양성을 쌓고 백성과 종묘 사직을 옮겼다. 평양이란 곳은 본래 선인(仙人)[8] 왕검(王儉)이 살던 곳이다. 혹은 '왕의 도읍 왕험(王險)'이라고

---

5) 이 전쟁의 전말과 밀우와 유유 등의 활약은 본서 45 밀우·유유전에 자세하다.

6) 『괄지지』는 당 태종의 넷째 아들 복공왕(濮恭王) 태(泰)가 주동하여 저작랑(著作郎) 소덕언(蕭德言) 등과 함께 편찬한 지리서로 총 5백 50편의 규모였으나, 현재 전하지 않는다. 다만 그 일문들 가운데는 춘추시대 이래 군·국·주·현의 연혁, 산천, 관진(關津), 고성(故城), 궁전, 사묘(祠廟), 사관(寺觀) 등을 비롯해 외역(外域)에 관한 사항이 보인다. 『신당서』 80 열전 5 태종제자(太宗諸子).

7) 『양서』와 『자치통감』의 정보를 잘못이라고 판단한 것은 '위궁'을 산상왕의 이름으로 간주한 찬자 자신의 오류이다.

8) 선인은 본래 늙어도 죽지 않는 이상적 인물을 이르는 것으로, 여기서는 단군을 말한다. 묘청이 서경에 설치한 팔성당(八聖堂)의 '8성' 가운데 호국백두악태백선인(護國白頭嶽太白仙人)·구려평양선인(駒麗平壤仙人)·구려목멱선인(駒麗木覓仙人) 등의 사례가 보인다. 『고려사』 127 묘청전. 한편 이러한 이해는 『삼국유사』 고조선조에도 역시 단군 왕검(王儉)의 도읍지를 당시의 서경이라고 했던 것처럼, 고려시대 당대의 일반적 인식이었다. 『고려사』 58 지리 3 서경유수관(西京留守官).

한다.[9]

22년 봄 2월에 신라가 사신을 보내와 화친을 맺었다.

가을 9월에 왕이 죽었다. 시원(柴原)에 장사 지내고, 왕호를 동천왕이라 하였다. 나라 사람들은 그의 은덕을 생각하여 슬픔으로 마음이 상하지 않는 이가 없었다. 근신들 가운데는 자살하여 왕을 따르려는 이가 많았다. 새 왕이 이는 예가 아니라 하여 금했으나, 장례일이 되자 무덤에 와서 스스로 죽는 이가 매우 많았다. 나라 사람들이 섶을 베어다 그들 시체를 덮었기 때문에, 마침내 그 땅을 시원(柴原)이라고 하였다.

중천왕(中川王)〔혹은 중양(中壤)이라고 한다〕은 이름이 연불(然弗)이고 동천왕의 아들이다. 풍채가 준수하고 시원했으며 지략이 있었다. 동천왕 17년에 왕태자로 세워졌다가, 22년 가을 9월에 왕이 죽자 태자가 왕위에 올랐다.

겨울 10월에 연씨(椽氏)를 왕후로 삼았다. 11월에 왕의 아우 예물(預物)과 사구(奢句) 등이 반역을 꾀하다가 사형당하였다.

3년(250) 봄 2월에 왕이 국상 명림어수에게 명해 중앙과 지방의 군사 관련 일을 겸해 맡아보게 하였다.

4년 여름 4월에 왕이 관나(貫那)부인을 가죽 주머니에 넣어 서쪽 바다에 던졌다. 관나부인은 얼굴이 아름답고 고왔으며 머리채 길이가 9척이나 되었다. 왕이 사랑하여 장차 그녀를 소후(小后)로 삼으려 하였다. 왕후 연씨는 그녀가 왕의 총애를 독차지할까 염려한 나머지 왕에게 말하기를 "제가 듣건대 서쪽 위나라에서 긴 머리채를 구하여 천금으로 산다 합니다. 옛날 우리 선왕께서는 중국에 예물을 보내지 않았다가 병화를 입어 궁궐을 나와 달아났으며, 하마터면 나라를 잃을 뻔했습니다. 이제

---

9) 이 구절에 대해서는 『사기』 115 조선전에 위만(衛滿)이 준왕(準王)을 축출하고 주변을 공략하여, "왕노릇을 하고 왕험(王險)에 도읍하였다"는 부분을 오인한 것으로 보는 것이 일반적이다.

왕께서는 그들의 바라는 바를 좇아 사신 한 명을 보내서 긴 머리채의 미인을 진상하시면, 저들은 반드시 반겨 받아들이고 다시는 침공하는 일이 없을 것입니다"라고 하였다. 왕이 그 속내를 알고 잠자코 대답하지 않았다.

관나부인이 이 말을 듣고 해가 미쳐올까 두려워 도리어 왕후를 왕에게 참소해 말하기를, "왕후가 늘 저를 욕하여 '시골년이 어찌 여기에 있겠느냐? 제 발로 돌아가지 않는다면 반드시 후회할 날이 있을 것이다'라고 합니다. 아마 왕후가 대왕께서 나가 계시는 틈을 타 저를 해치려는 것 같사오니 어찌하오리까"라고 하였다. 그 후 왕이 기구(箕丘)에서 사냥하고 돌아오니 관나부인이 가죽 주머니를 들고 마중나와 울면서 말하기를 "왕후가 저를 여기에 담아 바다에 던지려고 하옵니다. 바라옵건대 대왕께서는 저의 미천한 목숨을 살려주시어 집으로 돌아가게 해주소서. 어찌 감히 다시 옆에서 모실 것을 바라리이까"라고 하였다. 왕이 문초해 그것이 거짓임을 알고 노하여 관나부인에게 이르기를 "네가 정녕 바다에 들어가고자 하느냐" 하고, 사람을 시켜 바다에 던지게 했던 것이다.

7년 여름 4월 국상 명림어수가 죽었으므로 비류의 패자 음우(陰友)를 국상으로 삼았다. 가을 7월에 지진이 있었다.

8년에 왕자 약로(藥盧)를 왕태자로 삼고, 나라 안의 죄수를 사면하였다.

9년 겨울 11월에 연나의 명림홀도(明臨笏覩)를 공주에게 장가들게 하여 부마도위(駙馬都尉)로 삼았다. 12월에 눈이 내리지 않고, 전염병이 크게 돌았다.

12년 겨울 12월에 왕이 두눌곡(杜訥谷)에서 사냥하였다.

위의 장수 울지(尉遲)〔그의 이름은 장릉(長陵)의 이름에 저촉된다〕[10]

---

10) 장릉은 고려 인종(仁宗)의 능호이다. 그러므로 '장릉의 이름'이란 인종의 휘 '해'(楷)를 말한다. 결국 찬자는 위나라 장수 울지해(尉遲楷)의 이름자 '해'(楷)가 인종의 휘와 같은 까닭에 그의 이름을 생략하고, 그 연유를 첨기한 것이다. 울지씨는 복성(複姓)으로 뒷날 북위와 함께 흥기하여 울지부로 불렸고, 효문제(孝文帝)

가 군사를 거느리고 와서 침입하였다. 왕이 정예 기병 5천 명을 뽑아 양맥의 골짜기에서 싸워 쳐부수고, 8천여 명의 목을 베었다.

13년 가을 9월에 왕이 졸본으로 가서 시조묘에 제사를 지냈다.

15년 가을 7월에 왕이 기구(箕丘)에서 사냥해 흰 노루를 잡았다. 겨울 11월에 우레와 지진이 있었다.

23년 겨울 10월에 왕이 죽었다. 중천의 언덕에 장사 지내고, 왕호를 중천왕이라 하였다.

서천왕(西川王)[혹은 서양(西壤)이라고 한다]은 이름이 약로(藥盧)[약우(若友)라고도 한다]이고 중천왕의 둘째 아들이다. 성품이 총명하고 인자하니 나라 사람들이 사랑하고 존경하였다. 중천왕 8년에 태자가 되고, 23년 겨울 10월에 왕이 죽자 태자로서 왕위에 올랐다.

2년(271) 봄 정월에 서부의 대사자(大使者) 우수(于漱)의 딸을 왕후로 삼았다. 가을 7월에 국상 음우(陰友)가 죽었다. 9월에 상루(尙婁)를 국상으로 삼았으니, 상루는 음우의 아들이다. 겨울 12월에 지진이 있었다.

3년 여름 4월에 서리가 내려 보리를 해쳤다. 6월에 크게 가물었다.

4년 가을 7월 초하루 정유에 일식이 있었다. 백성들이 굶주리니 창고를 열어 구휼하였다.

7년 여름 4월에 왕이 신성(新城)[혹은 "신성은 나라 동북쪽의 큰 진(鎭)이다"라고 한다]에 가서 사냥해 흰 사슴을 잡았다. 가을 8월에 왕이 신성에서 돌아왔다. 9월에 신이한 새들이 궁궐 뜰에 모여들었다.

11년 겨울 10월에 숙신이 침범해 와 변경 백성들을 죽였다. 왕이 여러 신하에게 이르기를 "과인이 보잘것없는 몸으로 그릇되이 나라의 기업을 이어받아 덕은 백성을 편안히 하지 못하고 위엄은 밖에 떨치지 못하니, 이같이 이웃의 적들이 우리 강토를 어지럽히게 하였도다. 지모있는

가 씨족을 분정할 때 서방계 씨명으로 나타나는바, 이를 울씨로 고쳤다.『위서』113 관씨지(官氏志).

신하와 용맹한 장수를 얻어 바깥 적들의 침공을 꺾으려 하여 묻노니, 그
대 여러 공은 각각 기발한 지모와 특이한 전략을 지녀 그 재주가 장수될
만한 이를 천거하라"라고 하였다. 여러 신하가 모두 말하기를 "왕의 아
우 달가(達賈)는 용맹스럽고도 지략이 있으므로 대장이 될 수 있습니다"
라고 하였다. 왕이 이에 달가를 보내 숙신을 치게 하였다. 달가는 불의에
나가 적을 덮쳐 단로성(檀盧城)을 함락시키고 그 추장을 죽였으며, 주민
6백여 가를 부여의 남쪽 오천(烏川)으로 옮기고, 항복한 부락 6·7개소는
부용(附庸)[11]으로 삼았다. 왕이 크게 기뻐하여 달가를 안국군(安國君)으
로 임명해 중앙과 지방의 군사에 관한 일을 맡아보게 하고, 겸하여 양맥
(梁貊)과 숙신의 여러 부락을 통괄하게 하였다.

17년 봄 2월에 왕의 아우 일우(逸友)와 소발(素勃) 등 두 사람이 반역
을 꾀해, 거짓으로 병을 핑계삼아 온천에 가서 자기들 도당과 함께 절
제 없이 놀면서 모반하는 말을 퍼뜨렸다. 왕이 그들을 소환하면서 거짓
말로 재상에 임명하겠다고 해, 그들이 이르자 힘센 이를 시켜 잡아 죽
였다.

19년 여름 4월에 왕이 신성에 행차하자 해곡(海谷)의 태수가 고래의
눈을 바쳤는데 밤에 광채가 있었다. 가을 8월에 왕이 동쪽으로 사냥을
갔다가 흰 사슴을 잡았다. 9월에 지진이 있었다. 겨울 11월에 왕이 신성
에서 돌아왔다.

23년 왕이 죽었다. 서천의 언덕에 장사 지내고, 왕호를 서천왕이라 하
였다.

봉상왕(烽上王)[치갈(雉葛)이라고도 한다]은 이름이 상부(相夫)[혹은
삽시루(歃矢婁)라고 한다]이고 서천왕의 태자이다. 어려서부터 교만하

---

11) 부용은 천자에 직속하지 않고 큰 나라에 부속한 작은 나라를 가리킨다. '용'은 작
　은 성을 의미하니, 『예기』 왕제편에 용례가 있고, 『맹자』 만장(萬章) 하에도 이를
　인용해 "사방 50리가 못 되는 경우는 천자에 통하지 못하고 제후에 붙이게 되니,
　'부용'이라고 한다"라고 하였다.

고 방탕했으며 의심과 시기가 많았다. 서천왕이 왕위에 있은 지 23년에 죽자 태자로서 왕위에 올랐다.

원년(292) 봄 3월에 안국군 달가를 죽였다. 왕은 달가가 아버지 항렬에 있고 큰 공적을 세운 바 있으므로 백성들이 우러러본다 하여, 그를 의심하고 음모로 죽였던 것이다. 나라 사람들이 말하기를 "안국군이 아니었던들 백성들이 양맥과 숙신의 환란을 면치 못했을 것인데, 이제 그분이 죽으니 장차 어디에 의지할 것인가"라고 하며 눈물을 흩뿌리면서 서로 서러워하지 않는 이가 없었다. 가을 9월에 지진이 있었다.

2년 가을 8월에 모용외(慕容廆)[12]가 침공해 왔다. 왕이 신성(新城)으로 가서 적을 피하고자 하였다. 일행이 곡림(鵠林)에 이르렀을 때 모용외가 왕이 달아난 것을 알고 군사를 이끌고 추격해 와서 거의 잡힐 듯하자 왕이 두려워하였다. 이때 신성의 재(宰)인 북부(北部) 소형(小兄) 고노자(高奴子)가 5백 명의 기병을 거느리고 왕을 영접하고 적들을 맞받아 떨쳐 쳐부수니, 모용외의 군사가 패해 물러갔다. 왕이 기뻐하여 고노자에게 작위를 더해 대형(大兄)으로 삼고, 겸하여 곡림을 식읍으로 내려주었다.

9월에 왕이 자기 아우 돌고(咄固)가 딴마음을 가지고 있다고 여겨 자결하게 하였다. 나라 사람들은 돌고가 죄없이 죽은 것을 애통해하였다. 돌고의 아들 을불(乙弗)은 달아나 초야에 숨었다.

3년 가을 9월에 국상 상루(尙婁)가 죽었으므로 남부의 대사자 창조리(倉助利)를 국상으로 삼고, 작위를 높여 대주부(大主簿)로 하였다.

---

12) 모용외(269~333)는 5호 16국 가운데 전연(前燕)의 시조이다. 매년 요서(遼西) 지역을 잠식하면서 동쪽의 부여를 침탈하여 이윽고 진(晉)으로부터 선비도독(鮮卑都督)에 임명되었으며, 뒤에 선비대선우(鮮卑大單于)를 자칭하였다. 영가(永嘉)의 난이 일어나 화북지방이 혼란해지고 중국인들이 많이 투항해오자, 그들을 임용해 중국풍의 문화를 채용하였다. 그 후 우문부(宇文部), 단부(段部), 고구려를 쳐서 강성을 누렸으며, 동진에서는 그를 사지절도독유주동이제군사거기장군평주목(使持節都督幽州東夷諸軍事車騎將軍平州牧)으로 삼고 요동군공에 봉하였다. 『진서』 108 재기 8 모용외.

5년 가을 8월에 모용외가 쳐들어와 고국원(故國原)에 이르렀다가 서천왕의 무덤을 보고 사람을 시켜 파헤치게 했더니, 일하던 이 가운데 갑자기 죽는 사람이 생기고 구덩이 속에서 음악 소리가 나는 듯하매, 귀신이 있나 두려워 곧 군사를 이끌고 물러갔다. 왕이 여러 신하에게 이르기를 "모용씨는 군사가 뛰어나게 굳세어 여러 차례 우리 강토를 침범하니 이를 어찌해야겠는가"라고 하였다. 국상(國相) 창조리가 대답하기를 "북부의 대형 고노자는 어질고도 용맹하니, 대왕께서 모용씨의 침구를 막고 백성을 편안하게 하고자 하신다면 이 고노자가 아니고서는 쓸 만한 이가 없을 것입니다"라고 하였다. 왕이 고노자를 신성 태수로 삼았더니 훌륭한 정사로 위풍과 명성이 있게 되어 모용외가 다시 쳐들어오지 않았다.

7년 가을 9월에 서리와 우박이 곡식을 해쳐 백성들이 굶주렸다. 겨울 10월에 왕이 궁실을 증축하는 데 자못 사치와 화려함을 다하였다. 백성들이 굶주리고 곤궁한지라 여러 신하가 자주 간하였으나 왕은 듣지 않았다. 11월에 왕이 사람들을 시켜 을불을 찾아 죽이려 했으나 찾지 못하였다.

8년 가을 9월에 귀신이 봉산(烽山)에서 울었다. 객성이 달을 침범하였다. 겨울 12월에 우레와 지진이 있었다.

9년 봄 정월에 지진이 있었다. 2월부터 가을 7월이 되도록 비가 오지 않았다. 흉년이 들어 백성들이 서로 잡아먹었다. 8월에 왕이 국내성의 15세 이상 남녀를 징발해 궁실을 수리하니, 백성들이 먹을 것에 쪼들리고 부역에 피곤하여 이로 말미암아 정처없이 떠돌아다녔다.

창조리가 간하여 말하기를 "하늘의 재앙이 거듭되고 올해 농사가 잘 되지 않아 백성들이 어찌할 바를 몰라 젊은이들은 사방으로 흩어져 떠돌고, 늙은이와 어린이들은 구덩이와 도랑에 뒹굴고 있습니다. 이는 진실로 하늘을 두려워하고 백성을 염려하여 몹시 조심하고 스스로 몸가짐을 살펴 반성해야 할 때이거늘, 대왕께서는 일찍이 한 번도 이를 생각지 않으시고 굶주린 백성들을 내몰아 토목공사의 부역에 시달리게 하시니,

백성의 부모가 되신 본뜻에 크게 어긋나는 것입니다. 더군다나 가까운 이웃에 억센 적이 있는 터에, 그들이 만약 우리가 피폐한 틈을 타서 쳐들어온다면 사직과 백성들이 어떻게 되겠습니까? 바라옵건대 대왕께서는 이 점을 깊이 헤아려주소서"라고 하였다.

왕이 노여움을 품고 말하기를 "임금이란 백성이 우러러보는 바이므로 궁실을 웅장하고 화려하게 하지 않으면 위엄과 무게를 나타내 보일 방법이 없는 것이다. 지금 국상은 아마 과인을 비방해 백성들의 칭송을 구하려는 것이로다!"라고 하였다. 창조리가 말하기를 "임금이 백성을 보살피지 않으면 어질지 못한 것이고, 그런데도 신하가 임금에게 간하지 않는다면 충성이 아닙니다. 제가 이미 분에 넘치는 국상의 자리를 채우고 있는 이상 감히 말씀드리지 않을 수 없어서이지, 어찌 감히 칭송을 구해서이겠나이까"라고 하였다. 왕이 웃으며 말하기를 "국상은 백성을 위해 죽고 싶은가? 뒤에 다시 말하지 않기를 바란다"라고 하였다.

창조리는 왕이 허물을 고치지 않을 것을 알고, 또 자기에게 해가 미칠까 두려워서, 물러나와 여러 신하와 함께 모의해 왕을 폐위시키고 을불을 맞이해 왕으로 삼았다. 왕은 화를 면치 못할 것을 알고 스스로 목을 매니, 두 아들 역시 따라서 죽었다. 봉산의 언덕에 장사 지내고, 왕호를 봉상왕이라 하였다.

미천왕(美川王)[호양왕(好壤王)이라고도 한다]은 이름이 을불(乙弗)[혹은 우불(憂弗)이라고 한다]이고, 서천왕의 아들인 고추가 돌고(咄固)의 아들이다.

애초에 봉상왕이 아우 돌고에게 딴마음이 있다고 의심하여 죽였을 때, 돌고의 아들 을불은 해를 입을까 두려워 달아나 숨었다. 처음에는 수실촌(水室村) 사람 음모(陰牟)의 집에 가서 머슴살이를 하였다. 음모는 그가 어떠한 사람인지 알지 못하고 그를 매우 고되게 부렸다. 그 집 옆 초택지에서 개구리가 울었는데 을불로 하여금 밤에 기와 조각이나 돌을 던져 그 소리가 나지 않도록 했고, 낮에는 나무를 해오도록 닦달해 잠시도 쉴 틈을 주지 않았다. 을불이 고생을 견디지 못하고 일 년 만에 그 집을 떠나서 동촌(東村) 사람 재모(再牟)와 함께 소금 장사를 하였다. 배를 타고 압록(鴨淥)에 다다라 소금을 가지고 내려서 강의 동쪽 사수촌(思收村) 사람 집에 들렀다. 그 집 노파가 소금을 청해 한 말가량 주었더니, 다시 청하므로 주지 않았다. 그 노파가 원한과 노여움을 품어 몰래 신발을 소금 속에 넣어두었다. 을불은 이를 알지 못한 채 소금을 메고 길을 떠났는데 노파가 쫓아와 신을 찾아내고는, 을불이 신발을 숨겼다고 꾸며대 압록의 재(宰)에게 고발하였다. 재(宰)는 신발값으로 소금을 빼앗아 노파에게 주고, 볼기를 친 다음 풀어주었다. 이리하여 형용이 비쩍 여위고 옷가지는 남루하여 사람들이 보고는 그가 왕손임을 알지 못하였다.

이때 국상 창조리가 장차 왕을 폐하고자 하여 미리 북부의 조불(祖弗)과 동부의 소우(蕭友) 등을 보내 산과 들에서 을불을 찾아다니게 하였다. 비류하(沸流河) 기슭에 이르러서 한 장부가 배 위에 있는 것을 보았는데, 비록 얼굴은 초췌했지만 행동거지가 범상하지 않았다. 소우 등이 이 사람이 을불이리라 짐작해 나아가 절을 하고 말하기를 "지금 국왕이 무도하여 국상과 여러 신하가 그를 폐하고자 음모하고 있사온대, 왕손께서는 몸가짐이 검약하고 인자해 사람을 아끼시기 때문에 조종의 유업을 이을 수 있다 하여, 일부러 저희들을 보내 받들어 모셔오게 했습니다"라고 하였다. 을불은 의심해 말하기를 "나는 시골 사람으로 왕손이 아닙니다. 청컨대 다시 찾아보십시오"라고 하였다. 소우 등이 말하기를 "지금 주상은 인심을 잃은 지 오래라 진실로 나라의 주인이 될 수 없습니다. 그러므로 여러 신하가 왕손을 기다리는 것이 매우 간절하오니 의심하지 마소서"라고 하였다. 마침내 을불을 받들어 모시고 돌아왔다. 창조리가 기뻐하여 을불을 조맥(鳥陌)의 남쪽 집에 모셔두고, 남들이 알지 못하게 하였다.

가을 9월에 왕이 후산(侯山) 북쪽에서 사냥하였다. 국상 창조리가 따라가서 여러 사람에게 이르기를 "나와 마음을 같이할 사람들은 나를 따라 하라" 하고는 갈잎을 관에 꽂으니, 많은 사람이 모두 따라 꽂았다. 창조리는 무리의 마음이 모두 같은 것을 알고, 마침내 함께 왕을 폐위해 별실에 가두고 군사들로 하여금 주위를 지키게 하였다. 드디어 왕손을 맞이해 옥새와 인끈을 바쳐 왕위에 오르게 하였다.

겨울 10월에 누런 안개가 사방에 자욱히 끼었다. 11월에 바람이 서북쪽에서 불어와 모래를 날리고 돌을 굴리기를 6일 동안이나 하였다. 12월에 혜성이 동방에 나타났다.

3년(302) 가을 9월에 왕이 군사 3만 명을 거느리고 현도군을 침공해 8천 명을 사로잡아 평양으로 옮겨왔다.

12년 가을 8월에 장수를 보내 요동의 서안평을 습격해 빼앗았다.

14년 겨울 10월에 낙랑군을 침공해 남녀 2천여 명을 사로잡아 왔다.

15년 봄 정월에 왕자 사유(斯由)를 태자로 삼았다. 가을 9월에 남쪽으로 대방군(帶方郡)을 침공하였다.

16년 봄 2월에 현도성을 쳐부수었는데 죽이고 사로잡은 이가 매우 많았다. 가을 8월에 혜성이 동북방에 나타났다.

20년 겨울 12월에 진(晉)의 평주자사(平州刺史) 최비(崔毖)가 도망해 왔다. 처음에 최비가 몰래 우리와 단씨(段氏) 및 우문씨(宇文氏)[13]를 설득해 함께 모용외를 치게 하였다. 세 나라가 극성(棘城)으로 나아가 공

---

13) 단씨와 우문씨는 모두 선비족의 일파인 단부(段部)와 우문부(宇文部)를 말한다. 단부는 3세기부터 4세기에 걸쳐 요서지방에 있었던 일족으로, 3세기 말 무목진(務目塵) 때 세력이 강대해져 모용부(慕容部)와 통혼하면서 평화적 교섭을 하였고, 4세기 초에는 진(晉)으로부터 요서공(遼西公)에 봉해졌다. 그 뒤 말파(末波) 때에는 유주자사(幽州刺史)에 임명되기도 했으나 후조의 공격을 받아 위축되었고, 뒤에 전연(前燕) 모용준의 공격으로 멸망하였다. 『진서』104~110 재기. 우문부는 3세기 중엽경에 몽고 고원에 있다가 6세기 후반에 화북에 북주(北周)를 세운 일족으로, '우'(宇)는 '천'(天)을, '문'(文)은 '군'(君)을 의미한다고 전해진다. 원주지는 시라무렌 상류 유역을 중심으로 하여 동쪽은 모용부, 서쪽은 탁발부(拓跋部), 남쪽은 단부와 접해 있었던 것 같다. 340년대에 모용부에 병합되었다가 모용부가 탁발부에 항복하자 역시 탁발부에 신속했으며, 뒤에는 탁발부의 북위(北魏)에 대신해 북주를 열었다. 『주서』1 문제기(文帝紀).

격하자 모용외는 문을 닫고 스스로 지키면서 유독 우문씨 군사에게만 소고기와 술을 대접하였다. 다른 두 나라는 우문씨가 모용외와 더불어 음모한 것이 아닌가 의심하여 각각 군사를 이끌고 돌아가버렸다. 우문씨의 대인(大人) 실독관(悉獨官)이 말하기를 "두 나라는 비록 돌아갔으나 우리는 마땅히 단독으로 극성을 빼앗을 수 있다"라고 하였다. 모용외는 그의 아들 황(皝)과 장사(長史) 배억(裴嶷)으로 하여금 정예병을 이끌게 하여 선봉대로 삼고 자신은 대군을 거느리고 그 뒤를 이으니, 실독관이 크게 패해 겨우 제 몸만 건졌다. 최비가 이를 듣고 자신의 형의 아들 도(燾)를 시켜 극성에 가서 거짓으로 축하하게 하니, 모용외가 군사를 대동하고 나와 만났다. 이에 도가 두려워 자백하고 말았다. 모용외는 곧 도를 돌려보내 최비에게 이르기를 "항복하는 것이 상책이고 도망가는 것은 하책이다"라 하고, 군사를 이끌어 그 뒤를 따랐다. 최비는 기병 수십 명과 함께 집을 버린 채 우리에게 도망해 오고, 그들 남은 무리는 모두 모용외에게 항복하였다. 모용외는 그의 아들 인(仁)으로 하여금 요동(遼東)을 진무하게 하니, 관부 및 저자와 마을들이 예전처럼 편안히 살게 되었다. 우리 장수 여노(如孥)가 하성(河城)에 웅거했는데, 모용외가 장군 장통(張統)을 보내 덮쳐서 여노를 사로잡고, 그 주민 1천여 가를 포로로 하여 극성으로 돌아갔다. 왕은 자주 군사를 보내 요동을 침공하였다. 모용외가 모용한(慕容翰)과 모용인(慕容仁)을 보내 쳐들어왔는데, 왕이 동맹을 요구하자 그들은 곧 돌아갔다.

21년 겨울 12월에 군사를 보내 요동을 침구했는데, 모용인이 막아 싸워 패하였다.

31년에 사신을 후조(後趙)의 석륵(石勒)14)에게 보내 호시(楛矢)를 선

---

14) 후조는 흉노계통 갈종(羯種)의 석륵(274~333)을 시조로 하여 319년부터 351년까지 8대 34년 동안 존속한 5호 16국 가운데 하나이다. 석륵은 진(晉)의 산동 지방 민가의 노예로 되었다가, 뒤에 도적의 수령이 되어 석륵으로 개명하였다. 319년에 하내군(河內郡) 등 24개 군을 근거로 하여 조왕(趙王)을 칭하니, 유요(劉曜)의 전조(前趙)와 구별해 이를 후조라고 한다. 329년 전조를 병합하고 이듬해 황

사하였다.

  32년 봄 2월에 왕이 죽었다. 미천의 언덕에 장사 지내고, 왕호를 미천
왕이라 하였다.

• 삼국사기 권 제17

제의 위에 올라 한족(漢族)을 보호하고 관제를 정비했으며, 한만융합(漢蠻融合)
정책을 추진하여 중국 문화를 중시하고 만족의 여러 풍습을 고쳐 나갔다.『진서』
104~105 석륵재기.

삼국사기 권 제18

고구려본기 제6
고국원왕, 소수림왕, 고국양왕,
광개토왕, 장수왕

고국원왕(故國原王)〔국강상왕(國岡上王)이라고도 한다〕은 이름이 사유(斯由)〔혹은 쇠(釗)라고 한다〕이고, 미천왕 15년에 태자로 세워졌으며, 32년 봄에 왕이 죽자 왕위에 올랐다.

2년(332) 봄 2월에 왕이 졸본으로 가서 시조묘에 제사를 지내고, 돌아다니면서 백성 가운데 늙고 병든 이들을 찾아 구휼해주었다. 3월에 왕이 졸본에서 돌아왔다.

4년 가을 8월에 평양성을 증축하였다. 겨울 12월에 눈이 내리지 않았다.

5년 봄 정월에 나라 북쪽에 신성(新城)을 쌓았다. 가을 7월에 서리가 내려 곡식을 해쳤다.

6년 봄 3월에 큰 별이 서북방으로 흘러 떨어졌다. 사신을 진(晉)에 보내 방물을 바쳤다.

9년 연(燕) 왕 모용황(慕容皝)[1]이 침입해 와 그들 군사가 신성까지 다

---

1) 모용황(297~348)은 전연의 제1대 왕으로 모용외의 아들이다. 모용외를 이어 337년 연왕(燕王)을 자칭하였다. 후조(後趙)와 함께 단부를 격파하였고, 다시 후조와 대

다랐다. 이에 왕이 맹약을 요청했더니 그제야 돌아갔다.

10년에 왕이 세자를 보내 연 왕 모용황을 조알하게 하였다.

12년 봄 2월에 환도성을 수리하고 또 국내성을 쌓았다. 가을 8월에 환도성으로 거처를 옮겼다.

겨울 10월에 연 왕 모용황이 용성(龍城)으로 도읍을 옮겼다. 입위장군(立威將軍)[2] 모용한(慕容翰)이 청하기를, 먼저 고구려를 빼앗고 뒤에 우문(宇文)을 쳐부순 다음에라야 중원을 도모할 수 있다고 하였다. 고구려에는 두 길이 있는데 그 북쪽 길은 평탄하고 넓었으며 남쪽 길은 험하고 좁았으므로, 그들 무리가 북쪽 길로 가고자 하였다. 모용한이 말하기를 "적들은 일반적인 정서로 판단해 반드시 우리 대군이 북쪽 길로 오리라고 여겨 응당 북쪽에 치중하고 남쪽을 가벼이 할 것입니다. 그러므로 왕께서 정예 군사를 거느리고 남쪽 길을 따라 불의에 나가 치신다면 환도성은 빼앗을 나위조차 없을 것입니다. 이때 따로 일부 군사를 북쪽 길로 내보내면 설사 차질이 있다 하더라도 그들의 심장부가 이미 무너졌으니 팔다리가 할 수 있는 일이 없을 것입니다"라고 하였다. 모용황이 이 말을 따랐다.

11월에 모용황은 스스로 강병 4만을 거느리고 남쪽 길로 나와 모용한과 모용패(慕容覇)를 선봉으로 삼고, 따로 장사(長史) 왕우(王寓) 등을 보내 군사 1만 5천 명을 거느리고 북쪽 길로 나와서 침략하게 하였다. 왕은 아우 무(武)를 보내 정예군 5만 명을 거느리고 북쪽 길을 막게 하고, 자신은 약한 군사를 이끌고 남쪽 길을 방비하였다. 모용한 등이 먼저 이르러 교전하고 모용황이 대군으로 그 뒤를 이으니, 우리 군사가 크게 패

립하였다. 뒤에 동진으로부터 연왕의 칭호를 인정받았으며, 341년에는 도읍을 용성(龍城)으로 옮겼다. 밖으로는 우문부와 고구려를 쳐서 세력을 확대하고, 안으로는 농경을 장려해 민생을 안정시키고 중국 문화를 보호하였다. 『진서』109 재기 9 모용황.

2) 여기의 '입'(立) 자는 고려 태조의 이름자 '건'(建)을 피휘(避諱)하기 위해 의미가 통하는 글자로 대신한 사례이다.

하였다. 좌장사(左長史) 한수(韓壽)가 우리 장수 아불화도가(阿佛和度加)를 베니, 여러 부대가 승세를 타고 드디어 환도성으로 들어왔다. 왕이 홀로 말을 타고 달아나 단웅곡(斷熊谷)으로 들어가자, 연의 장군 모여니(慕輿埿)가 추격해 왕모 주씨(周氏)와 왕비를 잡아 돌아갔다. 이때 왕우 등은 북쪽 길에서 싸웠는데 모두 패해 전사하였다. 이로 말미암아 모용황은 더 이상 끝까지 추격하지는 않고 사신을 보내 왕을 나오도록 불렀으나 왕이 나가지 않았다.

모용황이 장차 돌아가려 할 때 한수가 말하기를 "고구려의 땅은 군사로 지킬 수는 없습니다. 이제 그 임금이 도망가고 백성은 흩어져 산골짜기에 숨어 있으나, 우리 대군이 한번 떠나고 나면 반드시 다시 모여들어 전화의 뒤끝을 수습할 것이니, 오히려 이것이야말로 근심거리가 될 것입니다. 청컨대 고구려 왕의 아버지 시신을 싣고 그 생모를 잡아갔다가, 그들이 어찌할 도리없이 제 발로 찾아와 귀복하기를 기다린 다음에야 그들을 돌려보내서 은혜와 신의로 무마하는 것이 상책입니다"라고 하였다. 모용황이 그 말을 따라 미천왕의 무덤을 파헤쳐서 그 시신을 싣고, 창고에 있는 누대의 보물을 거두었으며, 남녀 5만여 명을 사로잡고 궁실을 불사른데다 환도성을 허물어뜨리고 돌아갔다.

13년 봄 2월에 왕이 아우를 연에 보내 자신을 신하로 일컬으면서 들어가 조알하게 하고, 진기한 물품 1천여 가지를 바쳤다. 연 왕 모용황이 그제서야 왕부의 시신을 돌려주었으나 왕모는 여전히 억류해 볼모로 삼았다.

가을 7월에 평양의 동황성(東黃城)으로 거처를 옮겼다. 동황성은 지금의 서경(西京) 동쪽 목멱산(木覓山) 가운데 있다. 사신을 진(晉)에 보내 조공하였다. 겨울 11월에 눈이 5척이나 내렸다.

15년 겨울 10월에 연 왕 모용황이 모용각(慕容恪)을 시켜 쳐들어와서 남소성(南蘇城)을 함락시킨 다음 수비대를 배치해두고 돌아갔다.

19년에 왕이 전동이호군(前東夷護軍) 송황(宋晃)을 연에 보냈더니, 연왕 모용준(慕容儁)[3]이 그를 용서하고 이름을 고쳐 활(活)이라고 하였으

며, 중위(中尉)로 임명하였다.[4]

25년 봄 정월에 왕자 구부(丘夫)를 왕태자로 삼았다. 겨울 12월에 왕이 사신을 연에 보내 볼모를 들이고 조공을 닦으면서 왕모를 돌려보내 줄 것을 요청하였다. 연 왕 모용준이 이를 허락해 전중장군(殿中將軍) 도감(刀龕)을 보내 왕모 주씨를 호송해서 귀국시키고, 왕을 정동대장군영주자사(征東大將軍營州刺史)로 삼았다. 낙랑공이나 고구려 왕으로 봉한 것은 예전과 같았다.

39년 가을 9월에 왕이 군사 2만 명을 보내 남쪽으로 백제를 쳤는데 치양(雉壤)에서 싸우다 패배하였다.

40년 진(秦)의 왕맹(王猛)[5]이 연을 쳐부수자 연의 태부(太傅) 모용평(慕容評)이 도망해 왔는데, 왕이 잡아서 진으로 압송하였다.

41년 겨울 10월에 백제 왕이 군사 3만 명을 거느리고 평양성에 쳐들어왔다. 왕이 군사를 내어 이를 막다가 날아온 화살에 맞았다.

이달 23일에 왕이 죽자, 고국의 언덕에 장사 지냈다[백제 개로왕이 위에 보낸 표문에 "쇠(釗)의 머리를 베어 매달았다"라고 한 것은 지나친 말이다].[6]

---

3) 모용준(319∼360)은 전연의 제2대 왕으로 모용황의 둘째 아들이다. 350년에 수도를 용성에서 계(薊)로 옮기고 352년에 제위에 올랐으며, 357년 업(鄴)으로 천도하여 화북에 중심을 두게 되었다. 또한 흉노를 항복시키고 고구려로부터 입공을 받는 등 세력의 신장을 이루었다. 『진서』110 재기 10 모용준.

4) 이 기사는 『자치통감』98 진기(晉紀) 20 영화(永和) 5년조 기사를 인용한 것이다. 송황은 함강(咸康) 4년(338) 연 왕 모용황을 등지고 고구려로 망명해 왔던 인물이다. 연 내부의 정란으로 말미암아 고구려에 망명해 오는 일이 종종 있었으니, 송황이 오기 2년 전 모용인(慕容仁)의 반란 세력이 괴멸될 때도 곽충(郭充)·동수(佟壽) 등이 투신해 온 바 있다. 특히 동수는 안악(安岳) 3호분의 명문에 보이는 동수(冬壽)와 동일 인물로 판단한다. 『자치통감』95 진기 17 함강 2년 및 『진서』109 재기 모용황.

5) 진은 351년부터 394년까지 5대 44년간 존속한 5호 16국의 하나로, 전진(前秦)으로 통칭된다. 신라본기 내물 이사금 26년조 주석을 참조할 것. 왕맹에 대해서는 고국천왕 13년조 사론의 주석을 참조할 것.

6) 이것은 본서 백제본기 3 개로왕 18년조를 고려한 분주이다.

소수림왕(小獸林王)[소해주류왕(小解朱留王)이라고도 한다]은 이름이 구부(丘夫)이고, 고국원왕의 아들이다. 키가 크고 웅대한 지략이 있었다. 고국원왕 25년에 태자로 세워졌다가, 41년에 왕이 죽자 태자로서 왕위에 올랐다.

2년(372) 여름 6월에 진(秦) 왕 부견(苻堅)이 사신과 승려 순도(順道)를 파견해 불상과 경문을 보내왔다. 왕이 사신을 보내 답례로 방물을 바쳤다.[7] 태학(太學)을 세워서 자제들을 교육하였다.

3년에 처음으로 율령을 반포하였다.

4년에 승려 아도(阿道)가 왔다.

5년 봄 2월에 비로소 초문사(肖門寺)를 창건해 순도를 있게 하고 또 이불란사(伊弗蘭寺)를 창건해 아도를 있게 했으니, 이것이 해동 불법(佛法)의 시초이다. 가을 7월에 백제의 수곡성(水谷城)을 쳤다.

6년 겨울 11월에 백제의 북쪽 변경을 침공하였다.

7년 겨울 10월에 눈이 내리지 않고 우레가 쳤으며, 민간에 전염병이 돌았다. 백제가 군사 3만 명을 거느리고 와 평양성을 침공하였다. 11월에 남쪽으로 백제를 쳤다. 사신을 부씨(苻氏)의 진에 들여보내 조공하였다.

8년에 가물어 백성들이 굶주리자 서로 잡아먹었다. 가을 9월에 거란(契丹)[8]이 북쪽 변경을 침범해 여덟 부락을 함몰시켰다.

13년 가을 9월에 혜성이 서북방에 나타났다.

14년 겨울 11월에 왕이 죽었다. 소수림에 장사 지내고, 왕호를 소수림왕이라 하였다.

고국양왕(故國壤王)은 이름이 이련(伊連)[혹은 어지지(於只支)라고 한

---

7) 『삼국유사』 흥법 순도조려(順道肇麗)조에 자세하다.
8) 거란은 동호족의 갈래로 진·한시대에 흉노에게 격파되었으며, 요하 유역에서 선비족과 잡거하였다. 후에 고구려와 당과 돌궐 사이에 전전하며 예속되었으나, 당대에는 8부로 나누어졌으며, 당 말 이후 세력을 결집하여 해(奚)·발해·실위(室韋)·여진을 격파하고 돌궐의 옛 땅을 차지해 요제국을 건설하기에 이르렀다.

다]이고, 소수림왕의 아우이다. 소수림왕이 왕위에 있은 지 14년에 죽고, 아들이 없자 아우 이련이 왕위에 올랐다.

2년(385) 여름 6월에 왕이 군사 4만 명을 내서 요동을 습격하였다. 이에 앞서 연 왕 모용수(慕容垂)[9]가 대방왕(帶方王) 모용좌(慕容佐)를 시켜 용성(龍城)을 진무하게 했는데, 모용좌는 우리 군사가 요동을 습격한다는 말을 듣고 사마(司馬) 학경(郝景)을 보내 군사를 거느리고 와 구원하게 했으나, 우리 군사가 그를 쳐부수었다. 드디어 요동과 현도를 함락시키고 남녀 1만여 명을 사로잡아 돌아왔다.

겨울 11월에 연의 모용농(慕容農)이 군사를 이끌고 침입해 와서 다시 요동과 현도의 두 군을 수복하였다. 처음에 유주(幽州)와 기주(冀州)의 유랑민들 다수가 우리에게 의탁해 왔는데, 모용농이 범양(范陽)의 방연(龐淵)을 요동태수로 삼아 그들을 불러들여 무마하게 하였다. 12월에 지진이 있었다.

3년 봄 정월에 왕자 담덕(談德)을 태자로 삼았다. 가을 8월에 왕이 군사를 발동해 남쪽으로 백제를 쳤다. 겨울 10월에 복숭아나무와 오얏나무에 꽃이 피었다. 소가 말을 낳았는데 발이 여덟 개였고 꼬리는 둘이었다.

5년 여름 4월에 크게 가물었다. 가을 8월에 누리가 있었다.

6년 봄에 기근이 들어 사람들이 서로 잡아먹으므로, 왕이 창고를 열어 구휼해주었다. 가을 9월에 백제가 쳐들어와서 남쪽 변경의 부락들을 노략질해 돌아갔다.

7년 가을 9월에 백제가 달솔(達率) 진가모(眞嘉謨)를 보내 도압성(都押

---

9) 모용수(326~396)는 후연(後燕)의 제1대 왕으로 모용황의 다섯째 아들이며 모용준의 아우이다. 전연을 격파한 전진(前秦)의 부견이 그를 후대하여 관군장군(冠軍將軍)으로 삼았는데, 후에 자립하고자 하여 부견을 배반하였다. 연 왕을 자칭하고 중산(中山)에 도읍했다가 386년에 칭제하였다. 395년에 서쪽의 북위(北魏)를 치다가 실패한 뒤로 북위와 대립해 그 압박을 격심하게 받게 되었다. 『진서』 123 재기 23 모용수.

城)을 쳐부수고 2백 명을 사로잡아서 돌아갔다.

9년 봄에 사신을 신라에 보내 우호를 닦았다. 신라 왕이 조카 실성(實聖)을 볼모로 보내왔다. 3월에 왕이 교서를 내려 불교를 받들고 믿어 복을 빌라 하였다. 관련 부서에 명해 국사(國社)를 세우고 종묘(宗廟)를 수리하게 하였다.

여름 5월에 왕이 죽었다. 고국양에 장사 지내고, 왕호를 고국양왕이라 하였다.

광개토왕(廣開土王)은 이름이 담덕(談德)이고, 고국양왕의 아들이다. 나면서부터 허우대가 컸으며 뛰어나고 활달한 뜻이 있었다. 고국양왕 3년에 태자로 세워졌다가, 9년에 왕이 죽자 태자로서 왕위에 올랐다.[10]

가을 7월에 남쪽으로 백제에 쳐들어가 10개의 성을 함락시켰다.

9월에 북쪽으로 거란을 쳐서 남녀 5백 명을 사로잡고, 또 본국에서 잡혀갔던 백성 1만 명을 불러내 타일러 데리고 돌아왔다.

겨울 10월에 백제의 관미성(關彌城)을 쳐서 함락시켰다. 그 성은 사면이 깎아지른 절벽이고 바닷물이 둘러 있어, 왕이 군사를 일곱 갈래로 나누어 20일 동안 공격해서야 함락시켰다.

2년(392) 가을 8월에 백제가 남쪽 변경을 침노하므로 장수에게 명해 막게 하였다. 평양에 아홉 개의 절을 창건하였다.

3년 가을 7월에 백제가 쳐들어오자 왕이 정예 기병 5천 명을 거느리고 맞받아 쳐부수었으며, 남은 적들은 밤에 도망하였다. 8월에 나라 남쪽에 일곱 성을 쌓아 백제의 침구에 대비하였다.

---

10) 본서의 연표에 따를 경우 고국양왕의 졸년, 즉 광개토왕의 즉위년은 임진년(392)이 된다. 그러나 414년에 세워진 「광개토왕비」에는 영락(永樂) 5년을 을미년이라고 하였고, 영락이 광개토왕의 즉위에서 비롯한 연호이므로, 즉위 원년은 신묘년(391)이어야 옳다. 따라서 고국양왕의 재위는 8년에 끝나고, 광개토왕 역시 같은 해에 즉위한 것으로 수정하여 고구려본기의 재위연수는 1년씩 늦춰져야 한다. '영락'의 연호는 1976년에 알려진 덕흥리고분의 명문 가운데서도 사용된 예가 있다.

4년 가을 8월에 왕이 백제와 더불어 패수 가에서 싸워 크게 쳐부수고, 8천여 명을 사로잡았다.

9년 봄 정월에 왕이 사신을 연에 보내 조공하였다. 2월에 연 왕 모용성 (慕容盛)[11]이 우리 왕의 예의가 오만하다 하여 스스로 군사 3만 명을 거느리고 습격해 왔다. 표기대장군(驃騎大將軍) 모용희(慕容熙)를 선봉으로 삼아 신성(新城)과 남소(南蘇)의 두 성을 함락시키고 7백여 리의 땅을 넓혀서 백성 5천여 호를 옮겨놓고 돌아갔다.

11년에 왕이 군사를 보내 숙군성(宿軍城)을 치자, 연의 평주자사(平州刺史) 모용귀(慕容歸)가 성을 버리고 달아났다.

13년 겨울 11월에 왕이 군사를 출동시켜 연을 침공하였다.

14년 봄 정월에 연 왕 모용희(慕容熙)[12]가 요동에 쳐들어왔다. 성이 막 함락되려 하자 모용희가 장병들에게 말하기를 "먼저 성에 오르지 말라. 성이 평정되기를 기다려 내가 황후와 함께 가마를 탄 채로 들어가리라" 하였다. 이 때문에 성안에서 엄중히 방비할 수 있게 되어 끝내 이기지 못하고 돌아갔다.

15년 가을 7월에 누리가 생기고 가뭄이 들었다.

겨울 12월에 연 왕 모용희가 거란을 습격했는데, 경북(陘北)까지 와서는 거란의 군사가 많은 것을 두려워해 돌아가고자 하였다. 마침내 군수품들을 버리고 군사를 가볍게 해서 우리를 습격해 왔다. 연의 군사들은 3

---

11) 모용성은 후연의 제3대 왕으로, 제2대 왕인 모용보(慕容寶)의 서장자(庶長子)이다. 398년부터 401년까지 재위하였다. 전연이 부견에게 멸망당한 뒤 후연을 세운 모용수 아래로 가서 장락공(長樂公)에 봉해졌으며, 모용보가 피살되자 그 뒤를 이어 국력 부흥을 도모하여 고구려와 고막해(庫莫奚)를 쳐서 승리하기도 했으나, 역시 금군(禁軍)의 반란이 일어나 피살당하였다. 『진서』124 재기 24 모용성.

12) 모용희(385~407)는 후연의 제4대 왕으로 모용수의 작은 아들이니 3대 왕 모용성의 숙부이다. 401년부터 407년까지 재위하였다. 모용성이 피살된 후 즉위했는데, 정치와 형벌이 혹독하고 토목공사를 대대적으로 일으켜 백성을 혹사했으므로, 결국 풍발(馮跋)이 옹립한 모용운에게 살해됨으로써 후연은 멸망하고 말았다. 『진서』124 재기 24 모용희.

천여 리를 행군하여 사람과 말이 피로하고, 얼어서 죽은 이들이 길에 이어지더니, 우리의 목저성(木底城)을 치다가 이기지 못하고 돌아갔다.

16년 봄 2월에 궁궐을 증축하고 수리하였다.

17년 봄 3월에 사신을 북연(北燕)에 보내 종족의 예를 차렸더니, 북연왕 모용운(慕容雲)이 시어사(侍御史) 이발(李拔)을 보내 답례하였다. 모용운의 할아버지 고화(高和)는 고구려 왕실에서 갈려나온 혈족인데, 스스로 이르기를 고양씨(高陽氏)의 후예이므로[13] 고씨라고 했다 한다. 처음에 모용보(慕容寶)가 태자가 되었을 때 운(雲)이 무예로 동궁을 모셨는데, 모용보가 그를 아들로 삼고 모용씨라는 성을 내려주었다.[14]

18년 여름 4월에 왕자 거련(巨連)을 태자로 삼았다. 가을 7월에 나라 동쪽에 독산(禿山) 등 여섯 성을 쌓고 평양의 민호를 옮겼다. 8월에 왕이 남쪽 지방을 돌아보았다.

22년 겨울 10월에 왕이 죽었다. 왕호를 광개토왕이라 하였다.[15]

장수왕(長壽王)은 이름이 거련(巨連)〔'연'(璉)이라고도 쓴다〕이고 광개토왕의 맏아들이다. 체격이 우뚝 크고 기개가 호걸스러웠다. 광개토왕 18년에 태자로 세워졌다가, 22년에 왕이 죽자 왕위에 올랐다.

원년(413)에 장사(長史) 고익(高翼)을 진(晉)에 들여보내 표문을 올리

---

13) 고양씨는 황제(黃帝)의 둘째 아들 창의(昌意)의 아들로, 황제를 이어 즉위한 전욱 (顓頊)을 말한다. 그는 농작물을 심고 가축을 기르며 황무지를 일구었다 하며, 계절과 기상의 변화를 고려해 일을 처리하였고, 귀신을 섬기는 예를 제정했다 한다. 『사기』 오제본기(五帝本紀).

14) 모용운에 관한 내용은 『진서』 124 재기 24 모용운조에 의거한 것이다. 그는 후연의 제2대 왕 모용보의 양자가 된 고구려인으로서, 제4대 왕 모용희가 살해된 뒤 풍발(馮跋)에 추대되어 천왕(天王)의 지위에 오르자, 성을 고씨로 회복하고 국호를 대연(大燕)이라고 하였다. 407년부터 409년까지 재위하였다. 그러나 실권은 풍발에게 있었으며, 결국 심복 부하에게 살해되었다. 이어 풍발이 즉위하여 용성(龍城)에 도읍하니, 곧 북연 태조 문성제(文成帝)이다.

15) 길림성 집안현의 일명 '태왕릉'(太王陵)을 광개토왕의 능묘로 보는 것이 일반적이다.

고, 붉은 무늬가 있는 흰말을 바쳤다. 안제(安帝)가 왕을 고구려왕낙안군공(高句麗王樂安郡公)으로 책봉하였다.

2년 가을 8월에 기이한 새들이 왕궁에 모여들었다. 겨울 10월에 왕이 사천(蛇川)의 언덕에서 사냥해 흰 노루를 잡았다. 12월에 왕도에 눈이 5척이나 내렸다.

7년 여름 5월에 나라 동쪽 지방에 홍수가 났다. 왕이 사신을 보내 위문하였다.

12년 봄 2월에 신라가 사신을 보내와 방문의 예를 닦았다. 왕이 특별히 두텁게 그들을 위로하였다. 가을 9월에 크게 풍년이 들자 왕이 궁중에서 여러 신하에게 잔치를 베풀었다.

13년에 사신을 위(魏)[16]에 보내 조공하였다.

15년에 평양으로 도읍을 옮겼다.

23년 여름 6월에 왕이 사신을 위에 들여보내 조공하면서 황제들의 이름자를 알려줄 것을 요청하였다. 위 세조(世祖)가 그 정성을 가상히 여겨 제실의 계보와 이름들을 기록해 보내주게 하고, 원외산기시랑(員外散騎侍郞) 이오(李敖)를 보내 왕을 도독요해제군사정동장군영호동이중랑장요동군개국공고구려왕(都督遼海諸軍事征東將軍領護東夷中郞將遼東郡開國公高句麗王)으로 임명하였다. 가을에 왕이 사신을 위에 들여보내 은혜에 감사하였다.

위나라 사람들이 자주 연을 치자, 연은 날로 위태롭고 절박해졌다. 연왕 풍홍(馮弘)[17]이 말하기를 "만일 사태가 급박해지면 동쪽 고구려에

---

16) 선비족 탁발부(拓跋部)가 화북에 세운 왕조로, 북위 즉 후위(後魏)로 통칭되며, 원위(元魏)라고도 한다. 서진(西晋)이 멸망한 후 대왕(代王) 탁발규(拓跋珪)가 자립해 386년 황제를 일컫고 국호를 위라고 했으니, 이가 곧 태조 도무제(道武帝)이다. 이후 북위는 고막해(庫莫奚)·정령(丁零)·흉노를 토멸하고, 중국 진출을 개시하여 북연·북량(北涼)을 정벌하는 등 동쪽으로는 요하에서 고구려와 접하고, 서쪽으로는 돈황(敦煌)에 이르러 서역 국가들을 조공국으로 만들어 강북의 통일을 완성하였다.

17) 풍홍은 풍발의 아우로 자는 문통(文通)이고, 북연의 제2대 황제 소문제(昭文帝)이다.

잠시 의탁했다가 후일 일어날 것을 도모해야겠다" 하고 은밀하게 상서 (尙書) 양이(陽伊)를 우리에게 보내 받아줄 것을 요청하였다.

24년에 연 왕이 사신을 위에 들여보내 조공하고, 시자(侍子)를 보낼 것을 요청하였다.[18] 위나라 임금이 허락하지 않고 장차 군사를 일으켜 연을 치고자 사신을 우리에게 보내 알려왔다.

여름 4월에 위가 연의 백랑성(白狼城)을 쳐서 이겼다. 왕이 장수 갈로 (葛盧)와 맹광(孟光)을 보내 군사 수만 명을 거느리고 양이(陽伊)를 따라 화룡(和龍)까지 가서 연 왕을 맞이하게 하였다. 갈로와 맹광이 화룡성에 들어가 군사들에게 해진 베옷을 벗게 하고, 연나라 무기고의 정교한 의 장을 탈취해 그들에게 지급하고 성안을 온통 약탈하였다.

5월에 연 왕이 용성(龍城)에 있던 백성들을 이끌고 동쪽으로 옮겨가면 서 궁전에 불을 지르니 불길이 열흘 동안이나 잦아들지 않았다. 부인들 은 갑옷을 입혀서 가운데 있게 하고, 양이(陽伊) 등은 정예군을 정돈해 바깥에 서게 했으며, 갈로와 맹광은 기병을 거느리고 맨 뒤에 서서 수레 를 나란히 해 나가니 앞뒤로 80여 리였다. 위나라 임금이 이를 듣고 산기 상시(散騎常侍) 봉발(封撥)을 보내와 연 왕을 압송해 오게 하였다. 왕은 사신을 위에 보내 표문을 바치면서 마땅히 풍홍(馮弘)과 함께 위나라 임 금의 교화를 받들겠노라고 하였다. 위나라 임금은 우리 왕이 조칙을 어 겼다 하여 칠 것을 논의하고 장차 농우(隴右)의 기병을 출동시키려 했는 데, 유결(劉絜)과 낙평왕(樂平王) 비(丕) 등이 만류해 그만두었다.

25년 봄 2월에 사신을 위에 들여보내 조공하였다.

26년 봄 3월 초순에 연 왕 풍홍이 요동에 이르렀다. 왕이 사신을 보내

중산공(中山公)에 봉해졌다가 풍발 사후 태자인 조카 풍익(馮翼)을 죽이고 자립하였 다. 북위 태무제(太武帝)의 공격을 받아 멸망하였다. 『진서』 125 재기(載記) 풍발.

18) 시자는 아들을 인질로 하여 천자를 시종하게 하는 것을 말하니, 질자(質子)와 같은 말이다. 북위 세조(世祖)는 연화(延和) 3년(434)에 풍홍에게 시자를 보낼 것을 요구 했으나 병을 칭하고 회피하였다. 그 뒤 풍홍은 태연(太延) 2년(436) 봄에 북위의 전 면 공세가 닥칠 즈음에 와서야 시자를 보내고자 했으나, 이번에는 북위 쪽에서 이 를 거절하고 군사 공세를 가해 북연을 멸망시키고 말았다. 『위서』 4 상 세조기.

그를 위로하며 말하기를 "용성왕(龍城王) 풍군(馮君)이 이에 와서 들에 묵으니 병사와 말들이 수고들 하오"라고 하였다. 풍홍이 창피하고도 노여워 황제의 말이라 일컬어 왕을 꾸짖었다. 왕이 그를 평곽(平郭)에 두고 조금 있다가 북풍(北豐)으로 옮겼다. 풍홍은 평소부터 우리를 업신여겨 정사와 형벌과 상벌 따위를 여전히 자기 나라에서 하듯 하였다. 그러자 왕이 그의 시종들을 빼앗아버리고 그의 태자 왕인(王仁)을 데려다 볼모로 삼았다. 풍홍이 이를 원망하여 사신을 송에 보내 표문을 올려서 맞아줄 것을 요청하였다.

이에 송 태조(太祖)는 사신 왕백구(王白駒) 등을 보내 그를 맞아오게 하고 아울러 우리에게 호송을 돕게 하였다. 왕은 풍홍이 남쪽으로 가는 것을 달가워하지 않아, 장수 손수(孫漱)와 고구(高仇) 등을 보내 북풍에서 풍홍과 그의 자손 10여 명을 죽였다. 왕백구 등은 거느리고 온 7천여 명을 이끌고 고구와 손수를 덮쳐서 고구를 죽이고 손수를 사로잡았다. 왕은 왕백구 등이 제멋대로 죽였다 하여 사신을 보내 그를 잡아 송에 압송하였다. 송 태조는 고구려가 멀리 있는 나라이므로 그 뜻을 어기고 싶지 않아 왕백구 등을 옥에 가두었다가, 얼마 후에 용서해주었다.

27년 겨울 11월에 사신을 위에 들여보내 조공하였다. 12월에 사신을 위에 들여보내 조공하였다.

28년에 신라인들이 우리 변경의 장수를 습격해 죽였다. 왕이 노하여 장차 군사를 일으켜 치려 하자, 신라 왕이 사신을 보내 사죄하므로 그만 중지하였다.[19]

42년 가을 7월에 군사를 보내 신라의 북쪽 변경을 침공하였다.

43년에 사신을 송에 들여보내 조공하였다.

50년 봄 3월에 사신을 위에 들여보내 조공하였다.

---

19) 같은 사실이 신라본기에는 눌지 마립간 34년(450)조에 기재되어 10년의 오차가 있다. 경진(庚辰 : 440)과 경인(庚寅 : 450)의 천간(天干)이 일치한 데서 온 오기일 것이다.

51년에 송 세조(世祖) 효무황제(孝武皇帝)가 왕을 거기대장군개부의
동삼사(車騎大將軍開府儀同三司)로 책봉하였다.

53년 봄 2월에 사신을 위에 들여보내 조공하였다.

54년 봄 3월에 위에 사신을 들여보내 조공하였다. 위 문명태후(文明太
后)는 현조(顯祖)[20]의 육궁(六宮)[21]이 갖추어지지 않았다 하여, 우리 왕
에게 딸을 바치라 하였다. 왕이 표문을 올려 '딸은 이미 출가하였다' 하
고 아우의 딸로 부응하고자 했더니, 허락하고 곧 안락왕(安樂王) 진(眞)
과 상서(尙書) 이부(李敷) 등을 보내 국경에 이르러 폐백을 보냈다. 이때
어떤 이가 왕에게 권고하기를 "위는 예전에 연과 혼인을 하더니 얼마 후
연을 쳤는데, 이는 사신들이 오가면서 연나라 지세의 평탄함과 험함을
자세히 알게 된 때문입니다. 연의 지난 사례가 머지않으니 적의한 방법
으로 거절하는 것이 좋겠습니다"라고 하였다. 왕이 마침내 글을 올려 아
우의 딸이 죽었다고 둘러댔다. 위는 이것이 속임수가 아닌가 의심하여
다시 가산기상시(假散騎常侍) 정준(程駿)을 보내 엄중히 질책하고, "만
약 딸이 참으로 죽었거든 다시 종실의 다른 여자를 선택해도 좋으리라"
라고 하였다. 왕은 "만약 천자께서 지난 허물을 용서한다면 삼가 마땅히
조칙을 받들겠나이다"라고 하였다. 이즈음 현조가 돌아갔으므로 이 일
은 그만 중지되었다.

55년 봄 2월에 사신을 위에 들여보내 조공하였다.

56년 봄 2월에 왕이 말갈 군사 1만 명을 동원해 신라의 실직주성(悉直
州城)을 쳐서 빼앗았다. 여름 4월에 사신을 위에 들여보내 조공하였다.

---

20) 현조는 북위 고종 문성제(文成帝)의 아들인 제5대 황제 헌문제(獻文帝) 탁발홍(拓
跋弘)의 묘호이다. 문명태후는 문성제의 문명황후 풍씨(馮氏)를 말하는데, 헌문
제가 즉위하여 황태후로 높였다.

21) 6궁은 옛날 황후의 여섯 궁전으로, 정침(正寢) 하나와 연침(燕寢) 다섯을 이른다.
정침은 노침(露寢)이라고도 하며 앞에 있고, 연침은 소침(小寢)이라고도 하며 뒤
에 있다. 『예기』 혼의(昏義)편에 의하면, 옛날 천자의 후는 6궁을 세우고 3부인·
9빈(嬪)·27세부(世婦)·81어처(御妻)를 거느리고서 천하의 내치(內治)를 주관했
다 한다. 여기서는 결국 황제의 비빈들이 거주하는 궁전을 이른다.

57년 봄 2월에 사신을 위에 들여보내 조공하였다. 가을 8월에 백제 군사가 남쪽 변경에 침입하였다.

58년 봄 2월에 사신을 위에 들여보내 조공하였다.

59년 가을 9월에 백성 노구(奴久) 등이 달아나 위에 항복하니, 위는 그들에게 각각 토지와 살 집을 내려주었다. 이해가 위 고조(高祖) 연홍(延興) 원년(471)이다.

60년 봄 2월에 사신을 위에 들여보내 조공하였다. 가을 7월에 사신을 위에 들여보내 조공하였다. 이때부터 이후로는 공물로 바치는 것이 이전보다 배가 되었으며, 그에 대한 보답으로 내려주는 것도 역시 조금 증가하였다.

61년 봄 2월에 사신을 위에 들여보내 조공하였다. 가을 8월에 사신을 위에 들여보내 조공하였다.

62년 봄 3월에 사신을 위에 들여보내 조공하였다. 가을 7월에 사신을 위에 들여보내 조공하였다. 사신을 송에 들여보내 조공하였다.

63년 봄 2월에 사신을 위에 들여보내 조공하였다. 가을 8월에 사신을 위에 들여보내 조공하였다.

9월에 왕이 군사 3만 명을 거느리고 백제를 침공해 그 왕도 한성(漢城)을 함락시켰으며, 그 왕 부여경(扶餘慶)을 죽이고 남녀 8천 명을 잡아서 돌아왔다.

64년 봄 2월에 사신을 위에 들여보내 조공하였다. 가을 7월에 사신을 위에 들여보내 조공하였다. 9월에 사신을 위에 들여보내 조공하였다.

65년 봄 2월에 사신을 위에 들여보내 조공하였다. 가을 9월에 사신을 위에 들여보내 조공하였다.

66년에 사신을 송에 들여보내 조공하였다. 백제의 연신(燕信)이 투항해 왔다.

67년 봄 3월에 사신을 위에 들여보내 조공하였다. 가을 9월에 사신을 위에 들여보내 조공하였다.

68년 여름 4월에 남제(南齊)[22]의 태조(太祖) 소도성(蕭道成)이 왕을 표기대장군(驃騎大將軍)으로 책봉하였다. 왕이 여노(餘奴) 등을 사신으로 보내 남제에 조빙하게 했는데, 위나라 광주(光州) 사람이 바다 가운데서 여노 등을 붙들어 대궐로 압송하였다. 위 고조(高祖)가 조서를 보내 왕을 질책하기를 "소도성은 제 손으로 자기 임금을 죽이고 강좌(江左)에서 황제의 자리를 도적질했도다. 내가 바야흐로 멸망한 나라를 옛 땅에서 일으켜주고 유씨(劉氏)에게 끊어진 세대를 잇게 하려 하거늘, 그대는 국경을 넘어 외부와 교제하고 멀리 임금을 죽인 역적과 내통하니, 이것이 어찌 황실을 수호하는 제후가 절개를 지키는 도리이겠는가? 지금 한 가지 허물을 가지고 그대의 옛 정성을 거두어 막을 수 없어 곧바로 여노를 그대 나라에 돌려보내는 것이니, 그대는 나의 너그러운 용서에 감사하고 자신의 허물을 뉘우쳐서 공손히 밝은 법률을 받들어 맡은 바 백성들을 화목하고 평안하게 할 것이며, 그곳의 일체 사정을 아뢸 일이다"라고 하였다.

69년에 사신을 남제에 들여보내 조공하였다.

72년 겨울 10월에 사신을 위에 들여보내 조공하였다. 이때 위나라 사람들은 우리나라가 한창 강성하다 하여, 여러 나라 사절들의 숙소를 배치할 때 제(齊)의 사절을 첫째로 하고 우리나라 사절을 그다음으로 하였다.

73년 여름 5월에 사신을 위에 들여보내 조공하였다. 겨울 10월에 사신을 위에 들여보내 조공하였다.

74년 여름 4월에 사신을 위에 들여보내 조공하였다.

75년 여름 5월에 사신을 위에 들여보내 조공하였다.

---

22) 남제는 남조의 하나로 시조인 고제(高帝) 소도성은 한나라 소하(蕭何)의 후예라 하나 확실하지는 않다. 소도성은 유송(劉宋)의 장군으로 후폐제(後廢帝)를 제거하는 쿠데타를 주도하여 유준(劉準)을 순제(順帝)로 옹립하고 실권을 장악한 뒤, 479년 선양의 형식으로 제위를 찬탈하였다. 이를 북조의 북제에 대해 남제라고 통칭한다. 남제 역시 전 왕조 송의 전례를 극복하지 못하고 화제(和帝) 때 와서 양(梁) 무제에게 양위함으로써, 7대 24년 만에 종국을 고하였다.

76년 봄 2월에 사신을 위에 들여보내 조공하였다. 여름 4월에 사신을 위에 들여보내 조공하였다. 가을 윤 8월에 사신을 위에 들여보내 조공하였다.

77년 봄 2월에 사신을 위에 들여보내 조공하였다. 여름 6월에 사신을 위에 들여보내 조공하였다. 가을 9월에 군사를 보내 신라의 북쪽 변경을 침공해 호산성(狐山城)을 함락시켰다. 겨울 10월에 사신을 위에 들여보내 조공하였다.

78년 가을 7월에 사신을 위에 들여보내 조공하였다. 9월에 사신을 위에 들여보내 조공하였다.

79년 여름 5월에 사신을 위에 들여보내 조공하였다. 가을 9월에 사신을 위에 들여보내 조공하였다.

겨울 12월에 왕이 죽었다. 이때 왕의 나이가 98세였으므로, 왕호를 장수왕이라 하였다. 위 효문제(孝文帝)가 소식을 듣더니 흰 위모관(委貌冠)[23]과 베로 만든 심의(深衣)[24]를 지어 입고 동쪽 교외에서 애도 의식을 거행했으며, 알자복야(謁者僕射) 이안상(李安上)을 보내 왕을 거기대장군태부요동군개국공고구려왕(車騎大將軍太傅遼東郡開國公高句麗王)으로 책명해 추증하고, 시호를 강(康)이라 하였다.

• 삼국사기 권 제18

---

23) 위모관은 『예기』 교특생(郊特牲)에 주대의 관이라 하였으며, 검은 견직으로 만들었기 때문에 현관(玄冠)이라고도 한다.

24) 심의는 윗옷과 치마가 연접하여 몸을 깊숙이 가리게 만든 옛 의복이다. 『예기』 심의편에 따르면 제후·대부·사 등이 저녁에 입는 옷이라고 했으며, 길흉과 남녀에 구애받지 않는다고 하였다.

고구려본기 제7
문자왕, 안장왕, 안원왕,
양원왕, 평원왕

문자명왕(文咨明王)〔명치호왕(明治好王)이라고도 한다〕은 이름이 나운(羅雲)이고, 장수왕의 손자이다. 아버지는 장수왕의 아들 고추대가(古鄒大加) 조다(助多)이다. 조다가 일찍 죽자 장수왕이 나운을 궁중에서 길러 태손(太孫)으로 삼았다. 장수왕이 왕위에 있은 지 79년에 죽자 뒤를 이어 왕위에 올랐다.

원년(492) 봄 3월에 위 효문제(孝文帝)가 사신을 보내 왕을 사지절도독요해제군사정동장군영호동이중랑장요동군개국공고구려왕(使持節都督遼海諸軍事征東將軍領護東夷中郎將遼東郡開國公高句麗王)으로 임명하고, 의관과 복식 및 수레 깃발 장식을 내려주었다. 또 왕에게 조서를 내려 세자를 입조시키라 했는데, 왕이 세자는 병 때문에 가지 못한다 하고, 당숙 승천(升千)을 보내 사신을 따라 위의 대궐로 나아가게 하였다. 여름 6월에 사신을 위에 들여보내 조공하였다. 가을 8월에 사신을 위에 들여보내 조공하였다. 겨울 10월에 사신을 위에 들여보내 조공하였다.

2년 겨울 10월에 지진이 있었다.

3년 봄 정월에 사신을 위에 들여보내 조공하였다. 2월에 부여 왕이 처자와 함께 나라를 들어 항복하였다. 가을 7월에 우리 군사가 신라인들과 더불어 살수(薩水)의 들에서 싸웠다. 신라인들이 패해 견아성(犬牙城)에 들어가 지키자 우리 군사가 성을 에워쌌다. 백제가 군사 3천명을 보내 신라를 구원하므로 우리 군사들이 이끌어 물러났다. 제(齊)의 황제가 왕을 사지절산기상시도독영평이주정동대장군낙랑공(使持節散騎常侍都督營平二州征東大將軍樂浪公)으로 책명하였다. 사신을 위에 들여보내 조공하였다. 겨울 10월에 복숭아나무와 오얏나무에 꽃이 피었다.

4년 봄 2월에 사신을 위에 들여보내 조공하였다. 크게 가물었다. 여름 5월에 사신을 위에 들여보내 조공하였다. 가을 7월에 왕이 남쪽으로 순수(巡狩)하여 바다에 망제(望祭)를 지내고 돌아왔다.

8월에 군사를 보내 백제의 치양성(雉壤城)을 에워싸자 백제가 신라에 구원을 요청하였다. 신라 왕이 장군 덕지(德智)에게 명해 군사를 이끌고 와서 구원하게 하므로, 우리 군사가 물러나 돌아왔다.

5년에 제(齊)의 황제가 왕을 거기장군(車騎將軍)으로 승진시켰다. 사신을 제에 들여보내 조공하였다. 가을 7월에 군사를 보내 신라의 우산성(牛山城)을 쳤다. 신라 군사가 이하(泥河) 가로 나와 반격해 우리 군사가 패배하였다.

6년 가을 8월에 군사를 보내 신라 우산성을 쳐서 빼앗았다.

7년 봄 정월에 왕자 흥안(興安)을 태자로 삼았다. 가을 7월에 금강사(金剛寺)를 창건하였다. 8월에 사신을 위에 들여보내 조공하였다.

8년에 백제의 백성들이 굶주림으로 2천 명이 의탁해 왔다.

9년 가을 8월에 사신을 위에 들여보내 조공하였다.

10년 봄 정월에 사신을 위에 들여보내 조공하였다. 겨울 12월에 사신을 위에 들여보내 조공하였다.

11년 가을 8월에 누리가 생겼다. 겨울 10월에 지진이 있어 민가가 무너지고 죽은 이도 있었다. 양(梁) 고조가 제위에 올라 여름 4월에 왕을 거기대장군(車騎大將軍)으로 승진시켰다. 겨울 11월에 백제가 국경을 침범하였다. 12월에 사신을 위에 들여보내 조공하였다.

12년 겨울 11월에 백제가 달솔(達率) 우영(優永)을 보내 군사 5천 명을 이끌고 와서 수곡성(水谷城)에 침입하였다.

13년 여름 4월에 사신을 위에 들여보내 조공하였다. 위 세종(世宗)이 우리 사신 예실불(芮悉弗)을 동당(東堂)에서 접견하였다. 예실불이 앞으로 나가 말하기를 "우리나라는 천자를 정성으로 섬기고 누대 동안 지극히 성실하여 토산물을 보내 바치는 데 어김이 없었사오나, 다만 황금은 부여에서 나오고 백옥은 섭라(涉羅)의 산물이온데 부여가 물길(勿吉)에게 쫓겨나고 섭라는 백제에게 병탄되었으니, 이 두 가지 물품이 왕의 곳집에 올라오지 못하는 까닭은 실로 이 두 적 탓입니다"라고 하였다. 세종이 말하기를 "고구려는 대대로 상국의 도움을 받아 바다 바깥의 통제를 오로지해 9이(九夷)의 간사한 오랑캐들을 모두 정복할 수 있었으니, 그런 보물이 결핍된 것은, 작은 술그릇들이 모두 큰 오지그릇의 수치이듯이,[1] 도대체 누구의 잘못이겠는가? 이전의 방물 공납이 잘못된 것은 그 책임이 고구려 왕에게 있는 것이다. 그대는 마땅히 그대 임금에게 나의 뜻을 전하되 위엄과 회유의 책략을 다하는 데 힘써서 해악의 무리를 잘라 없애고, 동방의 백성들을 화목하고 평안하게 할 것이며, 부여와 섭라로 하여금 다시 옛 땅을 회복하게 하여 토산물의 변함없는 공납에 차질이 없게 하라"라고 하였다.

15년 가을 8월에 왕이 용산(龍山) 남쪽에서 사냥을 하여 5일 만에 돌아왔다. 9월에 사신을 위에 들여보내 조공하였다. 겨울 11월에 장수를 보내 백제를 치게 했는데, 큰 눈이 내려 사졸들이 얼어서 살이 터지므로 돌아왔다.

---

1) 원문에 "병경뢰치"(瓶罄罍恥)라고 하였는데 이는 『시경』 소아(小雅) 육아장(蓼莪章)에 "병지경의 유뢰지치"(缾之罄矣 維罍之恥)라고 한 데서 유래한 것이다. 즉 "작은 병의 텅 빔이여 큰 병의 수치로다"라는 말에서 작은 병과 큰 병이란, 서로 의지하여 목숨을 부지하는 자식과 부모의 관계로 비유한 것이니, 결국 고구려 측의 방물이 결여된 것은 고구려 자신에게 그 책임이 있다는 것이다.

16년 겨울 10월에 사신을 위에 들여보내 조공하였다. 왕이 장수 고로(高老)와 말갈을 보내서 백제의 한성을 치고자 계획하여 횡악(橫岳) 아래에 진주했는데, 백제가 군사를 내 맞받아 싸우게 되자 그만 물러났다.

17년에 양 고조(高祖)가 조서를 내려 말하기를 "고구려 왕 낙랑군공 아무개는 정성이 두드러지고 조공 사절이 이어지니, 의당 작위를 높여 조정의 모범을 널리 펴야겠으므로 무군(撫軍)〔'동'(東)으로도 쓴다〕[2]대장군개부의동삼사(大將軍開府儀同三司)로 삼노라"라고 하였다. 여름 5월에 사신을 위에 들여보내 조공하였다. 겨울 12월에 사신을 위에 들여보내 조공하였다.

18년 여름 5월에 사신을 위에 들여보내 조공하였다.

19년 여름 윤 6월에 사신을 위에 들여보내 조공하였다. 겨울 12월에 사신을 위에 들여보내 조공하였다.

21년 봄 3월에 사신을 양에 들여보내 조공하였다. 여름 5월에 사신을 위에 들여보내 조공하였다. 가을 9월에 백제에 쳐들어가 가불(加弗)과 원산(圓山)의 두 성을 함락시키고 남녀 1천여 명을 사로잡았다.

22년 봄 정월에 사신을 위에 들여보내 조공하였다. 여름 5월에 사신을 위에 들여보내 조공하였다. 겨울 12월에 사신을 위에 들여보내 조공하였다.

23년 겨울 11월에 사신을 위에 들여보내 조공하였다.

24년 겨울 10월에 사신을 위에 들여보내 조공하였다.

25년 여름 4월에 사신을 양에 들여보내 조공하였다.

26년 여름 4월에 사신을 위에 들여보내 조공하였다.

27년 봄 2월에 사신을 위에 들여보내 조공하였다. 3월에 폭풍이 불어 나무가 뽑혔으며, 왕궁 남문이 저절로 무너졌다. 여름 4월에 사신을 위

---

2) 『양서』 54 고구려전 및 같은 책 2 무제 천감(天監) 7년 2월조와 『남사』 79 고구려전 등에 모두 '무동(東)대장군'이라고 하였다.

에 들여보내 조공하였다. 5월에 사신을 위에 들여보내 조공하였다.

28년에 왕이 죽었다. 왕호를 문자명왕이라 하였다. 위 영태후(靈太后)가 동당(東堂)에서 애도의 의식을 거행하고 사신을 보내 왕을 거기대장군(車騎大將軍)으로 책명해 추증하였다. 이때 위 숙종(肅宗)의 나이가 10세였으므로, 태후가 조정에 군림해 황제의 통치를 대리했던 것이다.

안장왕(安臧王)은 이름이 흥안(興安)이고, 문자명왕의 맏아들이다. 문자명왕이 왕위에 있은 지 7년에 태자로 세워졌다가, 28년에 왕이 죽자 태자로서 왕위에 올랐다.

2년(520) 봄 정월에 사신을 양에 들여보내 조공하였다. 2월에 양 고조(高祖)가 왕을 영동장군도독영평이주제군사고구려왕(寧東將軍都督營平二州諸軍事高句麗王)으로 책봉하고, 사신 강주성(江注盛)을 보내 왕에게 의관과 칼 장신구를 내려주게 했는데, 위의 군사가 바다 가운데로 나와서 그들을 붙잡아 낙양(洛陽)으로 압송하였다. 위에서는 왕을 안동장군영호동이교위요동군개국공고구려왕(安東將軍領護東夷校尉遼東郡開國公高句麗王)으로 책봉하였다. 가을 9월에 양에 들어가 조공하였다.

3년 여름 4월에 왕이 졸본으로 행차하여 시조묘에 제사를 지냈다. 5월에 왕이 졸본에서 돌아왔는데, 지나는 주와 읍의 가난한 이들에게 사람마다 곡식을 1곡(斛)씩 내려주었다.

5년 봄에 가물었다. 가을 8월에 군사를 보내 백제를 쳤다. 겨울 10월에 기근이 들어 창고를 열고 구휼하였다. 11월에 사신을 위에 보내 조알하고, 좋은 말 열 필을 진상하였다.

8년 봄 3월에 사신을 양에 들여보내 조공하였다.

9년 겨울 11월에 사신을 양에 들여보내 조공하였다.

11년 봄 3월에 왕이 황성(黃城) 동쪽에서 사냥을 하였다. 겨울 10월에 왕이 백제와 더불어 오곡(五谷)에서 싸워 이기고, 2천여 명을 죽이고 사로잡았다.

13년 여름 5월에 왕이 죽었다. 왕호를 안장왕이라 하였다[이해는 양 중대통(中大通) 3년이요, 위 보태(普泰) 원년(531)이다. 『양서』에 "안장왕이 왕위에 있은 지 8년째 되는 보통(普通) 7년(526)에 죽었다"라고 한 것은 잘못이다].

안원왕(安原王)은 이름이 보연(寶延)이고, 안장왕의 아우이다. 키가 7척 5촌이나 되고 큰 도량이 있어 안장왕이 그를 사랑하고 우애하였다. 안장왕이 왕위에 있은 지 13년에 죽고 뒤를 이을 아들이 없으므로 보연이 왕위에 올랐다.

양 고조가 조서를 내려 전왕의 작위를 계승하게 하였다.

2년(532) 봄 3월에 위나라 황제가 조서를 내려 왕을 사지절산기상시영호동이교위요동군개국공고구려왕(使持節散騎常侍領護東夷校尉遼東郡開國公高句麗王)으로 책명하고 의관과 수레 깃발 장식을 내려주었다. 여름 4월에 사신을 양에 들여보내 조공하였다. 6월에 사신을 위에 들여보내 조공하였다. 겨울 11월에 사신을 양에 들여보내 조공하였다.

3년 봄 정월에 왕자 평성(平成)을 태자로 삼았다. 2월에 사신을 위에 들여보내 조공하였다.

4년에 동위(東魏)[3]에서 조서를 내려 왕에게 표기대장군(驃騎大將軍)을 더하고 나머지 작위는 예전과 같게 하였다. 사신을 동위에 들여보내 조공하였다.

5년 봄 2월에 사신을 양에 들여보내 조공하였다. 여름 5월에 나라 남쪽 지방에 홍수가 나서 백성들의 가옥이 잠기고 떠내려갔으며, 죽은 이가 2백여 명이었다. 겨울 10월에 지진이 있었다. 12월에 우레가 있었고 전염병이 크게 돌았다.

6년 봄과 여름에 크게 가물자 사신을 보내 굶주리는 백성들을 보살펴

---

3) 후위 말 효무제(孝武帝)가 서쪽 장안으로 달아나자, 권신 고환(高歡)이 따로 효정제(孝靜帝)를 세워 동쪽 업(鄴)으로 천도했으니, 이를 동위라고 한다. 그러나 얼마 후 고씨는 동위를 찬탈해 북제(北齊)를 세웠다.

구휼하게 하였다. 가을 8월에 누리가 생겼다. 사신을 동위에 들여보내 조공하였다.

7년 봄 3월에 백성들이 굶주리자 왕이 직접 돌아다니면서 위무하고 구휼하였다. 겨울 12월에 사신을 동위에 들여보내 조공하였다.

9년 여름 5월에 사신을 동위에 들여보내 조공하였다.

10년 가을 9월에 백제가 우산성(牛山城)을 에워쌌다. 왕이 정예 기병 5천 명을 보내 쳐서 그들을 쫓았다. 겨울 10월에 복숭아나무와 오얏나무에 꽃이 피었다. 12월에 사신을 동위에 들여보내 조공하였다.

11년 봄 3월에 사신을 양에 들여보내 조공하였다.

12년 봄 3월에 바람이 크게 불어 나무가 뽑히고 기와가 날아갔다. 여름 4월에 우박이 내렸다. 겨울 12월에 사신을 동위에 들여보내 조공하였다.

13년 겨울 11월에 사신을 동위에 들여보내 조공하였다.

14년 겨울 11월에 사신을 동위에 들여보내 조공하였다.

15년 봄 3월에 왕이 죽었다. 왕호를 안원왕이라 하였다〔이해는 양 대동(大同) 11년이요, 동위 무정(武定) 3년(545)이다. 『양서』에 "안원왕이 태청(太清) 2년(548)에 죽으니, 그의 아들을 영동장군고구려왕낙랑공(寧東將軍高句麗王樂浪公)으로 삼았다"라고 한 것은 잘못이다〕.

양원왕(陽原王)〔혹은 양강상호왕(陽崗上好王)이라고 한다〕은 이름이 평성(平成)이고, 안원왕의 맏아들이다. 나면서부터 총명하고 지혜로웠으며, 장성해서는 뛰어나고 호쾌한 것이 보통 사람을 넘었다. 안원왕이 왕위에 있은 지 3년에 태자로 세워졌다가, 15년에 왕이 죽게 되자 태자로서 왕위에 올랐다.

겨울 12월에 사신을 동위에 들여보내 조공하였다.

2년(546) 봄 2월에 왕도의 배나무 가지가 서로 잇닿아 나무결을 하나로 하였다.[4] 여름 4월에 우박이 내렸다. 겨울 11월에 사신을 동위에 들여보내 조공하였다.

3년 가을 7월에 백암성(白巖城)을 고쳐 쌓고 신성(新城)을 수리하였다. 사신을 동위에 들여보내 조공하였다.

4년 봄 정월에 예(濊)의 군사 6천 명을 동원해 백제의 독산성(獨山城)을 쳤는데, 신라 장군 주진(朱珍)이 와서 백제를 구원하므로 이기지 못하고 돌아왔다. 가을 9월에 환도(丸都)에서 상서로운 벼이삭을 진상하였다. 사신을 동위에 들여보내 조공하였다.

5년에 사신을 동위에 들여보내 조공하였다.

6년 봄 정월에 백제가 침공해 와서 도살성(道薩城)을 함락시켰으므로, 3월에 백제 금현성(金峴城)을 쳤더니, 신라인들이 이 틈을 타고서 두 성을 탈취하였다. 여름 6월에 사신을 북제(北齊)[5]에 들여보내 조공하였다. 가을 9월에 북제가 왕을 사지절시중표기대장군영호동이교위요동군개국공고구려왕(使持節侍中驃騎大將軍領護東夷校尉遼東郡開國公高句麗王)으로 책봉하였다.

7년 여름 5월에 사신을 북제에 들여보내 조공하였다. 가을 9월에 돌궐(突厥)[6]이 쳐들어와 신성을 에워쌌다가 이기지 못하자, 군사를 옮겨 백암성을 공격하였다. 왕이 장군 고흘(高紇)을 보내 군사 1만 명을 거느리고 가서 그들을 막게 해 물리치고 1천여 명을 죽이고 사로잡았다. 신라가 쳐들어와 10개의 성을 빼앗아갔다.

8년에 장안성(長安城)을 쌓았다.

---

4) 원문에 '연리'(連理)라고 하였는데, 이것은 두 그루의 나무 줄기, 혹은 가지가 이어져서 하나로 된 것을 말한다. 예부터 이삭이 이어진 가화(嘉禾)와 함께 상서로운 현상으로 여겼다. 즉 왕자의 덕이 천하에 널리 미칠 때 연리목(連理木)이 나온다고 한다.

5) 북제(550~577)는 동위의 실력자 고환(高歡)의 아들 고양(高洋)이 동위 효정제(孝靜帝)로부터 양위받아 건국한 왕조이다. 신라본기 진흥왕 25년조 주석을 참조할 것.

6) 돌궐은 흉노의 별종, 혹은 튀르크 계통 유목종족으로 본래 성은 아사나씨(阿史那氏)이며, 후위 때 알타이 산록의 금산(金山)에 거주하였다. 후위 말 추장 토문(土門) 때 와서 점차 강성해져 중국과 교통했으며, 이리가한(伊利可汗)을 자칭하게 되었다. 6세기 중엽경에는 유연(柔然)을 격파하고 방대한 유목 국가로 발전했으나, 수의 원교근공책(遠郊近攻策)에 희생되어 동·서로 분열되면서부터 쇠락의 길을 걸었다.

10년 겨울에 백제의 웅천성(熊川城)을 쳤으나 이기지 못하였다. 12월 그믐에 일식이 있었다. 물이 얼지 않았다.

11년 겨울 10월에 호랑이가 왕도에 들어왔으므로 사로잡았다. 11월에 태백성이 낮에 나타났다. 사신을 북제에 들여보내 조공하였다.

13년 여름 4월에 왕자 양성(陽成)을 태자로 삼은 다음 내전에서 여러 신하에게 잔치를 베풀었다. 겨울 10월에 환도성의 간주리(干朱理)가 반란을 일으켰다가 처형당하였다.

15년 봄 3월에 왕이 죽었다. 왕호를 양원왕이라 하였다.

평원왕(平原王)[혹은 평강상호왕(平崗上好王)이라고 한다]은 이름이 양성(陽成)[『수서』와 『당서』에는 탕(湯)으로 썼다]이고, 양원왕의 맏아들이다. 담력이 있었고 말타고 활쏘기를 잘하였다. 양원왕이 왕위에 있은 지 13년에 태자로 세워졌다가, 15년에 왕이 죽자 태자로서 왕위에 올랐다.

2년(560) 봄 2월에 북제의 폐제(廢帝)가 왕을 사지절영동이교위요동군공고구려왕(使持節領東夷校尉遼東郡公高句麗王)으로 책봉하였다. 왕이 졸본에 행차해 시조묘에 제사를 지냈다. 3월에 왕이 졸본에서 돌아왔는데, 지나는 주·군의 죄수들 가운데 교수형과 참수형을 제외하고는 모두 용서해주었다.

3년 여름 4월에 기이한 새들이 궁궐 뜰에 모여들었다. 6월에 홍수가 났다. 겨울 11월에 사신을 진(陳)에 들여보내 조공하였다.

4년 봄 2월에 진 문제(文帝)가 조서를 내려 왕에게 영동장군(寧東將軍)의 작위를 수여하였다.

5년 여름에 크게 가물었다. 왕이 평상시보다 음식의 가짓수를 줄이고 산천에 기도하였다.

6년에 사신을 북제에 들여보내 조공하였다.

7년 봄 정월에 왕자 원(元)을 태자로 삼았다. 사신을 북제에 들여보내 조공하였다.

8년 겨울 12월에 사신을 진에 들여보내 조공하였다.

12년 겨울 11월에 사신을 진에 들여보내 조공하였다.

13년 봄 2월에 사신을 진에 들여보내 조공하였다. 가을 7월에 왕이 패하(浿河)의 들에서 사냥하다 50일 만에 돌아왔다. 8월에 궁실을 중수하다 누리가 생기고 가물어서 공사를 그만두었다.

15년에 사신을 북제(北齊)에 들여보내 조공하였다.

16년 봄 정월에 사신을 진에 들여보내 조공하였다.

19년에 왕이 사신을 북주(北周)⁷⁾에 들여보내 조공하였다. 주 고조(高祖)가 왕을 개부의동삼사대장군요동군개국공고구려왕(開府儀同三司大將軍遼東郡開國公高句麗王)으로 임명하였다.

23년 봄 2월 그믐에 별들이 비처럼 쏟아졌다. 가을 7월에 서리와 우박이 내려 곡식을 해쳤다. 겨울 10월에 백성들이 굶주리자 왕이 돌아다니면서 보살피고 구휼하였다. 12월에 사신을 수에 들여보내 조공하였다. 수 고조(高祖)가 왕에게 대장군요동군공(大將軍遼東郡公)을 수여하였다.

24년 봄 정월에 사신을 수에 들여보내 조공하였다. 겨울 11월에 사신을 수에 들여보내 조공하였다.

25년 봄 정월에 사신을 수에 들여보내 조공하였다. 2월에 명령을 내려 급하지 않은 일들은 줄여 없애고, 사신을 군과 읍으로 파견해 농사와 양잠을 권장하였다. 여름 4월에 사신을 수에 들여보내 조공하였다. 겨울에 사신을 수에 들여보내 조공하였다.

26년 봄에 사신을 수에 들여보내 조공하였다. 여름 4월에 수 문제(文

---

7) 북주는 556년부터 581년까지 6대 26년간 존속했던 북조 왕조의 하나로 후주(後周)라고도 한다. 북위 효무제(孝武帝)가 고환(高歡)과 틈이 생겨 관서대도독(關西大都督) 우문태(宇文泰)에게 의지해 갔으니, 이것이 장안(長安)을 도읍으로 한 서위(西魏)의 발단이었다. 그러나 우문태의 아들 각(覺)에 이르러 마침내 서위의 선양을 받아 북주를 세웠으니, 이가 효민제(孝閔帝)이다. 고구려 평원왕 때는 영주 무제(武帝)의 치세로, 동위(東魏)를 찬탈한 북제(北齊)와의 사투에서 승리해 바야흐로 화북 땅에 군림할 시기였다.

帝)가 대흥전(大興殿)에서 우리 사신에게 잔치를 베풀어주었다.

27년 겨울 12월에 사신을 진(陳)에 들여보내 조공하였다.

28년에 도읍을 장안성(長安城)으로 옮겼다.

32년에 왕이 진나라가 멸망했다는 소식을 듣고 크게 두려워하여 군사를 훈련하고 군량을 비축해, 막아 지킬 대책을 세웠다. 수 고조가 왕에게 조서를 내려 비록 말은 속국이라고 하면서도 정성과 예절을 다하지 않는다고 책망하고, 이어 말하기를 "그곳 한쪽 지방이 비록 땅이 협소하고 인구가 적다 하나 지금 만약 왕을 쫓아내면 왕위를 비워둘 수는 없는지라, 종내는 모름지기 관속을 다시 가려 뽑아 그곳에 보내 백성들을 안정시키고 위무해야 할 것이다. 왕이 만일 마음을 씻어내고 행실을 고쳐 국가의 헌장을 좇아 준수한다면 이는 곧 나의 좋은 신하인 것이니, 하필 번거롭게 다른 인재를 보내겠는가? 왕은 요수(遼水)의 넓이가 장강(長江)에 비해 어떠하며, 고구려 인구의 많고 적음이 진(陳)에 비해 어떠하다고 여기는가? 내가 만약 왕을 포용해 기르려 하지 않고 왕의 이전 허물만 질책하기로 한다면, 한 사람의 장군에게 명령할 따름이리니 어찌 많은 힘을 필요로 하겠는가? 이처럼 간곡하고 정중하게 타이르는 것은 왕이 스스로 새로워지도록 해주려는 것일 뿐이다"라고 하였다.

왕이 글을 받아 보고 황공하여 곧 표문을 올려 연유를 밝혀 사죄하려 했는데 실행하지는 못하였다.

왕이 왕위에 있은 지 32년 겨울 10월에 죽었다. 왕호를 평원왕이라 하였다[이해는 개황(開皇) 10년(590)이다. 『수서』와 『통감』에 "고조가 조서를 개황 17년에 내려주었다"라고 한 것은 잘못이다].8)

• 삼국사기 권 제19

---

8) 평원왕 재위 32년은 수 개황 10년(590)인데, 『수서』81 고려전과 『자치통감』178 수기(隋紀) 2에는 개황 17년, 혹은 17년 12월에 탕(湯), 곧 평원왕이 죽었다고 하였다. 반면에 『수서』2 고조 하에는 개황 10년 7월조에 평원왕의 죽음을 언급하였다.

삼국사기 권 제20

고구려본기 제8
영양왕, 영류왕

　　영양왕(嬰陽王)〔평양(平陽)이라고도 한다〕은 이름이 원(元)〔대원(大
元)이라고도 한다〕이고, 평원왕의 맏아들이다. 풍채가 준수하고 시원스
러웠으며 세상을 잘 다스리고 백성을 안정시키는 일을 자임하였다. 평
원왕이 왕위에 있은 지 7년에 태자로 세워졌다가, 32년에 왕이 죽자 태
자로서 왕위에 올랐다.

　　수 문제(文帝)가 사신을 보내 왕을 상개부의동삼사(上開府儀同三司)로
임명하고 전왕의 요동군공(遼東郡公) 작위를 계승하게 했으며 옷 한 벌
을 내려주었다.

　　2년(591) 봄 정월에 사신을 수에 들여보내 표문을 올려 은혜에 감사하
고 선물을 진상하면서 왕으로 봉해줄 것을 요청했더니, 황제가 이를 허
락하였다. 3월에 수에서 고구려 왕으로 책봉하고, 아울러 수레와 의복을
내려주었다. 여름 5월에 사신을 보내 은혜에 감사하였다.

　　3년 봄 정월에 사신을 수에 들여보내 조공하였다.

　　8년 여름 5월에 사신을 수에 들여보내 조공하였다.

　　9년에 왕이 말갈[1]의 무리 1만여 명을 거느리고 요서(遼西)를 침공했
는데, 영주총관(營州摠管) 위충(韋冲)이 쳐서 물리쳤다. 수 문제가 이를

들고 크게 노해 한왕(漢王) 양(諒)과 왕세적(王世績)을 모두 원수로 삼아 수군과 육군 30만 명을 거느리고 쳐들어오게 하였다.

여름 6월에 황제가 조서를 내려 왕의 관작을 삭탈하였다. 한 왕 양의 군사는 임유관(臨渝關)을 나와 장마를 맞닥뜨려 군량 수송이 이어지지 않자, 군사들의 먹을 것이 떨어진데다가 전염병마저 만나게 되었다. 주라후(周羅睺)는 동래(東萊)에서 바다로 나가 평양성(平壤城)으로 달려오다 역시 풍랑을 만나 다수의 배들이 표류하고 침몰하였다.

가을 9월에 군사를 되돌리니 죽은 이가 십중팔구였다. 왕도 역시 두려운 나머지 사신을 보내 사죄하고 표문을 올려 '요동의 미천한 신하 아무개'라고 자칭했더니, 황제가 그제서야 군사를 물리고 처음처럼 대우하였다. 백제 왕 창(昌)이 사신을 수에 보내 표문을 올려 정벌군의 길잡이가 될 것을 자청했더니, 황제가 조서를 내려 타이르기를 "고구려가 죄를 자복하여 내가 이미 용서했으니 칠 수 없다" 하고, 백제 사신을 후하게 대우해 돌려보냈다.[2] 왕이 그 사실을 알고 백제의 국경을 침공하였다.

11년 봄 정월에 사신을 수에 들여보내 조공하였다. 왕이 태학박사(太學博士) 이문진(李文眞)에게 조칙을 내려 옛 역사를 요약해 『신집』(新集) 5권을 만들게 하였다. 나라 초창기에 비로소 문자를 사용했을 때 어떤 이가 사실들을 기록한 책 1백 권을 만들어 『유기』(留記)라고 했는데, 이때 와서 줄여 정리한 것이다.

14년에 왕이 장군 고승(高勝)을 보내 신라의 북한산성(北漢山城)을 공격하였다. 신라 왕이 군사를 거느리고 한수(漢水)를 건너오자, 성안에서 북을 울리고 떠들면서 마주 호응하였다. 고승이 저들은 많고 우리는 적

---

1) 여기 보이는 말갈은 삼국 초기 기록의 말갈과는 달리 숙신·읍루 등 중국 동북방 이민족에 대한 6세기 말 이후 지칭으로, 『수서』 81 말갈전에는 속말부(粟末部)·백돌부(伯咄部)·안거골부(安車骨部)·불열부(拂涅部)·호실부(號室部)·흑수부(黑水部)·백산부(白山部) 등 7종이 소개되어 있다.
2) 이것은 『자치통감』 178 수기 2 고조(高祖) 상지하 개황(開皇) 18년조를 전재한 것이다.

기 때문에 이기지 못할 것을 두려워해 물러났다.

18년, 애초 수 양제(煬帝)가 계민(啓民)의 장막에 갔을 때[3] 우리 사신이 계민이 있는 곳에 있었다. 계민이 감히 우리 사신을 숨기지 못해 함께 양제를 뵈었다. 황문시랑(黃門侍郎) 배구(裴矩)가 양제에게 말하기를 "고구려는 본래 기자(箕子)를 봉했던 땅으로 한(漢)과 진(晉)이 모두 군·현으로 만들었는데, 지금에 와서는 신하 노릇을 하지 않고 별개의 다른 지역이 되어버렸으니, 선제께서 정복하려 하신 지가 오래되었습니다. 다만 양량(楊諒)이 못나서 군사를 내었다가 공적을 이루지 못했지만, 폐하의 시절을 만나 어찌 그대로 놓아두어 예의가 두터웠던 지역을 끝내 오랑캐 소굴이 되게 할 수 있겠습니까? 이제 계민이 나라를 들어 교화에 복종하는 것을 저들의 사신이 와서 직접 보았으니, 저들이 두려워하는 기회에 저들로 하여금 입조하도록 위협하는 것이 좋겠습니다"라고 하였다. 양제가 그의 말을 따라 우홍(牛弘)으로 하여금 고구려 사신에게 명령을 전해 이르게 하기를 "나는 계민이 성심으로 국가를 받들기 때문에 친히 그의 장막까지 온 것이며, 명년에는 응당 탁군(涿郡)으로 갈 것이다. 너는 돌아가는 날로 너희 왕에게 말해 마땅히 일찌감치 와서 조알하고, 스스로 의심하거나 두려워하지 말라 하라. 보살펴 길러주는 예법은 마땅히 계민에게 하는 것과 같게 하리라. 다만 만일 입조하지 않는다면 장차 계민을 거느리고 직접 너희 나라에 가서 돌아볼 것이다"라고 하였다. 왕은 번국(藩國)의 예를 자못 빠뜨린 때문에 양제가 장차 치려 하는 것이라 여기고 두려워하였다. 계민은 돌궐의 가한(可汗)이다.

여름 5월에 군사를 보내 백제의 송산성(松山城)을 치다가 함락시키지

---

3) 수대 동돌궐의 돌리가한(突利可汗)을 이른다. 가한은 흉노나 돌궐 등의 군주 칭호이다. 문제(文帝)는 돌궐 이간책의 일환으로 돌리가한에게 안의공주(安義公主)를 출가시켰다. 계획은 성공하여 그가 장안으로 망명해 오자 문제는 그에게 계민가한이라는 칭호를 주어 내몽고의 오원(五原)에 이주시켰다. 대업 3년(607)에 양제(煬帝)는 고구려를 비롯한 거란·말갈 등을 겨냥한 시위 차원에서 북변을 순행하여 계민가한의 장막을 방문하였다.

못하자, 군사를 옮겨 석두성(石頭城)을 습격해서 남녀 3천 명을 사로잡아 돌아왔다.

19년 봄 2월에 장수에게 명해 신라의 북쪽 국경을 습격하게 하여 8천 명을 사로잡았다. 여름 4월에 신라의 우명산성(牛鳴山城)을 함락시켰다.

22년 봄 2월에 양제가 조서를 내려 고구려를 치라 하였다. 여름 4월에 양제의 수레가 탁군의 임삭궁(臨朔宮)에 이르자 사방의 군사들이 모두 탁군으로 모여들었다.

23년 봄 정월 임오에 양제가 조서를 내려 말하였다.

"고구려의 보잘것없는 무리가 사리에 어둡고 공순하지 못해 발해와 갈석(碣石) 사이에 모여들어 요동과 예맥의 지경을 자주 침식해 왔도다. 비록 한(漢)과 위(魏)가 그 죄를 토벌하여 소굴이 한때 무너졌으나, 병란이 그친 지가 오래되자 족속과 마을이 다시 모여들었다. 지난 시대에는 물고기와 새떼처럼 시냇물과 덤불숲에 모이더니, 지금에 와서는 퍼져나가 실로 번창하여 저 중화의 땅을 흘깃거리며 일부를 잘라내서 오랑캐의 부류로 만드는도다. 해가 지나 세월이 흐를수록 죄악은 쌓이고 넘쳤으며, 하늘의 이치는 사악한 이에게 앙화를 내리는 것이니, 패망할 징조는 이미 그 기미를 드러냈다. 윤리를 어지럽히고 도덕을 패멸시킨 일은 이루 다 헤아릴 수 없으며, 사특한 행실을 숨기고 간사한 마음을 품어온 것은 오직 날이 부족할 지경이다.

사신을 보내 이른 엄명을 한 번도 직접 받은 적이 없고, 입조해 알현하는 예의를 몸소 치르는 것을 달가워하지 않았다. 도망한 반역자들을 꾀어 받아들이기에 끝을 알지 못하고, 변방에 그득하게 차들어와 자주 봉수군과 척후를 괴롭혔도다. 이 때문에 관문과 야경의 치안이 안정되지 않고, 이로 말미암아 백성들은 생업을 폐지하였다. 지난날 가벼이 토벌한 탓에 금세 하늘의 그물을 빠져나갔으며, 이미 앞서 사로잡았을 때 죽이지 않고 너그럽게 놓아주었고 뒷날 항복했을 때도 곧바로 처단하지 않았건만, 일찍이 은혜를 생각하지는 않고 도리어 죄악만을 기르더니, 급기야 거란의 도당들과 합세해 바다의 수비병들을 죽이고 말갈의 버릇을 익혀 요서(遼西)를 침범하였다. 또한 동방의 바깥에서 모두들 조공의 예를 닦고 푸른 바닷가에서 함께 우리의 정삭(正朔)을 받들고 있는 터에, 끝내 또다시 조공하는 보배들을 탈취하고 왕래하는 길을 가로막아 끊으며, 무고한 이들까지 학대하고 성실한 이들에게마저 화를 입히고 있도다. 천자의 사절을 태운 수레가 해동에 이르고 칙사의 행차가 머무는 곳은 그 길이 번국의 국경을 지나게 되거니와, 길을 틀어막고 사신들을 거절하여 임금을 섬기려는 마음이 없으니 어찌 신하의 예의라 할 것인가? 이러한 것을 참을 수 있다고 한다면 무엇을 용인하지 못하랴!

게다가 법령이 가혹하고 거둬들이는 부세(賦稅)는 번잡하고 과중하며, 권세있는 신하들과 호족들이 모두 나라의 권력을 틀어쥐고 붕당을 만들어 편벽되이 결탁하고 무리짓는 것이 습속을 이루었다. 뇌물 오고 가는 것이 마치 저자와 같으며, 억울하고 원통함을 펼 데가 없도다. 해마다 재난과 흉년이 거듭되니 집집마다 기근이요, 전란은 그치지 않고 요역(徭役)은 끝을 기약하지 못하니, 힘을 다해 물자를 나르다 쓰러진 몸이 구렁텅이를 메우고 있도다. 백성들은 근심과 고통 속에서 그 누구를 좇고 따를 것인가? 온 나라가 슬픔과 공포에 잠겨 그 폐해를 견디지 못해 머리를 돌리고 나라를 등지면서, 제각기 목숨이라도 부지할 생각으로 늙은이나 어린아이까지도 모두 권력의 혹독함을 한탄하고 있도다. 이제 저 먼 북방까지 풍속을 살펴 백성들을 위로하고 죄인들을 문책하여 두 번 걸음을 하지 않으리라! 이에 나는 6사(六師)⁴⁾를 거느리고 아홉 가지 형벌⁵⁾을 베풀어서 낭떠러지에 내몰려 위태로운 이를 구원하고, 하

---

4) 6사는 천자의 6군(六軍)을 이르는데, 『주례』 하관(夏官) 서(序)에 1만 2천 5백 명을 1군으로 한다고 했으며, 왕은 6군, 큰 나라는 3군, 그다음은 2군, 작은 나라는 1군을 거느린다고 하였다. 『좌전』 양공(襄公) 14년조에도 "창성한 나라라 해도 천자가 거느리는 군사의 반을 넘지 않는 것이다. 천자의 나라인 주가 6군을 두고 있으니, 제후국으로서는 큰 나라라 해도 3군이면 된다"라고 하였다.

늘의 뜻에 화합하고 복종하여, 이 달아나는 역적들을 무찔러 반드시 선조의 큰 가르침을 이을 것이다.

이제 마땅히 군율에 따라 행군을 시작하되, 휘하 군사를 나누어 정해진 길로 이르러 발해를 덮쳐 우레같이 진동하게 하고, 부여를 지나 번개처럼 휩쓸 것이다. 무기와 갑옷을 정돈해 살피고 군사들에게 맹세를 시킨 다음에 떠나게 하며, 세 번 이르고 다섯 번 되풀이 당부해 승리를 확실하게 기약한 다음에야 싸울 일이다. 좌군(左軍) 12군단은 누방(鏤方)·장잠(長岑)·명해(溟海)·개마(蓋馬)·건안(建安)·남소(南蘇)·요동(遼東)·현도(玄菟)·부여(扶餘)·조선(朝鮮)·옥저(沃沮)·낙랑(樂浪) 등 방면으로 나가고, 우군(右軍) 12군단은 점제(黏蟬)·함자(含資)·혼미(渾彌)·임둔(臨屯)·후성(候城)·제해(提奚)·답돈(踏頓)·숙신(肅慎)·갈석(碣石)·동이(東暆)·대방(帶方)·양평(襄平) 등 방면으로 나가되, 경유하는 곳을 연락하고 노정을 이끌어 전부 평양으로 집결하라."[6]

무릇 1백 13만 3천 8백 명이니 2백만 명이라 일컬었으며, 군량과 군수품을 맡은 이는 그 배나 되었다. 남쪽 상건수(桑乾水) 가에서 토지신께 의제(宜祭)를 지내고, 임삭궁(臨朔宮) 남쪽에서 상제(上帝)께 유제(類祭)를 지냈으며,[7] 계성(薊城) 북쪽에서 마조(馬祖)[8]에게 제사를 지냈다. 양제가 친히 지휘관들을 임명했는데 군마다 상장(上將)과 아장(亞將)이 각

---

5) 원문에 '9벌'(九伐)이라고 하였는데, 이는 죄악을 징계하는 아홉 가지 정벌을 말한다.『주례』하관 대사마(大司馬)에서 유래한 것이다.

6) 양제의 이 이른바 '동정조'(東征詔)는『수서』4 제기(帝紀) 양제 하 대업(大業) 8년 정월조 및『자치통감』181 수기(隋紀)에서 초출해 인용한 것이다.

7) 의제는 군사를 출진시킬 때 토지의 주신을 받들어 모시는 제사이며, 유제 역시 군대의 동원 등 비상사태가 일어났을 때 교제(郊祭)의 예에 의거해 하늘에 제사하는 것을 말한다.『예기』왕제(王制)편에 "천자가 군대를 이끌고 출정할 때는 상제(上帝)에게 유제를 지내고 사(社)에 의제를 지내며, 예묘(禰廟)에 조제(造祭)를 지내고, 싸움터에 이르러서는 마제(禡祭)를 거행한다"라고 하였다.

8) 마조는 천사성(天駟星)의 이칭으로『주례』하관(夏官) 교인(校人)에 춘제(春祭)의 대상으로 되어 있다. 또『이아』(爾雅) 석천(釋天)에 천사(天駟)는 방(房)이라 하였으니, 방성(房星)은 28수의 하나로 동방에 속한다.

각 1명이었다. 기병은 40대(隊)였는데 1대가 1백 명이고 10대가 1단(團)이 되었다. 보병은 80대였는데 나누어서 4단(團)으로 하였다. 단(團)에는 각각 편장(偏將) 1명이 있었으며, 그들의 갑옷과 투구와 갓끈채와 깃발들은 단마다 빛깔을 다르게 하였다. 하루에 하나의 군단을 보내되 서로 40리씩 떨어지게 하여 군영들이 잇달아서 진군하니, 40일 만에야 출발이 끝났다. 대오의 앞뒤가 서로 이어지고, 북과 나팔 소리가 서로 들렸으며, 깃발은 9백 60리에 뻗쳤다. 황제가 있는 진영 안에는 12위(衛),[9] 3대(臺),[10] 5성(省),[11] 9시(寺)[12]를 합해 두었는데, 내외·전후·좌우의 6군으로 나누어 예속시켜서 뒤에 배치해 출발하니 이 또한 80리에 뻗쳤던바, 그리 머지않은 이즈음에 군사를 출동시키는 것이 이와 같이 성대한 적은 없었다.

2월에 양제가 군사를 거느리고 요수(遼水)에 이르자, 여러 군단이 모두 모여 강물을 앞에 두고 크게 진을 쳤다. 우리 군사가 물을 사이에 두고 막아 지켰기 때문에 수의 군사들이 건널 수가 없었다. 양제가 공부상서(工部尙書) 우문개(宇文愷)에게 명해 세 갈래의 부교(浮橋)[13]를 요수 서쪽 강 언덕에서 만들게 하였다. 이윽고 부교가 완성되자 끌어다가 동

---

9) 12위는 양제의 관제 개편으로 갖추어졌는데, 좌우익위(左右翊衛)·좌우기위(左右騎衛)·좌우무위(左右武衛)·좌우둔위(左右屯衛)·좌우어위(左右禦衛)·좌우후위(左右候衛)로 구성된다.

10) 탄핵을 담당한 부서를 대(臺)라 한 데서 유래한 것으로, 한나라 때는 상서(尙書)·어사(御史)·알자(謁者)를 각각 중대(中臺)·헌대(憲臺)·외대(外臺)라 하고 이를 합해 삼대라고 불렀다. 수에서는 알자·어사·사예(司隸)를 삼대라고 하였는데, 사예는 양제가 종래의 사예교위(司隸校尉)를 사예대로 고친 것이다.

11) 수의 5성은 내시성(內侍省)·상서성(尙書省)·문하성(門下省)·내사성(內史省)·비서성(秘書省)을 이른다.

12) 9시는 9경(九卿)이 충원된 관부로, 수에서는 태상시(太常寺)·광록시(光祿寺)·위위시(衛尉寺)·종정시(宗正寺)·태복시(太僕寺)·대리시(大理寺)·홍려시(鴻臚寺)·사농시(司農寺)·태부시(太府寺)를 9시라고 하였다.

13) 부교는 물 위에 배를 잇대어놓고 그 위에 널빤지를 시설해 만든 다리를 말한다. 주교(舟橋)라고도 한다. 『이아』 석수(釋水).

쪽 강 언덕으로 이으려 했으나, 길이가 짧아서 강 언덕까지는 한 장 남짓 미치지 못하였다. 이때 우리 군사가 대거 이르니 수나라 군사 가운데 날래고 용감한 이들이 다투어 물로 뛰어들어 접전했으나, 우리 군사가 높은 곳에 올라 그들을 내려치니, 수의 군사들이 강 언덕에 오를 수가 없는지라 죽은 자가 매우 많았다. 맥철장(麥鐵杖)은 강 언덕에 뛰어올랐다가 전사웅(錢士雄) · 맹차(孟叉) 등과 함께 모두 전사하였다. 이에 군사들을 수습해 부교를 끌고 다시 강의 서쪽 언덕으로 향했으며, 양제는 다시 소부감(少府監) 하조(何稠)를 시켜 부교를 잇게 해 이틀 만에 완성하였다. 여러 군단이 차례로 잇달아 건너와 동쪽 언덕에서 크게 싸웠는데 우리 군사가 대패했으며 전사자가 1만여 명이었다. 수의 여러 군단은 승세를 타고 진격해 요동성을 에워싸니, 이곳은 곧 한나라 때의 양평성(襄平城)이다. 양제가 요동에 이르자 조서를 내려 전국에 사면령을 베풀었으며, 형부상서(刑部尙書) 위문승(衛文昇) 등에게 명해 요동의 백성들을 위무하고 10년 동안 납세를 면제해주되, 군·현을 설치해서 서로 맡아 다스리도록 하였다.

여름 5월, 애초 여러 장수가 동쪽으로 내려올 때 양제가 그들에게 주의하기를 "모든 군사의 진퇴는 모두 반드시 나에게 아뢰어 지시를 기다릴 것이며 제멋대로 하는 일이 없게 하라"라고 하였다. 요동성에서는 자주 나와 싸웠으나 불리하자 성을 둘러 굳게 지켰다. 양제가 여러 군단에 명령해 요동성을 치게 하고, 또 여러 장수에게 지시하여 만약 고구려가 항복하거든 잘 무마해 받아들일 것이요, 함부로 군사들을 풀어놓지 말라고 하였다. 요동성이 함락되려 할 때마다 성안의 사람들은 번번이 항복하겠다고 하였다. 그러나 여러 장수는 양제의 지시를 받드는 탓에 감히 스스로 제때 나아가지 못하고 먼저 달려가 양제에게 보고하게 하니, 회보가 이를 즈음에는 성안의 방어 태세 역시 다시 갖추어져 그때마다 나와 항거해 싸웠다. 이와 같이 하기를 두 번 세 번 하면서도 양제는 끝내 깨닫지 못하니, 요동성은 오래도록 함락되지 않았다.

6월 기미에 양제가 요동성 남쪽으로 가서 성곽과 해자의 형세를 살펴

보더니 곧 여러 장수를 불러 꾸짖어 말하기를 "그대들은 스스로 관직이 높다고 여기고, 또 가문의 세도를 믿어 나를 어리석고 만만한 이로 대하려 하느냐? 도성에 있었을 때 그대들이 모두 내가 이곳에 오는 것을 바라지 않더니, 그대들의 병통과 폐단을 볼까 두려워했던 것이로구나. 내가 이제 여기 온 것은 바로 그대들의 소행을 보아서 그대들의 목을 베려는 것인데, 그대들은 지금 죽음을 두려워해 기꺼이 힘을 다하지 않으니, 내가 그대들을 죽이지 못할 것이라고 여기는 것이냐"라고 하였다. 여러 장수가 모두 무서워 떨며 얼굴빛을 잃었다. 이어 양제는 성 서쪽으로 몇 리 되는 곳에 머물러 육합성(六合城)14)에 거처했으나, 우리의 여러 성이 굳게 지켜서 함락되지 않았다.

좌익위대장군(左翊衛大將軍) 내호아(來護兒)는 강(江)·회(淮)의 수군을 거느리고, 배들이 수백 리에 꼬리를 물게 하여 바다로 나가 먼저 패수(浿水)에 들어오니, 평양까지의 거리가 60리였다. 우리 군사와 서로 부딪치자 진격해 우리를 크게 깨뜨렸다. 내호아가 승세를 타고 평양성에 달려들려 하자 부총관(副摠管) 주법상(周法尙)이 그를 만류하고, 여러 군단이 이르면 함께 진격하자고 하였다. 내호아가 이를 듣지 않고 정예병 수만 명을 뽑아 곧장 성 아래로 나아갔다. 우리 장수는 외성 안에 있는 빈 절에 군사를 매복해두고 다른 군사를 출동시켜 내호아와 싸우다가 짐짓 패한 척하니, 내호아가 성안으로 쫓아들어와 군사를 풀어 사람들을 사로잡고 재물을 약탈하느라 다시금 대오를 통제하지 못하고 있었다. 이때 복병이 뛰어나오니 내호아의 군사가 크게 패했으며, 내호아는 겨우 붙잡히지는 않았으나 사졸들 가운데 살아 돌아가는 이가 불과 수천 명이었다. 우리 군사가 수나라의 배가 있는 곳까지 쫓아가니 주법상

---

14) 육합성은 수 양제의 행재성(行在城)으로, 『수서』 12 예의지(禮儀志)에 따르면 대업(大業) 4년(608)에 양제가 새외(塞外)의 돌궐에 행차했을 때 육합성과 육합전(六合殿)·천인장(千人帳)을 만들었다고 하였으며, 또 대업 8년 요동을 칠 때에도 주위 8리의 육합성을 하룻밤 만에 만들어 마치 실제 성과 같이 보였으므로 고구려 쪽에서 놀라워했다고 한다.

이 전열을 정돈해 기다리고 있는지라 곧 물러나왔다. 내호아는 군사를 이끌고 바다 어귀로 돌아가 주둔한 채, 감히 더 이상 다른 군대와 호응하거나 접촉하지 못하였다.

좌익위대장군(左翊衛大將軍) 우문술(宇文述)은 부여 방면으로, 우익위대장군(右翊衛大將軍) 우중문(于仲文)은 낙랑 방면으로, 좌효위대장군(左驍衛大將軍) 형원항(荊元恒)은 요동 방면으로, 우익위대장군(右翊衛大將軍) 설세웅(薛世雄)은 옥저 방면으로, 우둔위장군(右屯衛將軍) 신세웅(辛世雄)은 현도 방면으로, 우어위장군(右禦衛將軍) 장근(張瑾)은 양평(襄平) 방면으로, 우무후장군(右武侯將軍) 조효재(趙孝才)는 갈석(碣石) 방면으로, 탁군태수검교좌무위장군(涿郡太守檢校左武衛將軍) 최홍승(崔弘昇)은 수성(遂城) 방면으로, 검교우어위호분랑장(檢校右禦衛虎賁郎將) 위문승(衛文昇)은 증지(增地) 방면으로 각각 나와 모두 압록수 서쪽에 집결하였다. 우문술 등의 군사는 노하(瀘河)와 회원(懷遠)의 두 진(鎭)에서부터 사람과 말 모두에게 1백 일 분의 식량을 지급하고 또 갑옷, 짧은 창, 긴 창, 그리고 옷가지, 전투 기자재, 장막을 주니 사람마다 3석 이상 무게라 무거워서 지니고 갈 수가 없었다. 군사들에게 명령을 내려 "곡식을 버리는 자는 죽일 것이다"고 하니 사졸들이 모두 장막 밑에 구덩이를 파고 파묻어버렸는지라, 겨우 중간쯤 행군했을 때 군량은 이미 바닥이 나려 하였다.

왕은 대신 을지문덕(乙支文德)을 수의 진영에 보내 거짓으로 항복하게 하고 기실 그들의 허실을 살피고자 하였다. 우중문은 앞서 양제로부터 은밀한 지시를 받아 만약 고구려 왕이나 을지문덕이 오거든 반드시 붙잡으라고 했던 터라 장차 잡아두려 했는데, 상서우승(尙書右丞) 유사룡(劉士龍)이 위무사(慰撫使)로 와 있다가 굳이 만류하니, 우중문은 드디어 그의 말을 따라 을지문덕을 돌아가게 하였다. 이윽고 후회하고 사람을 보내 을지문덕을 속여 말하기를 "또 하고 싶은 말이 있으니 다시 오면 좋겠다"라고 하였다. 을지문덕은 뒤도 돌아보지 않고 압록수를 건너와버렸다.

우중문과 우문술 등은 이미 을지문덕을 놓쳐버리고 내심 불안하였다. 우문술은 군량이 다했다 하여 돌아가려 하였고, 우중문은 제안하기를 정예 부대로 을지문덕을 추격하면 성공할 수 있으리라 했는데, 우문술이 굳이 만류하였다. 우중문이 성을 내 말하기를 "장군은 10만의 군사를 거느리고도 얼마 안 되는 적군조차 깨뜨리지 못했으니 무슨 낯으로 황제를 뵈올 것인가? 그리고 나는 이번 걸음에 공이 없을 줄을 이미 알고 있었다. 왜냐하면 옛날 훌륭한 장수들이 성공할 수 있었던 것은 전쟁터에서의 일이 한 사람에 의해 결정되었기 때문인데, 지금 우리는 사람마다 제 생각을 가지고 있으니 어떻게 적을 이기겠는가"라고 하였다. 이때 양제는 우중문이 계책과 전략이 있는 이라 하여, 여러 부대로 하여금 그에게 의견을 물어 지휘받도록 했기 때문에 이런 말을 했던 것이다. 이로 말미암아 우문술 등은 마지못해 우중문을 따라 여러 장수와 함께 압록수를 건너 을지문덕을 추격하였다.

　　을지문덕은 우문술의 군사들에게 굶주린 기색이 있는 것을 보았는지라, 일부러 그들을 피로하게 하고자 매번 싸울 때마다 번번이 달아났다. 우문술은 하루에 일곱 번 싸워 모두 이기자 잦은 승리에 자신감을 가지게 된데다가, 또한 여러 사람의 의견에 밀려서, 이제 마침내 동쪽으로 진격해 살수(薩水)를 건너 평양성에서 30리 떨어진 곳에 산을 의지하고 진을 쳤다. 을지문덕이 다시 사신을 보내 거짓 항복하고 우문술에게 청하기를 "만약 군사를 거두어 돌린다면 마땅히 왕을 받들고 황제가 계신 곳으로 가서 조알하겠다"라고 하였다. 우문술은 사졸들이 피로하고 약해져서 더 이상 싸울 수가 없는 것을 보고, 또 평양성이 험하고 공고하여 쉽사리 함락시키기가 어려울 것을 헤아려, 마침내 우리의 거짓 항복을 계기로 돌아가려 하였다. 우문술 등이 방형(方形)의 진을 치고 행군하는데, 우리 군사가 사면에서 쳐들어가니 우문술 등은 한편 싸우면서 한편 행군하였다.

　　가을 7월에 살수에 이르러 수의 군사들이 절반쯤 건너는 중에 우리 군사가 뒤쪽에서 그들의 후방 부대를 공격하니, 우둔위장군 신세웅이 싸우다가 죽었다. 그러자 여러 부대가 한꺼번에 무너져내려 걷잡을 수 없었다. 장수와 사졸들이 뛰어 달아나서 하루 낮 하룻밤 만에 압록수까지 4백 50리를 갔다. 장군 천수(天水) 사람 왕인공(王仁恭)이 후군이 되어 우리 군사를 막아 물리쳤다. 내호아는 우문술 등이 패했다는 소식을 듣고 역시 군사를 이끌어 퇴각하고, 오직 위문승(衛文昇)의 부대 하나만이 온전하였다. 처음에 9군(九軍)이 요동에 왔을 때는 무릇 30만 5천 명이었는데 요동성에 돌아갔을 때는 오직 2천 7백 명뿐이었으며, 막대한 분량의 군량과 전투 장비를 잃고 탕진하였다. 양제가 크게 노해 우문술 등을 쇠사슬로 묶어 계묘일에 군사를 이끌고 돌아갔다.

처음에 백제 왕 장(璋)이 사신을 보내 고구려 정벌을 요청했을 때 양제가 백제로 하여금 우리의 동정을 염탐하게 했는데, 장은 안으로는 우리와 몰래 통하고 있었다. 수의 군사가 출동하려 할 때 장이 그의 신하 국지모(國知牟)를 시켜 수에 들어가 군사 출동 기일을 알려줄 것을 청하니, 양제가 크게 기뻐하여 후한 상을 더해주고 상서기부랑(尙書起部郎) 석률(席律)을 백제에 보내 일정을 알려왔다. 수의 군사가 요수를 건너오게 되자, 백제 역시 국경 지대에서 군사들을 계엄하고 말로는 공공연히 수를 돕는다고 하면서도 사실은 양단을 붙잡고 있었던 것이다. 이번 싸움에서 수는 다만 요수 서쪽에서 우리의 무려라(武厲邏)를 빼앗아 요동군(遼東郡) 및 통정진(通定鎭)을 두는 데 그쳤을 뿐이었다.

24년 봄 정월에 수 양제가 조서를 내려 천하의 군사를 징집해 탁군(涿郡)에 집결하게 하고, 백성을 모집해 효과(驍果)[15]로 삼아 요동의 옛 성을 수리하고 군량을 저장하였다. 2월에 양제가 가까운 신하들에게 말하기를 "고구려와 같이 하찮은 오랑캐가 상국을 업신여기며 거들먹거리고 있다. 지금 우리는 바다를 둘러엎고 산을 옮겨놓는 일조차도 해낼 수 있

---

15) '용맹감사지사'(勇猛敢死之士)를 이르는 것으로,『수서』양제(煬帝) 대업(大業) 9년조에 따르면 절충(折衝)·과의(果毅)·무용(武勇)·웅무(雄武) 등 네 낭장관(郎將官)을 설치해 이들을 통령하게 하였다.

을 것으로 기대하거늘, 하물며 이따위 오랑캐에 있어서랴!" 하고, 곧이어 다시 고구려 정벌을 논의하였다. 좌광록대부(左光祿大夫) 곽영(郭榮)이 간하여 말하기를 "미개한 오랑캐가 예의를 잃은 문제는 신하가 할 일이오며, 천 근 무게의 쇠뇌는 생쥐를 잡기 위해 쏘지는 않는 것이온데,[16] 어찌하여 친히 만승(萬乘)의 천자 자리를 더럽혀가면서까지 작은 도적을 상대하려 하십니까"라고 했으나, 양제는 듣지 않았다.

여름 4월에 양제가 요수를 건너와서 우문술과 양의신(楊義臣)을 보내 평양을 향해 내닫게 하였다. 왕인공(王仁恭)은 부여 방면으로 나와 신성까지 진군해 왔다. 우리 군사 수만 명이 이를 막아 싸웠으나 왕인공이 거느린 강한 기병 1천 명에게 격파되자 우리 군사는 성을 둘러 굳게 지켰다. 양제는 여러 장수에게 명해 요동성을 치게 하되, 그들에게 형편에 따라 편의대로 일을 처리하게 하였다. 그들은 성을 내려치기 위한 높다란 수레와 성벽을 짓쩧어 부수는 수레와 높은 사다리와 땅속 길 따위로 사방에서 함께 진격해 밤낮으로 쉬지 않았다. 그러나 우리는 상황 변화에 따라 기민하게 막아 20여 일이 지나도록 성을 빼앗기지 않았으며, 우리나 저들이나 죽은 사람이 매우 많았다. 저들은 15장이나 되는 공격용 사다리를 세우고 효과(驍果) 심광(沈光)이 그 끝에 올라서서 성에 접근해 우리 군사와 더불어 짧은 칼로 접전하여 십수 명을 죽였다. 우리 군사가 앞다투어 그를 쳤으나 심광은 추락해 땅에 닿기 전에 때마침 사다리에 드리워져 있는 동아줄을 붙잡고 다시 기어올라왔다. 양제가 이를 멀리서 보고 장하게 여겨 즉시 조산대부(朝散大夫)에 임명하였다. 요동성이 오래도록 함락되지 않자 양제는 사람들을 보내 베 자루 1백여 만 개를 만들고 흙을 가득 채우게 한 다음, 이를 쌓아 30보 너비에 성과 가지런한 높이의 큰 둑길을 만들어, 전사들에게 타고 올라가 치게 하려 하였다. 또

---

16) 이 말은 삼국시대 위의 두습(杜襲)이 허유(許攸)를 치려 하는 조조를 만류하며 한 말이다. 마치 『논어』 양화(陽貨)편에 "닭을 잡는 데 어찌 소 잡는 칼을 쓸 것인가" 라고 한 말과 유사한 의미이다. 『삼국지』 23 위서 두습전.

여덟 개의 바퀴 달린 고공 수레를 성보다도 높게 제작해, 둑길을 끼고서 성안을 굽어보며 활을 쏘게 만들고자 하였다.

이리하여 기일을 정하고 장차 공격하려 하자 성안에서는 위기감으로 기세가 위축되었는데, 이때 마침 양현감(楊玄感)[17]이 반역했다는 보고가 이르니 양제가 크게 두려워하였다. 또 고관 자제들이 모두 양현감 편에 섰다는 소식을 듣고는 더욱 우려하게 되었다. 병부시랑(兵部侍郎) 곡사정(斛斯政)은 평소부터 양현감과 친하게 지내던 터라 내심 불안하여 우리에게 도망쳐왔다. 양제가 밤에 은밀히 여러 장수를 소집해 군대를 이끌고 본국으로 돌아가게 하니, 군수품과 전투 기재와 공성 기구들이 산더미처럼 쌓였으며 군영과 보루와 장막들도 그대로 두어 움직이지 않았으나, 무리의 마음은 두렵고 어지러워 다시 질서를 차리지 못하고 여러 갈래로 분산되었다. 우리 군사는 이를 곧바로 알아차렸으나 감히 성 밖으로 나오지 않고, 다만 성안에서 북을 울리며 떠들어대다 다음 날 오시(午時)가 되어서야 바야흐로 차츰차츰 밖으로 나갔다. 그러나 여전히 수나라 군사의 속임수인가 의심해 이틀이 지나서야 군사 수천 명을 출동시켜 뒤를 쫓으면서도, 수나라 군사의 수가 많은 것을 두려워해 가까이 접근하지 못하고 늘 80~90리 거리를 유지하였다. 거의 요수에 이르러 양제의 친위 군영이 모두 다 건너간 것을 알고, 곧 과감히 그 후방 군대를 압박하였다. 이때 후방의 군사만도 수만 명이었는데, 우리 군사가 그들을 따라가면서 짓이겨 공격해 수천 명을 죽이고 노략하였다.

25년 봄 2월에 양제가 백관들에게 조서를 내려 고구려 정벌을 논의하게 했는데, 며칠이 지나도 누구 하나 감히 의견을 말하는 이가 없었다.

---

17) 양현감은 수의 홍려경(鴻臚卿)·예부상서를 역임한 명문 출신 관료였으나, 양제의 정치가 난맥을 드러내고 고구려와의 전쟁에 지친 민중의 저항이 잇따르자 군량수송을 지연시켜 양제의 고구려 친정군을 곤경에 빠뜨렸다. 마침내 613년 이밀(李密) 등과 함께 거병해 낙양으로 들어갔으나 패하고 피살되었다. 그러나 이 사건을 계기로 수의 내란은 질적으로 더욱 확대되었다. 『수서』 70 양현감전.

양제는 또다시 조서를 내려서 천하의 군사를 징집해 모든 방면으로 일제히 진격하게 하였다.

가을 7월에 양제의 수레가 회원진(懷遠鎭)에 가서 머물렀는데, 이때는 천하가 이미 어지러워져 징발한 군사들이 대부분 기일을 어기고 오지 않았다. 우리나라 역시 곤궁하고 피폐해지기는 마찬가지였다. 내호아가 비사성(卑奢城)에 이르자 우리 군사가 막아 싸웠으나, 내호아는 이를 쳐서 물리치고 장차 평양을 향해 나아오려 하였다. 왕이 두려워 사신을 보내 항복할 것을 청하고, 이를 계기로 곡사정을 압송하였다. 양제는 크게 기뻐하고 사신에게 신절을 주어 보내 내호아를 소환하였다. 8월에 양제가 회원진에서 군사를 되돌렸다.

겨울 10월에 양제가 서경(西京)에 돌아가서 우리 사자 및 곡사정의 일을 대묘(大廟)[18]에 고하고, 아울러 왕에게는 입조하라고 불렀으나 왕이 끝내 듣지 않았다. 양제가 장수에게 칙명을 내려 군비를 엄중히 하게 하고 다시 후일 군사를 일으키고자 계획했으나, 결국은 실행하지 못하였다.

29년 가을 9월에 왕이 죽었다. 왕호를 영양왕이라 하였다.

영류왕(榮留王)은 이름이 건무(建武)[〔성(成)이라고도 한다〕이고, 영양왕의 배다른 아우이다. 영양왕이 왕위에 있은 지 29년에 죽자 왕위에 올랐다.

2년(619) 봄 2월에 사신을 당에 보내 조공하였다. 여름 4월에 왕이 졸본에 행차하여 시조묘에 제사를 지냈다. 5월에 왕이 졸본에서 돌아왔다.

4년 가을 7월에 사신을 당에 보내 조공하였다.

5년 사신을 당에 보내 조공하였다. 당 고조(高祖)가 수나라 말기에 많

---

18) 대묘는 천자나 제후의 시조묘이니, 곧 종묘(宗廟)를 말한다. 태묘(太廟)라고도 한다.

은 전사가 우리나라에 포로로 잡혀 있는 것을 유감으로 여기고 왕에게 조서를 보내 이르렀다.

"내가 삼가 천명에 부응하여 천하에 군림해 삼령(三靈)[19]을 공경하고 순종하며 만국을 어루만지고 포용하나니, 온 천하 백성들은 고루 나의 사랑과 기름을 입을 것이요, 해와 달이 비치는 곳은 모두 편안하게 만들고자 한다. 왕은 요동 지역을 통치하면서 대대로 번신(藩臣)의 자격으로 사뢰어 정삭(正朔)을 받고 멀리서 조공의 직분을 거르지 않으며, 일부러 사자를 보내 산을 넘고 물을 건너 정성을 거듭 펴 보이니, 내가 매우 가상히 여기는 바이다. 이제 바야흐로 천지사방이 평안하고 사해는 맑고 평화로워 예물들이 충분히 오고 가고 도로들은 막힘이 없도다. 이처럼 서로 화목하고 길이 교빙의 우호를 돈독히 하며 각각 자기 강토를 보존하고 있으니, 이 어찌 성대한 아름다움이 아니랴! 다만 수나라 말기에 전쟁이 잇달고 재난이 얽혀 서로 치고 싸우던 곳에서는 각각 자기 백성들을 잃었으며, 마침내는 부모 형제들이 뿔뿔이 흩어지고 부부들은 갈려 나뉜 채, 여러 해가 지나도록 이 원한을 방치해 풀지 못하고 있도다. 이제 우리 두 나라가 화친을 통했으니 명분이 막히거나 다를 게 없으리라. 여기에서 살고 있는 고구려 사람들은 이미 샅샅이 조사해 찾아내서 곧바로 돌려보내게 했으니, 그곳에 있는 우리나라 사람들도 왕이 놓아 돌려보내서 서로 백성들을 편안히 기르는 방안에 힘을 다하고, 함께 인자하고 너그러운 길을 넓힐 일이다."

이에 중국 사람들을 전부 찾아 모아서 돌려보내니 그 수가 1만여 명에 달하였다. 당 고조가 크게 기뻐하였다.

6년 겨울 12월에 사신을 당에 보내 조공하였다.

7년 봄 2월에 왕이 사신을 당에 보내 책력을 반급해 줄 것을 청하자, 형부상서(刑部尚書) 심숙안(沈叔安)을 보내와 왕을 상주국요동군공고구

---

19) 삼령은 천·지·인, 혹은 일·월·성을 말하기도 하나, 여기서는 천신(天神)과 지지 (地祇)와 인귀(人鬼) 즉 조상신을 의미한 듯하다.

려국왕(上柱國遼東郡公高句麗國王)으로 책명하고, 도사(道士)를 시켜 천
존상(天尊像) 및 도법(道法)을 가지고 와 노자(老子)를 강론하게 하였다.
왕과 나라 사람들이 이 강의를 들었다. 겨울 12월에 사신을 당에 들여보
내 조공하였다.

8년에 왕이 사람을 당에 들여보내 불교와 노자의 교법을 배우고자 요
청했더니, 황제가 허락하였다.

9년에 신라와 백제가 사신을 당에 보내 말하기를 "고구려가 길을 막아
조알하지 못하게 하고 또 자주 번갈아 침략합니다"라고 하니, 황제가 산
기시랑(散騎侍郞) 주자사(朱子奢)에게 신절을 주어 보내와 그들과 화친
하도록 타일렀다. 왕이 표문을 올려 사죄하고 그들 두 나라와 화평하겠
다고 하였다.

11년 가을 9월에 사신을 당에 들여보내 당 태종이 돌궐의 힐리가한
(頡利可汗)[20]을 사로잡은 것을 축하하고, 겸하여 봉역도(封域圖)를 올
렸다.

12년 가을 8월에 신라 장군 김유신이 동쪽 변경 지대에 쳐들어와 낭비
성(娘臂城)을 깨뜨렸다. 9월에 사신을 당에 들여보내 조공하였다.

14년에 당에서 광주사마(廣州司馬) 장손사(長孫師)를 보내 수나라 전
사들의 해골이 묻힌 곳에 와서 제사를 지내고 그 당시 세웠던 경관(京
觀)[21]을 헐어버렸다. 봄 2월에 왕이 백성을 동원하여 장성을 축조했는
데, 동북쪽으로는 부여성(扶餘城)으로부터 서남쪽으로는 바다에 이르기
까지 1천여 리가 넘었으며, 무릇 16년 만에 공사를 마쳤다.

---

20) 힐리가한은 620년부터 630년까지 재위한 동돌궐의 가한으로 계민가한(啓民可汗)
의 셋째 아들이다. 처음에 당은 그를 후대했으나 돌궐의 여러 부족이 그의 폭정에
이반해가자, 이세적 등을 보내 동돌궐을 멸망시키고 힐리에게는 우위대장군(右
衛大將軍)을 수여하였다. 『구당서』 194 상 돌궐전 상.
21) 경관은 전쟁에서 자기의 무공을 과시하기 위해 적들의 시체를 쌓아놓고 그 위에 흙
을 덮어둔 큰 무덤이다. 경구(京丘)라고도 한다. 『좌전』 선공(宣公) 12년조에는 진
(晉)의 군사를 대파한 초 왕에게 그의 신하 반당(潘黨)이 진나라 군사의 시체를 모
아 경관을 만들어서 자손에게 보여 선대의 무공을 잊지 않게 할 것을 권한 바 있다.

21년 겨울 10월에 신라의 북쪽 변경에 있는 칠중성(七重城)을 침공하였다. 신라 장군 알천(閼川)이 맞받아 칠중성 밖에서 싸웠는데 우리 군사가 패배하였다.

23년 봄 2월에 세자 환권(桓權)을 당에 들여보내 조공하였다. 당 태종이 세자를 위로하고 물품을 특별히 후하게 내려주었다. 왕이 자제들을 당에 들여보내 국학(國學)에 입학시켜줄 것을 요청하였다. 가을 9월에 해가 빛을 잃었다가 3일을 지나 다시 밝아졌다.

24년에 당 황제는 우리의 태자가 입조했다 하여, 직방랑중(職方郎中) 진대덕(陳大德)을 보내 우리 노고에 보답하였다. 진대덕이 우리나라 경계에 들어와서 이르는 성읍마다 수비하는 관리들에게 무늬있는 비단을 후하게 주면서 말하기를 "내가 산수를 즐기고 좋아하는지라, 여기 경치가 뛰어난 곳이 있으면 한 번 보고 싶습니다"라고 하였다. 수비하는 이들이 흔쾌히 안내하니 이리저리 다녀 발길이 이르지 않은 곳이 없었다. 이로 말미암아 그는 우리 지리의 세밀한 곳까지 자세히 알게 되었고, 중국인으로서 수나라 말기에 종군해 왔다가 억류된 이들을 만나서 친척들의 안부를 말해주니 사람마다 눈물을 흘렸다. 이 때문에 그가 이르는 곳에는 남녀가 길을 메우고 구경하였다. 왕이 호위병들을 성대하게 벌여놓고 당의 사행을 접견하였다. 진대덕은 사신으로 온 기회에 우리나라의 허실을 엿보았던 것이나, 우리는 그것을 알아차리지 못하였다.

진대덕이 본국에 돌아가 보고하자 황제가 기뻐하였다. 진대덕이 황제에게 말하기를 "그 나라에서는 고창(高昌)²²⁾이 망했다는 소식을 듣고 크게 두려워하여, 우리 사신의 숙소에서 접대하는 정중함이 평소의

---

22) 고창국은 중국 천산산맥 동남의 투르판 지방에서 5세기부터 7세기 중엽에 걸쳐 번영했던 나라이다. 기원전 2세기 초에 전한에 알려져 차사전국(車師前國)이라고 하였으며, 진(晉)에서는 고창군을 두었고, 후위(後魏) 때 연연(蠕蠕)에 합병되었다. 감백주(闞伯周)가 왕으로 옹립된 것이 나라의 시초이다. 당은 640년에 이를 멸망시키고 그 옛 땅을 서주(西州)라 하여 직할령으로 삼았으며, 주요한 성읍에 5개 현을 설치하였다.

분수보다 더했습니다"라고 하였다. 황제가 말하기를 "고구려는 본래 4군의 땅이었던 곳이다. 내가 군사 수만 명을 발동해 요동을 칠 것 같으면 저들은 반드시 온 나라를 기울여 요동을 구하려 할 것이니, 그때 따로 수군을 동래(東萊)에서 내보내 뱃길로 평양을 향해 나가게 하여 수륙 양군이 세력을 합한다면 어렵지 않게 빼앗을 수 있을 것이다. 그러나 다만 산동(山東)의 주와 현들이 전란으로 쇠약해져 아직 회복되지 않았으므로 내가 그들을 수고롭게 하지 않으려 하는 것일 뿐이다"라고 하였다.

25년 봄 정월에 사신을 당에 들여보내 조공하였다. 왕이 서부(西部)의 대인(大人) 개소문(蓋蘇文)에게 명해 장성 쌓는 공사를 감독하게 하였다.

겨울 10월에 개소문이 왕을 시해하였다. 11월에 당 태종이 왕이 죽었다는 소식을 듣고 조정의 동산에서 애도 의식을 거행하고, 조칙으로 부의 물품 3백 단(段)을 보내게 했으며, 사신에게 신절을 지니고 와 조문하는 제사를 지내게 하였다.

• 삼국사기 권 제20

삼국사기 권 제21

고구려본기 제9
보장왕 상

왕의 이름은 장(臧)〔혹은 보장(寶臧)이라고 한다〕이고, 나라를 잃었기 때문에 시호는 없다. 건무왕(建武王)의 아우 대양왕(大陽王)의 아들이다. 건무왕이 왕위에 있은 지 25년에 개소문이 왕을 시해하고 장(臧)을 세워 왕위를 잇게 하였다.

신라가 백제를 치고자 계획하여 김춘추(金春秋)를 보내 군사를 청했으나 거절하였다.

2년(643) 봄 정월에 왕이 자기 아버지를 봉해 왕으로 삼았다. 사신을 당에 들여보내 조공하였다.

3월에 개소문이 왕에게 고하기를 "세 가지 교법은 비유하자면 솥의 세 발과 같아서 하나라도 없어서는 안 되는 것인데, 지금 유교와 불교는 모두 흥성하고 있으나 도교가 성행하지 못하고 있으니, 이른바 천하의 도술을 갖추었다고 할 수 없습니다. 엎드려 청하오니 사신을 당에 보내 도교를 구해서 나라 사람들을 교화하소서"라고 하였다. 대왕이 깊이 동감해 표문을 올려서 요청했더니, 당 태종이 도사 숙달(叔達) 등 여덟 사람을 보내주고, 겸하여 노자의 『도덕경』을 내려주었다. 왕이 기뻐하여 승려의 사찰을 빼앗아 그들에게 도관(道觀)으로 쓰게 하였다.

윤 6월에 당 태종이 말하기를 "개소문이 자기 임금을 시해하고 나라의 정권을 제멋대로 하고 있으니 이는 진실로 참을 수가 없는 일이다. 오늘날 우리 병력으로 고구려를 빼앗는 것은 어렵지 않으나, 다만 백성을 수고롭게 하고 싶지가 않은 것이니, 거란과 말갈로 하여금 그들을 치게 하고자 하는데 어떻게 생각하는가"라고 하였다. 장손무기(長孫無忌)가 말하기를 "개소문은 스스로 자기 죄가 큰 줄을 알고, 또 그 때문에 우리나라가 토벌해올까 두려워 엄중하게 수비할 태세를 갖추고 있을 것입니다. 폐하께서 아직은 참고 계시면 그가 마음을 놓고 반드시 다시 교만해지고 나태해져서 더욱 악행을 방자히 할 것이니, 그런 다음에 고구려를 쳐도 늦지 않을 것입니다"라고 하였다. 황제가 "좋다" 하고, 사신에게 신절을 주어 보내 예를 갖추어서 왕을 책명하는 조서를 내려 말하기를 "멀리 있는 곳을 포용하는 것은 선대 왕의 아름다운 법이요, 세대를 잇게 하는 의리는 여러 왕조의 오랜 규범이다. 고구려 국왕 장은 국량과 생각이 아름답고 민첩하며 견식과 품성은 면밀하고 바르니, 일찍부터 예교(禮敎)를 익혀서 그 덕성과 신의를 들은 바 있도다. 처음 번방(藩邦)의 직분을 이어받아 정성이 이미 드러났으니 마땅히 작위를 높여 임명하는 것은 진실로 전례에 부합하는바, 상주국요동군공고구려왕(上柱國遼東郡公高句麗王)으로 삼노라"라고 하였다.

가을 9월에 신라에서 당에 사신을 보내 말하기를 "백제가 우리의 40여 성을 쳐서 탈취하고, 다시 고구려와 군사를 연합해 중국으로 들어가는 길을 끊으려 하니, 천자의 군사가 구원해주기를 엎드려 바랍니다"라고 하였다.[1] 15일에 밤은 환한데도 달은 보이지 않았으며, 뭇 별이 서쪽으로 흘러갔다.

3년 봄 정월에 사신을 당에 들여보내 조공하였다. 황제가 사농승(司農丞) 상리현장(相里玄奬)에게 명해 황제의 조서를 가지고 와 왕에게 칙명을 내려 말하기를 "신라는 우리나라에 믿음을 쌓고 조공을 빠뜨리지 않

---

1) 『자치통감』 197 당기 13 태종 중지하 정관 17년 9월 경진조를 인용한 것이다.

으니, 너희는 백제와 함께 마땅히 각각 군사를 거둘 일이다. 만약 다시 신라를 친다면 내년에 군사를 내서 너희 나라를 토벌할 것이다"라고 하였다.

처음 상리현장이 고구려 국경에 들어왔을 때 개소문은 이미 군사를 거느리고 신라를 쳐서 두 성을 깨뜨리고 있었으므로 왕이 사람을 보내 그를 불러서야 돌아왔다. 상리현장이 신라를 침공하지 말라고 타이르자, 개소문이 그에게 일러 말하기를 "우리가 신라와 더불어 원한으로 틈이 벌어진 지는 이미 오래이다. 지난날 수의 군사가 우리나라를 침략했을 때, 신라가 그 틈을 타고 우리 땅 5백 리를 탈취해 그곳의 성읍들을 모두 점거하고 있으니, 만약 그들이 스스로 우리에게서 침탈해 간 땅을 돌려주지 않는다면 이 전쟁은 아마 그만둘 수 없으리라"라고 하였다.

이에 상리현장이 말하기를 "이미 지나간 일을 어찌 추궁해 이야기할 것인가? 지금 요동의 여러 성은 본래 모두 중국의 군·현들이었지만 중국에서도 오히려 이를 말하지 않는데, 고구려만이 어찌하여 반드시 옛 땅을 찾으려 들 수 있겠는가"라고 했으나, 막리지(莫離支)는 끝내 그의 말을 듣지 않았다. 상리현장이 본국에 돌아가서 낱낱이 실상을 보고하자, 당 태종이 말하기를 "개소문이 자기 임금을 시해하고 제 나라 대신들을 살륙했으며 제 백성을 가혹하게 다루더니, 이제 또 나의 명령마저 어기니 그를 토벌하지 않을 수가 없겠다"라고 하였다.

가을 7월에 황제가 장차 군사를 출동하기로 하고 홍(洪)·요(饒)·강(江)의 3주(州)에 명령해 배 4백 척을 만들어서 군량을 싣게 하였다. 또 영주도독(營州都督) 장검(張儉) 등을 보내 유주(幽州)와 영주(營州) 두 도독(都督)의 군사 및 거란·해(奚)·말갈을 거느리고 먼저 요동을 쳐서 그 형세를 살피게 하였다. 대리경(大理卿) 위정(韋挺)을 궤수사(餽輸使)로 삼아 하북(河北)에서부터 여러 주는 모두 위정의 지휘를 받게 했고, 위정으로 하여금 형편에 따라 편의대로 일을 처리하게 하였다. 또 소경(少卿) 소예(蕭銳)에게 명해 하남(河南) 여러 주의 양곡을 운반해 바다로 들어가게 하였다.

9월에 막리지가 백금(白金)을 당에 바쳤다. 저수량(褚遂良)이 말하기를 "막리지가 자기 임금을 시해했으니 9이(九夷)도 용납하지 않을 바이거늘, 이제 장차 그를 치려 하면서 그의 백금을 받으신다면 이는 송나라의 곡정(郜鼎)2)과 같은 부류일 것이니, 저는 받을 수 없다고 생각합니다"라고 하였다. 황제가 그의 말을 따랐다. 고구려 사자가 또 말하기를 "막리지가 관리 50명을 숙위로 들여보내고자 합니다"라고 하였다. 황제는 노하여 사자에게 이르기를 "너희들은 모두 고무(高武)를 섬기면서 관작을 차지하고 있었거늘, 막리지가 왕을 시해하고 반역했음에도 너희들은 복수하지 못하더니, 이제 또다시 그를 위해 유세하고 다녀서 대국을 속이려 드니 어떤 죄가 이보다 크랴!" 하고 그들 모두를 형관(刑官)에게 맡겨버렸다.

겨울 10월에 평양에 눈이 내렸는데 붉은색이었다. 황제가 직접 군사를 거느려 고구려를 치고자 장안(長安)의 노인들을 불러 위로해 말하기를 "요동은 옛날 중국의 땅이었을 뿐만 아니라 막리지가 자기 임금을 죽였으니 내가 이제 직접 가서 그곳을 경략하려 하는 터라, 그대 노인분들과 약속하거니와 그대들 아들과 손자로 나를 따라 떠나는 이들은 내가 잘 보살피고 위로할 것이니 근심할 것 없으리라" 하고 포백과 곡식을 후하게 내려주었다. 여러 신하는 모두 황제에게 직접 가지 말 것을 권했으나, 황제는 말하기를 "나도 알겠다. 근본을 떠나 말단으로 치닫고, 높은 데를 버리고 낮은 데를 취하며, 가까운 것을 놓아두고 먼 곳에 가는 이 세 가지가 모두 바람직하지 않은 것인데, 고구려를 치는 것이 바로 그러하다. 그러나 개소문이 자기 임금을 시해하고 또 대신들을 죽여 제멋대로

---

2) 춘추시대 곡에서 만든 큰 솥을 곡정(郜鼎), 또는 곡대정(郜大鼎)이라고 한다. 송의 화보독(華父督)이 군주인 상공(殤公) 여이(與夷)와 대부인 공보(孔父)를 살해하고 장공(莊公) 풍(馮)을 세우매, 노 환공(桓公)이 제(齊)·진(陳)·정(鄭) 등과 더불어 그를 치려 했더니, 송에서 노나라에 곡정을 뇌물로 바치고 나머지 나라에도 뇌물을 주어 무마하였다. 이 사건의 자세한 전말은 차대왕 3년조 주석을 참조할 것. 『좌전』 환공 2년.

하는지라 온 나라 백성들이 목을 늘이고 구원을 기다리고 있는데, 의논하는 이들은 도리어 이 점을 알지 못하는 것일 뿐이다"라고 하였다. 이리하여 북쪽으로는 영주(營州)에 곡식을 수송하고, 동쪽으로는 고대인성(古大人城)에 곡식을 저장하였다.

11월에 황제가 낙양(洛陽)에 이르렀다. 전 의주자사(宜州刺史) 정천숙(鄭天璹)이 이미 관직에서 은퇴해 있었는데, 황제는 그가 일찍이 수 양제를 따라 고구려를 친 적이 있다 하여, 그를 황제가 머무는 곳으로 불러 의견을 물었다. 그가 대답하기를 "요동은 길이 멀어 군량을 운반하는 일이 어렵고, 동방인들은 성을 지키는 데 뛰어나 쉽사리 함락시킬 수가 없습니다"라고 하였다. 황제가 말하기를 "오늘날은 수나라 때의 일과 비교할 것은 아니니, 그대는 다만 따르기만 하라"라고 하였다.

이윽고 형부상서(刑部尙書) 장량(張亮)을 평양도행군대총관(平壤道行軍大摠管)으로 삼아 강(江)·회(淮)·영(嶺)·협(陜)의 군사 4만 명과 장안과 낙양에서 모집한 군사 3천 명 및 전함 5백 척을 거느리고 내주(萊州)에서 바다로 나가 평양을 향해 가게 하였다. 또 태자첨사좌위솔(太子詹事左衛率) 이세적(李世勣)을 요동도행군대총관(遼東道行軍大摠管)으로 삼아 보병과 기병 6만 명 및 난주(蘭州)와 하주(河州)의 항복한 오랑캐들을 거느리고 요동으로 가서 두 부대가 세력을 합해 유주(幽州)에 대거 집결하게 하였다. 행군총관(行軍摠管) 강행본(姜行本)과 소감(少監) 구행엄(丘行淹)을 안라산(安羅山)에 보내 우선 여러 공장(工匠)을 독려해 사다리와 공성용 수레를 만들게 하였다. 이때 원근에서 모집에 호응하는 용사들과 공성용 전투 기계를 바치는 이들을 이루 헤아릴 수가 없었다. 황제는 이들 모두에 대해 친히 그 기능을 가감하여 편리한 점을 취하였다.

또 친필 조서를 내려 천하에 고하기를 "고구려의 개소문은 임금을 시해하고 백성을 학대하니 그 정상을 어찌 참을 수 있으랴? 이제 유(幽)·계(薊) 등지를 돌아서 요동과 갈석에서 문죄하려 하니, 내가 지나가는 군영과 숙소에서는 사람과 재물을 수고롭히거나 허비하지 말 일이다"

라고 하였다. 또 이어서 말하기를 "옛날 수 양제는 아래 사람에게 잔인하고 포학했으며, 고구려 왕은 자기 백성에게 어질었으며 그들을 사랑하였다. 이처럼 반란을 생각하고 있는 군사들을 가지고서 평안하고 화목한 이들을 쳤기 때문에 성공할 수 없었던 것이다. 지금 우리가 반드시 승리하게 될 이치 다섯 가지를 대략 말해보자면, 첫째 큰 것으로 작은 것을 치는 것이요, 둘째 순리로 반역을 치는 것이요, 셋째 정연한 다스림으로 어지러운 틈을 타는 것이요, 넷째 편안한 군사로 피로한 군사를 대적하는 것이요, 다섯째 기뻐하는 군사로 원망하는 군사에 맞서는 것이니, 어찌 이기지 못할 것을 근심하겠는가? 백성들에게 포고하노니 의심하거나 두려워하지 말라!"라고 하였다. 이때 모든 숙소와 공급 및 설비에 충당된 물자를 절감한 것이 절반을 넘었다. 이윽고 여러 군단 및 신라·백제·해·거란에 조서를 내려 각 방면으로 나누어 고구려를 치게 하였다.

4년 봄 정월에 이세적의 군사가 유주에 이르렀다. 3월에는 황제가 정주(定州)에 이르러 시종하는 신하들에게 이르기를 "요동은 본래 중국의 땅이다. 수는 네 번이나 군사를 출동시켰으나 이곳을 찾아오지 못하였다. 내가 지금 동방을 정벌하는 것은, 중국을 위해서는 전몰한 자제들의 원수를 갚고자 하는 것이고, 고구려에 대해서는 시해당한 임금의 치욕을 씻어주려는 것일 뿐이다. 게다가 사방의 구석까지 크게 평정되었는데 오직 이 고구려만이 평정되지 않았기 때문에, 내가 더 늙기 전에 사대부들의 남은 힘을 가지고 이 땅을 되찾으려는 것이다"라고 하였다. 황제가 정주를 떠나가는데 친히 활과 화살을 차고 안장 뒤에다가 비옷을 자기 손으로 묶어 매달았다. 이세적의 군사가 유성(柳城)을 출발해 형세를 크게 펼쳐서 마치 회원진(懷遠鎭)으로 나가는 것처럼 하고, 은밀하게 군사를 북쪽의 용도(甬道)[3]로 내달리게 해 우리가 뜻하지 못한 곳으로 출

---

3) 양측에 담을 쌓아 밖에서 볼 수 없게 만든 길을 말한다. 『사기』 진시황본기 시황(始皇) 27년조에 '용도'의 용례가 보인다.

격하게 하였다.

여름 4월에 이세적이 통정(通定)에서 요수를 건너 현도에 이르자, 우리 성읍들이 크게 놀라 모두 성문을 닫아 걸고 자체 수비하였다. 부대총관(副大摠管) 강하왕(江夏王) 도종(道宗)은 군사 수천 명을 거느리고 신성(新城)에 이르고, 절충도위(折衝都尉) 조삼량(曹三良)이 기병 10명을 데리고 곧장 성문을 압박해오니, 성안에서는 놀라 법석대며 감히 나오는 이가 없었다. 영주도독(營州都督) 장검(張儉)이 오랑캐 군사를 거느리고 선봉이 되어 요수를 건너 건안성(建安城)으로 내달아 우리 군사를 깨뜨리고 수천 명을 죽였다. 이세적과 강하왕 도종은 개모성(蓋牟城)을 쳐서 함락시켜 1만 명을 사로잡고 군량 10만 석을 노획했으며, 그 일대를 개주(蓋州)로 만들었다. 장량(張亮)은 수군을 거느리고 동래로부터 바다를 건너와 비사성(卑沙城)을 습격했는데, 성의 사면이 깎아지른 듯해 오직 서쪽 문으로만 오를 수 있었다. 정명진(程名振)이 군사를 데리고 밤에 오자, 부총관(副摠管) 왕대도(王大度)가 먼저 올라갔다.

5월에 성이 함락되니, 남녀 8천 명이 죽었다. 이세적은 요동성 아래까지 진격하였다. 황제가 요동의 늪지에 이르렀을 때 진창이 2백여 리나 되어 사람과 말들이 통행할 수 없었는데, 장작대장(將作大匠) 염입덕(閻立德)이 흙을 펴서 다리를 만들었으므로 군사들이 지체하지 않고 늪지대 동쪽으로 건너왔다. 왕은 신성과 국내성의 보병 및 기병 4만 명을 발동해 요동성을 구원하게 하였다. 강하왕 도종이 기병 4천 명을 이끌고 이를 맞닥뜨렸는데, 휘하 군사들의 생각이 모두 군사 규모의 많고 적은 차이가 현저하니 참호를 깊이 파고 보루를 높게 쌓아 황제의 도착을 기다리는 도리밖에 없다고 하였다. 이에 도종이 말하기를 "적들은 수가 많은 것을 믿고 우리를 가벼이 보려는 심리가 있을 것이고, 또 멀리서 오느라 피로할 터이니, 그들을 치면 반드시 깨뜨릴 수 있겠다. 이렇게 하여 길을 깨끗이 해놓고 황제의 행차를 기다려야 마땅하거늘, 어찌 다시금 적도들을 임금께 넘겨드리려 하는가"라고 하였다. 도위(都尉) 마문거(馬文擧)가 말하기를 "강한 적을 만나지 않고서야 무엇으로 장사의 면모를 드러내겠는가"라고 하더니, 말을 채찍질해 달려나가 치자 향하는 곳마다 모두 쓰러지매, 여러 사람의 마음이 조금 안정되었다. 정작 어울려 싸우게 되자 행군총관(行軍摠管) 장군예(張君乂)가 밀려 달아나고, 당나라 군사는 꺾이고 패하였다. 도종이 흩어진 군졸들을 수습해 높은 곳에 올라가 우리 군사의 진이 어지러워진 것을 바라보고 날랜 기병 수천 명을 데리고 돌격해 오니, 이세적도 군사를 이끌고 그를 도우매 우리 군사가 크게 패해 죽은 이가 1천여 명이었다.

황제가 요수를 건너고는 다리를 치워버려 사졸들의 마음을 굳건히 하고 마수산(馬首山)에 진을 친 다음 강하왕 도종을 위로해 상을 내리고, 마문거를 끌어올려 중랑장(中郞將)으로 임명했으며, 장군예의 목을 베었다. 황제가 직접 수백 명의 기병을 거느리고 요동성 아래 이르러 사졸들이 흙을 져 날라 참호를 메우는 것을 보고 그중 가장 무거운 것을 나누어 말 위에 실으니, 따르던 군관들이 다투어 흙을 져 날라 성 밑에 부렸다. 이세적이 요동성을 공격하기를 밤낮으로 하여 12일 동안이나 쉬지 않았다. 황제가 정예군을 이끌고 이세적에게 합세해 성을 수백 겹으로 에워싸니, 북소리와 함성이 천지를 뒤흔들었다.

성안에는 주몽(朱蒙)의 사당이 있었고 이 사당에는 쇠사슬로 만든 갑옷과 날카로운 창이 있었는데, 요망스럽게도 지난 연나라 시대에 하늘이 내려준 것이라고들 하였다. 바야흐로 포위가 긴박해지자 아름다운 여자를 분장해 여신으로 삼고 무당이 말하기를 "주몽께서 기뻐하시니 성은 반드시 온전할 것이다"라고 하였다.

이세적이 포차를 벌여놓고 큰 돌을 3백 보가 넘게 날려 보내니, 맞는 곳마다 당장 허물어졌다. 우리 측에서는 나무를 쌓아 다락을 만들고 동아줄 그물로 묶었으나 막아낼 수가 없었다. 당나라 쪽에서는 공성용 수레로 성가퀴를 쳐서 부수었다. 이때 백제가 황금색으로 옻칠한 쇠갑옷을 바쳤고, 또 검은 쇠로 만든 무늬있는 갑옷을 병사들이 입고 다니니, 황제와 이세적의 군사가 함께하자 갑옷의 광채가 햇빛에 번쩍였다. 남풍이 세차게 불어오자 황제가 날랜 군졸을 보내 전차 기둥 끝에 올라가서 서남쪽 성루에 불을 지르게 하였다. 불길이 성안으로 타 번지자 그 틈에 장졸들로 하여금 성을 타고 오르게 하였다. 우리 군사가 힘껏 싸웠으나 이기지 못해 죽은 이가 1만여 명이었고, 정예병 1만여 명과 남녀 4만 명과 양곡 50만 석을 빼앗겼으며, 요동성은 당의 요주(遼州)가 되고 말았다.

이세적은 백암성 서남쪽으로 진격하고, 황제는 그 서북쪽으로 들이닥치니, 성주 손대음(孫代音)이 은밀히 심복을 보내 항복을 청하고, 성 위로 나가 칼과 도끼를 내던지는 것을 신호로 삼겠다고 하면서 말하기를 "저는 항복하고자 하나 성안에 따르지 않는 이들이 있습니다"라고 하였다. 황제가 당의 깃발을 손대음의 사자에게 주며 말하기를 "틀림없이 항복하려거든 이것을 성 위에 세울 일이다"라고 하였다. 손대음이 그 깃발을 세우자 성안의 사람들은 당나라 군사가 벌써 성 위에 올라온 줄로 알고 모두 그를 따라 항복하고 말았다.

황제가 요동을 제압했을 때 백암성이 항복을 청했다가 얼마 후 도중에 후회하게 되자, 그들의 번복에 노하여 군사들에게 명해 말하기를 "성을 빼앗으면 성안의 사람들과 물건들은 반드시 모두 다 전투에 참여한 사졸들에게 상으로 주겠다"라고 한 바 있었다. 이세적은 황제가 백암성의 항복을 받으려 하는 것을 보고 갑옷 입은 군사 수십 명을 거느리고 와 황제에게 청해 말하기를 "사졸들이 다투어 화살과 돌을 무릅쓰고 자신의 죽음을 돌아보지 않는 것은 노획물을 욕심내기 때문일 뿐입니다. 이제 성이 거의 함락되려 하는데 어찌하여 또다시 저들의 항복을 받아들여 싸우는 군사들의 마음을 저버리시려 하십니까"라고 하였다. 황제가 말에서 내려 사과해 말하기를 "장군의 말이 옳도다. 그러나 군사를 풀어 놓아 사람을 죽이고 그 처자식을 사로잡게 하는 것은 내가 차마 할 수 없다. 장군의 휘하에서 공이 있는 이들에게는 내가 창고의 물건으로 상을 줄 것이니, 바라건대 장군에게서 이 성 하나를 사고자 한다"라고 하니, 이세적이 그제야 물러갔다.

이리하여 성안의 남녀 1만여 명을 잡아서 물가에 장막을 치고 그들의 항복을 받은 다음, 아울러 먹을 것을 주고 80세 이상된 이들에게는 비단을 차등있게 내려주었다. 다른 성의 군사들로서 백암성에 있던 이들에게는 모두 위로하고 타일러 양식과 군장을 주어 그들 마음대로 가게 하였다. 이보다 앞서 요동성의 장사(長史)가 부하에게 살해되었는데, 그곳에서 일을 보던 이가 장사의 처자식을 모시고 백암성으로 달아나 있었다. 황제가 그의 의리있음을 사랑하여 비단 다섯 필을 내려주고, 장사를 위해 영구를 만들어 평양으로 돌려보냈다. 백암성은 암주(巖州)로 만들고, 손대음을 자사(刺史)로 삼았다.

처음에 막리지가 가시성(加尸城)의 7백 명을 보내 개모성(蓋牟城)을 지키게 했는데, 이세적이 그들을 모조리 사로잡았다. 그들이 종군하여 군공을 세우고자 청하니 황제가 말하기를 "너희의 집은 모두 가시성에 있는데 너희가 나를 위해 싸운다면 막리지가 반드시 너희 처자식을 죽일 것이니, 한 사람의 힘을 얻고자 한 집안을 멸망하게 하는 일은 내가 차마 할 수 없도다" 하고 그들 모두에게 양곡을 주어 돌려보냈다. 개모성은 개주(蓋州)로 만들었다.

황제가 안시성(安市城)에 이르러 군사를 진격해 치자, 북부(北部) 욕살(耨薩) 고연수(高延壽)와 남부(南部) 욕살 고혜진(高惠眞)이 우리 군사 및 말갈 군사 15만 명을 거느리고 안시성을 구원하였다. 황제가 시종하는 신하들에게 이르기를 "지금 고연수에게는 계책이 세 가지 있겠다. 군사를 이끌고 곧장 나와 안시성에 잇대어 보루를 만들고 높은 산의 험한 지세에 웅거해 성안의 곡식을 먹으면서 말갈군을 풀어놓아 우리 소와 말을 약탈하게 하면, 우리가 그들을 치려 해도 쉽사리 함락시킬 수가 없고 되돌아가려 해도 진창에 가로막힐 것인바, 가만히 앉아서 우리 군사를 곤란하게 할 수 있으니 이것이 상책이리라. 성안의 사람들을 빼내서 함께 야간 도주를 하는 것은 중책이겠다. 자신들의 지략과 능력을 헤아리지 못하고 몰려와 우리와 싸우는 것은 하책이다. 그대들 모두 두고 보라. 저들은 틀림없이 하책을 가지고 나올 것이니, 그들이 사로잡히고 마는 것이 내 눈에 선하다"라고 하였다.

이때 대로(對盧) 고정의(高正義)는 나이가 많고 경험이 많은지라 고연수에게 이르기를 "진왕(秦王)[4]은 안으로는 여러 영웅을 쳐 없애고 밖으로는 주변 오랑캐들을 굴복시켜 혼자 힘으로 서서 황제가 되었으니, 이는 일세에 뛰어난 인재이다. 지금 그가 천하의 백성을 차지해 이곳에 이르렀으니 대적할 수 없겠다. 내 계책으로는 군사를 정돈해 싸우지 않고 여러 날을 보내며 오래 끌면서 기습병들을 나누어 보내 그들의 양곡 수송로를 차단해 그들 양식이 떨어지게 하고 나면, 저들은 싸우고자 하나 싸울 수가 없고 돌아가려 해도 퇴로가 없을 것이니, 이때는 우리가 이길 수 있을 것이다"라고 하였다. 고연수는 듣지 않고 군사를 거느리고 안시성에서 40리 떨어진 곳까지 곧바로 나아갔다. 황제는 그가 머뭇거리며 다가오지 않을까 염려하여 대장군 아사나사이(阿史那社尒)[5]에게 명령해 돌궐 기병 1천 명을 거느리고 가서 그들을 유인하게 하였다. 군사들이 처음 어우러지자, 그들은 거짓으로 달아났다. 고연수가 말하기를 "힘들 게 하나도 없구나" 하고, 앞을 다투어 기세를 타고 안시성 동남쪽 8리 지점까지 와서 산에 의지해 진을 쳤다.

황제가 여러 장수를 다 불러모아 계책을 물었다. 장손무기(長孫無忌)가 대답하기를 "저는 적을 상대해 싸우고자 할 때는 반드시 먼저 사졸들의 마음 상태를 살펴야 한다고 들었습니다. 제가 마침 여러 병영을 지나가는데 사졸들이 고구려 군사가 왔다는 말을 듣더니 모두 칼을 뽑아들고 깃발을 매달면서 얼굴에 희색이 나타나는 것을 보았거니와, 이야말로 필승의 군사들이옵니다.[6] 폐하께서 면류관을 쓰지 않으시고 몸소 진두에 나섰사오니, 무릇 기묘한 계책을 내어 승리를 거둔 것은 모두 위로

---

4) 진왕은 당 태종 이세민의 처음 봉호(封號)이다. 이세민은 618년 당의 건국과 동시에 상서령(尚書令)에 임명되고 진왕에 봉해졌다.

5) 아사나사이는 돌궐 처라가한(處羅可汗)의 아들로 『구당서』 109에 그의 열전이 있다.

6) 『손자』 모공편(謀攻篇)에 '상하동욕자승'(上下同欲者勝)이라고 하였으니, 사졸들의 마음을 살펴 상하가 한가지로 싸우고자 하되, 마치 자신의 원수를 갚고자 하듯이 하면 이긴다는 것이다. 『맹자』 공손추(公孫丑) 하에 "천시가 지리만 못하고, 지리가 인화만 못하다"라고 한 대목과도 상통한다.

폐하의 지략을 받들어 여러 장수가 이미 정해진 계획대로 움직였기 때문일 뿐입니다. 오늘의 이 일도 폐하께서 지휘하시기 바랍니다"라고 하였다.

황제가 웃으며 말하기를 "여러 공이 이 일을 나에게 사양하니 내가 여러 공을 위해 헤아려 보아야겠다" 하고, 곧 장손무기 등과 함께 수백 명의 기병을 따르게 하여 높은 곳에 올라 둘러보고, 산천의 형세상 군사를 숨기거나 드나들 수 있는 장소를 자세히 살폈다. 우리 군사가 말갈 군사와 합세해 진을 치자 길이가 40리에 달하니, 황제가 바라보고 두려워하는 기색이 있었다. 강하왕 도종이 말하기를 "고구려는 온 나라를 기울여 천자의 군사를 막고 있으니 평양의 수비는 반드시 취약할 것입니다. 원컨대 제게 정예병 5천 명을 빌려주시어 그들의 본거지를 뒤엎게 하시면 수십 만의 병력을 싸우지도 않고 항복시킬 수 있습니다"라고 하였다. 황제는 듣지 않고 사신을 보내 고연수를 속여 말하기를 "나는 너희 나라의 강포한 신하가 자기 임금을 시해했기 때문에 그를 문죄하려 온 것이요, 서로 전쟁까지 하게 된 것은 나의 본래 마음이 아니었거늘, 너희 경내에 들어오자 말먹이와 양식을 주지 않으므로 너희의 몇 개 성을 빼앗은 것이니, 너희 나라가 신하의 예를 닦기만 한다면 잃었던 것들은 반드시 되찾게 될 것이다"라고 하였다. 고연수는 이 말을 믿고 더 이상 방비책을 마련하지 않았다.

황제가 밤에 문무 관료들을 불러 일을 계획한 다음, 이세적에게 명령해 보병과 기병 1만 5천 명을 거느리고 서쪽 산마루에 진을 치게 하고, 장손무기와 우진달(牛進達)에게는 정예병 1만 1천 명을 거느려 기습병력으로 삼아 산의 북쪽으로부터 좁은 골짜기로 나와 우리 후방을 치게 하였다. 황제 자신은 보병과 기병 4천 명을 거느리고 북과 뿔피리를 옆에 끼고 기치를 눕혀 산으로 올라갔다. 황제가 모든 군단에 명령하기를 북과 뿔피리 소리를 듣거든 일제히 나와 매섭게 치라 하고, 또 이어서 담당자로 하여금 항복받을 장막을 조당(朝堂) 옆에 차려놓게 하였다. 이날 밤에 유성이 고연수의 진영에 떨어졌다.

다음 날 아침에 고연수 등이 단지 이세적의 군사가 적은 것만을 보고 군사를 추스러서 싸우려 하였다. 황제가 멀리에서 장손무기의 부대에서 흙먼지가 일어나는 것을 보고 북과 뿔피리를 울리고 깃발을 올리게 하니, 여러 부대가 북을 두드리고 함성을 지르면서 일제히 진격하였다. 고연수 등은 두려워하며 군사를 나누어 막으려 했으나, 그 진용은 이미 어지러워지고 말았다. 때마침 우레와 번개가 내려치는데 용문(龍門) 사람 설인귀(薛仁貴)가 기이한 복장을 한 채 크게 부르짖으면서 우리 진영을 함몰해 오니 그가 향하는 곳마다 대적할 자가 없었고, 우리 군사가 마치 바람에 풀이 눕듯이 쓰러져갔다. 당의 대군이 기세를 타고 오니, 우리 군사는 크게 무너졌으며, 죽은 이가 3만여 명이었다. 황제가 멀리서 설인귀를 바라보더니 그를 유격장군(遊擊將軍)으로 임명하였다. 고연수 등은 남은 무리를 거느리고 산에 의지해 스스로 견고히 하고 있었다. 황제가 여러 부대를 시켜 그들을 에워싸게 하고, 장손무기 등은 교량을 모두 치워 우리 군사가 돌아갈 길마저 끊어버렸다.

고연수와 고혜진은 그들 군사 3만 6천 8백 명을 거느린 채 항복을 청해 당의 군문에 들어가 엎드려 절하면서 목숨을 구걸하였다. 황제는 욕살 이하 지휘관 3천 5백 명을 가려내 당나라 경내로 옮기고, 나머지는 다 풀어주어 평양으로 돌아가게 하였다. 말갈 군사 3천 3백 명은 모두 파묻어버렸으며 말 5만 필, 소 5만 두, 명광개(明光鎧) 1만 벌을 노획했고, 그 밖의 전투 장비도 이와 같은 규모였다. 황제가 올랐던 산의 이름을 고쳐서 주필산(駐蹕山)이라 하였다. 고연수는 홍려경(鴻臚卿)을 삼고 고혜진은 사농경(司農卿)을 삼았다.

황제가 백암성을 제압했을 때 이세적에게 이르기를 "내가 들으니 안시는 성이 험고하고 군사가 정예로우며, 그 성주의 재주와 용맹은 막리지의 반란 때도 성을 지켜 굴복하지 않을 정도라, 막리지가 그를 치고도 항복시킬 수 없어 그대로 성을 그에게 주고 말았다 한다. 그런데 건안(建安)은 군사가 허약하고 군량도 적으니 만약 그들이 뜻하지 못한 때 나가 치게 되면 반드시 이길 것인바, 그대는 먼저 건안성을 치는 것이 좋겠다.

건안성이 떨어지면 안시성은 곧 우리 배 속에 들어와 있는 셈이니, 이것이 병법에서 이른바 '성 가운데는 치지 말아야 할 것이 있다'[7]는 것이다"라고 하였다. 이세적이 대답하기를 "건안성은 남쪽에 있고 안시성은 북쪽에 있으며, 우리의 군량은 모두 요동에 있습니다. 지금 안시를 건너 뛰어 건안을 치다가 만에 하나 고구려 군사가 우리의 군량 수송로를 끊기라도 한다면 장차 이를 어찌할 것이옵니까? 그러므로 먼저 안시를 치는 것이 낫습니다. 안시만 떨어지면 북을 울리면서 행군하여 건안을 거저 거둘 것입니다"라고 하였다. 황제가 말하기를 "내가 그대를 장수로 삼았으니 어찌 그대의 계책을 쓰지 않을 수 있으랴! 나의 일을 그르치지는 말라!"라고 하였다.

이세적이 드디어 안시를 공격하는데, 안시성 사람들이 멀리서 황제의 깃발과 일산을 보고 즉시 성 위에 올라 북을 두드리며 떠들어댔다. 황제가 노하자 이세적은 성을 제압하는 날 남자들은 모두 파묻어버리자고 청하였다. 안시성 사람들이 그 말을 듣고 더욱 견고하게 지켜서 그들이 오랫동안 공격해도 함락시킬 수가 없었다.

고연수와 고혜진이 황제에게 요청하기를 "저희가 이미 대국에 몸을 의탁했으니 감히 정성을 바치지 않을 수 없사오며, 천자께서 빨리 큰 공을 이루시어 저희가 처자식과 서로 만나게 되었으면 합니다. 안시성 사람들은 그들의 가족들을 안타깝게 생각하여 사람마다 나서서 싸우고 있으니, 별안간에 함락시키는 것은 쉽지 않습니다. 이제 저희가 고구려의 10여만 명의 군사를 가지고도 폐하의 깃발만 바라보고 기세가 꺾이고 무너졌으니, 나라 사람들의 간담이 서늘해졌을 것입니다. 오골성(烏骨城)의 욕살(耨薩)은 늙어빠져 굳게 지킬 수 없으니, 그곳으로 군사를 옮

---

7) 이것은 『손자』 구변편(九變篇)에 "군사 가운데는 공격하지 않아야 할 경우가 있고, 성 가운데는 치지 말아야 할 것이 있으며, 땅 가운데는 다투지 말아야 할 곳이 있다"라고 한 대목에서 유래한 것이다. 즉 성이 작고 견고하며 군량이 풍족한 경우이거나, 혹은 쳐서 함락시킨들 이익될 바가 별로 없고 만약 함락시키지 못하게 되면 오히려 군사의 기세만 꺾이는 경우는 치지 말아야 한다는 의미이다.

겨가기만 한다면 아침에 가서 저녁에 이길 것이요, 그 밖에 길에서 맞닥
뜨리게 될 작은 성들은 반드시 풍문만 듣고도 달아나고 무너질 것입니
다. 그런 다음에 그들의 물자와 군량을 거둬 북을 울리고 행군해 앞으로
나아가면 평양은 반드시 지키지 못하게 될 것입니다"라고 하였다. 여러
신하도 역시 말하기를 "장량(張亮)의 군사가 사성(沙城)에 있으니 그들
을 부르면 이틀이면 이르게 될 것입니다. 고구려가 어수선하게 두려워
하는 틈을 타 힘을 합해 오골성을 떨어뜨리고 압록수를 건너 곧바로 평
양을 빼앗는 것이 이번 작전에 달렸습니다"라고 하였다.

황제가 이 말을 따르고자 하는데 유독 장손무기가 말하기를, "천자께
서 친히 정벌을 하시는 것은 여느 장수들의 경우와는 다른 것이니, 위험
을 무릅쓰고 요행을 바랄 수는 없습니다. 지금 건안성(建安城)과 신성
(新城)의 적들이 여전히 10만 명이라, 만약 오골성으로 향한다면 그들
모두가 우리 뒤를 밟아올 것이니, 먼저 안시성을 깨뜨리고 건안성을 빼
앗는 것이 낫습니다. 그런 다음에 멀리 군사를 몰아 나갈 것이니, 이야
말로 조금도 실수가 없는 계책일 것입니다"라고 하니, 황제가 곧 중지하
였다.

여러 장수가 안시성을 급히 몰아치는데 황제가 성안에서 닭과 돼지의
울음 소리가 나는 것을 듣고 이세적에게 일러 말하기를, "성을 에워싼
지 오래되자 성안에서 밥짓는 연기가 날마다 쇠미해지더니 오늘은 닭과
돼지가 매우 요란을 떨어대는 것을 보니, 이는 틀림없이 군사들을 잘 먹
여 밤에 나와 우리를 습격하려는 것이리라. 우리 군사들을 계엄하여 이
에 대비해야겠다"라고 하였다. 이날 밤 우리 군사 수백 명이 줄을 타고
성을 내려가는데, 황제가 이를 듣고 직접 성 아래까지 와서 군사를 불러
급히 쳐들어오니, 우리 군사 수십 명이 죽었고 나머지 군사들도 물러나
달아났다.

강하왕(江夏王) 도종(道宗)이 무리를 독려해 성의 동남쪽 모퉁이에 흙
산을 쌓고 차츰 성으로 육박해 왔다. 성안에서도 역시 성 높이를 더 올려
서 그에 맞서고, 사졸들이 차례를 나누어 교대로 싸우기를 하루에 예닐

곱 차례씩 하였다. 성에 부딪혀오는 돌격 수레와 돌 쇠뇌에서 날리는 돌들이 문루와 성가퀴를 허물어뜨리면, 성안에서는 그때마다 목책을 세워 이지러진 곳을 막았다. 도종이 발을 다치자 황제가 친히 그에게 침을 놓아주었다. 밤낮을 쉬지 않고 산을 쌓았는데, 무릇 60일 동안 50만 명의 품이 들어갔다. 산꼭대기가 성에서 불과 몇 장 거리밖에 안 되어 성안을 굽어 내려보게 되었다. 도종이 과의(果毅) 부복애(傅伏愛)를 시켜 군사를 거느리고 산꼭대기에 주둔해 적들에 대비하게 하였다. 그런데 흙산이 무너져 성을 누르자 성이 무너졌다. 때마침 부복애가 사사로이 맡은 자리를 떠났는지라, 우리 군사 수백 명이 성의 허물어진 곳으로 나가 싸워 마침내 흙산을 빼앗아 점거해 참호를 파고 지켰다. 황제가 노하여 부복애의 목을 베서 돌려 보이게 하고, 여러 장수에게 흙산을 치게 했으나 사흘이 지나도 이기지 못하였다. 도종은 맨발로 깃발 아래 나아가 죄받기를 청하였다. 황제가 말하기를 "네 죄는 죽어 마땅하나 다만 나는 한 무제(武帝)가 왕회(王恢)를 죽인 것은[8] 진(秦) 목공(穆公)이 맹명(孟明)을 다시 등용한 것만 같지 못하다고 생각하며,[9] 또 네게 개모성과 요동성을 깨뜨린 공이 있기 때문에 특별히 용서하는 것일 뿐이다"라고 하였다.

황제가 생각하기를 요동은 일찍 추워져서 풀이 마르고 물이 얼어 군

---

8) 왕회는 한 무제 때 흉노 정벌을 주장한 인물로 기원전 134년 흉노의 선우를 사로잡을 계책을 주도하였다. 왕회는 한안국(韓安國)·이광(李廣) 등과 함께 30만 대군을 이끌고 매복해 흉노의 내습을 기다렸으나, 흉노 측에서 한군의 모계를 간파하고 철군하는 통에 작전은 수포로 돌아갔다. 결국 왕회는 거병을 주도했다가 정작 진격하지 않았다 하여 하옥·참형당하고 말았다. 『사기』 110 흉노전.

9) 맹명은 춘추시대 진(秦)나라 사람으로 백리해(百里奚)의 아들이다. 목공(穆公)의 명령을 받아 정(鄭)을 치기 위해 출병했다가, 효산(殽山)에서 진(晉)의 군사에게 대패하고 사로잡혔다. 뒤에 석방되어 돌아왔을 때 좌우에서는 패군의 책임을 물어 그를 죽여야 한다고 했으나, 목공은 전쟁을 일으킨 자신의 죄라 하여 다시 그로 하여금 국정을 보게 하였다. 그 뒤 목공은 황하를 건너 진(晉)을 공략했으며 서융(西戎)을 지배하에 두는 성과를 거두었는데, 이는 맹명을 등용하여 신뢰했던 선정의 결과로 평가되었다. 『좌전』 문공 원년·3년.

사와 말을 오래 머물게 할 수 없는데다 군량이 곧 다하겠는지라, 군사를 되돌리도록 명령하였다. 먼저 요주와 개주의 주민들을 뽑아 요수를 건너게 하고 안시성 아래에서 군대를 사열해 돌아가니, 성안에서는 모두 자취를 감추고 나오지 않았다. 성주가 성 마루에 올라 절을 해 작별하였다. 황제는 그가 굳게 지킨 것을 가상히 여기고 겹실로 짠 비단 1백 필을 내려주어 임금 섬기는 것을 장려하였다. 이세적과 도종에게 명해 보병과 기병 4만 명을 거느리고 후군으로 서게 해서 요동에 이르러 요수를 건너는데, 요동의 진창과 웅덩이들 때문에 수레와 말이 지나갈 수 없었다. 장손무기를 시켜 1만여 명을 거느리고 풀을 베어다 길을 메우고 물이 깊은 곳에는 수레로 다리를 삼게 했으며, 황제도 직접 말 채찍에다 섶을 묶어 이 일을 도왔다.

겨울 10월에 황제가 포구(蒲溝)에 이르러 말을 멈추고 길 메우는 일을 독려하였다. 여러 부대가 발착수(渤錯水)를 건너자 폭풍과 눈으로 사졸들이 젖어 죽는 경우가 많으므로 길에 불을 피워 추위를 막게 하였다. 무릇 현도·횡산(橫山)·개모(蓋牟)·마미(磨米)·요동·백암·비사·협곡(夾谷)·은산(銀山)·후황(後黃) 등 10성을 함락시켰고, 요주·개주·암주 등 세 주의 주민들을 옮겨 중국으로 들여온 것이 7만 명이었다. 고연수는 항복한 뒤로 늘 분개하고 한탄하다가 얼마 후 화병으로 죽고, 고혜진은 결국 장안까지 갔다. 신성, 건안성, 주필산의 세 차례 큰 싸움에서 우리 군사나 당나라 군사 및 말들이 매우 많이 죽었다. 황제가 성공하지 못한 것을 깊이 후회하고 탄식해 말하기를 "위징(魏徵)이 있었다면 나로 하여금 이번 걸음을 하지 못하게 했을 것이다"라고 하였다.

편찬자는 논평하여 말한다. 당 태종은 덕이 고매하고 명철하여 세상에 드문 임금으로, 환란을 평정하는 데는 은 탕왕(湯王)과 주 무왕(武王)에 비기고, 정사를 이루는 데는 주 성왕(成王)이나 강왕(康王)에 가까우며, 군사를 다루는 데 이르러서는 기묘한 책략이 무궁해 향하는 곳마다 대적할 이가 없었는데,[10] 동방 정벌의 일만은 안시성에서 패했으니, 그 성주야말로 비상한 호걸이라 하겠다. 그러나 역사 기록에 그 성명이 없어 양자(揚子)가 이른바 "제(齊)와 노(魯)의 대신들은 역사에 그 이름이 전하지 않는다"[11]라고 한 것과 다름 없으니, 매우 애석한 일이다.

5년 봄 2월에 태종이 수도에 돌아가서 이정(李靖)에게 일러 말하기를 "내가 천하 사람을 가지고서 작은 오랑캐에게 곤욕을 당한 것은 무엇 때문인가" 하니, 이정이 "이것은 도종이 알 것입니다"라고 하였다. 황제가 도종을 돌아보고 묻자, 도종이 주필산에 있었을 때 빈 틈을 타 평양을 빼앗자고 했던 말을 자세하게 진술하였다. 황제가 한탄하면서 말하기를 "그 당시 일은 총망하였는지라 내가 기억하지 못하겠다"라고 하였다.

여름 5월에 왕과 막리지 개금(蓋金)이 사신을 보내 사죄하고, 아울러 미녀 두 사람을 바쳤다. 황제가 그녀들을 돌려보내면서 사자에게 이르

---

10) 당 태종에 대한 이와 같은 평가는 중국의 역대 사서나 문집에서 흔히 발견되는 것이다. 예컨대『신당서』 2 태종본기 정관 23년조 말미에 붙인 사론에는, 태종을 일러 매우 이상적 정치를 베푼, 세상에 드문 임금으로 찬탄하면서, "수의 환란을 평정한 것은 탕왕과 무왕의 공적에 버금가고, 훌륭한 정사를 이룬 점에서는 성왕과 강왕에 가까우니, 예부터 공과 덕이 모두 융성하기로 한나라 이래 이와 같은 경우가 없었다"라고 하였다.

11) 양자의 말은『법언』(法言) 오백편(五百篇)에 있는 말이다. 한편 조선시대에 문제의 안시성주가 양만춘(梁萬春)이라는 견해가 있어왔다. 즉 송준길(宋浚吉)의『동춘당선생별집』(同春堂先生別集) 6 경연일기(經筵日記) 기유 4월 26일조를 보면, 왕이 안시성주의 이름을 묻자 송준길이 양만춘이라 대답하고 있으며, 다시 왕이 그 근거를 묻자 부원군(府院君) 윤근수(尹根壽)가 중국에서 듣고 기록한 것이라고 대답하였다. 또 박지원(朴趾源)의『열하일기』(熱河日記) 도강록(渡江錄) 6월 28일 을해조에도 세상에서 전해오는 말이라 하여 "안시성주 양만춘이 당 태종의 눈을 쏘아 맞히자, 태종이 성 아래 군사를 집합시키고 비단 백 필을 하사하여 그가 자기 임금을 위해 성을 굳게 지킨 점을 포상하였다"라고 했으며, 이 사건을 언급한 이색(李穡)의「정관음」(貞觀吟)과 김창흡(金昌翕)의 시를 소개하였다.

기를 "미녀는 사람마다 소중하게 여기는 것이지만, 그들이 친척들을 떠나와 애태우는 것이 딱해 내가 받지 않는 것이다"라고 하였다.

동명왕 어머니의 소조상이 3일 동안이나 피눈물을 흘리며 슬프게 울었다.

처음에 황제가 돌아가려 할 때 활과 의복을 개소문에게 내려주었는데, 개소문은 이를 받고도 감사하지 않았으며, 더군다나 더욱 교만하고 방자하여 비록 사신을 보내 표문을 올리면서도 그 말이 모두 거짓되고 황당하였다. 또 당의 사신을 거만하게 대하고 언제나 변경의 틈을 엿보았으며, 여러 차례 칙령을 내려 신라를 침공하지 말라고 했음에도 불구하고 침범하고 능멸하기를 그치지 않았다. 당 태종은 조서를 내려 고구려의 조공을 받지 말게 하고, 다시 칠 것을 논의하였다.

• 삼국사기 권 제21

삼국사기 권 제22

고구려본기 제10
보장왕 하

6년(647)에 당 태종이 다시 군사를 움직이려 하자, 조정에서 이를 논의하기를 "고구려는 산을 의지해 성을 만들기 때문에 그 성들을 쉽사리 함락시킬 수 없습니다. 지난번 황제께서 친히 치셨을 때 그 나라 사람들은 농사를 지을 수가 없었고, 우리가 제압한 성들에서는 그 곡식을 수탈당했으며, 가뭄의 재앙이 뒤따르게 되니 백성들은 대부분이 먹을 것에 쪼들리고 있습니다. 이제 만약 자주 소규모 군사를 보내 번갈아서 저들의 강토를 소란하게 해 저들로 하여금 분주한 명령에 피로하게 하고 보습을 풀어놓고 보루에 들어가게 한다면, 몇 년 사이에 천리의 땅이 쓸쓸하게 될 것이니, 민심은 저절로 떠나고 압록 북쪽은 싸우지 않고도 빼앗을 수 있을 것입니다"라고 하였다.

황제가 이 말을 좇아 좌무위대장군(左武衛大將軍) 우진달(牛進達)을 청구도행군대총관(靑丘道行軍大摠管)으로 삼고 우무위장군(右武衛將軍) 이해안(李海岸)을 그 보좌로 삼아 군사 1만여 명을 발동해 배를 타고 내주(萊州)에서 바다를 건너 들어오게 하고, 또 태자첨사(太子詹事) 이세적을 요동도행군대총관(遼東道行軍大摠管)으로 삼고 우무위장군 손이랑(孫貳郎) 등을 그 보좌로 삼아 군사 3천 명을 거느리고 영주도독부(營州

都督府)의 군사와 합해 신성 방면으로부터 들어오게 했으며, 이상 두 부대에는 모두 수전에 능숙한 이들을 선발해 배속하였다. 이세적의 군사가 요수를 건너서 남소(南蘇) 등 몇 성을 지날 때, 그들 성 모두가 성곽을 등지고 막아 싸웠다. 이세적은 이들을 쳐부수고 그 외곽 성들을 불사르고 돌아갔다.

가을 7월에 우진달과 이해안이 우리 경내로 들어와 무릇 1백여 차례나 교전했으며, 석성(石城)을 공격해 함락시키고 다시 진격해 적리성(積利城) 아래까지 왔다. 우리 군사 1만여 명이 나가 싸웠으나 이해안이 쳐서 물리치니, 우리 군사 가운데 죽은 이가 3천 명이었다. 당 태종이 송주자사(宋州刺史) 왕파리(王波利) 등을 시켜 강남(江南) 12주의 공인(工人)들을 징발해 큰 배 수백 척을 만들게 해서 우리를 치고자 하였다.

겨울 12월에 왕이 둘째 아들 막리지 임무(任武)로 하여금 당에 들어가 사죄하게 했더니 황제가 받아들였다.

7년 봄 정월에 사신을 당에 들여보내 조공하였다. 황제가 조서를 내려 우무위대장군 설만철(薛萬徹)을 청구도행군대총관으로 삼고 우위장군(右衛將軍) 배행방(裴行方)을 그 보좌로 삼아, 군사 3만여 명 및 누각이 있는 전투함을 거느리고 내주(萊州)로부터 바다를 건너와 치게 하였다.

여름 4월에는 오호진(烏胡鎭)의 장수 고신감(古神感)이 군사를 거느리고 바다를 건너와 쳤는데, 우리의 보병과 기병 5천 명을 만나 역산(易山)에서 싸워 우리 군사를 깨뜨렸다. 그날 밤에 우리 군사 1만여 명이 고신감의 배를 습격하다가 고신감의 복병이 발동하는 바람에 패하고 말았다. 황제는 우리가 곤궁하고 피폐해졌으리라고 여겨, 이듬해에 30만 대군을 발동해 일거에 멸망시킬 것을 의논하였다. 어떤 이의 의견이 "대군이 동방을 원정하려면 모름지기 한 해를 지낼 만한 군량을 갖추어야 합니다. 그러나 이를 마소나 수레에 싣고서는 싸울 수가 없으니, 마땅히 선박을 마련해 뱃길로 운반해야 할 것입니다. 수나라 말기에 검남(劍南) 지방만은 도적의 침구가 없었고, 근래의 요동 전쟁 때에도 검남 지방은 또 참여하지 않았으니, 그곳 백성 가운데 부유한 사람들을 시켜 선박을 만들게 하는 것이 좋겠습니다"라고 하였다. 황제가 이 말을 따랐다.

가을 7월에 왕도의 여자가 아들을 낳았는데, 몸 하나에 머리가 둘이었다. 당 태종이 좌령좌우부장사(左領左右府長史) 강위(强偉)를 검남도(劍南道)에 보내 나무를 베어 선박을 만들게 했는데, 큰 배의 경우는 길이가 1백 척이요 폭은 길이의 절반이나 되었으며, 따로 사신을 보내 뱃길로 가서 무협(巫峽)으로부터 강(江)·양(楊)을 지나 내주(萊州)로 달리게 하였다.

9월에 노루떼가 강을 건너 서쪽으로 달아나고, 그 뒤를 이리떼가 서쪽을 향해 갔는데 3일 동안이나 끊이지 않았다. 당 태종이 장군 설만철 등을 보내와 치게 했는데, 바다를 건너 압록강으로 들어와 박작성(泊灼城) 남쪽 40리 되는 곳에 이르러 진영을 쳤다. 박작성의 성주 소부손(所夫孫)이 보병과 기병 1만여 명을 거느리고 그들을 막았다. 설만철이 우위장군 배행방을 보내 보병 및 여러 부대를 거느리고 덮쳐 오자 우리 군사가 무너졌다. 배행방 등이 군사를 진격해 에워쌌지만, 박작성은 산세를 따라 요충지마다 방비 시설을 해두었고 압록강으로 막혀서 견고하게 되어 있었기 때문에 공격해도 함락시킬 수 없었다. 우리 장수 고문(高文)이 오골(烏骨)과 안지(安地) 등 여러 성의 군사 3만여 명을 거느리고 와 도와서 진영을 둘로 나누어 대치하자, 설만철도 군사를 나누어 이에 대응하니 우리 군사가 패해 무너졌다. 황제가 또 내주자사(萊州刺史) 이도유(李道裕)에게 조서를 내려 군량과 전투 기재를 날라서 오호도(烏胡島)에 비축하게 하여 장차 군사를 크게 일으키려고 하였다.

8년 여름 4월에 당 태종이 죽었다. 유조를 내려 요동의 전쟁을 그만두게 하였다.

편찬자는 논평하여 말한다. 처음에 태종이 요동을 원정할 때 말리는 이가 하나가 아니었다. 또 안시성에서 철군한 후 스스로 성공하지 못한 점을 깊이 후회해 탄식하기를 "만약 위징(魏徵)이 있었더라면 내가 이 원정을 하지 못하게 했을 것이다"라고 하였다.[1] 다시 고구려를 치고자 할 때 사공(司空) 방현령(房玄齡)이 병중에서 표문을 올려 간하였다.

"노자는 '만족할 줄 알면 욕되지 않고 그칠 줄을 알면 위태롭지 않다'고 했습니다. 폐하께서는 그 위명과 공덕이 이미 족하다 하겠사옵고, 강역을 개척해 넓히는 것도 이제 역시 그칠만 하옵니다. 게다가 폐하께서는 매번 중죄인 한 사람을 처결하실 때마다 반드시 세 번 다시 살피고 다섯 번을 거듭 아뢰도록 하며, 보잘것없는 음식을 올리게 하고 풍류를 그치게 함은, 사람의 목숨을 소중하게 여기시는 바이거늘, 이제 무고한 사졸들을 몰아다가 칼날 아래 내맡겨 비참하게 죽게 하는 것만은 어찌하여 불쌍하게 여기지 않으십니까? 지난날 가령 고구려가 신하의 법도를 어겼다면 처단함이 옳고, 우리 백성을 침노해 괴롭힌다면 패멸시킴이 옳으며, 뒷날 중국의 두통거리가 될 것 같으면 없애버려도 좋을 것입니다. 그런데 지금은 이와 같은 세 가지 조건이 없는데도 공연히 중국을 번거롭게 하는 것이니, 안으로 전대의 치욕을 씻고 밖으로 신라의 원수를 갚는다 하나, 이 어찌 얻는 것은 작고 잃는 것은 크지 않겠습니까? 원컨대 폐하께서는 고구려가 스스로 지난 허물을 뉘우쳐 깨닫고 새길로 들어서게 하시고 파도를 헤쳐나갈 배를 불사르고 응모한 무리를 흩어버리신다면, 자연히 중화에는 경사요 오랑캐는 의지해 올 것이며, 원방은 삼가 공경하고 근방은 편안하리이다."[2]

양국공(梁國公)이 장차 죽으려 할 때의 말이 이같이 간곡했는데도, 황제는 듣지 않고 동방을 폐허로 만들어야만 속이 시원할 것으로 생각하더니 죽게 되어서야 그만두었다. '사론'에 이르기를 "큰 것을 즐기고 공명을 좋아해 멀리까지 군사를 내몰았다"라고 한 것은 이것을 이른 말이

---

1) 당 태종이 위징을 추억하면서 후회한 이 대목은 『신당서』 97 열전 22 위징전에서 연유한 것이며, 『삼국사기』 고구려본기 보장왕 4년조에도 인용되었다.

2) 방현령의 상표문은 『신당서』 96 열전 21 방현령전에서 인용한 것이며, 그에 이어 인용한 '사론' 역시 『신당서』 2 태종본기 정관 23년조 말미에 붙인 사론의 일부이다.

아니겠는가? 유공권(柳公權)의 『소설』(小說)[3]에 이르기를 "주필산(駐蹕山) 전쟁에서 고구려와 말갈의 연합군이 40리에 뻗치자 태종이 바라보고 두려워하는 기색이 있었다"라고 했으며, 또 "6군(六軍)이 고구려에 제압되어 거의 움츠려 떨치지 못할 때 척후가 영공(英公)의 휘하 흑기(黑旗)가 포위되었다고 아뢰니 황제가 크게 두려워하였다"라고 하였다.[4] 비록 끝내는 스스로 빠져나왔으나 위태로움과 두려워함이 저와 같았거늘 『신·구당서』와 사마광(司馬光)의 『자치통감』에는 이를 말하지 않았으니, 이는 어찌 자기 나라를 위해 꺼려 회피한 경우가 아니겠는가?

9년 여름 6월에 반룡사(盤龍寺)의 보덕화상(普德和尙)이 국가에서 도교를 받들고 불교를 믿지 않는다 하여, 남쪽의 완산(完山) 고대산(孤大山)으로 옮겨갔다.[5] 가을 7월에 서리와 우박이 내려 곡식을 해쳤으므로

---

3) 유공권(778~865)의 '소설'로 현존하는 자료로는 『설부』(說郛)에 그 일부가 실려 있는 『소설구문기』(小說舊聞記)가 있다. 그러나 문제가 된 당 태종과 고구려의 전쟁에 관련한 내용은 그 가운데서 확인되지 않는다. 한편 사론에 인용한 대목들은 당 현종 천보(天寶) 연간(742~755)의 『수당가화』(隋唐嘉話), 헌종 대의 『대당전재』(大唐傳載), 송 휘종 대의 『당어림』(唐語林) 등에서 부분적으로 확인할 수 있다. 그중에서도 가장 이른 시기의 『수당가화』는 저명한 유지기(劉知幾)의 아들 유속(劉餗)이 지었으며, 위 사론의 문맥에 가장 근접한 서술이 보인다.

4) 실제로 고구려본기 보장왕 4년조에도 안시성을 돕기 위해 고연수·고혜진이 말갈과의 합군 15만으로 가세해 왔을 때, "우리 군사와 말갈의 합군이 진을 치자 40리에 뻗쳤으며 태종이 이를 보고 두려워하는 기색이 있었다"라는 표현이 있다. 또한 당 태종의 고구려 공격이 심각한 실패로 끝났다는 것은 중국 사서에서도 전혀 외면될 문제가 아니었다. 예를 들어 송의 범조우(范祖禹)는 『당감』(唐鑑)에서 645년의 전쟁을 평해 "당 태종의 고구려 정벌은 수 양제의 그것과 다를 바 없었으며, 다만 나라가 망하는 데까지 이르지는 않았을 따름이다"라고 했던 것이다. 『당감』 3 태종 하 정관 19년.

5) 보덕의 이거에 관해서는 이 밖에도 『대각국사문집』(大覺國師文集) 17 「고대산경복사비래방장예보덕성사영」(孤大山景福寺飛來方丈禮普德聖師影)조 분주에서 이른바 『해동삼국사』를 인용해 언급된 바 있으며, 이규보(李奎報)의 『동국이상국전집』(東國李相國全集) 23 기(記) 「남행월일기」(南行月日記)에서도 약간의 출입이 있으나 대체로 유사한 내력이 확인된다. 또한 『삼국유사』 보장봉로·보덕이암(寶藏奉老·普

백성들이 굶주렸다.

11년 봄 정월에 사신을 당에 들여보내 조공하였다.

13년 여름 4월에 사람들이 혹간 말하기를 "마령(馬嶺) 위에 신인(神人)이 나타나서 '너희 임금과 신하들이 사치스럽기 한이 없으니 패망할 날이 머지않았다'고 하는 것을 보았다"라고 하였다.

겨울 10월에 왕이 장수 안고(安固)를 보내 군사를 출동해 말갈 군사와 함께 거란을 치게 하였다. 송막도독(松漠都督) 이굴가(李窟哥)가 막아 우리 군사를 신성에서 크게 격파하였다.

14년 봄 정월, 앞서 우리가 백제 및 말갈과 함께 신라의 북쪽 변경을 침공해 33개 성을 빼앗자, 신라 왕 김춘추가 당에 사신을 보내 구원을 청하였다.

2월에 당 고종(高宗)이 영주도독(營州都督) 정명진(程名振)과 좌위중랑장(左衛中郞將) 소정방(蘇定方)을 보내 군사를 거느리고 와서 공격하게 하였다. 여름 5월에 정명진 등이 요수를 건너왔다. 우리 쪽에서는 그들의 병력이 적은 것을 보고 성문을 열고 나와 귀단수(貴湍水)를 건너가 맞받아 싸웠다. 정명진 등이 맹렬하게 공격해 우리 군사를 크게 물리치고 1천여 명을 죽이고 잡았으며, 외곽 성과 촌락들에 불을 지르고 돌아갔다.

15년 여름 5월에 왕도에 쇳조각이 비처럼 떨어졌다. 겨울 12월에 사신을 당에 들여보내 황태자 책봉을 축하하였다.

17년 여름 6월에 당의 영주도독겸동이도호(營州都督兼東夷都護) 정명진과 우령군중랑장(右領軍中郞將) 설인귀(薛仁貴)가 군사를 거느리고 쳐들어왔다가 이기지 못하였다.

18년 가을 9월에 아홉 마리의 호랑이가 한꺼번에 성안으로 들어와 사람을 잡아먹었는데 잡으려다가 놓치고 말았다. 겨울 11월에 당나라 우령군중랑장 설인귀 등이 우리 장수 온사문(溫沙門)과 횡산(橫山)에서 싸

德移庵)조에 따르면 최치원이 보덕의 전기를 지었다 한다.

워 우리를 깨뜨렸다.

19년 가을 7월에 평양 강물이 3일 동안이나 핏빛이었다.

겨울 11월에 당에서 좌효위대장군(左驍衛大將軍) 계필하력(契苾何力)을 패강도행군대총관으로, 좌무위대장군(左武衛大將軍) 소정방을 요동도행군대총관으로, 좌효위장군(左驍衛將軍) 유백영(劉伯英)을 평양도행군대총관으로, 포주자사(蒲州刺史) 정명진을 누방도총관(鏤方道摠管)으로 삼아 군사를 거느리고 길을 나누어 와서 공격하였다.

20년 봄 정월에 당은 하남(河南)·하북(河北)·회남(淮南) 등 67주에서 4만 4천여 명의 군사를 징발해 평양과 누방(鏤方) 방면 군영으로 가게 하고, 또 홍려경(鴻臚卿) 소사업(蕭嗣業)을 부여도행군총관(扶餘道行軍摠管)으로 삼아 회흘(回紇) 등 여러 부(部)의 군사를 거느리고 평양으로 가게 하였다. 여름 4월에 임아상(任雅相)을 패강도행군총관으로, 계필하력을 요동도행군총관으로, 소정방을 평양도행군총관으로 삼아 소사업 및 여러 오랑캐의 병력까지 합해 모두 35개 군단이 수륙으로 길을 나누어 함께 고구려로 진군하게 하고, 황제가 직접 대군을 거느리려 하였다.

이때 울주자사(蔚州刺史) 이군구(李君球)가 황제에게 아뢰기를 "고구려는 작은 나라인데 어찌 중국을 기울여서까지 일삼을 것이 있겠습니까? 만약 고구려를 멸망시키고 나면 반드시 군사를 내서 지켜야 할 것인바, 군사를 적게 내면 위엄이 떨치지 않을 것이요 많이 내면 사람들이 불안할 것이니, 이것은 천하를 전쟁으로 내몰아 피로하게 하는 것입니다. 제 생각으로는 고구려를 정벌하는 것이 정벌하지 않는 것만 못하고, 멸망시키는 것이 멸망시키지 않는 것만 못한 듯합니다"라고 하였다. 또한 때마침 무후(武后)도 말리니 황제가 그만 중지하였다.

여름 5월에 왕이 장군 뇌음신(惱音信)을 보내 말갈의 무리를 거느리고 가서 신라의 북한산성을 에워싸게 해 열흘이 되도록 풀지 않았다. 신라의 군량 수송로가 끊어지자 성안은 두려움에 휩싸이게 되었다. 이때 갑자기 큰 별 하나가 우리 진영에 떨어지더니 이어 우레가 치면서 비가 쏟아지고 벼락이 내리치자, 뇌음신 등은 두렵고도 놀라워 군사를 이끌어 물러나고 말았다.

가을 8월에 소정방이 패강(浿江)에서 우리 군사를 깨뜨리고 마읍산(馬邑山)을 빼앗은 다음 드디어 평양성을 에워쌌다. 9월에 연개소문이 그의 아들 남생(男生)을 보내 정예병 수만 명으로 압록강을 지키게 하니, 당의 여러 군단이 건너오지 못하였다. 그런데 계필하력이 도착했을 때는 마침 강물이 건너편까지 모두 크게 얼어붙었다. 계필하력이 군사를 이끌고서 얼음 위로 강을 건너 북을 울리고 함성을 지르면서 진격해오자 우리 군사가 무너져 달아났다. 계필하력이 수십 리를 뒤쫓아서 3만 명을 죽였으며, 남은 군사들은 모두 항복하고 남생은 간신히 자기 목숨만 건졌다. 이때 마침 당에서 군사를 돌리라는 조서가 있자 그들은 곧 돌아갔다.

21년 봄 정월에 좌효위장군백주자사옥저도총관(左驍衛將軍白州刺史沃沮道摠管) 방효태(龐孝泰)가 연개소문과 더불어 사수(蛇水) 가에서 싸웠는데 방효태의 전군이 몰락하고, 그 역시 열세 명의 아들과 함께 모두 전사하였다. 소정방이 평양을 에워쌌는데, 마침 큰 눈이 내리자 포위를 풀고 물러갔다. 이처럼 무릇 앞뒤의 싸움에서 모두 큰 성과 없이 물러간 것이다.

25년에 왕이 태자 복남(福男)〔『신당서』에는 남복(男福)이라고 하였다〕을 당에 들여보내 황제가 태산(泰山)에서 제사 지내는 것을 시종하게 하였다.

연개소문이 죽고 그의 맏아들 남생이 그를 대신해 막리지가 되었다. 그가 처음 국정을 맡아서 지방에 나가 여러 성을 돌아다닐 때, 자기 아우 남건(男建)과 남산(男産)에게 조정에 머물러 뒷일을 처리하게 하였다. 어떤 이가 남생의 두 아우에게 이르기를 "남생은 두 아우분이 자기 자리에 바짝 근접해오는 것을 싫어해 당신들을 없애려 생각하고 있으니 이쪽에서 먼저 계책을 세우는 것이 나을 것입니다"라고 하였다. 두 아우가 처음에는 그 말을 믿지 않았다. 그런데 또 어떤 이가 남생에게 알려 말하기를 "두 분 아우는 형이 돌아와 자기들의 권세를 빼앗을까 염려해 형을 막아 받아들이지 않으려 합니다"라고 하였다. 남생이 몰래 자기 심복을 평양으로 보내 동정을 엿보게 했는데, 남생의 두 아우가 숨어 있던 그를 체포해 두고는 왕명으로 남생을 소환하니, 남생이 감히 수도에 돌아오지 못하였다. 남건이 스스로 막리지가 되어 군사를 발동해 남생을 토벌하였다. 남생은 국내성으로 달아나 웅거하면서 자기 아들 헌성(獻誠)을 당에 보내 동정을 구걸하였다. 6월에 당 고종이 좌효위대장군 계필하력에게 명해 군사를 거느리고 가서 응접해오게 하니, 남생이 몸을 빼내 당으로 달아났다.

가을 8월에 왕이 남건을 막리지로 삼고, 중앙과 지방의 군사 관련 일을 겸해 맡아보게 하였다. 9월에 고종이 남생에게 조서를 내려 특진요동도독겸평양도안무대사(特進遼東都督兼平壤道安撫大使)를 수여하고 현도군공(玄菟郡公)으로 봉하였다.

겨울 12월에 고종이 이적(李勣)을 요동도행군대총관겸안무대사(遼東道行軍大摠管兼安撫大使)로 삼고, 사열소상백(司列少常伯)인 안륙(安陸) 출신 학처준(郝處俊)을 그의 보좌로 하였으며, 방동선(龐同善)과 계필하력을 모두 요동도행군부대총관겸안무대사로 삼았다. 그리고 수륙군의 모든 총관과 전량사(轉糧使)인 두의적(竇義積)·독고경운(獨孤卿雲)·곽대봉(郭待封) 등도 다 이적의 지휘를 받게 했으며, 하북(河北)의 여러 주의 조부(租賦)는 전부 요동으로 보내 군비에 충당하게 하였다.

26년 가을 9월에 이적이 신성을 함락시키고 계필하력으로 하여금 지키게 하였다. 이적이 처음에 요수를 건너와 여러 장수에게 이르기를 "신성은 고구려 서변의 요충이기 때문에 이곳을 먼저 차지하지 않으면 나머지 성들을 쉽게 빼앗을 수 없다" 하고는 드디어 신성을 공격하자, 신성 사람 사부구(師夫仇) 등이 성주를 결박해서 성문을 열고 나와 항복했던 것이다. 이적이 군사를 이끌고 진격하자 16개의 성이 모두 항복하였다. 방동선과 고간(高侃)은 아직 신성에 남아 있었는데 천남건(泉男建)이 군사를 보내 그들의 진영을 쳤으나, 좌무위장군 설인귀(薛仁貴)가 이를 격파하였다. 고간은 금산(金山)까지 진출했다가 우리 군사와 싸워 패하였다. 우리 군사가 승세를 타고 도망가는 적들을 쫓자 설인귀가 병력을 이끌고 측면에서 공격해와 우리 군사 5만여 명을 죽이고 남소(南蘇)와 목저(木氐)와 창암(蒼巖)의 세 성을 함락시켰으며, 천남생(泉男生)의 병력과 합하였다.

곽대봉은 수군을 데리고 다른 길을 통해 평양으로 달려왔다. 이적이 별장(別將) 풍사본(馮師本)을 보내 군량과 병장기를 싣고 가서 곽대봉을 지원하게 했는데, 풍사본의 배가 부서져 예정된 기일을 놓치고 말았다. 곽대봉은 군사들이 굶주리고 물자가 부족하자 이적에게 편지를 써서 보내려다 혹시 편지가 다른 사람 손에 들어가서 자기들의 허실이 알려질까 염려해, 급기야 이합시(離合詩)⁶⁾를 지어 이적에게 보냈다. 이적은 노하여 말하기를 "군대의 사태가 바야흐로 위급한데 시가 다 무엇인가? 목을 베고 말리라!"라고 하였다. 행군관기통사사인(行軍管記通事舍人) 원만경(元萬頃)이 시의 뜻을 해석해주니, 이적이 그제서야 다시 군량과 병장기를 곽대봉에게 조달해주었다.

원만경이 격문을 지어 보내 말하기를 "압록강의 요충을 지킬 줄 모르는가"라고 하자, 천남건이 회보하기를 "삼가 명을 받들겠다" 하고 곧바로 군사를 옮겨 압록진(鴨淥津)에 웅거하니, 당나라 군사들이 건너오지 못하였다. 고종이 이를 듣고 원만경을 영남(嶺南)에 유배하였다. 학처준(郝處俊)이 안시성 아래에서 미처 진열을 이루지 못하고 있을 때 우리 군사 3만 명이 갑자기 들이닥치자, 당나라 군사가 크게 놀랐다. 학처준은 걸상에 앉아 막 마른 밥을 먹던 때였는데, 정예병을 가려 뽑아 우리 군사를 쳐서 물리쳤다.

27년 봄 정월에 당에서 우상(右相) 유인궤(劉仁軌)를 요동도부대총관으로 삼고 학처준과 김인문(金仁問)을 그 보좌로 삼았다.

---

6) 이합시는 잡체시(雜體詩)의 명칭으로서 자획을 분해하여 시를 써서 그것을 합하면 본래의 한 글자가 되는 방법으로, 네 가지의 정형이 있다. 여기에서는 군사 기밀을 유지하기 위해 파자의 방식을 쓴 암호시를 말한다.

2월에 이적 등이 우리 부여성을 함락시켰다. 설인귀가 금산(金山)에서 우리 군사를 깨뜨린 다음 승세를 타 3천 명을 거느리고 이어 부여성을 치려 하자, 여러 장수는 병력이 적다 하여 만류하였다. 이에 설인귀가 말하기를 "병력이란 반드시 많아야만 하는 것이 아니고, 오히려 운용을 어떻게 할 것인가에 달렸을 따름이다" 하고는 드디어 선봉이 되어 진격해서 우리 군사와 싸워 이겼으며, 우리 군사들을 죽이고 잡아 마침내 부여성을 함락시켰다. 부여주(扶餘州) 일대 40여 성이 모두 자청해 항복하였다.

시어사(侍御史) 가언충(賈言忠)[7]이 임무를 받들고 요동에서 돌아가니, 황제가 정벌군의 형편이 어떠한가 물었다. 가언충이 대답하기를 "반드시 이길 것입니다. 예전에 선제께서 문죄하시려 했을 때 뜻을 이루지 못했던 까닭은 저들에게 틈이 없었기 때문입니다. 속담에도 '군대는 중매자가 없으면 중도에서 돌아선다'고 했습니다. 그런데 지금 남생이 형제간에 싸움질을 벌여 우리의 길잡이가 되었으니 저들의 속사정을 우리가 속속들이 알게 되었으며 장수들은 충성스럽고 사졸들은 힘을 다하고 있으므로, 저는 반드시 이길 것이라고 말씀드리는 것입니다. 또 『고구려비기』(高句麗秘記)에 이르기를 '9백 년이 못 되어 의당 80 대장이 멸망시킬 것이다'라고 했는데, 고씨가 한나라 때부터 나라를 세웠으니 지금 9백 년이 되었고, 이적의 나이가 80세입니다. 저들은 게다가 거듭 흉년이 들어 백성들은 서로 노략질하고 팔려가며, 지진으로 땅이 갈라지고 이리와 여우가 성으로 들어오며, 두더지는 문 밑에 굴을 파서 사람들 마음이 위기감과 놀라움에 차 있으니, 이번 걸음을 두 번 다시 하지는 않을 것입니다"라고 하였다.

천남건이 또다시 군사 5만 명을 보내 부여성을 구원하게 했는데, 설하

<hr>

7) 가언충은 당나라 하남(河南) 낙양(洛陽) 사람으로 건봉(建封) 연간에 시어사(侍御史)가 되어 요동 방면의 군량을 지원했으며, 고종에게 고구려 정벌을 고무하고 이적(李勣) 등 장수들을 추천하였다. 『구당서』190 중 문원(文苑) 및 『신당서』119 열전 44.

수(薛賀水)에서 이적 등과 마주쳐 싸우다가 패해 죽은 이가 3만 명이었다. 이적은 진군해 대행성(大行城)을 쳤다.

여름 4월에 혜성이 필성(畢星)과 묘성(昴星) 사이에 나타났다. 당의 허경종(許敬宗)이 말하기를 "혜성이 동북방에 나타나는 것은 고구려가 장차 멸망할 조짐이다"라고 하였다.

가을 9월에 이적이 평양을 함락시켰다. 이적이 대행성을 제압하고 나자 다른 방면으로 나가 있던 여러 군사가 모두 이적에게 모여들어 압록책(鴨淥柵)까지 진격해왔다. 우리 군사가 막아 싸웠으나 이적 등이 이를 물리치고 2백여 리를 쫓아와서 욕이성(辱夷城)을 함락시키자, 여러 성에서 달아나거나 항복하는 이가 줄을 이었다. 계필하력이 먼저 군사를 이끌고 평양성 아래에 이르고, 이적의 군사가 그 뒤를 이어서 한 달이 넘도록 평양을 에워쌌다. 왕 장(臧)이 천남산(泉男産)을 보내 수령(首領) 98명을 통솔해 흰 기를 가지고 이적에게 가서 항복하게 하니, 이적이 예를 갖추어 이들을 응접하였다. 천남건은 여전히 성문을 닫아 걸고 막아 지키면서 자주 군사를 내보내 싸웠으나 번번이 패하였다. 남건이 군사 업무를 승려 신성(信誠)에게 맡겼는데, 신성은 소장(小將) 오사(烏沙)와 요묘(饒苗) 등과 함께 몰래 사람을 이적에게 보내 내응하겠다고 자청하였다. 그 5일 뒤에 신성이 성문을 열자, 이적이 군사를 풀어 성 위에 올라 북을 두드리고 함성을 지르면서 성에 불을 지르게 하였다. 남건은 제 손으로 목을 찔렀으나 죽지 않았다. 왕과 남건 등을 사로잡았다.

겨울 10월에 이적이 장차 돌아가려 할 때 고종이 명령하여 먼저 왕 등을 데려다 소릉(昭陵)[8]에 바친 다음, 군사의 위용을 갖추어 개가를 부르며 수도에 들어와 대묘(大廟)에 바치게 하였다.

12월에 황제가 함원전(含元殿)에서 포로들을 받는 의례가 있었다. 고구려 왕의 경우는 정치가 그 자신에게서 나온 것이 아니기 때문에 용서해 사평대상백원외동정(司平大常伯員外同正)으로 삼고, 천남산을 사재

---

8) 소릉은 당 태종의 능호이다. 섬서성(陝西省) 예천현(醴川縣)에 있다.

소경(司宰少卿)으로 삼았으며, 승려 신성을 은청광록대부(銀靑光祿大夫)로, 천남생을 우위대장군(右衛大將軍)으로 삼았다.[9] 이적 이하 여러 사람에게도 벼슬과 상을 차등있게 하였다. 천남건은 검주(黔州)로 유배하였다. 고구려의 5부, 1백 76성, 69만여 호를 나누어 9도독부, 42주, 1백 현으로 만들고 평양에다가 안동도호부(安東都護府)를 두어 통치하게 하였다. 우리 장수들 가운데 공로가 있는 이들을 발탁해 도독(都督)과 자사(刺史)와 현령(縣令)을 삼아 중국 사람들과 함께 이 지역 통치에 참여하게 하고, 우위위대장군(右威衛大將軍) 설인귀를 검교안동도호(檢校安東都護)로 삼아 군사 2만 명을 총괄해 이 지역을 진무하도록 하니, 이때가 당 고종 총장(總章) 원년 무진(668)이었다.

총장 2년 기사 2월에 왕의 서자 안승(安勝)이 4천여 호를 거느리고 신라에 투항하였다. 여름 4월에 고종이 3만 8천 3백 호를 강(江)·회(淮)의 남쪽 및 산남(山南)·경서(京西) 등지에 있는 여러 주의 빈 땅으로 옮겼다.

함형(咸亨) 원년 경오(670) 여름 4월에 검모잠(劍牟岑)이 국가를 회복하고자 하여 당을 배반하고 고구려 왕의 외손자 안순(安舜)〔나기(羅紀)에는 '승'(勝)으로 썼다〕을 옹립해 임금으로 삼았다. 당 고종이 대장군 고간(高侃)을 동주도행군총관(東州道行軍摠管)으로 삼아 군사를 발동해 토벌하게 했더니, 안순은 검모잠을 죽이고 신라로 달아났다.

2년 신미 가을 7월에 고간이 안시성에서 우리의 남은 군사를 깨뜨렸다.

3년 임신 12월에 고간이 우리의 남은 군사를 백빙산(白氷山)에서 쳐부수었다. 신라가 군사를 보내 우리를 구원했으나, 고간은 이마저 쳐서 이기고 2천 명을 사로잡았다.

---

9) 「천남산묘지명」에 따르면 그는 장안(長安) 원년(701) 낙양에서 병사하였다. 남생과 그의 아들 헌성은 각각 의봉(儀鳳) 4년(679)과 대족(大足) 원년(701)에 죽었으며, 모두 묘지명이 전한다.

4년 계유 여름 윤 5월에 연산도총관(燕山道摠管) 대장군 이근행(李謹行)이 호로하(瓠瀘河)에서 우리 군사를 깨뜨리고 수천 명을 포로로 잡았다. 나머지 군사들은 모두 신라로 달아났다.

의봉(儀鳳) 2년 정축(677) 봄 2월에 항복한 왕을 요동주도독(遼東州都督)으로 삼고 조선왕(朝鮮王)으로 봉해, 요동으로 돌아가 남은 백성들을 안정시키고 거두어들이게 하였다. 동방의 사람들로서 앞서 중국의 여러 주에 살던 이들은 모두 왕과 함께 돌아가게 하고, 아울러 안동도호부를 신성(新城)으로 옮겨 통치하게 하였다. 왕은 요동에 도착하자 당을 배반할 것을 꾀해 몰래 말갈과 내통하였다.

개요(開耀) 원년(681)에 왕을 공주(邛州)로 소환했다가, 그가 영순(永淳) 초년(682)에 죽자 위위경(衛尉卿)을 추증하고 조서를 내려 영구를 수도로 호송해 힐리(頡利)의 무덤 왼쪽에 장사 지냈으며, 무덤 앞에 비를 세웠다. 왕 휘하 사람들은 하남(河南)과 농우(隴右)의 여러 주에 분산해 이주시켰다. 가난한 이들은 안동성(安東城) 부근의 옛 성들에 머물러 있다가 왕왕 신라로 도망해 들어가고, 남은 무리들은 말갈과 돌궐로 흩어져 들어갔다. 고씨의 왕통이 마침내 끊어졌다.

수공(垂拱) 2년(686)에 항복한 왕의 손자 보원(寶元)을 조선군왕(朝鮮郡王)으로 삼았다가, 성력(聖曆) 초기(698)에 와서 좌응양위대장군(左鷹揚衛大將軍)으로 진급시키고 다시 충성국왕(忠誠國王)으로 봉했으며, 그로 하여금 안동(安東)의 옛 부(部)들을 관할하게 했으나, 그는 임지로 가지 않았다. 이듬해에 항복한 왕의 아들 덕무(德武)를 안동도독으로 삼았는데, 그는 뒤에 차츰 자신의 나라를 이루더니, 원화(元和) 13년(818)에는 사신을 당에 들여보내 악공을 바쳤다.

편찬자는 논평하여 말한다. 현도와 낙랑은 본래 조선의 땅으로서 기자(箕子)를 봉했던 곳이니,[10] 기자는 그 백성들에게 예의와 농사와 누에치

---

10) 기자는 은 주왕(紂王) 때 사람으로 주 무왕이 은을 정벌했을 때 무왕에게 『홍범』

고 베짜는 법을 가르치고 금법 여덟 조목을 만들었다. 이리하여 그 백성들이 서로 도둑질하지 않고 문을 닫아걸지 않으며, 부인들은 곧고 신실해 음탕하지 않고, 음식을 먹는 데는 제정된 그릇을 사용했으니, 이야말로 어진 현자의 교화인 것이다. 게다가 그들의 천성이 유순해 다른 세 방면의 오랑캐와는 달랐던 까닭에, 공자가 중국에서 도가 시행되지 않음을 슬퍼하여 바다를 건너와 살고자 했던 것도 그럴 만한 이유가 있었던 것인저![11]

그러나 『주역』에 "6효(六爻)의 둘째는 영예가 많으나 넷째는 두려움이 많은바, 임금의 자리에 가깝기 때문이다"라고 하였다.[12] 고구려는 진·한 시대 이후로 중국의 동북방에 끼어 있고, 그 북쪽 인접 지대는 모두 천자의 관할이거니와 난세에는 영웅들이 우뚝 일어나 참람하게 명호와 지위를 도적질하는지라 두려움이 많은 땅에 자리했다고 하겠다. 그

(洪範)을 진술했으며, 무왕은 그를 조선에 봉하고 신하로 대우하지 않았다 한다. 이를 이른바 '기자동래설'이라고 한다. 『사기』 38 송미자세가(宋微子世家).

11) 『논어』 공야장(公冶長) 편에서 공자가 말하기를 "도가 행해지지 않으니 뗏목을 타고 바다에 뜰까 한다"라고 했으며, 같은 맥락에서 자한(子罕)편에도 "공자께서 구이(九夷)의 땅에 옮겨 살고자 하시었다"라고 하였다. 한편 기자의 교화와 그로 인한 문명화 및 공자의 발언 등 일련의 서술 구조는 『후한서』 85 동이열전 서(序)와 예(濊)조에 가장 근접한 것이다.

12) 효(爻)란 역(易)의 괘획(卦畫)을 말하는바, 1괘는 6효로 이루어진다. 효는 초효(初爻)부터 2효, 3효, 4효, 5효, 상효(上爻)의 순서로, 위로 올라갈수록 어떤 사물이나 상태의 발전과정, 혹은 상승상태를 상징한다. 양효(陽爻)를 9, 음효(陰爻)를 6이라 하여 그에 따라 건괘(乾卦)와 곤괘(坤卦)를 이룬다. 또 6효에는 6위(位)와 3재(才)가 있는데, 6위의 경우 신분의 귀천을 상징하기도 한다. 즉 초효는 서인, 2효는 사(士), 3효는 대부(大夫), 4효는 공경(公卿), 5효는 군(君), 상효는 태상존자(太上尊者)나 왕공에 벼슬하지 않는 은자(隱者)로 생각되어왔다. 사론에 인용된 원문은 "이다예(二多譽) 사다구(四多懼)"라 한 것인데, 이는 『주역』의 계사(繫辭)에 6효를 설명한 대목이다. 이에 따르면 "2효와 4효는 같은 음효로서 그 작용은 같으나 위치가 다르기 때문에 선을 위한 자세도 다르다. 2효는 하괘(下卦) 중앙의 지위에 있으므로 비록 지위는 낮으나 덕행으로 인해 명성과 영예가 많으나, 4효는 비록 지위는 높으나 임금, 즉 5효에 가까이 있으므로 두려움과 조심이 많다"라고 하였다.

럼에도 불구하고 겸손한 생각이 없이 그 봉토의 지경을 넘어 침구해 원수를 삼고 중국의 군현에 들어와 사니, 이 때문에 전쟁이 이어지고 화근이 생겨나 거의 평안한 해가 없었다. 그들이 동쪽으로 도읍을 옮겼을 때는 수와 당이 통일을 이룬 시기였는데도 여전히 조서와 칙명을 거역해 순종하지 않고 천자의 사신을 토실 속에 가두었으니, 그 완악하고 두려워하지 않음이 이와 같았다. 그러므로 여러 차례 문죄의 군사를 불러들였던 것이니 비록 간혹은 기발한 계책으로 대군을 함몰시킨 때도 있었지만, 끝내는 왕이 항복하고 나라가 멸망되고야 말았던 것이다.

그러나 고구려사의 시말을 보면 위아래가 화합하고 백성들이 화목할 때는 비록 큰 나라라 하여도 이를 빼앗지 못했지만, 국정을 의롭게 처리하지 못하고 백성을 어질게 다스리지 못해 사람들의 원성을 불러일으키게 되어서는 허물어져내려 걷잡을 수가 없었다. 그러므로 맹자는 "천시(天時)와 지리(地利)가 인화(人和)만 못하다"라고 하였고,[13] 좌씨(左氏)는 "나라는 복으로써 흥하고 화로써 망하는바, 나라가 흥하려면 백성 대하기를 상처를 위하듯이 하나니 이것이 복이요, 나라가 망하는 데 있어서는 백성을 흙 검불과 같이 여기나니 이것이 화인 것이다"라고 했으니[14] 의미있는 말일진저! 그러한즉 무릇 국가를 가진 이가 강포한 관

---

13) 『맹자』 공손추(公孫丑) 하 첫머리의 말로 "천시가 지리만 못하고, 지리가 인화만 못하다"라고 하였다.

14) 노 정공(定公) 4년에 오가 초의 도읍을 점령하고 진(陳) 회공(懷公)을 소환했는데, 회공이 중신들을 회집하여 대책을 묻자 모두들 자신의 토지나 향리의 위치에 따라 초와 오 가운데 가까운 쪽으로 태도가 나누어졌다. 이때 봉활(逢滑)이 나서서 회공에게 "나라는 복으로써 흥하고 화로써 망하는 것이라고 했는데, 지금 오에는 아직 흥성할 복이 없고 초는 아직 멸망할 화를 당한 것은 아니니, 초를 외면할 수 없고 오를 따를 수도 없습니다"라고 하여, 오의 요구를 거절하도록 건의하였다. 회공이 그의 판단을 의아해하자 다시 말하기를 "나라가 흥하려면 백성 대하기를 상처를 위하듯이 하나니 이것이 복이요, 나라가 망하는 데에서는 백성을 흙 검불과 같이 여기나니 이것이 화인 것이라고 했습니다"라고 하면서, 초나라의 정치를 긍정하고 오나라의 행위를 비판하였다. 이에 회공은 봉활의 의견을 좇았는데, 실제로 초는 곧 진(秦)의 도움으로 나라를 회복하였다. 그러나 뒷날 오는 이 사건을

리의 구박과 세도가의 가혹한 수탈을 방임해 인심을 잃게 된다면, 비록 정치를 잘해 어지럽히지 않고자 하고 보존해 멸망하지 않으려 한들, 이 또한 억지로 술을 마시고서 도리어 취하는 것을 싫어하는 것과 무엇이 다르겠는가?[15]

빌미로 진(陳)을 쳐서 원한을 갚았다.『좌전』애공(哀公) 원년.
15)『맹자』이루(離婁) 상에 나오는 말로서, 정작 어진 정사를 펴지는 않으면서 나라
　　가 망하는 것을 싫어하는 태도를 비유한 것이다.

옮긴이 이강래

이강래(李康來)는 고려대학교 문과대학 사학과를 졸업하고 같은 대학교에서
한국고대사를 전공해 박사학위를 받았다. 한국고대사학회 회장을 지냈으며,
현재 전남대학교 사학과 명예교수로 있다. 한국 고대사 관련 기본 자료의 성격 및
형성 과정, 그리고 그를 통해 본 한국 고대인들의 사유 방식 등 주로 사학사적 맥락과
지성사적 관점에서 고대 문헌 연구에 집중해왔다.
대표적 저술로는 『삼국사기 전거론』 『삼국사기 형성론』 『삼국사기 인식론』 등
『삼국사기』에 대한 점층적 문헌 연구 성과 3부작과 『고대의 풍경과 사유』
『한국 고대의 경험과 사유방식』 『한국 고대의 시선과 시각』 등이 있다.

HANGIL GREAT BOOKS 27

삼국사기 I

지은이 김부식
옮긴이 이강래
펴낸이 김언호

펴낸곳 (주)도서출판 한길사
등록 1976년 12월 24일
주소 10881 경기도 파주시 광인사길 37
홈페이지 www.hangilsa.co.kr
전자우편 hangilsa@hangilsa.co.kr
전화 031-955-2000~3 **팩스** 031-955-2005

인쇄 오색프린팅 **제책** 경일제책사

제1판 제 1 쇄 1998년 5월 1일
제1판 제17쇄 2023년 9월 5일

값 28,000원

ISBN 978-89-356-5170-2 94910
ISBN 978-89-356-5172-6 (전2권)

● 잘못 만들어진 책은 구입하신 서점에서 바꿔드립니다.

한길그레이트북스 인류의 위대한 지적 유산을 집대성한다